Marriages in the Dutch Church, New York

OFFICERS AND COMMITTEES OF THE SOCIETY
FOR 1890.

PRESIDENT	GENL. JAS. GRANT WILSON,
FIRST VICE-PRESIDENT	DR. ELLSWORTH ELIOT,
SECOND VICE-PRESIDENT	DR. SAMUEL S. PURPLE,
RECORDING SECRETARY	MR. THOMAS G. EVANS,
CORRESPONDING SECRETARY . . .	REV. ROSWELL R. HOES,
TREASURER	DR. GEORGE H. BUTLER,
LIBRARIAN	MR. GERRIT H. VAN WAGENEN,
REGISTER OF PEDIGREES	REV. ARTHUR W. H. EATON.

Executive Committee.

DR. ELLSWORTH ELIOT,   MR. EDWARD TRENCHARD,
MR. GERRIT H. VAN WAGENEN, MR. WILLIAM P. KETCHAM.

Trustees.

GENL. JAMES GRANT WILSON, MR. HENRY T. DROWNE,
MR. WILLIAM P. ROBINSON,   MR. THOMAS C. CORNELL,
DR. SAMUEL S. PURPLE,   MR. CHARLES B. MOORE,
MR. JACOB WENDELL,   MR. EDMUND A. HURRY,
           MR. SAMUEL BURHANS, Jr.

Committee on Biographical Bibliography.

MR. CHARLES B. MOORE,   MR. THEOPHYLACT B. BLEEKER,
           MR. HENRY T. DROWNE.

Committee on Publication.

REV. BEVERLEY R. BETTS,   DR. SAMUEL S. PURPLE,
MR. EDWARD F. DE LANCEY,   MR. THOMAS G. EVANS,
           MR. WILLIAM P. ROBINSON.

Collections *of the*
New-York Genealogical and Biographical Society

Volume 1

Records of the
Reformed Dutch Church
in New Amsterdam and New York

𝔐𝔞𝔯𝔯𝔦𝔞𝔤𝔢𝔰
from
11 December 1639 to 26 August 1801

Edited, with an Introduction,
by
Samuel S. Purple, M.D.

HERITAGE BOOKS
2009

HERITAGE BOOKS
AN IMPRINT OF HERITAGE BOOKS, INC.

Books, CDs, and more—Worldwide

For our listing of thousands of titles see our website
at
www.HeritageBooks.com

A Facsimile Reprint
Published 2009 by
HERITAGE BOOKS, INC.
Publishing Division
100 Railroad Ave. #104
Westminster, Maryland 21157

Originally published
The New York Genealogical and Biographical Society
New York
1890

— Publisher's Notice —
In reprints such as this, it is often not possible to remove blemishes from the original. We feel the contents of this book warrant its reissue despite these blemishes and hope you will agree and read it with pleasure.

International Standard Book Numbers
Paperbound: 978-0-7884-0795-6
Clothbound: 978-0-7884-8209-0

RECORDS

OF THE

REFORMED DUTCH CHURCH

IN NEW AMSTERDAM AND NEW YORK

MARRIAGES

FROM 11 DECEMBER, 1639, TO 26 AUGUST, 1801

EDITED, WITH AN INTRODUCTION,

BY

SAMUEL S. PURPLE, M. D.

With Illustrations

NEW YORK
PRINTED FOR THE SOCIETY
1890

THEY THROW A FLOOD OF LIGHT UPON THE GENEALOGICAL AND SOCIAL HISTORY OF NEW AMSTERDAM AND NEW YORK.

Edition 100 Copies — all for Subscribers.

TO THE MEMORY OF

Mr. Stephen Whitney Phœnix

WHO GENEROUSLY PAID FOR THE TRANSCRIPT OF
THE MARRIAGE AND BAPTISMAL RECORDS OF
THE REFORMED DUTCH CHURCH IN
THE CITY OF NEW YORK

THIS VOLUME IS GRATEFULLY

Dedicated

BY THE NEW-YORK GENEALOGICAL AND
BIOGRAPHICAL SOCIETY

List of Ministers of the Reformed Dutch Church in New Amsterdam and New York from 1628 to 1801. With the dates of their birth, death, and time of service.

JONAS MICHAËLIUS, b. 1577, d. .
Served from 1628 to 1633 ?
EVERARDUS BOGARDUS, b.   , d. 1647.
Served from 1633 to 1647.
JOHANNES BACKERUS, b.   , d.   .
Served from 1647 to 1649.
JOANNES MEGAPOLENSIS, b. 1603, d. 1670.
Served from 1649 to 1670.
SAMUEL DRISIÜS, b. 1602, d. 1673.
Served from 1652 to 1673.
SAMUEL MEGAPOLENSIS, b. 1634, d.   .
Served from 1664 to 1668.
WILHELMÜS VAN NIEUWENHUŸSEN, b. 1645, d. 1681.
Served from 1671 to 1681.
HENRICUS SELŸNS, b. 1636, d. 1701.
Served from 1682 to 1701.
GUALTERÜS DU BOIS, b. 1666, d. 1751.
Served from 1699 to 1751.
HENRICUS BOEL, b. 1689, d. 1754.
Served from 1713 to 1754.
JOANNES RITZEMA, b. 1708, d. 1794.
Served from 1744 to 1784.
LAMBERTUS DE RONDE, b. 1720, d. 1795.
Served from 1751 to 1784.
ARCHIBALD LAIDLIE, b. 1727, d. 1779.
Served from 1764 to 1779.
JOHN H. LIVINGSTON, b. 1746, d. 1825.
Served from 1770 to 1810.
WILLIAM LINN, b. 1752, d. 1808.
Served from 1785 to 1805.
GERARDUS A. KUYPERS, b. 1766, d. 1833.
Served from 1788 to 1833.
JOHN N. ABEEL, b. 1769, d. 1812.
Served from 1795 to 1812.

INTRODUCTION.

THE purpose of this Introduction is to present in an accurate and succinct form, the initiative of the discovery and settlement, and the introduction of religious and civilized customs and laws into New Netherland and New York—particularly in their bearings upon the status of the marriage question anterior to and during a part of the period covered by these Records. In doing so it will be easily perceived that the task imposed is beset with doubts which learned historians, eminent clergy, and erudite counselors in law have but partially dispelled. Has the want of recorded facts caused this difficulty? or have the customs and laws been but dimly outlined in history?

DISCOVERY AND SETTLEMENT.

THE discovery by HENDRICK HUDSON, the commander of the ship *Half Moon*, in September, 1609, of the river which now bears his name, was followed by fourteen years filled with adventurous enterprise and frequent visits to the isle of the Manhattans; and although trading posts had been established, and at least one ship's crew had spent a winter (1613–14) on its shores (during which JEAN VIGNE, or VINGE, the first male child of Europeans in New Netherland, was born),[1] no attempt at colonization had proved successful till 1623, when the charter of the West India Company went fully into effect. It is true this charter was finally signed on the third of June, 1621, but it did not go fully into effect till the twenty-first of June, 1623, when a mutual agreement was entered into between the Managers and Principal Adventurers of the Company, with the approbation of the High and Mighty Lords States General of Holland.[2] The completion of this agreement was immediately followed by the most active and energetic efforts to a permanent agricultural settlement and colonization in what was first called New Netherland in 1614. There had, however, in March, 1623, under the *quasi* authority of the West India Company, sailed from the Texel the ship *New Netherland* with CORNELIUS JACOBSEN MAY on board as Superintendent of the expedition, who became subsequently Director General of the Colony, and thirty Walloon families. MAY had visited New Netherland in

---

[1] *Journal of a Voyage to New York.* . . . 1679-80. By Jaspar Dankers and Peter Sluyter. Translated by Henry C. Murphy. Brooklyn: 1867, p. 114; and *History of the Huguenot Emigration to America.* By Charles W. Baird, D. D. New York: [1885], Vol. i., p. 176.

[2] *History of New Netherland.* . . . By E. B. O'Callaghan. New York: 1846, pp. 99-408.

1614 and 1620.[1] This vessel arrived at the Isle of Manhates early in May, and was followed by the ship *Unity* (*Eendragt?*), commanded by ADRIEN JORIS. This is said to have been the first vessel sent out by the West India Company after its complete organization.[2] It contained several families, and during the voyage there were four couples married. By whom were these couples married? If by the commander, ADRIEN JORIS, was the act by virtue of his office as Director General,[3] or as a Civil Magistrate on the high seas? The charter of the West India Company invested its possessors with extraordinary powers. They could in the name of the States General make contracts with princes and natives of the countries comprehended within the limits of its charter, build forts, appoint and discharge governors, soldiers, and public officers; administer justice, and promote trade. The Director General and his Council were invested with all powers judicial, legislative, and executive — subject, some supposed, to appeal to Holland. The will of the Company expressed in their instructions, or declared in their marine or military ordinances, was to be the law in New Netherland, excepting in cases not especially provided for, when the *Roman Law*, the Imperial Statutes of Charles V., the edict, resolutions, and *customs of the Fatherland*, were to be received as the paramount rule of action.[4] Of the thirty or more families who came out in these vessels many were Walloons from the south of France, domiciled there by reason of past persecution. Of the Reformed Protestant religious belief, frugal in their habits, many were tradesmen, and possessed of that fortitude and daring which the age and circumstances required to lay a successful foundation for the future metropolis of the New World. What were their names? The student of history will find, in searching these Marriage and Baptismal Records, little difficulty in giving a satisfactory answer, in many instances, to this inquiry. The leading facts of their adventure has been told by one who was a participator of their trials and privations, who in 1680 was then seventy-four years old, and whose posterity then numbered one hundred and forty-five souls.[5] CATELYNA TRICO, the wife of JORIS JANSEN DE RAPPALJE, states that "as soon as they came to Mannatans, now called N: York, they sent Two families and six men to hartford River, & Two families & 8 men to Delaware River [four miles below the present city of Philadelphia] and 8 men they left att N: Yorke to take Possession, and ye Rest of ye Passengers went wth ye Ship up as far as Albany which they then Called fort Orangie When as ye Ship came as farr as Sopus which is ½ way to Albanie; they lightened ye Ship wth some boats y^t left there by ye Dutch that had

---

[1] *History of the State of New York*. By John Romeyn Brodhead. New York: 1853, Vol. i., pp. 55-96 and 150.

[2] *The Documentary History of the State of New York*. Vol. i.; quarto edition; p. 32.

[3] *The Register of New Netherland*. By E. B. O'Callaghan. Albany: 1865, p. 9.

[4] *History of New Netherland*. By E. B. O'Callaghan, Vol. i., pp. 401-407.

[5] *Memoirs of the Long Island Historical Society*. Brooklyn: 1867, Vol. i., p. 342.

been there yᵉ year before a tradeing wᵗʰ yᵉ Indians upont there oune accompts & gone back again to Holland & so brought yᵉ vessel up; there were about 18 families aboard who settled themselves att Albany & made a small fort; and as soon as they had built themselves some hutts of Bark: yᵉ Mahikanders or River Indians; yᵉ Maquase: Oneydes: Onnondages Cayougas and Sinnekes, wᵗʰ yᵉ Mahawawa or Ottawawaes Indians came & made covenants of friendship wᵗʰ yᵉ sᵈ Arien Jorise there commander. Bringing him great Presents of Bever oʳ oyᵗ Peltry and desyred that they might come and have a Constant free Trade with them wᶜʰ was concluded upon & yᵉ sᵈ nations came dayly with great multidus of Bever & traded them wᵗʰ yᵉ Christians, there sᵈ Commanʳ Arien Jorise Staid with them all winter and sent his sonne home with yᵉ Ship; yᵉ sᵈ Deponent lived in Albany there three years all of which time yᵉ sᵈ Indians were all as quiet as Lambs & came & Traded with all yᵉ freedom Imaginable, in yᵉ year 1626 yᵉ Deponent came from Albany & settled at N. Yorke where she lived afterwards for many years and then came to Long Island where she now lives."¹ The history of this ancient and remarkable woman, together with that of her husband, JORIS JANSEN RAPPALJE, and their family has been briefly traced by the aid of an original family record, and the Records of the Dutch Church in New York, by one whose labors in the field of family history are worthy of the warmest admiration.²

In December, 1624, which was after the formal installation of CORNELIUS JACOBSEN MAY as Director General, ADRIEN JORIS returned to Holland and reported "all was in good condition" in New Netherland. He brought back a valuable cargo of furs, which yielded, on public sale, to the West India Company twenty-eight thousand guilders. This stimulated the confidence of the Company in their adventures, and led to renewed efforts towards developing the capacity of the country for cultivation and production, and in the spring of 1625, one of the members of its Board of Directors, PETER EVERTSEN HULST, undertook to convey to the Colony, at his own risk, such necessary articles as should be offered for the purpose. Two ships were provided, and loaded with cargoes consisting of one hundred and three head of cattle, of which there were horses, cows, sheep, and swine, all well provided for on shipboard — almost as well as on shore. He added a third ship to the expedition, laden with all sorts of seed, ploughs, and agricultural implements, to carry out more effectively the designs contemplated in the enterprise. The Company also fitted up a vessel on their own account, which carried out six families with their household furniture, and also several unmarried people, so that forty-five newcomers were added to the Colony. The expedition was successful, the

¹*Documentary History of the State of New York.* By E. B. O'Callaghan, M. D. Albany: 1850. Quarto edit.; Vol. iii., p. 32.

² *The Bergen Family: or The Descendants of Hans Hansen Bergen, one of the Early Settlers of New York and Brooklyn, L. I.* By Teunis G. Bergen. Albany: 1876, p.24.

vessels all arriving safely before July. The Colony had now increased to two hundred souls.[1] On the ninth of January, 1626, the *Sea Mew*, Captain ADRIÆN JORIS, commander, sailed from Holland with PETER MINUIT on board, one of the deacons of the Walloon Church of Wesel, in Westphalia. He had been appointed Director General by the Company, to succeed WILLIAM VER HULST. This vessel arrived at Manhates, on the fourth of May. The ship *Arms of Amsterdam*, in a few weeks followed the *Sea Mew*, and arrived at the Manhates on the twenty-seventh of July. On the twenty-third of September following, she sailed down the bay of the River Mauritius on her return to Amsterdam, in Holland, where she arrived on the fourth of November, 1626, laden with the samples of the summer harvest, consisting of wheat, rye, barley, oats, buckwheat, canary-seed, beans, flax, and also beaver skins and furs, valued at more than thirty-eight thousand guilders. She conveyed the news of the purchase of Manhattan Island from the natives, soon after the 27th of July, 1626, with goods of the value of sixty guilders (or twenty-four dollars of our currency), and that the Colony was in a prosperous state, and the soil was fruitful, and wives of the settlers had borne some children.[2] Who were these mothers? and what were the names of some of the children? Here again, in these Records of the Dutch Church may be found the answer.

CHURCH ORGANIZED.

DURING the summer of 1626, the carpenter of the colony, FRANÇOIS MOLEMAECKER (Francis the mill-maker) was employed in building a horse-mill, with a spacious room above to serve for a place of worship; and a tower was to be added in which the Spanish bells captured at Porto Rico the year before, by the West India Company's fleet, were intended to be hung.[3] Here for two years either SEBASTIAN JANSEN KROL (CROL) or JAN HUYGHEN, "Krank-besoeckers," "Zieken-troosters," or Consolers of the Sick, according to the custom of the Fatherland read on Sundays to the congregation assembled "some text out of the Scriptures together with the Creads." Until a somewhat recent period, this custom was kept up in the Reformed Dutch churches in this city. Here in April, 1628, Dom. JONAS MICHAËLIUS organized the first church. He and his wife and three children (two of them daughters) sailed from Holland on the twenty-fourth of January, and arrived at Manhattan on the seventh of April, 1628. His

---

[1] Wassenaer, in *Documentary History of New York*. Vol. iii, p. 27.
[2] *Documents Relative to the Colonial History of the State of New York*. By John Romeyn Brodhead. Vol. i, Albany, 1856,

p. 37; and *Collections of the N. Y. Historical Society*. Vol. ii, New Series, 1849, p. 363.
[3] Wassenaer, in *Documentary History of the State of New York*. Vol. iii, p. 27.

wife died seven weeks after his arrival. Writing under date of the eleventh of August, 1628, he says:

"We have first established the form of a church (gemeente); and as Brother BASTIAEN CROL very seldom comes down from Fort Orange, because the directorship of that fort and the trade there is committed to him, it has been thought best to choose two Elders for my assistance and for the proper consideration of all such ecclesiastical matters as might occur, intending the coming year, if the Lord permit, to let one of them retire, and to choose another in his place from a double number first lawfully presented by the congregation. One of those whom we have now chosen is the Honorable Director himself [PETER MINUIT], and the other is the storekeeper of the Company, JAN HUYGHEN, his brother-in-law, persons of very good character, as far as I have been able to learn; having both been formerly in office in the church, the one as Deacon and the other as Elder, in the Dutch and French churches, respectively, at Wesel.

We have had at the first administration of the Lord's Supper full fifty communicants — not without great joy and comfort for so many — Walloons and Dutch; of whom, a portion made their first confession of the faith before us, and others exhibited their church certificates. Others had forgotten to bring their certificates with them, not thinking that a church would be formed and established here; and some, who brought them, had lost them unfortunately in a general conflagration, but they were admitted upon the satisfactory testimony of others to whom they were known and also upon their daily good deportment, since we cannot observe strictly all the usual formalities in making a beginning under such circumstances.

We administer the Holy Sacrament of the Lord once in four months, provisionally until a larger number of people shall otherwise require. The Walloons and French have no service on Sundays, otherwise than in the Dutch language, of which they understand very little. A portion of the Walloons are going back to the fatherland, either because their years here are expired or also because some are not very serviceable to the Company. Some of them live far away and could not come on acccount of the heavy rains and storms, so that it was neither advisable nor was it possible to appoint any special service for so small a number with so much uncertainty. Nevertheless the Lord's Supper was administered to them in the French language, and according to the French mode, with a preceding discourse, which I have before me in writing, as I could not trust myself extemporaneously.

I keep myself as far as practicable within the pale of my calling, wherein I find myself sufficiently occupied. And although our small consistory embraces at the most — when Brother CROL is down here — not more than four persons, all of whom, myself alone excepted, have also public business to attend to, I still hope to separate carefully the ecclesiastical from the civil matters which occur, so that each one will be occupied with his own subject. And though many things are *mixti generis,* and political and ecclesiastical persons can greatly assist each other, nevertheless the matters and offices tending together must not be mixed but kept separate, in order to prevent all confusion and disorder."[1]

---

[1] *The First Minister of the Dutch Reformed Church in the United States* [By Hon. Henry C. Murphy.] The Hague [1858], pp. 11 to 14.

vi

On the nineteenth of August, 1628, two ships sailed from Manhattan for Holland, one the *Three Kings*, commanded by Captain JAN JACOBSON, and the other the *Arms of Amsterdam*, commanded by Captain ADRIEN JORIS, the first Director General in 1623. These ships were laden with valuable cargoes of ship timber, furs, and other products of the country, the aggregate value of which to the West India Company, according to Wassenaer, exceeded sixty-one thousand guilders. They conveyed the intelligence that the Colony at Fort Amsterdam had been increased, by reason of hostilities among the Indians, by the removal of the families of the settlers who had been residing at Fort Orange, South River, Verhulsten Island, and Fort Nassau, and that "their Colony at Manhattan now numbered two hundred and seventy souls, including men, women, and children." Many of these were Walloon families — the names of some of whom we find upon these Records, among which are DEFOOREST, DE LA MONTAGNE, DE TROU, or TRUEX, DU FOUR, LA NOY, LESQUIR, RAPPALJE, VINJE, etc., etc. It was also reported that the colonists subsisted chiefly by their farming. "Their winter corn had turned out very well; while the summer grain, being prematurely ripened by the excessive heats, was very meagre. But the cattle and beasts which had been sent from Holland three years before, had thriven, and everything wore an air of progress and improvement."[1] The fort which was commenced in 1626, under the supervision of KRŸN FREDERYCKE was completed with four bastions and a facing of stone, and the settlers were comfortably domiciled in their huts and houses, built mostly of wood and situated outside of the walls of the fort.

We have now reached a period when it can be said that the settlement and colonization of New Netherland at Fort Amsterdam had become permanently fixed. Let us now turn to the history of some of the customs and laws that governed its inhabitants.

MARRIAGE.

AND here on the threshold of our inquiries we are met with doubts arising from want of written contemporaneous ordinances or recorded customs in our colonial annals. To determine what were the essential requisites of marriage, and who performed the ceremony, from 1623 to 1639, at which latter date the earliest form is recorded, we must refer briefly to collateral history. In January, 1654, the Director General, and the Council which was instituted in 1626, by MINUIT under the authority of the West India Company, called the attention of the magistrates of Gravesend, Long Island, by letter,[2] to irregularities in the customs of marriage which were

[1] Brodhead's *History of the State of New York*. Vol. i. p. 183.

[2] *Documents Relative to the Colonial History of New York*. Albany: 1883. Vol. xiv, p. 243.

"in direct contradiction to both the Civil and Ecclesiastical Law of the United Netherlands, and also all other colonies within this Province," and to the fact that the following ordinance had been enacted :

ORDINANCE OF THE DIRECTOR AND COUNCIL OF NEW NETHERLAND REGULATING THE PUBLICATION OF BANS OF MATRIMONY. *Passed 19 January, 1654.*

The Director General and Council of New Netherland, To all who hear or see these presents read, Greeting make known.

That we understand and are certainly informed by the report of our Fiscal and others as well as by letters from Gravesend, dated 18 January, 1654, that the Magistrates there have presumed and undertaken publickly to post notices of Marriage in regard to persons both of whom are, and for a long time have been domiciliated in and about this city of New Amsterdam, far beyond the district of the aforesaid village, and whereas such is in direct contradiction to both the Civil and Ecclesiastical Law of the United Netherlands, which, not only the abovementioned Magistrates of Gravesend, but also all other Colonies within this Province, are by contract and oath bound to observe; Therefore, the abovementioned Director General and Council order and notify the aforesaid Magistrates of Gravesend and all others within the Province, to annul such posting of intentions of Marriage, and on sight hereof to withdraw the same, and in all cases to proceed with and confirm no such Marriages, either privately or publickly, before and until such persons, according to Netherland style, have entered and received their bans and proclamations of marriage where they are dwelling and have resided the last years.

Thus done in the Assembly of the Director and Council of New Netherland, this 19 January, A° 1654, New Amsterdam.[1]

The irregularity here complained of was that of the publication of bans in the village of Gravesend, L. I., when the parties contracting were domiciled in New Amsterdam. The Custom and Law of the United Netherlands or Fatherland were, according to the eminent Dutch historian, VAN LEUWEN, "that the persons who may contract a marriage must be young men above the age of fourteen years, and young women above the age of twelve years, and who are not insane, or imbecile, or idiotic." Accordingly after 1496, it was provided that no marriage should be held to have been completed until after three publications of bans in the churches or before the Court Justice, according to the rule and order prescribed on the subject by the Political Ordinances.[2] Comment on *Grotius, Introduction*, 1. 5 : "The essential requisites of a marriage with us are as follows: All persons who desire to marry must appear before the Court of Justice, or minister of

---

[1] *Laws and Ordinances of New Netherland, 1639-1674, Collected and Translated from the Original Dutch Records.* By E. B. O'Callaghan. Albany: 1868. P. 152.

[2] *Commentaries on Roman Dutch Law.* Translated from the Dutch [edition 1678]. Revised and edited by C. W. Decker. 8vo, 2 volumes. London : 1881. Vol. i, p. 100.

the church of their place of abode, where they have had their last fixed residence for a year and a day, and there request the publication of bans on three Sundays or market days, in the church, or court house, or other place where the court is held, so that those who wish to raise any objections may do so in the mean time on pain of forfeiting their right to object." *Vide Ord. Van Huwelk's Zaken of the town of Amsterdam*, Art. I.[1]: Banns of marriage were not granted to young men under 25, and young women under 20, without proof of the voluntary consent of parents or the survivor of them is given.[1]

And still another irregularity arising, in 1658 the following law was enacted:

ORDINANCE OF THE DIRECTOR GENERAL AND COUNCIL OF NEW NETH-
ERLAND TO OBLIGE PARTIES TO MARRY AFTER THE PUBLICATION OF
THEIR BANS. *Passed 15 January, 1658.*

Whereas the Director General and Council of New Netherland not only are informed, but have even seen and remarked, that some persons, after the proclamation and publication, for the third time, of their Bans or Intentions of Marriage, do not proceed further with the solemnization of their Marriage as they ought, but postpone it from time to time, not only weeks, but some months, which is directly contrary to, and in contravention of the good order and custom of our Fatherland, wherein being willing to provide in order to prevent the mischiefs and irregularities which will flow therefrom;

Therefore the Director General and Council aforesaid do hereby ordain that all published persons, after three Proclamations have been made and no lawful impediment occurs, shall cause their Marriages to be solemnized within one month at furthest, after the last Proclamation, or within that time, appear and show cause where they ought, for refusing; and that on pain of forfeiting Ten guilders for the first week after the expiration of the aforesaid month, and for the succeeding weeks 20 guilders for each week, until they have made known the reason for refusing.[2]

The enforcement of these ordinances, owing to the cosmopolitan character of the inhabitants, was beset with many difficulties; but passing these by, let us ascertain who it was that solemnized the marriages which occurred during the period before mentioned. A strong point in the movement of the Reformation in the sixteenth century was the substitution of the civil for the ecclesiastical ceremonies of Marriage. Especially did the Puritans who sought refuge in Holland declaim against the performance of marriage ceremonies by priests, as usurpations of the rights of the State, by the Church, and also as savoring of the Papistic belief in the sacramental char-

---

[1] *Commentaries on Roman Dutch Law.* Translated from the Dutch [edition 1678]. Revised and edited by C. W. Decker. 8vo. 2 volumes. London: 1881. Vol. i, p. 103.
[2] *Laws and Ordinances of New Netherland*, etc. By E. B. O'Callaghan. Albany: 1868. P. 328.

acter of the relation. We have seen that the custom of the United Netherlands was for its performance by a magistrate. The earliest instance of such, in these parts, was that of the second marriage of Governor EDWARD WINSLOW, in Plymouth Colony, in 1621.

Governor WILLIAM BRADFORD, of Plymouth Colony, says,[1] under date of May 12 [1621], " was ye first mariage in this place [Edward Winslow to Susannah White, widow of William White who died on the twenty-first of February, 1621] which, according to ye laudable Custome of ye Low-Cuntries in which they had lived, was thought most requisite to be performed by the magistrate, as being a civill thing, upon which many questions aboute inheritance doe depend, with other things most proper to their cognizans, and most Consonante to ye Scriptures, Ruth 4, and no wher found in ye gospell to be layed on ye ministers as a part of their office. 'This decree of law about mariage was published by ye Stats of ye Low-Cuntries An° 1590. That those of any religion, after lawfull and open publication, coming before ye magistrats in ye Town or Stat-house, were to be orderly (by them) maried one to another.' *Petets Hist.*, fol. 1029."[2] And practiss hath continued among, not only them but hath ben followed by all ye famous Churches of Christ in these parts to this time An° 1646.

EDWARD WINSLOW who was first married in Leyden on 16th May, 1618, and who was Governor of Plymouth Colony in 1633, in his examination before the commission over which Archbishop Laud presided, to inquire into the troubles in Plymouth and Massachusetts Colonies says, " that having been called to place of magistracie he had married some, and further told their lord^{ps} y^t marriage was a civille thinge, & he found no wher in ye word of God y^t it was tyed to ministre. Again, they were necessitated so to doe, having for a long time togeather at first no minister; besides it was no newthing, for he had been so maried himself in Holland by ye magistrats in their Statt-house."[3] The necessity here mentioned, we have seen, existed in like manner in the early settlement of New Netherland.

In 1641 Governor RICHARD BELLINGHAM, who was the last surviving patentee of the Colony, married himself to PENELOPE PELHAM, without publication of bans, notwithstanding the Statute of 1639 of the Colony declared that the intentions of the parties should be published three times, in as many days, where the parties lived. "The great inquest presented him for breach of the order of the Court, and at the Court following, in the 4th month, the Secretary called him to answer the prosecution. But he not going off the bench, as the manner was, and but few of the magistrates present, put it off to another time, intending to speak with him privately, and with the other

---

[1] *History of Plymouth Plantation*, by William Bradford . . . Boston : 1856. P. 101.

[2] *La Grande Chronique Ancienne et Moderne, de Hollande, Zelande, Westfriese,* Utrecht, etc., by Jean François le Petit, 1601 and 1611.

[3] *History of Plymouth Plantation* by William Bradford, the Second Governor of the Colony. . . . Boston : 1856. P. 330.

magistrates about the Case, and accordingly he told him the reason why he did not proceede, viz.: being unwilling to command him to go off the bench, and yet not thinking it fit he should sit as a judge, when he was by law to answer as an offender. This he took ill, and said he would not go off the bench, except he were commanded."[1]

And still again we find where it is said: On the fourth of August, 1647, "there was a great marriage to be solemnized in Boston. The bridegroom being of Hingham, Mr. Hubbard's church, he was procured to preach and came to Boston to that end. But the magistrates, hearing of it, sent to him to forbear. The reasons were: first, for that his spirit had been discovered to be adverse to our ecclesiastical and civil government, and he was a bold man, and would speak his mind; second, we were not willing to bring in the English custom of ministers performing the solemnity of marriage."[2]

It was not till 1692 that the Massachusetts Province laws provided that the marriage ceremonies might be performed by ministers.[3]

The earliest recorded instance of a marriage contract found in the Colonial Annals of this State is that of JAN JACOBSEN and MARITJE PIETERS, found in the *New York Colonial Manuscripts*, vol. i., page 153, for the translation of which we are indebted to the courtesy of Mr. George R. Howell, the present Archivist of the State, and which we here present. It bears date, fifteenth of August, 1639.

IN the name of God, amen, Be it known unto all men that on the 15th August in the year 1639, before me Cornelis van Tienhoven, Secretary residing in New Netherland on the behalf of the Incorporated West India Company, and the undersigned witnesses, appeared the worthy Jan Jacobsen from Vrelant, future bridegroom assisted by Maritje Peters from Copenhagen, his future bride, on the other part, and they the appearers declared that they had mutually resolved, engaged and agreed to enter together the holy state of matrimony, and that under the following nuptial contract, praying the Almighty God that his divine Majesty would be pleased to bless their future marriage and let it redound to his honor.

First, in regard to the property which he, the bridegroom, shall leave behind, in case he come to die, whether movable or immovable, or such as may rightfully belong to him, it shall belong in free proprietary to Marritje Peters aforesaid, without any of Jan Jacobsen's blood relations having any claim thereto. On the other hand, if Marritje Peters, the future bride, first happen to die, Jan Jacobsen shall, in like manner, own all her means and goods, whether movable or immovable, in free proprietary, without his giving any account thereof to any of her blood relations. Provided always that he, the bridegroom, or she, the bride, aforesaid, which

---

[1] *The History of New England from 1630 to 1639.* By John Winthrop. With notes by James Savage. Boston: 1853. Vol. ii., pp. 51–52.

[2] *Ibid.*, p. 382.

[3] *The Pilgrim Republic: an Historical Review of the Colony of Plymouth.* By John A. Goodwin. Boston: 1888. P. 596.

xi

ever of them both come to live the longest, shall not possess the property longer than to the day of his or her death, and then be partitioned and divided by the brothers or lawful heirs of him, the bridegroom, and Teuntje Jewriaens of Amsterdam, or Jacob Bronc, her present husband, as heirs of Maritje Pieters aforesaid, each the just half.

Thus done and executed in the presence of the undersigned witnesses in Fort Amsterdam, this day and year aforesaid.

This is the + mark of
Jan Jacobsen above named.
This is the M mark of
Marritje Peters above named.

Claes van Elslant, witness.   Harmanus A. Booghardij, witness.

The earliest recorded marriage, and which antedates the Records of the Dutch Church in New York, is that of THOMAS DE CONINC and MARRITJE FRANS VAN BETTS, and bears date 22 Septem., 1639. It will be found in *N. Y. Colonial Manuscripts*, Vol. iv., p. 50, and is as follows (we give both the original and translation as furnished by Mr. Howell):

Op 22 Septem [1639].

Ter vergaderinge syn gecompaereert en verscheenen tomas de Coninc en Marritjen frans van beets de welcke versochten wettelyck in houwelycken staet bevesticht te worden.

Soo syn de vooren persoonen op haer versoch op dato in heyligen houwelychen staet bevesticht ter vergaderinge int fort Amst^m.

Translation.

Thomas de Coninc and Marritje Frans van Beets appeared in court and requested to be legally united in marriage.

The above named persons were therefore this day at their request united in holy wedlock in court at Fort Amst^m.

From 1664 to 1683 the Colony of New York was governed by a code known as the Laws of the Duke of York. This code was published at Hemsted, on Long Island, March 1st, Anno Domini 1664. The following is the ordinance relating to Marriages:

𝔚𝔥𝔢𝔯𝔢𝔞𝔰 by the Law of England no Marriage is Lawfully Consummated without a Minister whose office it is to join the parties in Matrimony after the Banes thrice published in the Church or a Lycence first had and obtained from some person thereunto Authorized, All which formality cannot be duly practiced in these parts.

Yet to the end that a decent rule therein may be preserved It is Ordained that from henceforth the names and surnames of each Party who sue for Marriage shall be publiquely read in their Parish Church or place of usuall Meeting, where they both then Inhabit three severall Lords days Successively.

And where no Church or Meeting place shall happen to bee, a publication in writing shall be first fourteen Days before Marriage upon three doors of each parish whereof the partyes inhabit (viz.) one on the Constables the other two upon any two Doors of the Overseers of the Parrish Unless they produce a Lycence from the Governour in both which Cases, and not otherwise, it shall be Lawfull for any Minister or for any Justice of Peace to joyne the Parties in Marriage, Provided that the said Partyes do purge themselves by Oath before the Minister or Justice that they are not under the Bonds of Matrimony to any other Person Living, and if it shall be proved, that either or both of the Parties are perjured, and thereby attain a Double Marriage for the said perjury the party or parties offending shall be boared through the tongue with a red hot Iron and moreover proceeded against as in Case of Adultery is provided; But if either Party be approved Innocent as to him or her Self and Ignorant of the others wicked fraud the innocent Person shall recover damage against the nocent; and be Sett at Liberty as if no such Marriage had been made.[1]

We find numerous cases recorded in the published Colonial Documents of this State, which illustrate particular deviations from the Customs and Laws in force at various periods, but the limited space at our command prevents their citation.

The Marriage and Baptismal Records of the Reformed Dutch Church in New York are at the present time in the custody of the Consistory of the Collegiate Church. As we now find them, they are a copy to 1682 of a previous record, not now known to exist, made by Domine Henricus Selÿns, probably soon after his second installment as minister of the church in 1682. These Records, to a certain extent, are admitted as evidence in courts of this country [2] and in England.[3] In the case of *Jackson* vs. *King*, 5 COWEN, 236, sworn copies of entries of baptisms and marriages in the Records of the Reformed Dutch Church in the city of New York, were admitted to prove those facts — see 5 PETERS, 470; 6 BINNEY, 416; so in the Lauderdale Peerage Claim, tried in the House of Lords of England, in 1885, sworn copies of these records were offered by learned counsel, from this city, and were admitted in evidence.

The expense of the transcript from which these Records are printed was defrayed by the late Stephen Whitney Phoenix, whose love for the city of his birth was only equaled by his noble generosity. It is to his memory that this volume is dedicated.

[1] *Collections of the New York Historical Society for the Year 1809.* Vol. i, New York: 1811, pp. 361 and 362.

[2] *A Treatise on the Law of the Protestant Episcopal Church in the United States.* By Murray Hoffman, Esq. New York: 1850. P. 287.

[3] *Blue Book, House of Lords, Minutes of Evidence taken before the Committee for Privileges of the Lauderdale Peerage Claim*, ordered to be Printed 18 June, 1855, p. 287.

S. Whitney Phoenix

1839 – 1881

HET GETAL DER
NAVOLGDE GETROUWDEN.

Heb. xiij. v. 4:

HET HOUWELŸCK IS EERLŸCK ONDER ALLEN, EN HET BEDDE ONBEVLECKT: MAER D'HOEREERDERS EN OVERSPEELDERS SAL GODT STRAFFEN EN OORDEELEN.

[TRANSLATION.]
THE NUMBER OF THE HEREIN FOLLOWING MARRIED PERSONS.

Heb. xiii. v. 4:

MARRIAGE IS HONORABLE IN ALL, AND THE BED UNDEFILED; BUT WHOREMONGERS AND ADULTERERS GOD WILL JUDGE.

Year	PAER.*	Year	PAER.
1639.	p. 2	1671.	p. 21
1640.	p. 6	1672.	p. 18
1641.	p. 14	1673.	p. 21
1642.	p. 22	1674.	p. 21
1643.	p. 8	1675.	p. 32
1644.	p. 15	1676.	p. 14
1645.	p. 13	1677.	p. 19
1646.	p. 11	1678.	p. 19
1647.	p. 15	1679.	p. 23
1648.	p. 6	1680.	p. 24
1649.	p. 12	1681.	p. 19
1650.	p. 16	1682.	p. 26
1651.	p. 3	1683.	p. 24
1652.	p. 22	1684.	p. 20
1653.	p. 14	1685.	p. 36
1654.	p. 14	1686.	p. 35
1655.	p. 25	1687.	p. 26
1656.	p. 26	1688.	p. 36
1657.	p. 20	1689.	p. 25
1658.	p. 19	1690.	p. 24
1659.	p. 41	1691.	p. 19
1660.	p. 31	1692.	p. 33
1661.	p. 19	1693.	p. 39
1662.	p. 22	1694.	p. 33
1663.	p. 26	1695.	p. 45
1664.	p. 29	1696.	p. 37
1665.	p. 19	1697.	p. 30
1666.	p. 14	1698.	p. 27
1667.	p. 10	1699.	
1668.	p. 15	1700.	
1669.	p. 12	1701.	
1670.	p. 14	1702.	

535 paer. | Getrouwde personen.

*Couples.

[571]

TROUW BOECK
Oft Register der
PERSONEN
die Hier ingeschreven, en
Hier of buÿten dese
Stadt New-Yorke
Getroúwt zÿn.
Van den 11 dec., 1639, totten 15 May, 1652.
[TRANSLATION.]
MARRIAGE BOOK OR THE REGISTER OF THE PERSONS WHO ARE HEREIN RECORDED, AND WHO WERE MARRIED HERE OR OUTSIDE THE CITY OF NEW YORK.—From the 11th Dec., 1639, to the 15th May, 1652.

A° 1639.

den 11 Decemb. Egbert Van Borsúm, j. m.* Van Embden, en Annetje Hendricks, j. d.† Van Amsterdam.
den 18 dicto. Borger Joriszen, j. m. Van Hersberg, in Silesien, en Engeltje Mans, j. d. Van Coinpste, in Sweden.

A° 1640.

den 11 Febr. Theúnis Nÿssen, j. m. Van Búnninck, in't sticht Van Úÿtr̃. en Phaebea Faelix, j. d. Van Jarleston, in Engelt.
den 26 Aug. Paúlús Janszen, Van Vlissingen, Wed^r.‡ Van Neeltje Corñ. en Trÿntje Herens, j. d. Van Jenepeeren.
den 16 Sept. Thomas Sander, j. m. Van Amsterdam, en Sara Van Gorcúm.
den 4 Novemb. Roelant Hackwart, j. m. Van Brandtfort in Schotlant, en Janneken Jans, j. d. Van Amsterdam.
den 18 dicto. Michiel Paúlús, j. m. Van dermonde in Vlaenderen, en Maria Rappalje, j. d. Van N. Nederl^t.
[572]
den 2 Decemb. Pieter Wolfertszen, j. m. Van Amersfoort, en Hester Simons, Van Amsterdam, Wed^e. § Van Jacques de Vernuis.

A° 1641.

den 5 May. Anthonÿ van Angola, Wed^r Van Catalina van Angola, en Lúcie D'Angola Wed^e van Laurens van Angola.
den 9 Júne. Isaacq de Foreest, j. m. Van Leÿden, en Sara dú Treúx, j. d. van N. Nederl^t.
den 28 Júl. Albert Pieterszen, j. m. Van Hambúrg, en Marritje Pieters, j. d. Van Coppenhagen.
Eodem. Ulderick Cleen, j. m. Úÿt ‖ Hessen, en Aefje Pieters, j. d. Van Amsterdam.
den 18 Aúgúst. Laúrens Pieters, j. m. Van Tonsbergen, in Noordwegen, en Annette Pieters, j. d. Van Brútsteen, in Dúÿtslant.
Eodem. Jan Harmenszen, j. m. Van Lemmet, in Vriesl^t, en Annetje Pieters, j. d. Van Hoúsen, in Dúÿtslant.

*Young man; not before married.   †Young maid; not before married.
‡Widower.   § Widow.   ‖ from.

den 25 August.   Hans Schroder, Van Mansvelt, Wedʳ Van Lÿsbeth Jans, en Aeltje Jans, Wedᵉ Van Harmen Jans.
den 1 Sept.   Egbert Wouters, j. m. Van Yselsteÿn, en Engel Jan Van Breestede, Wedᵉ. Van Jan Janszen.
den 15 dicto.   Barent Janszen, j. m. Van Stockholm, en Stÿntie Pieters j. d. als voren.*
den 17 Novemb.   Thomas Halen, j. m. Van Clocester, en Anna Mitfort Van Bristol, Wedʳ Van Willem Cúÿck.
den 24 dicto.   Jan Fort Orangien, Wedʳ. Van Magdalena Van Angola, en Marie Grande, Wedᵉ. Van Jan Premier.

[573]
den 22 Dec.   Jan Jacobszen Corpenel, j. m. Van Haerlem, en Jacomÿntie Mennes, j. d. als voren.
den 28 dicto.   Dirck Janszen, j. m. Van Amsterd. en Jannetje Theúnis, j. d. als voren.
Eodem.   Oben Reddenhasen, j. m. Úÿt't Graefschap Waldeck, en Geertie Nonnincks, Wedᵉ. Van Tjerck Hendrickszen.

A° 1642.

den Eerste Jan. Philip Gerritszen, j. m. Van Haerlem, en Maria Lievens.
den 16 Febr.   Emanúel Van Angola, Neger, en Phizithiaen D'Angool, Wedᵉ. Van Leen Laúrens.
den 26 dicto.   Oloft Stephenszen, j. m. Van Wÿck, tot Dúúrstede, en Anneken Loockermans, j. d. Van Túrnhoút.
Eodem.   Francisco Van Angola, j. m. en Palassa Van Angola, Wedᵉ. Van Francisco d'Angola.
den 23 Mart.   Abraham Jacobs, j. m. Van Steenwyck, en Geertrúÿd Willem, j. d. Van Amsterdam.
den 1 Jún.   Willem Barents, Van Westchester, en Maria Búllack, Wedᵉ.
den 29 dicto.   Mʳ. Hans Kierstede, Chirúrgÿn, j. m. Van Maegdenbúrg, en Sara Roelofs, j. d. Van Amsterdam, beÿde wonende tot N. Amsterdam.†

[574]
Eodem.   Gregoriús Cool, j. m. Úÿt de Provincie Van Essex, en Francoise Deen, j. d. Van Oxfort in Engelant.
den 3 Júl.   Mʳ. Pieter Jordaenszen, j. m. Van Lúbeck, en Catharina Lisinck, Van Coesvelt, Wedᵉ. Van Johan. Barthram.
den 6 dicto.   Jillis Pieterszen: j. m. van ter Goude, en Elsje Hendricks, j. d. Van Amsterd.
den 27 dicto.   Sara Brandt, j. m. Uÿt de Provincie Van Hertfort, en Rebecca Ratsen, j. d. Van Colchester.
den 24 Aúgúst.   Peter Petro Alberto, j. m. Van Venetien, en Júdith Jans, j. d. Van Amsterdam.
den laeste dicto. Cornelis Jacobszen, j. m. Van Vreelandt, en Claesje Theúnis, j. d. Van Amsterdam.
den 7 Septemb.   Steven Jong, j. m. Van Oosterschier, en Dorothea Hÿls, j. d. Van Kent, Úÿt Engelᵗ.
den 28 dicto.   Andries Van Angola, Neger, en Anna Van Angola, Wedᵉ. Van Francisco Van Capo Verde.

* From the same place.   † Both living at New Amsterdam.

den 26 Octob. Egmont Sticke, j. m. Úÿt de Provincie Van Sútfolck, en Hanna Bellingram, j. d. Úÿt de Provincie Van Lincol.
den 2 Novemb. Thomas Cornelis, j. m. Úÿt de Provincie Van Hertfort, en Elisabeth Fiscock, j. d. Van Pleymoúth in Engel^t.
den 9 dicto. Michael Búgúet, j. m. Van Novan in Vranckrÿck, en Elizabeth Rosencrans, Wed^e. Van Vlissingen.
den 16 dicto. Henricús Sibelszen, j. m. Van Langendÿck, en Marritje Theúnis, j. d. Van Naerden.

[575]
den laesten dicto. Anthony Ferdinand, j. m. Van Cascalis, in Portugal, en Maria Van Angola.
den 7 Decemb. Jan Foúrbús, j. m. Van Westeraes in Sweden, en Margariet Frankens, j. d. Úÿt Loster in Engel^t.
den 21 dicto. Remmet Janszen, j. m. Van Jeveren, en Janneken Rapalje, j. d. Van N. Nederl^t.

A° 1643.

den 15 Mart. Wessel Evertzen, j. m. Van Naerden, en Geertie Boúwkens, j. d. als vooren.
den 19 April. Roelof Janszen, j. m. Úÿt Noordwegen, en Geertrúÿd Jacobs, Van Emmenes, Wed^e. Van Gerr^t Janszen.
den 17 Maÿ. Adriaen Pieterszen, Van Alcmaer, Wed^e. Van Grietje Pieters, en Elsje Jans, Van Breestede.
den 14 Jún. Húÿg Aertsen, Wed^r. Van Annetje Theúnis, en Trÿntje Harders, Wed^e. Van Hendrick Holst.
den laeste Aúg. Pieter Collet, j. m. Van Coningsbergen in Prúÿsen, en Aeltje Jans, Van Bremen, Wed^e Van Jan Corñ. Van Rotterd.
den 1 Sept. Thomas Willet, j. m. Van Bristol in Engel^t, en Sara Cornell, j. d. Van Essex in Engel^t.
den 24 dicto. Gÿsbert op dÿck, j. m. Van Wesel, en Catharina Smit, j. d. Úÿt Oúdt Engel^t.
den 30 Octob. Willem Otkens, j. m. Úÿt Engel^t, en Súsanna Sommers, j. d. als voren.

A° 1644.

den 23 Mart. James Greves, j. m. Úÿt de Provincie Van Hertfort, en Rebecca Jaspers, j. d. Uÿt de Provincie Van Búckingam.

[576]
den 4 Jún. Welem Gelder, en Anna Catharÿn.
Eodem. Ambrosiús Van London, en Maria Goor.
den 3 Júl. Melem Harloo, j. m. Uÿt de Provincie Van Middelsaxen, en Elsje Jans, Wed^e Van Jan Pieterszen.
den 10 dicto. Pieter Van der Linden, Wed^r Van Elsien Barents, en Martha Ekomberts, Wed^e Van Jan Monmÿe.
Ultimo Júl. Evert Janszen. j. m. Van Embden, en Súsanna dú Trieúx, j. d. Van N. Nederl^t.

den 21 Aúg.	Jan Corlÿ, Van Noortfort, Wed^r. Van Philippa Zaals, en Maria Sloofs, Wed^e Van Jan Sloofs.
den 4 Sept.	Wilhem Bredenbent, j. m. Van Ceúlen, en Aeltje Braconie Wed^e Van Corñ. Lamberts.
den 9 Octob.	Paúlús Vander Beeck, j. m. Van Bremen, en Maria Thomas, Wed^e Van Willem de Cúper.
Eodem.	Henrÿ Brezier, j. m. Uÿt de Provincie Van Essex, en Súsanna Wathens, Wed^e Van Willem Wathens.
den 23 Oct.	Samuel Van Angola, en Catharina de Angola.
den 30 dicto.	Jan Leckwoút, Wed^r Van Anna Winters, en Janneken King, j. d. Van Hertfort.
den 20 Nov.	Henrÿ Peers, j. m. Uÿt Oūdt Engelandt, en Sara Broút, Wed^e Van Thomas Húgesson.
[577]	
den 27 dicto.	Emanúel de Angola, en Christina de Angola.
Eodem.	Anthonÿ de Chongo, en Francisco de Angola.

A° 1645.

den 12 Febr.	Paúlús Heÿman, j. m. Van Leÿden, en Trÿntje Barents, Wed^e Van Claes Driessen.
den 26 dicto.	Jeúriaen Fradell, j. m. Uÿt Moravien, en Trÿn Herxker, Wed^e Van Hendrick Harmens.
den 12 Mart.	Sÿbolt Claeszen, j. m. Van Hoorn, en Súsanna Jans, Wed^e Van Aert Theúnîszen.
Eodem.	Jan Haes, Wed^r Van Elsje Smits, en Janne Schabúels, Wed^e Van Edúwart Fiskoeck.
den 19 dicto.	Adam Brouwer, j. m. Van Ceúlen, en Magdalena Verdon, j. d. Van N. Nederl^t.
den 23 Júl.	Adriaen Dirckszen, j. m. Van Maerzen, en Marritje Lievens, Wed^e Van Phelix Gerritszen.
den 9 Aúgúst.	Thomas Grÿdÿ, Wed^r Van Janneken Isaacs, en Marÿ Robbertszen, Wed^e Van Jan Selis.
den 15 dicto.	Thomas Stephenszen, j. m. Van London, en Maria Bernards, Wed^e Van Willem Bernards.
den 27 Aúg.	Elbert Elbertszen, j. m. Van Nieúkercken, en Aeltje Cornelis, Wed^e Van Gerrt Wolfertszen.
den 22 Octob.	Mr. Adriaen Vanderdock, j. m. Van Breda, en Maria Doútheÿ, j. d. Van Heemstede.
den 26 Novemb.	Cornelis Corneliszen, j. m. en Aeltje Colet, Wed^e.
den 4 Decemb.	Harmen Smeman, j. m. Uÿt 't landt Vander Marck, en Elisabeth Everts, Wed^e Van Barne Dircks.
den 24 dicto.	Jan Liecht, Wed^r Van Jannetje Conincks, en Elsje Maŭrits, j. d. Van London.

A° 1646.

den 7 Jan.	Cornelis Maŭrichem, j. m. Van Leÿden, en Christina Pieters, j. d. Van Amsterd.
den 15 April.	Claes Cartenszen, j. m. Uÿt Noordtwegen, en Hilletje Hendricks.

den 7 Maÿ.	Gerrit Hendrickszen, j. m. Van Deventer, en Marie Lamberts, j. d. Uÿt N. Nederl^t.
den 3 Jún.	Rúth Jacobszen, j. m. Van Renselaerswÿck, en Trÿntje Janszen, j. d. Van Breestede.
den 15 Aúg.	Lovis Húlet, Wed^r Van Wackraet Rútte, en Helena Appelgat, Wed^e Van Thomas Farrington.
den 28 dicto.	Dirck Corneliszen, j. m. Van Wensveen, en Marritje Janszen, Wed^e Van Thÿmes Janszen.
den 9 Septemb. [579]	Evert Dúÿcking, j. m. Van Borken, en Hendrickje Simons, j. d. Van Noordthorn.
den 21 Octob.	Francisco d'Angola, en Lúcretia Albiecke, Van Angola.
den 28 dicto.	Sebastiaen de Britto, Van St Domingo, en Isabel Kisana, Van Angola.
den 2 Decemb.	Jan Van Angola, en Philippe Swartinne Van Angola.
den 10 dicto.	Pieter Laúrenszen, j. m. Van Yselsteÿn, en Belitjen Hendricks, j. d. Van Amsterdam.

A° 1647.

den 24 Febr.	Wilhem Keÿ, j. m. Van Haerlem, en Trÿn Roelofs, j. d. Van Amsterdam.
den 17 Mart.	Elken Janszen, j. m. Van Doccúm in Vriesl^t, en Jannetje Riet, j. d. Uÿt America.
den 27 April.	Abraham Willemszen, j. m. Van Amsterd, en Aechtje Jans, j. d. Van Norden.
Eodem.	Jan Aúgústinús, j. m. Van Cartagena, en Súsanna Van Nieúw Nederl^t.
Ultim. Jún.	Jacob Loper, Capt. Lúÿt^t j. m. Van Stockholm, en Cornelia Molÿn, j. d. Van Amsterd.
den 7 Júl.	Pieter Janszen, j. m. Uÿt Noordwegen, en Lÿsbeth Janszen, j. d. Van Amsterd.
den 21 dicto.	Claes Janszen Kúst, Wed^r Van Aechtje Cornelis en Geertje Nannincks, Wed^e Van Abel Reidenhasen.
[580] den 28 Júl.	Adam Maet, j. m. Uÿt Graefschap Esseck, en Jenne Húlet, j. d. Uÿt 't Graefschap Búckingam.
den 4 Aúgúst.	Simon Joosten, j. m. Uÿt 't landt Van Aelst, en Marritje Simons, Wed^e Van M^r. Pieter Vlúcht.
den 11 dicto.	Philip Janszen Ringo, j. m. Van Vlissingen, en Geertje Cornelis, Wed^e Van Jan Philipszen Van Amsterd.
den 18 dicto.	Johannes de La montagne, Wed^r Van Rachel Defour, en Agnietie Jilles, Wed^e Van Arendt Corszens Stam.
den 13 Octob.	Goúrt Coúrt, j. m. Van Noorthúÿsen in Gelderl^t, en Geertje Jacobs, j. d. Van Statÿn.
den 1 Nov.	Jan Janszen, j. m. Van Breestede, en Marritje Lúcas, j. d. Van N. Amsterd.
den 3 dicto.	Carel Ver Brúgge, j. m. Van Cantelberg, en Sara Cornelis, Wed^e Van Thomas Welert.
den 9 Decemb.	Jarge Woltzen, j. m. Van Jarmúÿden, en Rebecca Cornel, j. d. Uÿt oudt Engelandt.

A° 1648.

den 9 Febr.	Carle Morgÿn, j. m. Van Nieúpoort in oudt Engel^t, en Helena Appelgat.
den 23 dicto.	Albert Corñ. Wantenaer, j. m. Van Vechten en Trÿntje Harders Van Túnningen, Wed^e Van Húÿg Aertszen.
[581] den 16 May.	Jan Francisco, j. m. Van Angola, en Marie d'Angola; Neger en Negrinne.
den 10 Júne.	Jan Thomaszen Van Oostenvelt, j. m. en Geertúrÿd Andries.
den 12 Júl.	Pieter Leendertszen, j. m. Van Stavoren, trompetter, en Sara Daniels, j. d. Van Norwits in oŭdt Engelandt.
den 19 dicto.	Jacob Leendertszen Van der Grist, j. m. Van Amsterd. en Rebecca Fredricx, j. d. als voren.

A° 1649.

den 17 Jan.	Jan Janszen, j. m. Van Túbingen, en Baertje Hendricks Kip, j. d. Van Amsterd.
den 14 Febr.	Pieter Laúrens, j. m. Van Yselsteÿn, en Marritie Pieters, Van der Búrg, op Tessel.
den 18 April.	Simon Joosten, j. m. Van Meerbeecke, en Annetje Boelens, j. d. Van Amsterdam.
den 11 Júl.	Govert Loockermans, j. m. Van Túrnhoút, en Marritje Jans, j. d.
den 25 dicto.	Pieter Stoútenbúrg, en Aefje van Tienhoven.
den 8 Augst.	Claes Claeszen, van Ravox, en Súsanna Elias.
den 5 Sept.	Wilhelmús Beeckman, j. m. Van Zútphen, en Catalina de Boots, j. d. Van Amsterd.
[582] den 17 Octob.	Claes Corneliszen Van Voorhoút, en Brechtie Mariús, j. d. Van N. Nederl^t.
Eodem.	Tobias Teúniszen, Van Leÿden, Wed^e. en Janneken Lúÿens, Van Amsterd. Wed^e.
den 21 dicto.	Hendrick Jacobszen, j. m. Van Langendÿck, en Magdaleentje Gerrits, Wed^e. Van Amsterd.
den 24 dicto.	Willem Pieterszen de Groot, j. m. Van Haerlem, en Lÿsje Gerrits, j. d. Van Amsterd.
den 26 Decemb.	Jan Harmenszen Schút, Adelborst, j. m. Van Lúbeck, en Margarietje Denÿs, j. d. Van N. Nederl^t.

A° 1650.

den 9 Jan.	Lovis Joriszen, j. m. Van der Veer in Zeel^t, en Neeltje Doúwens, Wed^e Van Jan Janszen, Van Ditzmarsen.
den 22 dicto.	Jan Peers, j. m. en Magdeleentje Jans, j. d. Van Ditzmarsen.
den 6 Febr.	Jan Arentszen Van der Bilt, j. m. en Anneken Hendricks, j. d. Van Bergen in Noorwegen.
den 20 dicto.	Jan Peeck, j. m. en Marie Volckers, Wed^e.

Eodem.	Jacob Janszen, j. m. en Jannetje Jacobs, j. d. Van Amsterdam.
[583]	
den 19 April.	Teúnis Jacobszen, Van Schoonderwoúrt, j. m. en Sara Denÿs, j. d. Uÿt Oúdt Engelant.
Eodm.	Volckert Janszen, j. m. Van Frederickstadt, en Dorothea Jans, j. d. Van Breestede.
den 29 Maÿ.	Hendrick Corneliszen Van Valckenbúrg, Wed^e. Van Francÿntje Frans, Marie Boúwens Van Londen, Wed^e. Van Ritzart Heÿn.
den 7 August.	Mathÿs Capido, j. m., Van Bontze, en Elsje Pieters Van Hambúrg, Wed^e. Van Hans Webber.
den 20 dicto.	Jan Hageman, j. m. en Margarita Clerck, j. d.
den 25 Jún.	Jan Janszen, j. m. Van den ham, en Grietje Jans, j. d. Van Uÿtrecht.
den 1 Octob.	Joost Goúderús, j. m. Van Haerlem, en Jacomÿntie Wallings, j. d. Uÿt Noordt Holl^t.
den 22 dicto.	Dirck en Ariaentje Wallings, Wed^e. Úÿt Noordt Holl^t.
den 27 dicto.	Jan Maston, j. m., Úÿt Engelandt, en Dievertje Jans, j. d., Úÿt Noordt Holl^t.
den 12 Nov.	Dirck Claeszen, j. m. Van Bremen, en Aechtje Jacobs, j. d. Van ^sHertogenbosch.
den 11 Decemb.	Harmen Janszen, j. m. Úÿt Hessen, en Maria Malaet, j. d., Úÿt Angola.

[584]   A° 1651.

den 10 Decemb.	Aúgústÿn Hermans, j. m. Úÿt Bohemen, en Janneken Verlet, j. d. Van Úÿtrecht.
den 17 dicto.	Jan de Peÿster, j. m. Van Haerlem, en Cornelia Lúbberts, j. d. Van Haerlem.
den 31 dicto.	Gerrit Janszen, j. m. Van Haerlem, en Aeltje Lamberts, j. d., Van Uÿtrecht.

               A° 1652.

den 7 Jan.	Pieter Corñ. Vanderveen, j. m. Van Amsterd. en Elsje Tÿmens, j. d. Van N. Amsterd.
den 21 dicto.	Claes Thÿssens, j. m. Van Amsterdam, en Súsanna Pieters Smit, j. d. Van Amsterd.
den 3 Mart.	Jeúriaen Simons Fradel, Wedúwenaer, en Maria Brandts, j. d., Van Amersfoort.
den 24 dicto.	Isaacq Grevenraet, j. m. Van Amsterd, en Lÿsbeth Jeúriaens, j. d. als voren.
den 28 dicto.	Claes Janszen, j. m. Úÿt de Meyerye Van ^sHertogenbosch, en Volcke Jans, j. d. Van S^t. Marten Úÿt N. Holl^t.
den 31 Mart.	Caspar Steÿnwits, Wed^r. Van Dorothea Aestens, en Janneken Gerrits, j. d. Van Zútphen.
den 5 Maÿ.	Joris Stephenszen Van Brúgge, j. m. en Geesje Harmens, j. d. Van Witmont.

[585-6]
TROUW-BOECK OFT REGISTER DER PERSONEN, DIE HIER INGESCHREVEN, ENDE HIER OFT BÚŸTEN DESE STADT NEW-YORKE GETROÚWT ŽYN.

II. DEEL.

[TRANSLATION.]
MARRIAGE BOOK, OR THE REGISTER OF THE PERSONS WHO ARE HEREIN RECORDED, AND WHO HAVE BEEN MARRIED HERE, OR OUTSIDE OF THE CITY OF NEW YORK.

PART II.

[587]   A° 1652

den 15 Maÿ. Jan Pieterszen Van Húsúm, Wedr., en Grietje Jans Van Groeningen.
den 4 Aúgúst. Jacob Cúrlaer, Van Nieukercke, Wedr en Lÿsbeth Van Hoogvelt, Van Arnhem.
den 25 diet. Andries Pieterszen Kúÿper, Van Amsterd, en Lambertje Morges, Van Úÿtrecht, Wedᵉ.
den 8 Septemb. Jan Janszen Van Groeningen, Wedr. Van Agnietje Andries, en Geesje Jans, Van Groeningen, Wedᵉ. Van Caspar Springsteÿn.
den 14 dicto. Albert Janszen, Wedr. Van Hilletje Willems, en Elpken Neven, Van Eckelvaer in Holsteÿn, Wedᵉ. Van David Clement.
Eodem. Hendrick Janszen, Van Aschwaerde in't Stift Bremen, en Magdaleen Jans Van Swol.
Eodem. Domingo Angola, Neger, en Francienne Mandeere, Negrinne.
den 22 dicto. Jan Nagel Van Limbúrg, en Grietje Dircx, Wedᵉ. Van Jan Schút.
den 6 Octob. Jacob Pieterszen, Van Leÿden, en Grietje Jans, Van Ditmarsen.
[588]
den 18 dicto. Ide Corneliszen Van Voorst, van N. Amsterd. en Hilletje Jans Van Oldenbúrg.
den 24 dicto. Cornelis Hendrickszen, Van Dort, en Magdaleen Dircks, van N. Amsterd.
den 22 Novemb. Barent Janszen Bal, Van Velthúÿsen in't Graefschap Benthem, en Anneken Pieters Úÿt Holsteÿn, Wedᵉ. Van Jacqúes Kinnekom.
den 29 dicto. Hans Janszen Van Noordtstrant, en Janneken Gerrits Van Loon op't Sandt in de Mayerÿe Van den Bosch.

den 4 Decemb. Hendrick Janszen,Van Schalckwÿck in't Stecht Úÿtrecht, en Trÿntje Lúbberts, Van't Fort Orangien.
den 18 dicto. Charles Morgan, Van Nieúpoort in Wallis, en Catalÿntje Húÿberts van Haerlem.

A° 1653

den 1 Febr. Pieter Roelofszen van Úÿtrecht, en Willemÿntje Jans van Úÿtrecht.
den 2 dicto. Emanúel Pieterszen, Neger, en Dorethea Angola Negerinne.
den 8 dicto. Paúlo Negro, en Anthonia Negrinne.
Eodem. Isaac Hendrickszen Kip, en Catalÿntje Hendricks Snÿers.
den 14 Mart. Anthony Angola, en Anna Van Capoverde.
den 29 dicto. Hacke Brúÿsen, Van Weische in Smallandt, en Anneken Jans, Úÿt Holsteÿn.
[589]
den 7 April. Jacobús Schellinger, van Amsterdam, en Cornelia Mellÿns, Wed°. Van Jacob Loper.
den 16 May. Isaac Bethloo, Van Calis in Vranckrÿck, en Lÿsbeth Potters, Van Batavia in Oostindien.
den 1 Septemb. Jan Swaen, Van Stockem in't landt Van Lúÿck, en Marritje Jans.
den 3 dicto. Hans Fommer, Van Hirts Velt, en Marÿken Húÿberts Van Geestrúÿdenberg.
den 11 dicto. Claes Claeszen Smit, Van Amersfoort, en Geertrúÿd Willekens, Van Hambúrg, Wed° Van Hendrick Gúlick.
den 25 Octob. Jan Janszen Van Oostersont, en Anneken Hendricks, Van N. Amsterdam.
den 18 Novemb. Johannes Neviús, Van Solen in de Betúwe, en Ariaentje Bleÿck, Van Batavia in Oostindien.
den 19 Decemb. Pieter Janszen Van Werckendam in Gelderl^t., en Ariaentje Gerrits Van Amsterdam.

A° 1654.

den 1 Febr. Anthonÿ Mattheúszen, en Maria Anthonÿ, Negres.
den 14 dicto. Jacob Hendrickszen Kip, en Maria de Lamontagne, Van Amsterdam, getroúwt den 8 Mart.
den 16 April. Gerlach Michielszen Van Collúmer Zÿll, en Lÿsbeth Thÿssens, Wed°. Van Marÿn Ariaenszen.
den 19 April. Hendrick Gerritszen Van Nes in Embderlandt, en Anneken Wessels Van Colen.
[590]
Eodem. Herman Theúniszen Van Zell in Múnsterl^t, en Grietje Cosÿns Van N. Amsterd.
den 20 dicto. Gerrit Hendr. Van Waerdenbroeck, in't landt Van Cleeft, en Hermken Heermans, Wed°. Van Willem Janszen.
den 20 Maÿ. Lowÿs Janszen Van Ysendÿck, en Aeltje Doúwens, Wed°. Van Leúwis Joriszen.

den 22 dicto.	Barent Andrieszen, Van Wreede in Westphalen, en Elsken Jans Van Voorden, in't Graefschap Zútphen, Wed^e. Van Jan Wesseling.
den 24 Jún.	Cornelis Van Rúyven, van Amsterdam, en Hillegond Megapolensis, Van Pancras in Noordtholl^t.
den 15 Aúg.	Gerrit Janszen Van Steenwÿck, en Pietertje Heertjes, Wed^e Van Claes Jacobszen.
den 1 Novemb.	Jan Dareth Van Uÿtrecht, en Rÿckje Van dÿck, Van Uÿtrecht.
den 27 dicto.	Thomas Lambertszen Van Naerden, en Jannetje Jans, Wed^e Van Jeúriaen Andrieszen.
den 28 dicto.	Dirck Smit Van Lockem, Vaendrig, en Anneken Meÿnderts Van Doorn in Embderl^t.
den 18 Decemb.	Willem Janszen Van Heerd in Gelderl^t, en Leentje Martens, Wed^e Van Jockem Pieterszen.

[591] A^0 1655.

den 5 Febr.	Jan Perie, Van pont Le feecke, en Aefje Leenderts Van N. Amsterdam.
den 19 dicto.	Jacob Uges, Van de Stadt Orangien, en Magdaleen Briell Van Amsterdam.
den 24 dicto.	Gÿsberts Lúbberts, Uÿt de Beemster in Noordt Holl^t. Lÿsbeth Thomas, Van Londen.
den 26 dicto.	Hendrick Folckers, Van Jever in Oldenbúrgerl^t, en Geertje Claes, Van N. Amsterdam.
den 24 Mart.	Jacob Theúniszen Van Naerden, en Neeltje Cornelis Van Amsterdam.
den 30 April.	Jan Gerritszen Van Boxtel, en Grietje Jans, Van Amsterdam.
den 14 May.	Cornelis Hendrickszen, Van Pútten bÿ de Briel, en Stÿntje Hermans, Van Amsterdam.
den 26 dicto.	Nicasiús de Silla, Van Aernhem, en Trÿntje Crougers, Van de Hage.
den 28 dicto.	Jean dú Pré Van Coma, en Margariet Jans, Uÿt Schotlandt.
den 29 dicto.	Samúel Idsall Van Ridding in Barvÿcshier in Oŭdt Engelandt, en Jannetje Wessels Van Aernhem in Gelderlandt.
den 6 Jún.	Nicolaes Meÿer, Van Hamborg, en Lÿdia Van Dÿck, Van Úÿtrecht.
den 12 dicto.	Hendrick Hendrickszen Van Doesbúrg in Gelderlandt, en Marritjen Hendricks Van Haerlem.
[592] den 18 dicto.	Claes Allertszen Paradÿs, Van Zútphen, en Marÿken Mellÿns, Van Amsterdam.
den 4 Júl.	Tobias Wilbergen, Van Torreb in 't Jútland, en Hilletje Jaleff, Úÿt Oldenbúrgerlandt.
den 7 Aúg.	Simon Claeszen Van Groeningen, en Anneken Lodewÿcx, Van Amsterd.

den 29 dicto.	Hendrick Zachariaszen Van Groeningen, en Folckje Claes Van Amsterdam.
den 26 Septemb.	Jacob Wolfertszen Van Coûwenhoven, en Magdaleentje Jacobs Van Amsterdam.
den 9 Octob.	Michiel Remboûts Van Amsterdam, en Janneken Dircks Van Hoorn.
den 10 dicto.	Thÿs Lûbbertszen, Van de Rÿp in Noordt holl^t, Trÿntje Jans, Van Amsterdam.
den 17 Oct.	Andries Andrieszen Van Westroos in Sweden, en Wits Wÿtes, Van Coûdûm in Vrieslant.
den 30 dicto.	Jacobûs Backer, Van Amsterdam, en Margariet Stûÿvesant, Van Delfs ziel.
den 12 Nov.	Andries Van der Slûÿs, Van Uÿtrecht, en Marritje Pieters, Van Amsterdam.
den 13 dicto.	Pieter Jacobszen Mariûs, Van Hoogwoûdt, en Marritje Pieters, Van Amsterdam.
den 20 dicto.	Lûcas Andrieszen, Van N. Amsterdam, en Aefje Laûrens Van Amsterdam.
den 4 Decemb.	Jan Theûniszen Van Tilbûrg, en Trÿntje Pieters, Van Amsterdam.

[593]   A° 1656.

den 13 Janûar.	Hûÿbert Hendrickszen Van Rodenkerchen, in't Stift Colen, en Marritjen Hendricks Van Norden, in Oost Vriesl^t.
den 4 Febr.	Adriaen Hendrickszen Sips, Van Breda, en Grietje Warnarts Van Schonevelt.
den 2 Mart.	Ellert Engelbertszen, Van Eland in Oost Vriesl^t, en Sara Waacker, Van Baston.
den 3 dicto.	Jan Widelte, Van Condom in Vranckrÿck, en Jannetje Jaspers, Van Amsterdam.
den 14 dicto.	Matthÿs Mûller, Van Diedenhoven, en Anneken Pieters, Van Amsterdam.
den 25 dicto.	Francoÿs Solÿ, Van Dora in Britannie, en Rose Nielle, Van Rochell, Wed^e. Van Stephanûs Sûget.
Eodem.	Allard Anthonÿ, Van Amsterdam, en Henrica Wessels, Van Uÿtrecht. Getrouwt den 12 April.*
Den 5 April.	Claes Thÿssen, Van Amsterdam, en Agnietje Strÿckers, Van Dwinglo in Drenth.
den 24 dicto.	Tjerck Claeszen de With, Van Grootholt in Zûnderlandt, en Barber Andrieszen, Van Amsterdam.
den 20 May.	Thomas Franszen Van Briston, en Elsje Jans, Wed^e Van Barent Andrieszen.
den 25 dicto.	Severeÿn Laûrenszen, Van Rootsisil, in Deenmarcken, en Trÿntje Reÿnderts, Wed^e. Van Arent Teemszen.

[594]

den 20 Jûl.	Fredrick Arentszen, Van Swartenslûÿs, en Grietje Pieters, Van Breda.

* Married the 12th of April.

den 5 Aúgust.	Pieter Corneliszen, Van Warbeer in Deenmarcken, en Briell Oúle, Van Gottenbúrg in Sweden.
Eodem.	Meÿnert Fredrickszen, Van Jeven, en Catharÿn Búrcharts, Van N. Amsterd.
den 9 Sept.	Simon Fell, Van Diepen in Vranckrÿck, en Anneken Vincent, Van Amsterdam.
Eodem.	Christoffel Crioell, Van Sᵗ. Thomas, en Maria Angola, Wedᵉ. Van Gerasÿ Angola.
den 30 dicto.	Hendrick Van Bommel, en Rachel Detrien, Van Amsterd. in N. Nederlᵗ.
den 5 Octob.	Andries Claeszen, Wedʳ. Van Agnietie Anthonis, en Marritje Jans, Van Amsterdam.
den 7 dicto.	William Coúck, Van Scharetz-Strÿt in Engelᵗ en Sara Pieters, Wedᵉ Van Jan Janszen Schepmoes.
den 14 dicto.	Nicolaes Verlet, Wedʳ Van Súsanna Jillis, en Anna Stúÿvesants, Wedᵉ Van Samúel Baÿarts.
den 21 dicto.	Abraham Lúbberts, Van Amsterdam, en Francÿntie Andries, Van Amsterdam.
den 5 Nov.	Mattheús de Vos, Wedʳ Van Anna Peters, en Maria Pollet, Wedᵉ Van Philip Gerar.
[595] den 11 Nov.	Claes Janszen Van Púrmesendt, en Anneken Cornelis, Van Voorst.
den 18 dicto.	Albert Leonards, Van Amsterdam en Ariaentje Corñ. Trommels, Wedᵉ Van Corñ Claeszen Swits.
den 1 Decemb.	Abraham Kermer, Van Hambúrg, en Metje Davids, Van Aernhem.
den 31 dicto.	Claes Pieterszen Cos, Wedʳ Van Neel Engels, en Grietje Maes, Wedᵉ Van Claes Thomaszen.

A⁰ 1657.

den 4 Febr.	Christiaen Nÿssen romp, Van Holsteÿn, en Stÿntje Pieters Van Coppenhagen.
den 3 Mart.	Herman Hendrickszen, Van Bergen in Noordwegen, en Magdaleen Dircks, Wedᵉ Van Cornelis Caper.
den 14 April.	Claes Michielszen Van Amsterdam, en Anne Marie Gerbrants, Van Norden in Embderlᵗ.
den 20 dicto.	Evert Hedeman, Úÿt't Graefschap Schoúwenbúrg, en Elsje Reúvenkomp, Úÿt't landt Van Marck.
den 2 Jún.	Pieter Janszen Van de Langestraet, Wedʳ. Van Dirckje Jans, en Marritje Jeúriaens, Van Coppenhagen in Deenmarcken.
den 13 dicto.	Pieter Laurenszen Cock, Van Alberch in Deenmarcken, en Anneken Dircks, Van Amsterdam.
den 15 dicto.	Gabriel Corbesÿe, Van Leúven, en Teúntje Straetsmans, Wedᵉ Van Tieleman Jacobszen.
[596] den 5 Júl.	Dirck Weÿerts, Wedʳ. Van Trÿn Dircks. en Lÿsbeth Pieters, Wedᵉ Van Jan Húÿgen.

den 9 Aug.	Jacob Jacobszen Van Middelbúrg in Zeelᵗ., en Machtelt Michiels, Van Amsterd. N. Nederlᵗ.
den 17 dicto.	Jacob Stoffelszen, Wedʳ. Van Wrouwtje Ides, en Trÿntje Jacobs, Wedᵉ Van Jacob Walingen.
Sonder datúm.*	Francoÿs de Brúÿn, Van Amsterdam, en Catharÿn Verlet, Van Amsterdam.
Sonder datúm.	Fredrick Lúbbertszen, Wedʳ Van Stÿntje Jans, en Trÿntje Hendricks, Wedᵉ Van Cors. Pieterszen.
den 13 Octob.	David Pieterszen Schúÿler, Van Amsterdam, en Catalÿn Ver Plancken, Van Amsterd., in N. Nederlᵗ.
den 28 dicto.	Cornelis Janszen Clopper, Van Bergen op Zoom, en Heÿltje Pieters, Van Amsterdam.
Eodem.	Christiaen Pieterszen, Van Húsem in 't landt Van Holsteÿn, en Trÿntje Cornelis, Van Durgerdam in Noordt. Hollᵗ.
den 2 Novemb.	Jan Ariaenszen Van Sardam, Wedʳ. Van Pietertje Sippes, en Stÿntje Jans Van Nimmegen.
Eodem.	Lúcas Pieterszen, en Anna Jans, Negros.
den 15 dicto.	Barent Egbertszen, Van Schuttorp in 't Graefschap Benthem, en Aechtje Alberts, Van Embderlant.
den 24 dicto.	Hendrick Loef, Uÿt 'tStift Fúlda in Thúringen, en Geertje Hendricks Van Zútphen.
[597] den 1 Decemb.	Pieter Narne, Van 'ˢ Gravensande, Wedʳ. Van Catharÿn Stelting, en Janneken Rancke, Wedᵉ Van Thomas Colÿn.

A° 1658.

den 19 Janúar.	Cornelis Van Langevelt, Van Sᵗ. Laúrens in Vlaenderen, en Marÿtje Jans, Van N. Amsterdam.
den 9 Febr.	Gabriel Martÿn, Úÿt Vranckrÿck, en Jannetje Boda, Van Delf.
den 15 dicto.	Christiaen Toemszen, Van Strabroeck in Brabant, en Engeltje Jacobs, Van Hoog-harsteen, in Holsteÿn.
den 29 Mart.	Cornelis Corneliszen, Van Lexmond in 't landt Van Vianen, en Willemtje Gÿsberts, Van Barnevelt op de Velúwe.
Eodem.	Johannes Pieterszen Ver Brúgge, Van Haerlem, en Catharina Roelofs, Wedᵉ Van Lúcas Rodenborg. Getrouwt den 24 April.
Eodem.	Jacob Toeniszen Van Túÿl in Gelderlᵗ., en Hilletje Toenis, Van N. Amsterdam.
den 4 May.	Marten Claeszen Van Búnnick, in't Sticht Van Uÿtrecht, en Jannetje Cornelis, Van Amsterdam.
den 11 dicto.	Barent Gerritszen, Van Swol in Overÿssel, en Grietje Dircks, Wedᵉ. Van Jan Nagel.
Eodem.	Cornelis Steenwÿck, Van Haerlem, en Margareta Riemers, Van Amsterdam. Getrouwt den 5 Jún.

* Without date.

den 1 Jún.	Willem Janszen Traphagen, Van Lemgo, Wed^r. Van Jútge Claes Groenvis, en Aeltje Dircx, Van Steenwÿck.
[598] Eodem.	Jeûriaen Janszen, Van Aúrick in Oost Vriesl^t., en Harmentje Jans, Van Zútphen.
den 26 Júl.	Philippùs Jacobús Schooff, Van Antwerpen, en Jannetje Toenis Kraÿ, Van Amsterdam in Nederl^t.
den 27 dicto.	Dirck Hoúthúÿs, Van Amsterdam, en Geesje Steedts, Van Swol.
den 1 Septemb.	Paúlús Pieterszen, Van Merven, in't Stift Colen, en Trÿntje Martens, Van Aken in't landt Van Gúlick.
Eodem.	Nicolaes de La pleine, Van Bersweer in Vranckrÿck, en Súsanna Cresson, Van Rÿswÿck.
den 29 Nov.	Paúlús Schrick, Van Neúrenberg, en Maria Verlet, Wed^e, Van Johannes Van Beeck.
den 30 dicto.	David Wessels, Uÿt Oost Vrieslant, en Tÿtje Gommers, Van Jever.
den 7 Decemb.	Barent Joosten, Van Witmont in Embderl^t. en Sÿtje Laúrens, Van 't lange Eÿlant in N. Nederl^t.
den 12 dicto.	Laúrens Andries, Úÿt Holsteÿn, en Jannetje Jans, Wed^e. Van Christaen Barents.

[599]   A^0 1659.

den 3 Janúar.	Gÿsbert Martenszen, Van Loenen in't Sticht Van Uÿtrecht, en Neeltje Jans, Van Amsterdam.
den 17 dicto.	Pieter Hendrickszen Christiaens, Van Voorbúrg, en Christina Bleÿers, Van Stoltenon in Lúnenbúrgerl^t.
Eodem.	Gerrit Janszen Van Campen, Soldaet, en Macktelt Stoffels, Wed^e. Van Anthonÿ Lodewÿck.
den 14 Febr.	D. Samúel Drÿsiús Predic^t. tot N. Amsterdam, en Lÿsbeth Grevenraedt, Wed^e Van Elbert Elbertszen Glaserñ.
den 15 dicto.	Jan Artisert, Alias Niensovisch, Van Amsterdam, en Catharina Keerloos, Van Cambrigs in Oudt Engelandt.
den 22 dicto.	Jan Gúisthoút Van der Linden, Van Brússel, en Jannetje Barents, Van Haerlem.
Eodem.	Hieronymús Ebbing, Van Hambúrg, en Johanna de Laet, Wed^e. Jan de Húlter.
den 1 Mart.	James Chamel, Van Aberdúÿn, Soldaet, en Anneken Ranckes, Wed^e Van Pieter Narne.
Eodem.	Gÿsbert Toemszen, Van Barnevelt, Wed^r. Van Aeltje Wouters en Magdaleen Waele, Wed^e. Van Jochem Calker.
den 5 April.	Isaac Abrahamszen, Van N. Amsterdam, en Jannetje Jans, Wed^e. Van Adam Sandt, Van Arnseÿm.
den 2 Maÿ.	Rÿck Hendrickszen, Wed^r. Van Júdith Cornelis, en Annetje Roelofs, Van Amsterdam.
[600] den 1 Jún.	Thomas Verdon, Wed^r. Van Barber Imbroeck, en Jannetje Claes, Wed^e Van Tobias Toemszen.

Eodem.	Fredrick Hendrickszen Cúÿper, Van Oldenbúrg, en Annetje Christoffels, Van Amsterdam.
den 6 dicto.	Meÿnert Barentszen, Van Jever in Oldenbúrg, en Anneken Cornelis, Van N. Amsterd.
Eodem.	Nicolaes Velthúÿsen, Van Lúbeck, Wed^r Van Jannetje Willems, en Aeltje Lúbberts, Wed^e Gerrit Bicker.
den 7 dicto.	Jan Lúbbertszen, Van Edam, en Magdaleentje Theúnis, Van Voorsthúÿsen.
den 5 Júl.	Cornelis Janszen, Van Leÿden, Wed^r. Van Lÿsbeth Jans, en Josÿntie Ver Sagen, Wed^e. Van Thomas Thomaszen.
den 12 dicto.	Francoÿs Le jere Van Scalmenÿ bÿ Diepen in Vranckrÿck, en Jannetje Hillebjants, Van Amsterdam.
den 19 dicto.	Jan Gervon, Van Beaúmont in Walslant, Soldaet, en Lÿsbeth Hendricks Wed^e. Van Laúrens Janszen Deenmarcken.
Eodem.	Hendrick Hendrickszen, Van Groeningen, Soldaet, en Stÿntie Thomas, Van Amsterdam.
den 26 dicto.	Cornelis Jacobszen Stille, Wed^r. Van Claesje Theunis, en Trÿntje Walings, Van Amsterdam.
den 28 dicto.	Jeams Braddÿs, Wed^r. Van Hanna Manning, en Catharina Cronenbúrg, Wed^e Van Pieter Albertszen.
den 5 Aúgúst.	David Jochemszen, Van Amsterdam, en Christina Cappoens, Wed^e Van Jacob Heÿ.

[601]

den 10 Aúg.	Abraham Janszen, Van 't Zúÿdtlandt in't landt Van de Briel, en Trÿntje Kip, Van Amsterdam.
Eodem.	Hans Christiaenszen, Van Holsteÿn, Wed^r. Van Engeltje Jans, en Marÿtje Cornelis, Van Flensbúrg in Holsteÿn.
den 29 dicto.	Willem Bogardús, Van N. Amsterdam, en Wÿntje Sÿbrandts, Van O. Amsterdam.
den 5 Sept.	Gerrit Janszen, Wed^r. Van Aeltje Lamberts, en Trÿntje Arents, Van Amsterdam.
Eodem.	Jacob Farmont, Van Brússel, Soldaet, en Annetje Andries, Van Swoll.
den 20 dicto.	Sebastiaen Claes Van Sevenhúÿsen, en Marritie Theúnis, Van Amsterd. in N. Nederl^t.
den 24 dicto.	Claes Gangolfs Visscher, Van Amsterdam, en Leúntje Pieters, Wed^e Van Cornelis Janszen Cloppenbúrg. .
den 2 Octob.	Gerrit Hendrickszen, Wed^r. Van Ytie Jans, en Lÿsbeth Cornelis, Wed^e Van Marcús Pieterszen.
den 4 dicto.	Cornelis Janszen Van Hoorn, en Anne Marie Janszen, Van Tamerica.
Eodem.	Franciscús Neger Catharina Negrinne } Slaven Van Corñ. de Potter.
den 10 dicto.	Pieter Rodolphús de Vries, Wed^r. Van Francina Berck, en Margariet Hardenbroeck, Van Ervervelt.
den 18 dicto.	Dirck Janszen, Wed^r. Van Janneken Theúnis, en Geertie Jans, Van S^t. Marten in Noordtholl^t.

[602]

den 1 Novemb.	Jan Janszen de Jonge, Wed'. Van Cornelia Van der Vloedt, en Catharina de Brûll, Wed^e Van Anthonÿ Rademan.
den 2 dicto.	Jan Beeren Van Roermondt, Soldaet, en Lÿsbeth Dircks Van Swol.
Eodem.	Jan Janszen Van Langestraet, en Marritjen Arents Van Zútphen.
den 30 dicto.	Jan Maúrits, Ûÿt Oúdt Engelandt, en Marritjen Hendricks, Van Amsterdam.
den 5 Decemb.	Jan Dúpree, Wed'. Van Margariet Orommete, en Jannetje Sÿmons, Van Amsterdam.
Eodem.	Denÿs Van Hartevelt, Van Wÿck te Dúúrstede, en Lÿsbeth Jans, Van Amsterdam.

A° 1660.

den 2 Jan.	Jan Meÿnertszen, Van Jever, en Belitje Plettenberg, j. d. Van Amsterdam.
den 9 dicto.	Meÿnart Coúrten, Soldaet, Van Aernhem, en Maria Pieters, j. d. Van Amsterd. in N. Nederl^t.
den 10 dicto.	Herman Jacobszen, Van Embden, Soldaet, en Weÿntie Martens, j. d. Van Amsterdam.
Eodem.	Hendrick Martenszen, j. m. Van Coppenhagen, en Margariet Meÿers, Wed^e. Van Herman Janszen.
den 23 dicto.	Andries Andrieszen, Timmerman, op 't Galjoot, en Anneken Salomons j. d. Van Amsterdam.

[603]

den 30 dicto.	Arent Leonartszen, Van Amsterdam, en Gÿsbertje Hermans, Van Voort húÿsen.
den 10 Febr.	Stoffel Gerritszen Van Laer, en Catharina Jans, Ûÿt den Hage.
den 29 dicto.	Hendrick Kip, Van Amsterdam, en Anna de Sillen, Van Wÿck.
Eodem.	Frans Kregier, Van Borcken, en Walbúrg de Silla Van Mastricht.
den 9 April.	Willem Willemszen Van Amsterdam in N. Nederl^t., en Geertrúÿd Van Múlheÿm, Van Meúrs.
den 10 dicto.	Reÿnier Willemszen, Ûÿt Oldenbúrgerl^t. en Súsanna Arents, Van Amsterd. in N. Nederl^t.
den 16 dicto.	Jan Joriszen, j. m. Van N. Amsterd. en Maria Fredricks, Ûÿt den Hage.
den 17 dicto.	Hendrick Janszen, Van Amsterd. en Sara Thomas, Van Pleÿmúth.
Eodem.	Michiel Verie, en Aeltje Claes.
den 23 dicto.	Arent Jeúriaenszen Van Oldenzeel, in de Twent, en Belitje Lodowÿcx, Van Amsterdam.

den 8 Maÿ.	Dirck Gerritszen Van Tricht, in't Graefschap Van Búúren, en Geertje Hendricks, Wedᵉ Van Andries Hoppe.
den 29 dicto.	Lovÿs Angola, en Hilarÿ Criolÿo, Negros.
[604]	
den 4 Jún.	Jan Joosten j. m. Van Haerlem, en Trÿntje Jans, Van Haerlem.
den 11 dicto.	Barent Christoffelszen Crúÿtdop, Wedʳ. Van Ursel Coenraets, en Margariet Grootjen, j. d. Van Aken.
den 18 dicto.	Johannes Beck, j. m. Van Staelbúrg in Gulickerlᵗ, en Anneken Rÿckholts, Van Rútenbeeck, j. d. Van Amesfort.
den 19 dicto.	Ariaen Janszen, Van Tserooskerck, en Niesje Van der Leeuwen, Van Zútphen.
den 3 Júl.	Wolfgang Carstenszen, Van Wolffenbúttel, Soldaet, en Elsje Jans Jans, Wedᵉ Van Hendrick Janszen, en zÿn gestút sonder voortganck te hebben.[1]
den 12 Sept.	Paúlús Turck, j. m. Nÿt den Hage, en Aeltje Barents Coel, j. d. Van Amsterd. in N. Nederlᵗ.
den 21 dicto.	Adam Únkelba, Van Rováen, en Neel Jans, Van Amsterdam.
den 7 Octob.	Dirck Janszen Van Deventer, en Marÿtje Dircks, Van Hoorn.
Eodem.	Sigismúnd Lúcas, Wedʳ. Van Ingber Jans, en Geertrúÿd Búldering, Van Deventer.
den 23 dicto.	Jan Sprong, Van Bon, Soldaet, en Anna Sedelaers, Van Conincxbergen.
den 20 Nov.	Hendrick Lambertszen Mol, j. m. Van Amsterd., en Catharÿn Ringsfort, j. d. Van Sandwich, in oudt Engelᵗ.
[605]	
den 4 Decemb.	Marten Van Waert, j. m. Van Uÿtrecht, en Súsanna Ver Planck, j. d. Van N. Amsterdam.
den 18 dicto.	Jan Gerritszen, Van Worcúm, in Vrieslant, en Grietje Theúnis, Van Amsterd. in N. Nederlᵗ.
den 24 dicto	Meÿnart Barents, Wedʳ. Van Annetje Cornelis, en Trÿntje Reÿniers, Van Renselaerswÿck.

Aº 1661.

den 8 Jan.	Adam Dirckszen Van Colen, op N. Haerlem, en Magdaleentje Lamberts, Van Teelickhúÿsen, j. d. Van Steÿnfort.
den 15 dicto.	Willem Traphagel, Wedʳ. Van Aeltje Dircx, en Joosje Willems, Wedᵉ. Van Jan Verkinderen.
den 5 Febr.	Jonas Willemszen, Van Amsterd., Soldaet, en Priscilla Homs, j. d. Van Amsterd. in N. Nederlᵗ.
den 12 dicto.	Claes Haÿen, j. m. Van Beeren, Soldaet, en Marritje Claes, j. d. Van Amsterdam.

[1] And have been stopped without proceeding any further.

den 19 dicto.	Jan Doske, Van Tongeren, Soldaet, en Styntje Klinckenborgs, Van Aken, Wed^e. Van Roelof Swensbúrg.
den 26 dicto.	Cornelis Matthyszen, Van Stockholm, en Barentje Dircks, j. d. Van Meppel.
den 1 April.	Laúrens Van der Spiegel, j. m. Van Vlissingen, en Sara Webbers, j. d. Van Amsterdam.
den 7 dicto.	Hendrick Van der Wallen, j. m. Van Haerlem, en Celitjen Jans, Van Christiaenstadt in Deenmarcken.
[606]	
Eodem.	Anke Brúson, Wed^r. Van Anneken Jans, en Egbertje Dircks, Van Meppel.
den 23 Jún.	Stoffel Hooglandt, j. m. Van Haerlem, en Catharina Kregiers, j. d. Van Amsterd. in N. Nederl^t.
den 24 dicto.	Michael Croes, Van Danswyck, en Jannetje Theúnis, Van Iselsteyn, op Goemoenepa.
den 23 Júl.	Cornelis Andrieszen Hooglant, Úyt den Hage, en Aefje Leenarts, Wed^e. Van Jan Perie.
den 26 Aúgúst.	Daniel Rúychoú, j. m. Van Danswyck, en Catharyn Van der Beeck, Van Amsterd. in N. Nederl^t.
Eodem.	Francoys Dúpúis, j. m. Van Cales in Vranckryck, en Geertje Willems, j. d. Van Amsterdam.
den 3 Septemb.	Lambert Barentszen, j. m. Van Weryen, en Leentje Dircks Servaes, Wed^e. Van Arent Otto.
den 10 dicto.	Pieter Andrieszen, j. m. Van Thresonie in Brabant, en Geertrúyd Samsons, Wed^e. Van Jan Theuniszen, Van Wesop.
den 5 Novemb.	Jacob Danielszen, Wed^r Van Neeltje Húygen, en Annetje Minnen, Wed^e. Van Corñ. Nyssen.
den 18 dicto.	Simon Barentszen, j. m. Van Amsterdam, en Wyntje Arents, j. d. Van Amsterdam in N. Nederl^t.
den 26 dicto.	Pieter Janszen Scholt, Úyt den Hage, en Grietje Provoost, Úyt 't Vlacke bosch.

[607]   A° 1662.

den 6 Jan.	Cornelis Plúvier, Wed^r. Van Geertie Andries, en Neeltje Couwenhoven, j. d. Van Amsterd. in N. Nederl^t.
den 23 Febr.	Jan de Wit, j. m. Van Leerdam, en Geertrúyd Wyngaert, j. d. Van Colen.
den 14 April.	Egbert Beening, j. m. Van Groeningen, en Geertrúyd Claes, j. d. Van N. Amsterdam.
Eodem.	Valentyn Claes, j. m. Uyt Saxenlant, en Marritje Jacobs, j. d. Van Beest, Uyt 't Graefschap Van Cúyleñb.
den 21 dicto.	Hendrick Van de Water, j. m. Van Amsterdam, en Margariet Van der Meúlen, j. d. Van Rotterdam.
den 27 dicto.	Jeremias Van Renselaer, j. m. Van Amsterdam, en Marritje Cortlant, j. d. Van Amsterdam.
den 9 Júl.	D. Henricús Selyns, Predic^t tot Breúckelen, en Machtilda Spect, j. d. Van Uytrecht, (getrouwt den 25 Júl.)

Eodem.	Húÿbert Lambertszen Moll, j. m. Van Aernhem, en Jannetje Willems, j. d. Van Meppel.
Eodem.	Jan Gerritszen Van Voorst, j. m. Van N. Nederl^t, en Sara Waldron, j. d. Van Amsterdam.
den 10 dicto.	Cornelis Aertszen, Wed^r. Van Belitje Hendricks, en Weÿntje Elberts, Wed^e. Van Aert Willemszen.
den 22 Jú^l.	Jan Hendrickszen Van Bommel, Wed^r. Van Lÿsbeth Jans, en Annetje Abrahams, j. d. Van Amsterdam.

[608]

den 5 Augúst.	Woúter Gerritszen, Van Coetwÿck in Gelderl^t, en Marritje Hendricks, Van Alcmaer.
den 23 Sept.	Barent Janszen, Van Embden, Soldaet, en Catharÿn Adriaenszen, Van Amsterdam.
den 6 Octob.	Joost Janszen Cocqúÿt, Van Brúgge in Vlaenderen, Soldaet, en Lÿsbeth Jans, Wed^e. Van Pieter Janszen Noorman.
den 28 dicto.	Herman Van Hoboken, Wed^r. Van Claertje Pieters, en Marritje Pieters, Wed^e. Van Andries Van der Slúÿs.
Eodem.	Marten Janszen Maÿer, Van Elsvliet, en Hendrickje Hermans, Van Amsterdam.
Eodem.	Laúrens Agresen, j. m. Van Maeslantslúÿs, en Anneken Onen, j. d. Van Embden.
Eodem.	Fredrick Philipszen, Van Bolswaert, en Margariet Hardenbroeck, Wed^e. Van Pieter Rúdolphs.
den 9 Decemb.	Paúlús Heÿmans, Wed^r. Van Trÿntie Barents, en Claesje Philips, j. d. Van Múÿden.
den 16 dicto.	Bartel Engelbertszen Loth, j. m. Van Reÿnerwoút in Drent, en Hermantje Barents, j. d. Van Reÿnerwoút.
Eodem.	Abraham Lambertszen Moll, en Jacomÿn Jacobs, j. d. Van Uÿtrecht.
den 28 dicto.	Jan Braún, Van Brisach, en Marritje Hendricks, Van Amsterdam.

[609]   A° 1663.

den 2 Febr.	Pieter Janszen, j. m. Van Amsterdam, op N. Haerlem, en Marritje Jacobs, j. d. Van Hoorn, op Hasÿmes.
den 10 dicto.	Alexander Stilteel, j. m. Van Dúÿnkercken, en Maria Burchhardts, j. d. Van Amsterd. in N. Nederl^t.
den 18 Mart.	Jacob Leÿsler, j. m. Van Franckfort, en Elsje Tÿmens, Wed^e. Van Pieter Van der Veen (getrouwt den 11 April, 1663).
Eodem.	Fredrick Gÿsbertszen Van den Berge, Wed^r. Van Pleúntie Gÿsberts, en Marritje Lúbberts, Wed^e. Van Abraham La Noÿe.
den 31 Mart.	Marten Hoffman Van Revel, en Lÿsbeth Hermans, Van Oetmarsen in Overÿssel.
den 6 April.	Willem Van der Schúúren, Soldaet, j. m. Van Loven, en Grietje Plettenbúrg, Wed^e. Van Jan Doreth.
den 28 dicto.	Pieter Súncam, j. m. Van Oÿe, en Debora Jans, j. d. Van Batavia.

den 3 Maÿ.	Adriaen Huÿbertszen, Wed^r. Van Júdith Roberts, en Thÿsje Gerrits, Wed^e. Van Willem Pieterszen.
den 4 dicto.	Joost Adriaensz'en, j. m. Van Pÿnacker, en Femmetje Hendricks, j. d. Van Meppel.
Eodem.	Jan ter Bosch, j. m. Van Tellúst, en Rachel Farnelie, j. d. Van Leÿden.
den 11 dicto.	Jan Montagne, Wed^r. Van Petronella Pÿckes, en Maria Farnelie, j. d. Van Leÿden.
den 2 Jún.	Hendrick Barentszen Smit, Van Lochem, en Geertie Willems, Van Nieúkercke.

[610]

Eodem.	Mones Pieterszen, Van Arbon, in Sweden, en Magdaleentje Van Tellickhúÿsen, Wed^e. Van Adam Dirckszen.
Eodem.	Isac Grevenraedt, Wed^r. Van Lÿsbeth Grevenraedt, en Marritje Jans, j. d. Van Amsterdam.
den 9 dicto.	Thomas Laúrenszen, j. m. Van Groeningen, en Marritje Jans, Wed^e. Van Cornelis Langevelt.
den 1 Sept.	Jacqúes Cresson, Van N. Haerlem, en Maria Reÿnard, aen de Manhatans.
den 16 dicto.	Gerrit Hendrickszen Boog, j. m. Van Amsterdam, en Hendrick Paden, Van S^t. Francisco.
den 23 dicto.	Jacob Abrahamszen, j. m. Van Amsterdam in N. Nederl^t, en Catalÿntje Elslandt, j. d. Van Amsterdam.
den 20 Octob.	Jan Pieterszen, Van Goestorp, in Gúlickerl^t, en Janneken Barents, Wedúwe.
Eodem.	Dirck Claeszen, Wed^r. Van Weÿntie Roelofs, Pottebacker, en Anneken Dircks, Wed^e. Van Evert Janszen.
den 28 dicto.	Pieter Woúster Schotzina, Wed^r. Van Barber Cobrÿ, en Niesje Van der Leeuwen, Wed^e. Van Adriaen Janszen.
Eodem.	Jan Nack, j. m. Van Uÿtrecht, aen't Fort Orangien, en Catharina Roemers, j. d.
den 11 Nov.	Jan Escúÿer de Parÿs, op Boswÿck, en Rachel Dircks, j. d.
den 23 dicto.	Gúiliam D'Honeúr, j. m. Van Brússel, en Christina Steentjens, Wed^e. Van Gabriel de haes.
Eodem.	Jan Negro, en Annetje Abrahams.
den 9 Decemb.	Ægidius Lúÿck, Rector der Latÿnsche Schole, en Júdith Isendoorn, j. d. Van Deventer.

[611]   A^o 1664.

den 9 Febr.	Dirck Looten, j. m. Van Rean, en Anneken Ver Veelen, j. d. Van Amsterdam.
Eodem.	Paúlús Richard, j. m. Van Rochel in Vranckrÿck, en Celitie Jans, Wed^e. Van Hendrick Van der Wallen.
Eodem.	Pieter Aldricks, j. m. Van Nÿkerck in Groeningerlandt, en Maria Wessels, j. d. Van Uÿtrecht.
Eodem.	Swan Van Loange, en Christina Emanúels, Negros.
den 1 April.	Francisco de Angola, en Elisabeth Pieters, Negros.
den 9 dicto.	Willem Teller, Van't Fort Orangie, Wed^r. Van Margariet Dúnces, en Maria Verleth, Wed^e. Van Paúlús Schrick.

den 11 dicto.	Johannes Van Coúwenhoven, j. m. Van Amersfoort, en Saertje Frans, j. d. Van Haerlem.
den 16 May.	Meynard Júrnaÿ, j. m. Van Dúÿnkerken, en Lÿsbeth Dúmon, j. d. Van Middelbúrg.
Eodem.	Pieter Roelofs, Wed^r. Wonende tot N. Amersfoort, en Lÿsbeth Jans, j. d. Uÿt Brasiel, Wonende tot N. Amsterd.

[612]

Eodem.	Marten Hofman, Wed^r. Van Lÿsbeth Hermans, en Emmerentje de With, j. d. Van Esens in Embderl^t.
den 28 Jún.	Ditmaer Janszen, j. m. Van Vlissingen, en Geptje Pieters, j. d. Van Amsterdam.
Eodem,	Jan Dirckszen, Van Aernhem, Soldaet, en Sara Theúniszen, j. d. Van Rotterdam.
Eodem.	Nathaniel Pieters, j. m. Van Leÿden, en Anneken Ackermans, j. d. Van den Bosch.
den 5 Júl.	Hendrick Claeszen, Soldaet, j. m. Van Múÿden, en Janneken Barents Van Deventer, Wed^e. Van Willem Simons.
den 19 dicto.	Caspar Lúttúer, Van Aúsbúrg, Soldaet, en Gerritje Hendricks, Van Zútphen, Wed^e. Van Hendr. Loeff.
den 26 dicto.	Thomas Winck, Soldaet, en Geertje Hermans, j. d. Van Alcmaer.
den 9 Aúg.	Hans Diederick, Van Isleven, en Grietje Warnaerts, Wed^e. Van Adriaen Hendr. Zips.
den 16 dicto.	Jeremias Janszen, Van Westerhoút, j. m. Uÿt den Hage, en Catharÿn Joris, j. d. Van N. Amsterdam.
Eodem.	Jacob Janszen, j. m. Van Amsterdam, en Sara Pieters, Wed^e. Van Jacob Colff.
den 24 Sept.	Willem Dúnckles, Wed^r. Van Brechtie Jans, en Anneken Reÿsens, Wed^e. Van Salomon Lacheer.
den 21 dicto.	Jonas Ransoúw, Uÿt Holsteÿn, en Catharÿntje Hendricks.

[613]

den 28 dicto.	Otto Grim, j. m. Uÿt 't Stift Bremen, en Elsje Jans^e. Wed, Van Elbert Jans.
den 19 Octob.	Geúrt Gerritszen, j. m. Van Zútphen, en Lÿsbeth Cornelis, Wed^e. Gerrit Hendrickszen.
Eodem.	Willem Isaacszen Vredenbúrg, Úÿttenhage, en Apollonia Barents, Uÿt N. Nederl^t.
Eodem.	Balthazar Baÿert, j. m. Van Amsterdam, en Marritje Loockermans, j. d. Van N. Nederl^t.
den 29 Nov.	Gerrit Thÿszen, Van Amsterdam, en Harmentje Harmens, Wed^e. Van Egbert Zanders.
Eodem.	Jan Evertszen Kaesenbroot, j. m. Van Groll, en Grietje Jaspers, j. d. Van Thiel.
den 12 Decemb.	Barent Coúrt, Van Rhenen, in 't Stift Múnster, en Anna Jans, Wed^e Van Andries Spiering.
den 27 dicto.	Thomas Franszen, Wed^r Van Elsje Jans, en Neeltje Úrbanús, j. d. Van Amsterdam.

A° 1665.

den 3 Jan.	Johannis Smeddis, j. m. Van Harderwÿck, en Lÿsbeth Michiels, j. d. Van Delf.
Eodem.	Jan Pieterszen, Wed^r. Van Aeltje Jans, en Claertje Dominicús, j. d. Van Leeúwarden.
[614] Eodem.	Pieter de Riemer, j. m. Van Amsterdam, en Susanna Foreest, j. d. Van N. Yorcke.
den 28 Febr.	Jeams Webbe, j. m. Van Londen, en Margariet Radell, Wed^e. Van Jaems Radell.
den 22 Mart.	Johannes Colÿ, j. m. Van Londen, en Jannetje Van Dÿck, j. d. Van Enckhúÿsen, in Noortholl^t.
den 11 April.	Christiaen Lúÿerszen, j. m. Van Leÿ, in 't Stift Van Bremin, en Anna de Vos, j. d. Van Amsterdam.
Eodem.	Gerrit Reÿerszen, Van Breúckelen in't Sticht Van Útrecht, en Annetje Jans, j. d. Van Amsterdam.
den 26 dicto.	Johan Letelier, j. m. Van St. Loo in Normandÿen, en Christina Pieters, j. d. Van Slúÿs in Vlaenderen.
den 31 Maÿ.	Cornelis Abrahamszen, j. g. Van Deÿl in Gelderl^t, en Geertrúid Gerrits, Wed^e. Van Frans Jacobs, op hasymes.
Eodem.	Cornelis Beeckman, j. m. Uÿt't Stift Bremen, en Marritje Cornelis, Wed^e. Van Hans Christiaenszen.
Eodem.	Francoÿs Rombo&ts, j. m. Van Hasselt, in't land Van Lúÿck, Aeltje Wessels, j. d. Van't Tolhúÿs bÿ Schenckenschaus.
den 5 Júl.	Jan Janszen, Wed^r. Van Jannetje Jans, en Hester Jans, Wed^e. Van Gerrit Hendrickszenbooch.
den 26 dicto.	Arent Eldertszen Groen, Wed^r. Van Stalange, in Noordt Wegen, en Jannetje Willems, j. d. Van den Bosch.
den 9 Aúg.	Arent Isacszen, Wed^r. Van Geertje Everts, en Steÿntje Laúrens, Wed^e. Van Jan Hendricks.
[615] den 23 dicto.	Jan Roelofs, j. m. Van Vlecher in Noord Wegen, en Tÿtje Lippes, Wed^e. Van Laúrens Laúrenszen.
den 30 dicto.	Elias Michiels, j. m. op Goemonepa, en Grietje Jacobs Wÿngaerden, op Hasÿmes.
den 8 Nov.	Cornelis Janszen, Van Brest, en Metje Bastiaenszen Werckhoven, Wed^e. Van Claes Theúniszen.
Eodem.	Jan Thomaszen, j. m. Van de Manhatans, en Apollonia Cornelis, j. d.
den 22 Nov.	Pieter Van Couwenhoven, Wed^r., en Aeltje Sibrants, Wed^e.

A° 1666.

den 24 Jan.	Jacob Abrahams, j. m. Van Vianen, en Sÿtie Ariaens, j. d. Van de Manhatans.
Eodem.	Andries Barentszen, Van Stockholm, en Grietje Cregiers, j. d. V,an Amsterdam.

den 14 Feb.	Thomas Nayler, j. m. Van Assisin, in Engelant, en Mary Undersil, j. d. Van Clifford in Glocestershire.
den 11 Mart.	Cornelis Corstenszen, j. m. Van N. Breúckelen, en Marrytje Jacobs Van der Grist, j. d. Van N. Yorcke.
Eodem.	Joris Janszen, j. m. Van Hoorn, en Maria Rútgers, j. d. Van Amersfoort.
den 25 Apr.	Aúgústyn Pens, Neger, en Anna Maria Negrinne.
den 6 May.	Laúrens Janszen, j. m. Van Wormer in Noortholl^t, en Annetje Jans, Wed^e. Van Lúcas Elderszen.
den 23 dicto.	Nicolaes Bayard, j. m. Van Alphen, en Júdith Verlet, j. d. Van Amsterdam.
[616]	
den 18 Júl.	Willem Abrahamszen Van Boren, j. m. Van Rotterdam, en Geertie Broeders, Wed^e. Van Bartel Manneken.
den 15 Aúgúst.	Elbert Aertsen, en Grietje Wessels, beyde Van Manhatans.
Eodem.	Laúrens Janszen Van Oosten, j. m. Van Leyden, en Sara Waldron, Wed^e. Van Jan Gerritszen.
den 19 Sept.	getrouwt den 10 Oct. Pieter Abrahamszen Van Deúrsen, j. m. Van N. Yorke, en Hester Webbers, j. d. Van Amsterdam.
den 24 Octob.	Jan Byvang, j. m. Van Oldenzeel, tot N. Albanion, en Belitje Everts Dúycking, j. d. Van N. Yorke.
den 4 Decemb.	Jan Jacobszen, Úyt Vrieslant, Wed^r, en Britten Oloff, Wed^e. Van Pieter Corneliszen.

A° 1667.

den 12 Febr.	Hans Kierstede, j. m. Van N. Yorke, en Jannetje Loockermans, j. d. Van N. Yorck.
den 20 dicto.	Otto Laúrenszen, j. m. Van Mispadt, en Marritje Jans, Wed^e. Van Jan Jilleszen, Van N. Yorcke.
den 3 April.	Dirck Janszen Van der Clyff, j. m. Van Alphen, en Geesje Hendricks, j. d. Van N. Yorke.
Eodem.	Joch. Gerritszen, j. m. Van Mydrecht, en Lysbeth Claes, Úyt de Cúyndert.
den 10 dicto.	Warnert Wessels, j. m. Van Aernhem, en Debora Pieters, Van N. Yorke.
[617]	
Eodem.	Claes Janszen Heyning. j. m. Van Leyderdorp, en Geesje Fockens, j. d. Van Rúymen.
den 2 Oct.	Jan Van Angola, Neger, en Christina Van Angola, Negrinne.
Eodem.	Jan Laúrenszen Dúytsch, j. m. Van N. Yorke, en Jannetje Jeúriaens, Van den Bosch in Brabant.
den 13 Oct.	Pieter Hessels, j. m. Van Nieuw Kerck in Gelderl^t., en Lysbeth Gerrits, j. d. Van Thiel.
den 8 Dec.	Jan Harberding, j. m. Van Boeckholdt in Westphalen, en Mayken Barents, j. d. Van Haerlem.*

* Getrouwt den 25 Decemb.

A° 1668.

den 15 Jan.	Otto Gerritszen, j. m. Van Zútphen, en Engeltje Pieters, j. d. Van N. Yorcke.
den 29 dicto.	Jan Hendrickszen, j. m. Van Amersfoort, op Mispat, en Annetje Bastiaens, j. d. Van Werckhoven.
Eodem.	Kier Woúters, Wed'. Van Jannetje Jans, en Lÿsbeth Davids Ackerman.
den 1 May.	Albert Bosch, j. m. Van Leÿden, en Elsje Blanck, j. d. Van N. Yorke.
den 1 Jún.	Galeÿn Ver Plancken, j. m. Van N. Yorke, en Hendrickje Wessels, j. d. Van Aernhem in Gelderlᵗ.
den 10 dicto.	Walraven Claerhoút, j. m. Van Haerlem, en Cuiertje Hendricks, j. d. Van de Manhatans.
den 17 dicto.	Michiel Tates, Wedʳ. Van Annetje Edúwarts, en Trÿntie Jacobs, Wedᵉ. Van Jacob Stoffels.

[618]

den 29 Júl.	Hans Jacobszen Hartÿ, Van Baren in Switserlᵗ., en Geertje Lambertszen Mol, Van Nieuw jorck.
Eodem.	David Provoost, j. m. Van Kanitteret, en Trÿntie Laúrens, j. d. Van Amsterdam.
den 28 Aúgúst.	Philip Johns, j. m. Van London in Engelant, en Marritje Haÿ, j. d. Van N. Jorck.
den 9 Sept.	Jan de Mare, j. m. Van Walcheren in Zeelandt, en Jacomÿn Dreúns, Van Bÿlanderzÿ in Henegoúwe.
Eodem.	Marÿn Reÿnardt, Wedʳ. en Leentje Michiels, Wedᵉ.
den 4 Nov.	Walther Hires, j. m. Van Kingstone in Súrrye, en Trÿntje Bickers, j. d. Van Amsterdam.
den 1 Decemb.	Carsten Lúÿrissen, Wedʳ. Van de Nos, en Geertje Teúnis, j. d. Van N. Jorck.
Eodem.	Herman Smeeman, Wedʳ. en Anneken Daniels, Wedᵉ.

A° 1669.

den Mart.	Dirck Teúniszen, Wedʳ. Van Ariaentje Walingen, en Catalÿntje Frans, Wedᵉ.
den April.	Sÿboút Harckszen, Van de Manhatans, en Marÿtje Abrahams, j. d. Van de Manhatans.

[619]

den 19 Maÿ.	Hendrick Corneliszen, j. m. en Neeltje Hendricks, j. d. aen't Versche Water.
Eodem.	Pieter Wesselszen, j. m. Van Norden in Oost Vrieslᵗ., en Josÿntje Thomas, j. d. Van Uÿtrecht.
den 16 Jún.	Evert Pieterszen, Wedʳ. Van Grietje Arents, en Hillegondt Joris, Wedᵉ. Van Jan Corneliszen.
den 7 Júl.	Jan Evertszen, j. m. Van Lansmeer, in N. Hollᵗ., en Aeltje Schepmoes, j. d. Van N. Jorck.

Eodem.	Bernardus Hassens, j. m. Van Breückelen in't Sticht Van Uÿtrecht, en Aeltje Coúwenhoven, j. d. Van N. Jorck.
Eodem.	Lúbbert Gerritszen, Wed^r. Van Grietje Dircks, en Femmetje Coenraets, Wed^e. Van Hendrick Carstens.
den 25 dicto.	Laúrens Laúrenszen, j. m. Van Bremen, en Hilletje Gerrits, Wed^e. Van Gerrit Hendrickszen.
den 25 Aúgúst.	Aernoút Webber, j. m. Van Amsterdam, en Ariaentje Ariaens, j. d. Uÿt Brabant.
den 1 Sept.	Cornelis Van Borsúm, j. m. Van't Veer op Breuckelen, en Sara Roelofs, Wed^e. Van Hans Kierstede.
den 29 dicto.	Jan Janszen Poppen, j. m. Van Amsterdam, en Geertrúÿdt Barents, Wed^e. Van Jan Hibon.

[621]   A° 1670.

den 3 Jún.	Enoch Michielszen, j. m. Van N. Jorck, en Dirckje Meÿers, j. d. Van Amsterdam.
den 11 dicto.	Benjamin Provoost, j. m. Van Hertfort in N. Engelant, en Sara Barents, j. d. Van Haerlem.
den 23 Júl.	Nicolaes Backer, Wed^r. Van Annetje Hermans, en Marritje Gerrits, Wed^e. Van Frans Janszen.
den 28 dicto.	Claes Corneliszen, j. m. Van Schoonhoven, en Catalÿn Jans, j. d. Van Amsterdam.
den 13 Aúgúst.	Evert Evertszen Pels, j. m. Van N. Albanien, en Brechtje Elswaerts, j. d. Van Amsterdam.
den 27 dicto.	Johannes Vernelje, en Aeltje Waldron.
Eodem.	Jan Nagel, en Rebecca Waldron.
den 3 Septemb.	Marinús de Vos, Wed^r. Van Magdalena Theúnis, en Elsje Barents, Wed^e. Van Adam Bremer.
den 1 Octob.	Mathias De haert, Wed^r. Van Annetje Jacobs Sprong, en Johanna de Wit, Wed^e. Van Johannes de Wit.
den 8 dicto.	Gerrit Húÿgens de Cleÿn, en Geertje Rútgers, Wed^e. Van Herman Wessels.
den 4 Nov.	Frans Hendrickszen, j. m. Van Breevoort, en Beelitie Jacobs, j. d. Van Brúgge in Vlaenderen, Wonende in Mitpats Kill.

[622]

den 20 dicto.	Dirck Janszen, Wed^r. Van Dirckje Jans, en Jannetje Cornelis, Wed^e. Van Marten Claes.
den 17 Decemb.	Wessel Wesselszen, j. m. Van Wessen, in't Stift Múnster, en Marritje ten Eÿck, j. d. Van Amsterdam.
den 25 dicto.	Jan Corneliszen, j. m. Van Egmondt op Zee, en Annetje Jans, Van N. Jorck.

A° 1671.

den 1 Jan.	Simon Janszen Romeÿn, j. m. Van Amsterdam, en Sophia Jans, j. d. Van 's Gravenhage.
den 10 Febr.	Willem Waldron, j. m. Van Amsterdam, en Engeltje Stoútenbúrg.

den 25 dicto.	Philip Janszen Vos, j. m. Van Vollenhoven, en Grietje Fockens, j. d. Van Rhúyne.
den 5 Mart.	Martyn Hardewyn, en Magdelena de
den 11 dicto.	Jacob Corneliszen Stille, Van N. Jorck, en Aeltje Fredericks, Van Brasiel.
den 1 April.	Hans Careley, Wed^r. Van Neeltje Cornelis, en Geertje Theúnis, Wed^e. Van Cors Janszen.
Eodem.	Barent Gerritszen Van Swoll, Wed^r. Van Geertje Dircks, en Marritje Hendricks, j. d. Van Amsterdam.
den 7 dicto.	Jan de Leroy, Wed^r. Van Loville de Lanchestre, en Maria Túyie, Wed^e. Philip Cassier.
[623] den 8 dicto.	Jan Pieterszen, j. m., en Marritje Pieters, j. d. Van N. Jorck.
den 16 dicto.	Emanúel Sanders, Wed^r. Van Maria Sanders, en Maria Angola, Wed^e. Van Christoffel S^t. Thome.
den 29 dicto.	Adolf Meyer, j. m. Van Ulfen in Westphalen, en Marritje Ver Veelen, j. d. Van Amsterdam.
den 6 May.	Elias Post, j. m. Van Amsterdam, en Cathalyntie Coninck, j. d. Van N. Albania.
Eodem.	Andries Teller, j. m. Van N. Albania, en Sophia Van Courtlant, j. d. Van N. Jorck.
den 5 Aúgúst.	Severyn Laúrenszen, Wed^r. Van Tryntie Reyniers, en Grietje Hendricks, Wed^e. Van Focke Janszen.
den 6 Sept.	Marten Kregier Júnior, j. m. en Jannetje Hendricks, Van N. Albania.
den 10 dicto.	Stephanús Van Coúrtlandt, j. m. Van N. Jorck, en Geertrúyd Schúyler, j. d. Van Albania.
den 18 Octob.	Claes Hendrickszen Lock, j. m. Van Amsterdam, en Cuiertje Hendricks, Wed^e. Van Walraven Klaerhoŭt, Van N. Jorck.
den 25 dicto.	Jan Rey, j. m. Van Cúrckzeyer, in Oúdt Engelandt, en Claesje Dircks, j. d. Van N. Jorck.
den 5 Novemb.	Andries Meyer, j. m. Van Amsterdam, en Vroúwtje Idens Vander Vorst, j. d. Van Jarzey.
[624] Eodem.	Benjamin Provoost, Wed^r. Van Sara Barents, en Elsje Alberts, j. d. Van N. Jorck.
den 12 dicto.	Evert Wesselszen, j. m. Van N. Jorck, en Jannetje Claes, j. d. Uyt de Kúynder, in Overyssel.

A^0 1672.

den 14 Jan.	Dirck Janszen Van Oosten, j. m. Van Beest in Gelderl^t., en Elisabeth Cornelis, j. d. Van N. Jorck.
Eodem.	Joris Walgraef, j. m. Van London, in Engel^t., en Magdaleentie Rútgers, j. d. Van Wesep, tot N. Jorck.
den 21 dicto.	Anthony Backers, Neger, en Mayken Arta, Negrin, op Stúyvesants boúwereye.
den 10 Mart.	Hendrick Drogestraet, en Marritje Jeúriaens, Wed^e. Van Pieter Janszen, Van Langestraet.
Eodem.	Andries Jeúriaens, j. m. Van Bergen op Zoom, en Geertje Coúzyns, j. d. Over 't Versche Water.

den 17 dicto.	Johannes de Wandelaer, j. m. Van Leÿden, tot N. Albania, en Sara Schepmoes, j. d. tot N. Jorck.
den 24 dicto.	Dirck Meÿerszen, Wed^r. Van Elisabeth Pieters, Van Hoorn, en Immetje Dircks, Wed^e. Van Frans Claeszen, Van Amsterdam.
den 28 April.	Jan Janszen Slot, j. m. Van Amsterdam, en Júdith Elswarts, j. d. Van N. Jorck.
Eodem.	Jan Janszen, j. m. Van S^t. Marten in Holl^t., en Grietje Wessels, Wed^e. Van Elbert Aertszen.
[625]	
Eodem.	Adriaen Van Laer, Wed^r. Van Abigal Verplancken, en Lúÿtie Schonen, Wed^e. Van Hendrick Assúerús.
den 5 Maÿ.	Nicolaes Willem Stúÿvesant, j. m. Van N. Jorck, en Maria Beeckmans, j. d. als voren.
den 12 dicto.	Pieter Van de Water, j. m. Van Amsterdam, en Annetje Dúÿcking, j. d. Van N. Jorck.
den 11 Aúg.	Jan Willemszen, j. m. Van Hondtington, in Oudt Engel^t., en Margariet Viskaeck, j. d. aen de Neúwinzincks. Om falsiteÿt niet getrouwt.*
den 18 dicto.	Jacobús de Haerdt, j. m. Van Búúren in Gelderl^t., en Cornelia Beeck, j. d. Van N. Jorck.
den 8 Sept.	Claes Janszen Van Heÿningen, Wed^r. Van Geesje Foppens, en Jannetje Kiers, j. d. Van N. Jorck.
den 3 Novemb.	Elias Provoost, j. m. Van 't húÿs te hoop in Engelandt, en Cornelia Roos, j. d. Van N. Jorck.
den 17 dicto.	Cornelis Dirckszen, j. m. Van N. Jorck, en Grietje Hendricks, j. d. als voren.
Eodem.	Willem Anthonissen, Neger, en Margariet Pieters, op Stúÿveesants-boúwerÿe.

A° 1673.

den 26 Jan.	Mathÿs Broúwer, j. m. Van N. Jorck, en Margrietje Pieters, j. d. Van N. Amersfort.
[626]	
den 2 Febr.	Jan Sackerleÿ, j. m. Van Absin in Engel^t., en Sara Catharina Bedlo, j. d. Van Amsterd.
Eodem.	Evert Aertszen, j. m. Van N. Jorck, en Marritje Hercks, j. d. Van N. Jorck.
den 9 May.	Jan Janszen Van dÿck, j. m. Van Amsterd., en Theúntje Thÿs, j. d. Van Búúren in Gelderl^t.
den 16 dicto.	Hendrick Kiers, j. m. Van Gees in't lantschap Drenthe, en Metje Michiels, j. d. Van Schoonderwoert.
den 23 dicto.	Jan Vincent, j. m. Van N. Jorck, en Annetje Jans, j. d. als voren.
den 24 dicto.	Arent Hermanszen, j. m. in 't Graefschap Benthem, en Súsanna Le maistre, j. d. Van Midwoút, op N. Haerlem.
den 8 Jún.	Jan de Foreest, j. m. Van N. Jorck, en Súsanna Verleth, j. d. Van Amsterdam.

* On account of falsehood not married.

den 15 dicto.	Jan Dÿckman, j. m.· Van Benthem, en Magdaleentje Toúrneúrs, j. d. Van Midwoút.
den 2 Júl.	Hendrick Bastiaenszen, j. m. Van Cúÿlenbúrg, en Marritje Hendricks, j. d. Van Brevoort, in't Sticht Van Uÿtrecht, op Stúÿvesants bouwereÿe.
den 29 dicto.	Jan Aŭckesze Núÿs, j. m. Van Amsterdam, en Barber Provoost, j. d. Van N. Jorck.

[627]

VERVOLG DER

HOÚWELŸCKSCHE

Geboden na de N. Stÿl

N. Yorke verandert zÿn de in N. Orangien door de Nederlanders op den 9 Aúg.

[CONTINUATION OF THE

MARRIAGE BANNS

after the New Style.

New York changed to New Orange by the Netherlanders on the 9 August.]

INGESCHREVEN.		GETROÛWT.
den 27 Aug.	Hendrick Gerritszen, j. m. Van N. Orangien, en Marritje Waldron, j. d. als voren.	den 20 Sept.
den 10 Sept.	Jan Stephenszen, j. m. Van 't Fort Orangien, en Lÿsbeth Lúcas, j. d. Van N. Orangien, beÿde wonende alhier.	den 4 Oct.
Eodem.	Jan Laúrentszen Dúÿts, Wedr. Van Jannetje Jeúriaens, en Neeltje Adriaens, j. d. Van Breda, beÿde in Mispats Kill.	den 27 Sept.
den 24 dicto.	Daniel Waldron, j. m. Van Amsterd. en Sara Rútgers, j. d. Van Wesop.	den 11 Octob.
Eodem.	Gerrit Cosÿnszen, j. m. Van N. Nederland, en Belitje Jacobs, j. d. Van 't Fort Orangien, beÿde op Stúÿvesants boúwerÿe.	den 25 dicto.
den 25 Octob.	Adries Roelofszen, j. m. Van Malmúÿden, Qúartiermr. onder Capt. Corñ. Ewoŭtszen, Catharina Van Zandt, j. d. Van Aernhem in Gelderlt., wonende ter Stede N. Orangien.	den 25 Nov.
den 25 dicto.	Jeúriaen Blanck, de Jonge, Van N. Orangien, Hester Van der Beeck, j. d. Van Gaúwanes.	den 25 dicto tot Midwoút.

[628]

Eodem.	Jan Corszen, j. m. Van 't Recif in Bra-	den 8 dicto.

INGESCHREVEN.		GETROÛWT.
	siel, en Metje Theûnis, j. d. Van N. Orangien.	
den 3 Decemb.	Jústús Witvelt, j. m. Van Amsterd. Vaerende op 't Flands schip Súriname.	den 25 Dec.
		1674.
Eodem.	Cornelis Vander Búrg, j. m. Van N. Orangien, en Lievÿntie Leúnen, j. d. als voren.	den 7 Jan.

A° 1674.

den 10 Jan.	Pieter Philipszen Waltman, j. m. Soldaet, en Heÿltje Jans, j. d. Van Witmont in Oost Vriesl^t. beÿde wonende alhier.	den 31 dicto.
den 21 dicto.	Herman Anthony de Húbert, j. m. Van Húlst in Vlaenderen, Lúÿtenant, en Lúcretia Rodenbúrg, j. d. Van N. Orangien.	den 11 Febr.
den 11 Febr.	Reÿnier Pietersen Van Qúackenbosch, j. m. Van Oestgeest in Hollandt, en Lÿsbeth Jans, j. d. Van Vlissingen in N. Nederl^t. beÿde wonende alhier.	den 2 Mart.
den 25 Mart.	Willem Simonszen Block, j. m. Van Vlissingen in Zeelant, Schipp^r. op 't Schip Súriname, Sÿtje Dúÿcking, j. d. Van N. Orangien.	den 11 April.
den 1 April.	Edúard Lamlee, j. m. Van Darberseir, en Sara Higgens, j. d. Van 'd Esopús, wonende op Spÿt de dúÿvel.	den 3 Jún. tot foordham.
den 8 dicto.	Dirck Janszen Van Dÿck, j. m. Van Amsterd., en Urseltje Jans, j. d. Van N. Orangien.	den 25 Apt,
Eodem.	Melchior Claeszen, j. m. Van Amsterdam, en Súsanna Richards, Wed^e. Van op fort, beÿde wonende alhier.	Eodem.
den 20 Maÿ.	Elias Post, Wed^r. Van Catalÿntie Conings, en Marritje Corñ., j. d. Van 't fort Orangien.	den 13 Jún.
[629] den 27 dicto.	Daniel Joriszen, j. m. Van N. Orangien, en Sara Klock, j. d. als voren.	Eodem.
den 5 Aúg.	Gabriel Mivielle, j. m. Van Bordeaú, in Vranckrÿck, en Júdith Van Beeck, j. d. Van Willemstadt.	den 29 Aúg. tot N. Willemstadt.
den 26 dicto.	Jacob Trúer, j. m. Van N. Orangien, en Lÿsbeth Post, j. d. als voren.	den 26 Sept.

INGESCHREVEN.		GETROUWT.
Eodem.	Jacob Claeszen, j. m. Van Amsterd. en Annetje Van der Grist, j. d. Van N. Nederl^t.	den 29 dicto.
Eodem.	Isaac Van Vleck, Wed^r. Van Pieternellitje Coúwenhoven, en Cornelia Beeckman, j. d. Van N. Orangien, beÿde wonende alhier.	Eodem.
den 30 Sept.	Hendrick Arentszen, j. m. Van Amsterd., en Neeltje Úrbanúszen, Wed^e. Van Thomas Franszen, wonende alhier.	den 24 Oct.
den 7 Oct.	Pieter Schamp, Soldaet, j. m. Van Gendt, en Jannetje Dircks, j. d. Van Noortmans Kill.	Eodem.
den 14 dicto.	Boúwen Loen, Sargiant, j. m. Van Edam, en Maria de Mill, j. d. Van Amsterdam.	den 4 Nov. tot Midwoúdt.
Eodem.	Jan Sipkens, Soldaet, j. m. Van Amsterd., en Elsje Búrgers, j. d. Van N. Orangien.	den 31 Octob.
Eodem.	Andries Van Breestee, j. m. Van N. Orangien, en Annetje Van Borsúm, j. d. als voren.	den 4 Novemb.
den 4 Nov.	Petrús Baÿard, j. m. Van Alphen, en Blandina Kierstede, j. d. Van N. Orangien, beÿde wonende alhier.	den 28 dicto.

[630]

Vervolg der

HOÚWELŸCKSCHE GEBODEN

na den O. Stÿl,

N. Orangien verandert Zÿnde in N. Yorke door overdragt aen Engelandt op den 20 Nov.

[Continuation of the

MARRIAGE BANNS AFTER

the Old Style,

New Orange being changed to New York by transmission to England on the 20 November.]

den 13 Novemb.	Joris Davidszen, j. m. Van N. Albanien, en Jannetje Lopers, j. d. Van N. Yorke.	den 9 Dec.
		A^o. 1675.
den Decemb.	Johannes Mattlings, j. m. Van 't Eÿl^t. S^t. Eútache, en Aeltje Jans, j. d. Van Rúÿnderwolt in 't Lantschap Drenthe, beÿde wonende alhier.	den 20 Jan.

A° 1675.

INGESCHREVEN.		GETROUWT.
den 10 Jan.	Tÿmon Van Borsúm, j. m. Van N. Yorke, en Grietje Fockens, Wedᵉ. Van Philip Janszen de Vos, beÿde wonende tot N. Yorcke.	den 3 Febr.
den 7 Mart.	David de Mareez, de Jonge, j. m. Van Manheÿm, en Rachel Cresson, j. d. Van Delf, beÿde wonende op N. Haerlem.	den 4 Apr. op N. Haerlem.
den 14 dicto.	Dirck ten Eÿck, j. m. Van N. Yorcke, en Aefje Boelen, J. d. Van Amsterd., beÿde wonende tot N. Yorke.	den 31 Mart.
Eodem.	Aernoút Webber, Wedʳ. Van Adriaentje Adriaens, en Jannetje Cornelis, j. d. Van N. Yorke.	Eodem.
den 25 April.	Coenraedt ten Eÿck, de Jonge, j. m. Van Yorke, en Belÿtje Hercks, j. d. als boven.	den 19 Maÿ.
den 2 Maÿ.	Cornelis Kregier, j. m. Van N. Yorke, en Annetje Bordings, j. d. als boven.	den 30 Jún.
den 16 dicto.	Barent Coúrs, w. d. Van Annetje Jans, en Christina Wessels, j. d. Van Dordrecht, beÿde wonende alhier.	den 30 May.

[631]

den 16 dicto.	Matthÿs Janszen, j. m. Van Leÿden, en Lÿsbeth Elswaerts, j. d. Van N. Yorke, beÿde wonende alhier.	den 9 Jún.
den 23 May.	Willem Hom, j. m. Van N. Yorke, en Lÿsbeth Claes Wipp, j. d. Van N. Albanien, beÿde wonende alhier.	Eodem.
den 30 dicto.	Henricús Van Dÿck, Wedʳ. Van Dievertje Corñ., en Magdalena Rÿssens, Wedᵉ. Van Jacob Coúwenhoven, beÿde wonende tot N. Yorke.	den 20 dicto tot Midwoudt.
den 4 Júl.	Carel de Niso, j. m. Uÿt Borgondien, en Maria Laúrens, Wedᵉ. Van Jan Comte, beÿde woonende op N. Haerlem.	den 25 Júl. tot N. Haerlem.
den 8 Aúg.	Francois Rombóuts, Wedʳ. Van Aeltje Wessels, en Anna Elisabeth Masschop, Wedᵉ. Van Warnart Wessels, beÿde woonende alhier.	
den 29 dicto.	Willem Boÿll, j. m. Uÿt oudt Engelandt, en Jannetje Frans, j. d. Van N. Yorcke, beÿde wonende alhier.	den 26 Sept. Achter de Kill Van Col.
den 12 Sept.	Isaac Kip, Wedʳ. Van Catalÿntje Hendricks, en Maria Ver Velje, Wedᵉ. Van Joh. de La Montagne.	Eodem, tot N. Haerlem.

INGESCHREVEN.		GETROÛWT.
Eodem.	Jan Janszen Moll, j. m. Van Amsterd., en Engeltje Pieters, j. d. Van N. Yorke, beÿde woonende tot N. Yorke.	den 20 Nov. in de Esopús.
den 10 Octob.	Johannes Der Vall, j. m. Van Amsterdam, en Catharina Van Cortlant, j. d. Van N. Yorke.	den 3 dicto.
		A⁰ 1676.
den 19 Dec.	Philip de Foreest, j. m. Van N. Yorke, en Trÿntje Kip, j. d. als boven.	den 5 Jan.
den 26 dicto.	Theúnis Barentszen Cooll, j. m. Van N. Yorke, en Marritje Gerrits Van Loockere, Wedᵉ. Van Jan Corneliszen, woonende tot N. Yorke.	den 12 dicto.

[632] A° 1676.

den 9 Jan.	Jan Smeedes, Wedʳ. Van Lÿsbeth Michielszen, en Machtelt Jans Van Yselsteÿn, j. d. Van N. Yorke, beÿde woonende tot N. Yorke.	den 2 Febr.
den 16 dicto.	Jan Van Loonen, j. m. Van Lúÿck, en Marritje Alberts, j. d. Van N. Yorke, beÿde woonende tot N. Yorke.	den 23 Febr.
den 5 Mart.	Hendrick ten Eÿck, j. m. Van N. Yorke, en Petronella de Wit, j. d. Van Leÿden, beÿde woonende tot N. Yorke.	den 21 Mart.
Eodem.	Laúrens Corneliszen, j. m. Uÿt Deenmarcken, en Margriet Barents, j. d. Van N. Yorke, beÿde woonende tot N. Yorke.	Eodem.
den 19 dicto.	Willem Janszen Romen, Wedʳ. Van Jannetje Jans, en Marritje Jans, Wedᵉ. Van Jan Theúniszen, woonende op 't Versche water.	den 12 April.
den 14 Maÿ.	Hermanús Cooning, j. m. Van N. Albanien, en Marÿe Grien, j. d. Uÿt de Vergingie.	den 28 Maÿ.
den 11 Jún.	Asseúrús Hendrickszen, j. m. Van Albanien, en Neeltje Jans, Wedᵉ. Van Adam Onckelbach, beÿde woonende tot N. Yorke.	den 25 Jún.

INGESCHREVEN.		GETROUWT.
Eodem.	Hendrick Van Borsúm, j. m. Van N. Yorke, en Marritje Van der Kúÿl, j. d. als boven, beÿde woonende tot N. Yorcke.	den 28 dicto.
den 18 dicto.	Jan Davidszen, j. m. Uÿt Sweden, aen de Deútelbaÿ, en Jannetje Jans, j. d. Van Leÿden, aan de boúwerÿe.	den 5 Júl.
Eodem.	Laúrens Jeúriaenszen, j. m. Uÿt Brazil, en Kniertje Pieters Meet, j. d. Van Amersfoort.	Eodem.
den 23 Júl.	Philip Smith, j. m. Van Chambrits in Engellᵗ. en Margareta Blanck, j. d. Van N. Yorke.	den 17 Aug.

[633]

den 6 Aúg.	Jan Focken, j. m. Van Rúÿnen in 't Landschap Drenthe, en Engeltje Breestee, j. d. Van N. Yorke.	den 23 Aúg.
den 3 Sept.	Jacob Pieterszen, j. m. Van Lúbeck, en Marÿ Broúwers, j. d. Van de Gaúwanes.	den 20 Sept.
den 10 Nov.	Johannes Steÿnmets, j. m. Van Hasimes, en Annetje Jacobs Van Winckel, j. d. als boven.	den 1 Dec.

A° 1677.

den 28 Jan.	Zeger Gerritszen, j. m. Van N. Albanien, en Jannetje Thÿssens, j. d. als boven.	
den 25 Febr.	Jan Belville, j. m. Van St. Marten in Vranckrÿck, en Hester Casiers, j. d. Van Slúÿs in Vlaenderen, beÿde woonende op 't Staten Eÿlᵗ.	den 14 Mart.
den 13 Maÿ.	Paúlús Van der Beeck, j. m. Van de Gaúwanes, en Sara Schoúten, j. d. Van N. Castel, beÿde woonende tot N. Yorke.	den 13 Jún.
den 20 dicto.	Theúnis Janszen, j. m. Uÿt Deenmarcken, en Jannetje Brouwers, j. d. Van Amsterd., woonende op N. Amersfoort.	den 11 dicto, tot N. Breuckelen.
den 27 dicto.	Pieter Breestee, j. m. Van N. Yorke, en Engeltje Hercks, j. d. als boven.	den 13 Jún.
Eodem.	Laúrens Hendrickszen, j. m. Van Amsterd., en Marritje Jans, j. d. Van Heerden, in Gelderlᵗ. beÿde woonende tot N. Yorck.	Eodem.
Eodem.	Johannes Meÿer, j. m. Van N. Yorke, en Annetje Van Vorst, j. d. Van Ahasimes.	Eodem.

INGESCHREVEN.		GETROÛWT.
den 3 Jún.	Frederick de Voû, Wed'. Uÿt Walslant, en Hester Toûrneûrs, j. d. Van N. Haerlem.	den 24 Jún. op N. Haerlem.
den 10 Jún.	Jacobus Franszen Van Dÿck, j. m. Van Amsterd., en Magdaleentje Cornelis, j. d. Van N. Albanien, beÿde woonende tot N. Yorke.	
[634]		
den 17 dicto.	Nathaniel Beelÿ, j. m. Van N. Castel, en Margariet Obee, j. d. Van N. Yorke.	den 1 Aûg.
den 15 Júl.	Willem Aertszen, j. m. Van N. Yorke, en Christÿntje Nagel, j. d. als boven.	Eodem.
den 22 dicto.	Dirck Jan szen de Groot, Wed'. Van Wÿbrû; Jans, Rachel Detrû, Wed®. Van H :ndr. Van Bommel, beÿde woone ide tot N. Yorke.	den 8 dicto.
den 8 Sept.	Cornelis Beeck, j. m. Van N. Yorke, en Marritje Claes, j. d. als boven.	den 3 Oct.
den 11 Octob.	Johannes Thomaszen, j. m. Van Amsterd., en Aechtje Jacobs, j. d. Van N. Amersfort, beÿde wonende op Sapponicam.	den 31 dicto.
den 21 dicto.	Hendrick Vander Bûrg, j. m. Van N. Yorke, en Anna de Mill, j. d. Van Haerlem.	den 7 Nov.
den 11 Nov.	Warnart Wessels, Wed'. Van Anna Debora Beeck, Lÿsbeth Corñ., j. d. Van N. Albanien, beÿde woonende tot N. Yorke.	den 5 Dec.
den 25 dicto.	Jan Dirckszen Meÿer, Wed'. Van Trÿntje Grevenraet, en Baertje Kip, Wed®. Van Jan Wansaert, beÿde woonende tot N. Yorke.	den 12 dicto.
den 9 Dec.	Jacob Abrahamszen Santvoort, Wed. Van Zÿtie Ariaens, en Magdaleentje Van Vleck, j. d. Van Bremen, beÿde woonende tot N. Yorke.	den 26 dicto.
den 30 dicto.	Pieter Meÿer, j. m. Van N. Yorke, en Batje Jans, j. d. Van Haert in Gelderl^t.	Ao 1678. den 16 Jan.
[635]	A° 1678.	
den 13 Jan.	Wÿth Corñ. Timmer, j. m. Van Meÿdrecht, en Jannetje Joris Van Aelst, j. d. Van Mispadt.	den 10 Febr. Tot Nieûthûÿn.
Eodem.	Tobias ten Eÿck, j. m. Van N. Yorke, en Aeltje Dûÿking, j. d. als boven.	den 30 Jan.

44

INGESCHREVEN.		GETROUWT.
den 3 Mart.	Jacob Verdon, j. m Van N. Yorck, en Femmetje Willems, j. d. Van Meppelen, woonende tot N. Amersfort.	den 17 Mart. tot N. Amersfort.
Eodem.	Arent Hermanszen, Wed^r. Van Súsanna Le Maistre, en Divertje Lúbberts, j. d. Van N. Haerlem.	den 31 dicto. tot N. Haerlem.
Eodem.	Egbert Fockenszen, j. m. Uÿt 't landschap Drenthe, Elsje Lúcas, j. d. Van N. Yorke, beÿde woonende aan de Boûwerÿe.	den 26 dicto.
den 10 dicto.	Jacob Corñ. Van Egmont, j. m. Van Albanien, en Geertje Pieters, j. d. Van N. Amersfort, beÿde woonende tot N. Yorke.	den 27 dicto.
den 19 Maÿ.	Jacobús de Beaúvois, j. m. Van Leÿden, en Maria Joosten, j. d. Van N. Yorke.	den 12 Jún.
den 21 Júl.	Jan de La Maistre, j. m. Van Midwoút, en Rúthje Waldron, j. d. Van N. Yorke, woonende op N. Haerlem.	den 11 Aúgúst. op N. Haerlem.
den 4 Aúg.	Conradús Hendrickszen Boeg, j. m. Van N. Yorke, en Jannetje de Soúsoú, j. d. Van N. Breúckelen, woonende op N. Haerlem.	den 25 dicto. op N. Haerlem.
den 18 dicto.	Jacob Van Zanen, j. m. Van Ransdorp, en Jannetje Lúcas, j. d. Van N. Yorke, beÿde woonende tot N. Yorke.	Eodem.
den 22 Sept.	Cornelis Jacobszen Schipper, Wed^r. Van Neeltje Jans, Van Grast in Holl^t., en Christina Vander Grist, j. d. Van N. Yorke.	den 9 Oct.
	Jan de Lamontaigne, j. m. Van Amsterd., en Annetje Waldron, j. d. Van N. Jorck. Getrouwt den 4 Sept.	
[636]		
den 6 dicto.	Wilhelmús de Meÿer, j. m. Van N. Yorke, en Catharina Bayardts, j. d. Van Bergen op Zoom, beÿde woonende tot N. Yorke.	den 23 dicto.
den 2 Octob.	Engelbert Loth, j. m. Van Midwout, en Cornelia de Lanoÿ, j. d. Van N. Yorke.	den 27 Oct.
Eodem.	Melle Claeszen, j. m. Van Schermer, in N. Holl^t., en Breehtje Elswaerts, Wed^e. Van Evert Pels, beÿde woonende tot N. Yorke.	den 6 Nov.

45

INGESCHREVEN.		GETROUWT.
den 3 Nov.	Leendert Van der Grist, j. m. Van N. Yorke, en Stÿntje Elswaerts, j. d. als boven.	den 20 dicto.
den 10 dicto.	Laûrens Wesselszen, j. m. Van N. Yorke, en Aeltje Jans, j. d. als boven.	den 11 Dec.
den 17 dicto.	Elias Corneliszen, j. m. Van N. Castle, en Elisabeth Meÿer, j. d. Van N. Yorke, beÿde woonende alhier.	den 29 dicto.
den 1 Dec.	Claes Roelofszen, j. m. Van Amsterd., en Grietje Martens, j. d. Van Baston, beÿde woonende tot N. Yorke.	den 26 dicto.
den 15 dicto.	Pieter Adolphszen, j. m. Van Amsterd. en Jannetje Van Borsûm, j. d. Van N. Yorke, beÿde woonende alhier.	A° 1679. prim. Jan.

A° 1679.

den 23 Mart.	Huÿbert Gerritszen, j. m. Van N. Yorke, en Willemtje Ariaens, j. d. Van thûÿl in Gelderl'., beÿde woonende op Stûÿvesants Bouwerÿe.	den 15 April.
Eodem.	Jacobûs Ver Hûlst, j. m. Van Vlissingen in Zeel'., en Maria Bennet, j. d. Van N. Yorck, op Gawanes.	den 19 April, tot Midwoût.
den 13 April.	Dirck Wesselszen, j. m. Van 't tolhûÿs, Van Aernhem, en Rachel Ver Melje, Wed°. Van Jan Bos, beÿde woonende alhier.	den 25 Maÿ.
[637] den 20 dicto.	Willem Pos, j. m. Van N. Yorke, en Aeltje Theûnis Van Coûverden, j. d. Van N. Breûckelen, beÿde woonende tot N. Yorke.	den 18 Maÿ, op N. Amersfort.
den 4 May.	Jacob Boelen, j. m. Van Amsterd., en Catharina Klock, j. d. Van N. Yorke, beÿde woonende alhier.	den 21 dicto.
den 29 Jûn.	Arent Leendertszen de Graûw, Wed'. Van Gÿsbertje Hermans, en Marritje Hendricks, Wed°. Van Woûter Gerritszen, beÿde woonende tot N. Yorke.	den 16 Jûl.
den 6 Jûl.	Hermanûs Van Borsûm, j. m. Van N. Yorke, en Wybrûgh Hendricks, j. d. Van Amsterd., beÿde woonende tot N. Yorke.	den 30 dicto.
den 27 dicto.	Hendrick Kermer, j. m. Van N. Yorke, en Annetje Thomas, j. d. Van N. Albanien, beÿde woonende alhier.	den 13 Aûg.
Eodem.	Albertûs Ringo, j. m. Van N. Yorke, en Jannetje Stoutenbûrg, j. d. als boven.	Eodem.

INGESCHREVEN.		GETROUWT.
den 10 Aùgúst.	Ephraim Hermanszen, j. m. Van N. Yorke, en Elisabeth Rodenbúrg, j. d. Van Cúracao.	den 3 Sept.
Eodem.	Theúnis Hercxen, j. m. Van de Armen bouwerÿe, en Sophia Hendricks, j. d. Uÿt de Esopús.	den 10 dicto.
den 21 dicto.	Isaac Molÿn, Wedʳ. Van Dorothea Samson, en Temperens—— j. d. Van N. Albanien.	den 5 Octob.
den 5 Octob.	Gerrit Hendrickszen, Wedʳ. Van Marritie Lamberts, en Josÿntje Jans Wedᵉ. Van Pieter Wesselszen.	den 22 dicto.
den 14 dicto.	Mathÿs ten Eÿck, j. m. Van N. Yorke, en Janneken Rosa, j. d. Van Harwÿnen in Gelderlᵗ. wonende op de Esopús.	
Eodem.	Victor Bicker, j. m. Van N. Yorke, en Claesje Blanck, j. d. als boven.	den 5 Novemb.
[638]		
den 26 Oct.	Willem Hoppe, j. m. Van N. Yorke, en Meÿnoú Paúlús, j. d. Van N. Albanien, beÿde woonende tot N. Yorke.	den 29 Nov.
Eodem.	Jan de Vries, j. m. Van N. Yorke, en Adriaentje Dircks, j. d. Van N. Albanien. Claes Claeszen Rúÿter, en Cornelia Willems, Uÿt de Ésopús.	den 10 Dec.
den 29 Nov.	Frans Wesselszen, j. m. Van N. Yorke, en Trÿntje Jans, j. d. Van Vlissingen, beÿde woonende alhier.	den 17 Dec.
den 7 Dec.	Jonathan Provoost, j. m. Van N. Yorke, en Catharina Van der Veere, Wedᵉ. Van Frans Van der Meúlen, beÿde woonende alhier.	den 26 dicto.
den 14 dicto.	Adriaen Dirckszen Coel, Wedʳ. Van Marritje Lievens; en Lÿsbeth Jans, Wedᵉ. Van Pieter Hermanszen.	A° 1680. Prim. Jan.
Eodem.	Jan Casie, j. m. Van Martenico op 't Staten Eÿlᵗ., en Lÿsbeth Jans Damen, j. d. Van N. Breuckelen, woonende tot Boswyck.	Eodem.
den 21 dicto.	Johannes Casjoú, Wedʳ. Van Magdaleen de Túljerar, Annetje Vincent, Wedᵉ. Van Simon Tel; beÿde woonende tot N. Yorke.	den 15 Febr. tot Breuckelen.

A° 1680.

den 1 Febr.	Michiel Manúels, j. m., en Marie Brúÿn, j. d. Van London, beÿde woonende op Stúÿvesants Bouwerÿe.	den 25 dicto.

INGESCHREVEN.		GETROUWT.
den 15 dicto.	Isaac Van Vleck, Wed^r. Van Cornelia Beeckman, en Catalÿntie de Lanoÿ, j. d. Van N. Yorke, beÿde woonende alhier.	den 5 Mart.
den 14 Mart.	Arent Fredrickszen, j. m. Van N. Yorke, en Sara Theúnis Coevers, j. d. Van N. Breúckelen, beÿde woonende tot N. Yorke.	den 7 April.
[639]		
den 14 Mart.	Claes Manúels, Neger, en Lucretia, Lovÿse, Negrinne, beÿde woonende op Stúÿvesants Bouwerÿe.	den 31 Mar^t.
den 4 April.	Pieter de Lanoÿ, j. m. Van Haerlem, en Elisabeth de Potter, Wed^e. Van Isaac Bedloo, beÿde woonende tot N. Yorcke.	den 22 April.
den 11 dicto.	Jan Bengnoút, Wed^r. Van Anna Oedt, en Jannetje Stephens, j. d. Van Uÿtrecht, beÿde woonende tot N. Yorcke.	den 1 May.
Eodem.	Jan Janszen Van Flensbúrg, j. m. Uÿt Holsteÿn, en Willemyntie Húÿgens de Kleÿn, Wed^e. Van Barthemeús Schaets, woonende alhier.	Eodem.
den 25 April.	Theúnis de Keÿ, j. m. en Helena Van Brúgge, j. d. beÿde geboren en woonende alhier.	den 26 dicto.
den 9 Maÿ.	Jillis Provoost, j. m. Van N. Yorke, en Maria Hibon, j. d. Van N. Breúckelen, beÿde woonende tot N. Yorke.	den 9 Júne.
den 6 Júne.	Hendr. Jilliszen de Mandeville, j. m. Uÿt Gelderl^t. en Annetje Pieters Scholl, j. d. woonende d' Eerste op Noortwyck, en twede op Heemstede.	den 18 Júl. op. N. Amersfoort.
den 27 dicto.	Clement Israels, j. m. Van N. Yorke, en Anna Maria Engelberts, j. d. Van Mitspatskill, beÿde woonende tot N. Yorke.	den 14 dict^o.
den 1 Aúg.	Cornelis Adriaenszen, j. m. Van Thúÿl in Gelderl^t., en Anna Frans j. d. Van N. Albanien, beÿde woonende op Stúÿvesants Boúwerÿe.	den 8 Aúg. om des brúÿds goms Cranckrtz, getrouwt voor het bedde.*
den 5 Sept.	Thomas Koeck, j. m. Van N. Yorke, en Harmtje Dircks, j. d. Van N. Breuckelen.	den 26 Sept. op Midwoút.
den 16 dicto.	Cornelis Van Langevelt, j. m. Van N. Yorke, en Maria Greenlant, j. d.	

* On account of the bridegroom's sickness married in front of the bed.

INGESCHREVEN.		GETROUWT.
	Van London, beÿde woonende op Kid Katt waÿ.	
[640]		
den 12 Sept.	Willem Peers, j. m. Van N. Yorke, en Grietje Kiers, j. d. Uÿt 't Graefschap Drenthe, beÿde woonende tot N. Yorke.	den 30 Oct.
den 26 dicto.	Jan Willemszen Neering, j, m. Van Bordaúx, en Anna Catharina de Meÿer, j. d. Van N. Yorke.	den 13 dicto.
den 17 Octob.	Pieter Barentszen Cool, j. m. en Hendrickje Jans, j. d. beÿde woonende alhier.	den 3 Nov.
Eodem.	Gerrit Corneliszen Van Echtsveen, j. m. Van Wilnis, en Wÿntje Stoútenbúrg, j. d. Van N. Yorke.	Eodem.
Eodem.	Frans Abrahamszen, j. m. op Bedfort, en Lúcretia Hendricks, j. d. op de Bouwerÿe.	Eodem.
den 7 Nov.	Jan Hermanszen, j. m. Van N. Yorke en Aeltje Abrahams, j. d. als voren, beÿde woonende op de armen bouwerÿe.	
den 17 dicto.	Jan Pieterszen, j. m. Van Rochel in Vranckrÿck, en Metje Weelÿ, j. d. Van N. Yorke, beÿde woonende tot N. Yorke.	den 8 Dec.
den 28 dicto.	Claes Búrger, j. m. Van N. Yorke, en Sara Catharina Bedloo, Wedᵉ. Van Jan Siackerlÿ, beÿde woonende tot N. Yorke.	den 15 Dec.
den 5 Dec.	Bastiaen Mattheúszen, Neger, en Maria Van Angola Negrinne, beÿde woonende aen de groote Kill.	A° 1681. Primo Jan.
den 26 dicto.	Didlof Doorn, j. m Van N. Yorke, en Elsje Jeúriaens, j. d. als voren. beÿde woonende ter Voorschr Stede.	den 12 dicto.
[641]	A° 1681.	
den 20 Mart.	Daniel Veenvos, j. m. Van Búúren in Gelderlt. en Christina Van der Grist, Wedᵉ. Van Corñ. Jacobszen, beÿde woonende tot N. Yorke.	den 14 April. op Midwoút.
den 23 April.	Meÿndert Hendrickszen, j. m. Van Meppelen, en Jannetje Hendricks, j. d. Van dʳ. Esopús, beÿde woonende aen de armen boúwerÿe.	tot N. Haerlem.
Eod. m.	Tÿmon Franszen Van Dÿck, j. m. en Lÿsbeth Búrgers, j. d. Van N.	den 12 Maÿ.

INGESCHREVEN.		GETROÚWT.
	Yorke, beÿde woonende alhier.	
den 1 May.	Claes Gerritszen, j. m. Van Ravestÿn, en Marritje Van Roellgom, j. d. Van N. Yorke, beÿde woonende alhier.	den 24 dicto.
den 5 Jún.	Henricús Beeckman, j. m. Van N. Yorke, en Johanna Lopers, Wed^e. Van Joris Davidszen.	woonende in de Esopús.
den 11 dicto.	Joost Adriaenszen Molenaer, Wed^r. Van Lÿsbeth Croing, Marritje Heÿs, Wed^e. Van Philip Leiúw, woonende tot N. Yorke.	den 9 Júl.
Eodem.	Johannes Paúlúszen, j. m. Van de Esopús, en Jannetje Dereth, j. d. Van Amsterd, beÿde woonende tot N. Yorke.	Eodem.
den 25 Júl.	Abraham de Lanoÿ, j. m. Van Haerlem, en Cornelia Toll, Wed^e. Van Evert Dúÿcking, beÿde woonende tot N. Yorke.	den 23 Aúg.
den 18 Aúg.	Johannis Kip, j. m. Van N. York, en Catharina Kierstede, j. d. als voren, beÿde woonende alhier.	den 4 Sept.
Eodem.	Isaac de Foreest, j. m. Van N. Yorke, en Lÿsbeth Van der Spiegel, j. d. als voren, beÿde woonende alhier.	den 4 Sept.
den 15 Sept.	Wiert Eppens, j. m. Van Ester Búzúm, en Gerritje Jillis Mandeville, j. d. Van Noortwÿck.	op. Bergen.
[642] den 15 Sept.	Nicolaes Willem Stúÿvesant, Wed^r. Van Maria Beeckman, Elisabeth Slechtenhorst, j. d. Van N. Albanien.	in de Esopús.
den 22 Octob.	David Hendrickszen, j. m. Uÿt Engelant, en Helena Broúwers, j. d. Van de Gaúwanús.	te Breúckelen.
den 16 Nov.	Brúÿn Hage, j. m. Van de Esopús, en Geesje Schúúermans.	den 10 Dec.
den 23 dicto.	Pieter Janszen, j. m. Van Amersfort, en Beelitje Adriaens, j. d. Van N. Yorke, woonende aen't Versche water.	Eodem.
den 30 dicto.	Gerrit Hollaes, j. m. Van Vlissingen, en Súsanna Thomas, j. d. Van N. Yorke.	Eodem.

INGESCHREVEN.		GETROÛWT.
		Ao 1682.
den 11 Dec.	Abraham Abrahamszen Rÿcke, j. m. Van N. Yorke, en Margrietje Búÿtenhúÿsen, j. d. Van N. Yorke, beÿde woonende aan de armen bouwerÿe.	den 10 Jan.
Eodem.	Theúnis Corneliszen, j. m. Van N. Yorke, en Annetje Claes, j. d. Van groot Schermer, beÿde woonende tot N. Yorke.	Eodem.
Eodem.	Herman Hendrickszen Bas, j. m. Van Breuckelen, en Anna Wÿnhert, j. d. Van Amsterdam, beÿde woonende tot N. Yorke.	Eodem.

A° 1682.

den 8 Jan.	Thomas Koocker, j. m. Uÿt Engelandt, en Trÿntie Adolf, j. d. Van N. Yorke, beÿde woonende tot N. Yorke.	den 3 Febr.
Eodem.	Willem Anthonÿ, Wedr. Van Margariet Pieters, en Maria Claerce, j. d. Uÿt Engelandt, woonende op 't Versche water.	den 4 dicto.
Eodem.	Jacobús Broúwer, j. m. Van de Gaúwanes, en Annetje Bogardús, j. d. Van N. Yorck, beÿde woonende aende Gaúwanes.	tot N. Breuckelen.

[643]

den 23 Jan.	Cornelis Jacobszen Qúick, j. m. Van N. Albanien, en Abigal Abrahams, j. d. Van N. Yorke, beÿde woonen tot N. Yorke.	
den 15 Febr.	Jan Vinge, Wedr. Van Emmerens Van Nieúwerzlúÿs, Weiske Húÿtes, Wede. Van Andries Andrieszen, beÿde woonende tot N. Yorke.	tot Breúckelen.
den 2 April.	Willem Helhaeckis, j. m. Van Gravesant, en Trÿntje Boelen, j. d. Van N. Yorke, beÿde woonende alhier.	
den 9 dicto.	Lambert Aertszen Van Thúÿl in Gelderlt., en Margrietje Gerrits, j. d. op de Boúwerÿe.	

INGESCHREVEN.		GETROÚWT.
den 15 dicto.	Coenraedt ten Eÿck, Wed'. Van Maria Boelen, en Annetje Daniels, Wedᵉ. Van Herman Smeeman, beÿde woonende tot N. Yorke.	
Eodem.	Josias Janszen Drats, j. m. Van Amsterdam, en Aeltje Brouwers, j. d. Van de Gaúwanes.	tot N. Breúckelen.
den 6 Maÿ.	Marten Abrahamszen Cock, j. m. Van N. Yorck, en Lÿsbeth Abrahams Vanderheúl, j. d. als voren, beÿde woonende alhier.	
den 15 dicto.	Isaac Stephenszen, j. m. en Margrietje Van Veen, j. d. Van N. Yorke, beÿde woonende alhier.	den 15 May. met een Licentje.
den 16 dicto.	Marten Abrahamszen Klock, j. m. Van N. Yorke, en Lÿsbeth Abrahams, j. d. Vanderheúl, beÿde woonende tot N. Yorck.	
den 20 dicto.	Gerrit Leÿdecker, j. m. en Neeltje Van de Kúÿl, j. d. beÿde woonende tot N. Yorke.	
den 26 dicto.	Joris Elswaert, j. m. Van N. Yorke, en Adriaentie Rommen, j. d. als voren.	
den 17 Jún.	Brandt Schúÿler, j. m. Van N. Albanien, en Cornelia Coúrtlant, j. d. Van N. Yorck.	den 12 Júl.

[644]

den 5 Júl.	Henricús de Foreest, j. m. Van N. Yorke, en Femmetje Van Flaesbeeck, j. d. Van Boswÿck, beÿde woonende tot N. Yorke.	
Eodem.	Herman Janszen, j. m. Van Meppelen, en Brechtje Elswaert, Wedᵉ. Van Mellen Claeszen, beÿde woonende tot N. Yorke.	
den 11 dicto.	Jan Janszen Volckert, Wed'. Van Hermentje Jans, en Grietje Jans, Wedᵉ. Van Jan Kerseboom, beÿde woonende tot N. Yorke.	
den 26 Júl.	Pieter Van Kampen, Wed'. Van Súsanna Hillarie ——— Wedᵉ. Van Lovÿs Angola, beÿde woonende op Stúÿvesants Bouwerÿe.	
den 15 Aug.	Casparús Hermanszen, Wed'. Van Súsanna Húÿberts, Anna Reÿniers, j. d. Van N. Yorke, de Eerste woonende aan de Zúÿtrivier, en tweede alhier.	den 23 Aúg.

INGESCHREVEN.		GETROÚWT.
Eodem.	Oelfert Soert, j. m. Van Heerenveen, en Margrietje Cloppers, j. d. Van N. Yorke, beÿde woonende alhier.	den 9 Sept.
den 24 Sept.	Wiljam Rÿdt, Wed:. Van Andries Brÿll, en Lÿsbeth Cool, Wed^e. Van Samúel Eeting.	den 3 Dec.
den 17 Nov.	Hieronÿmús Hendrickszen Van Bommel, j. m. Van N. Yorke, Súsanna Abraham Moll, j. d. Van N. Yorke.	den 13 Dec.
den 9 Dec.	Nicolaes Rosenvelt, j. m. Van N. Yorke, en Hilletje Jans, j. d. Van N. Albanien, beÿde woonende tot N. Yorke.	den 26 dicto.

A° 1683.

den 23 dicto.	Jan Jacobszen, j. m. Van Noortwÿck, en Margrietje Snedikers, j. d. Van Midwoút, beÿde woonende tot N. Yorke.	den 17 Jan.
den 24 dicto.	M^r. Hermanús Wessels, Wed^r.Van Agtha Van Zalen, en Magdaleentje Dúúrkoop, j. d. Van Amsterdam.	den 31 dicto.

[645]   A° 1683.

den 17 Mart.	Joseph Fenton, j. m. Van London, en Marÿ Nixon, j. d. Uÿt Engel^t., beÿde woonende tot N. Yorke.	den 18 Mart.
den 31 dicto.	Leendert Húÿgen de Cleÿ, j. m. Van Búúren, en Magdalena Wolsúm, Wed^e. Van Corñ. Vanderveen, beÿde woonende tot N. Yorke.	den 25 April.
den 7 April.	Franz Goderús, j. m. Van N. Yorke, en Rebecca Ennes, j. d. Van Amsterdam.	Eodem.
den 13 dicto.	Matthÿs Adolphús Hoppen, j. m. Van N. Yorck, woonende op Hackingsack, en Anna Paúlús, j. d. Van N. Albanien, woonende tot N. Yorck.	den 2 Maÿ.
den 28 dicto.	Cornelis Wÿnhardt Van Groeningen, Wed^r. Van Catharina Pelle, woonende tot N. Yorck, Ariaentie Uendricks Van Middelbúrg, Wed^e. Van Thÿs Janszen, woonende op N. Uÿtrecht.	den 18 dicto. attestatie gegeven, omtot midwout te troúwen.¹
den 9 Maÿ.	James Babbage, j. m. Uÿt Engelant, en Bcrshcba Torncr, j. d. Van Westchester, woonende aan 't Versche water.	Getrouwt door een Engelsche Minister.

¹ License given to marry at Midwout.

53

INGESCHREVEN.		GETROÚWT.
den 12 dicto.	Abraham Ackerman, j. m. Van Berlicúm, in de Mayerie Van^s Hertogenbosch, woonende op Bergen, en Aeltje Van Laren, j. d. Van N. Yorke, woonende op Bethfort.	den 28 dicto. Getrouwt tot Breuckelen.
den 26 dicto.	Jacqúes Tornéúr, j. m. Van N. Haerlem, en Aetje Michiels, j. d. Van N. Yorck, beÿde woonende op N. Harlem.	den 17 Jún. Getrouwt tot N. Haerlem.
den 27 dicto.	Theúnis Hendrickszen, j. m. Van Bergen, en Súsanna Roels, j. d. Uÿt de Phalts, woonende tot N. Yorck.	
den 3 Jún.	Pieter Franszen, Neger, j. m. Van 't Lange Eÿl^t., en Susanna Dec, j. d. Van^t. Rode Eÿlant, beÿde woonende op Bloomendael.	den 20 dicto.
den 9 dicto.	Pieter Stephenszen, j. m. Van N. Albanien, en Janneken Schoúten, j. d. Van Bergen, beÿde woonende op N. Yorke.	den 4 Júl.
den 22 dicto.	Jan Peeck, j. m. Van N. Yorck, en Lÿsbeth Van Imbúrg, j. d. Van N. Albanien, woonende op N. Yorck.	den 18 dicto.

[646]

Eodem.	Lúcas Kierstede, j. m. Van N. Yorck, en Rachael Kip, j. d. Van N. Yorck, woonende aldaer.	den 18 dicto.
den 6 Júl.	Gerrit Dúÿcking, j. m. Van N. York, en Maria Abeel, j. d. Van N. Albanie, de Eerste woonende alhier en tweede boven.	Getrouwt tot N. Albanie.
den 21 dicto.	Elbert Elbertszen, Wed^r. Van Aeltje Cornelis, en Sara Roelofs, laest Wed^e. Van Corñ Van Bossúm, d' Eerste woonende op N. Amersfort, en tweede alhier.	Getrouwt op N. Amersfort.
den 18 dicto.	Robbert Sinclaer, j. m. Van de Orcades, en Marÿken Duÿcking, j. d. Van N. Yorck, beÿde woonende alhier.	den 15 Aúg.
Met attestatie Van Bergen.	Hans Hendrickszen Spier, j. m. Van Bergen, en Trÿntie Pieters, j. d. als boven.	den 1 Aúg.
den 1 Aúg.	D^o Gidion Schaets, Predict. Van N. Albanien, Wed^r. Van Agnietie Moriaens, en Barentje Hendricks,Wed^e. Van Gerr^t. Vúllevever, d' Eerste woonende tot N. Albanien, en tweede alhier.	den 22 dicto.

INGESCHREVEN.		GETROÚWT.
den 29 dicto.	Jacob Teller, j. m. Van N. Albanien, en Christina Wessels, j. d. Van N. Yorke, d' Eerste woonende tot N. Albanien, en de tweede alhier.	den 24 Oct.
den 8 Sept.	Francois Rombout, laest Wed^r. Van Anna Elisabeth Masschot, en Heleena Teller, laest Wed^e. Van Jan Hendrickszen Van Balen, beÿde woonende alhier.	den 26 Sept.
den 29 dicto.	Johannes Gerritszen, j. m. Van N. Yorck, en Jannekin Jochems, j. d. Van Middelwoút, beÿde woonende alhier.	den 24 Oct.
Eodem.	Jan Wesselszen, j. m. Van N. Yorck, en Francÿntie Stiltheer, j. d. als boven, beÿde woonende alhier.	den 17 dicto.
[647] den 13 Octob.	Heÿman Mooninck, j. m. Van Bommelerwaert, en Marritje Andries, j. d. Van N. Yorke, beÿde woonende alhier.	den 31 Octob.
Eodem.	Leendert Albertszen de Graú, j. m. Van N. Yorke, en Gerritje Jacobs Qúick, j. d. Van N. Albanie, beÿde woonende alhier.	den 24 Oct.

Aº 1684

den 12 Jan.	Jacob Corneliszen, Wed^r. Van Aeltie Fredrix, woonende aan de groote Kill, en Marritje Hendricx, Wed^e. Van Hendr. Bartiaenszen, woonende op 't Versche water.	den 6 Febr.
den 10 Febr.	Vincent de La Montagne, j. m. Van N. Yorck, en Ariaentie Jans, j. d. als boven, beÿde woonende alhier.	den 5 Mart.
Met attestatie Van Bergen.	Gerrit Steÿmets, j. m. Van Bergen, en Vroúwtje Claes, j. d. als boven, beÿde woonende alhier.	den 12 dicto.
den 5 .. art.	Dirck Croesen, j. m. Van Breúckelen, en Elisabeth Cregiers, j. d. Van de Zúÿdt rivier, de Eerste woonende op 't Staten Eÿl^t., ende tweede alhier.	Getrouwt tot Breúckelen.
den 12 Apr.	Tobias ten Eÿck, Wed^r. Van Aeltie Dúÿcking, en Elisabeth Hegeman, j. d. Van Midwoudt, d' Eerste woonende alhier, en tweede op Midwoúdt.	Getroúwt tot Midwondt.
Met attestatie Van Bergen.	Johannes Adriaenszen Sips, j. m. en Johanna Idens Van de Voorst, j. d.	den 23 April.

INGESCHREVEN.		GETROÚWT.
den 18 Maÿ.	Jan Willemszen Romen, j. m. Van Werckendam, en Marÿken Bastiens, j. d. Van Cúÿlenbúrg, d' Eerste woonende alhier en twede op Boúwerÿe.	den 12 Jún.
den 7 Jún.	Johannes Clopper, j. m. Van N. Yorke, en Marÿken Soúrt, j. d. als boven, beÿde woonende alhier.	den 2 Júl.

[648]

den 8 dicto.	Tobias Stoútenbúrg, j. m. Van N. Yorke, en Anneken Van Rollegom, j. d. als boven, beÿde woonende alhier.	Eodem.
den 13 dicto.	Andries Grevenraedt, j. m. Van N. Yorke, en Anna Van Brúg, j. d. als boven, beÿde woonende alhier.	Eodem.
den 28 dicto.	Theúnis Janszen, j. m. Van Vlissingen, en Sara Broúwers, j. d. Van de Gúijanes, d' Eerste woonende alhier en tweede op de Gúijanes.	Getroúwt tot Breúckelen.
den 7 Aúgúst.	Nicolaes Van der Grist, j. m. Van N. Yorke, en Barentje Verkercken, j. d. Van Búúrmatzen, beÿde woonende tot N. Uÿtrecht.	tot N. Uÿtrecht, den 24 Aúg.
den 30 dicto.	Thomas Crúndall, j. m. Van London, en Debora de Meÿert, j. d. Van N. Yorke, beÿde woonende alhier.	den 17 Sept.
den 4 Sept.	Rip Van Dam, j. m. Van N. Albanien Sara Van der Spiegel, j. d. Van N. Yorke, beÿde woonende alhier.	den 24 dict.
den 25 Octob.	Hendrick Arentszen, j. m. Van Zútphen, en Catharina Hardenbroeck, j. d. Van Elbervelt, beÿde woonende alhier.	den 12 Nov.
den 6 Novemb.	George Atkins, j. m. Uÿt de Virginies, en Belitie Joris, Wed^e. Van Frans Hendricxzen, beÿde woonende alhier.	den 5 Dec.
Eodem.	Pieter Willemszen Room, j. m. Van Goemoenipa, en Hester Van Gelder, j. d. Van N. Yorck, beÿde woonende alhier.	den 26 Nov.
den 29 dicto.	Cornelis Verdúÿn, j. m. Van Amsterdam, en Sara Van Feúrden, j. d. Van N. Yorck, beÿde woonende alhier.	den 17 Dec.
Eodem.	Abraham Kermer, j. m. Van N. Yorck, en Maria Túrck, j. d. als boven, beÿde woonende alhier.	Eodem.

INGESCHREVEN.		GETROÚWT.
[649]		
Eodem.	Isaac de Mill, j. m. Van N. Yorck, en Sara Joosten, j. d. als boven, beÿde woonende alhier.	den 17 Dec.

A° 1685.

den 14 Jan.	James Spencer, j. m. Van Lancines, Uÿt Engel^t., en Lÿsbeth de Warem, j. d. Van N. Yorck, beÿde woonende alhier.	den 4 Febr.
den 16 dicto.	Teúnis Deÿ, j. m. Van N. Yorck, en Anneken Schouten, j. d. als boven, beÿde wonende alhier.	Eodem.
den 17 dicto.	Robbert Walters, j. m. Van Plÿmouth in Engel^t., en Catharina Leÿdsler, j. d. Van N. Yorke, beÿde wonende alhier.	Eodem.
den 31 dicto.	Abraham Matthÿszen, j. m. Van N. Yorck, en Helena Pieters, Wed^r. Van Jan Hendrickszen Van Gúnst, beÿde wonende alhier.	den 18 dicto.
den 6 Febr.	Johannes Beeckman, j. m. Van N. Yorck, en Aeltie Thomas, j. d. Van N. Yorck, beÿde wonende alhier.	den 4 Mart.
den 7 dicto.	Anthony Sarleÿ, Wed^r. Van Maÿken Boúdens, en Josÿntie Thomas, Wed^r. Van Gerrit Hendrickszen, beÿde wonende alhier.	Eodem.
Eodem.	Daniel de Clerq, Wed^r. Van Marie de Moll, en Grietie Cozÿns, Wed^e. Van Jan Pieterszen Haring, beÿde woonende alhier.	Eodem.
den 14 Mart.	Evert Hendrickszen, j. m. Van N. Yorke, en Metje Hardenbroeck, j. d. als boven.	den 8 April.
den 4 April.	Barent Hÿbon, j. m. Van N. Yorke, en Sara Ennes, j. d. Van Amsterdam, beÿde wonende alhier.	den 20 dicto.
den 25 dicto.	Francisco Anthonÿ, Wed^r. Van Leonora Haldrinck, en Geertie Theúnis, Wed^e. Van Hans Carelszen.	den 20 Maÿ.
[650]		
den 2 Maÿ.	Cornelis Jacobszen Qúick, Wed^r. Van Abigael Abrahams, en Maria Van Hoogten, j. d. Van N. Yorke, beÿde woonende alhier.	den 28 Maÿ.

INGESCHREVEN.		GETROUWT.
den 9 dicto.	Jacobús Kip, j. m. Van N. York, en Hendrickje Wessels, Wed° Van Gelỹn Verplancken, beÿde woonende alhier.	Eodem.
den 16 dicto.	Isaac Bedlo, j. m. Van N. Yorck, en Hermina Groenendael, j. d. Van Uÿtrecht beÿde woonende alhier.	den 8 Jún.
den 21 dicto.	Pieter Van Oblinús, j. m. Van Manheim, en Cornelia Waldron, j. d. Van N. Yorck, beÿde woonende tot N. Haerlem.	Eodem, tot N. Haerlem.
den 23 dicto.	Albert Clock, j. m. Van N. Yorck, en Trÿntje Abrahams, j. d. als boven, beÿde woonende alhier.	den 17 dicto.
den 27 dicto.	Johannes Provoost, Wed^r Van Sara Staets, en Sara Webbers, Wed^e Van Laúrens Van der Spiegel. de Eerste woonende tot N. Albanien, en twede hier.	den 25 dicto.
den 29 dicto.	Franz Corneliszen, j. m. Van Middelbúrg, en Janneken Deÿ, j. d. N. Yorck, beÿde woonende alhier.	den 17 dicto.
den 6 Jún.	Johannes Andrieszen, j. m. Nÿt Spangien, en Agnietje Abrahams, Wed^e Van Jan Tobiaszen, beÿde woonende aen Stúÿvesants bouwerey.	den 24 dicto.
den 5 Júl.	Henrÿ Breser, j. m. Van N. Yorck en Marÿken Joris Van Aelst, j. d. als boven, de Eerste wonende alhier de twede woonende op Mitspats Kill.	den 5 Aúg.
den 1 Aúg.	Arent Isacszen, W^r Van Stÿntie Laúrens, en Lÿsbeth Stevens, Wed^e Van Abraham Valdinck, beÿde wonende alhier.	den 16 dicto.
[651]		
Eodem.	Johannes Van Vorst, j. m. Van N. Yorck en Anneken Hercks, j. d. Van de Arme Bouwerye, d' Eerste woonenhier, en twede aldaer.	den 26 dicto.
Eodem.	Salomon Janszen, j. m. Van Amsterdam, en Júdith Martens, j. d. Van N. Yorck beÿde woonende alhier.	den 12 dicto.
Eodem.	Pieter Janszen, j. m. Van N. Albanien, en Lÿsbeth Van Hoogten, j. d. Van N. Yorck, beÿde woonende alhier.	den 26 dicto.

INGESCHREVEN.		GETROUWT.
den 8 dicto.	Ide Arianszen, j. m. Van N. Yorck, en Ibel Bloedtgoet, j. d. Van Vlissingen, beÿde woonende op dit Eÿl^t.	Eodem.
den 15 dicto.	Jacob Janszen, j. m. Van N. Yorck, en Anneken Fonteÿn, j. d. Van Boschwÿck. beÿde woonende op Boschwÿck.	den 9 Sept.
den 22 dicto.	Johannes Elsenwaert, j. m. Van. N. Yorck, en Aeltje Roos, j. d. als boven, beÿde woonende alhier.	Eodem.
den 4 Sept.	Adriaen Bogaerdt, Wed^r Van Súsanna Hamilton, en Belitje Post, Wed^e Van Arie Jeúriaensz Lansman, beÿde woonende alhier.	den 14 dicto.
den 26 dicto.	Jaspar Missepadt, Wed^r Van Janneken Legende, en Machtelt de Riemer, Wed^e Van Nicolaes Goúverneúr, beÿde woonende alhier..	den 14 Octob.
den 2 Oct.	Jan Barentszen Van Lúbeck, j. m. en Marÿken Jillis, Wed^e Van Robbert Rotges, beÿde woonende alhier.	den 21 dicto.
den 8 dicto.	William Moore, Wed^r Van Margriet Feen, en Anna Jans, Wed^e Van Gosen Stephenszen, beÿde woonende alhier.	den 29 Nov.
den 9 dicto.	Jan Kiersen, j. m. Van Aenhoút, gelegen in Drenthe en Gerritje Jans, j. d. Van N. Engelandt, beÿde woonende tot N. Haerlem.	Getrouwt tot N. Haerlem.
[652]		
den 30 dicto.	Gerrit Bastiaenszen, j. m. Van Cúylenbúrg, en Trÿntie Thÿs, j. d. Van N. Albanien, beÿde wonende op Stúyvesants Boúwerÿe.	den 25 Nov.
den 20 Nov.	Jacobús Janszen, j. m. Van N. Yorck, en Trÿntje Meÿnardts, j. d. als voren, beÿde woonende alhier.	den 13 Dec.
den 21 dicto.	John Lillie, j. m. úÿt oudt Engelandt, en Anna Meÿnaerts, Wed^e Van Abel Hardenbroeck, 't Eerste wonende tot Fairfield, en tweede alhier.	den 9 dicto.
den 27 dicto.	Jan Willemszen Van Amsterd., Wed^r Van Sara Pollert, ende Lÿsbeth Fredricxen, j. d. Van N. Yorck, beÿde wonende alhier.	den 13 dict.
den 7 Decemb.	Zacharias Laúrenszen, j. m. Van N. Yorck, en Aeltje Van Loenen, j. d. Van Mitspadt, beÿde wonende alhier.	A° 1686. den 1 Jan.

A° 1686.

INGESCHREVEN.		GETROUWT.
den 5 Jan.	Thys Franszen Oúdewater, j. m. Van N. Albanien, en Geertie Lamberts Mol, Wedᵉ Van Hans Jacobszen.	Zoúde troúwen tot Tappan.
den 15 dicto.	Hendrick Baelenszen, j. m. Van N. Yorck, en Anneken Coúrs, j. d. als boven, beÿde woonende alhier.	den 3 Febʳ.
den 19 Febr.	John Perrÿ, Wedʳ Van Marie Thomas, en Sara Jans, j. d. Van de Gújanes, beÿde woonende alhier.	den 17 Mart.
den 4 Mart.	Johannes Janszen, j. m. Van N. Uÿtrecht, en Anna Maria Van Giesen, j. d. Van Midwoút.	den 31 dicto.
den 17 dicto.	Pieter Uzie, j. m. Van Manheÿm, en Cornelia Damen, j. d. Van Midwoút, d' Eerste woonende op Staten Eÿlᵗ, en twede in de Walenbocht.	den 6 Apr.
[653] den 26 Mart.	'Reÿer Michielszen, j. m. Van Schoonderwoúrt, en Jacomÿntie Tiboút, j. d. Van Breúckelen, beÿde woonende tot N. Haerlem.	den 15 Apr. tot N. Haerlem.
den 3 Apr.	Jan Evertzen, j. m. Uÿt oúdt Engelandt, en Engeltje Hercks, Wedᵉ Van Pieter Breestede, beÿde woonende alhier.	den 4 May.
den 6 dict.	Hendrick Grevenraedt, j. m. Van N. Yorke, en Sara Sanders, j. d. Van N. Albanien, de Eerste woonende alhier, de twede op N. Albanien.	den 5 Maÿ, tot N. Albanien.
den 22 Apr.	Daniel Vooren, j. m. op de Manhatans, en Anna Frans, Wedʳ Cornelis Arienszen, beÿde woonende op Tappan.	Getrouwt op Hackingzack.
den 23 dict.	Paúlús Schrick, j. m. Van Hertfort in N. Engelᵗ, en Maria de Peÿster, j. d. Van N. Yorke, beÿde woonende alhier.	den 11 dicto.
den 24 dicto.	Johannes Van Gelder, ·j. m. Van N. Yorck, en Aefje Roos, j. d. als boven, beÿde woonende alhier.	den 19 dicto.
den 7 Maÿ.	Tÿmon Franszen Van Dÿck, Wedʳ Van Lÿsbeth Borgers, en Hester Plúviers, j. d. Van N. Yorke, beÿde woonende alhier.	den 2 Jún.
den 12 dicto.	Jacob Phaenix, geboortig Van N. Albanien, en Anna Van Vleck, Wedᵉ Van Willem Pieterszen Beeck, beÿde woonende alhier.	den 4 dicto.
den 15 dicto.	Johannes Hooglant, j. m. Van Breúckelen, en Annetje Dúÿcking, Wedᵉ Van Pieter Van de Water, beÿde woonende alhier.	den 30 Maÿ, op't Staten Eÿlᵗ.

INGESCHREVEN.		GETROUWT.
Eodem.	Jeremias Tothill, j. m. Uÿt oudt Engel^t, en Janneken DeKeÿ, j. d. Van N. Yorke, beÿde woonende alhier.	den 31 Maÿ.
den 21 dicto.	Thomas Franszen Oŭdewater, j. m. Van N. Albanien, en Trÿntie Breedstede, j. d. Van N. Yorke, beÿde woonende alhier.	den 16 Jún.
den 27 dicto.	Seger Corñ. Van Egmondt, j. m. Van N. Albanien, en Femmetje Laúrens Slúÿs, j. d. Van N. Yorck, beÿde woonende alhier.	Eodem.
Eodem.	Simon Breestede, j. m. Van N. Yorke, en Janneken Van Laer, j. d. als voren, beÿde woonende alhier.	Eodem.
Eodem.	Johannes Hardenbroeck, j. m. Van Amsterd., en Sara Van Laer, j. d. Van N. Yorke, beÿde woonende alhier.	Eodem.
den 28 dicto.	Harmen Doúwenszen Taelman, j. m. Van Amsterd., en Grietie Minnens, j. d. Van N. Amersfoort, de Eerste woonende op Tappan en tweede op Haxstroo.	den 21 dicto. op Bergen.
den 11 Jún.	Simon Claeszen, j. m. Van Oosthúÿsen, en Trÿntie Gerrits, j. d. Van Kÿckúÿt, beÿde woonende tot N. Yorke.	den 30 dicto.
den 25 dicto.	Isaac Arentszen, j. m. Van N. Albanien, en Anna Popúlaer, W^e Van Elias de Windel, beÿde woonende tot N. Yorke.	den 25 Júl.
den 9 Júl.	Jan Dirckxen, j. m. Van N. Yorke, en Catalina Cloppers, j. d. Van N. Yorke, beÿde woonende alhier.	den 4 Aug.
den 16 dicto.	Jan Eewetsen, j. m. Van Beets, en Lÿsbeth Plúviers, j. d. Van N. Yorke, beÿde woonende alhier.	Eodem.
Eodem.	Barent Liewents, j. m. Van N. Yorke, en Johanna Vander Poel, j. d. Van Renselaers Wÿck, d' Eerste woonende alhier, en twede aldaer.	tot N. Albanien.
den 24 dicto.	Simon Corniel, Wed^r Van Claesje Petit mangin, en Teúntje Walings, Wed^e Van Corñ. Jacobszen, beÿde woonende alhier.	den 6 dicto.
[655] den 21 dict.	Evert Arentszen, j. m. Van N. Yorck, en Johanna Van Spÿck, j. d. Van Middelbúrg, beÿde wonende alhier.	den 3 Sept.
den 10 Sept.	Aert Theúnissen Lanen, j. m. Van N. Uÿtrecht, en Neeltje Jans Van Thúÿl, j. d. Van N. Yorke, d' Eerste woon-	

INGESCHREVEN.		GETROÚWT.
	ende op N. Uÿtrecht, en tweede alhier.	
den 11 dicto.	Pieter Janszen Bogaert, j. m. Van Leerdam, en Fÿtie Thÿssen, j. d. Van N. Albanien, d' Eerste wonende tot N. Haerlem, en twede op Stúÿvesants Boúwerÿe.	den 29 Sept.
den 19 dicto.	Barent Janszen, j. m. Van Midwoút, en Marritie Broúwers, Wed^e Van Jacob Pieterszen, beÿde wonende alhier.	den 13 Octob.
den 26 dicto.	Jean LeMontez, j. m. Van Jearseÿ, en Helena Fell, j. d. Van N. Yorke, beÿde wonende alhier.	den 26 Sept. met een licentie.
den 2 Oct.	Isaac Kip, j. m. Van N. Yorke, en Sara de Mill, j. d. als voren, beÿde wonende alhier.	den 20 Octob.
Eodem.	Henricús Selÿns, Wed^r Van Machtelt Specht, en Margareta de Riemer, Wed^e Van de H^r Cornelis Steenwÿck, beÿde wonende alhier.	Eodem.
den 16 dicto.	Willem Teller de Jonge, j. m. Van N. Albanien, en Rachel Kierstede, j. d. Van N. Yorke, beÿde wonende alhier.	den 19 Nov.
den 26 Nov.	Willem Willemszen Bennet, j. m. Van de Gújanes, en Ariaentie Van de Water, j. d. Van N. Yorck, d' Eerste wonende op de Gújanes, en twede alhier.	den 15 Dec.

A° 1687.

den 26 Mart. met een Licentie.	Reÿnier Van Sickelen, j. m. Van N. Amersfoort, en Janneken Van Hooren, Wed^e d' Eerste wonende alhier en twede tot N. Amersfoort.	getrouwt tot Breuckelen.
den 31 Mart.	Jan Strÿcker, laest Wed^r Van Swaentje Jans, en Theúntje Theúnis, laest Wed^e Van Jacob Hellaken, de Eerste wonende tot mid woút, en twede alhier.	Tot mid Woút.
den 15 April.	Laúrens Thomaszen, j. m. Van N. Yorke, en Catharina Lievens, j. d. als boven, beÿde woonende alhier.	den 11 Maÿ.
Eodem.	Jacobús Corneliszen, j. m. Van Vlissingen, en Aeltje Fredricx, j. d. Van N. Yorke, beÿde woonende alhier.	Eodem.
den 23 dicto.	Jan Meet, j. m. Van Oudt Amersfoort, in 't Sticht Van Uÿtrecht, en Grietje Mandeviel, j. d. Van N. Amersfoort op 't lange Eÿl^t, beÿde woonende alhier.	Eodem.

INGESCHREVEN.		GETROÚWT.
den 14 dicto.	Jan Janszen Vañ Flensbúrg, Wed' Van Willemỹntie de Cleỹne, en Grietie Martens Wed°, Van Claes Roelofszen, beỹde woonende alhier.	getrouwt met eer. licentie door M' Alexander Innes.
den 25 Jún.	Bernard Darbỹ, j. m. Van London, en Maria de Foreest, j. d. Van N. Yorck.	getrouwt met een licentie den 15 Jún.
den 24 dicto.	Johannes Van Giesen, j. m. Van Uỹtrecht, en Aeltje Schepmoes, Wed° Van Jan Evertsz Keteltas, d' Eerste wonende op Bergen en twede alhier.	den 13 Júl.
Eodem.	John Rose, j. m. Van Dorsitsheire in oudt Engel', en Lỹdia Bowỹer, Wed° Van Amas Bowỹer, beỹde wonende alhier. Dese geboden zỹn geschút, op redenen tebewỹsen door de húỹsvr. Van Willem Merret, op den 2 Júl. (¹)	niet getroúwt.
den 2 Júl.	Johannes Provoost, laest Wed' Van Sara Webbers, en Anna Maùritz, Wed° Van D° Wilhelmús Van Nieuwenhúỹsen, beỹde wonende alhier.	den 18 dicto.
den 9 dicto.	Hendrick de Boog, j. m. Van N. Yorke, en Grietie Kermer, j. d. als voren, beỹde wonende alhier.	den 4 Aúg.
den 15 dicto.	Petrus de Mill, j. m. Van N. Yorke, en Maria Vanderheúl, j. d. als voren, beỹde wonende alhier.	Eodem.
[657] Eodem.	Dirck Hooglandt, j. m. Van N. Yorck, en Maria Kip, j. d. als voren, beỹde wonende alhier.	Eodem.
den 25 dict.	Philip Schúỹler, j. m. Van N. Albanien, en Elisabeth de Meỹert, j. d. Van N. Yorck, d' Eerste wonende tot N. Albanien, en twede alhier.	den 24 Aúg.
den 29 dicto.	Richard Hitman, j. m. Van London, en Marritje Karseboom, j. d. Van N. Yorke; beỹde woonende alhier.	den 17 dicto.
den 5 Aúg.	Richard Ashfield, j. m. Van ———, en Maria Wessels, j. d. Van N. Yorck, beỹde wonende alhier.	met een licentie op den 5 Aúg.
den 6 dicto.	John Sprat, j m. Van Wigton, en Maria de Peỹster, Wed° Van Paúlús Schrick, beỹde wonende alhier.	den 26 dicto.
den 19 dicto.	Pieter Vander Schúeren, j. m. Van N. Yorke, en Sara Fredricx, j. d. als boven, beỹde wonende alhier.	den 14 Sept.
den 30 dicto.	Johannes Van Imbúrg, j. m. Van N. Albanien, en MargrietieVan Schaỹck,	den 28 dicto.

(¹) This marriage did not take place for reasons to be shown by the wife of Willem Merret on the 2d of July.

INGESCHREVEN.		GETROUWT.
	j. d. Van N. Yorke, beÿde woonende alhier.	
den 3 Sept.	Jan Tiboŭt, Wed^r Van Sara Van der Vlúcht, en Hester Dúbois, Wed^e Van Claúde Lemaistre, beÿde woonende tot Haerlem.	den 6 Nov. tot N. Haerlem door mÿzelf.
Eodem.	Barent Waldron, j. m. Van N. Haerlem, en Jannetje Jans, j. d. Van N. Yorke, d' Eerste woonende tot N. Haerlem en twede tot N. Yorke.	den 25 Sept. Tot N. Haerlem.
den 16 Sept.	Theúnis Bogaert, Wed^r Van Sara Rapaille, en Geertie Jans, Wed^e Dirck Dÿe, d' Eerste wonende in de Walebocht, en twede alhier.	den 11 Nov.
den 8 Novemb.	John Haines, en Elisabeth Boŭwne.	met een licentie den 9 Novemb.
[658] den 9 Nov.	Pieter Janszen Haring, j. m. Van N. Yorck, Grietje Bogaerts, j. d. Van Bedtfort, d' Eerste woonende op Tappan, en twede op N. Haerlem.	den 4 Dec. tot N. Haerlem.
den 18 dicto.	Caspar Pieterszen Nebÿ, j. m. Van N. Yorck, Lÿsbeth Schúermans, j. d. Van Santfort, wonende beÿde alhier.	den 14 dict.
den 9 Decemb.	Isaac de Peÿster, j. m. Van N. Yorck, en Maria Van Balen, j. d. Van N. Albanien, beÿde wonende alhier.	den 27 dict.
den 16 dicto.	John Fell, j. m. Van London, en Janneken Joosten, j. d. Van N. Yorke, beÿde woonende alhier.	A^o 1688. den 4 Jan.
den 18 dicto.	Thomas Sessions, Wed^r Van Dorothea Júrdan, en Elionoor Shaŭw, Wed^e Robbert Shaŭw, beÿde woonende alhier.	den 2 dicto.
den 28 dict.	Jacobús Goúleth, j. m. Van Búyck Sloot, en Janneken Cocher, j. d. Van N. Yorck, beÿde wonende alhier.	den 10 dicto.
	A° 1688.	
den 20 Jan.	Jonas Liewens, j.m. Uÿt oudt Engel^t, en Aefje Cornelis, j. d. Van N. Yorck, beÿde wonende tot N. Haerlem.	den 5 Febr. tot N. Haerlem.
den 4 Febr.	Johannes Martier, j. m. Van Leÿden, en Hester Van Coúwenhoven, j. d. Van N. Yorck, beÿde wonende alhier.	den 22 dicto.
den 13 dicto.	Edúard Earle, j. m. Uÿt Marienlant, en Elsje Vreedlant, j. d. op Goemoenipa, met Atestatie Van Bergen.	den 13 dicto.
den 29 dicto.	William Greene, Van Lanckashire, en Maria Woúters, j. d. Van N. Yorck, met licentie Van d' H^r Anthonÿ Brockhorst.	den 29 dicto.

INGESCHREVEN.		GETROUWT.
den 10 Mart.	Francisco Van Angola, j. m. Van Bloemendal, en Dorathee Bresiel, j. d. Van de Barbados, d' Eerste wonende op Bloemendal, en twede op Fredrick Philipszen lant.	tot N. Haerlem.
[659] den 16 Mart.	Joost Palding, j. m. Uÿt 't lant Van Cassant, Catharina Dúÿts, j. d. Van N. Yorck, beÿde wonende alhier.	den 1 Apr.
den 23 dicto.	Johannes Vander Spiegel, j. m. Van N. Yorck, en Marritje Lúersen, j. d. Van Voren, beÿde wonende alhier.	den 16 dicto.
den 11 April.	Roelof Lúbbertszen Westervelt, j. m. Van Meppelen, en Úrselina Steÿmets, j. d. Van Bergen. Met attestatie Van Hackinsack en Bergen.	den 11 dicto.
den 13 dicto.	Jacob Van Gesel, j. m. Van N. Castle, en Geertrúÿdt Reÿmers, j. d. Van N. Yorck, beÿde wonende alhier.	den 9 Maÿ.
den 27 dicto.	Paúlús Túrck, Júnior, j. m. Van N. Yorck, en Marritje Reÿers, j. d. Van Blommendael, beÿde wonende alhier.	den 16 dicto.
den 2 Maÿ.	William Lÿne, en Marie Jans Van den Búrg, j. d., beÿde wonende alhier.	den 2 dicto. meteen licentie.
Eodem.	Andries Thomson, en Maria Breedstede, j. d. Van N. Yorke, beÿde wonende alhier.	Eodem. met een licentie.
den 5 dicto.	Johannes Clopper, Wed^r Van Marÿken Soúrt, en Margareta Hagen, j.d. Van Amsterdam, beÿde wonende alhier.	den 24 dicto. Hemelvaert.
Eodem.	Pieter Janszen Van Langendÿck, j. m. en Geertie Cornelis, j. d. Van N. Yorck, beÿde wonende alhier.	den 23 dicto.
den 12 dicto.	Jan Hÿbon, j. m. Van 't Breúckelsche Veer, en Geertrúÿd Breedstede, j. d. Van N.Yorck, beÿde wonende alhier.	den 4 Jún.
Eodem.	Gÿsbert Van Imbúrg, j. m. Van Kings toúwne, en Jannetje Messúer, j. d. Van N.Yorke, beÿde wonende alhier.	Eodem.
den 2 Jún.	Jacobús Berrÿ, j. m. Van de Zúÿtrivier, en Elisabeth Lúcas, Wed^e. Van Jan Stephenszen, beÿde wonende alhier.	den 17 dicto.
den 9 dicto	Nathaniel Soúthfield, j. m. Van de Barbados, en Stÿntie Jans, j. d. Van de Zúÿtrivier, beÿde ver bÿ Stúÿvesants Bouwerÿe.	Getrouwt tot N. Haerlem.
[660] den 9 Jún.	John Sillkwood, j. m. Van Wigbÿ in Engel^t., en Catharina Smith, Wed^e van Húÿbert de Riemer, beÿde wonende alhier.	den 28 Jún.

INGESCHREVEN.		GETROÛWT.
den 22 dicto.	Albertús VandeWater, j. m., en Pieternel Kloppers, j. d. beÿde geboren en wonende alhier.	den 18 Júl.
den 13 Júl.	George Dolstone, j. m. Van Miltfort in O. Engel^t, en Margariet Starcks, Wed^e Van Rendel Evins, beÿde wonende alhier.	den 29 dicto.
den 10 Aúg.	Willem Depúy, j. m. Van Boswÿck, en Lÿsbeth Weÿt, j. d. Van de Barbados, d' Eerste wonende op Mernach, en twede tot Kichtewang.	Vertoog Verleent. Om te troúwen tot Kichtewang.
den 6 Sept.	Bernhardús Hardenbroeck, j. m. Van N. Yorck, en Elisabeth Coelÿ, jonge d. als boven beÿde wonende alhier.	den 3 Oct.
den 14 dicto.	Jan Legget, j. m. Van de Barbados, en Catalina Tenbroeck, j. d. Van N. Albanien, d' Eerste wonende alhier, entwede tot N. Albanien.	Vertoog Verleent. om te troúwen tot N. Albanien.
den 21 dicto.	Johannes de Peÿster, j. m. Van N. Yorck, en Anna Banckers, j. d. Van N. Albanien, d' Eerste wonende alhier, en twede tot N. Albanien.	Vertoog Verleent. Om te troúwen út Súpra.
den 28 dicto.	Cornelis Arentszen Viele, j. m. Van N. Albanien, en Maria Adolfs, jonge d. Van N. Yorck, d' Eerste wonende tot N. Albanien en twede alhier,	den 14 dicto.
den 12 Oct.	Jacob Janszen, j. m. Van N. Haerlem, en Grietie Kermer, Wed^e Van Hendrick de Boog, beÿde wonende alhier.	den 30 dicto.

* Nota. Op den 16 dicto is de trouwbosch geligt door Fredr: Philipszen en N. de Meÿert, en bervonden in de zelve f1335 : 8 : (1)

den 19 dicto.	Herman Janszen, Wed^r Van Brechtie Elsewaert, en Geesje Schúúrmans, Wed^e Van Brúÿn Hagen beÿde wonende alhier.	den 7 Nov.
Eodem.	Cornelis Dirckszen Hoÿer, j. m. Van de Zúÿt rivier, en Cornelia Bogardus, j. d. Van N. Yorck, beÿde wonende alhier.	Eodem.
den 26 dicto.	Leendert Lievens, j. m. Van N. Yorck, en Lÿsbeth Hardenberg, j. d. Van N. Albanien, beÿde wonende alhier.	den 16 dicto.
den 30 dicto.	Roelof Martenszen, Wed^r Van Annetje Pieters, en Catharina Cregier Wed^e Van Stoffel Hoogl^t d' Eerste tot Amersfort en twede alhier.	met Attestatie getroúwt op N. Amersfort.

* [On the 16th of October the marriage fee-box was emptied by Fred. Philipsen and N. de Meyert, and found in the same 1335 florins and 8 stuyvers.]

66

INGESCHREVEN.		GETROÛWT.
(661)		
den 2 Nov.	Pieter Van Brúg, j. m. Van N. Yorck, en Sara Kúÿler, j. d. Van N. Albanien, beÿde wonende alhier.	den 21 Nov.
den 14 dicto.	Alexander Lam, j. m., nÿt Schotlant, en Lÿsbeth Koningk, j. d. Van N. Yorck, beÿde wonende alhier.	den 14 Dec.
den 16 dicto.	Bartholomeús Le Roúx, j. m. Van London, en Geertrúÿd Van Rollegom, j. d. Van N. Yorck, beÿde wonende alhier.	Eodem.
den 7 Dec.	Joús Borger, j. m. Van N. Yorck, en Lÿsbeth Lúbberts, Wed^e Van Dirck Evertszen, beÿde wonende alhier.	A° 1689 den 9 Jan.
den 21 dicto.	Hermanús Van Gelder, j. m. Van N. Yorck, en Teúntje Teúnis, j. d. Van N. Uÿtrecht, beÿde wonende alhier.	Eodem.

A° 1689.

den 9 Jan.	Isaac de Riemer, j. m. Van N. Yorck, en Aeltje Wessels, j. d. als boven, beÿde wonende alhier.	den 10 Jan. met een licentie.
den 2 Febr.	Robbert Willemszen, j. m. uÿt oudt Engelant, en Grees Cerant, Wed^e Van Jan Beeslÿ, beÿde wonende op Kigtúangs púnt.	den 19 Febr. toegelaten om te trouwen.*
den 8 dicto.	Abraham Santvoort, j. m., Van N. Yorke, en Vroúwtje Van Hoorn, j. d., Van N. Yorke. beÿde woner.de alhier.	den 27 dicto.
den 19 dicto.	Cornelis Christiaenszen, j. m. Anna Wesselszen, j. d. Van Yorke. beÿde wonende alhier.	den 19 Febr.
den 8 Mart.	Hendrick Renselaer, j. m. Van Renselaerswÿck, en Catharina Van Brúg, j. d. Van N. Yorck. beÿde wonende alhier.	den 19 Mart.
den 27 dicto.	Abraham de La Montagnie, j. m. Van N. Haerlem, en Rebecca Teúnis, j. d. Van N. Uÿtrecht. de Eerste wonende op Haerlem, en twede op Bloemendael.	getrouwt tot N. Haerlem.
den 28 dicto.	Bastiaen Michielszen, j. m. Van Schoonderwoert, en Gelante de La Montagne, j. d. Van N. Haerlem. beÿde wonende tot N. Haerlem.	getrouwt tot N. Haerlem.
den 26 April.	Jacqúes Fonteÿn, j. m. Van Boswÿck, en Anna Webbers, j. d. Van N.Yorke, beÿde wonende aen't Versche Water.	den 20 Maÿ.

*[Permitted to marry at Kigtuangs point]

INGESCHREVEN.		GETROUWT.
den 27 dicto.	Henricús de Meÿert, j. m. Van N. Yorck, Agnietje de Keÿ, j. d. Van N. York. beÿde wonende alhier.	den 14 dicto.
(662) den 10 May.	Claes Rittenhúÿsen, j. m. Van Aernhem, en Willemÿntie de Wees, j. d. Van Lieúwarden d' Eerste wonende aen de Zúÿt rivier, en twede alhier.	den 29 Maÿ.
den 25 dicto.	Gerrit Hendrickszen Brasser, j. m. Van N. Amersfort, en Catharina Hardenbroeck, Wed^e Van Hendrick Arentszen. de Eerste wonende tot N. Amersfort en twede alhier.	den 16 Jún.
den 2 Jun.	John Thomaszen, j. m. Van N. Yorck, en Feÿtie Elias Vreedlant, j. d. Van Goemoenipa, de Eerste wonende alhier, en twede tot Acqúeckenenenck.	den 24 dict.
den 28 dict.	Andries Joriszen Alst, j. m. Van Mispat, en Maria Van Gelder, j. d. Van N. Yorck. d' Eerste wonende op Mispat, en twede alhier.	den 24 Júl.
den 27 Júl.	Theúnis Theuniszen Denyck, Wed^r Van Geesje Hendricx, en Elsje Jeúriaens, Wed^e Van Didlof Doren, beÿde wonende alhier.	den 21 Aúg. Núllis Vestibús Nise folo indúsio.
den 2 Aúg.	David Befoor, j. m. Van N. Yorck, en Lÿsbeth Jans, j. d. Van de Zúÿdrivier beÿde wonende op Manhatans Eÿl^t	den 25 dict tot N. Haerlem.
den 10 dicto.	Gústavús Adolphús Horne, Wed^r Van Priscilla Lamberts, en Claesje Dircx, Wed^e Van Jan Rhee. beÿde wonende alhier.	den 20 dicto.
den 24 dicto.	Urbanús Thomaszen, j. m. Van N. Yorke, en Marÿken Schoúten, j. d. Van N. Yorke. beÿde wonende alhier.	den 17 Sept.
den 27 dicto.	Henrÿ Crabe, j. m. Van Exsex in oudt Engl^t, en Sara Meritt, Wed^e Van Edúard Meer, beÿde wonende op Fredrick Philipszens lant.	den 8 Oct.
Eodem.	Nathaniel Pittman, j. m. Van Bristol in oudt Engl^t, en Marÿ Merrit Wed^e Van Walter Dop, beÿde wonende aen 't Versche Water.	den 8 Sept.
den 30 dicto.	James Jond, j. m. Van Schotlandt, en Jeanne Nicols, Wed^e Van James Yenkis, beÿde wonende alhier.	den 28 dict.
den 20 Sept.	Samúel Pell, j. m. Van de Oesterbaÿ, en Hester Bording, j. d. Van N. Yorck. beÿde wonende alhier.	den 9 Oct.
den 20 Octob.	Pieter Jacobszen, j. m. Van Uÿtdam, en	tot N. Uÿtrecht.

INGESCHREVEN.		GETROUWT.
	Rebecca Jans, j. d. Van Brúÿnenbúrg, d' Eerste wonende alhier, en twede op Brúÿnenbúrg.	
(663) den 30 dict.	Theúnis Qúick, j. m. Van N. Albanien, en Vroúwtje Jans, j. d. bÿ Stúÿvesants bouwerÿe, d' Eerste wonende alhier, en twede op Tappan.	den 1 Dec.
den 10 Nov.	Gilles Schelleÿ, j. m. Van London, en Hillegond Van Hooren, Wed^e Van Olivier Cranisborowgh, beÿde wonende alhier.	den 25 Nov.
den 22 dicto.	Manúel Pieters, Wed^r Van Dorothea d' Angola, en Maÿken d' Angola, laest Wed^e Van Domingo d' Angola, beÿde Negres, en wonende bÿ Stúÿvesants Bouwerÿe.	
	A° 1690.	
den 14 Febr.	Ewoúdt Húÿbertszen, j. m. Van Vlissingen in Zeel^t, en Catharina Davids, j. d. Van Mitspadts Kill, beÿde wonende alhier.	den 14 Mart.
den 11 Apr.	Richard Glover, j. m. Van London, en Mary Cox, j. d. Van Yorke in N. Engel^t beÿde wonende alhier.	getrouwt door Peer Daille.
Eodem.	Teúnis Tibout, j. m. Van N. Yorke en Marÿken Van de Water, j. d. Van Bergen, beÿde wonende alhier.	den 7 Maÿ.
den 25 dict.	Johannes Waldron, j. m. Van N. Haerlem, en Anneken Jans, j. d. Van N. Haerlem. d' Eerste wonende tot Haerlem, en twede alhier.	getrouwt tot Haerlem.
den 2 Maÿ.	Andries Marschack, j. m. Van Vlissingen in Zeel^t, en Elisabeth Van Gelder, j. d. Van N. Yorck. beÿde wooende alhier.	den 22 dicto.
den 3 dicto.	Assúerús Fromantell, j. m. Van London, en Anna Jans, laest Wed^e William More, beÿde woonende alhier.	den 19 dicto.
den 15 dicto.	Jan Dÿckman Wed^r Van Magdaleen Ternéúr, en Rebecca Waldron, Wed^e Van Jan Nagel, beÿde woonende tot N. Haerlem.	Getrouwt tot Spÿtten dúÿvel.
den 17 dicto.	Isaacq Breser, j. m. Van N. Yorck, en Aeltje Colevelt, j. d. Van Breúckelen, beÿde woonende alhier.	Getroúwt den 9 Jún.
den 13 Jún.	Isaacq Stoútenbúrg, j. m. Van N. Yorck, en Neeltje Uÿttenbogaert, j. d. Van Mispats Kill, beÿde wonende alhier.	den 2 Júl.

INGESCHREVEN.		GETROUWT.
Eodem.	Jan Willemszen Bennet, Wed' Van Aefje Hendricx, Aeltje Wÿnants, j. d. Van Breúckelen. beÿde wonende op t lange Eÿlt'	Getrouwt Zonder Vertoog te lichten bÿ Mr. Gerardús Beeckman.*
(664) den 24 Júny.	Hessel Pieterszen, j. m. Lÿsbeth Claes. j. d.	Met vertoog Van Bergen den 24 Jún.
den 27 dict.	Jan Rÿder. j. m. Van N. Yorck, en Ariaentje Hercx, j. d. op de arme Bouwerÿe, beÿde woonende omtrent de arme Bouwerÿe.	
den 9 Aúg.	Gerrit Onckelbach, j. m. Van N. Yorck, en Lÿsbeth Van Schayck, j. d. Van N. Yorck, beÿde wonende alhier.	den 10 Sept.
Eodem.	Johannes Plúvier, j. m. Van N. Yorck, en Cornelia Van Schaÿck, j. d. Van N. Yorck, beÿde wonende alhier.	Eodem.
den 29 dict.	Arent Fredricxen, Wed' Van Sara Coúvers, en Hester Daniels, j. d. Van N. Yorck, beÿde wonende alhier.	den 17 dict.
den 18 Octob.	Abraham Breser, j. m. Van N. Yorck, en Lÿsbeth Schoúten, j. d. Van N. Yorck. beÿde wonende alhier.	den 12 Nov.
den 30 dicto.	Abraham Mesúer, j. m. Van N. Yorck, en Lÿsbeth Van Coúwenhoven, j. d. Van Noortwÿck. beÿden wonende alhier.	den 19 dict.
den 5 Nov.	Michiel Henninck, j. m. Van Stetÿn, en Metje Beeckmans, j. d. Van N. Uÿtrecht.	den 5 Nov. met Vertoog.
den 7 dicto.	Lambert Zacharias, j. m. Van N. Albanien, Maria Jans, j. d. als boven. beÿde alhier.	den 8 Decemb.
den 12 dicto.	Johan Theobald, en Sara Breser, Wed" van Willeam Preay beyde wonende alhier.	den 12 Nov. met licentie.
den 12 Dec.	Johannes Mortier, Wed" Van Hester Van Coúwenhoven, en Rachel Tienhoven, j. d. Van N. Yorck. beÿde wonende alhier.	A° 1691 den 7 Jan.
den 26 dicto.	Adriaen Man. j. m. Van N. Yorck, en Annetje Oothoút, j. d. Van N. Albanien, beÿde wonende alhier.	den 28 dicto.
den 27 dicto.	Barent Janszen Bosch, j. m. Van N. Yorck, en Dievertje Van Heÿningen, j. d. Van N. Yorck, beÿde wonende alhier.	den 30 dicto.

* [Married by Mr. Gerardús Beekman without license.]

INGESCHREVEN.		GETROÛWT.
(665) Eodem.	Robbert Wÿtt, j. m. Van London in Engel', en Jacomÿntie Van Rollegom, j. d. Van N. Yorck. beÿde wonende alhier.	getroûwt den 28 dict.
	A° 1691.	
den 8 Apr.	Abraham Gerritszen, j. m. Van N. Yorck, en Grietie Minnens, Wedᵉ Van Harmen Doûwenszen, beÿde wonende op Tappan.	Met Vertoog naar Tappan.
den 10 dict.	Nicolaes Laschere, j. m. Van Kingstoûwne, en Trÿntie Slot, j. d. Van N. Yorck. d' Eerste wonende tot Kingstoûwne, en twede alhier.	den 8 Maÿ.
den 7 Maÿ.	Jacobús Van Cortlant, j. m. Van N. Yorck, en Eva Philips, j. d. út Súpra, beÿde wonende alheir.	den 7 dicto. met een licentie.
den 8 dict.	David Provoost Júnior, j. m. Van N. Yorck, Helena Bÿvanck, j. d. Van N. Albanien, beÿde wonende alhier.	den 31 dicto.
den 29 dicto.	Johannes Janszen Van Rommen, j. m. Van N. Yorck, en Anneken Pels, j. d. Van N. Yorck. beÿde wonende alhier.	den 26 Jún.
den 26 Jún.	Joris Martenszen, j. m. Van de Walebocht, en Anneken Schoúten, Wedᵉ Van Theúnis Deÿ, d' Eerste wonende in de Walebocht, en twede alhier.	den 11 Aúg.
den 22 Aúg.	Enoch Michielszen Vreelant, Wedʳ Van Dirckie Meÿers, en Grietie Wessels, Wedᵉ Van Jan Janszen Langedyck, de Eerste wonende op Pemrepogk, en twede alhier.	den 16 Sept.
den 28 dicto.	Isaac Van Hoeck, Wedʳ Van Anna Popúlaer, en Harmtje Gerrits, Wedᵉ Van Thomas Koeck, beÿde wonende alhier.	den 13 dict.
den 5 Sept.	Johannes Borger, j. m. Van N. Yorck, en Helena Túrck, j. d. Van N. Yorck, beÿde woonende alhier.	den 2 Oct.
den 2 Oct.	Thomás Lÿndon, j. m. Van Oudt Engelᵗ en Debora de Meÿert Wedúwe Van Thomas Crúndall, beÿde woonende alhier.	met een licentie Eodem.
den 3 dicto.	Samúel Ver Plancken, j. m. Van N. Yorck, en Ariaentje Baÿard, j. d. Van Bergen, beÿde woonende tot N. Yorck.	den 26 dicto.

71

INGESCHREVEN.		GETROUWT.
den 8 dicto.	Roelof Swartwoút, Wed^r Van Eva Alberts, en Francÿntie Andries, Wed^e Van Abraham Lúbbertszen, d' Eerste wonende in de Esopús, en twede alhier.	Met Vertoog naar Bergen.
(666) den 24 Oct.	Jan Abrahamszen, j. m. Van N. Yorke, en Sara Schoúten, Wed^e Van Paúlús Van der Beeck, beÿde wonende alhier.	den 26 Nov.
den 29 dict.	Pieter Lúcaszen, Vrÿen Neger, j. m. Van Cromeskÿ, en Marÿken Jans, Vreÿen Negerin, j. d. op Stúÿvesants bouwerÿe, beÿde wonende alhier.	den 18 Nov.
den 8 Novemb.	Jan Theúniszen Van Tilbúrg, Wed^r Van Trÿntie Pieters, en Ariaentie Thomas, Wed^e V. Ambrosiús de Waron. beÿde wonende alhier.	den 24 dict.
den 14 dicto.	Dirck Zlÿck, Wed^r V. Anna Jans, en Hendrickje Hendricks, j. d. ·Van Stúÿvesants bouwerÿe, beÿde wonende alhier.	den 9 Dec.
den 27 dicto.	Francis Bastiaenszen, Wed^r Van Barbara Manúels, en Anna Marÿ Van Cúracao, Wed^e V. Aúgústÿn de Angola, beÿde Vreÿe Negers de Eerste wonende over't Versche Water, en twede aan de groote Kill.	den 26 Dec.
den 11 Dec.	Abraham Abrahamszen, j. m. Van N. Yorck, en Jacomÿntie Vilen, j. d. Van N. Albanien, beÿde wonende alhier.	1692 den 1 Jan.
den 26 dicto.	Hendrick Obee, Wed^r V. Keltie Claes, en Marritje Jans, Wed^e V. Willem Janszen, beÿde wonende alhier.	den 13 dicto.
	A° 1692.	
den 1 Jan.	Francisco Anthonÿ, laest Wed^r v. Geertie Theúnis, en Grietje Jaspers, Wed^e Van Jan Evertszen Karsseboom, beÿde wonende alhier.	den 19 dict.
den 19 dicto.	Mattheeúw Clarkson, Secr^t Van't Goúvernement en Catharina Van Schaÿck, j. d. Van N. Albanien beÿde wonende alhier.	den 19 dict.
den 5 Febr.	Jan Andrieszen, Wed^r Van Margariet Doorens, en Marie Rúdtgers, Wed^e v. Joris Janszen, beÿde wonende alhier.	den 29 Febr.
den 4 Mart.	Jean de Mareets, Wed^r Van Jacomina Driel, en Marritie Winckel, Wed^e Van Pieter Slot, d' Eerste wonende op Hackensacq, en twede alhier.	den 23 Mart. in de Fransche Kerck.

INGESCHREVEN.		GETROUWT.
Eodem.	Cornelis Michielszen, Wed' Van Niesje Ysenbrants, en Lÿsbeth Jacobs, Wed° Van Wibrant Abrahamszen, beÿde wonende alhier.	den 17 Apr.
(667) den 11 Mart.	Johannes Poel, j. m. Van Marienlant, en Tietje Andries, j. d. Van N. Yorck, beÿde woonende alhier.	den 30 Mart.
den 16 dicto.	Thomas Terneûr, j. m. Van N. Haerlem, en Maria Obliniús, j. d. Van N. Haerlem, beÿde woonende aldaer.	den 5 April.
den 18 dicto.	John Stephenszen, j. m. Van Doúveren, en Catalina Cloppers, Wed° Van Jan Dircxen, beÿde woonende alhier.	Eodem.
den 23 dicto.	John Donaldson, j. m. Van Galleway, en Elisabeth Rodenbúrg, Wed° Van Ephraim Hermans, d' Eerste wonende aan de Zúÿ trivier, en twede alhier.	den 24 Mart meteen licentie.
den 9 Apr.	Jacob Bennet, j. m. Van Breúckelen, en Neeltje Beeckman, j. d. Van N. Albanien, beÿde woonende alhier.	den 4 May.
den 15 dicto.	Jan Depúy, Wed' Van Elisabeth Thÿszen, en Geertrúÿtje Jans, j. d. Van Kingstoûne, de Eerste woonende alhier, en twede tot Kingstoúne.	Memorandum : Geertruÿtje Jans bestruÿft bÿ een ander engerallen in de baeren is't houwelyck afgebroken.
den 20 dicto.	Thomas Shaw, en Anne Hancok, Wed° Van Thomas Hancok, beÿde woonende alhier.	den 20 Apr. met een licentie.
den 7 Maÿ.	Carsten Leúrsen, Júnior, j. m. Van N. Yorck, en Petronella Van der Heúl, j. d. Van N. Yorck. beÿde woonende alhier.	den 1 Jún.
Eodem.	David Jamison, Clerck ter Secretarÿe, en Maria Hardenbroeck, j. d. Van N. Yorck, beÿde woonende alhier.	den 7 May met een licentie.
den 27 dicto.	Aert Elbertszen, j. m. Van N. Yorck, en Catharina Vreedlant, j. d. Van Goemoenipa, d' Eerste wonende alhier, de twede op Pemrepog.	Met vertoog naar Bergen.
den 3 Jún.	Laúrens Van Hoeck, j. m. Van N. Yorck, en Johanna Hendricks, j. d. Van Boschwÿck, beÿde wonende alhier.	den 2 Júl.
den 4 Júl.	Jeams Beard, j. m. Van Bristol, en Dorothee Hartfelt, Wed° Van Richard Hartfeld, beÿde woonende alhier.	den 10 dicto.
den 16 dicto.	Willem Boor, j. m. Van Amsterdam, en Hillegond Van Horen, j. d. Van N. Yorck, beÿde woonende alhier.	den 23 dicto.

INGESCHREVEN.		GETROUWT.
(668) [1692.]		
den 5 Aúg.	Hendrick Van Oblinius, j. m. Van N. Haerlem, en Jannetje Tiboúts, j. d. Van Midwoút, wonende d' Eerste tot N. Haerlem, en twede alhier.	den 28 Aúg. tot N. Haerlem.
Eodem.	Wessel Evertszen, j. m. Van N. Yorck, en Súsanna Van Tienhoven, j. d. als boven, beÿde wonende alhier.	den 28 dicto.
Eodem.	Johannes Van de Water, j. m. Van N. Yorck, en Baefje Jans, j. d. als boven, beÿde wonende alhier.	den 1 Sept.
den 12 dict.	Pieter Leroúx, j. m. Uÿt oudt Engel^t, en Alida Vrÿman, j. d. Van N. Albanien, beÿde wonende alhier.	den 28 Aúg.
Eodem.	Reÿnier Qúackenbosch, Wed^r Van Lÿsbeth Masten, en Claesje Jacobs, j. d. Van N. Yorck, beÿde wonende alhier.	den 13 Sep.
den 26 dicto.	Mangel Janszen Noll, j. m. Van Albanien, en Annetje Hendricx Yolcx, j. d. Van Breúckelen, d' Eerste wonende op't Staten Eÿl^t en twede alhier.	Getrouwt op't Staten Eÿl^t den 9 oct.
den 23 Sept.	George Walker, j. m. Uÿt Ierlant, en Vroúwtje Van Hoeck, j. d. Van N. Yorck, beÿde wonende alhier.	
den 4 Octob.	Jan Bÿvangk, Wed^r Van Belitie Dúyckingh, en Sara Frans, Wed^e Van Johannes Van Coúwenhoven, de Eerste wonende tot N. Albanien, en twede alhier.	den 3 Nov.
den 12 dicto.	Edúard Kocx, j. m. Van ———— en Helena Meÿer, j. d. Van N. Yorck, beÿde wonende alhier.	den 12 Oct. met Attestatie van de Lútersche Kerck.
den 9 Nov.	Thomas Laúrence, Wed^r en Mary Fergúson, j. d. d' Eerste wonende bÿ 't Hellegat, en twede alhier.	den 9 Nov. met een licentie.
den 10 dicto.	Gerrit Búrger, j. m. Van N. Yorck, en Sara Martens, j. d. Van de Walebocht, beÿde wonende alhier.	den 6 Dec.
den 10 dicto.	Jacqúes Merie, j. m. Van Rochel, en Cornelia Roos, Wed^e Van Elias Provoost, beÿde wonende alhier.	den 27 Nov.
(669) den 30 Nov.	De H^r Fredrick Philipszen, Wed^r Van Margariet Hardens, en Catharina Van Cortlant, Wed^e Van John Der Val, beÿde wonende alhier.	den 30 Nov. met een licentie.

INGESCHREVEN.		GETROUWT.
den 20 Decemb.	Abraham Keteltas, j. m. Van N. Yorck, en Anna Coúrten, Wed{e} Van Hendrick Boelen, beÿde wonende alhier.	den 20 Dec. met een licentie.
den 21 dicto.	Wolfert Ecker, j. m. Van Midwoút, en Marritje Siboúts, j. d. Van de Armen Boúwerÿe, beÿde op Fredrick Philips lant.	Getrouwt op Fredricks Philips lant.

A° 1693.

den 23 Febr.	Benjamin Norwood, j. m., en Cornelia Van Clÿft, j. d. Van N. Yorck, beÿde wonende alhier.	den 23 Febr. met een licentie.
den 24 dict.	Johannes Nÿs, j. m. Van N. Yorck, en Margrietie Keteltas, j. d. Van N. Yorck, beÿde wonende alhier.	den 4 Mart.
den 11 Mart.	Pieter Gerardús Cavalier, j. m. Van N. Yorck, en Belitje Claerhoút, j. d. als boven, beÿde wonende alhier.	den 30 dicto.
den 17 dicto	Wessel Pieterszen, j. m. Van N. Yorck, en Jacomÿntie Van Coúwenhoven, j. d. als boven, beÿde wonende alhier.	den 20 April.
den 20 dicto.	Johannes Van Hoorn, j. m. Van N. Yorck, en Catharina Meÿer, j. d. als boven, beÿde wonende alhier.	den 20 Mart met een licentie.
den 24 dict.	Gerrit Vechten, Wed{r} Van Jannetie Creisson, en Magdaleentie Jans, Wed{e} Jan Homs, d' Eerste wonende op 't Staten Eÿl{t}, en twede alhier.	Met vertoog na Midwoút.
den 14 Apr.	Michiel Greenham, Matroos,* en Marie Davids, j. d. Van N. Yorck, beÿde wonende alhier.	den 14 April met een licentie.
Eodem.	Abraham Janszen, j. m. Van N. Yorck, en Geertie Everts, j. d. als boven, beÿde wonende alhier.	den 9 Maÿ.
(670) den 23 Apr.	Mr Cornelis Vile, Wed{r} Van Maria Adolfs, en Catharina Bogardús, j. d. Van. N. Yorck.	Getroúwt met een licentie den 23 Apr.
den 29 dicto.	John Nicks, Matroos, en Catharina Fredricx, j. d. Van. N. Yorck.	Met een licentie den 29 Apr.
den 30 dicto.	Herrÿ Rembel, j. m. Van Baston, en Catharina Backer, j. d. Van N. Yorck, beÿde wonende alhier.	Met een licentie den 30 dicto.
den 5 Maÿ.	Isaac Gerritszen, j. m. Van N. Yorck, en Maria Pieters, j. d. als boven, d' eerste wonende op Tappan, en twede alhier.	den 2 Jún.

[* Sailor.]

INGESCHREVEN.		GETROUWT.
Eodem.	Jacob Van Giesen, j. m. Van Bergen, en Rúsje Plúvier, j. d. Van N. Yorck, beÿde wonende alhier.	den 1 dicto.
Eodem.	Evert Bÿvanck. j. m. Van N. Albanien, en Wÿntie Van Stoútenbúrg, Wed^e Van Gerr^t Corñ. Exveen, beÿde wonende alhier.	den 25 Maÿ.
den 6 dicto.	Willem Willemszen, j. m. Van Meeúwis, en Marÿken Salomons, j. d. Van N. Yorck, beÿde wonende alhier.	Eodem.
den 12 dicto.	Johannes Minne, j. m. Uÿt Vrieslant, en Anneken Jochems, j. d. Van Midwoút, d' Eerste wonende op Haverstroo, en twede op Fredrick Philipslant.	den 4 Jún. op Philipsbúrg.
Eodem.	Jan Ecker, j. m. Van Midwoút, en Magdaleentie Vonck, j. d. Van Zúÿdthampton, d' Eerste op Fredrick Philipslant, en Twede op Haverstroo.	Eodem op Philipsbúrÿ.
Eodem.	Jeúriaen Van den Berg, j. m. Van N. Yorck, en Ariaentje Wÿnhoúts, j. d. Uÿt de Walebocht, beÿde woonende alhier.	
den 13 dicto.	Cresce Bastiaenszen, j. m. Van Súriname, en Agnietie Jans, j. d. Van N. Yorck, beÿde woonende alhier.	den 8 Jún.
den 24 dicto.	Gerrit Vielen, j. m. Van ———— en Janneken Hendrix Van Feúrden, j. d. Van N. Yorck, beÿde woonende alhier.	den 24 May met een licentie.
den 2 Jún.	Isaac Van Tilbúrg, j. m. Van Fordham, en Aeltje Hendricx, j. d. Van Boswÿck, beÿde wonende alhier.	den 16 Jún.
(671) den 10 Jún.	Otto Van Thúÿl, j. m. Van Yorck, en Grietje Dircx, j. d. Van N. Yorck, beÿde wonende alhier.	den 14 Júl.
den 20 dicto.	Willem Hendricxen, j. m. Van Mitspatkill, en Magdalena Broúwer, j. d. Van de Gújanes, beÿde wonende in 't Hogelant.	den 5 Aúg., in 't Hogelant.
den 21 dicto.	Casparús Springsteen, j. m. Van Boschwÿck, en Wÿntie Júrcx, j. d. Van N. Albanien, d' Eerste wonende in 't Hogelant, en twede alhier.	Vertoont verleent den 9 Aúg.
den 26 dicto.	Jan Pietersen, j. m. ———— en Anna Gerrits, j. d. Van N. Yorck, beÿde wonende alhier.	den 26 Jún. met een licentie.
den 2 Júl.	Gerrit Van Hooren, j. m. Van N. Yorck, en Elsje Provoost, j. d. als boven, beÿde wonende alhier.	den 2 Júl. met een licentie.

INGESCHREVEN.		GETROUWT.
den 3 dicto.	George Andrieszen, j. m., en Elisabeth Stepensz., j. d. Van N. Yorck, beÿde wonende alhier.	den 3 dicto met een licentie.
den 7 dicto.	John Finn, j. m. Uÿt oudt Engel', en Aeltje Jans, j. d. Van Schenechtade, beÿde wonende alhier.	den 16 dicto.
den 14 dicto.	Jacobús Van der Schúúr, j. m. Van N. Yorck, en Margariet Jans, j. d. Van N. Yorck, beÿde wonende alhier.	den 25 dicto.
den 27 dicto.	Zacharias Sickelszen, j. m. Van N. Albanien, en Marÿken Jans Van Brefoort, j. d. Van N. Yorck, beyde wonende op N. Haerlem.	Vertoog verleent den 23 Aúg.
den 9 Aúg.	Ben Herdÿn, j. m., Marritje Jans, beÿde wonende alhier.	den 9 Aúg. met Vertoog van de Lútersche Kerck.
den 11 dicto.	Thomas Scaÿz., j. m. Van Bristol, en Margarietie Bandt, j. d. Van N. Yorck, beÿde wonende alhier.	Vertoog verleent den 24 Aúg.
den 18 Aúg.	Cornelis Eckens, j. m. Van N. Yorck, en Willemtje Vlierboom, j. d. Van N. Albanien, beÿde wonende op Tappan.	Getrouwt sonder Vertoog.
(672) den 15 Sept.	Michiel Bassett, j. m. Van Eÿl' Christoffel, en Helena Alst, j. d. Van Mitspats Kill, d' Eerste wonende alhier, en twede in Mispats Kill.	den 5 Dec.
den 22 dicto.	Jan Sevenhoven, j. m. Van Rochel, en Marÿ Lescúÿe, j. d. Van Boschwÿck, d' Eerste wonende alhier, en twede op Boschwÿck.	Met vertoog tot Midwoút.
den 27 Sept.	Dirck Adolfszen, j. m. Van N. Yorck, en Ariaentie Kierstede, j. d. Van N. Yorck, beÿde wonende alhier.	den 27 Sept. met een licentie.
den 25 Octob.	John Anthonÿ, Elisabeth Gerritsz, j. d. Van N. Yorck, beÿde wonende alhier.	den 25 Octob. met een licentie.
den 26 dicto.	Meÿnart Schúÿler, j. m. Van N. Albanien, en Rachel Cúÿler, j. d. Uÿt Supra, beÿde wonende alhier.	den 26 dicto met een licentie.
den 16 Dec.	Nicolaes Van Tienhoven, j. m. Van Midwout, en Maria Abrahams, j. d. Van Amsterdam, beÿde wonende alhier.	den 27 Dec. tot Midwoút.

A° 1694.

| den 5 Jan. | Wiljam Jackson, j. m. Van Edenbúrg, en Anna Wessels, j. d. Van N. Yorck, beÿde wonende alhier. | den 24 Jan. |

INGESCHREVEN.		GETROUWT.
den 16 Febr.	Isaacq Vredenbúrgh, j. m. Van N. Yorck, en Janneken Joosten, Wedᵉ Van John Pell, beÿde wonende alhier.	den 7 Mart.
den 31 Mart.	Johannes Hardenbroeck, j. m. Van N. Yorck, Anneken Jans Bosch, j. d. Van N. Yorck, beÿde wonende alhier.	den 23 Apr.
den 4 Apr.	Moses Gilbert, j. m. ——— en Jannetie Flúÿt, j. d. Van N. Yorck, beÿde wonende tot N. Yorck.	Met een licentie den 4 Apr.
den 7 dicto.	Thomas Adams, j. m. Van London, en Mary Hamer, j. d. Van N. Yorck, beÿde wonende alhier.	den — Júl.
den 13 dicto.	Johannes d' Honeúr, j. m. Van N. Yorck, en Johanna Meÿnardt, j. d. Van Uÿtrecht, beÿde wonende alhier.	Met een licentie den 13 dicto.
den 20 Apr.	Joost Vincent, j. m. Van Cassant, en Elisabeth Daniels, j. d. Van N. Yorck, beÿde wonende alhier.	den 12 Maÿ.
den 23 dicto.	James Seattoún, en Anna Seimintoún, en wonende alhier. beÿde Uÿt Schotlant.	den 26 dicto.
den 27 dicto.	Leins Roosdel, j. m. úÿt oúdt Engelant, en Lÿsbeth Wessels, j. d. uÿt de Barbados, beÿde wonende alhier.	den 6 Maÿ.
den 4 Maÿ.	Willem Elswaerts, j. m. Van N. Yorck, en Petronella Romme, j. d. út Súpra, beÿde wonende alhier.	den 28 dicto.
den 5 dicto.	Hendrick Janszen, j. m. Van N. Yorck, en Femmetje Laúrens, Wedᵉ Van Zeger Corneliszen, de Eerste wonende op t Staten Eÿlᵗ, en twede alhier.	Met vertoog op 't Staten Eÿlant.
den 11 dicto.	Minckes Paúlús, j. m. Van N. Yorck, en Dorothee Trisser, Wedᵉ Van Frans Thomaszen, beÿde wonende alhier.	den 6 Jún.
den 21 dicto.	Owen Johns, j. m. Uÿt Oudt Engelᵗ, en Elisabeth Tocker, Wedᵉ Van Wiljam Bael, beÿde wonende alhier.	den 25 Júl. toen eerst te 't húÿs gekomen met de Manúaer.*
den 26 dicto.	Abraham Van Worms, Alias Metselaer, jong m. Van N. Yorck, en Harmtje Gerrits, laest Wedᵉ Van Isaacq Van Hoeck, beÿde wonende alhier.	den 17 Jún.
den 22 Jún.	Jan Van Strÿen, j. m. Van Moordrecht, en Johanna Van der Poel, Wedᵉ Van Barent Lievensz, beÿde wonende alhier.	den 22 dicto.
den 23 dicto.	Jan Barentszen Van Lúbeck, Wedʳ Van Marÿken Jilles, en Marritie Webbers, beÿde wonende alhier.	den 22 Júl.

[* Came home on that day with the man-of-war.]

INGESCHREVEN.		GETROUWT.
den 6 Júl.	Mr Philip Fiench, j. m. Van London, Anna Philips, j. d. Van N. Yorck, beÿde wonende alhier.	Met een licentie den 6 Júl.
den 26 Aúg.	Nicolaes ffeildings, j. m., Debora Coelÿ, Van N. Yorck, beÿde wonende alhier.	Met een licentie den 26 Aúg.
den 10 Sept.	John Evans, en Catharina Magregorÿ, beÿde wonende alhier.	Met een licentie den 10 Sept.
(674) den 19 Sept.	Johannes Groenendÿck, j. m. Van N. Yorck, en Delia Kúÿlers, j. d. Van Albanien, beÿde wonende tot N. Yorck.	Met een licentie den 19 Sept.
den 20 dicto.	Cornelis de Peÿster, j. m. Van N. Yorck, en Maria Bancker, j. d. Van ———, beÿde wonende, tot N. Yorck.	Met een licentie den 20 dicto.
den 28 dicto.	Thomas Martens, j. m. Uÿt oudt Engelt, en Margrietie Ban, Wedᵉ Van Thomas Heers, beÿde wonende alhier.	den 10 Oct.
Eodem.	Onckel Michalje, j. m. Uÿt Schotlant, en Júdithje Ban, j. d. Van N. Yorck, beÿde wonende alhier.	Eodem.
den 11 Oct.	Hendrick Janszen Van den Berg, j. m. Van Amsterd., Maria Anna Boúrten, j. d., woonende aen de Oesterbaÿ.	Met een licentie den 22 dicto.
den 20 dict.	Meÿndert Wilseÿ, j. m. Van Nieúwthúÿn, en Maria Broúcka, j. d. Van Manheÿm, woonende tot Mispadt.	den 14 Nov.
den 26 dicto.	Willem Rosenboom, j. m. Van N. Albanien, en Beatrix Colevelt, j. d. Van N. Yorck, d' Eerste wonende alhier, en twede desgelÿcx.	den 11 dicto.
den 2 Nov.	Radser Ban, Wedr Van Metje Beeckman, en Elisabeth Stwiel, Wedᵉ Van Thomas Beets, wonende tot N. Yorke,	N.B. Zÿn de geboden geschút, om dat Thomas Beets . . . *
den 4 dicto.	Capt. Lancaster Sims, en Catharina Larkens, Wedᵉ Van ———, beÿde wonende alhier.	Met een licentie den 4 Nov.
den 15 dicto.	Arie Hooglant, j. m. Van 't lange Eÿlantsche Veer, en Anna Bÿvanck, j. d. Van N. Albanien, beÿde wonende alhier.	Getrouwt den 13 Dec.
der. 17 dicto.	David Spronck, j. m. Van Vlissingen, en Rachel Leqúir, j. d. Van Boswÿck, beÿde wonende tot Boswÿck.	Getrouwt op 't lange Eÿlt.
den 23 dicto.	William Pell, en Elisabeth Thúÿl, j. d. Van N. Yorck, beÿde wonende alhier.	Getrouwt met een licentie den 23 Nov.

* N. B. The bans forbidden for the reason that Thomas Beets * * * [The remainder of original entry is illegible.]

INGESCHREVEN.		GETROUWT.
(675)		
den 15 Dec.	Robbert Grege, Mariner, en Helena Fellart, Wed" Van Jean Le Montez, beyde wonende alhier.	Met een licentie den 16 Decemb.
den 21 dicto.	Abraham Van Gelder, j. m. Van N. Yorck, en Catalyntie Elias, j. d. als Voren, beyde wonende alhier.	1695 den 6 Jan.
den 29 dicto.	Willem Andrieszen, j. m. Uyt Schotlant, en Elisabeth Harriton, Wed" Van Josias Clearck, beyde woonende alhier.	den 7 dicto.

A° 1695.

den 5 Jan.	Isaacq Selover, Schoolm", en Voorsanger Van N. Amersfort, laest Wed' Van Hester Leenda, Janneken Van Wilkenhof, laest Wed" V. Jan Thÿssen, d' Eerste wonende tot N. Amersfort, en twede alhier.	den 23 dicto.
den 17 Febr.	Paúlús Múller, j. m., en Anna Vanderheyden, j. d. V. ———, beyde woonende alhier.	Met een licentie den 17 Febr.
den 7 April.	Pieter Maskelt, j. m., en Lidia Coely, j. d. Van N. Yorck, beyde woonende alhier.	Met een licentie den 7 April.
den 20 dicto.	Andreúw Laro, en Cornelia Disselton, Wedúwe, beyde woonende alhier.	Met een licentie den 20 dicto.
den 24 dicto.	Johan Túdor, Júnior, j. m. Van ———, en Aefje Van Hooren, j. d. Van N. Yorck, beyde woonende alhier.	Met een licentie den 24 dicto.
den 3 May.	Willem Heyer, j. m. Van N. Yorck, en Catalyntie Mol, j. d. Van N. Yorck, beyde woonende alhier.	den 26 Maÿ.
den 28 dicto.	James Spencer en Maria Carlee, beyde wonende alhier.	Met een licentie den 28 dicto.
den 31 dicto.	Claes Janszen Bogaert, j. m. Van Betfort, en Belitje Van Schayck, j. d. Van N. Yorck, d' Eerste woonende tot N. Haerlem, en twede alhier.	den 28 Jún.
(676)		
den 1 Jún.	John Fischer en Barbara Morton.	Met een licentie den 1 Jun.
den 14 dicto.	Johannes Paúlúszen, j. m. Van Schenectade, en Lÿsbeth Van de Water, j. d. Van N. Yorck, de Eerste wonende in de Esopús, en tweede alhier.	den 4 Júl.
den 20 dicto.	Martinús Lamberits, Wed' van Jacoba Vervelen, Van Suriname, en Catharina Van Nieúwenhúysen, j. d. Van N. Yorck, beyde woonende alhier.	den 20 Jún.
den 21 dicto.	Dirck Andrieszen, j. m. Van Boswÿck,	den 11 Júl.

INGESCHREVEN.		GETROUWT.
	en Femmetje Lorck, j. d. Van N. Yorck, beÿde wonende op Boswÿck.	
den 23 Jún.	Mr Johannes Coúrtlant, j. m. Van N. Yorck, en Anna Maria Van Schayck, j. d. Van N. Albanien, beÿde woonende alhier.	Met een licentie den 23 Jún.
den 27 dicto.	Matthÿs de Hardt, j. m. Van N. Yorck, en Jannetje Maúrits, j. d. als boven, beÿde wonende alhier.	Met een licentie den 28 Jún.
den 30 dicto.	Jean Blanthard, Wedr Van Anna Mahaúlt, en Jeanne Gaúltier, j. d., d' Eerste woonende tot N. Castle, en twede alhier.	Met een licentie den 30 Jún.
den 6 Júl.	Aelst Jeúriaenszen, j. m. Van Bergen, en Gerritje Mattheús, j. d. Van Bergen, beÿde woonende aldaer.	Met vertoog van Bergen den 6 Jul.
den 22 Jún.	Josúa Andrieszen, en Engeltje Van Dÿck, j. d., beÿde wonende tot Nieuwthúÿn.	den 23 Jún.
den 5 Júl.	Cornelis Loúw, j. m. Van de Esopús, en Margareta Van Borsúm, j. d. Van N. Yorck, beÿde woonende alhier.	Met een licentie den 5 Júl.
den 12 dicto.	Joseph Smith, Van de Barmúdes, en Margareta Jans, Wede Van Jacob Van der Schúeren.	Met een licentie den 12 dicto.
den 28 dicto. (677)	Caspar Springston, en Jannetje Jacobs.	Met een licentie den 28 dicto.
den 14 Aúg.	Abraham Siboútszen, j. m. Van de Armebouwerÿe, en Anneken Boeckhoút, j. d. Van N. Yorck, beÿde woonende op 't landt Fredr. Philipszen.	Vertoog verleent om te troúwen.
den 22 dicto.	Joris Hom, j. m. Van N. Yorck, en Anneken Kaljers, j. d. Van N. Albanien, beÿde wonende tot Boswÿck.	Verleent vertoog om te trouwen.
den 31 dicto.	Evert Pels, j. m. Van N. Yorck, en Margareta Van Dúesen, j. d. Van N. Albanien, d' Eerste wonende alhier, en twede tot N. Albanien.	Getroúvt den 29 Sept.
den 2 Sept.	Deliverÿ Stantelÿ, j. m. Van Rhÿe, en Engeltje Boeckhoút, j. d. Van N. Yorck, beÿde woonende alhier.	Getroúwt den 2 Octob.
den 6 dicto.	Francois de Fenne, j. m. Van Leÿden, en Anna Margareta Blanck, j. d. Van N. Yorck, beÿde woonende tot N. Yorck.	Getroúwt den 9 Octob.
Eodem.	Andries Holst, j. m. Van Amsterdam, en Cornelia Van Tienhoven, j. d. Van N. Yorck, beÿde woonende tot N. Yorck.	Getroúwt den 23 Septemb.
den 12 dicto.	Willjam Finistone, Mariner, en Patientje Belteworth, j. d. Van ———, beÿde woonende alhier	Met een licentie den 13 Sept.

INGESCHREVEN.		GETROUWT.
[1695.]		
den 16 dicto.	Moÿses Lewnis, Mariner, en Marÿ Baÿer, Van N. Yorck, beÿde woonende alhier.	Met een licentie den 16 dicto.
Eodem.	James Hewett, Mariner, en Maria Dÿckman, j. d. Van N. Haerlem, d' Eerste alhier, en twede tot N. Haerlem.	Met een licentie den 17 dicto oft 17 Septemb.
den 17 dicto.	Jacob Codebeck, j. m. Van Normandyen, en Margareta Provoost, j. d. Van Kingstoúwne, d' Eerste woonende in Esopús, en twede alhier.	den 21 Octob.
den 23 dicto.	Jacobús Pieterszen, j. m. Van Haerlem, en Catharina Keteltas, j. d. Van N. Yorck, d' Eerste woonende tot Mitspatskill, en twede alhier.	den 26 Octob.
(678)		
den 11 Octob.	Arent Andrieszen, j. m. Van Boswÿck, en Helena Adrians, j. d. Van Achterkol, d' Eerste wonende op Boschwÿck, en twede den de Deútelbay.	den 8 Nov.
den 16 dicto.	Jeúriaen Bosch, j. m. Van N. Yorck, en Geesje Anna Brúÿn, j. d., beÿde woonende alhier.	den 23 Oct. p licentie.
den 26 dicto.	Anthonÿ Matthÿszen, j. m. Van N. Yorck, en Dina Múskite, Uÿt de Barbados, beÿde woonende op Bloemendael. } Negres.	Getrouwt tot N. Haerlem.
Eodem.	Jacobús Van Dúersen, j. m. Van N. Albanien, en Aeltje Uÿttenbogert, Wed^e Van Zacharias Húÿs, beÿde woonende alhier.	den 14 Nov.
den 8 Nov.	Raedjert Bleam, j. m. Uÿt Engel^t, en Marie Karsenboom, Wed^e Van Dirck Hitman, beÿde woonende alhier.	den 11 dict.
den 10 dicto.	Thomas Lÿnes, j. m. ———, en Anna Fellaert, Wed^e Van Hendrick Jacobszen, beÿde woonende alhier.	den 10 Nov. met een licentie
den 15 dicto.	Jacob Koning, j. m. Van N. Yorck, en Margarietie Pieters, j. d. Van de Gújanes, beÿde woonende alhier.	den 8 dec.
den 22 dicto.	Paúlús Van der Beeck, j. m. Van de Gújanes, en Jannetje Johannes, Wed^e Van Jacob Colve, beÿde wonende alhier.	den 18 dict.
den 23 dicto.	Pieter Wesselszen, j. m. Van N. Yorck, en Anneken Van Oosterhaven, j. d.	den 16 dict.

INGESCHREVEN.		GETROŬWT.
	Van Amsterd., beÿde woonende alhier.	
den 7 decemb.	Willjam Rendel, j. m. Van Oudt Engel^t, en Elisabeth Strenglits, Wed^e Van Jeams Herrits, beÿde woonende alhier.	den 22 dict.
den 20 dicto.	Robbert Harris, j. m. Van Edenbúrg, en Maria Van Húÿsen, j. d. Van N. Albanien, beÿde wonende alhier.	Eodem 20 dict. per licentie.
(679) den 21 Dec.	Abraham Janszen, j. m. Van Mitspadtkill, en Sara Etkins, j. d. aen de Bouwerÿe, beÿde woonende alhier.	A° 1696 den 8 Jan.
den 27 dict.	Arent Isacszen Van Hoeck, laest Wed^r Van Elisabeth Stevens, en Maria Van Hobocken, laest Wed^e Van Otto Laúrenszen, beÿde woonende alhier.	den 12 dicto.
den 13 Jan.	Thomas Sanderszen, j. m. Van N. Albanien, en Aeltie Santvoort, j. d. Van N. Yorck, beÿde woonende alhier.	den 26 Febr.

A° 1696.

den 24 Jan.	Joseph Waldron, j. m. Van N. Yorck, en Annetje Woedert, j. d. Van N. Yorck, beÿde woonende alhier.	den 9 Febr.
den 12 Mart.	Samúel Bayard, j. m. Van N. Yorck, en Margareta Van Courtlant, j. d. Út Súpra, beÿde woonende alhier.	Met een licentie den 12 Mart.
den 14 dicto.	Abraham Van Dúÿn, j. m. Van Swol, en Geertje Martens, j. d. Van de Walebocht, d' Eerste woonende op N. Uÿtrecht, en twede tot N. Yorck.	Vertoog gelicht den 3 April.
den 10 April.	Gerrit de Graúw, j. m. Van N. Yorck, en Dorothee Húÿer, j. d. als bòven, beÿde woonende alhier.	den 4 Maÿ.
den 12 dicto.	Thomas Verdon, Wed^r Van Jannetje Claes, en Ytie Jeúriaens, Wed^e Van Theúnis ten Eÿck, d' Eerste wonende op de Gújanes, en twede alhier.	den 26 Apr.
den 15 dicto.	Pieter Rṿckman, j. m. Van N. Albanien, en Cornelia Keteltas, j. d. Van N. Yorck, beÿde wonende alhier.	den 6 Maÿ.
Eodem.	Isaacq de LaMontagne, j. m. Van N. Haerlem, en Hester Van Vorst, j. d. Van N. Albanien, beÿde wonende alhier.	den 8 dicto.
den 1 May.	Cornelis Klopper, j. m. Van N. Yorck, en Aefje Lúcas. j. d. Van N. Yorck, beÿde woonende alhier.	den 24 dicto.

INGESCHREVEN.		GETROÙWT.
Eodem.	Reÿer Martenszen, j. m. Uÿt de Walebocht, en Rebecca Van der Schúeren, j. d. Van N. Yorck, beÿde wonende alhier.	den 22 dicto.
(680) den 1 dicto.	Pieter Borger, j. m. Van N. Albanien, en Catharina Daniels, j. d. Van N. Yorck, beÿde woonende alhier.	den 17 Maÿ.
den 21 dicto.	Jan Ekkinszen, j. m. Van Stúÿvesants Bouwerÿe, en Marÿken Jans, j. d. Van N. Yorck, beÿde woonende alhier.	den 3 Jún.
den 4 Jún.	Johannes Elswardt, Wed^r Van Aeltje Roos, en Anna Pieters, j. d. Van N. Yorck, beÿde woonende alhier.	Met een licentie den 4 Jún.
den 7 dicto.	Jaspar Hood, j. m. Van ———, en Cathrina Andries, j. d. Van N. Yorck, beÿde woonende alhier.	Met een licentie den 7 dicto.
den 12 dicto.	Philip Menthaer, j. m. Van Vlissingen, en Hillegond Webbers, j. d. Van N. Yorck, beÿde woonende alhier.	den 19 Júl.
den 6 Júl.	Johannes Van Brúg, j. m. Van N. Yorck, en Margareta Provoost, j. d. Van N. Yorck, beÿde woonende alhier.	Met een licentie den 9 dicto.
den 8 dicto.	Daniel Dúnscombo, Mariner, en Helena Swan, j. d. Van N. Yorck, beÿde woonende alhier.	Met een licentie Eodem.
den 10 dicto.	Johannes Hardenberg, j. m. Van N. Albanien, en Hillegond Meÿers, j. d. Van N. Yorck, beÿde woonende alhier.	Met een licentie den 12 Júl.
den 17 dicto.	Jan Andriaenszen, j. m. Van N. Yorck, en Vroúwtje Andries, j. d. Van N. Yorck, beÿde woonende op dit Eÿl^t.	den 21 Aúg.
Eodem.	Anthonÿ Coúsart, j. m. Van N. Yorck, en Lÿsbeth Valentÿn, j. d. Van Schenectade, beÿde woonende alhier.	den 2 Aúg.
den 20 dicto.	Stephen Ritzard, j. m. Van N. Yorck, en Maria Van Brúgge, j. d. als boven, beÿde woonende alhier.	Met een licentie den 23 Júl.
den 4 Aúg.	John Brine, Mariner, en Elisabeth Van Clÿff, j. d. Van N. Yorck, beÿde woonende alhier.	Met een lic. den 2 Aúg.
(681) den 6 Aúg.	Theúnis Lanen, Wed^r Van Griet Jans, en Geertrúÿd Jans, Wed^e Van Jan Otto, d' Eerste op N. Uÿtrecht, en twede alhier.	Getrouwt tot N. Uÿtrecht.
den 8 dicto.	Zacharias Weecx, j. m. Van N. Engelandt, en Catharina Meÿers, j. d. Van N. Yorck, beÿde woonende alhier.	Met een licentie den 9 Aúg.

84

INGESCHREVEN.		GETROUWT.
den 13 dicto.	Marten Dúfrecke, j. m. Van Vranckrÿck, en Judithje Ban, Wed^e Van Onckel Michalje, beÿde woonende alhier.	den 28 dicto.
den 21 dicto.	Hendrick Van Hoven, j. m. Van Embden, en Martha Weÿdt, j. d. Uÿt de Barbados, beÿde woonende alhier.	den 3 Sept.
Eodem.	Hans Kierstede, j. m. Van N. Yorck, en Dina Van Schaÿck, j. d. als boven, beÿde woonende alhier.	den 1 Octob.
Eodem.	Johannes Vredenbúrg, j. m. Van N. Yorck, en Johanna de LaMontagne, j. d. op Haerlem, beÿde woonende alhier.	den 12 Sept.
den 28 dicto.	John Davenport, j. m. Van 't lange Eÿl^t, en Rebecca Waldron, j. d. Van N. Yorck, beÿde woonende alhier.	Getroúwt te Jamaica.
Eodem.	Theúnis Dalce, j. m. Van N. Yorck, en Sara Vermelje, j. d. als boven, beÿde woonende op N. Haerlem.	Getroúwt tot Haerlem.
den 18 Sept.	David Coúsart, j. m. Van Vlissingen, en Stÿntje Joris, j. d. Van N. Yorck, beÿde woonende alhier.	den 11 Octob.
den 26 dicto.	Richard Marlin, j. m., Mariner Uÿt Engel^t, en Marÿ Anglisch, j. d. Uÿt Yerlandt, beÿde woonende alhier.	den 15 dicto.
Eodem.	Jú Croi, Mariner, j. m. Uÿt Engelant, en Elisabeth Portel, Wed^e Van John Mone, beÿde woonende alhier.	den 11 dicto.
den 10 Oct.	Reynier Meÿnartszen, j. m. Van N. Yorck, en Marritje Vlierboom, j. d. Van Achter Kol, beÿde woonende op Tappan.	Met vertoog na Hackensacq.
den 10 Oct.	Matthÿs Boeckholt, Wed^r V. Lÿsbeth Elswaert, en Magdalena Rútgers, Wed^e V. Joris Walgraeff, beÿde wonende tot N. Yorck.	den 25 Octob.
den 11 dicto.	Johannes Nerberÿ, j. m. Van Amsterd., en Agnietje Provoost, j. d. Van N. Albanien, beÿde wonende alhier.	den 12 Nov.
Eodem.	Cornelis Paúlúszen, j. m. Van N. Albanien, en Jannetje Andries, j. d. Van Breúckelen, d' Eerste wonende tot N. Yorck, en twede tot Breúckelen.	Getrouwt tot Breúckelen.
den 13 dicto.	Denÿs Janszen, j. m. Van Vlissingen, en Rachel Schúúrmans, j. d. Van Standfort, beÿde woonende alhier.	Vertrocken met vertoog naer Haerlem.

A° 1697.

| den 6 Jan. | Johannes Vanderheÿden, j. m., en Marÿ Woodent, j. d., beÿde woonende alhier. | Met een licentie den 6 Jan. |

85

INGESCHREVEN.		GETROUWT.
den 22 dicto.	Thomas Robbertszen, j. m. Van N. Thúÿn, en Hermina Groenendael, Wed^e Van Isaacq Bedlo, beÿde woonende alhier.	den 11 Febr.
den 26 dicto.	Abraham Kip, j. m. Van N. Yorck, en Catalina de Lanoÿ, Wed^e Van Isaacq Van Vleck, beÿde woonende alhier.	den 26 Jan.
den 12 Febr.	Frans Boon, Wed^r Marritie Remmits, en Catharina Blanck, Wed^e Van Jústús Ritvelt, beÿde woonende alhier.	den 28 Febr.
Eodem.	Gerrit Vanderpoel, Wed^r Van Catharina Van Zanten, en Debora Warron, j. d. Van N. Yorck, beÿde woonende alhier.	Met een licentie den 12 Febr.
Eodem.	Jan Matsen, Wed^r Van Mary Graÿ en Elisabeth Bockwits, Wed^e Braÿer Bockwits, beÿde woonende alhier.	den 5 Apr.
den 27 Febr.	Frans Gerbrantszen, j. m. Van Amsterdam en Elisabeth Wessels, j. d. Van N. Yorck, beÿde woonende alhier.	den 25 Mart.
den 3 April.	Pieter Chavelier, Wed^r Cornelia Bosch, j. d. Van N. Yorke, beÿde woonende alhier.	den 3 April met een licentie.
den 9 dicto.	Isaacq Van Deúrsen, j. m. Van N. Yorke, en Metje Christiaens, j. d. als boven, beÿde woonende alhier.	den 24 dicto.
den 10 dicto.	Walter Heÿer, j. m. Van N. Yorck, en Anna Vredenrÿck, j. d. Van N. Yorck, beÿde woonende alhier.	den 2 Maÿ.
den 16 dicto.	Abraham Van Laer, j. m. Van N. Yorck, en Hester Davids, j. d. Van Amsterd., beÿde woonende alhier.	Eodem.
den 23 dicto.	Jústús Bosch, j. m. Van N. Yorck, en Anneken Smith, j. d. Van Boswÿck, beÿde woonende alhier.	den 13 dicto.
den 30 dicto.	Jacob Bradt, j. m. Van Albanien, en Aefje Everts, j. d. Van N. Yorck, beÿde woonende alhier.	den 16 dicto.
den 8 Jún.	Henricús Kip, j. m. Van N. Yorck, en Magdalena Van Vleck, j. d. Uÿt Súpra, beÿde woonende alhier.	den 10 Jún.
den 18 dicto.	Johannes Janszen Bandt, j. m. Van N. Yorck, en Willemyntje Philips, j. d. út Súpra, d' Eerste woonende alhier, en twede op Pemmerops.	Met vertoog omte troúwen.
Eodem.	Jacob Salomons, Neger, j. m. Van N. Yorck, en Elisabeth Dee, j. d. Van Bloemendael, d' Eerste woonende alhier, en twede op N. Uÿtrecht.	den 9 Jul.
den 23 dicto.	Marcús Florentÿn, en Anna Carlee, beÿde woonende alhier.	Met een licentie den 24 Jun.

INGESCHREVEN.		GETROUWT.
den 11 Júl.	Johannes Rÿckman, j. m. Van N. Albanien, Catarina Kip, j. d. Van N. Yorck, d' Eerste woonende tot N. Albanie, en twede alhier.	den 11 Júl.
den 23 dicto.	Thomas Ecker, j. m. Van N. Yorck, en Rachel Van Slechtenhorst, j. d. Van Albanien, beÿde woonende alhier.	den 10 Sept.
(684) Eodem.	Servaes Vlierboom, j. m. Van Achterkol, en Geertrúÿd Lesting, j. d. Van N. Albanien, woonende tot N. Yorck.	den 22 Aúg.
den 13 Aúg.	D° Petrús Dailla, Frausch Predic^t tot Boston, en Sÿtie Dúÿcking, Wed^e Van Willem Sÿmonszen Block, d' Eerste woonende tot Boston, en twede alhier.	Met een licentie den 13 Aúg.
den 3 Sept.	Jacob Fredricxen Blom, j. m. Van N. Yorck, en Maÿken Janszen Bosch, j. d. als boven, beÿde woonende alhier.	den 23 Sept.
den 18 dicto.	Johannes Lagrandje, j. m. Van N. Albanien, en Ytie Croesvert, J. d. Van alhier, beÿde woonende alhier.	den 28 dict.
den 23 dicto.	Jan Canon, j. m. op Staten Eÿlant, en Maria Legrand, j. d. Van Casant úÿt Zeel^t, beÿde woonende alhier.	
den 26 dicto.	Soúrt Olphertszen, Wed^r Van ———, en Heÿltje Pieters, Wed^e Van ———, beÿde woonende alhier.	Met een licentie den 26 Sept.
den 8 Oct.	Wolfert Webber, Júnior, j. m. Van N. Yorck, en Grietje Jacobs, j. d. Van N. Yorck, beÿde woonende alhier.	den 29 Octob.
den 10 dict.	William Anderson en Debora de Meÿert, Wed^e Van Thomas Lÿnden, beÿde woonende alhier.	Met een licentie den 10 Oct.
den 20 dicto.	Benjamin Wÿnkoop, j. m. Van Kingstoúwne, en Femmetje Van der Heúl, j. d. Van N. Yorck, beÿde woonende alhier.	Met een licentie den 21 dicto.
den 27 dicto.	Aúgústús Jaÿ, j. m. Van Rochel, in Franckrÿck, en Anna Maria Baÿard, j. d. Van N. Yorck, beÿde woonende alhier.	Met een licentie den 28 dicto.
den 12 Nov.	Stoffel Pels, j. m. Van N. Yorck, en Catalÿntie Bentinck, j. d. Van N. Albanien, beÿde wonende tot N. Yorck.	den 28 Novemb.
den 13 dicto	Jan Wel, Wed^r Van Isabel Angola, en Anne Marie·Van Cúracao, laest Wed^e Van Franciscús de Angola, d' Eerste wonende op N. Yarstÿ, en twede aen de Groote Kill.	den 5 Dec.

INGESCHREVEN.		GETROÜWT.
(685) Eodem.	Hendrick Meÿer, j. m. Van N. Haerlem, en Wÿntje Rhee, j. d. Van N. Yorck, beÿde woonende tot N. Yorck.	den 10 Dec.
den 3 Dec.	Johan Woodart, j. m. Van N. Yorck, en Evas Winnet, j. d. Van N. Albanien, beÿde woonende alhier.	den 18 dict.
den 10 dict.	Peeck de Witt, j. m. Van Kingstoúwne, en Marÿken Jans, j. d. Van N. Albanien, beÿde woonende alhier.	A° 1698 den 2 Jan.
den 17 dict.	Anthonÿ Salomons, j. m. Van N. Yorck, en Isabel Frans, j. d. als boven, beÿde woonende alhier.	den 4 dicto.
den 25 dict.	Elsÿ Crosbe, j. m. Van Londen, en Elisabeth Benbroeck, j. d. als boven, beÿde woonende alhier.	Uÿtgestelt om redenen, en nú getrouwt den 6 Mart.*

A° 1698.

den 29 Jan.	Andries Abrahamszen, j. m. Van N. Yorck, Jacomÿntie Wanshaer, j. d. als boven, beÿde woonende alhier.	den 16 Febr.
den 11 Mart.	Walter Broúws, j. m. Uÿt Schotlandt, en Helena Bidset, j. d. als boven, beÿde woonende alhier.	den 22 April.
den 6 Maÿ.	Pieter Lakeman, j. m. Van Staten Eÿlt, en Jannetje Stavast, Wede Van Evert Wesselszen, D' Eerste wonende op t Staten Eÿlt, entwede alhier.	den 6 May met een licentie.
den 13 dicto.	Pieter Chaigneaig, j. m. Van Rochel, en Aeltje Smit, Wede Van Isacq Van Tilbúrg, beÿde woonende alhier.	den 29 Maÿ.
den 14 dicto.	Walter Halsbeth, Wedr Van Mary Bresert, en Elisabeth Tocker, laest Wede Van Owens Johns, beÿde woonende alhier.	
Eodem.	Marcús Tiboút, j. m. Van Gent in Vlaenderen, en Aefje Cornelis, Wed. V. Jonas Lievenszen, beÿde tot N. Haerlem.	den 29 May tot N. Haerlem.
(686) den 25 Maÿ.	Jacobús Rollegom, j. m. Van N. Yorck, en Lÿdia Derkins, j. d. als boven, beÿde woonende alhier.	den 26 May met een licentie.
Eodem.	Johannes Van Tilbúrg, Wedr Van Anna Maria Van Giesen, en Margrietje Jans, j. d. Van N. Yorck, beÿde woonende alhier.	den 3 Aúg.
den 26 dicto.	Levinús de Windt, j. m. Van St Eústa-	den 26 May met

* Postponed for certain reasons and now married on the 6th of March.

INGESCHREVEN.		GETROUWT.
	chiús, en Ariaentie Moll, j. d. Van N. Yorck, beÿde woonede alhier.	een licentie.
den 27 dicto.	Pieter Hendrickszen, j. m. Uÿt Vrieslandt, en Rachel Berckhoven, j. d. Van 't lange Eÿl^t, beÿde wonende alhier.	den 5 Jún.
den 3 Jún.	Dirck Uÿtten Bogaert, j. m. Van N. Yorck, en Elisabeth Eckerszen, j. d. als boven, beÿde woonende alhier.	den 24 dict.
den 15 dicto.	Jan Hoogteling, j. m. Van ———, en Marÿ Colevelt, j. d. Van N. Yorck.	den 15 dicto met een licentie.
den 2 Júl.	Abraham Weÿbrantszen, j. m. Van Cúracao, en Grietje de Groot, j. d. Van N. Yorck, beÿde woonende alhier.	den 25 dict.
den 27 dicto.	Johannes Joosten, j. m. Van N. Yorck, en Júdith Verweÿ, j. d. Van N. Albanien, beÿde woonende alhier.	den 21 Aúg.
den 12 Aúg.	Pieter Waldron, j. m. Van N. Yorck, en Trÿntie Van der Berg, j. d. Van N. Albanien, beÿde woonende alhier.	den 9 Sept.
den 26 dict.	Laúrens Heddig, j. m. Van Amsterdam, en Hanna Colevelt, j. d. Van N. Yorck, beÿde wonende alhier.	den 11 dicto.
den 27 dicto.	Matthÿs Loúw, j. m. ———, en Jannetje Heÿning, j. d. Van N. Yorck, beÿde woonende alhier.	den 1 Sept. met een licentie.
den 30 dicto.	Willem Wallen, j. m. Van N. Yorck, en Marÿ Santfordt, j. d. als boven, beÿde woonende alhier.	den 7 dicto met een licentie.
(687) den 9 Sept.	Hendrick Bosch, Júnior, j. m. Van N. Yorck, en Maria Van der Beek, j. d. Van N. Yorck, beÿde woonende alhier.	den 30 Sept.
den 19 dicto.	Iden Theúnissen, j. m. Van N. Yorck, en Anna Lúcas, j. d. Van Albanien, d' Eerste woonende alhier, en twede tot N. Albanien.	den 8 Oct.
den 30 dicto.	Hendrick Metselaer, j. m. Van N. Yorck, en Johanna Clara Eÿck, j. d. Van Schenectade, beÿde woonende alhier.	den 16 dict.
den 25 Octob.	Bernardús Smith, j. m. Van Boschwÿck, en Elsje Meÿers, j. d. Van N. Yorck, beÿde woonende alhier.	den 30 dicto met een licentie.
den 25 Nov.	Gerrit Heÿer, j. m. Van N. Yorck, en Saertje Bosch, j. d. Uÿt Súpra, beÿde woonende alhier.	den 14 Decemb.
den 5 Decemb.	Thomas Shermer, Wed^r Van Francis Waerdt, en Aefje Jacobs, j. d. tot N. Yorck, beÿde woonende alhier.	den 27 dicto.

INGESCHREVEN.		GETROUWT.
[Dec. 1698.]		
den 6 dicto.	Jan Wanshaer, j. m. Van N. Yorck, en Súsanna de Nÿs, j. d. als boven, beÿde woonende alhier.	den 8 Decemb. per licentie.
den 9 dicto.	Gerrit Roelofszen, j. m. Van 't fort Orangien, en Marÿken Jans Dúfoert, j. d. Van de Deútelbay. de Eerste wonende aen 't fort Orangien, en tweede alhier.	den 24 dicto.
Eodem.	Jan Laecton, j. m. Van N. York, en Maria Konings, j. d. als boven., beÿde wonende alhier.	den 27 dicto.
den 24 dicto.	Abraham Rÿcke, j. m. Van de Armen Bouwereye, en Anna Catharina Maÿers, j. d. Van N. Haerlem, de Eerste op de Armen Bouwerÿe, en twede tot N. Haerlem.	tot N. Haerlem.
den 30 dicto.	Anthony Rútgers, j. m. Van N. Albanien, en Hendrickje Van de Water, i. d. Van N. York, beÿde woonende alhier.	den 30 dicto per licentie.

(688) Aº 1699.

den 28 Jan.	Capᵗ David Provoost, Wedʳ Van Helena Bÿvanck, en Maria de Peÿster, laest Wedᵉ Van John Spratt. beÿde woonende alhier.	per licentie den 29 Jan.
den 15 Febr.	Michiel Van der Koeck, j. m. Uÿt Zeelt, en Saertje Joosten, j. d. Van Breúckelen, de Eerste woonende alhier, en twede op Betfort.	Met Vertoog na Breúckelen.
den 25 dicto.	Casparús Blanck, j. m. Van N. Yorck, en Agnietje Post, j. d. als boven. beÿde woonende alhier.	den 20 Mart.
den 1 Apr.	Lodowÿck Ackerman, Wedʳ Van Janneken Bleÿdt, en Hillegond Bosch, geboren tot N. Yorck, beÿde woonende alhier.	den 18 Apr.
den 7 dicto.	Hendrick Mandeviel, Wedʳ Van Elisabeth Jans, j. d. Van N. Albanien, beÿde woonende alhier.	den 21 dicto.
den 10 dicto.	Cozÿn Gerritszen, j. m. Van Stúÿvesants Bouwerÿe, en Catalina Van Gúnst, j. d. Van N. Yorck. beÿde woonende alhier.	den 30 dict.
Eodem.	Samúel 's Jakaen, j. m. Van N. Yorck., en Neeltje Gerrits, j. d. Van Stúÿvesants bouwerÿe, beÿde woonende alhier.	Eodem.

INGESCHREVEN.		GETROUWT.
den 18 dicto.	Enoch Hill, Crayer, laest Wed' Van Elisab' Chaspels, en Mary Shaal, Wed' Van Gowing Bostzone. beyde woonende alhier.	Getroúwt Elders zonder Vertoog.*
den 28 dicto.	Willem Shackerley, j. m. Van N. Yorck, en Debora Van Dÿck, j. d. Van N. Albanien., beÿde woonende alhier.	den 30 Maÿ.
den 14 Maÿ	Jan Breedstede., j. m. Van. ——— en Marritje Pieters, j. d. Van. ——— beÿde woonende alhier.	per licentie den 14 Maÿ.
den 26 dicto.	Jan Van der Beeck, j. m. Van N. Yorck, en Lÿsbeth Woeder, j. d. Uÿt Supra. beÿde wonende alhier.	den 23 Jún.

(689)

den 26 Maÿ	Hendrick tenBroeck, j. m. Van N. Yorck, en Tryntie Jans Van Rommen, j. d. als boven, beÿde woonende alhier.	per licentie den 31 Maÿ.
den 31 dicto	Jacobús Provoost, j. m. Van N. Albanien en Maria Van der Poel, j. d. als boven., d' Eerste woonende achter Koll en twede alhier.	per licentie den 1 Jún.
den 2. Jún.	Joris Walgraef, j. m. Van N. Yorck, en Susanna Woeders, j. d. als boven., beÿde woonende alhier.	den 30 dicto.
den 9 dicto.	Johannes Koster, j. m. Van Hambúrg, en Machteltje Paúlús, j. d. Van Amsterdam., beÿde woonende alhier.	den 16 dicto.
den 19 Júl.	Willem Willemszen, j. m. Van N. Yorck, en Súsanna Moll, Wed' Van Hieronÿmús Van Bommel, 'd Eerste wonende omtrent de Hoerenkil, en twede alhier.	den 26 Júl.
Eodem.	Michiel Stephenszen, j. m. Van Dantzich, en Reÿertje Mol. j. d. Van N. Yorck. beÿde woonende alhier.	den 26 dicto.
den 29 dicto.	Samson Bensúm, júnior, j. m. Van N. Alb. Maria Meÿers j. d. Van Haerlem. beÿde wonende op N. Haerlem.	Met vertoog tot Haerlem.
den 26 dicto.	Jacob Balck, j. m. Van Amsterdam, en Sara Van Tienhoven, j. d. Van N. Yorck. beÿde woonende alhier.	den 14 Aúg.
den 28 dicto.	Hendrick Brefoort, j. m. Van N. Yorck, Marÿken Couwenhoven, j. d. Van Noortwÿck. beÿde wonende alhier.	den 26 dicto.
den 3 Aúg.	Lodewÿck Van den Berg, j. m. en Elsje tenBroeck, j. d. Van N. Yorck. beÿde woonende alhier.	den 5 Aúg. met een licentie.

* Married elsewhere without permission.

INGESCHREVEN.		GETROUWT.
den 18 dicto.	Benjamin d'Harriette, j. m. Van Rachel, Anna Oútmans, j. d. Van Amsterdam. beÿde woonende alhier.	den 7 Sept.
(690) den 26 dicto.	Jan Jeúriaenszen, j. m. Van Dantzig. en Anneken Roos, Wed^e Van Paúlús Janszen. beÿde woonende alhier.	den 11 dicto.
den 27 dicto.	Albert de Frese, j. m. Van Bremen, en Belitje Lúersen, j. d. Van N. Yorck. beÿde woonende alhier.	Eodem.
den 15 Sept.	Samúel Dee, j. m. Van Roodt Eÿl^t. en Celitje Salomons, j. d. Van N. Yorck. beÿde woonende alhier.	den 6 Oct.
den 29 dicto.	Petrús Baÿard, j. m. Van N. Yorck, en Rachel van Balen j. d. Van Amsterd. beÿde woonende alhier.	den 5 dicto.
den 6 Octob.	Robbert Jacobzen, j. m. Van Rotterdam en Anna Brúÿn, j. d. Uÿt de Esopús. beÿde woonende alhier.	den 17 dicto.
den 17 dicto.	Jacobús Coljer, Wed^r Van Margcken deWit. Marrÿcken Tham Wed^e Van Claes Wols. beÿde woonende alhier.	den 16 Nov.
den 27 dicto.	Gabriel Thiboú, j. m. Uÿt Engel^t en Maria Coelÿ, j. d. Van N. Yorck. beÿde woonende alhier.	den 22 dicto.
Eodem.	Mr Pieter Belÿn, laest Wed^r V. Súsanna dharitte. Maria de Keÿ, j. d. Van N. Yorck beÿde woonende alhier.	per licentie getrouwt den 28 Oct.
den 3 Nov.	Pieter Janszen Boeckolt, Wed^r V. Lÿsbeth Pater, Elsje Jeúriaens, Wed^e V. Thomas Verdon. beÿde woonende alhier.	den 21 Nov.
den 9 dicto.	Johannes Vanderheúl, j. m. Van N. Yorck, en Jannetje Rosenvelt j. d. beÿde woonende tot N. Yorck.	per licentie getrouwt den 11 Nov.
den 24 dicto.	Pieter Súnkam, j. m. Van N. Yorck, en Marÿken Rommeús, j. d. als boven. beÿde woonende alhier.	beÿde getrouwt door D° Gúaltherús Dúbois.
den 10 Dec.	Willem Echt, j. m. Van Rotterdam, en Marritje Van Dÿck, j. d. Van Amsterdam. beÿde woonende alhier.	

A° 1700.

(691) den 13 dicto.	D° Gúaltherús Dúbois, Predic^t tot N. Yorck, en Helena Van Balen j. d. Van Amsterdam. beÿde woonende alhier. Nota; des Tweeparen zÿn per licentie getrouwt op het Eÿnde Vanhet Verleden jaar.	Primo Jan.

INGESCHREVEN.		GETROUWT.
den 16 dicto.	Isaacq Selover, laest Wed' Van Janneken Wilkenhoff, en Judith Waldron Van N. York. den 26 Dec.	Beÿden door Henr. Selÿns.
den 30 dicto.	John Mayson, j. m. uÿt Schotlandt, en Elisabeth Lens, Wed^e Van Lens Roosdol. beÿde woonende alhier, getrouwt, den 31 Decemb.	

A° 1700.

den 16 Jan.	Stephen de Lancÿ j. m. Van ——— en Anna Van. Cortlandt j. d. Van N. Yorck. beÿde woonende alhier.	per licentie den 23 dicto.
den 15 Mart.	Evert Van de Water, j. m. Van N. Yorck, en Catharina Provoost, j. d. als boven. beÿde woonende alhier.	den 19 dicto met licentie.
den 6 Apr.	Johannes Herrÿ, j. m. Van N Albanien. en Jannetje Missepadt, j. d. Uÿt Zeel^t. beÿde woonende alhier.	den 26 April.
den 13 dicto.	Daniel Berckeloo, j. m. Van N. Amersfort, en Lÿsbeth Gerrits, j. d. Van N. Yorck. beÿde woonende alhier.	den 4 Maÿ.
Eodem.	Rutgert Waldron, j. m. Van N. Yorck, en Debora Pel, j. d. uÿt Supra. beÿde woonende alhier.	Eodem.
den 18 dicto.	Henricus Vanderheul, j. m. en Maria Meÿers j. d. beÿde geboren, en woonende alhier.	den 21 Apr. met een licentie
den 23 dicto.	Alexander Baird, j. m. Uÿt Schotl^t. en Magdalena Van Vleck Wed^e 'Van Henr. Kip. beÿde woonende alhier.	den 24 dicto met een licentie
den 24 dicto.	Johannes Veet, j. m. Van Brisack, in Sweden en Catharina Meÿers, j. d. Van N. Yorck. beÿde woonende alhier.	den 25 dicto met een licentie
(692)		
den 8 May.	Pieter Bussen. j. m. en Rebecca Fernielje. j. d. beÿde geboren en woonachtig tot N. Haerlam.	den 7 Jún.
den 17 dict.	Pieter Henijon, j. m. Van N. Yorck, en Marÿken Van Noodt. Van Schenechtade, beÿde woonende alhier.	den 9 dicto
den 30 dicto.	Johannes Bogart, j. m. Van N. Haerlem, en, Claesje Van Schaÿck, j. d. Van N. Yorck. d' Eerste woonende op N. Haerlem en twede alhier.	den 16 dicto.
den 7 Jún.	Wilhelmús Coelÿ, j. m. Van N. Yorck, en. Dina Cloppers, j. d. als boven. beÿde woonende alhier.	Getrouwt door D° Dubois.

INGESCHREVEN		GETROUWT.
den 13 dicto.	Benjamin Quackenbosch, j. m. Van N. Albanien, en Claesje Webbers, j. d. Van de Armen Boűwerÿe. beÿde woonende omtrent Stúÿvesants Bouwerÿe.	den 14 Júl.
den 22 dicto.	David Mandiviel, j. m. Van N. Amersfort, en Marritie Van Hoesem, j. d. Van N. Albanien, d' Eerste tot N. Yorck, en twede tot N. Albanien.	den 19 dicto
den 13 Júl.	Isaacq. Bratt, j. m. Van N. Albanien, en Dievertje Wessels, j. d. Van N. Yorck, beÿde woonende alhier.	den 1 Aúg.
Eodem.	Nicolaes Parcel, j. m. Van. ——— en Aeltje Heÿers, j. d. Van N. Yorck. d' Eerste op Beeren Eÿl^t. en twede alhier.	den 4 Aúg.
den 20 dicto.	Thomas Evens, j. m. Van London in Engel^t., en Engeltje Sipkens, j. d. Van N. Yorck. beÿde woonende alhier.	den 13 dicto.
den 17 Aúg.	Jeremias Borrÿ, j. m. Van Nieúw Thúÿn. en Cornelia Eckinson, j. d. Van N. Yorck. beÿde woonende alhier.	den 10 Sept.
den 20 dicto.	Johannes Texsel, j. m. Van N. Yorck, en Catharina Springsteen, j. d. Van 't lange Eÿl^t. beÿde wocnende op de H^r. Steph. Cortlandt landt	den 5 October Met vertoog, na 't Hoge landt
den 7 Sept.	Adrianús Van Streÿden, j. m. Van Bodegraven, en Adriaentie Hoogenboom, Wed. Van Jan Span. beÿde woonende alhier.	
den 11 dicto.	Simon Pascoo., en Margariet Stephens, j. d. Van N. Yorek., beÿde woonende alhier.	den 12 Sept met een li- licentie
Eodem.	Abraham Van Horen, j. m. Van N. Yorck, en Maria Provoost, j. d. als boven. beÿde woonende alhier.	den 16 dicto met een licentie
(693) den 5 Octob.	Jacob Hassing, j. m. Van N. Yorck, en Emerentia Van Gelder, j. d. als boven, beÿde woonende alhier.	den 31 Oct.
den 24 dicto.	Wiljam Provoost, j. m. en Aefje Van Exveen, j. d. beÿde geboren en woonachtig alhier.	den 20 Nov.
Eodem.	Fredrick Blom., j. m. en Annetje Montagnie, j. d. beÿde geboren en woonende alhier.	den 1 Dec.
den 25 Nov.	Robert Croakerts, en Súsanna Peterszen.	met een licentie den 25 Nov.

INGESCHREVEN.		GETROUWT.
den 5 Nov.	Thomas Achtent, Wed' Van ———, en Elisabeth Lingelant.	den 29 dicto.
Eodem.	Focco Heÿrmans, ——— en Margareta Ekkens.	Eodem.
den 19 Dec.	Simon Van Es, Wed' ——— Van N. Albanien, en Hester de La Meter, j. d. Van N. Albanien.	A° 1701 den 15 Jan.
A° 170 2/1		
den 3 Jan.	Johan Roútier en Catharina Corssen.	Met een licentie den 4 dicto.
den 9 dicto.	Claes Pieterszen, j. m. Van Hambúrg, en Catalina Andries, j. d. Van N. Yorck, beÿde woonende alhier.	den 5 Febr.
1700. 18 Dec.	Willjam Laúrier en Abigail Persons.	met een licentie den 29 Jan.
den 21 Febr.	Jacob ten Eÿck, j. m. Van N. Yorck, en Neeltje Hardenberg, j. d. als boven. beÿde woonende alhier.	met een licentie den 25 Febr.
den 15 Mart.	Claes Borger, Wed' Van ———, en Rebecca Bradt. j. d. Van N. Yorck. beÿde woonende alhier.	Met een licentie den 15 Mart.
den 1 Mart.	Johannes Provoost, j. m. en Sarah Baely, j. d.	den 25 dicto.
den 2 dicto.	John Daeÿlÿ, en Geertrúÿd Roomen.	den 28 dicto.
den 21 dicto.	Jan Stadt, j. m. Van Boston, en Marÿ Fraest, Wed°. als boven.	den 6 Apr.
den 28 dicto	John Gorne, j. m. en Marrÿ Herris, Wed° Van N. Albanien.	den 1 dicto.
(694)		
den 31 dict.	Jan Janszen Van der Meer, j. m., en Lÿsbeth Holst, j. d. Van N. Yorck, beÿde woonende alhier.	den 18 Apr.
den 18 Apr.	Willem Sims, j. m. Van N. Yorck, en Marÿcken Barrÿck, j. d. Van N. Albanien.	den 11 Maÿ.
den 12 dicto.	Willem Doúler, j. m. Uÿt Yerlandt, en Catharina Stridles, j. d. Van N. Albanien.	den 20 April.
den 25 dicto.	Willjam Pembarton, Soldaet, Wed' Van Londen, en Júdith Thomas, Wed° Van N. Yorck. beÿde woonende alhier.	den 11 Maÿ
Met Att. Van de Fransche Kercke.	Henrÿ Monÿe, j. m. Van Bordeaúx, en Marianne Grasseth, j. d. Van Rochel, beÿde woonende alhier.	den 30 Apr.
Eodem.	Jacob Mariús Groen, j. m. Van Haesdrecht, en Marÿken Salisbúrÿ, j. d. Van N. Albanien. beÿde woonende alhier.	den 15 Maÿ.

95

INGESCHREVEN.		GETROUWT.
den 7 Maÿ	Elbert Willet, j. m. Van Vlissingen, en Annatje Van Varick, j. d. Van Hem, in Noordt Holl^t.	Met een licentie den 13 Maÿ
den 25 April.	Elias Brevoor, j. m. Van N. Haerlem, en Margrietje Jans, j. d. Van N. Yorck, beÿde woonende alhier.	den 16 dicto.
den 2 Maÿ.	Evert Van Wagenûm, j. m. in de Esopús, en Marritje Van Heÿningen, j. d. Van N. Yorck	Getrouwt in de Esopús.
den 10 dicto.	Johannes Corneliszen, j. m. Van N. Haerlem., en Wÿntie Dÿckmans, j. d. Van N. Albanien.	Getrouwt den 26 dicto tot N. Haerlem.
den 16 dicto.	Edúard Hassick, j. m. uÿt Yerlandt, en Júdith Jans, Van N. Engelandt. beÿde woonende alhier.	
den 22 dicto.	Henricús Coúrten, j. m. Van N. Yorck, en Elisabeth de Riemer, j. d. Van Meeûwis, beÿde woonende alhier.	Met een licentie den 23 dicto.
den 6 Jún.	Johannes Vreelandt, j. m., en Maria Beger.	Met een licentie den 8 Jún.
den 23 Maÿ.	Abraham Provoost, j. m. Van N. Albanien, en Janneken Meÿer, j. d. Van N. Yorck, beÿde woonende alhier.	Met een licentie den 27 Maÿ.
den 7 Jún.	Abraham Replee, j. m. Uÿt oúdt Engel^t, en Elisabeth Grandt, j. d. Van Boston.	Vertrocken en niet getroúwt.*
den 8 dicto.	Jan Brieding, j. m. uÿt oudt Engel^t, en Clara Bosÿ, j. d. Van N. Albanien.	den 26 Jún.
den dicto.	Petrús Hardenbroeck, j. m., geboren omtrent Ceúlen,† en Catharina Van der Poel, j. d. Van N. Albanien.	den 21 Jún met een licentie
den 26 dicto.	Pieter Bandt, en Maria Van Hoven.	Met en licentie den 28 dicto.

(556)

Liber C.
TROUW BOEK
Of lÿst der Personen die hier
ten
Hŭwelÿken Staat
Ingeschreven
Enhier of Cúiten dere Stadt
Getroúwt Zÿn
of ook met een
Licentie
Zig ten
Huwelÿk
begeeren hebben
't Sedert den 5 Júly in 't jaar
des Heeren
1701

* Departed and not married.   † Born in the vicinity of Ceulen.

Translation.]

BOOK OF MARRIAGES;
or list of persons registered for marriage, who have been married here or outside of the City.
And also those, who have entered into the bonds of wedlock with a license Since the 5th of July in the Year of our Lord.
1701.]

(557)   Personen met geboden getroûwt

INGESCHREVEN.   GETROÛWT

A° 1701

Július Aúgúst: Adrian Quakkenbosch j. m. Van N.   Getroûwt tot
   Ingeschreven   Alb^y. met Annetje Cornelis, j. d. Van   Haarlem
   den 2 Aúgústús,   Van N. Haarl.   den 22 Augustus 1701

den 12 Septemb.   Matthÿs Smak j. m. Van N. útrecht met Elisabeth Stevens Wed. Van N: York

den 12. d°   Jan Kúúr j. m. Van Engl^t., met Gerritje Gerritz j. d. Van N. York   den 28 Sept.

den 3 October.   Philp. Delly j. m. Van Staatenÿlandt met Cornelia Van Gelder j. d. Van N. York   den 22 Octob.

                           Anno 1702.

den 23 decemb^r.   Johannes bÿvang j. m. Van N Alban^y met Aaltje Hooglandt, Jonge dochter   den 1 Janúaries 1702

den 30 January 1702   Johannes Meÿer j. m. Van N. Haarl^m met Trÿntje Van Dalse, j. d. Van N. Haarlm

den 14 Maert.   Thomas Siggelse, j. m. Van N Alban^y met Jannetje Brevoort j. d. Van Haarlem.   den 5 April

den 10 April.   Michiel Jansze j. m. Van N. York met Marÿtje Stevens j. d. Van N. York   den 26 April

(558)   Personen met en licentie getroûwt

A° 1701

Julÿus de licentie gereekent den 3 July   Andries ten Broek met Lÿntie Splinters   Getroûwt alhier de 5 July 1701

den 7 Aúgústús.   Thomas Evens. met Jane Timmer   den 9 August.

den 9 d°   Adriaan Man. met Hester Boerden.   den 10. d°.

den 25 d°.   Francois Van Dyke met Fÿtje Dirksz.   den 26 d°.

den 5 September.   John Muntajgne met Elisabeth Fredrikz.   den 8 Septemb.

den 8 October   Kielian Van Renslaar met Maria Van Cortlandt   den 15 October

INGESCHREVEN.		GETROÛWT.
1702.		
den 27. October.	Willem Van Nieúwenhúizen met Elisabeth de Hart.	den 27 October.

Anno 1702.

den 3 Maert.	Hermanús Mÿer met Helena Pop.	den 6 Maert.
den 13 January.	Thomas Pell met Aaltje Beek.	den Maert.
den 21 Maert.	Joseph Proster met Elisabeth Verwÿde.	den Maert.
den 21 April.	Petrús Kip met Emmetje Vandÿk.	den 24 April.
den 25 April.	Isaac Frederiks met Hester Van Flek.	den 26 April.

(559)	Perzonen met geboden getroúwt.	
A° 1702.		
den Mai 5, ingeschreven.	Arien Van Schaaÿk, j. m. Van N. York, met Jannetje Jans, j. d. Van N. York.	getroúwt den 29 May.
den 8 d°.	Theúnis Korsse, j. m. Van N. York, met Josÿntje Van Oblinis, j. d. Van N. Haarlem.	
den 8 d°.	Denÿs Woertman, j. m. Van Breukelen op't L. Y. met Margarita Beekman, j. d. Van N. York.	den 24 Maÿ.
den 7 Júnÿ.	Theúnis Pier, j. m. Van Esopus, met Margriet dú Foer, j. d. Van N. York.	
den 28 Júnÿ.	Hermanús Benssing, j. m. Van N. Alb^y, met Aaltje Bikkers, j. d. Van N. York.	den 19 Júly.
den 6 Júly.	William Persons, Van O. Englant, met Helena Van Gúnst, j. d. Van N. York.	den 19 Júly.
den 28 July.	Johannes Brúÿn, j. m. woonende op Accergchenont, met Rebecca Van den Boog, j. d. Van N. York.	
den 21 Aug.	Jan Van Hoorn, j. m. Van N. York, met Magdalena Karstens, j. d. Van N. Albn^y.	den 13 Sept.
den 21 d°.	Joh. Dÿkman, j. m. Van N. Alban^y, met Rachel de Vae, j. d. Van N. Haarlem.	
den 22 Sept.	Elias Smith, j. m. Van Middelbúrg in Zelandt, woonende op Akerg^y, met Cornelia Jacobsz., j. d. Van de boúwerÿ.	
den 23 d°.	Jacob Paerker, j. m. Van O. Engl^t, met Maria Booljer, Wed. Van Steven Leveÿns.	den 27 d°.
den 2 Oct.	Albert Laúw, j. m. Van N. Haarlem, met Súsanna de Lameêters, j. d. Van N. Haarlem.	
den 3 d°.	Harmen Lútjens, j. m. Van Hamb^h, met Anna Maria Sipkens, j. d. Van N. York.	

INGESCHREVEN.		GETROÛWT
den 13 Novemb.	Salomon Goewÿ, j. m. Van N. Albanie, woonende op de deútelbay, met Catharina Dooren, j. d. Van N. York.	getroúwt den Decem.

	Personen met Licentie getrouwt.	
(560) A° 1702.		
de licentie gereekent den 14 Maÿ.	Abraham Wandall met Catharina de Kaÿ.	getrouwt den 15 Mai 1702.
den 25 April.	Marinús Roelofz. met Dina Theúnisze.	den 19 Maÿ.
den 28 Júly.	James Cebra met Anna Mÿer.	den 29 Júly.
27 Aúgúst.	Martinús Cregier met Margariet Van Dalsen.	den 29 Aúgúst.
28 Aúgúst.	Nicolaas Dally met Elisabeth Cregier.	den 30 Aúgúst.
den 20 October.	Coenradús van der beek, wedúwenaer met Catharine Cock, wedúwe.	den 21 October.

	Personen met geboden getroúwt.	
(561) ingeschreven den 14 Novemb.	Cornelis Túrk, j. m. Van N. York, met Elisabeth Van Schaÿk, j. d. Van N. York.	Getroúwt 1702 den 3 decem.
N. B. den 7 was dit op Haarlem getroúwt den 16 d°.	Johannes Berk, j. m. Van N: Albanʸ. met Anna Catharina Nagels, j. d. Van N: Haarlem. Abraham Mol. j. m. Van N. York, met Sara Kwik, j. d. Van N. York.	4 d°. den 16 d°.
den 20 Novemb.	Karel Robberson, j. m. Van London, met Elisabeth Wessels Wedúwe Van Laens Roosdel, Van de Barbados. Woonende alhier.	den 16 decem. N. B. Van deze heb ik ook een licentie.

Anno 1703.

Uit de Franschekerk.

met attestatie.	Van drie onverhinderde húwlÿks—Voorstellingen, Zÿn Van mÿ getroúwt Pierre Savaret met Ester David.	den 16 Maÿ.

	Personen met Licentie getroúwt.	
(562) geteekent Novembʳ.	Abraham Van Laar met Jannetje Streddels.	Novembʳ.

(562)	Anno 1703.	
January 7.	Balthazar de Hart met Margrita Maúrits.	January 7.
Feb. 23.	Joh. Hamie met Christine Rosevelt.	February 24.

INGESCHREVEN.		GETROUWT.
dº 27.	Lúbbert Jansz. Van Berkome, met Engel Hendrikz.	dº 27.
Maert 2.	Jan Krúger met Maria Cúiler.	Maert 5.
dº 12.	William ffisher met Adriana Vandr Berg.	dº 14.
February 20.	Willem Goúge met Dirkje Rome.	dº 14.

Personen met Geboden.

(563)

Ingeschreven Aº 1703 den 22 Maÿ.	Hendrik Pleÿ, j. m. Van N. York, met Sarah Molenaars, j. d. Van Boswÿk.	Getroúwt den Júnÿ.
den 27 dº.	Coenraad Lamberts, j. m. Van Amstd, met Neeltje Laúwe, j. d. Van N. Haarlem.	

Ingeschreven N. B. deze personen zÿn met Licentie getrouwt.

Aº 1703.		
den 29 Júnÿ.	Pieter Christiaansz met Belitje Attings.	Aº 1703 den 4 Júly.
den 25 Júnÿ.	Benjamin Oldÿs, j. m. V. O. Engelt, met Aaltje Schars, j. d. V. Goanis, beide woonende alhier.	
den 9 Júly 1703.	Johannes Hennion, j. m. V. N. York, met Margarita Baely, j. d. Van N. Túin.	den 22 Júlÿ.
den 17 Júly 1703.	Albartús Coenradús Bosch, j. m. Van N. York, met Maria Yaets, j. d. Van N. Albanie.	den 25 Júly.

Aº 1703.	Personen met Licentie.	Aº 1703
(564)		
Ingeschreven den 6 April.	Andries de Wandelaar, en Aagje Van Bossen.	Getroúwt den 10 April.
den 20 dº.	Johan Michael Schut, met Maria Van dr. Heÿden.	den 24 dº.
den 22 Maÿ.	Olphert Saert en Hillegondt Lúcas.	den 22 Maÿ.
	Adolf de Groef, met Rachel Goederis.	den Maÿ
den 7 Júny.	Jacobús Kierstede, met Elisabeth Laúrens.	den 14 Júny.
den 17 Júny.	Pieter Baterÿ met Jenneke Davidts.	den 17 Júny.
den 12 Júly.	Jan Lesly, met Ellen Bisset.	den 15 Júly.
den 26 dº.	Michael Fallon, met Elisabeth Van Trigt.	den 28 dº.
den 9 Aúgúst.	Octavio Coenraats met Maria Langevelt.	den 18 Aúgúst.

INGESCHREVEN		GETROUWT.
	Personen met geboden.	
(565) Ingeschreeven 1703 den 24 Sept.	Laúrens Cornelisz, j. m. Van N: Haarlem, met Helena Benssem, j. d. Van N. Albanie.	den 22 October.
den 1 October.	Aarnoút Hendriksz, j. m. Van N. York, met Geertje Claasz, j. d. Van N. Albanie.	den 24 d°.
den 29 Octob.	David Jantze, j. m. Van Esopus, met Annetje Kroesvelt, Wed. Van Jacob Van Noortstrant.	den 21 Novemb.
	Personen met Licentie.	
(566) Ingeschreven 1703 den 12 Aúgúst.	Abraham Gaasbeek Chambers met Sara Bayart.	Getroúwt den 26 Aúg^t.
den 28 d°.	Alexander Makay met Mary Cresty.	den 29 d°.
den 26 d°.	Coenraad Húibling met Debora Beek.	den 2 Sept.
	Charles Beekman met Ekay Van Santen.	den 6 d°.
den 2 Septemb.	Corneliús Kierstede met Sarah Elswardt.	den 9 d°.
den 10 d°.	Johan Okey met Helena Kiersz.	den 11 d°.
den 14 d°.	Albert de Vries met Emmetje Van Dyk.	den 16 d°.
den 15 d°.	Hendrik Bogaart met Rútthje de Lameter.	den 17 d°.
den 14 d°.	Gerard Schúiler met Aagje de Groof.	den 18 d°.
den 19 Octob.	Jacob Nicolaasz met Maria Moll.	den 20 October.
den 20 d°.	Abraham Van der Beek met Mettje Woedert.	den 22 d°.
A° 1703.	Personen met geboden.	A° 1703.
(567) Jngeschreven den 4 Novemb.	Cosyn Andriesz, j. m. Van N. York, met Margrietje Teúnisz, j. d. Van N. York. beide woonende aan de groote Kil.	Getroúwt den 23 decemb.
	N. B. deze personen zyn met licentie.	
A° 1704 ingeschreven den 7 Janúary.	Conradús Tenyk, en Anna Van Aps.	A° 1704 getrouwt den 8 January.
	Anno 1704.	
A° 1704 Jngeschreven den 25 decemb. 1703.	Kaarel Adriaansz, j. m. Van Vlissingen in Zeelandt, met Marytje Van d^r Beek, j. d. Van N: York.	A° 1704 getrouwt den 13 Janúary.
den 28 Janúary.	Theophilús Elswart, j. m. Van N: York, met Blandina Bogardús, j. d. Van N: York.	den 18 Febrú^y

INGESCHREVEN.	Personen met Geboden.	GETROUWT.
(575)		
A° 1706.		A° 1706.
Ingeschreven den 28 Dec. 1705.	Abraham Vredenbúrg, j. m. Van Esopús, & Isabelle Paersil, j. d. Van N. Túÿn.	Getroút den 17 Janúar.
den	Johannes de Lamontagnie, j. m. Van N. Túÿn, & Sarah Paesil, j. d. V. N. Túÿn.	den 17 d°.
den 22 Jan.	Jan Riet, j. m. Van Schotlande, met Abigael Liets, j. d. Van N. York.	den 8 Febr.
den 22 Maart.	Theúnis Van Vegten met Annatje Heeremans.	den 11 April.
den 5 April.	Nathan Daely, j. m. V. Staaten Ylant, met Sarah Húismans, j. d. V. Akkinsak.	den 25 April.
den 6.	Antony de Milt, j. m. V. N: York, met Maria Provoost, j. d. Van Esopús.	den 26.
den 13.	Abraham Meÿer, j. m. V. N: Haarlem, met Engeltje Bússing, j. d. V. N: York.	den 10 Maÿ.
den 25.	Jacob Samman, j. m. V. Baas zÿn boúwerÿ, met Cathalÿntje Benssing, j. d. V. Albanie.	den 17.
den 8 Júnü.	Abraham Rÿdoút, j. m. V. O. Engel^t, met Margrietje de Groot, Wed. V. Abraham Wÿbrands.	den 24 Júly.
den 10 Aúgúst.	Philip Boiles, j. m. V. O. Engel^t, met Catharina Van Gúnst, Wed. Van Cosÿn Gerrits.	den 30 Aúg.
den 3.	Johannes Van Heininge, j. m. Van N. York, & Marÿtje Ellisze, j. d. V. N. York.	den 26.
den 2.	Johannes Túrk, j. m. V. N. York, met Annetje Cornelisze, j. d. V. Tappan.	den 10 Sep.
den 21 Sep.	Thomas Stokúm, j. m. Van Exester in O. Engel^t, met Sarah Ming, j. d. V. Barmoedes.	den 6 Oct.
(576)	Personen met Licentie.	
A° 1706.		A° 1706.
Ingeschreven den 9 Jan.	Mattheús Benssing & Catharina Provoost.	Getroúwt den 10 Jan.
den 10.	Andreas Broúgthon & Maria Makkaÿ.	den 13.
den 15.	Steven Van Brakel & Dina Coelÿ, Wed.	den 19.
den 16.	Johannes Hooglandt & Jenneke Piet, Wed.	den 19.
den 31.	Abraham Messelaar en Agnietje Staats.	den 2 Feb.
den 8 April.	Paúlús Maúrits met Margareta Keteltas.	den 12 April.

INGESCHREVEN.		GETROUWT.
den 18.	Jan Claasse met Maria Coen.	den 29.
den 12 Maÿ.	Wessel Wesselsz met Maria Tenyk.	den 12 Maÿ.
den 10.	Seÿbrand Broúwer and Sarah Webbers.	den 12.
den 13 Júnü.	William Whÿt & Hendrikje Bas.	den 15 Júnü.
den 21 Sept.	Pieter Búttler en Maria Lÿnis.	den 21 Sept.
26.	Alexander Holmes en Jenneke de Graúw.	d. 27.

(577)

Personen met Geboden.

1706.

Ingeschreven den 21 Sept.	Henderik Jansson, j. m. V. Yrland, met Wÿntje Hendriks, j. d. V. N: York.	Getrouwt den 13 Oct.
den 12 Sept.	Hendrik Hendriksz. Grootvelt, j. m. Van Amsterd., met Rachel Voe, j. d. V. Blommendaal, Voorby de groote Kil.*	24.
den 16.	Cornelis Aarland, j. m. Van Amsterd:, met Elisabeth Woeders, Wed. V. Jan Van der Beek.	den 7 Oct.
den d°.	Jan Pietersz. Van Voorn, j. m. V. Gent, met Júdik Slot, V. N. York.	den 7.
den 23.	Jacob Arendsze Slierendregt, j. m. Van Maselandslúis, met Marÿtje Holst Van N. York.	den 12.
den 6 Dec.	Johannes Bokeé, j. m. Van Sluis, in Vlaanderen, met Marÿtje Langet, j. d. Van Esopús.	den 28 Dec.
A° 1707.		A° 1707.
den 13.	Bartholomeús Jongman, j. m. Van Leiden, met Maria Bosh.	den 3 Jan.
den 27.	Isaac Vermilje. j. m. V. N. Haarlem, met Jesÿntje Oblinis, Wed. V. Teúnis Corssen.	den 16.
den 27.	Herman Bússing, j. m. V. N. Haarlem, met Sarah Selover, j. d. V. Nieúwcastel, Woonende alhier.	den 27.
den 13 Janúary.	Jocobús Cosÿnsze, j. m. V. N: York, met Aafje Amak, j. d. V. N. Amersfoort.	den 2 Feb.
den 7 Feb.	Nicolaas Bogaars, Wedw[r], met Grietje Jansse, Wed. Van Joh. V. Tilbúrg.	— 23 —
den 22 d°.	Willem Deê, j. m. V., met Súsanna Salomons, j. d. V.	den 14 Maert.
den 7 Maart.	Frans Van Dÿk, j. m. V. N. York, met Aaltje Kermers, j. d. V. N: York.	den 27.
den 10 April.	Jacobús Kúik, j. m. V. N: York, met Marÿtje Smith, j. d. V. N: York.	den 4 Maÿ.

[* From Bloomingdale, beyond the Great Kil.]

INGESCHREVEN.		GETROUWT
den 2 Maÿ.	Jan Haldron, j. m. V. N. Haarlem, met Cornelia Tienhoven, Wed: V. Andries Holst Van N. York.	den 18.

(578)

Personen met Licentie.

A° 1706.		A° 1706.
Ingeschreven den 31 Oct.	Theophilús Elswart & Sarah de Maris.	Getroúwt den 1 Nov.
den 1 Nov.	James Spairman & Elisabeth Cosÿn.	den 1 —
den 2.	Philip Iasper & Allaner Davis.	den 2 —
den 4.	Charles Crommelyn & Hanna Sinclar.	den 7 —
den 21.	Adriaan Provoost & Antje Aswerús.	den 23 —
den 22.	Bartholomeús Schaats & Christina Kermer.	den 28.
den 22.	Hermanús Rútgers & Catharina Meÿers.	den 25 decemb.
den 24.	Isaac Oljer & Elisabeth Read.	den 26 —
A° 1707.		A° 1707.
den 9 Jan.	Hendrik Van der Spiegel & Anna Provoost.	den 12 Jann^y.
den 9.	Willem de Rúiter met Metje Van der Beek.	den 22 —
18.	Daniel Pieterson met Anna Maria Coreman, Wed.	den 22.
den 13 Feb.	Balthasar Van Benthúizen & Lÿdia Daÿlÿ.	den 21 Feb.
	Johannes Ten Eÿk & Wÿntje Aartze.	den d°.
den 11 Maart.	Hendrik Kermer & Maria Gerrits.	den 12 Maart.
den 2 April.	Johannes Loúw & Engeltje Brestede.	den 5 April.
den 5 Maÿ.	James Bússÿ & Catharina Van Gelder.	den 6 Maÿ.

(579)

Personen met Geboden.

A° 1707.		A° 1707.
Ingeschreven den 11 Maÿ.	Daniel Jacobsze Van Winkel, j. m. Van Bergen, met Rachel Straat, j. d. V. Hoboken.	Getroúwt den 16 Maÿ.
den 4 d°.	Harpert Gerbrantse, j. m. Van Gemoenepau, met Hillegont Marcellis, j. d. Van Bergen.	den 30 May.
den 9 d°.	Búrger Manús, j. m. V. N. Haarlem, met Geertrúy Korsse, Wed. V. Stoffel Christiaansz.	den 31 d°.
den 16 d°.	Johannes Van Búúren, j. m. V. Amst., met Maria Meier, j. d. Van N: York.	den 15 Júnii.
den 29 May.	Jan Laúrensze, j. m. V. N. Haarlem, met Jannetje Corsse, j. d. V. N. York.	den 20 d°.
den 6 Júnii.	Gerrit Hassing, j. m. V. Vlakkebosch, & Engeltje Búrger, j. d. V. N: York.	den 28 d°.

INGESCHREVEN.		GETROUWT.
den 11 Júly.	Jacob Salomonsz. Goewy̆, Wed^r V. Amst., woonende omtrent de deútelbay̆, met Maatje Keer, Wed. V. Cornelis Van d. Werf, woonende alhier.	den 27 Júly.
den 1 d°.	William Kerten, j. m. V. O. Engel^t, met Anna Honing, Wed. William Floiwd, V. London.	den 28 d°.
den 8 Aug.	Jan Cornelisz. Schy̆f, Wed. V. Ry̆p in Friesland, met Súsanna Woedert, Wed. V. Joris Walgraft V. N: York. Met attestatie Van de Kerkeraad Van Bergen in N. Jersey dat de drie húwlyksche von stellingen onverhinderd zy̆n geschiet, Zy̆n Van my̆ Getroúwt.*	den 24 Aúgúst.
den 22.	Laúrens Barentsze, Wed^r Van Vlissingen in Zeelandt, met Hester Van Blarkúm, j. d. Van Bergen.	den 9. Sept.
den 22 Aúgúst.	Arie Koning, j. m. V. N: York, met Rachel Peek, j. d. Van N: York.	den 13.
den 26 Sept.	Fredrik Willemse, j. m. V. N: York, met Mary̆tje Waldron, j. d. V. N: York.	den 16 Oct.
den 3 Oct.	Jan Paúlsze, j. m. V. N: York, met Antje Húisman, j. d. V. Hakkinsak.	den 23.

(580)

Personen met Licentie.

A° 1707. Ingeschreven den 22 Júny̆.	Samson Benson & Margarita Kermer.	A° 1707. Getroúwt den 12 Júny̆.
den 28.	Albert Aartze & Hanna Ten Ey̆k.	den 29.
den 22 Júly.	Arie Affel & Maria Denemarke.	den 26 Júly.
den 9 Aúgúst.	Pieter Koúwenhoven & Wy̆ntje Ten Ey̆k.	den 9 Aug.
den 19 d°.	Joost Sooy̆ & Sarah Balk.	den 19 d°.
den 11 Sep.	Pieter Amient & Elisabeth Tienhoven.	den 16 Sep.
den 6 Oct.	William Beckman & Catharina de Lanoy̆.	den 11 Oct.
den 16 d°.	Stoffel Pels en Elisabeth Baracolo.	den 18 d°.

(581)

Personen met Geboden.

A° 1707. ingeschreven den 10 Oct.	op Bergen afgekondigd. Dirk Philipse Cony̆n, j. m. V. N. Alban. met Rachel Andriese, j. d. V. N: York, Woon. op Berge.	A° 1707. Getroúwt den 24 Oct.
den 11 d°.	Isaac Salomonsz., j. m. V. N: York, met Isabella Pietersze, j. d. V. N: York.	den 30 d°.

[* Translation.—With certificate of the Consistory of Bergen in New Jersey that the banns had been published three times without objections being made, on which I married them.]

INGESCHREVEN.		GETROUWT.
den 11 d°.	Jacobús Fransz. j. m. V. N: York, met Antje Haan, j. d. Van N: York.	den 4.
den 24.	Walther Dops, j. m. Van Baren Ylant, met Ytje Paersil, j. d. Van Baren Ylant.	den 21 d°.
A° 1708.		
den 9 Jan.	Jonathan Mayen, j. m. V. Boston, met Sarah Kock, j. d. V. N. York. beide Woonende alhier.	January 25, A° 1708.
den 10 Dec., A° 1707.	Jan Nagel, j. m. V. N. Haarlem, met Magdalena Dykman, j. d. V. N. Haarlem.	den 2 January.
d° 28.	Daniel Lúwis, j. m. V. O. Engl^t, met Geesje Braesiers, j. d. V. N. York.	d° 7.
den 13 Feb. 1708.	Andries Doúw, j. m. V. N. Albanie, met Adriana Van der Graaf, j. d. V. Sluis in Vlaandⁿ.	den 29 Feb.
den 27 d°.	Harmen Van Hoeze, j. m. V. N. Alb., met Geesje Hereman, j. d. V. Baas zyn boúwery.	d° 19.
den 27 d°.	Nicolaas Woertendyk, j. m. V. groote Kil, met Margrietje Hereman, j. d. V. Baas zyn bouwery.	d° 19.
den 19 Maart.	Jeremias Reddin, j. m. V. Schotlant, met Anna Paersils, j. d. V. Baeren Ylant.	
den 28 Júnü.	Willem Halst, j. m. V. Rotterd^m, met Antje Welvaaren, j. d. Van Cúracao.	den 4 July.

(582)

Personen met Licentie.

A° 1707.		A° 1707.
Ingeschreven den 7 Oct.	Lowies Antony Van Nieúwenhuyzen met Aafje Wandelaar.	Getrouwt den 8 Oct.
den 13 d°.	Dirk Bensing & Jannetje Van de Water.	den 16 d°.
den 24 d°.	Nicolaas Van Geder & Femmetje Wynands.	den 27 d°.
den 4 Dec.	Joseph Merlot & Rebecca Denfort.	den 4 Dec.
d° 6.	Claúde Besonnet & James Jondon.	den 6.
den 6.	Abraham Van Aalstyn & Marite Jans.	den 7.
den 12.	Lawrens Kinne met Catharine Van der Beek.	den 13.
A° 1708.		A° 1708.
den 24 Feb.	Andries Meyer & Geertje Wessels.	den 28 Feb.
d° 28.	Joseph Robinson & Maria Klein.	den 28 d°.
den 11 Maart.	Robbert Bensson & Cornelia Roos.	den 14 Maart.
den 26 d°.	Hendrik Kermer & Jacomyntje Ravestyn.	den 9 April.

INGESCHREVEN.		GETROUWT.
den 27 April.	Johannes Hooglant & Catharina Kaderûs.	den 1 Maÿ.
den 7 Maÿ.	Johannes Koûwenhooven & Rachel Benson.	den 8.
d° 18.	Johannes Brestede & Anna Maria Elsward.	den 22.
d° 28.	Barend d Foreest & Cathalÿntje Scherlÿ.	den 29.

N.B. Zie dit aangeteekent aan de andere Zÿde.*

den 3 July.	Willem Aarsse & Adriana Stryp, Wid.	den 8 July.
den 17 Jûly.	Cornelis Jansse & Mettje de Voor.	den 19 Jûly.
den 23.	David Kermer & Debora Berrÿ.	den 24.

(583)

Personen met Geboden.

A° 1708.

Ingeschreven Met attestatie Van Akkinsak den 12. Oct.	Isaac Van Giesse, Wed' V. Corn" Hendr. Blinkerhof, met Hillegond Claasze Kûiper, j. d. V. Ahasÿms.	Getroûwt den 19 Oct.
den 22 Oct.	Jan Man, j. m. Van Rood Ylant, met Elisabeth Van Deûrsen, j. d. V. N. Y.	den 20 Nov.
den 18 Nov.	Francois Bûis, j. m. V. Cûrassoû, met Annatje Waldron, j. d. V. N: York.	den 9. Dec.
den 18 d°.	Jacob Lee, j. m. V. O. Engel', met Jûstina Witvelt, j. d. V. N: York.	den 19 d°.

A° 1709.

ingeschreven den 16 April.	Thomas Ross, j. m. V. O. Engel', met Elisabeth Borsjes, Wed. Van David Jfrens.	Getroûwt den 24 April.
den 23 d°.	Jan Estrÿ, j. m. Van O. Engel', met Rebecca Qûik, j. d. V. N. York.	den 1 Maÿ.
den 14 Maÿ.	Fredrik Jacobse Woertendÿke, j. m. V. boûwerÿ, met Divertje Qûakkenbos, j. d. V. Albanie, Woon. op boûwerÿ.	den 10 Jûnü.
d°.	David Mandeviel, j. m. V. Heemste, Woon. Pegqûenck, met Jannetje Jacobs Woertendÿk, j. d. V. Boûwerÿ.	d°.
den 25 Jûnü.	Thomas Poskitt, j. m. V. O. Engel', met Johanna Bellin, Wed. Van Jacob Van den Bûrg, Woonachtig alhier.	den 5 Jûly.

(584)

Personen met Licentie.

A° 1708.

N.B. Ingeteekent vandlandÿe zÿde.† den 29 Maÿ.	John Smith & Jûdik Oûtman.	Getroûwt den 5 Jûnü.
den — Sept.	Adriaan Beekman & Lûcrecia de Kaÿ.	11 Sept.
den 17 d°.	Jacob Moenen & Margrite Van Tûil.	den 20 —
den 25 d°.	Joh: Rosevelt & Hÿla Sjoerts.	den 25.

[* See this recorded the first on the other side. (p. 584.)]
[† N.B. Recorded from the other side.]

INGESCHREVEN.		GETROÙWT.
den 18 Oct.	Jabobús de Lanoÿ & Annatje Cloff.	den 20 Oct.
den 27.	Jan Niewkerk & Jenneke Brestede.	den 6 Nov.
den 8 Nov.	Benjamin Rievers & Aafje Moll.	den 9 Nov.
den 29 —	Gÿsbert Van Berg & Cathalina V. Hoese.	den 3 Dec.
den 29.	Isaac Boele & Catharina Waldron.	den 9. —
den 23 Dec.	Joh^s Brestede & Jannetje Roomen.	den 25.
A° 1709. Ingeteekent den 7 May.	Samúel Staats & Catharina Hawarden.	A° 1709. Getroúwt den 7 Maÿ.
den 17 d°.	Joseph Berrÿ & Helena Matthysze.	den 17 —
den 17 d°.	William Broúwer & Maria Hennion.	den 19 —
den 30 Júnü.	Andries Hardenbroek & Femmetje Van der Klÿf.	den 2 Júly.
den 3 Júlÿ.	Thomas Hook & Marÿ Gúrney.	den 10 d°.
13 d°.	James Jong & Sarah Wedgberrÿ.	den 13 d°.
den 2 Aúgúst.	Joseph Lokeson & Mary Mitchell.	den 2 Aug^t.

(585)

Personen met Geboden.

A° 1709. Ingeschreeven Met att. V. Bergen 2 Sept.	Daniel Van Winkel, W^r Van Rachel Stratemaker, met Jannetje Cornelisz Vrelandt, j. d., beide Van Bergen.	A° 1709. Getroúwt den 3 Sept.
d° 10 Sept.	Johannes Peek, j. m. V. N. York, met Trÿntje Hellacker, j. d. V. N. York.	den 5 Oct.
d° 7.	Alexander Simson, Wed^r V. N. Amelsfoort, met Metthe Lie, Wed. V. London in O. Engel^t.	d° 10.
den 30.	Jacob Broúwer, j. m. Van Breúkelⁿ, met Petronella de La Montangne, j. d. V. N. York.	den 28 Oct.
den 21 Oct.	Nicolaas Haiman, j. m. V. Amst., met Willemÿna Júisse, Wed. V. Daniel Prÿsbÿ Deútelbay.	den 11 Nov.
d° 21.	Hendrik Fransse, Wed^r V. N. York, met Anna Maria Sipkens, Wed. V. Harm: Lúcasz V. N. York.	24 Nov.
d 5 Nov.	Johannes Heier, j. m. V. N. York, met Jannetje Stÿnmets, j. d. V. Ahasÿms.	d° 25.
A° 1710. January den 20.	Thomas Grikson, Wed^r V. Elisabeth Wÿnrúit, & Janneke Andries, j. d., beide woonende op bouwerÿ.	d° 14 Febrú.
Maart den 24.	Cornelisz. Jacobsz. Woertendÿk, j. m. V. Bouwery, met Jenneke Paers, j. d. V. N. York.	d° 13 April.
den 17.	Pieter de Garmoy j. m. V. N. Albanie, met Metje Van Tilbúrg, j. d. V. N. York.	den 2 April.

INGESCHREVEN.		GETROÛWT.
	Gerard Windel, j. m. geboren op Zee, met Cornelia Blank, j. d. V. N. York.	May 21.

(586)

Personen met Licentie.

1709. Ingeschreven		A° 1709. Getroûwt den
den 14 Aúgúst.	William Swansten met Rachel Webbers.	18 Aúg.
den 15 Sept.	Theophilús Elswart & Sarah Verdúÿn.	den 24 Sept.
d° 20.	Andries Meÿer & Maria Van Trigt.	d° 24.
d° 24.	Gerrit Woútersse & Emmetje de Vries,	d° 25.
d 24.	Dirk Egbertze & Margrita Teller.	d° 25.
den 21 Oct.	Gerrit Keteltas & Catharina Stevens.	den 22 Oct.
d 22.	Enog Vrelant & Maria St Leger.	den 22.
d 3 Dec.	Frans Coúwenhoven & Catharina Olivier.	d 3 Dec.
d° 20.	Jan Van Deúrsen & Jane Marshall.	d° 22 d°.

A° 1710.		A° 1710.
Januarÿ den 31.	Andries Ten Eÿk & Barendina Hardenberg.	Feb. 1.
d° 10.	Daniel Weeks & Mary Weeks.	d. 11 January.
d. 3 Maert.	Hans Kiersted & Maria Van Vlek.	d° 3 Maert.
d^n 1 Febrúa.	Nicolús Rosevelt & Sarah Fúlman.	d° 5 Febrúar.
den 18 Maert.	Jacobús Maúrits & Elisabeth Stevens.	d. 18 Maert.
d° 30 —	Hendrik Cúiler & Maria Jacobs.	den 1 April.
Maÿ Ongedagteekent [without date].	Boút Wessels & Maria Brestede.	Maÿ 21.
18.	Nicolaas Matthÿsz & Maria Lakeman.	23.

(587)

Personen met Geboden.

1710.		A° 1710.
April den 7.	Benjamin Van Vegten, j. m. V. N. Albanÿ, met Jenneke Eckkisse, j. d. V. Boúwery.	Getroúwt 1 Júnü.
Júly 21.	Gerrit Roos, j. m. V. N. Alban^y, met Júdith Toers, j. d. V. Bergen.	8 Aúgúst.
21.	Philippús Van Bossen, j. m. V. N: York, met Margritje Willemsz, j. d. V. N: York.	12.
28.	Pieter Van Velsen, Wed^r V. N: York, met Jannetje Joosten, Wed. V. Isaac Vredenbúrg V. N. York.	19.
August 1.	Jacobús Stanton, j. m. V. London in O. Engel^t, met Marÿtje Rellth, j. d. V. N: York.	
25.	Johannes Búys, j. m. V. Cúracao, met Neeltje Claasze, j. d. V. Schonecthade.	Septemb. 10.

INGESCHREVEN.		GETROUWT.
den 11 Febr^y.	Johannes Williks, j. m. Van Ax op 't ylandt Walcheren, met Margarita Doúw, j. d. Van N: Albanien.	den 10 Maart.
den 30 Maart.	Hendrik de Kamp, j. m. V. N: Útrecht. Wonende op Staten ylandt, met Maria de Lamars, j. d. Van de Bowery.	den 17 April-

Personen met Licentie.

(568) A° 1703 ingeschreven den 30 October.	Caleb Beek en Anna Harley.	A° 1703 getrouwt den 2 Novemb.
den 18 Novemb.	Zacharias Goscott, en Margarita Bondt.	den 18 d°.
den 22 d°.	Charles Smith en Alida Van Dýk.	den 25 d°.
den 18 decemb.	Jacobús Bayart met Hillegond de Kay.	den 22 decemb.

Anno 1704.

A° 1704 ingeschreven den 11 Januay.	Johannes Janson met Anna Clúthwordy.	A° 1704 getroúwt den 13 January.
den 15 d°.	Jan Denemarke met Maria Ten Eÿk.	den 16 d°.
den 6 d°.	Philip Bossen en Sarah Bartor.	den 20 d°.
den 18 d°.	Johannes Kerfbÿl met Margariet Provoost.	den 23 d°.
den 25 d°.	Christoffel Beekman met Maria de Lanoy.	den 28 d°.
den 25 d°.	Evert Dúÿking en Elsje Meÿer.	den 3 Februar.
den 3 Maart.	Johannes Van Orde met Hendrica Ten Eyk.	den 4 Maert.
den 7 d°.	Leonard Húige de Klein met Súsanna Vaúghton.	den 12 d°.
den 20 April.	Cornelius Timber met Cornelia Meÿer.	den 23 April.
den 10 May.	Frederik Ffine met Jannetje Van Zant.	den 12 May.
den 30 d°.	Everardús Bogardús met Anna Dally.	den 3 Júny.
den 8 Júny.	Johannes Frassen met Catharina Benssen.	den 10 d°.

Personen met geboden.

(569) A° 1704 Ingeschreven den 22 Juny.	Joris Homs, j. m. Van de Deútelbaay, met Janneke Boogaart, j. d. Van N: Haarlem.	A° 1704 Getrouwt den 8 July.
den 1 J^y.	Stoffel Christiaansze, j. m. Van Amsterd. met Gartrúy Corsse, j. d. Van N: York.	den 14 Sept.
N.B. de Attest. was geteekend.	Jean Pouillon, j. m. Van Staaten Ylant, met Sara Lek, j. d. Van Staaten Ylant.	den 19 Id. (Sep.)

INGESCHREVEN.		GETROŮWT.
den 18 Id.(Sep.)	N.B. Zÿn Van mÿ getrouwt met Attest. Van Monsʳ Dehourepos minister Van Staaten Ylant dat van zÿne de 3 huwelÿksche voor stellᵍ aldaar volbragt waaren.	den 19 Id. (Sep.)
den 1 d°.	Frans Múlder, j. m. Van Holstÿn, met Geertie Wessels, j. d. Van N: York.	den 20 d°.
den 1 d°.	Hendrik Pietersze, j. m. Van Amstᵈ, met Sarah Van der Beek, j. d. Van N. York.	den 24 d°.
den 15 d°.	Abraham Van Deúrsen, j. m. Van N. York, met Lúcrcia Bogardús, j. d. Van N. York.	den 8 Octob.
den 22 d°.	Diderck Kock, j. m. Van N. York, met Súsanna Kregier, j. d. Van N. York.	den 8 d°.
den 22 d°.	Elias Ellisse, j. m. Van N: York, met Sarah Paers, j. d. Van N. York.	den 12 d°.
den 20 Sd. (Oct.)	Alexander Venix, j. m. Van N. Albany, met Hester Van Vorst, Wed. Van Isaac Muntagnie.	den 29 d°.
den 3 gd. (Nov.)	Pieter Gerritsz Wedúenaar Van Esopús met Annetje Van Slÿk, Wed. Van Leendert de Graúw V. N. York.	den 25 gl. (Nov.)
den 1.	Cornelis Post, j. m. V. N. York, met Catelina Potman, j. d. V. Schonechtade.	den 11.
den 10 d°.	Thomas Norton, j. m. Van Rood Ylandt, met Sarah Hausse, j. d. Van N. York.	den 23.
Met attestatie Van Bergen, ge dateerd den 25.	Gerard Pop, j. m. Van Bergen, met Lea Straet, j. d. Van Bergen.	den 27 d°.

Personen met Licentie.

(570)

A° 1704 Ingeschreven den 22 Júny.	Albert Van Winkel met Marytje Deerby.	A° 1704 Getrouwt den 23 Júny.
den 22 d°.	Isaac Governeúr met Sarah Staats.	den 24 d°.
den 29 July.	Hendrik Janssen met Maria Brown.	den 30 Júly.
den 8 Aúgúst.	Nicolaas Van der Spiegel met Catharina Stoútenberg.	den 10 Aúgúst.
den 15 jd. (Sep.)	Diderik Valk met Baerentje Van Brakele.	den 26 Sept.
den 16 d°.	Corneliús Jansz Langhaar met Margrita Van Nooststrant.	den 19 d°.
den 20 d°.	John Meÿer met Sarah dú Forúp.	den 22 d°.
den 1 (Oct.)	Pieter Burtell met Margarita Van Clÿfse.	den 6 Octʳ.
den 8 Oct.	Andries Swerver met Elisabeth de Voore.	den 10 do.
den 8.	Mÿndersz Steen met Engeltje Moll.	den 10 do.

INGESCHREVEN.		GETROÚWT.
den 15 d°.	Ide Meÿer met Anna Ravestÿn,	den 15 d°.
d°.	Gerard Post met Lea Straat, met attestatie Van Bergen.	den 27 d°.

Personen met geboden.

(571) A° 1705 Jngeschreven den 8 (Nov.)	Moses Simson, j. m. Van Loudon, met Sarah Lilly, j. d. Van RoodYlandt.	getroúwt den 1 Jan.
den 29 do.	Antony Bÿvank, j. m. Van N. Alb, met Teúntje Van Laan, j. d. Van Breúkelen.	den 20 d°.
den 12 Jan.	Willem Van de Water, j. m. V. N. York, met Aafje Ringo, j. d. Van N. York.	den 3 Febr^y.
den 9 Feb.	Jacobús Speelwel, j. m. Van O. Engl^t. met Wÿntje Breÿend, Wed. Van Jan Asman.	den 25 d°.
den 4 d°.	Diderik Van Slÿk Wed^r, met Antje Van Norden, Wed. Van Joh: Elswart.	den 1 Maart.
den 24 April.	Petrús Brestede, j. m. Van N. York, met Margrita Pÿke, j. d. Van Arme Boúwerÿ.	den 6 May.
den 11 May.	Gabriel Bommerhof, j. m. Van Rotterd^m, met Jnnetje Van Hoogte, Wed. Van Andries Groofs V. N. York.	den 20 d°.
den 13 d°.	Martinús Meÿer, j. m. Van N. York, met Emmetje Van Dÿk, j. d. Van N. York.	den 28 d°.
den 27 Maÿ.	William Daps, j. m. Van N. Y. met Catharina Stot, Wed. Woont op. G. beer Eylant.	den 12 Júny.
den 8 Júny.	Johan Ellin, j. m. Van Milfort, met Anna Haldrin, j. d. Van N. Haarlem.	den 28 d°.
den 18 Júly.	Jan Christoffelsz, j. m. Van Amsterdam, met Rútje Plevier, Wed. Van Jacob Van Giessen V. N. York.	den 19 Aúgúst.

Personen met Licentie.

(572) A° 1705 ingeteekend den 11 Janu^y.	Enoch Michielssze met Aafje Van Hoorn.	1705 den 13 Janu^y.
den 8 Maart.	Daniel Taaÿ met Francÿntje Wessels.	den 8 Maart.
den 17 d°.	Richard Rÿe met Heleonora Sanders.	den 17 d°.
den 12 April.	Thomas Rantforz met Elsje Van den Berg, Wed.	den 12 April.
den 10 d°.	Evert Van Hoek met Neeltje Jacobsz.	den 17 d°.
den 27 d°.	Isaac de Riemer met Anna Woertman.	den 28 d°.
den 21 May.	Peter Mordok met Jane Marrington.	den 21 May.
den 23 Júny.	Johannes de Foreest met Trÿntje Gerritse Raveststein.	den 23 Júny.

104

INGESCHREVEN.		GETROÛWT.
den 30 Júny.	Bernardús Smith en Johanna Hadding.	den 30 Júny.
den 14 Júly.	Isaac Betlois met Súsanna Brasier.	den 14 Júly.
den 20 August.	D° Bernardús Freeman met Margarita Van Schaÿk.	den 25 Aug.

Personen met geboden.

(573)

Ingeschreven den 31 Aúgústús.	Adriaan Govertsz, j. m. Van Coppenhagen, met Barbara Provoost, j. d. Van Esopús.	Getroúwt den 22 Sept.
den 14 Sept.	Hendrik Brevoort Wed^r Van N. York, met Jaccomÿntje Bokké, j. d. Van Slúis in Vlaanderen.	den 9 Oct.
— 21 —	Adriaan Jansse Blom, j. m. Van Suriname, met Annetje Tÿsse, j. d. Van N. York.	— 11 —
den 5 Octob.	Jesse de Graaf, j. m. Van Schoneztade, met Aaltje Hemmon, j. d. Van N. York.	— 20 —
— 12 —	Gerrit Van Schaÿk, j. m. Van N. Alban^e. met Sarah Hoewÿk, j. d. Van N. Alban^e.	— 23 —
den 3.	Thomas Cool, j. m. Van O. Englt^t., met Maria Tiler, j. d. Van Boston, Woond alhier.	den 22.
den 15.	Búrger Davidsz Van Grúmmen, j. m. Van N. York, & Marrÿtje Janssze Romme, Wed. Van Pieter Simkam Van N. York.	den 28.
den 9.	Michiel Cannel, j. m. Van Yrland, & Willemtje Slúis, j. d. Van N. York.	den 1 Nov.
den 13.	Arnall Williams, j. m. Van O. Engel^t., & Janneke de Graw, j. d. Van N. York.	den 2.
den 23.	Frans Abrahamsze Van Betfort & Isabelle Salomons.	den 13.

Personen met Licentie.

(574)

A° 1705 Ingeschreven den 4 Sept.	John Gardenier met Elisabeth Witty.	Getrouwt den 9 Sept.
6 Octob.	Thomas Ming met Marÿ Norkinson.	den 7.
den 3.	Antony Lispinar met Elisabeth Klein.	den 3.
den 14.	James Flimming & Alida Baely.	den 14.
den 21.	Benjamin Búnting & Cornelia Caveleer.	den 21.
den 28.	John Oliver & Catharina Pieterse.	den 30.
den 8 Nov.	John Cornelisze & Elisabeth Nazareth.	den 9.
den 19.	William Warner & Adriaantje de Graúw.	den 20.
den 24.	Hermanús Brúgman & Alltte Steenis.	den 24.
den 26.	Franscois Allard & Askviell.	den 26.

INGESCHREVEN.		GETROÛWT.
August 25.	Jan Pietersze, j. m. V. Vlissingen, met Antje Montanje, Wed. V. Fredrik Blom.	Novemb. 25.
Novemb: 11.	Ritgaart Trúman, j. m. V. O. Engel^t, met Cornelia Haring, j. d. V. Tappan.	26.
25.	Theophilûs Knÿt, Wed^r. V. O. Engel^t, met Belitje Kwik, Wed. V. Thom^s Sÿner V. N: York. Met attestatie dat de 3 hûwelÿks voont^n in de gemeente tot Bergen zÿn afgekondigt.	5 decemb^r.
Ingeteekent decemb. 7.	Pieter Post & Catharina Beekman.	8.
	Met attestatie Van Bergen.	
7.	Pieter Van Woegelûm & Antje Van Winkel.	14.
1.	Bernardûs Jansse, j. m. V. t Vlaklant, met Jannetje Salomons, j. d. V. de Boûwerÿ.	20.
15.	Isaac Blank, j. m. V. N: York, met Lidia Loots, j. d. V. N. Albanie.	31.
(588)		

Personen met Licentie.

A° 1710.		A° 1710.
Maÿ 26.	John Thorn & Maria Flamin.	Getroûwt A° 1710 Maÿ 26.
26.	Jefferÿ Moor & Súsanna Walgraaf.	26.
18.	James Yoû & Marÿ Paitreaû.	27.
Júnÿ 16.	Andries Frenaû & Maria Morÿn.	Júny 17.
1.	Abraham Van Vlek & Maria Kip.	24.
Júlÿ 18.	Thomas Jameson & Marÿ Bratton.	Júlÿ 20.
Aûgústûs 13.	James Patÿson & Elisabeth Harland.	Aúgúst 15.
Septemb. 6.	Josûa Soûllice & Júdith Le Cevalier.	7 Septemb.
16.	Dirk Valk & Jenneke Schoûwten.	27.
26.	Christoffel Rogers & Maria Parker.	28.
October 11.	Timotheús Dolly & Maria Freab.	October 11.
Novemb^r 8.	Joh^s Van Hartsbergen & Catharina Walthers.	15 Novemb^r.
2.	Rithmont Wytton & Aaltje Van Oort.	19.
Octob^r 12.	Gilbert Ash & Helena Plevier.	23.
Novemb^r 29.	Philip Blaklits & Willemtje Conwel	29.
29.	William Lewis & Maria Billop.	30.
26.	John Eaverÿ & Elisabeth Loyde.	30.
Decemb. 7.	Philip Van Cortlant & Catharina de Peÿster.	december 7.
7.	Samúel Thornton & Hester Vincant.	9.
7.	Samúel Bensing & Maria Boké.	10.

INGESCHREVEN.		GETROÛWT.
14.	Dennis Marharty & Elisabeth Reedt.	14.
23.	Henry Cole & Catharina Cornelisze.	28.

(589)

Personen met Geboden.

A° 1711.		A° 1711.
Met attest. V. Bergen ingeteekent 24 decemb.	Ulrig Broûwer & Ariaante Pieterse.	Getrouwt Janúar: 19.
January 5.	Johˢ Coens, Wedʳ V. Ceúr. Pals úit Alssy, met Maria Catharina Vogelezang, Wed: V. Michiel Húpman úit het Graafschap hardenberg in Dúitsland.	23.
12.	Dirk Dykman, j. m. V. Albanie, met Willemyna Bas, j. d. V. N. Túin.	February 9.
Met attest. V. Voorlezer V. Lúitersse Kerk.	Johˢ Tibel, wedúwenaar úit het graafschap V. Hoogsolmes, met Margritje Eringer, Wed. V. Anthony Smit úit het graafschap Welbúrg.	15.
Februáry 10.	Daniel Thevoe, wedúwenaar úit Switserlandt, met Maria Barbara Kras, Wed. V. Frans Poore Van Twee Brúgge uit Swede.	27.
Met attest. V. Voorleser V. Lútersche Kerk in geteekent den 20.	Joan Maerten Styn, j. m. úit Langen Salts in Saxen, met Johanna Maria Lowisa Conin, Wed. Van Adam Blas úit Keúr Pals.	Maert 6.
17.	Abraham Plaset, j. m. V. Bearn úit Frank., met Elisabeth Waet, Wed. V. Gerrit Schoúte V. West Chester.	11.
22.	Zacharias Fleigler, Wedʳ úit Frankenlant, met Anna Elisabeth Hobin, Wed. V. J. Júrrie Schoút úit Darmstaderland.	11.
Maert 5 met attest. V. Voorl. V. Lútersche Kerk.	Joan Herdrik Kerslen, Wednʳ úit Saxen, met Anna Magrita Tibbels, j. d. úit de Pals.	19.
2.	Richard Egon, j. m. V. Yerlant, met Hester Blank, j. d. V. N: York.	20.
9.	William Nieúwtown, j. m. V. O. Engelᵗ, met Elisabeth Lie, j. d. V. N: York.	25.
9.	Thomas Paúl, j. m. V. St. Christoffel, met Jannetje Waldron, j. d. V. N: York.	25.

INGESCHREVEN.		GETROÜWT.
9.	Joan Peter Kassener, Wed^r úit Keúr Pals, met Magdalena Paan, Wed. V. Jacob Hoof úit Wirtenbergerlandt.	April 2.
15.	William Byfieldt, j. m. V. Briston, met Elisabeth Stapleton, j. d. V. N: York.	12.
23.	Hendrik Brasier, j. m. V. N: York, met Sarah Andries, j. d. V. Bergen.	
April 19 met attest. V. Voorlez^r V. Bergen.	Cornelis Helmigze, j. m. V. Bergen, met Aagje Joh^s Vrelant, j. d. V. Bergen.	19.
19 met attest. V. Voorlez^r V. Bergen.	Arie Sip, j. m. V. Bergen, met Gerritje Helmigsze, j. d. V. Bergen.	19.

(590)

Personen met Licentie.

A° 1711. Ingeschreven Janúary 5.	Joseph Lúsh & Maria Jonkers.	A° 1711. Getroúwt Janúary 7.
17.	Teúnis Van Woert & Agnes Vander-Spiegel.	21.
22.	Richard Yoúng & Martha Harrin.	25.
Februáry 5.	Teúnis Egbertsze & Júdith de Foreest.	Februáry 7.
	Clement Elswert & Mary Van Gúnst.	15.
16.	Egtbert Van Borssem & Elisabeth Bensen.	17.
26.	Jan Kramer & Engetje Davids.	27.
Maert 8.	Richard Mahone & Cornelia deGraúw.	Maert 11.
14.	Thomas Jones & Mary Húdssons.	14.
	Pieter Davids & Mary Kierstede.	18.
	John Taynton & Jenneke Hardenbroek.	22.

(591)

Personen met Geboden.

A° 1711. April 27 ingeteekent met attest. V. Voorl^r V. Bergen.	Thomas Frederiksz & Marytje Hartmansz Vreelant.	A° 1711. Getroúwt April 27.
28.	Hendrik Brúyn, j. m., met Marytje Kiersse, j. d., beide V. Mannor Van Fordam.	May 31.
May 26.	Jacob Hassing, Wed^r Van N: York, met Cornelia Dykman, j. d. V. Albanie.	Júny 16.
Júly 5 met att. V. France Kerk.	Francois Ravaúd & Jannie-Marie Dú Montiers.	July 5.
7. N.B. met Licentie.	Corneliús de Peyster & Cornelia Stúwart.	21.
13.	Thomas Konik, j. m. V. O. Engel^t, met Elisabeth Hort, Wed. V. Pieter Mitschel V. Boston.	31.

INGESCHREVEN.		GETROUWT.
19.	Francois Lúcas, Wed' V. Pals, met Elisabeth Engeler, Wedúwe V. Jˢ Lampert úit Darmstaderland.	Augúst 9.
Aúgúst 4.	Jacob Koning, Wed' V. N. York, met Claasje Cornelis, Wed. V. Reinier-Kwakkenbos Van de Bouwerÿ.	25.
Septemb. 9 met attest: V. Bergen.	Dirk Helmigsz V. Hoúte, j. m. V. Bergen, met Metje Gerbrands, j. d. V. Gemaenipa.	Septemb. 27.
Novemb. 24.	Jan Thomasse Vos, j. m. V. Denemarke, met Willemÿntje Broúwer, j. d. úit t Hooglant.	Decemb. 9.

(592)

Personen met Licentie.

A° 1711.		A° 1711.
Ingeteekent April 24.	Sjoúrt Olfertsz & Dorothea Greenham.	Getroúwt den 29 April.
Maÿ 4.	Jacob Van Breemer & Hanna Wigfielt.	May 4.
14.	John Drúmeneÿ & Marÿ Nicholls.	14.
(N.B. April 28.)	Albertús Hoúlst & Aaltje Provoost.	5.
18.	John Dúm & Marÿ Bratt.	18.
25.	Peter Neagele & Geertrúÿ Staats.	25.
25.	John Halls & Margarita Púrro.	26.
Júny 11.	John Sÿmons met Hendrica Van Hoek.	Júnÿ 16.
July 4.	John Webb. & Anné Makké.	Júly 6.
Aúgúst. 17.	Barend de Klein & Cornelia Varik.	Aúgústús 18.
25.	Patrik Marbúight, & Annatje de Lanoÿ.	25.
Sept. 5.	Cornelis Klopp' & Catharina Geveraet.	Septemb. 6.
Octob. 11.	John Stoútenbúrg & Hendrica Dúikink.	Octob. 13.
15.	Samúel Provoost & Maria Sprat.	15.
20.	John Broún, & Jenneke Van Oort.	24.
26.	Pieter Van Dÿk, & Rachel Le Reaúx.	27.
27.	Richard Hamlin & Maria Flensbúrg.	27.
Decemb. 5.	Philp Lÿon & Elisabeth Vander Schúúr.	decemb. 5.
Novemb. 23.	Frederik Sebering & Maria Provoost.	7.
Decemb. 3.	Isaac Van Plank, & Emerentia Provoost.	7.
8.	Abraham Coúrson & Catharina Garison.	8.
24.	Samúel Pell & Maria Mesier.	26.

(593)

Personen met Geboden.

A° 1712.		A° 1712.
ingeteekent met attestatie V. d° V. Westchester January 5.	John Evert, zeeman,* & Maria Garritson V. Westchester.	Getroúwt January 10.
26.	Thomas Moor, j. m. V. London, met Margrietje Paedrik, j. d. V. N. York.	February 11

* Sailor.

INGESCHREVEN.		GETROÛWT.
February 1.	Frans Pietersse, j. m. Van dokkúm in Frieslant, met Rachel Ekkesse, j. d. V. Boúwerÿ, beide woonende aldaar.	Maert 1.
15.	Casparús Fransse, j. m. V. Boúwerÿ, met Elisabeth Pietersse, j. d. V. Boúwerÿ.	24.
Maert 8.	John Crúmp, Wed^r V. O. Engel^t, met Margrite Ottilia Stikraad, Wed. V. Cuenraad Gerlag, úit duitschland.	27.
8.	Salomon Jacobsz, j. m. V. Amsterd., met Eva Woertendÿk, Wed. V. Thomas Sjerman-V. Boúwerÿ.	
Júnÿ 4.	Jacob Gerritsze, j. m. V. Midwoúnt, met Ariaantje Toúrneúr, j. d. V. Haarlem.	Júnÿ 27.
6.	Thomas Frast, j. m. Van Amboÿ, met Elisabeth Kwik, Wed. V. Hendrik Húús V. N. York.	27.
Septemb. 12.	Cornelis Miserol, j. m. V. Dentelbaÿ, met Jannetje Horns, j. d. woonende onderhet distrikt Van N. Haarlem.	October 2.

(594)

Personen met Licentie.

A° 1712.		A° 1712.
ingeteekent February 16.	Salomon Bricon & Francoisse-Conelly.	Getroúwt Feb. 16.
Maert 24.	William Roome & Anna Wessels.	Maert 27.
April 24.	Joseph Hewitt & Maria Túrnerfeild.	April 24.
May 1.	Pieter Steele & Sibilla Margarita-Schrÿvers.	May 1.
13.	Michael Vanghton & Catharina Daniesson.	15.
8.	George Dÿkman & Cathalÿntje Idesse.	17.
30.	Alexander Phenix & Margareta Comfort.	30.
Júnÿ 3. (N.B.)	Abraham de Lanoy & Jannetje Roome.	Júny 4. N.B.
5.	Frederik de Boog & Joh^a Van Hoek.	8.
Júly 4.	Johannes Hartse & Maria Marschall.	Júly 5.
	John Johnston & Elisabeth Lamb.	6.
N.B. den 27 Júnÿ.	Burger Sipkens & Maritje Hibon.	Junÿ 28.
Júlÿ 12.	Warnar Búrger & Margarita VanderBeek.	Júly 12.
Aúgúst. 6.	Richard McDaniel & Cornelia Varik.	Aúgúst 10.
10.	George Pirkard & Cornelia Búntin.	12.
Sept. 4.	David Cwnynegam & Elisabeth Elsworth.	Sept. 4.
Aúgúst. 22.	Victor Hÿer & Jannetje VanGelder.	
Octob. 12.	Andrew Bissett & Jannetje deVoú.	Octob. 5.

INGESCHREVEN.		GETROÛWT.
10.	Olivier Teller & Cornelia de Peyster.	12.
11.	Conradús VanderBeek & Arriaantje De Voú.	12.
18.	Samúel Graham, & Mary Wakeham.	22.
17.	Thimotheús Tile & Elisabeth Búrger.	19.
29.	George Húbson & Hillow Herrinton.	30.
Novmb. 8.	Robert Jacklin & Catharina Mortier.	Novemb. 9.

(595)

Personen met Geboden.

A° 1712.		A° 1712.
Ingeteekent Novemb. 11.	Hermannús Ritsman, j. m. V. Hamhúrg, met Maria Elisabeth Lúcas, j. d. V. Frankendaal.	Getroúwt Decemb. 11.
11.	Joh. Altin, j. m. Van London, met Tryntje Wybrands, Wed: V. Abel Smith V. N: York.	14.
Decemb. 12.	Godvry Bekkes, j. m. V. London, met Margriet Callé, j. d. V. N. York.	26.
17.	Arnold Hoefnagel, j. m. V. Wittenstyn, met Sarah Kleyn, j. d. V. Manheym.	31.

A° 1713.

A° 1713.		A° 1713.
Ingeteekent Feb. 6.	Joh^s Oostrander, j. m. V. Kingstown, met Elisabeth VandenBerg, j. d. V. N: Albany.	Getrouwt Feb. 22.
6.	Stephe Chalebot, j. m. V. Carolyne, met Elisabeth Marchal, j. d. V. N: York.	28.
14.	Jan Tjissem, j. m. V. Kinstown, met Jannetje Búis, j. d. V. Aggúeggenonk.	Maert 3.
17.	Matthys Rosendaal, j. m. V. Kingstown, met Súsanna Simons, j. d. V. N: York.	15.
27.	Jan Hibon, j. m. V. N: York, met Annetje Stynmets, j. d. V. Ahasyms.	20.
27.	Hendrik Bres, j. m. V. N: York, met Margritje Helm, j. d. V. Akkingsak.	21.
Maert 20.	Isaac Van Deúrse, j. m. V. N: Albany, met Anna Waldron, Wed. V. Francois Búis V. N: York.	April 5.
6.	Bernardús VerKeele, j. m. V. Akk., met Titje La Maettre, j. d. V. Haarlem.	6.
20.	John Hoôrn, j. m. V. Kingstown, met Rachel Webbers, Wed. Van William Swanslen V. Grotekel.	11.
April 10.	William Forbús, Wed^r úit Schotlant, met Marytje Palding, j. d. V. N: York.	April 29.

119

INGESCHREVEN.		GETROÚWT.
April 3.	Willem Boket, j. m. V. Boston. met Piternelle Van de Water, j. d. V. N: York.	May 3.

(596)

Personen met Licentie.

A° 1712.		A° 1712.
Ingeteekent Novemb. 8.	George Elsworth & Jane Miseroll.	Getroúwt Novemb. 11.
10.	Zacharias Húsing & Christina Segerson.	16.
21.	William Gonian & Margareta Daniels.	23.
Decemb. 10.	Edward Broene & Marÿ Herrin.	Decemb. 11.
11.	John mcPhadoris & Helena Jansen.	12.
22.	Francis Silvester & Eÿtje Bús.	24.
24.	Thomas Lyell & Abigal Ling.	31.

A° 1713.

A° 1713.		A° 1713.
ingeteekent Jan. 2.	Antonÿ Kip & Maria Bÿvank.	ingeteekent Janúary 3.
9.	Thomas Dúrb & Maria Hiks.	9.
14.	John Van Gelder, & Neeltje Onkelbag.	15.
26.	Jacobús Rosevelt, & Catharina Hardenbroek.	31.
Feb. 3.	Jacob Watters, & Margrietje Van Oort.	Feb. 6.
Maert 24.	Gerardús Confort & Catharina Búrger.	Maart 24.
30.	Aaron Prall & Hanna Staats.	30.
31.	Laúrens Júdge & Maria Jones.	31.

(597)

Personen met Geboden.

A° 1713.		A° 1713.
Ingeteekent April 24. met attest: V. Bergen. Súb dato 21 May.	Carste Búrger, j. m. V. N: York, met Sara Waldron, j. d. V. N. York.	Getroúwt Maÿ 17.
	Johannes Gerritse, V. Wagenúm, j. m. V. Bergen, met Margrıtje Sip, j. d. V. Bergen.	21.
April 24.	Johannes Lúwis, j. m. V. N: Haarlem, met Hester de Laméeter, j. d. V. N. Haarlem.	22.
May 8.	Abraham Barsjo, j. m. V. O. Engelt, met Geertje Bras, j. d. V. N. York.	23.
8.	Raef Potter, Wedr V. Ierlant, met Elisabeth Ekkisse, Wed. V. Dirk Úittenbogert.	26.
15.	Richard Stoon, Wedr úit O. Engelt met Ariaantje Van der Graaf, Wed. V. Andries Doúw, V. N. York.	31.
22.	Jacob Koning, j. m. V. N. York, met Agnitje Ganjon, j. d. V. Kingstown.	Juny 13.

INGESCHREVEN.		GETROUWT.
Júnÿ 4.	Pieter Ubregt, j. m. V. Brabant, met Maria Dÿkman, Wed. V. James Húwit V. Albanie.	Juny 22.
Aúgúst. 7.	Cornelis Tienhoven, j. m. V. N. York, met Geertrúÿ Hibon, j. d. V. N: York.	Aúgúst 27.
Sept. 25.	Jacobús Van Gelder, Wed^r, met Marÿtje Wÿnants, Wed. V. T. Roseboom.	Octob. 17.
Octob. 9.	Joh^s Odel met Johanna Vermilje.	29.
" 9.	Joh^s Vermilje met Sarah Odel.	29.
28 met. atestatien Van gehoden V. Akkinsak & Bergen gedaseert.	Gerrit Hermanisse Van Wageninge, j. m., met Annatje Sip, j. d. V. Bergen.	28.
November 1.	Loúis Roú, Predicant in de France Gemeente te N. York, met Renee Marie Goúion, j. d. V. N. Rochel.	Novemb. 3.
7.	Philip Pieter, Wed^r V. Tielenbúk uit Dúitsland, Woont te Raretan, met Anna Kinnejondaar, Wed. V. Lodewÿk Roos, Van Browsvelt, Woont alhier.	22.
19.	Lodewÿk Layk, Wed^r úit de Pals in Dúidsland, met Veroneca Walen, Wed. V. Matthÿs Swiegen úit de Pals.	Decemb. 7.

(598)

Personen met Licentie.

A° 1713. ingeteekent May 23.		A° 1713. Getroúwt May 26.
29.	Jacob Van Dÿk & Maria Hollaar.	30.
29.	Jan de Groof & Claasje Bogaart.	31.
Júny 19.	Charles Phillips & Maria TenBroek.	Júny 20.
July 4.	Beniamin Goodwin & Súsanna Wessels.	Júly 5.
4.	Cornelis Cornelisse, & Hanna Bikkers.	9.
11.	William Múrphy, & Hanna Van Ekele.	11.
25.	John Stephens & Catharina Blank.	25.
Aúgúst 26.	Stephen Van Cortlant & Catharina Staats.	Aúgúst. 28.
28.	Philip Schúÿer & Anna Elisabeth Staats.	28.
Novemb. 18.	George Brewerton, & Maria Verdúin.	Novemb. 20.
23.	Griffen White & Maria Owens.	23.
Decemb. 4.	John Prise & Maria Miserol.	decemb. 4.

(599)

Personen met Geboden.

A° 1713. Ingeteekent Novemb: 13.	Frans Van Dÿk, j. m. V. N: York, met Resúle Montras, j. d. V. N. Túÿn, Woonende alhier.	A° 1713. Getroúwt Decemb. 8.

INGESCHREVEN.		GETROUWT.
Decemb. 8. met attest. V. Bergen.	Marte Wennem j. m. V. N. Albań. met Antje Van Vorst j. d. V. Ahasÿm.	9.
23. met attest V. Bergen gedateest.	Gerrit Gerritze van Wageninge, j. m. met Marÿtje Gerbrands j. d. beide V. Bergen.	23.

A° 171¾.

A° 171¾. ingeteekent Feb. 6.	Jacob Bosch, Wed^r úit't Graafschap Nassoúw in Dúidslant, met Magdalena Santbergen Wed. V. Ja^b. Leffjerin úit Dúidslant.	A° 171¾. getrouwt Feb. 28.
Maart 30.	Casparús Preÿer j. m. V. Bergen, met Sarah Andriesse Wed. V. Hendrik Braesier mede V. Bergen.	April 3.
26.	Daniel Beets, j. m. V. O. Engel^t woonende te Yamaica op t L. Eil^t, met Aaltje Súúisse Wed. V. Jan Nicolas te N. York.	11.
April 23. met attest V. Bergen.	Barend Brúÿn j. m. & Annetje Borten j. d. } beide geboren en woonende op penmerpoz.	30.
16.	Edward Men, j. m. V. Woodbrids úit N: Jersey met Marÿtje Van deúrsen j. d. V. N. Albanie beide woonende alhier.	May 2.
16.	Pieter Vosbergen j. m. gebooren op Zee, met Grietje Rѵke j. d. V. N. York beide woonende alhier.	6.
Maÿ 7.	Jesse de La Montagne j. m. V. N. York met Gerritje Jeêts, j. d. V. N: Albanie.	29.
14.	Jan de Lameêtere, j. m. V. N. Haarlem, met Anneke Waldron j. d. V. Haarlem. beid. woonende aldaar.	Júnÿ 11.
21.	Baerend Cornelisse Bassebek j. m. V. Swedenland, met Marrÿtje Bandt Wed. V. Christiaan Laúrier V. N: York.	13.
	Willem Beek, j. m. V. N: York, met Alida Túrk, j. d. V. Albanie.	Aúgúst 14.
Aúgúst 6. met attest: V. N. Haarl. en de Mannor V. Fordam.	Daniel de Voe, j. m. V. Westchester, met Margritje Coljers j. d.	24.

INGESCHREVEN.		GETROUWT.
(600)	Met Licentie.	
A° 1713/4.		A° 1713/4.
Ingeteekent 13 January	Alexander Clarke & Femitje V. Borsum.	Getroúwt January 13.
Maart 25.	Ralph Fúrman & Catharina ten Broek.	Maart 27.
April 5.	Joseph Britany & Anne Moúnt.	April 5.
19.	Henry Fling & Mary Francis.	19.
28.	John Lee, & Sarah Sanders.	28.
28.	Jean Crosseron & Mary Morgan.	28.
May 13.	William Roome & Sarah Túrk.	May 15.
14.	John Staffe & Aaltje Oldes.	17.
Júny 8.	Thomas Le Roch & Súsanna Robert.	Júny 12.
14.	Cornelis Van Dúyn, & Styntje Gerbrands.	14.
18.	John Leroú & Margarit Britel.	19.
22.	John Stoút & Abigael Bil.	24.
Júly 2.	William Appel & Rymerig V. Búrg.	Júly 4.
30.	Thomas Hiks, & Neltje Van Dyk.	31.
Aúgúst 3.	James Carter & Jane Stevens.	Aúgúst 3.
5.	Hendrik Van Pelt, & Anne Jones.	5.
6.	Wessel Wesselsze & Racel Van Imbúrg.	12.
16.	John Kelly & Catharina Fransse.	21.
(601)	Met geboden.	
A° 1714.		A° 1714.
Ingeteekent met Attest. V. Bergen October 8.	Johannes Post j. m. met Elisabeth Helmigze Van Hoúten.	Getroúwt October 8.
Sept. 14.	Ryer Jansse Wed' V. Akkins: met Margrietje de Voor j. d. V. Deútelbay.	15.
Octob. 9.	Hasúel Matthysze j. m. Van Kingstown, met Marritje Ryke j. d. V. armeboúwery.	31.
November met attest: V. Naewesings en Bergen den 1 Novemb.	Myndert Lafefere met Catharina Van Blaericúm.	Novemb. 2.
Octob: 15.	Jan Bas, j. m. V. Deútelbay, met Maria De La Montagne j. d. V. N. Haarlem.	6.
Decemb. 7. zeggeden.	Thomas Barber, j. m. V. N. York. met Helena Broúwer j. d. V. Goanes.	Decemb. 29.
1715.		A° 1715.
January nemo. April 20. met attest. V. Bergen.	Aric Van Woegclim j. m. met Selite Preyer, j. d.	April 22.

INGESCHREVEN.		GETROUWT.
9.	Ewoúd Ewitze j. m. V. Breúkelen met Sarah Tiboút j. d. V: N: York.	24.
	John Thomas, j. m. V. N. York, met Marÿtje de Lange Wed: V. Joh^s Boke.	24.
16.	John Wels, j. m. V. N: York, met Dina Cornelisse j. d. V. N: York.	May 13.
Maÿ 26. met attest: Van Bergen.	Meÿdert Gerbrands & Trÿntje Jacobse Van Winkel.	26.

(602)

Met Licentie.

A° 1714.		A° 1714.
Ingeteekent Septemb. 8.	James Renaúdet & Sibilla Hooglant.	Getroúwt Septemb. 10.
18.	Jacob Gardemoy & Dirkje Van Tilbúrg.	19.
October 4.	William Dill & Sarah de Púw.	October 4.
23.	Thomas Lúwis & Anna Maria Van Búrg.	23.
29.	Abraham Boele & Catharine V. Water.	November 13.
Novemb. 15.	Thomas Ware, & Jane Holmes.	20.
20.	William Van Schúúr & Geesje Bosch.	21.
Decemb. 3.	Edward Barber & Maria Tÿsse.	decemb. 3.
13.	Philip Dornje & Batje Goverts.	14.

1715.		A° 1715.
Janúarÿ 13.	Nice Doolhagen & Ariaantje Aartze.	Janúary 13.
12.	William Beek-man, & Martha Mott.	15.
25.	Mattheús Bell, & Vroúwtje Merrit.	25.
Maÿ 3.	Henrÿ Man & Elisabeth Spencer.	May 4.
5.	John Marschalk & Hanna Túrk.	8.
13.	Gerrit Van Berg, & Catharina Aalstÿn.	14.
9.	John Parcele, & Elisabeth Broúwer.	16.
16.	Edward Scantlebúrge & Martha Jong.	17.
23.	Richard Fústele & Marÿ Van Pelt.	24.

603

Personen met geboden.

A° 1715.		A° 1715.
Ingeteekent Júnÿ 3.	Hendrik Slot, j. m. V. N. York, met Christina Claasse j. d. V. H. Dúidsland.	Getroúwt Júny 25.
9.	Ritchard Kendreek j. m. V. O. Engel^t met Maria Robberds j. d. V. Akkinsak.	Júly 3.
9.	David DeVoor, j. m. V. Deutelbay met Jannetje De Lamontagne j. d. V. N. Haarlem.	8.
Aúgúst 27.	Evert Wesselse, j. m. V. N: York. met Johanna Reÿersse, j. d. V. N. York.	Septemb. 7.

INGESCHREVEN		GETROUWT.
12.	Thomas Coústÿn, j. m. V. N: York, met Antje Broúwer j. d. V. Vt Hooglandt.	9.
Septemb. 2.	Thomas Hopper. j. m. V. Virginia, met Baertje Slÿk, j. d. V. N. York.	18.
2.	Dirk Jacobze, j. m. V. Albanie, met Marÿtje Van Gelder, j. d. V. Breúkelen.	29.

A° 1716.

1715 Decemb. 23.	Jan Smith, j. m. V. N. York. met Baarentje Helm, j. d. V. Akkinsak.	January 8.
Maart 2.	Jacob Koning Wedr V. N: York, met Maaike Van Roem j. d. V. Slúis in Vlaanderen.	Maart 18.
15.	Gerrit Dú Foreest, j. m. V. N. York, met Cornelia Waldron, j. d. V. N. York.	April 1.

(604)

Personen met Licentie.

A° 1715.		A° 1715.
Ingeteekent Júnÿ 21.	Mansfield Tuiker & Maria Hardenbroek.	Getrouwt Júnÿ 23.
24.	William Dúgdale & Jane Provoost.	25.
30.	Gerrit Bras & Helena Meÿer.	Júly 1.
30.	Silvester Gaerlant & Anne Sebra.	3.
Júly 2.	Gerrit Van Gelder & Anna Qúik.	3.
6.	James Davids, & Mary Morees.	6.
16.	Pieter Van Dÿk & Cornelia DeKleÿn.	22.
25.	Simon Cregier & Hanna Browne.	30.
Septemb. 6.	Gaÿn Miller & Hester Blank.	Septemb. 11.
9.	John Múrdogh, & Elisabeth Dishington.	11.
16.	Benjamin Wood, & Catharina Covert.	16.
Octob. 20.	Abraham Blank & Maria. Laúwrens.	23.
Decemb. 2.	George Brevet & Francÿntje Van Pelt.	Decemb. 2.
Novemb: 30.	Jacobús Beekman, & Elisabeth de Peÿster.	8.
Decemb: 17.	James Winit, & Elisabeth Búhailson.	17.
24.	Edward Felly & Marÿ Pontenie	24.
A° 1716.		A° 1716.
Maart 6.	John Bogert & Hanna Peek.	Maart. 10.
28.	Johannes Harperding & Lea Coúsaart.	31.
April 26.	John Drake & Belietje Hill.	April 26.

(605)

1716.

Met geboden.

Ingeteekent April 13.	Daniel Goútÿer, j. m. V. West Jersey, met Maria Bogaart j. d. V. N. York.	May 6.

125

INGESCHREVEN.		GETROÚWT.
17.	Joseph. Hedlÿ j. m. V. Westchester, met Rebecca Dÿkman, j. d. V. N. Haarlem.	8.
Maÿ 11.	Paúlús Hoppe, j. m. V. Grootekil, met Marÿtje Qúakkenbosch, j. d. V. Bouwerÿ.	30.
16.	Jacob Dÿkman j. m. V. N. Haarlem & Jannetje Kiersse j. d. V. N: Haarlem.	Júnÿ 6.
Aúgúst 11.	Adrian Bogaart, j. m. V. N. York, met Marÿtje De La Montagne, j. d. V. N: York.	August 26.
Septemb. 28.	Adolph Meÿer, j. m. V. N: Haarlem, met Margritje Waldron, j. d. V. N. Haarlem.	Octob. 25.
Octob: 19.	Abraham Koning j. m. V. N. York, met Súsanna Dú Foreest, j. d. V. N: York.	Novemb: 4.
14.	Joh^s Patrik, j. m. V. N: York, met Anna Cath^a Dideriks j. d. uit Dúidsland.	8.
19.	Nicolaús Dÿkman j. m. V. Bergen, met Anneke Zevenhooven, j. d. V. Boswÿk.	15.
Novemb 6.	Thenis Rendels, j. m. V. Ierland, met Marÿtje Moor, j. d. V. N: York.	Decemb. 3.

(606)

Personen met Licentie.

A° 1716.		A° 1716.
Ingeteekent April 28.	Thomas Smit & Sarah Braÿzer.	Getroúwt April 28.
26.	Anthony Tivanni & Maria Hibon.	29.
Maÿ 4.	Richard Gúterhage & Margaret Verschúúr.	May 6.
5.	Alexander Blakshaal & Margaret Ogelvie.	6.
11.	Jacob Goelet & Catharina Boele.	11.
11.	Isaac Kip, & Hanna van Noortstrant.	13.
26.	John Lewis, & Francis Reeves.	27.
Júny 2.	Andries Coeman & Geertrúÿ Neagele.	Júnÿ 3.
13.	Theophilús Elsworth, & Hanna Hardenbroek.	14.
Aúgúst 4.	John Mútlow & Elisabeth Blom.	Aúgúst 4.
18.	John Man & Hanna Búrger.	19.
23.	Antonÿ Rútgers & Cornilia Bensïng.	25.
24.	Isaac Van Hoek & Nelletje Pieters.	26.
Septemb. 5.	Daniel Sale & Ursella Brass.	Septemb, 6.
Octob. 4.	Josias Smith & Elisab^t V:^{r} Spiegel.	Octob. 7.
8.	Samúel Hagne & Heila Hobson.	9. .
22.	Joseph Golding & Marÿ Herisson.	22.
20.	Andries Bresteed & Debora Wessels.	Novemb. 1.
Novemb. 2.	Simson Lefoÿ & Elisabeth Ewoúwts.	3.

126

INGESCHREVEN.		GETROUWT.
7.	William Rose & Rachel Riggs.	10.
9.	Joh^s V. Gelder & Sarah V. Deúrsen.	11.
23.	William Bradford & Sÿtje Sandford.	25.
Decemb 1.	John Goding & Maria Jacobs.	Decemb 2.

(607)

Personen met geboden.

| Ingeteekent Octob. 14. | Edmond Wales, Wed^r V: Brúgge, met Margriet Patrik Wed. V: Thomas Moor. | Getroúwt Decemb. 14. |
| met attest. V. Bergen Decemb. 20. | Marte Wennem Wed^r V: Bergen, met Jannetje Johannesse Vrelant j. d. V. Bergen. | 21. |

A° 1717.

29.	William Heddok Wed^r V. London, met Júdik Gerritsz, j. d. V. Albanie.	January 13.
11.	Jesaias Bartlit, Wed^r V. N. Engl^t, met Elizabeth Meeks Wed. V. Jacobj Wiler.	31.
11.	Michiel Toúrneúr, j. m. V. N: Haarlem met Maria Oblinús j. d. V. N: Haarl:^{m}	Februarÿ 1.
met attest V. Bergen April 15.	Hendrik Sikkels j. m. V. Bergen, & Geertrúÿ Fredriks, j. d. V. Bergen.	April 15.
5.	Willem Vredenbúrg j. m. V. N. York & Catharina Schot, j. d. V. Kingstoúwn.	22.
met attest: V: Bergen May 29.	Michiel Hartmanze Vrelant j. m. V. Bergen & Elisabeth Gerrits j. d. V. Bergen.	May 30.

(608)

Personen met Licentie.

A° 1716.

A° 1716.

Ingeteékent Nov: 29.	Andrúw Mansfield & Elisabeth Townsend.	Getroúwt Decemb. 2.
Decemb. 7.	Ahasúerús Elsword & Mary V. Gelder.	8.
10.	Mattheús Mensing & Elisabeth Bússing.	12.
14.	Henrÿ Shadwel & Catharina Bras.	14.
21.	John Antonÿ & Marÿ Búrgers.	27.

A° 1717.

A° 1717.

Januárÿ 10.	Francis Cilde & Cornelia File.	January 13.
18.	Charles Sleigh & Hanna Van Vorst.	19.
24.	Anthonÿ White & Johanna Staats.	26.
Februáry 13.	Jacobús Beboút, & Marÿ Swam.	Februáry 13.

INGESCHREVEN.		GETROUWT.
February 23.	John D'Honneûr en Maritie Vander Hûle.	24.
April 13.	David Carr, & Jesÿntje Elsworth.	April 13.
20.	John Fredrick Reiń, en Lena Brewer.	20.
May 4.	Antonÿ Dúane & Eva Bensing.	May 4.
8.	Sioúrt Olfert en Margaret Verdúin.	11.
25.	Jacobús Stoútenbúrg & Marg^t Teller.	25.
24.	Ebenezer Mors en Catharina Búrger.	26.
Júny 5.	Jacob Boké & Elizab^h Búrger.	Júnÿ 8.
6.	Pieter DeGroof, & Rebec^a Goederis.	9.
14.	John Tiboút & Marÿtje, V. Deventer.	15.
15.	Jacobús Qúik, & Sarah Rozeboom.	16.

(609)

Personen met Geboden.

A° 1717.		A° 1717.
Júnÿ 28.	Zacharias Sikkels Wed^r V. Albanie met Wÿntje Dÿkman, Wed. V. Joh^s Corneliss, V. Albanie.	Júly 19.
Júly 17.	John Taÿlor, j. m. V. London, met Margariet Túk, j. d. V. Rawak.	Aúgúst 5.
19.	Isaac De Lamaeter j. m. V. Haarlem, met Belitje Waldron, j. d. V. N. Haarlem.	9.
Aúgústÿ 16.	Nathaniel Brown, j. m. Van Ierland, met Lÿsbeth Woedt, Wed. V. Gerrit Gerritsze Van N. York.	Septemb. 2.
Septemb. 7.	Andries Dasen, j. m. V. Denmarken, met Annatje Boenfar Wed. V. Joh^s Klaúit Vrankrÿk.	22.
20.	Michiel Cornelisz, jong m. V. Nieúw York, met Elisabeth Dú Foúr, jonge dochter V. Bloemendaal.	Octob. 6.
Met Attest: V. Tappan Octob^r 30.	Cornelis Cosÿns, j. m. V. N. York, woonende op Tappan, en Anna Damy Perrie j. d. V. N. York.	November 16.
Met attest. V. Bergen Novemb. 25.	Johannes van Zoolingen j. m. V. Jannetje Marselisse, j. d. V. Bergen.	26.
15.	Francis Drÿver, Wed^r Van London, met Maria Paers, Wed. Van Laúrens Zjord.	Decemb^r 1.
30.	Pieter Sams, jong m. Van Oudt Engeland & Mary Gains Wed. Van Nicolaas Ponchein. Van het Staten Eÿland.	15.
Decemb. 29. met attest V. Bergen.	Pieter Marcellússe j. m. V: Bergen, & Janneke Prÿers j. d. V. Bergen.	31.

INGESCHREVEN.		GETROUWT.
(610)	Personen met Licentie.	
A° 1717.		A° 1717.
Júny 17.	Joh^s V. Rÿkman & Cornelia V. Vlek.	Júny 17.
24.	Stoffel Van Nes & Rachel Sÿmons.	24.
Júly 6.	Jacobús Montanje en Antje Van der Beek.	Júly 6.
2.	Joh^s Rome & Súsanna Le Shevelleir.	7.
12.	Daniel Flantsbúrgh en Johannah Yeates.	20.
23.	Charles Barrÿ & Elizab^h dú Boïs.	23.
26.	John Langendÿk & Hanna de Graaf.	27.
Aúgúst 5.	Thomas Evines & Cathari^a V. Tilburg.	Aúgúst 5.
17.	Benjamin Roúmage & Margariet Maneÿ.	17.
Octob: 12.	James Makintos & Sarah De Lamontanje.	October 12.
18.	Abraham Van Wÿck, & Catharina Provoost.	19.
28.	Matthew Eadsfort & Abigail Keel.	28.
Júny 13.	Richard Ellison & Marÿ Homan.	Novemb. 8.
Novemb: 7.	Matthew Woolf & Catharina Schaats.	9.
11.	Robert Livingston & Margaret Howardine.	11.
23.	Samúel Johnson & Marÿ Fússel.	23.
Decemb. 3.	Samúel Vincent & Júdith Smith.	Decemb. 3.
2.	Jacob Kip, & Engeltje Pels.	7.

(611)	Personen met Geboden.	
A° 1718.		A° 1718.
Ingeteekent Janúarÿ 31.	Abraham De La Meeter j. m. V. N. Haarlem met Catharina Benssing j. d. V. Alban^y. woonende te N. Haarlem.	Getroúwt Febrúary 21.
Maert 20.	Benjamin Corsse j. m. V. N. York met Jannetje Reÿers j. d. V. Mannor V. Fordam.	April 17.
April 11.	Joh^s Sikkels, j. m. V. N. Haarlem, met Anneke Meÿers j. d. V. N. Haarlem, beide woonende aldaar.	May 2.
11.	Andries Barheÿt, j. m. V. N. Haarlem, met Rachel Holst, j. d. V. N. York beide woonen alhier.	4.
May 2.	Pieter van den Búrg, j. m. V. Nieúw Jersy, met Engeltje Hendriksze, j. d. V. N. York.	31.
Met attest: V. ——— Bergen Júny 9.	Jacob Helmigse V. Hoúwten, j. m. V. Bergen, met Marÿtje Sikkels j. d. V. Bergen.	Júny 10.

INGESCHREVEN		GETROÚWT.
met Attestatie V. Bergen 9.	Didrik Frederikze Caddemis, j. m. V. Bergen met Jannetje Van Hoorn, j. d. V. Gemoúnephan.	10.
Met Attest. V. Bergen 18.	Gerrit Thomasze, j. m. V. Akqúegehenonk, met Jannetje Hartmansze Vreelandt j. d. V. Bergen.	19.
Aúgúst. 29.	William Kear, j. m. V. O. Englandt, met Elsje Provoost, j. d. V. N. York.	Sept. 14

(612)

A° 1718.

Personen met Licentie.

Ingeteekent Janúarÿ 13.	Richard Heather & Mary Stow.	A° 1718. Getroúwt January 13.
14.	Michael Basset & Cornelia Timber.	17.
14.	Gideon Lÿnssen & Jane Herris.	21.
28.	Marten Iveren & Júdith Holmes.	Febrúary 1.
Febrúary 26.	Philip Schúÿler & Sarah Rosevelt.	28.
27.	Simon Van Sÿssen & Cathar^a Pell.	Maert 1.
Maert 15.	Reÿnier Búrger & Dina V. Gelder.	16.
April 17.	Rÿck Leÿdekker & Maritje Benson.	April 19.
25.	James Harris & Martha Walther.	26.
Maÿ 15.	Robert Crooke & Catharina Richard.	Maÿ 15.
15.	John Goelet & Jannetje Cannon.	21.
Júnÿ 13.	John Vigneaútilloú & Mary van Gelder.	Júny 15.
16.	Hendricús Boelen & Jannetje Waldron.	19.
19.	John Provoost en Sarah Latan.	25.
27.	Cornelíús van Hoorn & Elisabeth French.	Júly 13.
Júly 4.	Henrÿ Lÿon & Maria Broúwer.	Aúgúst 4.
4.	John Anderson & Hanna Yong.	4.
6.	Pieter van Der Lÿn & Gerritje V^n Búrg.	8.
6.	Gerrit Van Wagenen & Teúntje Van D^n Búrg.	8.
15.	Johannes Jansse & Maria Húÿsman.	17.
27.	Frederick Van der Schúúre & Marÿ Lúsh.	30.
Sept: 4.	Samúel Pel & Margareta Wessels.	Septemb. 6.

(613)

A° 1718.

Personen met Geboden.

Octob. 2. met at. V. Bergen geteekent.	Michiel Cornelisse Vreland, j. m., met Jenneke Helmigse V. Hoúwten, j. d., beide van Bergen.	A° 171. Octob. 23.
Octob. 28.	Teúnis De LaMontagne, j. m. V. N. Haarlem, met Geesje Bussing, j. d. V. N. Haarlem.	Novemb. 15.
Novemb. 7.	Benjamin Wood, j. m. V. O. Engel^t, met Elisabeth Letbrook, j. d. V. O. Eng^t.	22.
7.	Thomas De LaMontagne, j. m., met Rebecca Breÿn, j. d., beide v. Boúwerÿ.	25.

INGESCHREVEN.		GETROUWT.
Met attest. V. Bergen. Decemb. 9.	Johannes Van Vorst, j. m. V. Ahasÿms, met Marÿtje Himmet, j. d. V. Akkisak, beide woonen op Ahasÿms.	Decemb. 10.
Met attest. V. Jamaica 14 Decemb. October 11.	John Kimbal, j. m. Van Jamaijka, op't L. Yland, met Elisabeth Bresseler, j. d. Van HoogDúitschLand, beide te N: York.	17.

A° 1719.

Janúarÿ 13.	Samúel Rikbie, j. m. V. O. Engl^t, met Anna Maria Nob, Wed$^{v.}$ Wm Kramer uit Dúidsl, beide W. N. Y^k.	January 3.
Maert 13.	Roberd Richardson, j. m. V. N. York, met Isabel Palm, j. d. Van Cattenborg uit Sweeden, beide te N. York.	Maart 30 ·

(614)

Personen met Licentie.

A° 1718.		A° 1718.
Sept: 24.	Allard Antony & Anna Laúrier.	Sept: 27.
25.	Hendrik Pears & Tanneke Boké.	27.
23.	Joseph Van Segh & Ann Poles.	27.
Octob. 4.	Thomas Wendover & Elisabeth Elsword.	Octob. 4.
3.	Thomas Wells & Rebecca Veenvos.	5.
6.	James Laúrens & Catharina Brown.	6.
9.	Jacob Zomerendÿk & Sara Hermans.	10.
8.	Gerard Beekman & Ann Marÿ Van Horn.	12.
25.	Arend Van Hoek & Maria Heÿer.	26.
31.	Jacobús Kiersted & Sarah Norbúrÿ.	Novemb. 1.
Novemb. 19.	Barent Berheight & Rebecca Oethoút.	19.
Decemb. 2.	Jacob Price & Eva Jacobs.	Decemb. 3.
15.	John Lorton & Marÿ Greegs.	16.

29	A° 1719.	
Januarÿ.	John Dÿer & Christina Marcier.	January 1.
2.	Gerrit Van Laern & Annaatje Aersen.	3.
7.	John Downs & Ester Eggan.	7.
7.	Johannes Beekman & Elizabeth Provoost.	15.
Maart 17.	John Rall & Aaltje Bas.	Maart 17.
19.	Frederik Phillips & Johanna Brakkers.	22.
April 17.	David Ballord & Anna Bras.	April 17.
21.	Joh^s Teller & Catharin^a V. Tilburg.	23.

(615)

Personen met Geboden.

A° 1719.		A° 1719.
April 9, met attest: V. Bergen.	Michiel Moor, j. m. V. Nassoúw, & Elisabeth Graúw, j. d. V. Nassoúw, beide woon^e alhier.	May 6.

INGESCHREVEN.		GETROUWT.
May 15.	Jacob Gerritze Van Wageninge, j. m., met Lea Gerritze, j. d., beide van Bergen.	22.
16.	Joh⁵ Barendsze Waldron. j. m. V. N. Haarlem, met Súsanna De Lamaetere, j. d. V. N. Haarlem.	Júny 5.
15.	Cornelis Webbers, j. m. V. N. York, met Rachel Pears, j. d. V. N. York.	6.
29.	Willem Boogaart, j. m. V. Vlissinge in Zeeland, met Maria Berens, j. d. V. N. York.	14.
29.	Jacob V. Deúrzen, j. m. V. Albanie, met Helena V. Deúrzen, j. d. V. N. York.	14.
29.	Jesse Dú Foreest, j. m. V. N. York, met Teúntje Tietsoort, j. d. V. Kingstown.	14.
Met attest. V. Bergen, Júny 17.	Johannes Helmigse Van Hoúwten, j. m. V. Bergen, met Helena Johannesse Vreelandt, j. d. V. Bergen.	Getroúwt tot Bergen, 17.
Júly 24.	Dennis Mahane, Wedʳ úit Ierland, met Wonefret Williams, Wedᵉ Van Thomas Douglas, beide woonende alhier.	Aúgúst. 21.
Aúgúst 21.	Samúel Bÿrchall, j. m. V. O. Englᵗ, met Cornelia Winter, j. d. V. N. York, beide woonᵉ alhier.	Sept. 12.
Júly 30.	Jacob Moor, j. m. úit HoogDúidslant, met Apolonia Moret, j. d. úit Hoogduidslant.	24.
Sept. 25.	William Prÿs, j. m. V. O. Englᵗ, met Rachel Jones, j. d. V. O. Englᵗ.	October 11.
29.	Gregorÿ Croúch, j. m. Van O. Englᵗ, met Sarah Asviel, Wed. Van Willem Kroosbie.	18.
Octob. 16.	Lúcas Pietersse, j. m. V. Boúwerÿ, met Maria Linten, j. d. V. O. England.	Novemb. 6.
Novemb: 14.	James Syce, j. m. V. O. Englᵗ, met Maria Thomasse, j. d. V. N. York.	30.
14.	Adam Arré, j. m. V. Raretans, met Súsanna Salomons, j. d. V. Boúwerÿ.	Decemb. 1.
Decemb. 3. met attest. V. Bergen.	Zacharias Sickels, j. m. V. Bergen, met Adriana Hartmansse Vreelandt, j. d. Bergen.	3.
Novemb. 13.	Johannes Waldron Júnior, j. m. V. N. Haarlᵐ, met Elizabeth Bensing, j. d. V. Haarlem.	10.

(616)

Personen met Licentie.

A° 1719.		A° 1719.
April 29.	Gerrit Roos & Urseltje Arens.	May 2,
30.	David Schúÿler & Elizabᵗʰ Marschalk.	3.
May 11.	Thomas Child & Elionora Jones.	17.

INGESCHREVEN.		GETROÙWT.
15.	Nicolaús Antony̆ & Rececca Peterson.	19.
26.	John My̆er & Elizabeth Pell.	27.
Júny̆ 3.	Nicholas Wessels & Sarah Baker.	Júny 3.
8.	William Lets & Hanna Koning.	8.
8.	Thomas Jennings & Elianor Homes.	13.
8.	William Randall & Elionora Hicks.	17.
26.	Matthew Perry & Súsanna Williams.	27.
Júly 10.	Andries Marschalk & Súsanna Wichanham.	Júly 12.
16.	Roelof Maple & Jane Lamb.	19.
Aúgústús 22.	Corneliús Santford & Helena Provoost.	Aúgústús 23.
Sept. 18.	Rip V. Dam, Junior, & Júdith Bayard.	Sept. 18.
Octob. 2.	Mattheús Dú Bois & Debora Simkam.	Octob. 6.
8.	John Thúrman & Elizabeth Wessels.	11.
14.	Christopher Bancker & Elisab[th] Hooglant.	16.
Novemb. 10.	Victoor Bikker & Hanna Kregier.	Novemb. 21.
23.	Thomas Michiel Vain & Eva Wood.	26.
Decemb. 3.	Stephen Van Brakel & Maria Púddington.	Decemb. 5.
9.	Otto Tserks & Margarita Vorsbergen.	10.
17.	Pieter Stoútenbúrg & Margarita Varik.	24.
23.	Aaron Roomer & Súsanna Bradt.	25.

(617)

Personen met Geboden.

A° 1720.	A° 1720.	A° 1720.
January̆ 15.	Teúnis De Voor, j. m. Van Bloemendaal, met Geertje Barheit, j. d. V. Albanie.	Janúary 31.
20.	William Davids, j. m. V. Barmoedes, met Antje Aswerús, Wed. V. Arie Provoost V. N. York.	Febrúary̆ 14.
Maart 4.	Abraham Paaling, j. m. V. N: York, met Maria Coúsy̆n, j. d. V. N. York.	Maart 25.
May 25, met attest: van N. Haarlem.	Jacobús Terneúr, j. m. V. N. Haarlem, met Jacomy̆ntje Oblinús, j. d. Van N. Haarlem, beide woonende aldaar.	May 26.
28.	Daniel Miller, j. m. Van O. Engl[t], met Elizabeth Morris, j. d. V. O. Engl[t].	Júny 12.
Aúgúst 13.	Gerrit Schoon, Wed[r]. V. Haarlem in Holl[t], met Johanna Van Búúren, j. d. V. Amst.	Aúgúst 30.
19.	Thomas Cox, Wed[r] Van Baston, met Hanna Haldron, Wed. V. John Ellin, V. N. Haarlem.	Septemb, 4.
Octob: 7. met attest: V. Bergen.	Cornelis De Graúw, j. m. V. Acqúegchenonk, met Geertrúy̆ Riddenhars, j. d. V. Bergen.	Octob: 7.

INGESCHREVEN.	Personen met Licentie.	GETROUWT.
(618)		
A° 1720.	A° 1720.	A° 1720.
Janúarÿ 15.	John Woodside & Rachel Smith.	January 17.
April 2.	Andries V. Boskerke & Anna Grevenraedt.	April 2.
8.	Jacob Fardon & Maria Flierboom.	8.
13.	Mattheï:s Berrÿ & Maria Roome.	15.
8.	Raphael Goelet & Bregje Pels.	17.
21.	Cornelis Bogert & Cornelia V. Dúÿn.	May 1.
May 4.	John Van Aarnem & Jenneke V. Deúrzen.	8.
10.	Samúel Berrie & Helena Appel.	15.
18.	Diderik Barendsz. & Magteld Volkersz.	21.
Júly 9.	Vincent Tellion & Sarah Mezier.	Júlÿ 10.
May 25.	John Manbrút & Hester Fisher.	Aúgústy 3.
Aúgúst 17.	Gerardús Dúÿking & Johanna V. Brúg.	20.
Septemb. 9.	William Smith & Gerritje Bosh.	Septemb. 10.
21.	James Forth & Lena Coljers.	25.
24.	Jeremia Broúwer & Elisabeth Holmes.	25.
30.	Richard Pridÿ & Mary Johnson.	Octob. 2.
October 6.	Evert Pels & Annetje Van Schaÿk.	9.
8.	William Conihane & Maria Goderús.	9.
8.	Hendrik Tiboúwt & Elisab^t Búrger.	9.
Novemb 4.	Nicolaús Bon & Dorcas Goodje.	Novemb. 5.
21.	Thomas Búd & Hanna Cornelisse.	21.
(619)	Personen met Geboden.	
A° 1720.		A° 1720.
Ingeteekent Novemb. 4.	Gÿsbert Uit Denboomgaart, j. m. V. N. York, met Catharina Paling, j. d. V. N. York.	Getroúwt Novemb. 26.
5.	George Mÿserrie, Wed^r. V. London úit O. Engl^t, met Christina Húisman, Wed. V. Jacob Boúwman V. Akkins^k.	26.
A° 1721.		A° 1721.
Febrúarÿ 2.	Richard Perrow, j. m. V. O. Engl^t, woonende op nieúw Barbados nek, met Geertje Hoppe, j. d. V. Akkinsak, woonende aan de groote kil.	Febrúary 24.
den 12 Novemb. 1720.	William Bútler, j. m. V. N. York, met Súsanna Boúwman, j. d. úit Pals in Dúidsland.	April 4.
Maart 17.	Johannes Van Norden, j. m., & Adriana Webbers, j. d., beide aan de groote kil.	8.
April 7. de geboden afgekondigt te Haarlem en Akkinsak.	Johannes Akkerman, j. m. V. Akkinsak, met Maria Weekvelt, j. d. V. N. Haarlem.	May 5.

INGESCHREVEN.		GETROUWT
Júnÿ 2. de geboden afgekondigt te Haarlem & Akkinsak. 8.	Cornelis Leÿdekker, j. m. V. Akkinsak, met Margritje Waldron, j. d. V. N. Haarlem.	Júnÿ 24.
	Bartholomeús Miller, j. m. úit Hoogdúidsl*t*, met Catharina Lins, j. d. úit Hoogduidsl*t*.	25.
15. De geboden zÿn afgekondigt op Haarlem & de Mannor.	Frederik De Noé, Junior, Wed*r* V. Westchester, met Maria Odel, j. d. V. Mannor V. Fordam.	July 6.
	Michael Odel, j. m., met Elisabeth Nets, j. d. V. Hoogdúidsland, beide woonen op Mannor v. Fordam.	6.
Júly 1.	Michiel Sprÿk, j. m. V. O. Engl*t*, met Magdalena Múller, j. d. V. Amsterd.	30.
19.	Dormer Witliers, j. m. V. O. Engl*t*, met Catharina Lessjer, j. d. V. Hoogdúidslant.	Aúgúst 9.

(620)

Personen met Licentie.

Ingeteekent Novemb. 26.	Samúel Ask & Anna Moor.	Getroúwt Novemb. 26.
23.	Staats Storm & Súsanna De Voé.	27.
Decemb. 3.	Daniel Bonnet & Petronella Búchett.	Decemb. 3.
16.	Michael Mochlaier & Cathri*a* Moúlin.	17.
27.	John Wittington & Anna Davids.	27.
31.	Abraham Santvoort & Lidia Machett.	31.
A° 1721.		A° 1721.
Janúary 13.	Richard Philpot & Maria Búrger.	Janúary 14.
20.	John Nicholson & Maria De Rivier.	22.
26.	Andries Gano & Anna Búrger.	26.
Maart 27.	Edward Cock & Jane Devoir.	Maart 27.
April 7.	William Moor & Agnis Cúre.	April 16.
24.	William Tilladams & Jane Paúëls.	25.
27.	John Cramer & Lena Berrÿ.	28.
May 10.	John Tickle & Martha Canterbúry.	May 13.
19.	Jacobús Rose & Aphia Berrÿ.	21.
20.	Josias Millikin & Jacomina Goederes.	23.
Júny 5.	Robbert Búrn & Anna Sheif.	Júny 6.
17.	Dirk Van der Haan & Geertrúÿ Dÿkman.	17.
24.	Isaac Coleony & Agnis Búlleaú.	25.
Júly 5.	Johannes Hoúse & Annetje Croúse.	July 5
Aúgúst 8.	Pieter Low & Rachel Rosevelt.	Aúg. 9.
12.	Richard Norwood & Maria Kool.	12.

135

INGESCHREVEN.		GETROUWT.
(621)	Personen met Geboden.	

A° 1721.

		A° 1721.
Met attest. dat de geboden zŷn afgekondigt op Bergen en Tappan Aúgúst 18.	Roelof Theúnisse Van Hoúwten, Wed\` V. Tappan, met Marŷtje Pieterse, j. d. V. Bergen.	Getroúwt Aúgúst 18.
19.	Nicolaas Hoúwell, j. m. V. O. Engl\`, met Sarah Esvil, Wed. Van Gregri Kroúwts Van N. York.	Septemb. 5.
Octob. 7.	Johannes Cavalier, j. m. V. N. York, & Elizabeth Tieboút, j. d. V. N. Haarlem.	October 22.
Sept. 29.	Nicolaas Soepman, j. m. úit Duitschland, wonende op Kiesberry, & Willemtje Búŷs, j. d. V. Mespatskil, wonende op de Deútelbay.	27.
Octob. 13.	Jeremia Tortel, j. m. V. London in O. Engl\`, met Margrite Perrie, j. d. V. N. York, beide wonende alhier.	Novemb. 4.
13.	Jacob Dêŷ, j. m. V. Bergen, wooneude op Akkins: met Anna Idese, j. d. V. Bloemendaal, woonende aldaar.	17.
20.	Pieter Broúwer, j. m. V. Goanes op t L. Eyl\`, met Elisabeth Qúakkenbosh, j. d. V. N. York, beide woonende alhier.	18.
Decemb. 8.	Jacobús Paúlsze, j. m. V. Greenwits, met Maria Bekkerie, j. d. úit Hoogduidsl\`, beide woonende op Greenwits.	Decemb. 29.
15.	Hendrik Van De Water, Wed\` V. N: York, met Súsanda Ketelhúŷn, j. d. V. Albanie, beide woonende alhier.	31.

A° 1722.

Janúary 5.	Resolveert Waldron, j. m. V. N. Haarl^m, met Jannetje Meŷers, j. d. V. N. Haarl^m.	Janúary 25.
26.	Caleb Miller, j. m., & Apollonia Borres, j. d. Beide van het lang Eiland, wonende op de Bouwery alhier.	February 20.
Febrúary 15.	Sacharia Sikkels, Júnior, j. m. V. N. York, met Jannetje De Greê, j. d. V. Boswŷk op't Lang Eil\`, beide op de Mannor V. Ford^m.	Maart 8.
d°.	James Caller, j. m. V. Westchester, met Marŷtje De Greê, j. d. V. Boswŷk op L. Eil\`, beide op de Mannor V. Fordham.	d°.

INGESCHREVEN.		GETROÚWT.
Janúary 5. Met attestatie ook van de Newersink geteekent 1 Maart.	Matthÿs Van den Rÿp, j. m. woonende in de Jersies op Neversink, Maria Mortier, j. d. Van N. York, wonende alhier.	22.
Maart 2.	Fredrik Blom, j. m. V. N. Jork, met Apolonia Vredenbúrg. j. d. V. N. York, beide woonende alhier.	26.
9.	Nicolaas Thomasz & Jannetje Janssen, Wed. V. Thomas Gerritsson, beide van N. York, wonende op de Bouwerÿ alhier.	April 14.

(622)   Personen met Licentie.

1721.		A° 1721.
Ingeteekent Aúgúst 18.	John Lahe & Catharina Bensing.	Getroúwt Aúgúst 20.
18.	Benjamin Haering & Neeltje V. Schayk.	20.
Sept. 8.	Henrÿ Cavelier & Eleanor Burger.	Sept. 9.
9.	Moses Tonnard & Marÿ Sheife.	12.
21.	Aart Simonsze & Margariete Gowen.	22.
29.	William Smith & Geertrúÿ V^r Spiegel.	Octob. 1.
Aúgúst 28.	Pieter Mesier & Jenneke Wessels.	7.
Octob. 18.	Jacob Harsse & Jacomÿntje Brevoort.	21.
Novemb. 18.	Jan Doolhagen & Helena Rÿke.	Novemb. 19.
24.	Joseph Winslo & Abigael Snethen.	24.
Decemb. 1.	Gillis Mandeviel & Rachel Hoppe.	Decemb. 2.
1.	John Búrras & Sarah Bartol.	2.
19.	James Loweÿ & Jane Elswort.	21.
23.	John Doine & Elisabeth Davis.	23.

A° 1722.

Januarÿ 3.	William Lane & Gisaline Brúce.	January 6.
23.	Benjamin Foster & Johanna V. Inbúrg.	Febr. 1.
Febr. 3.	Jeremiah Owen & Aaltje Sjoúrts.	4.
Maart 3.	Gerardús Stúÿvesant & Júdith Baÿard.	Maart 5.
Febr. 26.	John Jeratholomen & Margrita Tiboúwt.	6.
Maart 10.	John M^k Evers & Cathar^a Van Horn.	11.
April 9.	Henrik Bensing & Cath^a Van Laar.	April 9.
20.	Cornelíús Flaming & Aaltje Gerbrandt.	23.

(623)   Personen met Geboden.

A° 1722.		A° 1722.
Ingeteekent April 24, met Attest. V. Philipsbúrg. 20.	Johannes de Voor, j. m. V. N. York, woon^d. alhier, met Aafje Kortregt, j. d. V. Fordam, woonen^e op Philipsbúrg.	Getrouwt April 29.
	Thomas Wiekvelt, j. m. V. Haarlem, woon^d aldaar, met Catharina Persis, j. d. V. gr^t Beeren Eÿl^t, woon^d aldaar.	May 18.

INGESCHREVEN.		GETROUWT.
[A° 1722.]		[A° 1722.]
May 4.	Jan Krankheit, j. m. V. 't Hooglandt, met Jannetje Hooms, j. d. Van Boswyk, beide woonende alhier.	[May] 26.
18.	Joh⁸ Lesjer, j. m. úit H. Dúidsland, met Eva Binder, j. d. úit de Palls, beide woonende alhier.	Júny 3.
24.	Barnabÿ Hanson, j. m. Yerland, met Elisabeth Randle, j. d. V. Yerland, beide woonᵈ alhier.	14.
Júly 5.	Pieter Merk, j. m. V. Canada, met Sarah Prans Wed. V. Thomˢ Húnt, V. O. Englᵗ, beide woonᵈ alhier.	Júly 22.
29 Júny.	Jan Sprong, j. m. V. L. Eÿlᵗ, met Elisabeth Dÿkman, j. d. V. Bloemendˡ, beide woonend alhier.	27.
Aúgúst 24.	Johan Peter Zenger, Wedʳ, met Anna Cathᵃ Maúlin, j. d., beide úit Hoogduidslᵗ, en woonende alhier.	Septemb. 11.
Sept. 1.	Johˢ Benssing, j. m. V. N. Haarlem, & Tanneke Waldron, j. d. V. N. Haarlᵐ.	17.
21.	Thomas Haal, j. m., met Maria Haal, j. d., beide van de Neewersinks en woonende alhier.	October 7.
21.	Thomas Flietwort, j. m., met Elisabeth Chapman, Wed. V. Willem Craft. beide V. O. Englᵗ, en Woonᵉ alhier.	13.
Octob. 27.	Tobias Wÿnant, j. m., & Elisabeth Van Jeveren, beide úit Duidsland en beide woonᵉ doorᵗ Hoogland.	Novemb. 12.
Decemb. 6.	Rÿk Lent, j. m. V. Westchester, met Cornelia Waldron, j. d. V. N. Haarlem.	Decemb. 26.

(624)

Personen met Licentie.

A° 1722. ingeteekent April 19.	John Garside & Johᵃ Laton.	A° 1722. Getroúwt April 29.
May 3.	John Súter & Margaret Breaker.	May 3.
3.	Abraham Boke & Rebecca Paers.	6.
5.	Johˢ Van Vorst & Elisabeth Barkelo.	6.
30.	Pieter Marschalk & Cathalina Kip.	Júny 3.
Júny 9.	John Lanyon & Hanna Rierden.	9.
27.	Nicolaús Adams & Mary Gallway.	27.
28.	Christopher Jones & Maria Magdalena.	28.
30.	Abraham De Peÿster & Margaret V. Cortlandt.	Júly 1.
Júly 7.	John Vredenbúrg & Sarah Waldron.	9.
13	Benjamⁿ Ghoff & Elizabᵗ Húdson.	14.
Aúgúst 17.	Charles Crook & Anna Rútgers.	Aúgúst 18.
August 28.	Charles Magennis & Rebecca Bon.	August 28.

INGESCHREVEN.		GETROUWT.
Septemb. 15.	Thomas Finch & Elizab^t Griffet.	Septemb. 15.
12.	Andrew Teller & Catharina Van de Water.	15.
8.	Joh^s V. Harlingen & Maria Bússing.	17. te Haarlem.
22.	Benjamin Kierstede & Jane Blom.	22.
Octob. 3.	D^o Petrús Vas & Elsje Schúÿler.	Octob. 6.
5.	Pieter Hibon & Maria Davie.	7.
3.	Isaac Roderigo & Elsje V.^{r} Spiegel.	7.
(Septemb. den 26.)	William Smith, Júnior, & Cath^a Harris.	11.
17.	Henrik Rÿk & Elizabth Peek.	20.
25.	Edward Landers & Rachel De Graaúw.	29.
Novemb 27.	Hendrik Filkens & Elizb^t Smith.	Novemb. 27.
29.	Pieter Rútgers & Helena Hoogland.	Decemb. 1.

(625)

Personen met Geboden.

A^o 1723.		A^o 1723.
Ingeteekent Janúary 5.	Jonathan Gleesen, j. m. V. Jerlant, met Mary Maggerits, Wed. V. William Best.	Getroúwt Janúary 20.
5.	James Egelton, j. m. V. Schotland, met Agnietje Aartcher, j. d. V. N. Haarlem.	20.
26.	Petrús Van St Tome, j. m. V. groote Kil, met Súsanna Cisco, j. d. V. kleine Jonkers.	Februarÿ 15.
Met attest. V. Tappan geteekent. den 27 Febr.	Jan Perrÿ, j. m., met Catharina Stÿpers, Wed. V. Philip Serven, beide van Tappan en woonende aldaar.	Maart 10.
Maart 2.	Patrik Miller, j. m., & Elisabet Makneel, beide van Schotland en woonende alhier.	20.
9.	Robbert Lason, Wed^r V. O. Engl^t & Anna Hees, Wed. V. John Moglison V. Schotland, beide woonende alhier.	24.
29.	Pieter Jager, j. m., & Catharina Riedig, j. d., beide úit Dúidslandt en woonende alhier.	April 19.
May 4.	Andries Preslaar, j. m. úit dúidslant, en Antje Wels, j. d. Van Staten Eÿlant, beide woon^e alhier.	21.
25.	Jacob Vollenweÿler, Wed^r, met Catharina Maúl, Wed. V. Mich^l Moncleúr, beide úit Dúidslant en woonende alhier.	Júny 8.
31.	Joh^s Vredenbúrg, j. m. V. N. York, met Jannetje Woeders, j. d. V. N. York, beide woonende alhier.	22.
Júny 8.	James Sibbit, Wed^r V. London, met Martha Lie, Wed. V. Alex^r Simson V. N. York, beide woonende alhier.	26.

INGESCHREVEN.		GETROUWT.
Július 19.	Walther Heÿer, j. m. V. N. York, met Jenneke Van Vorst, j. d. V. Ahasÿms.	Augúst 8.
19.	Samúel Nÿts, j. m. V. Breúkelen, met Alida Berrÿ, j. d. V. Akkinsak, beide woonende alhier.	11.
Augúst 16.	Jacobús Rrÿkman, j. m. V. Deútelbay, met Geertrúÿ Adriaansse, j. d. mêe V. Deútelbay.	Septemb. 1.
1.	Johannes Bússing, j. m., met Metje Cortregt, j. d., beide van N. Haarlem.	2.
Septemb. 22. Met attest. uit de Zúitsersche kerk.	Paúlús Tenkelbag, úit H. Dúidslant, met Maria Appolonia, Wed: Van Úrbanús Hents, woonend^e aan de kleine Jonkers.	
Octob. 6. Met attest. úit de Lútersche kerk.	Jurriaan Willem Morig V. Elbinggrode met Anna Melkers Van Frankenstÿn beide woonende alhier.	Octob. 6.

(626)

Personen met Licentie.

A° 1722. ingeteekent Decemb. 7.	Corneliús Van Hoek & Jannetje Búsch.	A° 1722. Getroúwt Decemb. 8.
4.	Henry Ten Broek & Mary Blanck.	27.
A° 1723. Januarÿ 5.	Samúel Laúrence & Anna V. Túÿl.	A° 1723. Januáry 6.
31.	Barend de Foreest & Elisabth ver Dúÿn.	Febr. 9.
Febr. 9.	Philip Minthorne & Joh° Rall.	9.
22.	Joh^s Blank & Rachel Anderson.	23.
18.	Richard Somes & Maria Garrison.	25.
27.	Richard van Dam & Cornelia Beekman.	Maart 1.
April 22.	Robbert Forrest & Elisabth Webb. Wed.	April 22.
20.	Vaúghan Davis & Cath^a Schaats.	26.
May 1.	James Jacobs & Maria Swaan.	May 5.
16.	James Livingston & Marÿ Kiersted.	18.
24.	Theophilús Elsworth & Esther Rome.	25.
Júny 22.	Owen Callaghane & Súsanna Merret.	Júny 22.
Júly 19.	Alexander Fenix & Elizabeth Boke.	Júly 19.
Augúst 10.	Thomas Ellison & Margaret Gerbrandts.	Augúst 10.
15.	Nathaniel Sele & Catharina Berkelo.	15 N. b.
16.	John van Gelder & Maria Koning.	17.
20.	William Williams & Hanna Farklin.	23.
23.	Isaac Braesjer & Jane Cox.	23.
Sept. 21.	John David & Elisabeth Carr.	Septemb. 21.

(627)

Personen met Geboden.

A° 1723. Ingeteekent Septemb. 13.	Húÿg Hartshoorn, j. m. V. Yerl^t, met Sarah Fish, j. d. V. Nawesinks, beide woonende alhier.	A° 1723. Getroúwt Octob. 16.
Octob. 11.	Hermannús Stÿmets, j. m. V. Ahasÿms, met Elsje Hereman, j. d. V. N. York, beide woon^e alhier.	Novemb. 2.

INGESCHREVEN.		GETROUWT
October 25.	Hendrik Kool, j. m. V. N. York, met Femmetje Foreest, j. d. V. N. York, beide woon^e alhier.	Novemb. 10.
Novemb. 15.	Bregon Coevers, j. m. V. Boswyk, met Anna Slover, j. d. V. Mannor V. Fordam, beide woonende alhier.	Decemb. 1.
29.	William Koek, j. m. V. Yerl^t, met Cornelia De Graúw, Wed. V. Richard Mahoon, woonende alhier.	7.

A° 1724.

Decemb. 21.	George Wats, j. m. V. O. Engl^t, met Sarah Frensh, Wed. V. Pieter Mark V. O. Engl^t, beide woonende alhier.	January 5.
27.	John Ellener, j. m. V. O. Engl^t, met Aplonia van Aarnem, j. d. V. N. York, beide woonende alhier.	26.
A° 1724. Janúary 10.	Thomas Meeners, j. m. V. O. Engl^t, met Sarah Koller, Wed. V. William Baastrik V. Westchester, beide woonende alhier.	26.
10.	Johan Willem Crolliús, j. m. V. Nieúw Wit, met Veronica Cortseliús, j. d. V. Nieúw Wit, beide úit H. dúidsl^t, en woonende alhier.	30.
10.	Thomas Watson, j. m. V. O. Engl^t, met Elisabeth Borris, j. d. V. Boúwery, beide woonende alhier.	Febrúary 8.
24.	John Willingham, j. m. V. O. Engl^t, met Lúcresia Yong, j. d. V. N. York, beide woonen alhier.	9.
Febrúar. 21.	Joris Walgraven, j. m. V. N. York, met Magdalena Lessier, j. d. úit H. Duidsl^t, beide woonende alhier.	Maert 10.
21.	Isaac Somerendyk, j. m. V. G. kil, met Sarah Van Norden, j. d. mede V. G. kil, beide aldaar.	14.
Maart 7.	Joost de Milt, j. m. V. N. York, met Margrietje Willemsze, j. d. V. Philipsbúrg, beide woonende alhier.	22.
May 1.	Hendrik Labach, j. m., met Elizabeth Lesjer, j. d., beide úit H. Dúidsl^t en woonende alhier.	May 17.
8.	Willem Bandt, j. m., met Margrietje van de Water, j. d., beide v. N. York & woon^e alhier.	31.

(628)

Personen met Licentie.

| A° 1723. Ingeteekent October 18. | John Schúÿler, Júnior, & Cornelia V. Cortlant. | A° 1723. Getroúwt October 18. |

INGESCHREVEN.		GETROUWT.
October 18.	Henry Brestede & Geertje Wessels.	October 20.
28.	John Brady & Maria Robbinson.	28.
29.	Nathaniel Charles & Anneke Bollard, Wed.	29.
Novemb. 11.	John Gibbs & Anna Smith, Wed.	Novemb. 11.
18.	James Mills & Maria Hitskok.	18.
23.	Lúcas Braesier & Júdith Gageri.	24.
28.	Joseph Taylor & Gerretje V. Velsen.	30.
Decemb. 11.	David Provoost, Júnior, & Hannah Rÿnders.	Decemb. 12.
18.	Archibald Fisher & Catharina Van Horne.	19.
31.	William Ricks & Elisab[th] Richardson.	31.

A° 1724.

A° 1724. Janúary 27.	John Loúw & Sarah Provoost.	January 30.
16.	John Dúnk & Margarita Parker.	February 2.
31.	William Warner & Neeltje Chahaan.	13.
Maart 6.	John Vrooman & Mary Appel.	Maart 8.
28.	Randal Staeve & Margari[th] Laúwerier.	29.
30.	John Heÿer & Margari[th] Bulleaú.	31.
April 1.	William Tilladams & Jane Britaú.	April 1.
25.	Teúnis van Gelder & Jane Bradt.	25.
23.	Robert Thiobalds & Agnes Lÿnsen.	26.
May 8.	Corneliús Wÿnkoop & Elisabet van der Spiegel.	May 9.
16.	Jesse Kierstede & Jacoba Lewis.	17.
23.	Jacob Loring & Maria Van[r] Grift.	24.
30.	Abel Hardenbroek & Anna Elsword.	31.

(629)   Personen met Geboden.

A° 1724. Ingeteekent May 16.	Laúrens Loúw, j. m. V. Nieuw Haarlem, & Jannetje Van Vlekkeren, j. d. van Bloemendaal.	A° 1724. Getroúwt Júny 12.
12.	Hendrik Hermsze, j. m. V. Breemen, met Margritje Lins, j. d. úit Pals, beide woonen alhier.	28.
12.	Pieter Staúben, Wed[r], met Coenradina Manderbag, Wed. V. Jacob Steerts, beide V. Nieuwit, woonende alhier.	30.
Júly 10.	Hendrik Paúlsze, j. m. V. N. York, met Neeltje Van Deúrzen, j. d. V. N. York, beide woonende alhier.	Júly 26.
Sept. 11.	Joh[s] Laúrier, j. m. V. N. York, met Maria Barends, j. d. V. N. York, beide woon[e] alhier.	Septr 27.
Aúgúst 10.	Nicolaas Sÿn, j. m. úit Duidsl[t], met Urseltje Maúlin, j. d. úit Duidsl[t], beide woonen alhier.	Octob[r] 1.

INGESCHREVEN.		GETROÙWT.
Octob. 30.	David Keúning, j. m. úit Duidsl^t, met Anna Catharina Tipel, j. d. mede úit Dúidslant, beide woo^e alhier.	Novemb. 22.

A° 1725.

Decemb. 24.	Jonas Frederiksz, j. m. Van Philipsbúrg woonende op Springfielt, op't Lang Eÿl^t, met Marÿtje Ras, j. d. Van Jamaica opt lang Eyl^t, en woonende te Nieúw York.	January 12.
Janúary 1.	Simson Pels, j. m. V. N. York, met Maria Bensing, j. d. V. N. Haarlem.	22.
16.	Ryer Michielsze, j. m. V. Mannor V. Fordam, met Elisabeth Dreak, j. d. V. 't lang Eyl^t, woonende op Mannor Fordam.	February 4.
22.	John Stokford, j. m. V. O. Engl^t, woonende alhier, met Alida Sikkels, j. d. V. betfort opt L. Eÿl^t, woonende aldaar.	8.
22.	Nicolaús Hamler, j. m., met Mari Magdalena Simon, beide úit H. Dúidsl^t, en woonen alhier.	13.
22.	Nicolaas Búrger, j. m. V. N. York, met Debora Blÿenbúrg, j. d. V. t Lang Eyl^t, beide woonen alhier.	
Maart 5.	John Ellen, j. m. V. N. York, met Marÿtje Akkerman, j. d. V. Hakkinsak, beide woonende alhier.	Maart 21.

(630)

Personen met Licentie.

A° 1724.		A° 1724.
Ingeteekent Júny 6.	Henry Longfield & Anna Smith.	Getroúwt Júny 7.
11.	Arie Gerritze & Rebecca Jacobs.	12.
19.	William Latton & Margaret Ketúlhúÿn.	21.
17.	Martin Beekman & Elisab^t Waldron, Getrouwt op Hoorenshack.	21.
19.	William Walling & Merilla Cramer.	25.
Aúgúst 3.	Benjamin Loring & Hanna Woot.	Aúgúst. 3.
Septemb. 3.	Philip Marrell & Elisabet Whitehead.	Septemb. 3.
Octob. 3.	Ninien Ballentin & Cathar^a V. Sane.	Octob. 3.
5.	John Darby & Hanna Mott.	5.
6.	Gerrit Gerritze met Anna Le Roúx.	10.
12.	James Robbertzon & Silva Anderson.	12.
11.	Thomas Fitch & Phebe Búrling.	19.
Novemb. 20.	Hendrik Bogaart & Cornel^a de Graúw.	Novemb. 22.
26.	Jan van Teerling & Anna De Peÿster.	27.
Decemb. 4.	Pieter Kip & Margarite Blom.	Decemb. 6.
21.	William Cútty & Elisabeth Boúman.	25.

INGESCHREVEN	A° 1725.	GETROUWT.
Janúary 5.	William Hoppe & Elisab^t V. Norde.	Janú. 8.
7.	Gerardús Hardenbrook & Helena Cooley.	10.
11.	D° Henricús Boele & Eliseb^t V. Horne.	14.
24.	Abraham Ten Eyk & Jesÿntje Berkelo.	24.
Februáry 4.	Henry Hedger & Lidea Ellis.	Februáry 4.
3.	Isaac van Hoek & Elsje van Schayk.	6.
12.	Evert Pels & Catharina De Graúw.	14.
Maart 3.	Thomas Richardson & Geertrúÿ Búrger.	Maart 6.
12.	Stephen Bayard & Alida Vetch.	12.
18.	Isaac Boke & Bregje Rome.	20.
18.	Walther Hÿer & Elsje van de Water.	20.
N. B. October 1724, 17.	Gerrit van^r Poel & Maria M^{k}intosh.	April 3.
(631)	Personen met Geboden.	
A° 1725. Ingeteekent April 16.	Joseph de Voê, j. m. van West Chester, & Sara Blom, j. d. V. Nieuw York, beide woonende alhier.	A° 1725. Getroúwt May 8.
May 14.	Gÿsbert Gerritze, j. m. V. Jamaica, met Margritje Lesjer, j. d. V. Duidsl^t, beide woonende alhier.	30.
Júny 9. Met attest: van Bergen.	Ide Sip, wedúenaar van Adriaantje Cornelis, met Antje van Wageninge, j. d., beide van Bergen.	Júny 9.
May 8.	Joh^s Bússing, j. m., met Marÿtje de Brúÿn, beide V. Mannor v. Fordam, en woonende aldaar.	15.
Met Attest. van Tappan. Sept. 13.	Jacob Meÿer, wedúenaar V. N. Haarlem, met Rachel Baton, j. d. V. Hakkinsak, beide woonende in 't klooster.	Septemb. 16.
13.	Isebrand Cammegaarn, j. m. V^t. Lang Eyl^t, met Lea Maúres, j. d. V. Schralenbúrg, en woonende aldaar.	16.
8.	Asbil Gelesby, j. m. V. Jerlandt, met Sarahtje Herrisson, j. d. V. N. York, beide woonende alhier.	19.
17.	Joh^s Paúlsze, Júnior, j. m., met Trÿntje Van Deúrsen, j. d., beide V. N. York.	Octob. 3.
Octob. 9.	Edward Hayter, Wed^r V. Lond^n, met Annatje Moret, j. d. úit Hoog Dúidsl^t, beide woonende alhier.	24.
9.	Jan Cisco, j. m. V. N. Haarlem, met Anne Wats, Wed. V. O. Eng^t, woone^e te N. York.	Novemb. 4.
	A° 1726.	
January 21.	Johannes De Lamontagne, j. m. V. N. York, met Súsanna Bússing, j. d. V. N. Haarl^m, beide woon^e alhier.	February 7.

INGESCHREVEN.		GETROUWT.
d°.	Benjamin de Voe, j. m. V. WestChester, met Josỳntje Oblinús, j. d. V. N. Haarlem.	February 8.
Febr. 26.	Johannes Laúrier, Wed[e] V. N. York, met Catharina Banker, j. d. V. Philipsbúrg, beide woon[e] alhier.	Maart 13.

(632)   Personen met Licentie.

A° 1725.		A° 1725.
Ingeteekent May 13.	Johannes Búrger & Aefje Goelet.	Getroúwt May 16.
21.	Joseph Roỳden Jamain & Sara Búrger.	22.
24.	Daniel Andrewvet & Hanna Hendrikz.	29.
Júny 11.	John van Dúúrzen & Geertje Múnthorn.	Júny 12.
18.	Joh[s] Paers & Helena Brestede.	19.
11.	Joost Vredenbúrg & Magdalena Broúwer.	26.
Júly 9.	Nicolas Bús & Elisabeth Drinkwater.	Júly 11.
17.	Geúrt Roos & Emerentia Ver Plank.	17.
16.	Matthias Borel & Sarah Smith.	18.
19.	Daniel Dúnscom & Maria Aartze.	24.
Aúgúst 13.	Cornelius Túrk & Cathr[a] V. Tilburg.	Aúgúst 14.
24.	Jeremias Davis & Rachel Griggs.	26.
Septemb. 3.	Gerrit Martin & Elener Everts.	Septemb. 7.
11.	Daniel Lỳnsse & Catharina Echt.	12.
24.	Joseph Royale & Catharina Johnson.	25.
Octob. 15.	William Shakkerly & Anna Bratt.	Octob. 16.
28.	John Roomer & Elisab[th] Waldron.	30.
Novemb. 6.	Marinús Echt & Aaltje Harsse.	Novemb. 7.
Decemb. 16.	William Dúglas & Martha Harris.	Decemb. 16.
7.	Cornelis Broúwer & Hanna Hilton.	18.

A° 1726.

30.	Cornelis Folman & Maria Wessels.	January 1.
1725 Novemb[r] 9.	Jeremias Broúwer & Elisab[th] Hilton.	15.
Janúary 20.	Hendrik Wilse & Pieternelle V. Boog.	21.
28.	Samúel Kouwenhooven & Sarah Drinkwater.	30.
Febrúr. 3.	David Abeel & Maria Dúỳckink.	Febrúary 4.
18.	Pieter Van Benthúỳzen & Margarite Olphers.	19.
Maart 23.	Titús Titús & Jane Bodet.	Maart 25.

(633)   Personen met Geboden.

A° 1726.		A° 1726.
Ingeteekent April 23.	Hendrik Fanner, Wed[r], met Anna Maria Jager, j. d., beide úit H. Duidsland, en woonende alhier.	Getrouwt May 9.
29.	Caspar Hartwich, Wed[r], met Cath[a] Folpert, Wed[r] v. Paúly Wagenaar, beide úit H. Dúidslant, en woon[e] alhier.	18.

145

INGESCHREVEN.		GETROUWT.
A° 1726.		
May 20.	Joh^s Quakkenbosch, j. m. v. N. York, met Magdal^a Elisabth Hartwich, j. d. uit H. Duidslandt, beide woon^e alhier.	Juny 9.
Met attest van Bergen, July 20.	Johannes De Groot, j. m., met Elisabet Sickels, j. d., beide van Bergen.	July 20.
August 26.	Pieter Kastel, j. m. v. Amst^m, met Susanna Broun, j. d. v. N. York.	Septemb^r 14.
Sept. 2.	Philip Jong, j. m. & Eva Tysse, j. d., beide uit H. Duidsl^t & woonende alhier.	23.
26.	Antony Caspar, Wed^r & Margrita Kemmer, j. d., beide uit H. Duidslant, en woonende alhier.	Novemb. 8.
Octob^r 25.	Jan Uitdenbogert, j. m., met Margrietje Paalding, j. d., beide v. N. York, en woon^e alhier.	13.
25.	Gerrit Cornelisse, j. m. v. Amst^m, woon^e aan Raretans, met Maria Lammersze, j. d. v. N. Haarl^m, woonende aldaar.	18.
28.	Hendrik Deyer, j. m. v. Alban., met Johanna de Lamontagne, j. d. v. N. York, beide woonende alhier.	19.

(634)

Personen met Licentie.

A° 1726.		A° 1726.
Ingeteekent April 1.	John Rey & Mary Jones.	Getrouwt April 3.
6.	John Jones & Sara Heyborn.	9.
Maart 15.	Allart Antony & Susanna Laurier.	21.
May 12.	Jacob Walton & Maria Beekman.	May 14.
13.	John Abrahamsen & Elisabet Bosch.	14.
14.	Gilbert Van Deurssen & Hanna Ten Broek.	14.
10.	William De Voor & Charite Canklin.	20.
19.	John Daely & Margrieta Van Sysse.	22.
19.	Barend Bosch & Hanna Roome.	22.
Juny 3.	Walther De Grauw & Mary de Lanoir.	Juny 5.
May 10.	David de Voor & Annetje Van Breemen te Haarl^m.	29.
July 15.	Abraham Van Deursen & Antje Coek.	July 17.
15.	Hendrik Smith & Rachel V. Ness.	17.
29.	George Aston & Maria Blank.	29.
August 2.	Antony Luwis & Meliora Norwood.	August 4.
16.	William Eedzall & Jenneke V. Velsen.	17.

INGESCHREVEN.		GETROUWT.
Sept. 6.	Abraham Yeats & Hester Drinkwater.	Sept: 10.
22.	Pieter van Norden & Antje Williams.	24.
24.	John Búrnet & Elisabeth Taylor.	24.
29.	Norton Kelsal & Johanna White.	29.
Octob. 1.	Icabot Loútit & Elisabth V. Dÿk.	October 1.
Sept. 28.	Joh^s Brevoort & Annatje Idesse.	8.
Octob. 19.	Hendrik Beekman & Geertrúy V. Cortlant.	21.
22.	Abrah^m Poútreaú & Maria Vrelant.	23.
28.	John Miller & Maria Roman.	29.
Novemb. 11.	Jacobús Túrk & Maria Myer.	Novemb. 12.
16.	Pieter Bond & Catharina Meÿer.	19.
10.	Teúnis Corsse & Elisabth Nomberg.	28.
Decemb. 12.	Elbert Herring & Catharina Lent, tot Haarlem.	Decemb. 14.

(635)

Personen met Geboden.

A° 1727.		A° 1727.
Ingeteekent den 22 Nov. 1726.	Alexander Pits, j. m. v. O. Engl^t, met Maria Jones, j. d. Van Nieuw York, beide woon^e alhier.	Getroúwt January 8.
Febr. 17.	Johannes Snoek, Wed^r, met Coenradina Manderbag, Wed. V. Pr Stoúber, beide úit Duidsl^t, en woonende alhier.	Maart 7.
Maart 4.	Johannes Roorbagh, j. m. & Sophia Graú, j. d., beide úit Duidslant en woonende alhier.	25.
April 15.	Joh^s Cinsinning, j. m., met Barbera Welfeling, j. d., beide úit H. Duidslant, en woonende alhier.	May 1.
Met attest. v. Presb.-Kerk, 22.	Robbert Bokwel met Isabella Brÿn.	7.
May 13.	Johannes Hofman, Wed^r, met Elsje Margrite Anhúizen, beide úit H. Duidsl^t, woonende alhier.	29.
19.	Cornelis Qúakkenbosch, j. m., met Cornelia De La Maetere, j. d., beide v. N. Haarlem, woonen aldaar.	Júny 16.
Júny 9.	John Tarp, j. m. v. Woedbrits, met Apolonia Hereman, j. d. v. N: Y^k, beide woonende alhier.	30.
Aúgúst 25.	Frederik Becker, j. m. & Catharina Zenger, j. d., beide úit Hoog- Dúidslant, en woonende alhier.	Septemb. 10.
Octob. 14.	Thomas Hikdy, j. m. v. Lond^n, met Margrita Nicols, Wed. v. Robt Simson v. N. York, beide woonen alhier.	Octob. 29.

INGESCHREVEN.		GETROÛWT.
Novemb. 18.	John Dévis, Wed^r van Súsanna Wicks ûit de Baramoedes & Catharina Denion, j. d. ûit Hoog Duitchland, beide woonende alhier.	Decemb. 3.

(636)

Personen met Licentie.

1727.		1727.
Ingeteekent Maart 20.	Isai Foúshe & Margrit Hermans.	Getroûwt Maart 20.
25.	John Albery & Elisabeth Cúddy.	25.
April 20.	Francois Marschalk & Anneke Lŷnsse.	April 22.
May 10.	Richard Hanssen & Sarah Thong.	May 14.
17.	Isaac Chardavoine & Hanna Caar.	18.
24.	Henry Williams & Maria Van Sŷsse.	25.
Júny 3.	John Stevens & Blandina Laúrens.	Júny 4.
7.	Patrik Jackson & Anna Van d^r Spiegel.	10.
13.	Henry Laúwrens & Hester Lŷnsse.	15.
12.	Gŷsbert Uittenbogard & Catharina Húnter.	13.
15.	John Van Pelt & Hillegond Boekenhoven.	17.
29.	Dirk de Groof & Maria Elsworth.	Júly 2.
Júly 4.	William Miller & Hanna Nieúwkerk.	4.
29.	John Le Montes & Aafje van Norden.	29.
Sept. 1.	John Stevens & Reŷntje v. Brakele.	Sept. 1.
1.	Bartholome^s Noxon & Elisb^t Pasco.	3.
6.	Gerrit Coúsŷn & Margrita Johnson.	9.
23.	William Fisser & Elisabeth Smith.	24.
29.	Samúel Romain & Sarah Minthorn.	30.
29.	Robbert Bleen & Edi Cock.	30.
Octob. 6.	John Galloway & Hanna Lamb.	Octob. 7.
Novemb. 11.	Cornelis Cortrecht & Ester Canon.	Novemb 11.
10.	Francois Koúwenhoven & Maria Broúwn.	12.
16.	Henry Brasier & Abigail Parsell.	19.
25.	Húgh Robberts & Martha Hains.	25.
25.	John DúMont & Annatje Hooglant.	27.
Decemb. 6.	Mattheús Bensing & Hanna De Groot.	Decemb. 9.
Novemb. 29.	Brand Bosch & Aphje De Brúŷn.	16.
22.	John Búŷs & Hanna De La Montagne.	30.
29.	Lúcas Peck & Maria Reading.	30.

(637)

Personen met Geboden.

1728.		1728.
Ingeteekent May 10.	Harmen Lúcasse, j. m. v. N. York, met Annetje Asjevŷng, j. d. v. N. Rochel, beide woonende alhier.	Getroúwt May 30.
Sept. 13.	Christianús Stoúwber, j. m., met Anna Maria Hofman, Wed. van Michiel Peffer, beide ûit Hoogduidsl^t, woon^e alhier.	Octob. 4.

INGESCHREVEN.		GETROÚWT.
Aúgúst. 18.	Johannes Lúcas, Wed' van Heidelberg, met Elisabeth Pipes, Wed. v. Timoth° Paerker Van Pelsilvanie, beide woonende op de boúwery.	12.

(638)   Personen met Licentie.

A° 1728.		A° 1728.
Ingeteekent January 1.	William Jones en Mary Ann Clare.	Getroúwt Janúarÿ 1.
2.	Lúÿke Sjoerts & Cathar^a Bensing.	6.
19.	Peter Yay & Maria v. Cortlant.	20.
9.	Richard Vivian & Anna Holme.	Febr. 8.
Febr. 20.	Joseph de La Montanje & Marger^{te} Roll.	Maart 2.
Maart 2.	John Hendriks & Sara Tiljoú.	2.
27.	Evert Bÿvank & Maria Cannon.	April 6.
April 20.	William Fielding & Sÿtje Boekenhoven.	23.
27.	Búrger Sipkens & Rebecca Brestede.	27.
May 11.	Pieter Maas & Rachel Brestede.	May 11.
18	John Fischiê & Catharina Waldron.	18.
30	John Hoppe & Maria v. Norden.	31.
27.	Samúel Ten Eÿk & Maria Gornie.	Júny 2.
Júny 14.	Samúel Green & Annatje Van Velsen.	15.
15.	Abraham Ekker & Margar^{ta} Montros.	15.
Júly 19.	Abraham Cannon & Maria Leonards.	Júly 21.
20.	Nicolaas Swaan & Hendrica Sikkels.	21.
29.	Israel Sadok & Francÿntje Blÿenbúrg.	29.
29.	James Tucker & Maria Woertendÿk.	31.
Septemb. 5.	John Sleigh & Teúntje Stevens.	Septemb. 5.
12.	Laúrens Lambertse & Jane Macdonald.	12.
20.	John Williams & Jane van De Water.	21.
21.	Roger French & Margarita Loúw.	22.
Octob. 10.	Albertús Tiboúwt & Cornelia Bogaart.	Octob. 12.
17.	John Denmark & Rach^l Beekman.	17.
21.	Joseph Williams & Sara Woolley.	21.
25.	John Stinson & Eleanor Múrphy.	25.
31.	Jacob Sharp & Anna Maria Bomper.	Novemb. 2.
31.	Antony de Milt & Mary Scamp.	2.

(639)   Personen met Geboden.

1729.	A° 1729.	A° 1729.
Ingeteekent Maart 28.	Johannes Waldron, Wed' van Bossen Eÿl^t, met Margrietje Rol, j. d. v. H. Duidsl^t, woon^e alhier.	Getroúwt April 13.
14.	Abraham Van Arnhem, j. m. v. N. Y^k, met Marÿtje Van Heÿningen, j. d. v. N. Y^k.	15.
31.	Adam Teets, Wed^r úit Hoog Duidslant, woonende te N. Haarlem, met Catharina Schonenberg, j. d. úit Hoog D.s.L., woon^e te N. Yk.	21.

INGESCHREVEN.		GETROUWT.
May 2.	Gabrial Moor, j. m., met Antje Coŭsÿn, beide v. N. York, en woon^e aldaar.	May 18.
9.	Resolrert Waldron, j. m., met Metje Qŭakkenbosch, j. d., beide v. N. Haarlem, en woon^e aldaar.	28.

(640) Personen met Licentie.

A° 1728.		A° 1728.
Ingeteekent Novemb. 2.	William Day & Laŭerina Akkerman.	Getroŭwt Novemb. 5.
18.	Jacob Robberts & Britget Deÿgten.	18.
20.	Jannes Bonnet & Maria Solise.	21.
30.	Henry Beckman & Debora Pell.	Decemb. 1.
26.	Matth^s v. Alsteÿn & Cathar^a Kerfbÿl.	10.

1729.	A° 1729.	1729.
Janŭary 22.	Joh^s Freder^{ks} Kŭnter & Cornel^{ia} Coelie.	Janŭary 24.
22.	Lewi Thieboŭ & Mary Vielie.	26.
28.	Abraham Filkins & Perÿntje Tieboŭt.	28.
27.	Adrian Banker & G. Elisabth v. Taerling.	30.
Febrŭary 7.	David ^{W} Provoost & Anneke Van de Water.	Febrŭary 8.
11.	Nicolaas v. Taerling & Elisabth Richard.	13.
13.	Abraham Kip & Maria v. den Berg.	13.
28.	Michiel Diderik & Penelope Cŭŭr.	Maert 1.
Maart 4.	Cornelis Van Arlandt & Frances Bŭrges.	4.
9.	Gabriel Crook & Maria Hardenbroek.	9.
26.	James Hŭnter & Rachel Wright.	27.
April 3.	William Waldron & Aafje Samman.	April 3.
5.	Jacob^s de La Montagne & Maria Pel.	6.
29.	William Pasman & Christina Lee.	29.
May 10.	Cornelis Loŭw & Johan^a Goŭverneŭr.	May 10.
12.	George Rapalje & Helena Johnson.	17.
19.	John Hŭtton & Elisabeth v. Dÿk.	25.
20.	William Vredenbŭrg & Willemtje Nak.	25.
Jŭny 3.	Andries Marschalk & Teŭntje Tiboŭwt.	Jŭnÿ 7.
6.	Herman Rŭtgers jŭn^r & Elisabet Bensen.	7.
13.	Thomas Broŭn & Maria Hŭnt.	13.
20.	George Lamb & Hendrica Mÿer.	21.
Jŭly 3.	Nicolas Bayart & Elisa^{bth} Reÿnders.	Jŭly 3.
10.	Richard Bradbŭrn & Elis^{bth} Jones.	12.

(641) Personen met Geboden.

1729.		1729.
Ingeteekent Jŭly 4.	Abraham Andriessen, j. m., met Elisabeth Bŭÿs, j. d., beide v. Deŭtelbay, en woonende aldaar.	Getroŭwt Jŭly 20.

INGESCHREVEN.		GETROUWT.
Sept. 6.	Cornelis Tarp, j. m. v. Woodbrits, met Apolonia Uitdeboomgaart, beide woonende alhier.	Sept. 21.

A° 1730.

| Decemb' 26. | Jacob Kien, j. m., met Elisabeth Erving, beide úit Hoogduidslant, & woonende alhier. | Janúary 11. |

(642) Personen met Licentie.

1729.		1729.
Ingeteekent Júly 14.	Teúnis Tiboúwt & Margr^ta Drinkwater.	Getroúwt Júly 19.
20.	John Schúÿler & Sara Walther.	20.
20.	William Grant & Sara Schackerlÿ.	20.
22.	Joseph Prú & Gerritje Taÿlor.	24.
25.	Jacobús Kip & Catharina Kip.	27.
Aúgúst 4.	John Clark & Maria V^r Schúúre.	Aúgúst 6.
Sept. 2.	John Bell & Elisabeth Fell.	Sept. 7.
12.	William Clarkson & Elisab^th Húnt.	13.
19.	Benjamin Jervis & Maria Koning.	21.
26.	Thomas Bartlet & Sarah Tindall.	27.
Octob. 11.	John Húghes & Annatje Chartes.	Octob. 11.
Novemb. 1.	John de Witt Peterzoon & Anne Van Horne.	Novemb. 2.
Octob. 31.	Thomas Núet & Maria Hermans.	2.
Novemb. 10.	William York & Cath^a Shedar.	10.
15.	Gerrit Keteltas & Elisab^th v. Dÿk.	15.
21.	Thomas Shelton & Christina v. Dalen.	23.
Decemb^r 3.	John Húll & Maria Francis.	Decemb^r 4.
12,	Robbert Provoost & Adriana Paúl.	14.
18.	Evert Dúÿkin & Aafje Hardenbroek.	21.
22.	John Witsingam & Jacomÿntje La Roúx.	24.
24.	Abraham Van Horne Jún^r & Catharina Rútgers.	27.

A° 1730.

Janúary 2.	John Van der Heúl & Sarah Kip.	Janúary 3.
Febrúar: 17.	Francis Whith & Cath^a Cramer.	Febr: 19.
Maert 5.	John Ten Eÿk & Hanna Drinkwater.	Maert 5.
3.	Marten Klok & Margar^t Dehonneúr.	8.
25.	Philippús Goelet & Cathar^a Boelen.	28.

(643) Personen met Geboden.

| 1730. ingetekend April 10. | Matthÿs Van Rosendaal, Wed^r, met Margariet Haal, Wed^e Van Michiel Gromen, beide van N. York, & woonende alhier. | 1730. Getroúwt May 7. |

INGESCHREVEN.		GETROUWT.
Júny 20.	Godefricús Bennoë, j. m. v. N. Alban, met Piternelle de La Montanje, j. d. v. N. York, beide woonende alhier.	July 9.
Septemb{r} 19.	Henricús Haanraad, j. m. úit Hoog Dúidsl{t}, met Elisabeth Wikkel, Wed. v. Jan Smith úit O. Eng{lt}, beide woonende alhier.	Octob. 4.
30.	Thomas Maeby, j. m. v. N. Albanie, met Sarah Coúper, j. d. v. N. York, woonen alhier.	11.
Òctob. 16.	Samúel Van Naamen, j. m. v. Staaten Eÿl{t}, met Sarah de Lamontanje, Wed. v. James Makkintas v. N. York, beide woonen alhier.	31.
23.	Thomas Barber, Wed{r} Van Lena Broúwer v. Nieúw York & Mary Wolc, Wed. van William Salomons van Boston, beide woonende alhier.	
Novemb. 6.	Alexander Búlsing, j. m. v. Philipsbúrg, met Aaphje Woed, Wed. v. Thomas Makkelveen, beide woonen alhier.	22.

(644)   Personen met Licentie.

1730.		1730.
Ingeteekent April 17.	Matth{s} Van Deúrsen & Marg{t} Paúls.	Getroúwt April 18.
21.	Matth{s} Noble & Súsanna dú Nongne.	21.
22.	Jacobús van Norden & Christ{a} Sabrisco.	25.
14.	Jaqúes Búvelot & Marg{ta} Perdriaú.	27.
May 2.	William de Peÿster & Margareta Rosevelt.	May 5.
7.	John Romme & Elisabet TenEÿck.	9.
9.	William Andrew & Súsan{a} Fort.	9.
16.	Gerrit Hollaar Maas & Elisabeth Donskam.	17.
22.	Pieter Pra Van Zandt & Sara Williamsz.	29.
Júny 12.	Hendrik Mÿer & Geertrúÿ Rome.	Júny 13.
Júly 2.	William Whitead & Lidia Bonnet.	Júly 2.
16.	Dirk Pitersse & Nelletje Van Brúnt.	16.
24.	William Dÿk & Annatje Paúlsse.	26.
Aúgúst 6.	Josúa Slÿdell & Elisab{th} Johnson.	Aúgúst 6.
8.	Jacob Koúwenhoven & Anna v. Vegten.	11.
11.	John Wilks & Maria Holst.	13.
Sept. 10.	Henrÿ Brakkers & Maria Ver Plank.	Sept. 10.
11.	James David & Maria Tilly.	12.
14.	Joris Coúsaar & Elisabeth Hooglant.	16.
18.	Archibald Robison & Elisab{th} Wallis.	20.
30.	John Húnt & Belida Ten Eÿck.	Octob. 2.

INGESCHREVEN.		GETROÚWT.
Octob. 7.	Nicolaús Rosevelt & Maria Bosch.	7.
9.	Johannes dú Bois & Hele^a Bayard.	11.
22.	John Taveaú & Brigitta Pell.	25.
31.	Zacharia Allen & Esther Dinning.	31.
Novemb. 3.	Francis Warne & Eva Eght.	Novemb. 8.
14.	Timothy Larÿ & Mary Moore.	15.
6.	Andries Teller & Maria Mariús.	, 15.
20.	John Williams & Charity Hooms.	21.
20.	Pieter Boúwman & Aaltje v. Pelt.	25.

(645)

Personen met Geboden.

1730.		1730.
Ingeteekent Decemb. 1.	Laúrens Lammersse, j. m. v. N. York, met Lea Bras, j. d. v. Kingstoúwn, beide woonende alhier.	Getroúwt Decemb. 20.
d°. 1.	Denÿs Costúla, j. m. v. Ierlandt, met Elisabeth Rendal, Wed. v. Barny Hamilton v. Ierlandt, beide woonende alhier.	20.

1731.	A° 1731.	1731.
April 29.	William Prasser, j. m. v. London, met Margrite Bagget, j. d. v. Dúbblin, beide woonende alhier.	May 17.
May 7.	Isaac Berré, j. m. v. Boston, woonende alhier, met Priscilla Hooms v. N. Haarlem.	29.

(646)

Personen met Licentie.

1730.		1730.
Ingeteekent Decemb^r 4.	Deneis Fisser & Belia Túrk.	Getroúwt Decemb. 6.
18.	Johan^s Qúakkenbosch & Margrita Bogaart.	20.

	A° 1731.	1731.
31.	Joseph Waldron & Aafje Hellake.	Getroúwt Jan. 9.
1731.		
Janú. 15.	Philip Pirot & Elisabth Elswort.	17.
19.	Adriaan Straat & Geertrúy Kaspar.	19.
8.	Abraham Persil & Jannetje Yver.	21.
22.	Laúrens Wessels & Súsanna Bradt.	24.
25.	John Marshall & Elsje Rútgers.	27.
27.	Pieter Sanders & Sarah V^r Spiegel.	28.
14.	William Walton & Cornelia Beekman.	27.
14.	Nicolaús Kortregt & Elisabth v. Húÿzen.	Feb: 5.
Feb: 13.	Jacob Van Haal & Aaltje Holst.	14.
26.	Rip Thong & Cath^a Van Woert.	27.

INGESCHREVEN.		GETROUWT.
A° Maert 3.	Jacob Miller & Catelina Kip.	Maert 11.
24.	John Webbers & Anna van Norden.	April 2.
April 30.	John Ten Broek and Hanna Smith.	May 1.
30.	James Oman and Rebecca Hooglandt.	2.
May 7.	John James Thomas & Maria Pitt.	7.
3.	Steenwyk de Riemer & Catharina Rozevelt.	9.
14.	Pieter Wessels & Cornelia de Hart.	15.
18.	Jacob Wynakker & Marytje Tysse.	18.
18.	Robert Levingston & Maria Thong.	20.
26.	Johannes Mandeviel & Annatje Hoppe.	28.
Juny 1.	John Sybrandts & Elisabeth van Dam.	Juny 2.
4.	Thomas Mercer & Hille Lambersze.	4.
2.	Alexander Homes & Mary Ann Marcè.	5.
11.	Pieter Dumont & Aaphje Vrelandt.	13.
12.	Marten Burger & Hanna Vincent.	13.
26.	Robert Scot & Engeltje Sparrun.	26.
25.	John Cholwel & Agnitje van Dyk.	July 4.

(647) Personen met Geboden.

1731.		1731.
Ingeteekent August 14.	Cornelis van Vegten, j. m. v. N. York, met Neeltje Bulsing, j. d. v. N. York, beide woonende alhier.	Getrouwt Sept. 4.
Sept. 24.	Richard Cluer, j. m., van O. Engl^t, met Maria Herman, Wed. van Thomas Luel, van Hoogduidslandt, beide woonende alhier.	Octob. 14.
Octob. 21.	Teunis du Four, Wedun^r, v. N. York, met Sara Oblinus, j. d. v. N. Harrlem.	Novemb. 11.
Nov. 5.	Matthys Jong Wed^r, in de West camp woonende, met Catharina Diderik, J. dochter uit H. Duidsl^t, woonende alhier.	14.

1732.	A° 1732.	1732.
January 15.	Samuel Martimour j. m. v. O. England, met Anna Nyts j. d. v. N. York, beide woonende alhier.	Februar 13.
Maert 7.	Matthias Calschut j. m. uit H. Duidsl^t met Alweidina Wagenaar j. d. mede uit Hoogduidsl^t woonende alhier.	Apriel 17.

(648) Personen met Licentie.

1731.		1731.
Ingeteekent July 28.	Hugh Brawford and Eva van Gelder.	Getrouwt July 28
Octob. 8.	John van Size & Engeltje Appel.	Octob. 10.
19.	Abraham Keteltas & Jane Jacobs.	19.
27.	Robert Grindley & Mary Booth.	27.

INGESCHREVEN.		GETROUWT.
Octob. 28.	Thomas Burck & Ellinor Clerk.	Octob. 28.
29.	Gerardus Banker & Maria de Peyster.	31.
Novemb. 6.	Joha^s Vreland & Aaltje van Dyk.	Novemb. 6.
11.	Joh^s Thomasse & Annatje Schremmeling.	11.
27.	John Johnson & Jane Haywood.	29.
1732.	A° 1732.	1732.
January 13.	Henry Jones & Mary Jones.	January 13.
Febr. 3.	John Waldron & Elisabth Brestede.	Febr. 5.
12.	Francis Silvester & Cathar^a Klok.	12.
11.	John Oliver & Hanna Blom.	12.
14.	John Robinson & Elizabeth van Vleck.	15.
Maert 6.	Pieter Canon & Wilmyn^{tj} Schermerhorn.	Maert 6.
25.	John Layton & Belitje Tetrik.	25.
25.	Thomas Goodlad & Maria Witfield.	26.
27.	William Cumming & Margar^t Lake.	28.
April 22.	Richard Kip & Maria Ellis.	April 23.
28.	Francis Barré & Altje Turk.	29.
May 12.	Samuel Groenendyk & Maria Kierstede.	May 13.
26.	Joseph Ellisson & Margarth Whyt.	28.
26.	Richard Ten Eyck & Maria Covenhoven.	29.
30.	Jonas Forster & Elisabth Orberry.	30.
Juny 2.	John Walker & Carolina Benson.	Juny 4.
8.	Hero Ellis & Anna v. Taerling.	9.
9.	William Roberts & Ann Diksen.	9.

(649)

Personen mit Geboden.

1732.		1732.
Ingeteekent Juny 3.	Edward Anderson, j. m. met Aplonia Erkeson, j. d., beide van Nieuw York, & woonende alhier.	Getrouwt Juny 24.
Sept. 9.	John Wittenton, Wed^r, van O. Eng^{lt}, met Anna Windefort, Wed. van John Makkinni van N. York, beide woonende alhier.	Septemb. 30.

(650)

Personen met Licentie.

1732.		1732.
Ingeteekent Juny 15.	Joseph Paling & Susanna White.	Getrouwt Juny 18.
July 21.	Johan^s vand^r Schuur & Elsje Bosch.	July 21.
August 5.	Isaac v. Gelder & Maria Miller.	August 6.
7.	Isaac Varian & Elizabth de Voun.	12.
11.	Herman Aalstyn & Jane Willis.	12.
Sept. 1.	Alexander Oglesby & Jane Schuyler.	Sept. 1.
15.	Elbert Haering & Elisabth Bogaert.	17.
18.	Christiaan Hardel & Hanna Coster.	20.
26.	Joseph Caddoun & Marg^{rth} Ceely.	26.
30.	James Makcartny & Anna Prys.	30.
28.	William White & Maria Brouwn.	Octob. 1.

INGESCHREVEN.		GETROUWT.
Octob. 6.	Abraham van Deursen & Rachel Pels.	Octob. 7.
18.	Henry Stanton & Maria Warner.	18.
21.	Pieter Burger & Theodosia Smith.	22.
24.	Daniel Dyk & Margarita Pauls.	29.
Novemb. 3.	Teunis de Klerk & Cathar^a Nak.	Novemb. 4.
4.	Roelof Kierstede & Anna Veezjan.	5.
6.	Artur Kinsley & Grace Bedsword.	6.
14.	Andries Andriessen & Hanna Buys.	23.
23.	Abrah^m Leidekker & Elis^{bth} Bensing.	26.
30.	John Bragier & Annatje van Gelder.	Decemb. 2.
Decemb. 12.	William Kingslandt & Margar^{ta} Coerte.	13.

A° 1733.

Januar 19.	William Elsworth & Maria van Grumme.	Januar 20.
Maert 6.	David Schot & Cloé Bensing.	Maert 6.
Maert 15.	Cornelis Van Gelder & Elis^{bth} Mesier.	16.
17.	Cornelis Webber & Cornelia Lent.	17.
16.	Nicolaus Antony & Hester Elswort.	17.
20.	Gerrit Wouters & Jannetje van d^r Beek.	20.

(651)   Personen met Geboden.

1733. Ingeteekent Maert 24.	Johannes Hanssen j. m. v. Tappan met Teuntje Dykman j. d. v. Bloemendaal.	1733. Getrouwt April 21.
May 19.	Samuel Makre j. m. van Ierland & Elsje Gretten Wed. van Jan Carstang van Hamstede, beide woonende alhier.	Juny 4.
Juny 1.	Thomas Ellen j. m. van N. York met Jannetje Dykman j. d. v. Bloemendaal.	23.
Sept. 15.	Thomas Williams j. m. met Marytje Bastiaansse, Wedun van Pieter Gafrie, beide van N. York en woonende alhier.	Octob. 3.
Octob. 27.	Christoffel Stymets j. m. woonende op Philipsburg, & Aafje Lammersse j. d. Van Nieuw York en daar woonende.	Novemb. 11.
27.	Alexander Bulsing Wed^r Van Aafje Woed Wed^e van Thom Makkelveen & Sara de Mildt j. d. beide van Nieuw York en woonende alhier.	17.
Decemb. 6.	Thomas Makdannel j. m. v. Ierlandt met Margriete Paterick Weduwe van Edmond Wels Van N. York beide woonende alhier.	Decemb. 24.

(652)   Personen met Licentie.

1733. Ingeteekent Maert 19.	Samuel Hobson & Elisabeth King.	1733. Getrouwt Maert 26.

INGESCHREVEN.		GETROUWT.
April 7.	Gerrit Hyer & Hanna Rome.	April 7.
16.	Artur Collins & Mary Jones.	16.
14.	John Minthorne & Jane Elsworth.	19.
6.	Tobias Stoutenburg & Maria Ten Broek.	29.
May 2.	Jan van Tuyl & Amy Jones.	May 2.
10.	Jacobus Stoutenburg & Maria Turk.	12.
16.	Thomas Pitts & Annatje Lisman.	19.
19.	Isaak Gardiner & Elisabet Bennet, Weduwe.	19.
22.	D° Robert Cross & Maria Wessels, Weduwe.	22.
Juny 16.	Pieter van Deursen & Maria Hildreth.	Juny 17.
July 13.	Hendrik Paulsze & Susanna Bedlo.	July 15.
Augusty 10.	Adolph Bras & Marritje Isles, Weduwe.	Augusty 12.
16.	David de Mareê & Annatje v. Zyl.	16.
Sept. 4.	Hendrik van Borssom & Margareta van Zandt.	Septemb. 5.
7.	William Boddy & Abigael Hueson.	7.
28.	Abraham Aalstyn & Elisab[th] Blom.	29.
Octob. 5.	Aarnouwt Webbers & Sarah Romein.	Octob. 7.
18.	Martinus Hofman & Tryntje Bensing.	19.
26.	Isaac Stouwtenburg & Annatje Dally.	29.
Novemb. 6.	Urbanus Spoan & Anna Maria Hoogler-ing.	Novemb. 6.
7.	Jan Peterson & Maria Stevensse.	10.
12.	Robert Roberts & Maria Daly.	12.
17.	Henry Thomas & Maria Lary.	17.
20.	Abraham v. Bremen & Magdalena Vonk, Wed.	21.
29.	Francis Bradt & Vrouwtje Myer.	Decemb. 2.
Decemb. 6.	Antony Molly & Elisab[th] Morgan.	6.
12.	Abraham Lynsen & Catharina Thong, Wed[r].	14.
12.	Henderik van Nes & Johanna Berk.	17.
20.	Obadiah Hunt en Jane Wessels.	23.
1734.	A° 1734.	
January 4.	Jacob Van Ziesen & Maria Túkker.	January 6.
(653)	Personen met Geboden.	
1734. Ingeteekent April 6.	Jan Dops, jong man van de Mannor v. Philipsburg, met Annatje Nieuwkerk Weduw. v. William Miller van N. York, beide woonende alhier.	1734. Getrouwt May 3.
19.	Johan Adam Miller j. m. van Manheim & Margrita Althuysa j. d. v. Niwit, beide woonende alhier.	6.
Septemb. 8.	Joseph Janssen, laatst wed[r] van Rebecca Fauler uit Pensylvanie & Catrin Ceary j. d. uit Dublin, beide woonende alhier.	Septemb[r] 22.

INGESCHREVEN.		GETROUWT.
Octob. 5.	John Tenner j. m. v. Glosjesier in O. Engl' met Margrita Rhoads j. d. v. N. York, beide woonende alhier.	Octob. 24.
Decemb. 6.	Henricus De Foreest j. m. & Susanna Bill Wed' van William Golding, beide van Nieuw Jork, en woonende alhier.	Decemb. 24.
14.	Jonathan Vriend, j. m. v. Jamaica in de ' Westindien & Elisabeth Bekker j. d. uit de pals in H^s Duidsl', beide woonende alhier.	25.

(654)

1734.

Personen met Licentie.

Ingeteekent January 11.	William Bogart Junior & Annatje Pell.	Getrouwt January 13.
21.	John Stevenson & Edie Blen, Wed.	21.
Febr. 9.	Johannes Vredenburg & Annatje Blom.	Febr. 10.
19.	Philip Luwis & Christina v. Taerling.	20.
Maert 12.	Richard Waldron & Hanna Langendyck, Wed.	Maart 17.
22.	Benjamin Davis & Abigail Hill.	22.
April 13.	John Smith & Hester Ricke.	April 14.
18.	William Swansing & Hester van Norden.	19.
20.	Bartholomeus Schaats & Jacoba Kierstede, Wed.	21.
25.	John Van der Heul & Maria Franklin, Wed.	26.
May 16.	Baltus Heyer & Sara Burger.	May 19.
22.	Hendrik Ellis & Marytje Sikkels.	26.
Juny 6.	Isaac Bradt & Magdalena Smith.	Juny 7.
7.	John Poel & Sara Wilkes.	7.
6.	John Clopper & Elisabet Ten Eyck.	9.
15.	Francis Manny & Anna Kip.	15.
20.	Henry Christopher Springer & Rachel King.	23.
July 2.	Benjamin Trott & Sara Mainard.	July 4.
August 2.	Lucas Kierstede & Maria Rykman.	August 4.
Septemb. 26.	William Brisben & Margarit Stiven.	Sept. 28.
30.	William Waldron & Cathri^a Mandeviel.	Octob. 6.
Octob. 8.	John Brouwer, Susanna Deroillhet.	9.
Novemb. 9.	Abrah^m Braesja & Elisabth Dally.	Novemb. 10.
16.	Martinus Bogart & Christina Persil.	16.
22.	Jacob Forwyler & Aaltje Romme.	22.
22.	Henrik Kermer & Rachel Gerritse.	23.
23.	John Wilks & Tryntje Woenknott, Wed.	23.
Decemb. 31.	Richard Eagon & Anna Moss.	Decemb. 31.

(655)

A° 1735.

Personen met Geboden.

1735. Ingeteeknet January 10.	Johannes Peffer, j. m. v. N. York, met Eva van Vegten, j. d. van N. Albani, beide woonende alhier.	1735. Getrouwt January 26.

INGESCHREVEN.		GETROUWT.
Febr. 1.	Samuel Jacobs, j. man & Jannetje Moor, j. docheter beide van N. York en woonende alhier.	Febr. 17.
28.	Samson Bensing, j. m. & Jannetje Ament j. d. beide van N. York en woonende alhier.	Maart 16.
Maart 13.	John Wyt, j. m. & Susanna du Fenne, j. d. beide v. N. York en woonende alhier.	30.
22.	Joris Eklie, j. m. v. N. York & Saratje van Naamen, j. d. v. Bergen, beide woonende alhier.	April 16.
May 9.	William Poppeldorf, j. m. met Anna Steyn, j. d., beide van Niwit, en woonende alhier.	
July 12.	William Parcel, j. m. en Jannetje Chahaan, j. d., beide van Nieuw York & alhier woonende.	July 27.
26.	Walther Dops, j. m. van Nieuw York met Maria Caes, j. d. van Westchester, beide woonende alhier.	August 29.
Octob. 5.	Johannes Loos, Wed^r van Niwit & Elisabeth Miller, j. d. v. Niwit, beide woonende alhier.	Octob. 13.
18.	Johan Jonas Bakkes, j. m. v. Niwit, met Anna Geertruy Wagenaar, j. d. mede v. Niwit, en beide woonende alhier.	Novemb. 2.
Metattertatie van Bergen. Novemb. 30.	Abraham Diderik, j. m., en Geertruy Bon., j. d., beide van Bergen.	Decemb. 10.

A° 1736.

1736.		1736.
January 31.	Abraham van Vlekkeren, j. m. v. N. York met Hilletje Buys, j. d. v. N. York.	Februar 20.
February 14.	Jan Misjerol, j. m. v. N. York met Elisabeth Hartman, j. d. v. N. York.	Maart 5.
Maart 5.	Jacob Miller, j. m. v. Niwit met Maria Juliaan Wed. v. Johan Willem, Kemp. mede v. Niwit & beide woonende alhier.	April 7.

(656)   Personen met Licentie.

1735.	A° 1735.	1735.
Ingeteekent January 16.	John Heuert & Martha Hammond.	Getrouwt January 16.
17.	Thomas Behena & Hanna Lanyon Wed.	17.
15.	Daniel Ebbets & Maria van Vorst.	19.
23.	Thomas Oakes & Eva Burger.	24.

INGESCHREVEN.		GETROUWT.
February 12.	Richard Langdon & Anna Cuyler.	Febur. 12.
24.	Fredrik Fyne & Rachel Bensing.	25.
April 3.	Bernardus Harsing & Sara Myer.	April 5.
4.	Cornelius van Horne Gerritsz Wed^r & Judith Jay.	6.
29.	William Corcelius & Elisbth Vredenburg.	May 4.
May 7.	Abraham Egt & Catharina Bensing.	8.
5.	William Floyd & Agatha Gidson, Wed.	12.
16.	John Lewis & Elisabet Carr.	18.
20.	Richard Jamison & Eleanor Rycke.	20.
Juny 4.	Pieter Bant & Hester de Voux.	Juny 8.
18.	Myndert Schuiler & Elisabth Wessels.	21.
July 25.	Jacobus Johnson & Margareta Fyne.	July 26.
30.	Aukin Lefferts & Catharina Vonk, Wed.	30.
August 1.	Nicolas Kermer & Aaltje Sebring.	August 2.
Septemb. 22.	Henry Myers Junior & Maria Governeur.	Septemb. 23.
Octob. 16.	Henry Van Renslaar & Elisabet van Brugh.	Octob. 16.
18.	Hendrik Brestede & Maria Brestede.	19.
29.	Mattheus Alstyn & Sara Linch.	Novemb. 4.
Novemb. 19.	Daniel Shatford & Rachel van Dyk.	20.
Decemb. 10.	Daniel Waldron & Maria Pell.	Decemb. 11.
12.	Johannes Appel & Maria Wilkens.	13.
1736.	A° 1736.	1736.
Febr. 26.	John Salt & Maria Stokker, Wed.	Febr. 27.
Maart 4.	Jacob Schurman & Jane Parker.	Maart 4.
23.	Hendrik van der Heul & Anna Brestede.	25.
April 9.	Hugh Shaw & Susanna Perry, Wed.	April 9.

(657)

Personen met Geboden.

1736.		1736.
Ingeteekent May 1.	James Meesen j. m. v. O. Engl^t met Anna Moor j. d. van N. York, beide woonende alhier.	Getrouwt May 17.
Augustus 7.	Henry Randall j. m. van Oud Engeland & Geesje Vanden Berg j. d. Van't Staaten Eiland, beide woonende alhier.	Aug. 22.
Sept. 19.	Benjamin Waldron j. m. v. N. Haarlem & Elisabeth Samman j. d. v. Bouwery.	Sept. 19.
13.	William Rynken Wed^r van Elisabet Taylor van Nieuw jork & Elisabet Borsjes Laatst Wed. van Thomas Rawss van Nieuw jork, beide woonende alhier.	Octob. 5.
August 14.	Francis Jamisson Wed^r v. Frihold met Hanna Kieger j. d. v. N. York niet eer der krinnered etrouwen Wegens rickte. [Translation — Could not be married earlier on account of sickness.]	14.

INGESCHREVEN.		GETROUWT.
Decemb. 4.	Edward Kemmel j. m. v. O. Engl^d met Margriete Moor j. d. v. N. York.	Decemb. 24.

(658)

Personen met Licentie.

1736.		1736.
Ingeteekent May 4.	John Asselstyn & Maria Vredenburgh.	Getrouwt May 8.
13.	Thomas Sickle & Anna Jones, Wed.	13.
13.	William Cardee & Belitje Byvank.	16.
July 1.	Cornelius Bois & Catharina Grigs.	July 1.
3.	George Lubeken & Margaret Oliver.	3.
19.	Samson Benson & Catharina Peek.	20.
August 10.	John Blancher & Elisabeth Laudit, Wed.	August 12.
19.	Cornelius Brouwer & Hester Bodin.	21.
27.	John Eckles & Belitje Couwenhoven.	29.
30.	John Ten Broek, Wed^r & Rachel Baldwin, Wed.	31.
27.	John Pinhorne & Geertruy Veldman.	Sept. 1.
Sept. 4.	Nathaniel Hinson & Elisabth Marschalk.	5.
25.	John Shurmur & Catharina Makdonald.	28.
Octob. 16.	Nicolaas de Foreest & Maria Barker.	Octob. 17.
19.	George Rowe & Hiley Marce.	20.
Novemb. 3.	John Wanshaar & Christina Egberts.	Novemb. 4.
7.	John Man & Hanna Benson.	7.
13.	Francis Tibout & Constantia King.	14.
29.	Benjamin Shut & Elisabeth Bogart.	29.
29.	Henry Wessels & Teuntje Sleigh, Wed.	29.
30.	John Peers and Marytje Tibout.	Decemb. 7.
Decemb. 10.	Jacob Write & Catharin Pell, uit Kings County.	10.
23.	Thomas Pool & Elizabeth Blank.	25.
24.	Peter Kirby & Marget Ellison, Wed.	26.

1737.	A° 1737.	1737.
January 5.	Abraham Day & Jenneke Ellis.	January 6.
7.	Samuel Pel & Hester Blom.	9.
14.	Cornelius Vonck & Elisabet Provoost.	14.
Februar 23.	John Prise & Maria Cros.	Febr. 27.
Maert 4.	Samuel Tingley & Agnes Blank.	Maert 6.
9.	Isaac de Peyster & Anna de Peyster.	9.
8.	John Bogert & Abigael Quik.	16.

(659)

Personen met Geboden.

1737.		1737.
Ingeteekent April 20.	Robert Sanders, Wed^r. van O. England met Maria Morgrits, Wed. v. Jonathan Glason van O. England, beide wonende alhier.	Getrouwt May 1.

INGESCHREVEN.		GETROUWT.
May 13.	Vincent de Lamontanje, Ju^r, j. m. met Elisabeth Morry, j. d., beide v. N. York en woo'n. alhier.	Juny 4.
July 29.	Pieter Whyt, j. m. & Jannetje Carstang, j. d., beide van N. York & woonende alhier.	August 14.
August 28.	Frans Haal, j. m. & Margriet Frasse, j. d. bei v. N. Y^k & woon^n alhier.	Septr 23.
Octob^r 6.	John Bowden, Wed^r. van Susanna Gosling, van Oud Engeland & Catharin Mackonchey, Wed^r. van William Smith, van N. York, beide woonende alhier.	Octob. 23.
Septr 30.	William Englis, j. m. van Schotland, en Catharina Dops, j. d. van N. York, beide wonende alhier.	26.

(660)

Personen met Licentie.

1737. Ingeteekent		1737. Getrouwt
Maert 21.	Jacob Suidam & Anna Lequier.	Maert 21.
18.	Jacob Somerendyk & Amy Niven, Weduwe.	19.
21.	Jacobus Quick, Wed^r & Heyltje Clopper.	23.
25.	Charles Knight & Rebecca Winter.	26.
26.	John Chambers & Anna v. Cortland.	26.
May 12.	John Broughton & Alida Gouverneur.	May 12.
16.	Dennis Hix & Maria Goodland.	17.
16.	John Brazer & Susanna Baker.	18.
16.	Richard Ten Eyck & Maria Roomer.	19.
20.	John Turman & Neeltje Quik.	21.
31.	Ephraim Sayre & Elisabeth Lynsse.	Juny 1.
Juny 4.	Nicolaus Roseveld & Catharina Confort.	5.
11.	Samson Benson & Elisabet Williams.	13.
18.	Seth Smith & Anna Kermer.	19.
22.	George Bernard & Maria James.	23.
24.	Alexander Taylor & Anna Wright.	24.
July 3.	Henry Witveld & Maria Tennet.	July 3.
11.	James Marshal & Rachel Hollebeek.	11.
20.	John Sanders & Elisabeth Singeen.	20.
22.	Cornelius Bogard & Catharina Kip.	23.
22.	William Woynot & Lidia Quakkenbosch.	24.
26.	Isaac Bedlow & Hester Glieves.	26.
29.	John Bodin & Cathar^a Bensen.	August 5.
August 23.	Gerrit Brestede & Catharina Provoost.	28.
Septemb^r 6.	Guliam Ver Plank & Maria Cromlyn.	Septemb^r 8.
9.	Elias Rice & Sara Couwenhoven.	11.
24.	Benjamin Quakkenbosch & Margarita Ellis.	25.
Octob^r 5.	Frederyk Heyer & Margar^{ta} v^d Water.	Octob. 8.
14.	Asa King & Anna Kregier.	14.

INGESCHREVEN.		GETROUWT.
Octob. 27.	John Sturup & Sara Rome.	Octob. 29.
Novemb. 1.	John Cox & Ida Stevens.	Novemb^r 1.
7.	Simon Johnson & Margareta van Horne.	7.

(661) Personen met Geboden.

1737.		1737.
Ingeetekent Octob^r 28.	Abraham Fransse j. m. & Dorethe Francisco j. d. beide v. N. Y^k, & wonende alhier.	Getrouwt Novemb^r 24.
Decemb^r 9.	James Torner j. m. van Ierland, met Maria Mahoon j. d. v. N. York, beide wonende alhier.	Decemb^r 26.
1738.		1738.
April 1.	John Mare j. m. van Devonshire in oud Engeland & Mary Bes j. d. van Nieuw Jork, beide woonende alhier.	April 26.
14.	Jacob Trimper j. m. v. Hoogduidsland met Anna Maria Feffer j. d. v. N. Y^k, beide wonende alhier.	May 1.
May 13.	Hendrik Cordes, j. m. v. N. York, met Elisabeth Miserol, j. d. v. N. York, beide woonende alhier.	Juny 3.
Juny 3.	Abraham Mils, j. m. v. N. York, met Hesther Blank, j. d. v. N. York. beide woonende alhier.	18.
3.	Georg Schwartz, j. m. v. Darmstad in H. Duidsl^t met Sara Barnhard, j. d. v. Bosswyk op't lang Eyl^d, beide woonende alhier.	21.
May 12.	Jabobus Meet, j. m. v. N. Y., woonende te Pompton in N. Yersey met Anna Maria Maul, j. d. van Tilburg in H. Duidsland, woonende alhier.	23.
Juny 16.	Jan Sprong, Wed^r, v. 't Lang Eyland, met Sara Hansse, j. d. v. Deutelbay, en beide wooneede aldaar.	July 21.

(662) Personen met Licentie.

1737.		1737.
Ingeteekent Novemb. 11.	John Massa & Margrita Krankheid.	Getrouwt Novemb. 13.
19.	Edward Smith & Rachel Hunter.	19.
26.	Jacobus Kierstede & Elisabth Saybrant.	27.
Decemb. 17.	Johannes Remsze & Elisabth Waldron, Wed.	Decemb. 18.
17.	Gerard Smith & Catharina Sebring.	18.
1738.	A° 1738.	
Decemb. 26 1737.	Burdit Pitkingson Fleetwood & Margarita Cregier.	January 1.

INGESCHREVEN.		GETROUWT.
January 11.	Robert Gregory & Maria Robinson.	January 11.
11.	Pieter Kock & Catharina van Horne.	19.
Maart 9.	Isaac Koning & Gerritje Herte.	Maart 17.
17.	John Mandeviel & Hanna Somerendyk.	18.
April 21.	Andrew Varik & Aafje Ten Eyck.	April 23.
May 4.	Patrick Smith & Rachel Montagne.	May 4.
April 27.	Benjamin Stouwt & Femmetje du Foreest.	6.
May 5.	Cornelis van Horen & Maria Buys.	6.
16.	Benjamin Morgan & Maria Tiebout.	17.
23.	John Robinson & Maria Sims.	24.
Juny 3.	John Elow & Vrouwtje Heyer.	Juny 4.
5.	Patrik Scandling & Jannetje Stryker.	8.
17.	William Lane & Sara Holmes.	17.
13.	William Dandy & Margriet McKlain.	18.
23.	William Dawson & Elisabeth Read.	25.
26.	James de Hart & Elisabeth Maurits.	26.
July 7.	William Heyer & Tabita Simson.	July 8.
7.	James Man & Eva Bussing.	9.
11.	Jacob Leonard & Maria Moor.	11.
19.	Charles Smith & Cornelia Williks.	24.
August 3.	George Munnel & Jane Worry.	August 3.
16.	Robert Benson & Tryntje van Borsom.	18.
15.	Isaac Bussing & Elisab[th] Tellee.	19.

(663)

Personen met Geboden.

1738.		1738.
Ingeteekent Sept. 2.	Abraham Blank, j. m. met Sara Baerkly, j. d., beide v. N. York, en woonende alhier.	Getrouwt Sept. 17.
16.	John Joynog, j. m. van London in O. Eng[lt] met Maria Cannely, Wed. van John Hand v. Ierland. beide woonende alhier.	Octob. 2.
21.	Johannes Staat j. m. v. Niewit woonende alhier, met Catharina Pister uit Pals in H. Duidsl[t], van Zynbeek.	29.
Novemb. 10.	Everardus Brouwer, j. m. v. L. Eyl[t] woonende alhier, met Cornelia de Lanoy, j. d. v. N. Y[k], woonende op 't L. Eil[d].	Novemb. 30.

1739.

Febr. 21.	Michael Wever, Wed[r], v. Dorlag in H. Duids L[t], met Anna Maria Klein, Wed. v. Michael Fischer v. Wittenberg in H[g] Duidsl[t], beide woonende alhier.	Maart 4.
Juny 8.	Johannes Bas, j. m. v. Deutelbaay met Elsje van Yveren j. d. v. Bloemendaal.	July 6.

INGESCHREVEN.		GETROUWT.
August 18.	Hans Jacob Graaf, Wed' van Zurig in Switzerland, met Maria Catharina Miller, Wed. v. Michiel, Broek, v. Niewit in H^g Duidsland.	August 26.

Personen met Licentie.

1738.		1738.
Aangeteekent	Samuel Bell & Jane Bisset.	Getrouwt
August 24.		August 26.
Septemb. 5.	Johannes Heirbeig & Martha Corstang.	Sept. 5.
14.	Joseph Jadwin & Elener Martin, Wed.	17.
26.	John Mesnard & Anna Bradt.	29.
30.	James Wily & Elisabeth Logan.	30.
Octob. 10.	Rem Remsse & Tryntje Berren.	Octob. 14.
18.	Victoor Bikker & Anna Turk.	27.
28.	Jacob Phenix & Maria Rome.	29.
Novemb. 14.	Alexander Lamp & Anna Mattiks.	Novemb. 14.
11.	Gerard van Benthuyzen & Francis Lewis.	12.
15.	Samuel Richards & Elisabeth Staats.	17.
17.	William Stedyford & Hanna v. Gelder.	19.
Decemb. 1.	Teunis Somerendyk & Geertruy Herris.	Decemb. 2.
12.	Samuel Bowyer & Maria Clowdy.	19.

(664)

1739.

A° 1739.		
January 22.	Albertus Bosch & Chatharina Smith.	January 25.
February 3.	John Meyer & Aaltje Folwilder Wed^e.	February 3.
22.	Richard Harison & Margrita Alstyn.	24.
Maart 28.	Samuel Berry & Gerritje Makpeace Wed.	Maart 30.
April 7.	Laurens Wesselsse & Maria van Dyk.	April 8.
8.	William Witfield & Catharina Blank.	9.
Maart 1.	Nicolaas Courtright & Elisabet Peltrong, Wed^e.	15.
April 19.	Egbert Somerendyk & Alida Webbers.	21.
May 3.	John Varik & Maria Brestede.	May 6.
11.	Antony Stinebag & Elisabeth Smith.	13.
17.	John Gilbert & Tjatje van Kuiren.	20.
Juny 7.	William Spoor & Syntje Boket.	Juny 9.
9.	Ephraim Brown & Catharina Bond.	10.
	Nicolaus Ray & Elisabeth van Taerling, Wed^e.	17.
4.	Gerard Cousyn & Tryntje Heier.	18.
16.	Jacob Webbers and Margarete Shoot, Wed.	18.
July 23.	John van Aernam & Chloë Benson, Wed.	July 23.

(665)

Personen met Geboden.

1739.		A° 1739.
Ingeteekent	Johannes Newton, j. m. & Cornelia	Getrouwdt Sept.
Augusty 24.	Cavelier j. d. beiden Nieuw jork & aldaar wonende.	9.

INGESCHREVEN.		GETROUWT.
Novemb. 10.	Abraham Wieler Wed^r, van N. York met Gerritje Mahoon j. d. van N. York, beide woonende alhier.	Novemb. 25.
Decemb. 3.	Johan Philips Stelts, Wed^r van Niewit met Margrite Brits j. d. mede van Niewit, wonende alhier.	Decemb. 17.

A° 1740.

Maart 8.	William Deen, j. m. van N. Jersey, met Rebecca Winter Weduw. van Charles Wyts van Rarethans, beide wonende alhier.	Maart 16.
8.	Johannes Snoek, Wed^r, met Anna Catharina Switzer, Wed^e van Joan Pieterberg, biede van Niewit en wonende alhier.	26.
29.	Pieter Hofman, j. m. met Catharina Berg j. d., biede van Niewit en wonen alhier.	April 7.
May 24.	John Shore, j. m. van Ierland, met Maria Hoges Wed. v. William Mason v. O. Eng^{ld}, beide wonende alhier.	Juny 1.
Juny 27.	Walther Edwards, j. m. v. O. Eng^{lt} wonende alhier met Marytje Dok j. d. v. Bouwery.	July 18.

(666)

Personen met Licentie.

1739.		1739.
Ingeteekent August 2.	Marcus Peffer & Catharina Burger.	Getrouwt August 2.
Septemb. 5.	Abraham Abrahams & Elisabet de Milt.	Septemb. 16.
19.	Abraham Benson & Hanna Tilly.	22.
28.	Hendrik Brevoort & Catharina de La Maetre.	29.
Octob. 13.	Samuel van Steenbergh & Elisabet Ellis.	Octob. 13.
24.	James Cotton & Maria Ware.	25.
31.	Pieter Teunisse &' Maria Eber.	31.
Novemb. 1.	Peter van Brug Livingston & Maria Alexander.	Novemb. 3.
19.	Isaak van Vleck & Catharina van Deusen.	19.
20.	Thomas Grigg & Anna Butler.	20.
30.	Simon Brestede & Agnietje Kierstede.	Decemb. 2.
Decemb. 6.	Leonard Lispinaar & Elsje Rutgers.	7.
6.	Gerard Burjeaux & Aaltje Turk.	8.
8.	John Cross & Maria Richard.	8.
7.	John Hurt & Cornelia Gilbert.	9.
18.	Pieter Provoost & Geertruy Sipkens.	19.
22.	Benjamin Moore & Vrouwtje Meyer.	23.

1740.

January 11.	John Peek & Maria Mayburn, Wed.	January 13.

166

INGESCHREVEN.		GETROUWT.
Febr. 2.	Barend Reynders & Maria Cuyler.	Febr. 3.
Maart 5.	William Winter & Maria Brown, Wed.	Maart 5.
18.	Thomas Ware Junior & Margaret Willes.	18.
April 3.	Pieter Bont & Helena Benson.	April 5.
5.	Abraham Sanders & Elisabeth Magee.	9.
12.	Daniel Burger & Eleanor Potter.	13.
16.	Gideon Lynssen, Wed^r & Mary Smith.	17.
May 16.	Pieter de Wint & Engeltje Harsin.	May 17.
24.	Nicolaas Rosevelt & Anna Brestede.	24.
23.	William Gilbert & Aaltje Verdon.	25.
24.	Ephraim Brazier & Catharina van Kuiren.	29.

(667) Personen met Geboden.

1740.		1740.
Ingeteekent Septemb. 8.	Henricus van Meppel, j. m. met Maria Paemer j. d., beide van N. York & wonende alhier.	Getrouwt Septemb. 22.
Novemb. 21.	Abraham Pit, j. m. van Nieuw jork, met Susanna Wood, j. d. van de Bouwery.	Decemb 7.
D°	Isaak Wood, j. m. van de Bouwery, met Antje Pietersen, j. d. van de groote Kil, woonende aldaar.	D°
Decemb. 13.	Benjamin van Water, j. m. v. T. Lang Eyl^d met Jannetje Simson, j. d. van N. York, woonende alhier.	

(668) Personen met Licentie.

1740.		1740.
Ingeteekent Juny 14.	Thomas Bouwman & Rebecca Omand.	Getrouwt Juny 15.
14.	Cornelis v. den Berg & Elisabth Peterson.	15.
23.	Joost Goederus & Annarica Catharina Huyer.	23.
28.	Johannes van Zandt & Maria Lynch.	29.
July 16.	Hans Hansse Junior, met Margarita Kip.	July 20.
26.	Pieter Albony & Sara C°.	28.
August 14.	Egbert Benjamin Egbers & Maria Linsch.	August 14.
18.	Pieter Jones & Rachel Sanders, Wed.	27.
30.	Reinier Nak & Elisabth Ter Bosch.	31.
Septemb. 6.	Teunis Somerendyk & Catharina Stout.	Sept. 7.
13.	Robert Gordon & Hanna Mohanny.	15.
15.	William Brown & Lea Mosch.	17.
21.	Johannes Koning & Sara Pariman.	30.
Octob. 2.	William Jennings & Sara Cousyn.	Octob. 4.

INGESCHREVEN.		GETROUWT.
14.	John Brestede & Catharina Hagewond.	15.
16.	Thomas Verdon & Margareta Lusher, Wed.	17.
20.	Arie King & Rachel Kierstede.	21.
25.	John Kip & Cornelia Daly.	25.
28.	Teunis River & Elisabeth Vos.	28.
30.	Robert Gilbert Livingstone & Catharina McPhedericks.	Novemb. 3.
Novemb. 7.	Hendrik Van de Water & Sara de Foreest.	9.
8.	John Jones & Elisabeth Gleasin.	8.
21.	Benjamin Quackenbosch, Wed^r & Annatje Webbers, Wed^e.	25.
29.	Antony Ten Eyck & Sara Ten Eyck.	Decemb. 2.
Decemb. 10.	Isaac du Bois & Margarita Nicoll.	10.
23.	David de Voor & Marytje van Vlekkeren.	26.
18.	Thomas Gibson & Phebe Fowler.	24.
30.	Pieter Montros & Emmetje Anderzon.	30.

(669)	Personen met Geboden.	
1741.		A° 1741.
Ingeteekent Febr. 12.	John Steel j. m. van Ierland, met Ellener Wilson, Wed. van William Smith mede van Ierland en beide wonende alhier.	Getrouwt Maart 2.
May 8.	William Rô j. v. O. Engl^d met Elisabeth Peamer, Wed. v. Richard Gromwell v. Ierland, beide wonende alhier.	May 17.
Sept. 25.	Joris van Horne j. m. van N. York met Sara Dimak, Wed. van William Higgens van O. England, beide wonende alhier.	Octob^r 12.

(670)	Personen met Licentie.	
A 1741.	A° 1741.	A° 1741.
Ingeteekent Janu 10.	Antony Rutgers ju^r & Margrita Klopper.	Getrouwt January 10.
Feb. 3.	Matthew Perry & Mary Forbes.	Febr. 3.
3.	Daniel Stiles & Catharina van Zandt.	8.
Maart 24.	John de Lamontagne & Maria Daely.	Maart 14.
April 11.	Henrik Hoter & Margarite Hennion.	April 12.
16.	Brand Schuyler & Margarite Van Wyk.	16.
May 2.	John Kinniston & Jane Johnson.	May 2.
5.	Wendel Ham & Maria Romer.	5.
6.	Elias Brevoort & Lea Persel.	8.
5.	John Waldron & Margareta van Nes.	15.
18.	Luke Kiersted & Elisabeth Kregier.	20.
23.	Andries Canon & Isabelle Smith.	25.
Juny 6.	Mattheus Slegt & Phebe Klok.	Juny 7.

INGESCHREVEN.		GETROUWT.
Juny 9.	John Schermerhorn & Sara Canon.	Juny 16.
12.	John Burger & Elisabeth de Voor.	12.
18.	John Ewouds & Ruth Luwis.	18.
20.	Thomas Warner & Bregje Alsteyn.	21.
20.	Hugh O. Neil & Elenor Cavelier.	20.
July 20.	Pieter Bogard & Tanneke Paers.	August 2.
August 10.	John Fordham & Maria Barnet.	10.
14.	Burger van Evra Iveren & Catharina Child.	19.
Septemb. 9.	Rasmus Helm & Margrite Koster.	Sept. 12.
15.	Hendrik Witveld & Jenneke Kregier.	27.
October 1.	Alard Antony & Maria Beekman.	Octob. 5.
14.	David Provoost W^m z^n & Geertruy Gouverneur, Wed.	14.
24.	Silvester Morris & Maria Tevauw.	25.
28.	George Greenwood & Elisabeth Hall.	28.
Novemb. 4.	John van Hoesen & Gerritje Hertje.	Novemb. 7.
Octob^r 31.	Matthys Hopper & Aaltje Kuyper.	9.
Novemb. 7.	Abraham Bokee & Mary Kaar.	8.
Decemb. 23.	William Paers & Anna van de Water.	Decemb. 26.

(671)

Personen met Geboden.

1742.		A° 1742.
Ingeteekent den 24 dec. 1741.	Antony de Mild j. m. v. N. Y^k met Jannetje Rave j. d. v. N. Rossel, beide woonende alhier.	Getrouwt January 1.
January 7.	Cornelis Dykman j. m. & Geertje Lequier j. d. beide van Bloemendaal, en wonende alhier.	30.
Maart 27.	David Phyver, Wed^r uit H. Duidsland, wonende in Westchester County, & Barbara Sarit j. d. uit Switserland & wonende alhier.	April 11.
Septr 18.	Met attestatie van Ew^r Ouwderlingschap der Presbyt^r Gemeente: Charles Frazier j. m. van Schotland woonende alhier & Sara Leggit j. d. v. Westchester en woonende aldaar.	Octob. 6.
Octob. 2.	Carel Ering j. m. & Catharina Klokkenaar j. d. beide van Hoogduidsland, en wonende alhier.	17.

(672)

Personen met Licentie.

1742.		1742.
Ingeteekent 31 dec. 1741.	Henry Lane & Rachel Cuyler.	Getrouwt January 2.
Januar 15.	Steenwyk de Riemer & Angel Antony.	16.
February 5.	Johannes Van Wyck, Wed^r & Elisabet Foster, Wed^e.	Febru. 6.

INGESCHREVEN.		GETROUWT.
February 12.	Pieter Pontenier & Hellen Faschi.	Febru. 13.
27.	Adam Beekman & Rose Jones, Wed^e.	27.
Maart 9.	William Caar & Hanna Vredenburg.	Maart 9.
23.	John Colgan & Hanna Johnson, Wed.	23.
31.	Matthew Jones & Margaret Gowen, van staaten Eiland.	31.
April 15.	Thomas Gavett & Alida Myers.	April 21.
May 1.	Johannes van Vleck & Petronella Kip.	May 6.
17.	James Sample & Rebecca Bosch.	18.
Juny 2.	John Merrill & Anna Merrill van Staaten Eiland.	Juny 5.
16.	John Exceen & Maria Phenix.	16.
28.	Herman Benson & Judith Carstang.	30.
24.	John Elsworth & Hester Roome.	July 1.
August 2.	William Hyer & Fytje Waldron.	August 3.
4.	Peter Margeson & Catharina Carstang.	5.
25.	Laurens van Boschkerk & Elisabth de Marêe.	25.
28.	John Ryk & Abigail Fincher.	29.
Septemb. 1.	Barend Bradt & Mary Rivers.	Septemb. 1.
14.	John Jones & Mary Pocock.	14.
24.	John Crooke Junr & Cornelia Rutgers.	24.
Octob. 20.	Alexander Campbell & Maria Marschalk.	Octob. 23.
22.	Joris Brinkerhof & Maria v. Deursen.	23.
Decemb. 1.	Henry Kip & Helena Low.	Decemb. 2.
1.	John Livingston & Catharina de Peyster.	3.
8.	Robert R. Livingston & Margarita Beekman.	8.
9.	William van Deursen & Catharina Gilbert.	11.
16.	James van Horne & Margareta Bayard.	16.
16.	Mattheus Decker & Aaltje Merrill van Staaten Eiland.	16.
30.	Jaspar Farmar & Maria Myer, Wed^e.	31.

(673)

Personen met Geboden.

1743.

		1743.
Ingeteekent Maart 25.	Jan Herris j. m. van N. York met Maria Claasse j. d van N. York.	Getrouwt April 4.
May 20.	Johan Willem Brillensfeld j. m. v. Niewit wonende in Amwel, met Anna Catharina Kempel j. d. ook v. Niewit en wonende alhier.	May 29.
July 25.	Met Attestatie uit de Presbytiriaansche K^k John Conelly & Susmore French.	August 8.
August 10.	Ook met attestatie uit de Presbyteriaansche K^k Benjamin Atwell & Jane Ratfort.	10.

INGESCHREVEN.	Personen met Licentie.	GETROUWT.
(674)		
1743.		1733.
Ingeteekent January 3.	Abraham van Leuwen & Elisabeth Kregier.	Getrouwt January 12.
20.	John Paul & Maria Dobs.	22.
25.	Cornelius Vonk & Margareta Parliment.	February 5.
Febr. 11.	Amos Paine & Catharina Burjaux.	12.
18.	Sterling Rivers & Elisabeth Jones, Wed^e.	18.
Maart 8.	Daniel Waldron & Maria Gautie.	Maart 9.
9.	Henry Cuyler junior & Alida Rynders.	10.
24.	Richard Coek & Marytje de Boog.	24.
31.	Samuel Lawrence & Maria Teller, Wed^e.	31.
April 2.	Daniel van Vlek & Vrouwtje Cherriks.	April 3.
16.	Philip Jacob Rheinlander & Elisabet Spader, Wed^e.	17.
29.	Arnold Reynolds & Elisabeth Cordes, Wed^e.	30.
May 3.	Cornelius Webbers & Elisabet Huistick, Wed^e.	May 3.
7.	Robert Bott & Maria Jones.	7.
5.	Vincent Montague & Catharina Harte.	8.
10.	John Bill & Maria Sleigh.	12.
13.	John Harsse & Mararita van Vegten.	14.
Juny 9.	Charles Duri & Maria Robinson.	Juny 9.
10.	Abraham Brouwer & Aafja van Gelaer.	19.
18.	John Glover & Maria Eshol.	19.
July 9.	Joseph Pearie & Annetje Miller.	July 9.
16.	John Moulinar & Elisabeth Bisset.	17.
19.	Jonathan Provoost & Adriana Spring.	19.
19.	Thomas Wilson & Elisabeth Hicks.	23.
23.	John Beekman & Grade Golden.	23.
26.	John Dies & Jane Goelet.	28.
28.	James Janucey & Maria Smith.	28.
30.	Andries Brestede & Susanna Kerfbyl.	August 4.
August 4.	John Acklin & Maria Cock.	5.
10.	Henry Varny & Aafje van Gelder.	11.
18.	Stephen Smith & Alida Vonk.	19.
25.	Abraham Pelts & Magdalena Appel.	25.

	Personen met Geboden.	
(675)		
1743.		1743.
Ingeteekent	Jacob Lang, j. m. van Zurig in Switzerland, met Barbara Hollewager, Wed. v. Jacob Smeet mede v. Zurig beide woonende alhier.	Getrouwt Septemb. 18.
Novemb. 10.	Met attestatie van Phillipsburg Hendrik Rome j. m. met Marytje Gardenier j. d. beide van Phillipsburg. N. B. Zyn Excell. Clinton gearriveert den	Novemb. 11.
22 Septr 1743.		

INGESCHREVEN.	A° 1744.	GETROUWT.
April 12.	Jacobus Hartje j. m. v. Hakkinsak, met Sara Brouwer j. d. v N. York.	May 12.

(676)

Personen met Licentie.

1743.		1743.
Ingeteekent	John Watley & Sara Krecraft.	Getrouwt Septemb. 1.
Septemb. 1.		
Octob^r 13.	James Bayly & Catharina du Foreest.	Octob. 13.
22.	Johannes Roorbag & Anna Maria Crook, Wed.	22.
28.	Johan^s Abrahamsze Trueks & Alida Nak.	28.
29.	Daniel Nevin & Margarite Eagles, Wed.	29.
Novemb. 5.	Adolph de Groof & Sara Laurens.	Novemb. 6.
18.	Cornelius van Ranst & Cornelia Canon.	19.
10.	Jacob Ten Eyk & Aletta Wessels.	23.
26.	Jacob Arding & Catharina Beekman.	26.
Decemb. 7.	Pieter Miller & Beatrix Sanders.	Decemb. 7.
9.	Jacob Horne & Annetje Somerendyk, Wed.	9.
13.	Marte Cregier & Maria Kierstede.	15.
30.	John Carr & Margaret Willson.	31.

A° 1744.

January 5.	Mattheus Slegt & Elisabeth Pell.	January 7.
Decemb. 12,	Jacob Roome & Jannetje Roome.	15.
1743.		
February 11.	John Beekman & Elisabeth Elsword.	February 12.
14.	John Parsell & Neeltje van der Woerd.	23.
25.	Abraham Darje & Maria Rozeveld.	Maart 1.
29.	Jacob Bosch & Catharina Forbes.	4.
Maart 7.	Johannes du Marisq & Rachel Sabrowski.	7.
8.	Michael Schutze & Catharina Gilbert.	11.
12.	Pieter Buckhout & Sarah Gardenier, van Westchester.	12.
14.	George Petterson & Marytje Roel, Wed^e.	18.
22.	Lauwrens de Foreest & Sarah Tucker.	22.
April 10.	Theophilus Elsword & Margrita Sebring.	11 April.
19.	Richard Sibley & Hanna Wessels.	19.
27.	Joseph Forbes & Hester Deay.	28.
May 12.	Gerardus de Foreest & Sara Hardenbroek.	May 13.
21.	Pieter du Bois & Helena du Bois.	21.
Juny 1.	Andries Ten Broek & Margery Scott.	Juny 3.

(677)

Personen met Geboden.

1744.		1744.
Ingeteekent October 26.	Simon Lamberts j. m. v. N. York met Maria Ekkerson, j. d. v. Tappan, beide woonende alhier.	Getrouwt Novemb^r 11.

INGESCHREVEN.		GETROUWT.
(678)	Personen met Licentie.	
1744.		1744.
Ingeteekent Juny 2.	Mattheus Hopper & Elisabeth Wright.	Getrouwt Juny 3.
6.	George Reierson & Maria du Bois.	6.
13.	Balthus van Kleek & Sara Varik.	13.
19.	Abraham de Foreest & Elisabet Myer.	23.
26.	Thomas Dops & Abigael Kayse.	26.
July 4.	Jeremias Law & Susanna Cregier.	July 4.
6.	Robert Blakslay & Elisabeth Dunn.	7.
(May 25.)	Cornelius Cadmus & Maria Umble.	15.
21.	Zacharias Sikkels & Catharina Hyer.	22.
27.	Alexander Forbes & Elisabeth v^n Haan.	28.
August 7.	Pieter Bond & Elisabeth Friend.	August 7.
8.	Adam Todd & Sara Cox.	8.
11.	D° Gerard Haeghoort & Helena Sheffield.	11.
15.	John Brouwn & Anna Axon.	15.
24.	John van Zyssen & Marytje Turk.	25.
28.	George Walgraaf & Leentje Bras.	29.
28.	Adam Staat & Elisabet Gelderner.	30.
30.	Richard Bydder & Jesina Carr, Wed^e.	30.
Septr 18.	William Dobs & Cathari^a van Syssen.	Sept. 23.
20.	David van Horne & Anna French.	25.
Octob^r 1.	Gerrit Waldron & Maria de Foreest.	Octob. 2.
2.	Robert Lackey & Elisabeth Hubrat.	4.
3.	William van der Spiegel & Margr^a van Horne.	4.
5.	Samuel Johnson & Anna Rendel.	7.
(Septr 6.)	Nicolaas Roos & Elisabeth Kennedy.	7.
26.	Henry Green et Mary Apple.	27.
27.	Robert Pikeman & Elisabth Bosch.	28.
30.	William Cuduggon & Margrita Marsje, Wed.	31.
Novemb. 9.	John Michel Will & Catharina Cannon, Wed.	Novemb. 10.
13.	Gerrit Cosyn & Eelsje Sipkens.	15.
16.	Teunis Tiebout & Belida Bogert.	18.

(679)	Personen met Geboden.	
1744.		1744.
Ingeteekent Novemb^r 9.	Isaac de Lameetere j. m. van Tappan en wonende aldaar met Maria Ritserson j. d. van N. York wonende op N. Yorks Eyland.	Getrouwt Novemb. 26.
Decemb. 22.	Patrik Follon j. m. v. Ierland, met Margrite Dally j. d. van Ierland, beide wonende alhier.	Decemb. 27.

INGESCHREVEN.		GETROUWT.
A° 1745.	A° 1745.	A° 1745.
April 4.	Met attestatie van de Mannor van Cortland George Briks j. m. van Vlissinge, wonende op de mannor v. Cortland, & Catharina Lent j. d. ook v. mannor v. Cortland en wonende aldaar.	April 4.
May 17.	Johan Pieter Kempel, junior, j. m. v. Niwit uit Duidsland, met Christina Limmin j. d. uit de pals in Duidsland beide wonende alhier.	Juny 2.
Sept' 16.	Johan Pieter Kempel, Wed' v. Niwit, met Maria Clouer j. d. mede v. Niwit, beide wonen alhier.	Sept' 22.

(680) Personen met Licentie.

1744.		1744.
Ingeteekent Novemb' 21.	David Schuyler & Elisabeth v. Borsum.	Getrouwt Novemb. 21.
24.	John de Witt & Anna Herris.	24.
Decemb' 1.	John Nicolls & Jane Horne.	Decemb. 1.
6.	Isaac van Hoek & Jacomyntje Witchenham, Wed.	6.
7.	Michael Hoffman & Maritie Lewis, Wed.	7.
10.	Tieleman Phenix & Aafje Tiljou.	10.
17.	Hugh Colloston & Anna Caar.	22.
A° 1745.		1745.
Maart 26.	Deodatus Threlkeld & Rachel Kierstede.	Maart 28.
April 8.	Stephen Baldewin & Anna Sabrowski.	April 8.
18.	Jacobus van Antwerpen & Margarita Bogard.	18.
May 11.	Johannes Mann & Anna Roome.	May 12.
18.	Adam Dobbs & Margarita de Hart.	19.
24.	George Marschalk & Hester Fine.	24.
Juny 8.	Thomas Pickton & Sarah M^kGinny.	Juny 9.
21.	John Lee & Jane de Groot.	21.
22.	Volkert Somerendyk & Anna Law.	22.
July 4.	Malcolm Campell & Elisab^th Hinson, Wed.	July 4.
6.	George Kook & Elisabeth Zenger.	6.
	Tobias Stouwtenburg & Catharina Van Vlek.	6.
August 9.	John Zuricher & Elisab^th Kingsland.	August 11.
13.	Adriaan Houtvat & Elisab^th du Foreest.	15.
Septemb' 17.	James Easton & Margarita Miller.	Sept. 18.
19.	Samuel Woodsides & Cornelia Wendel.	21.
22.	Robert Maxwel & Eleanor M^k Dougall.	23.
30.	Walther Heyer & Hanna Dreuw, Wed.	30.

INGESCHREVEN.		GETROUWT.
Octob. 8.	John M^k Fardin & Rachel Evan.	Octob^r 8.
9.	Joseph M^k Mihon & Anna Flemming, Wed.	9.
12.	Francis Wessels & Belitje Bogart.	12.
19.	Gelyn van Gelder & Maria Hyer.	21.
26.	Gerard Beekman & Anna van Horne.	28.

(681)

Personen met Geboden.

1745.		1745.
Ingeteekent	A° 1746.	Getrouwt.
1746.		1746.
April 19.	Petrus Pieterse, j. m. v. N. York, met Rebecca Montanje, j. d. v. N. York, en beide wonende alhier.	May 6.

(682)

Personen met Licentie.

1745.		1745.
Ingeteekent	Nathaniel Fischer & Hulda Deakins.	Getrouwt Novemb. 6.
Novemb. 1.		
6.	Dirck Lefferts & Aletta Rutgers.	7.
5.	Thomas Dods & Maayke van Dyk.	9.
27.	Francis Turner & Anna Wamsley.	27.
29.	Cornelius Meyer & Sara Sprong.	29.
29.	Charles Corderii & Flora Plowman.	29.
Decemb. 3.	Henry v. Vleck & Jannitje Cargile.	Decemb^r 3.
4.	Edward Earl & Elenor Elsworth.	5.
11.	Henry Bickers & Sophia Hyer.	11.
20.	Adam Koen & Elisabeth Coster.	20.
21.	Teunis Somerendyk & Cornelia Dykman.	22.
24.	Thomas Vardil & Hannah Tiebout.	26.
27.	Abraham Le Foy & Adriana de Lamontagne.	28.
20 Jan^r 1746.	Wert Boutto & Annatje Minthorne.	22 Jan^r 1746.

A° 1746.

1746.		1746.
January 16.	John Jeffrys & Maria Ellis.	Febr. 1.
31.	Cornelius Romme & Martha Robinson.	2.
6.	Lancaster Green & Margareta Sophia Everson.	13.
Febr. 15.	Samuel Waldron & Sara Kip.	20.
Maart 10.	Frederik Gervinus & Maria Junchin.	Maart 10.
12.	James Price & Margareta Chichister.	12.
24.	William Evans & Mary Anne Bushea.	25.
26.	James Kean & Anna Maria Galely.	27.
27.	Daniel Stuard & Johanna Beaton.	28.
April 14.	Francis Couwenhoven, Wed^r & Hillegond Bogart, Wed^e.	April 14.
24.	Laurens Burrows & Hester Valentyn.	24.

INGESCHREVEN.		GETROUWT.
21.	Daniel Waldron, Wed^r & Teuntje Bogart, Wed^e.	24.
25.	Paulus Roome & Susanna Loring.	27.
May 6.	James Howerth & Hesther Bedlow.	May 6.

(683)

Personen met Geboden.

1746.		
Ingeteekent July 5.	Cornelis Dykman, j. m. en Elisabeth Gendin, j. d., beide van de Bouwery en wonende aldaar.	July 25.
August 4.	Richard Hoppe, j. m., met Maria Orseltouwn, j. d., beide van de Bouwery, en wonende aldaar.	August 30.
Novemb. 15.	Met attestatie van Philipsburg en Nieuw Haarlem. Teunis van Texel, j. m., van Philipsburg, woonende aldaar en Sophia Jacobse, Wed^e van Jacob Foseur van de West Farums, en woonende op Nieuw Haarlem.	

(684)

Personen met Licentie.

1746.		1746.
Ingeteekent May 17.	John Machelly & Hanna Domenik, Wed.	Getrouwt May 21.
22.	Lucas Matthewman & Catharina Star.	22.
29.	James de Lanoy & Jane Ware.	29.
30.	Abraham Man & Ruth Codwys.	Juny 1.
Juny 10.	John Eason & Catharina Schurmur, Wed.	11.
25.	Pieter Nicolaas Copen & Catharina Ellis.	25.
July 11.	George Harsin & Maria Gilbert.	July 13.
Maart 25.	Ralph Thurman & Sarah Sebring.	22.
August 5.	Engelbart Kemmena & Elisabth v. Buuren.	August 6.
8.	Isaack Kilpaterik & Anna Man.	10.
16.	Davis Hunt & Margrita Fulliner.	17.
22.	John Bayley & Rachel Schuyler, Wed.	22.
20.	Andries Gewera & Phebe du Forest.	26.
19.	Michael Hickey & Affie Verney, Wed.	26.
28.	Abraham Brasher & Jane Sikkels.	30.
30.	Coenraad Ten Eyk & Elisabeth Rykman.	31.
Septem. 20.	Oliver Shourt & Rebecca Morris.	20.
Octob^r 3.	William Nicholson, Wed^r & Judith Benson, Wed^e.	Octob. 4.
7.	Joseph Flensburg & Dorothea van Huysen.	7.
9.	Elias Brevoort & Anna Silvester.	11.
14.	Nicholaas Bratt & Catharina Coenert.	15.
9.	Tobias Stoutenburg & Helena Lansing.	16.
Novemb. 4.	John de Four & Margarita Steg.	Novemb^r 5.

INGESCHREVEN.		GETROUWT.
Novemb. 14.	Isaac van Hoek & Cornelia Sebring.	Novemb[r] 16.
16.	John de Milt & Susanna Rave.	19.
25.	Pieter Keteltas & Elisabet van Zandt.	25.
Decemb. 2.	Jacobus Roseveld & Annatje Bogard.	Decemb. 4.
2.	Johannes Peers, Wed[r] & Agnietje Chushowd.	4.
9.	John Thomson & Christina Kermer.	11.

(685) Personen met Geboden.

1746.	A° 1747.	A° 1747.
Ingeteekent Decemb. 25.	Cornelis Webbers j. m. met Anna Sighels j. d. beide van de Bouwery en wonende aldaar.	January 11.
Aug. 15.	Johannes Broek j. m. van Nivet, met Catharina Spenser j. d. van het lang Eil[t], beide wonende aldaar.	Aug. 30.

(686) Personen met Licentie.

1746.		1746.
Ingeteekent Decemb. 12.	Thomas Louwrens & Anna Forst.	Getrouwt Decemb. 14.
20.	Johan Mores & Elisabeth Pitt.	21.

A° 1747.		A° 1747.
Jan. 8.	Isaac v. Harenkarspel & Jane Brooks.	Jan. 8, 1747.
17.	Gerrit Johnson & Sara Heyer.	18.
Febr. 11.	Cornelius Matthias van den Bergh, Wed[r] & Cornelia van den Bergh.	Feb. 13.
Maart 6.	Richard Kip, Wed[r], & Jane Parson.	Maart 7.
Feb. 26.	William Randell & Elisabeth Nisbet, Wed.	8.
27.	Maurits de Hart & Susanna Vaugthon.	8.
Maart 7.	Alexander Bate & Sara de Witt.	8.
27.	Nicolaas Rose & Hester Elsworth.	28.
April 9.	John de Graaf & Catelina Rapalje.	April 9.
6.	Johannes Kool & Eva Catharina Shyer.	11.
14.	Thomas Brown & Anna Boskerke.	16.
23.	Nicolas Bogard & Maria Quik.	29.
May 2.	Jacob Brouwer & Elsje Hitchcok.	May 3.
5.	Johannes Remmy & Catharina Melsbag.	8.
9.	Abraham Godwyn & Phebe Cool.	9.
9.	John Vredenburgh & Maria Forbes.	9.
8.	Nicolas Lazere & Tytje Clokkenaar.	10.
9.	Barend Sebring & Susanna Rome.	10.
18.	Henry Cumminghs & Eva Antony.	20.
22.	Abraham Huysman & Anna Hoppe.	24.
Juny 4.	John van Gelder & Maria Ewouts.	Juny 10.

INGESCHREVEN.		GETROUWT.
Juny 15.	Jeremiah Boskerke & Dotie Eail, van Hakkensak.	Juny 15.
July 4.	John Hardenbroek & Maria Textamer.	July 4.
16.	Matthew Sentus & Elisabeth Martin.	18.
29.	Philip Minthorne & Annatje Harsse.	Aug. 1.
August 1.	Isaac Poole & Elisabeth Quakkenbosch.	1.
21.	Teunis Somerendyk & Rachel van der Hoef.	22.
28.	Andries Hessel & Elisabeth Blom, Wed.	Sept{r} 5.

(687)   Personen met Geboden.

1747.		1747.
Septemb. 23.	John John & Maria Hardeway. Met attestatie van de Presbyteriaansche Gemeente.	Septemb. 26.
30.	Francis Hall & Maria Peters, met attestatie van de Presbyteriaansche Gemeente.	Octob. 9.
Octob. 11.	Johannes Huber, Wed{r} & Catharina Coens Wed. van Jakob Coens, uit Zwitserland, beide wonende alhier.	Octob. 25.
Novemb. 29.	Johannes Pieklie, jong m. & Sophia Aigingrie, j. d., beide uit Duitsl. en wonende alhier.	Decemb. 13.

(688)   Personen met Licentie.

1747.		1747.
Ingeteekent Sept{r} 9.	Henry Bear & Elisabeth Bond.	Getrouwt Sept. 12.
9.	John Everdzon & Elsje Ray.	12.
23.	Joseph Baldewyn & Susanna Westerveld.	23.
23.	David Provoost & Catharina v. Gelder.	23.
28.	John Meyer & Anna Crommelyn.	Octob. 1.
Octob. 3.	Joseph Smith & Maria Williams.	3.
Novemb. 16.	Jan David Wolf & Catharina Buch, Wed.	Novemb. 21.
26.	John van Varik & Anna Schaats.	28.
30.	Teunis Talman & Margarita Remse, Wed.	30.
Decemb. 2.	Richard Curzon & Elisabeth Becker.	Decemb. 2.
2.	John Ebbets & Margareta Smith.	3.
7.	John Ryke & Dorothea Remsse.	10.
18.	Ide van Iveren & Catharina Clark.	20.
24.	William Cockcroft & Margareta van Dam.	25.
29.	John Johnson & Elenor Steg.	29.

1748.	A° 1748.	1748.
January 2.	Cornelis Low, Joh{s} zoon & Margareta Low.	January 3.
20.	John Lewis & Aatje Ten Eyck.	21.

INGESCHREVEN.		GETROUWT.
Febr. 3.	Isaac Lattouch & Catharina Cuyler.	3. Febr.
16.	Cornelius Beekman & Catharina van Horne.	18.
24.	Pieter Bogard & Maria Phoenix, Wed.	24.
27.	Benjamin van Boschkerk & Constantin Tiebout, Wed.	28.
29.	William Alexander & Sara Livingston.	Maart 1.
26.	Henry Freeman & Mary Tappan.	30.
April 13.	Evert Banker & Elisabeth Boelen.	April 14.
16.	William Douw & Margrita Gerbrants.	21.
19.	George Neys & Elisabeth Smith.	22.
22.	John Lanssing & Sara Burger.	23.
23.	Richard Ray & Sara Bogard.	24.

(689) Personen met Geboden.

1748.

Ingeteekent May 15.	Casparus Molenaar, Wed^r met Catharina Lammertse, j. d., beide wonende alhier.	Getrouwt May 29.
Juny 11.	Cornelis Verwy, Wed^r van Hakkinsak, met Catharina Fogel, j. d., uit Duidsland, beide wonende alhier.	Juny 26.
18.	Casparus Stynmets, Wed^r van Bergen, met Heyltje Schut, Wed. van Daniel Hennion v. Kingstown, beide wonende alhier.	July 8.
July 16.	Joseph Antony, j. m. van de Havane, met Graes Morgan, Wed. van Thomas van Kleek van Rood Eyland, beide wonende alhier.	(Vreje memtu?)

(690) Personen met Licentie.

Getek^t April 25.	Gysbert Koning & Katharina Hamler.	Getrouwt May 1.
May 14.	Andries Van Aalst & Elisabeth Grevenraedt.	14.
11.	John Consynze & Christina Shelton, Wed.	15.
13.	Pieter Geraud & Anna Williams.	15.
16.	Thomas Witter & Catharina Stiles, Wed^e.	17.
28.	Piero van Cortland & Johanna Livingston.	28.
Juny 30.	John Ball & Cornelia Hivet, Wed.	Juny 30.
July 7.	Lucas Kierstede & Catharina Groenendyk.	July 7.
5.	John Dally & Maria Earl.	9.
15.	Pieter Slegt & Elizabeth Myer.	15.
15.	Michael Augustus & Maria Douws, Wed.	17.
22.	Mattheuw Reddett & Fytje Jong.	23.

INGESCHREVEN.		GETROUWT.
August 3.	George Messerve & Catharina Schackerly.	Aug. 4.
16.	Martinus Clark & Martha Wiley, Wed.	17.
Sept. 6.	William Teller & Anna Elsword.	Sept. 7.
12.	Jakob Albride & Mary Morin.	13.
6.	Edward Drinkwater & Eleanor Burger.	17.
16.	James Freeman & Angenietje Weever.	17.
28.	Charles Luwis & Catharina v. Gelder.	29.
August 3.	John Berrien & Sara Man.	Octob. 13.
Octob. 12.	John Frederik Neith & Willemynte Canon, Wed.	13.
15.	Aaron King & Elisabeth Schuyler.	16.
15.	George Walker & Rachel Mackeweide, Wed.	16.
17.	John M^{k}Laene & Catharina Smith, Wed.	17.
Novemb. 10.	Alexander Beets & Margarita de Voor, Wed.	Novemb. 12.
14.	Charles Richardson & Susanna Blake, Wed.	14.
17.	John Amory & Maria Reinders, Wed.	17.
26.	Denness Resler & Sophia Ovenmout.	26.
22.	Charles Phillipse & Margarite Wilkis.	26.
23.	Balthasar Kip & Jane Phrench.	27.

(691)

Personen met Geboden.

1748.		1748.
Ingeteekent Octob. 26.	John Waard j. m. van Baston, met Anna Hagday, Wed. v. Timotheus Meddan, beide wonende alhier.	Getrouwt Decemb. 20.

A° 1749.	A° 1749.	1749.
January 6.	Johannes Rome j. m. v. N. York, met Catharina Matthysse, Wed. v. Gerrit Valk van Hakkinsak, beide wonende alhier.	January 22.
Febr. 1.	Leonard Wieland j. m. uit hoogduidsland, met Susanna Dourebag j. d. van N. York, beide wonende alhier.	Febr. 19.
18.	William Jansse j. m. van Amst^m met Sara Nouman, Wed. van Robert Haering van N. Y^k, beide wonende alhier.	Maart 20.
Maart 4.	John Johns j. m. van Ierland met Belitje Paling j. d. van N. York, beide wonende alhier.	24.

(692)

Personen met Licentie.

1748.		1748.
Ingeteekent Decemb. 12.	John Churchwell & Jane Trueman, Wed.	Getrouwt Dec. 14.
19.	John Feagin & Margaret Neavins, Wed^e.	19.

INGESCHREVEN.		GETROUWT.
24.	Francis Couwenhoven & Jane Bussey.	24.
22.	Josia Crane & Sara Ewitse.	24.
1749.	A° 1749.	1749.
January 23.	Robert Marksel & Elisabeth Brady.	January 23.
25.	George Bear & Maria Breasjer.	25.
25.	Martin Everts & Elisabeth Douvebag.	26.
Febr. 20.	John Ellis & Lidia Dunbar.	Febr. 20.
Maart 3.	Gerard Mandevill & Dorothe v^r Hoef.	Maart 14.
15.	Cornelius Clopper & Catharina Keteltas.	16.
18.	Abraham Montague & Janneke Luwis.	18.
4.	Abraham Akkerman & Jelonte de Voor.	19.
17.	John Harsen & Rachel Dyckman.	19.
22.	Samuel Brown & Elisabeth Gardner, Wed.	22.
23.	William Blercom & Frenatje Cammings.	23.
20.	John Meyer & Apollonia Butzaren, Wed.	23.
April 22.	John Forbes & Hanna Myer.	April 22.
27.	John Gillespy & Maria Cox.	27.
27.	Aarnout Bussing & Sara Roome.	29.
Maay.	Axford Burt & Margaret Marsier, Wed^e.	Maay 1.
Maart 5.	Isaak van Aarnam & Elisabet Fyl.	7.
May 6.	Nicolas van Dam & Sophia van Hoorn.	10.
10.	Silas Wood & Maria Reed.	10.
9.	John Bas & Susanna Kuyper.	12.
22.	John Whyte & Maria van Brakele.	22.
20.	Robert Moon & Alia Thomas, Wed.	26.

(693)

A° 1749.
Ingeteekent
Juny 30.

Personen met Geboden.

Ulrich Oot, j. m. met Margrietje Heyler j. d., beide van Hoogduidsland, en wonende alhier.

A° 1749.
Getrouwt.

(694)

A° 1749.
Getekend
May 22.

Personen met Licentie.

A° 1749.

	James Stevens & Catharina Wessels.	Getrouwt May 28.
Juni 1.	Mathew Killman & Annatje Soningberg.	Juni 1.
3.	Dirk Uyt den bogard & Cregje van den Berg.	3.
5.	Jan Brant & Sara Harwood.	5.
9.	Samuel Waldron & Maria Basset.	10.
13.	Pieter Schuyler & Bregje Goelet, Wed.	15.
Juli 6.	Gerrit Couzyn & Jannetje Dyckman.	Juli 7.
17.	Edward Flahertey & Margret Gillis.	17.
Aug. 2.	James Richards & Charity Sepper, Wed.	5 August.
5.	William Bedlow & Catharina Rutgers.	12.
31.	John Jones & Jane Weeden, Wed.	Sept. 1.
Sept. 2.	William Swanson & Sara Cosyn, Wed.	3.

INGESCHREVEN.		GETROUWT.
4.	Nicolas Burger & Jane du Tour.	4.
22.	John Gilbert & Sara Langley.	23.
26.	Charles Minnis & Elizabeth Folly.	26.
Octob. 3.	John M^{k}dugal & Eleanor M^{k}Carty.	Octob. 3.
14.	John Turk & Aplonia Schaf.	14.
10.	Jacob Wendel & Hanna de Hart.	19.
19.	Johannes Wetsel & Christina Ernest.	21.
31.	Isaac Odel & Lena De Veau.	Novemb. 4.
Novr 4.	Robert Harding & Sara Turk.	4.
Octob. 31.	Tobias Rykman & Cornelia Kip.	9.
Novemb. 8.	John van Cortland & Hester Bayard.	9.
17.	Robbert Siggels & Sara van Deurse.	19.
20.	John Hardenbroek & Anna Bas.	23.
24.	William Gneffit & Engeltje Burger.	26.
20.	Cornelius Cregier & Aafje Tucker.	26.

(695)

Personen met Geboden.

A° 1749.
Ingeteekent Novemb. 18.

Pieter Vonk, j. m. v. N. York, wonende alhier, met Maria Wood, j. d. van Tappan, wonende aldaar.

1749.
Getrouwt Decemb. 9.

A° 1750.
Maart 10.

Hendrik Spilman, j. m. uit Zurich in Switserl. met Anna Weertin, j. d. van de Gelfdeplaats.

A° 1750.
Maart 25.

Maart 17.

Richard Hoppe, Wed^r van N. York, met Elisabeth Meeks, j. d. van de kleine Jonkers, wonende alhier.

April 5.

April 8.

Pieter Beel, j. m. van Kerkwyk in Hoog Duitsland met Catharina Visser, j. d. van Saxenheim in Hoogduitsland.

April 29.

Juny 2.

William Ogelsbie, j. m. v. Schotland, met Catharina Palding, j. d. van N. York, beide wonende alhier.

Juny 12.

9.

Johannes Remmie, Wed^r v. Niwit in Duitsland, met Maria Kayvelin, Wed^e, van Palls in Duidsland.

24.

(696)

Personen met Licentie.

A° 1749.
Ingeteekent Decemb. 1.

Samuel Coleman and Sara King.

A° 1749.
Getrouwt Decemb. 2.

9.
Sept. 29.

Cornelius Ekkersse & Lena Cuyper.
Patrik Robberson & Jane Kampbel, Wed.

9.
16.

Decemb. 22.

John Anderson & Margrietje Bokee.

28.

A° 1750.

A° 1750.

1750.

January 6.

John Schepperd & Maria Lewis.

January 6.

INGESCHREVEN.		GETROUWT.
January 11.	Andries Abramse & Magdalena Abramse, Wed.	January 13.
12.	John v^r Bilt & Catharina Brinkerhof.	16.
24.	Benjamin Moore & Catharina Kipp.	28.
February 5.	Jacobus van Zandt & Anna Marschalk.	Febr. 6.
14.	Jeremiah Brouwer & Jane Elsworth.	15.
Maart 7.	Isaak Blank & Ida Suedam.	Maart 8.
19.	Benjamin Hugget & Catharina Lesjar.	20.
21.	Isaac Peck & Maria Wright.	22.
19.	Joseph Uitdenbogert & Cornelia v. den Berg.	22.
24.	Isaac Kip & Helena Auke.	24.
27.	Jacob Myer & Annatje v. Blaricom.	27.
April 5.	William Beekman & Maria Elsworth.	April 5.
10.	Tobias Stoutenburg & Helena Thomas.	12.
10.	Pieter Brouwer & Catharina Thong.	14.
14.	William van Zante & Eleanora Smith.	16.
May 2.	John Dykman & Elisabet Buys.	May 4.
3.	Pieter Marselisse & Hanna Elsworth.	5.
16.	George Welch & Anna Brouwer.	17.
23.	John Waters & Aaltje Carmer, Wed.	23.
Juny 15.	Nicholaas Fee & Marytje Marzbag.	Juny 17.

(697)

Personen met Geboden.

A° 1750.		A° 1750.
Ingeteekent Septr 22.	Jacob Hansse j. m. van N. York, & Lena Koning j. d. van Tappan, beide wonende alhier.	Getrouwt Octob. 7.
Novemb. 10.	Jacob Pit j. m. van N. York, met Marytje Pelt j. d. van Hakkinsak, beide wonende alhier.	Novemb. 25.

A° 1751.

| Decemb. 22. | Georgius Frits, j. m. van Tweebrugge uit Duidsland, met Maria Krust j. d. van Hanouw, beide wonende alhier. | January 3. |

(698)

Personen met Licentie.

A° 1750.		A° 1750.
Ingeteekent July 19.	John Frees & Catharina Gerreau van Tappan.	Getrouwt July 19.
25.	William Velten & Susanna Du Maré.	25.
August 1.	Abraham v. Voort & Sara Consulje.	Augu. 4.
8.	Aaron Haering & Jane van Hoek.	9.
13.	Joseph Ruland & Elizabeth Eckleson.	18.
23.	William Hardenbroek & Catharina Vlireboom.	24.
30.	Gerardus Meyer & Catharina Turk.	Septr 1.
Septr 20.	Laurence Laurence & Catharina Teller.	20.
17.	John Wendel & Sara Bergen.	20.

INGESCHREVEN.		GETROUWT.
Septr 24.	Henry Hansen & Alida Livingston.	Septr 26.
27.	Charles Cromelin & Sara Roosevelt.	29.
29.	William Peek, Wed^r & Jannetje Aalsteyn, Wed.	30.
Octob^r 8.	John Bussing & Elizabeth Tibout.	Octob^r 9.
19.	Hendrik Sedam, Wed^r & Aaltje Bimmer, Wed.	20.
Novemb. 3.	Abraham Mills & Jannetje Kierstede.	Nov. 4.
Augu. 5.	Johan Dyckman & Angel Barcaux.	4.
Nov. 26.	William Bogart, Wed^r & Christiana Thomson, Wed.	27.
Decemb. 3.	John Haytor & Catharina Bush, Weduwe.	Decemb. 5.
8.	Henry Holland & Anna Wessels.	8.
10.	Jacob Lozear & Anna Gillam.	10.

A° 1751.

January 2.	Henry Filkin & Margaret Play.	January 2.
8.	Dirk Brinkerhoff & Catharina v. Wyck.	10.
20.	Hendrick Bensen & Antje De Maree.	24.
Febr. 4.	Cornelius Turk & Jane van Gelder.	Febr. 5.
8.	Laurence Smith & Jane Roeuger.	9.

(699)

Personen met Geboden.

1751. Ingeteekent Febr. 10.	Jakob Boshart & Margriet Cokkin uit Hoogduitsl : & Zwitserland, beide wonende alhier.	A° 1751. Getrouwt Feb. 24.

(700)

Personen met Licentie.

A° 1751. Ingeteekent February 16.	Alexander Makbea & Marytje Traphage.	A° 1751. Getrouwt February 16.
Maart 1.	George Giffen & Elisabeth Montanje.	Maart 2.
8.	John Appel & Johanna Varrick.	10.
14.	Rem Rapalje & Elenor Hardenbroek.	14.
16.	Hugh Mak Guire & Elisabeth Roe, Wed.	16.
21.	Michael Cornelisse & Catharina Couper.	21.
April 4.	Gerard W. Beekman & Maria Duicking.	April 11.
11.	William Chappel & Jemeina Turnier.	13.
9.	Abraham Odel & Rebecca Dykman.	12.
18.	Nicolas Wendel & Elisabeth Wheeler.	20.
24.	Andries van Dusen & Elisabeth Ute.	24.
26.	Arend King & Antje Lose.	26.
26.	Pieter van Gorcum & Bregje Abramsse.	27.
26.	Nicolas Bogard & Dorothea Bogard.	27.
May 4.	John Gillespy & Elizabeth Benson, Wed.	May 4.
8.	Abraham Lott & Jane Goelet.	9.

INGESCHREVEN.		GETROUWT.
May 11.	William Murray & Maria Marschalk.	May 11.
18.	Hendrik van Eevere & Tryntje van Wormer.	18.
25.	John Doree & Margriet van Hoorn, Wed.	25.
21.	Cornelius Marschalk & Catharina Fardon.	26.
27.	Hendrik Snyder & Elisabeth Syn.	27.
31.	Evert Pels & Elizabeth Perot, Wed.	31.
Juny 15.	Pieter Hyer & Annatje van Deursen.	Juny 16.
28.	Pieter Taylor & Margareta Forbes.	29.
28.	Matthew Buys & Marritje Mandevil.	July 6.
July 29.	Pieter King & Margrita Hansse.	August 3.
Augusty 5.	Nicolaas Groober & Mary Suferin.	7.

(701)   Personen met Geboden.

1751.		A° 1751.
Ingeteekent den 29 Sept.	Abraham Jong, j. m. van de Elsas in Duitsland & Anna Maria Forlarys, j. d. van Dorlag in Duitsland.	Getrouwt 13 Oct.
A° 1752.		A° 1752.
Febr. 16.	Thomas Chadwick, j. man & Maria Smith, j. d. beide van N. Jork.	Den 1 Maart.
Maart 15.	Hendrik Rutschi, Wed^r van Dallicken & Anna Magdalena Muckly, j. d. uit Zwitserland, beide wonende alhier.	Maart 29.
April 4.	Pieter Streener, j. m. uit Joos Eyland in oud England & Catharina Gerritse uit New York.	April 21.
August 9.	Hendrik Sievart, geboren in Zurinamen, en Maragriet Numengrie, geboren in Pritte gelegen in de palts.	

(702)   Personen met Licentie.

A° 1751.		A° 1751.
Ingeteekent August 10.	Abraham van Gelder & Pheby Fardon.	Getrouwt August 11.
16.	D° Antonius Curtenius & Catharina Goelet, Wed.	19.
Sept. 18.	Leonard Zuricher & Maria de Mild.	Sept. 20.
27.	Abraham van Wyck & Mary van Alstyne.	29.
Octob. 12.	Pieter Brouwer & Sara Kipp.	Octob. 17.
25.	Matheus Manrele & Janneke Waldron.	26.
24.	Pieter Zenger & Brachy Montange.	26.
Novemb. 1.	Matheus Hopper & Aaltje Jacobs.	Novemb. 2.
2.	Joseph van Sante & Marietje Brouwer.	3.
7.	Richard Ten Eyck & Elizabeth Brestede.	7.
Dec. 9.	Cornelius Roosevelt & Margrieta Herring.	Decemb. 10.
10.	Johan Kingh & Rebecca Ten Eyk, Wed.	14.

INGESCHREVEN.		GETROUWT.
Dec. 19.	David Ackerman & Sarah Cristey.	Decemb. 19.
24.	George Hutton & Elisabeth Goodwin.	28.
A° 1752.		A° 1752.
Jan. 16.	Martin Mc Awee & Catharina Uitdenbogert.	Jan. 18.
25.	Johan Cregier & Hanna Gilbert.	25.
Feb. 8.	Peter Utt & Sara Blanck.	Feb. 9.
10.	John Scott Quakkenbosch & Elisabeth Staats.	14.
17.	William Fowkes & Susanna v. Deursen.	17.
Maart 3.	Barent de Boogh & Lydia Westerveldt, Wed.	Maart 5.
10.	Abraham van Dyck & Maria Gilbert.	11.
11.	Huybert van Wagenen & Augenietje Vredenburg.	12.
April 1.	Henry Fielding & Eghie van Winkle.	April 2.
8.	Johan van Driessen & Catharina Boeckenhoven.	8.
11.	Hendrik Sailor & Mary Lambertse.	11.
17.	Richard van der Haan & Martha Gerbrands.	19.
25.	Isaac van Nuys & Elisabet Griggs.	25.
11.	Joris Rapallie & Anna Shank.	29.

(703)
A° 1752.
Ingeteekent Den 16 Augustus. Denieuwe Styl volgt nu Den 17 Sept. Den 1 October.

Personen met Geboden.

Jan van Pelt j. m. van N. Jork & Maria Linnenton j. d. van N. Jork, beide wonende alhier.
Joris van Weert j. m. van Philipsburg & Annatje Frechi, Wed., beide wonende alhier.
Albertus Lesier j. m. van N. Jork, Elizabeth Clarckzon, j. d. v. N. York, beide wonende alhier.

1752.
Getrouwt N. Styl den 26. October.
den 6 Octob.

15.

(704)
A° 1752.
Ingeteekent May 2.

Personen met Licentie.

	Johannes Pannet & Anna Maria Marshall.	Getrouwt May 2.
7.	George Hutton & Maria Fyl.	9.
9.	John White & Emmetje Randel.	10.
12.	William Heyer & Geertje Breestede.	13.
16.	John Kindrik & Elizabeth Bousbeck.	17.
16.	John de Vore & Belitie Bogart.	19.
Juny 22.	John Wortman & Anna van Oostrandt.	Juny 22.
July 20.	Abraham Akkerman & Susanna Pouwelse.	21.
21.	Johannes Zuppinger & Hanna Coens.	25.

INGESCHREVEN.		GETROUWT.
July 29.	Andries Marschalk & Hanna Quick.	August 1.
Sept. 26.	Anthony Shackerly & Anna Parcells.	Sept. 26.
Octob. 3.	James Beekman & Jane Keteltas.	Octob. 5.
Novemb. 4.	William Pears & Tietje Poel.	Novemb. 4.
20.	William Fraine & Mary Bears.	20.
Nieuwe Styl 21.	Joost Buskerk & Anna Blake, Wed.	Nieuw Styl 22.
27.	Thomas Smit & Affie Smith.	27.

A° 1753.

January 22.	Thomas Doren & Sara van Law.	January 23.
27.	Cornelius Michael & Catharina Robinson.	28.
Nov. 23, 1752.	Barent Jansen & Maria Simonson.	1 Febr., 1753.
Maart 9.	Abraham Alner & Martha Montangne.	Maart 10.
30.	Johan Berrien & Aaltje Braisher.	31.
April 16.	Teunis Tiebout & Elisabet Lamb.	April 16.
17.	Henry Clopper & Margariet Kefeltas.	18.

(705)
A° 1753.

Personen met Geboden.

Ingeteekent Den 29 April.	Johannes Beerber, j. m. van N. Haarlem & Hilletje Holst j. d. van N. Jork, beide wonende alhier.	Getrouwt den 13 May.
Juny 17.	Isaac Alje j. m. & Annatje Mors j. d. met Attestatie van Hakkensak.	July 17.
Aug. 17.	Jacob Gerresen j. m. & Jane Bertrand j. d.	Septemb. 17.
Sept. 9.	Jochem Andriese, Wed^r wonende aan de Deutelbaay & Susanna Wood, j. d. wonende op Staaten Eyland.	Sept. 19.
Novemb. 14.	Hendrik Oblinus j. m. van Haarlem & Maria de Vou j. d. van de Men^a van Voorden.	Nov. 12.

(706)
A° 1753.

Personen met Licentie.

Ingeteekent April 19.	Joh: Houts & Sophia Rideton.	Getrouwt April 19.
17.	Cornelius van Vorst & Hanna van Horne.	21.
20.	Stephen ter Hune & Maria Sebring.	22.
21.	Jakob van Winkele & Rachel Cammenga.	28.
May 4.	Simon Cregier & Susanna Oats.	May 5.
9.	Pieter Monfoor & Susanna Martesen.	12.
17.	Isaac Post & Rachel Ecker.	17.
19.	John Lashar j^r & Helena Peers.	19.
15.	Gysbert Garrison & ElisabethCorthrigt.	19.
24.	Jacob Kip & Elisabet Frayer.	24.

INGESCHREVEN.		GETROUWT.
May 22.	Johan Sebastian Stephany & Jannetje de Peyster.	May 30.
30.	Cornelius van den Berg & Elizabeth de Hart.	31.
Juny 6.	Abraham Allen & Sarah Outwater, Weduwe.	Juny 6.
9.	Nicholaas Romein & Margareta Minthorne.	9.
7.	Abraham Hyer & Anna Bancker.	15.
13.	Alexander Forbes & Lucretia Hagerman.	July 1.
July 4.	William Stoutenburg & Maria van Vleck.	5.
2.	Isaac Fardon & Catalina Pells.	8.
27.	Lukas Kierstede & Martha Sutton.	27.
August 13.	Christopher Stymes & Maria Elswort.	Aug. 19.
22.	William van de Water & Elizabeth Hendrikse.	23.
Sept. 6.	Jan Boekhout & Debora Laurence, Wed.	7 Sept.
11.	Abraham Lent & Jannetje Curse.	13.
12.	Richard Ebbets & Jannetje Waldron.	13.
11.	Joh Wendel & Anna Anderson.	11.

(707)

Personen met Geboden.

A° 1754.

Ingeteekent January 11.	Seyme Locie, j. m. & Maria Wikveld, j. d. beide wonende alhier.	Getrouwt Jan^r 28.
Feb. 17.	Gerrit Schuerman & Wyntje van der Hoef, met attestatie uit de Presbyteriaansche Gemeente.	Den 4 Maart.
Maart 10.	Michael Peffer, j. m. van Nieuw Jork & Elizabet Peek, j. d. van Schonechtadi, beide alhier wonende.	Den 13 Maart.
,	Ide Marselisse & Ariaantje Siph, met Attestatie van Bergen, geteekent den 27 Maart, 1754.	Den 28 Maart.

(708)

Personen met Licentie.

A° 1753.

Inget. Sept. 20.	Samuel Rue & Catharina Brestede Wed^e.	Getrouwt Sept. 20.
21.	Lewis Hardenberg & Catharina Waldron.	21.
27.	Jacobus van Dyke & Elinor van Hook.	21.
Oct. 15.	John Couwenhoven & Elisabeth Broadburn, Weduwe.	18 Oct.
22.	Robert Johnston & Marretje Anthony.	22.
29.	Theophilus Elsworth & Hester Luwis.	Nov. 1.
Nov. 2.	Johan White & Catharina Vanderhoven.	3.
6.	Adriaan Bancker & Anna Boelen.	7.
14.	Petrus Roosevelt & Elizabet Brinckerhoff.	15.

INGESCHREVEN.		GETROUWT.
Nov. 15.	Christoffel Schuyler & Elizabet Stegg.	Nov. 10.
27.	Andren Losge and Parcilla Anderson.	27.
Dec. 5.	Jacobus Bogert & Elizabet Bancker.	9 Decemb.
11.	Jacob Le Roy & Cornelia Rutgers.	13.
21.	Harmanus Schuyler & Eva Vredenburgh.	December 23.
24.	Pieter Kip & Elizabet van Mepelen.	Jan. 1, 1754.
21.	Teunis Tiebout & Garretje Duryee, Wed.	5.
Jan. 5.	Pieter Gerrebrands & Catharina Turck.	5.
15.	William Dooren & Fytje Fonck.	15.
17.	Mozes Lynn & Lena Van Weert.	17.
17.	Edward Couwenhoven & Annatje Roome.	19.
28.	Lambert Blank & Lena Lambertson.	28.
Feb. 1.	Samuel Ellis & Maria Brouwer.	3 February.
2.	Josia Shortvavesen & Margarita Tiebout.	3.
4.	Morinus Law & Debora Oblinus.	7.
Maart 9.	John Roome & Claasje Turk.	Maart 9.
15.	Erasmus Williams & Elizabet Ten Eyck.	17.

(709)

A° 1754.

Personen met Geboden.

	Philip Avrard Wed[naar] Geboren te Amsterdam & Maria Philgomi, Wed. gèbr in Souvige in Switserlant.	April Getrouwt 15.
Maay 12.	Johannes Ryckman, j. m. geboren in Schonechtade & Juna Waard j. d. geborente New-york, beide wonende alhier.	Maay 30.
12.	Jakobus Snyder, j. m. van Staten Eiland & Catharina Ryckman j. d. van Schonechtadi, beide wonende alhier.	Juny 2.
	Henry Done & Mary Eliss met attestatie uit de Presbyteriaansche gemeente.	July 21.
Augustus 11.	Johan Adam Goedberlet, j. m. & Maria Elizabet Snellin, j. d. uit Duitsland en wonende alhier.	Aug. 25.
Dito.	Jakob Koning, j. m. en Annatje La Sja, j. d. beide van N. Y., en wonende alhier.	25.
18.	Johan Ulrich Bogert, j. m. & Rosina Heibergerin j. d. van Switserland, beide wonende alhier.	26.
9.	Cristiaan Stouard & Anna Tys j. d. van Tibout in Duidsland, byde wonende in N. York.	31.

(710)

A° 1754.

Perzonen met Licentie.

April 5, Ingeteekent.	Alexander Lamb & Margarita Johnson, Wed.	Getrouwt 1754. den 7 April.

INGESCHREVEN.		GETROUWT.
April 11.	Beekman van Buuren & Hyltje de Peyster.	April 12.
16.	Thomas Robison & Sara Van Brunt, Wed^e.	16.
9.	Henry Willse & Maria Stokholm.	13.
9.	Johannes Willse & Elinor Stokholm.	13.
Maay 23.	John Dunscomb & Elsje Duycking.	23 Maay.
Juny 4.	Robert Craenel and Hamach van Hook.	Juny 7.
8.	Cornelius Van der Hoof and Jane Anderson.	8.
10.	Peter Montanye & Catharina Van der Hoff.	10.
15.	Rienere Scaats & Altie Schuyler.	16.
17.	Obadiach Hunt, jun^r & Maria Winter.	17.
July 11.	William van der Burg & Margareta Gay.	11.
11.	David Keech & Hanna George.	11.
12.	Evert Wessels & Sara Groenendyck.	13.
16.	Nicholas Power and Allatty Sadler.	16.
17.	Jacob Kingh, Wed^{nr}, & Geertruyd Roser, Wed.	22.
Aug. 12.	Melenis Concklin & Ortley Sherron.	Aug. 12.
14.	Pieter Willem van der Gon & Maria Dyckman.	15.
22.	Zacharias Hofman & Helena van Wyck.	23.
24.	Philip van Deursen & Susanna Blanck.	Septemb. 25.
Sept. 2.	George Vroom & Sara Voorhees, Wed.	3.
9.	Henry Kip & Hanna Smith.	9.
10.	Thomas Brouwn & Elizabet Stevens.	10.
18.	Dow. van Dine and Seyttie van der Bilt.	21.
24.	Barent Barentse & Cornelia Burger.	

(711)

Perzonen met Geboden.

A° 1754.

Ingeteekent	Daniel Randeles & Hanna Stevens met attestatie uit de Presbyteriaansche Gemeente.	Getrouwt Oct. 6.
	Samuel Harvey & Anna Jorgison met attestatie uit de Presbyteriaansche Gemeente.	Novemb. 2.
Octob. 31.	David Moree van Hakkensak & Lena van Nette, geboren in Rynbeck byde wonende alhier.	Nov. 10.
Dec^{br} 22.	Johannes Bark, j. m. van Amsterdam & Susanna Wood, j. d. van N. Jorken beide wonende alhier.	Dec. 24.

A° 1755.

| Den 16 February. | Johannes Remmy & Anna Maria Corcelius, j. d. uit Duitsland, beide wonende alhier. | Maart 2. |

INGESCHREVEN.		GETROUWT.
Maart 25.	Nicolaas Neeb, geboorn in Beeren in Switserlant & Rachel Ellis, geboren in N. Rosel, beide alhier wonende.	April 13.
25.	Jorsie Burrenhart en Geertruida Lanscen uit Hoogduitsland, byde wonende alhier.	
(712)	Perzonen met Licentie.	
Anno 1754. Ingeteekent Octob. 5.	Alexander Brown & Hanna Amory.	Getrouwt Oct. 6.
12.	Cornelius van Wyk & Catharina van Sise.	13.
26.	Tunes van Pelt & Helena Chevalier, Wed.	27.
Nov. 1.	John Blank & Annatje de Voe.	Novemb. 2.
Octob^r 31.	William Smit & Sara Montangie.	2.
Nov. 2.	Frederick De Vou en Elisabet Armstrong.	3.
6.	Jonathan Blake & Jannetje van Hoek.	7.
23.	Nicholaas Roosevelt & Elizabet Thurman.	24.
28.	Abraham Knickebakker & Geertruid v. Deursen.	28.
Decemb. 9.	Matthias Luyster & Barbarie Hulst.	Decemb. 21.
20.	Harmanus van den Burgh & Elisabet Foralt.	22.
28.	Robert Young & Maria Bratt.	29.
1755. Jan^r 16.	Dirk Morlett & Jannetje Vliereboom, Wed.	1755. January 16.
Feb. 7.	Morris Earle & Johanna Mountany.	Feb. 8.
Maart 12.	Johannis W. Vredenburg & Maria Van-Wagenen.	Maart 12.
April 1.	Albertus Tiebout & Isabel Thompson, Wed.	April 1.
31 Januari.	Stephen Brinkerhoff & Maria Waldron.	3.
April 4.	Johan Dykman & Lena Van Orden.	5.
11.	William de Peyster & Elizabet Brasier.	12.
16.	William Boerum Junior & Geertje Wyckoff.	19.
May 6.	Nicolaas Berrien & Marie Parsel.	May 15.
17.	Daniel Ten Eyck & Margarita Appel.	18.
19.	Johan Abrahams & Anna Lynn.	19.
23.	Cornelius van Orden & Hanna Hopper.	24.
(713)	Perzonen met Geboden.	
Ingeteekent A° 1755.	James Wheeler & Eleonor Dene, met attestatie uit de Engelsche gemeente Rochester, beide wonende alhier.	Getrouwt Juny. 8.

INGESCHREVEN.		GETROUWT.
May 25.	Cornelis van Vegten, j. m. & Jannetje Handlin, Wed. beide van en wonende in N. York.	Juny 17.
	William Litch & Elinor Wilson met attestatie uit de Presbyritaansche gemeente v. N. York.	22.
Augustus 24.	James Canby, j. m. van New Rochel & Lea Losie van New York, beide wonende in N. York.	Octob. 17.
Octob. 5.	Abraham van Noord, j. m. & Margaritha Henniel, j. d. beide wonende in New Jork.	18.
Octob. 7.	John Losie, j. m. van Nieuw Jork & Maria Brouwer, j. d. van Kekkiat, beide wonende in Nieuw jork.	Decemb. 25.

(714)   Perzonen met Licentie.

A° 1755.

Juny 4.	John Jabwain & Elizabet Poppelsdorff.	Getrouwt Juny 4.
28.	Isaac Sloover & Geertruid Barheidt.	28.
27.	John Wessels & Elizabet Wool.	29.
July 2.	Benjamin Demarest & Wybrig van Deusen.	July 2.
15.	Paulus Blanck & Maria Brooks.	16.
26.	William Sloe & Charity Benson.	27.
August 2.	Jonas Lott & Saletie Prior.	August 3.
2.	Benjamin Stymets & Margariet Buskirk.	2.
Juni 21.	William Pasman & Mary Hart.	2.
Aug. 9.	Nicolaas Gouverneur & Sara Cruger.	10.
16.	John de Lameter & Jannetje Post.	16.
26.	Jasper Stymets and Susanna Brouwer.	26.
28.	Pieter du Bois & Jacomyntje Kipp, Wed^e.	29.
20.	John Marselisse & Belitje Van Wagenen.	30.
Sept. 8.	John Goer & Affia Van Veghten.	Sept. 9.
8.	John Steward & Magdalen Bussey.	10.
22.	Robbert Rutgers & Elisabet Beekman.	23.
24.	Benjamin Wynkoop & Catharina Boel.	25.
Octob. 15.	William Bennet & Lea Peterson.	Octob. 15.
Nov. 7.	John Kip & Margarita Bratt.	Novemb. 8.
27.	Frederik Roorbach & Neeltje ten Eyck.	27.
Decemb. 20.	Nicholaas Bayard & Margarita van Beverhout, Wed.	Decemb. 22.
31.	James Pudncy & Marie Warner.	Jan. 1756.
1756.		
January 2.	Cornelius Webber & Jane Wilson, Wed.	4.
3.	Lodewyk Jnslaer & Lena Bogert.	4.

(715)   Perzonen met Gebooden.

Ingeteek^t Jan. 4.	Johannes Albregt, Weduwnaar & Anna Carther, Weduwe, van Duitsland en wonende alhier.	Getrouwt Jan. 18.

INGESCHREVEN.		GETROUWT.
Febr 11.	Robert Graye & Jane Deveday, met attestatie uit de Presbyteriaansche Gemeente.	Feb. 11.
8.	Johannes Michel Schram, j. m. & Margarita Tanner, j. d. beide uit Duitsland en wonende alhier.	15.
Febr. 28.	John Stelton & Elizabet Williamson met attestatie uit de Presbyteriaansche Gemeente.	28.
Maart 8.	Thomas Thompson & Margaret Osborn met attestatie uit de Presbyritaansche Gemeente.	Maart 8.
	William Tucker & Hanna Miller, met attestatie uit de Presberitaansche Gemeente.	April 8.
April 24.	Hermanus Gardenier, j. m. geboore op Philipsburg & Maria Rathan, j. d. geboore in Hakkensak, byde woonachtiz alhier.	May 9.
May 1.	Ary Rykman, jong m. geboore in Nieuw York & Ragel Peroo, j. d. byde woonagtiz alhier.	16.

(716)

Perzonen met Licentie.

1756.		A° 1756.
Ingeteekent Jan. 10.	Alexander Dean & Elizabet Lynch.	Jan 13.
16.	Johan Antony & Elisabeth Dalley.	17.
Feb. 7.	Van der Clif Norwood & Jane Mitschel.	Feb. 7.
20.	Jonathan Lauwrence & Elisabet van Kleek.	22.
1754.		
July 24.	Stephen Lavrge & Sara Vorce.	8 Maart.
1756.		
Maart 2.	Thomas Salter & Mary O'Neil, Wed.	9.
11.	Isaac Bogert & Mary Stickland.	14.
23.	George Bergen & Magdalena Bratt.	25.
26.	Jsaak Low & Catharina van der Spiegel.	27.
Apr. 7.	D° Benjamin Hait & Ann Smith.	April 8.
5.	Willem van Noordstrand & Catharina Vou, Wed.	13.
20.	Abraham Hopper & Rebecca Dykman.	21.
23.	James Bogert & Elisabet Pecock.	22.
Maay 3.	Albert Ryckman & Catharina Brasier.	Maay 4.
20.	Thomas Maddox & Elenor Lambertson.	22.
Juny 2.	Paulus Banta & Francyntje Minthorn.	Juny 5.
4.	Robbert Hull & Catharina Vreedenburg.	6.
7.	Myndert van Evera & Mary Dawson.	12.
July 7.	Abel Hardenbroek & Rebecca Anthony.	July 8.
9.	Aaron Gilbert & Hanna Mandeviel.	10.
12.	Hendrik Fine & Catharina Pain, Wedᵉ.	22.

INGESCHREVEN.		GETROUWT.
July 7.	Johan Stakelen & Annatje Rypheneer.	July 24.
Aug. 3.	Alexander Claxton & Isabella Baket.	Aug. 4.
3.	Edward Collard & Elisabet Moss.	4.

(717)
1756.

Perzonen met Geboden.

Ingeteekent August 29. John Daniel Visser, j. m. & Jannetta Elizabet Catharina Weeler, j. d. beide van Hoog Duitsland, en wonende alhier.

(718)
1756.

Perzonen met Licentie.

Ingeti July 12.	Jakobus Lefferts & Maria van der Heul.	Getrouwt Aug. 5.
Aug. 5.	Pieter Cowles & Elsie Smith.	10.
July 27.	Hendrik Oudenaarde & Sara van Dyck.	15.
Aug. 19.	George Middleton & Hanna Bokey.	19.
Sept. 3.	James Totton & Mariam Beedell.	Sept. 3.
4.	Samuel Marsh & Ankey Burger.	5.
24.	William Maglaghlin & Elizabet Pepinger.	25.
24.	Aaron King & Jane Johnson.	25.
24.	Cornelius Blanck & Catharina Hyer.	26.
28.	Adam Dobbs & Affie Snoek.	29.
22.	Samuel De Lamater & Catalyntie Waldron.	Octob. 3.
Octob. 6.	William Bishop & Anna Varick.	6.
7.	Gerrit van den Bergh & Hanna Mandavel.	9.
5.	William Elsworth Jun[r] & Hendrika Stoutenburg.	10.
11.	Benjamin Loving & Mary Hill.	11.
22.	Joseph Lynsen & Hanna Voors.	23.
30.	Alexander Forbos & Eva Bussing.	30.
Novemb. 5.	William Bocke & Jane Minthorn.	Novemb. 6.
17.	Samuel Warner & Mary Dodge.	21.
15.	Richard Martin & Rebecca Montanie.	29.
18.	John Berry & Debora Remeck.	20.
Decb[r] 9.	Alexander Houston & Ann Brown.	Dec[b] 9.
20.	William Blake & Elizabet Douglas.	21.
20.	Thomas Vater & Elizabet Willson.	22.
13.	Allen M[c]Dugel & Elizabet Campbell.	25.

(719)
1757.

Perzonen met Geboden.

Inget. Jan. 2.	Jakob Rivers, j. m. van O. Engeland & Elizabet Wilson, j. d. van Boston, beide wonende alhier.	Getrouwt Jan. 9.
Jan. 23.	Michael Houswirt, j. m. van Straatsburg & Elizabet Purkonin, j. d. van Straatsburg, beide wonende alhier.	Feb. 6.

INGESCHREVEN.		GETROUWT.
	Thomas Bray & Elisabet Stephings met attestatie uit de Engelsche gemeente.	May 19.
Aug. 7.	Samuel Brown, Wed^r & Anna Tenner, j. d. beide van N.-York en wonende alhier.	Aug. 14.
(720)	Perzonen met Licentie.	
1756.		
Ingeteekent Decemb^r 24.	Beekman van Bueren & Elizabet Gilbert.	Getrouwt Dec. 25.
1757.		1757.
January 6.	Charles Wheeler & Dorothy Plumstead.	January 6.
15.	Martin Coin & Hanna Boyl.	15.
30.	Alexander Layl & Sara Osborn.	Febr. 1.
Feb^r 3.	John Johnson & Jannetje Burger.	4.
19.	Richard Day & Jane Collins.	19.
Maart 3.	John Uitdenbogart & Maria Vreedenburg.	Maart 6.
7.	Cornelius Clopper 3^{tius} & Rachel Low.	7.
8.	George Hopson & Seviah Speedy.	8.
10.	Teunis Rappalje & Catharina Stokholm.	12.
April 22.	Augustine Darsey & Elinor Nicolls.	April 24.
23.	George Stanton & Agnietje Blanck.	24.
18.	Peleg Burling & Angenitie Abrahams.	23.
May 14.	Pieter van Ranst & Eady Beekman.	May 15.
21.	Joseph Morris & Anna Arthur.	29.
25.	John Crisp & Catharina Evans, Wed.	25.
28.	David Evans & Hester De Voe.	29.
Juny 11.	Thomas Cunningham & Elizabet Ewouts.	Juny 12.
17.	Jakob Somer & Barbara Myring.	18.
July 4.	William Quik & Annatje van Gelder, Wed^e.	4.
5.	Gerrit Heyer & Maria Baldwin.	9.
9.	Joseph Colley & Sara Trapaulier.	9.
23.	Jeremiah Myer & Phebe Hobbs.	24.
30.	Frederik Fine & Mary Ten Eyck.	30.
Aug. 4.	Hercules Wendover & Jane Smith.	7.
(721)	Persoonen met Geboden.	
1757. Inget.		Getrouwt.
(722)	Persoonen met Licentie.	
1757. Inget. Aug. 15.	Nicolas Richards & Elisabet Dickson.	Getrouwt August 15.
18.	Hendrik Gulick & Famitje Cowenhooven.	18.
Sept. 19.	Archelaus Lynd & Sara Abrahamse.	Sept. 19.
21.	Stephen Dwight & Martha Glover.	22.
24.	William Milburne & Mary Laurence, Wed.	24.

INGESCHREVEN.		GETROUWT.
Sept. 24.	Jeremia Brouwer & Elizabet Van de Water.	Sept. 24.
Octob. 5.	Joshua Paine & Elizabet Houtvat, Weduwe.	Oct. 5.
Sept. 20.	Charles Gresman & Anna Veronica Berg.	6.
Octob. 8.	James Mullen & Elisabet Hopper.	9.
27.	Walter Quackenbos & Sophia Roorbach.	27.
Novemb. 2.	William Pasman & Elizabet Knickerbacker.	Nov. 5.
11.	Cornelius van Vaughter & Ann Pensenger.	11.
9.	Johan Wright & Jane Montangie.	13.
17.	Edmond Kingsland & Mary Davis.	17.
16.	Simon van Asdale & Neeltje Voorheys, Wed.	16.
19.	Jakob Labaugh & Catharina Beekman, Wed.	20.
25.	Alexander Clinton & Mary Keen.	26.
28.	Gerrit Harsin & Sara Kip.	28.
28.	Jeremia Blank & Elizabeth Wright.	29.
28.	Thomas Moore & Rebecca Schourt.	28.
18.	David Brouwn & Hanna Lint.	Decemb. 6.
Decemb. 5.	Richard Yates & Catharina Brass.	6.
6.	Pieter Teller & Catharina Kip.	8.
10.	Henry Stanton & Rebecca van Blerkom.	11.

(723)

Personen met Geboden.

1757.
Inget. — Johan Hanson and Geertruid Madam met attestatie uit de Presbyteriaansche Gemeente. — Getrouwt Decemb. 17.

Edward Farrel & Isabella Brown met attestatie uit de Presbyteriaansche Gemeente. — 20.

1758.
January 15. — Andries Grojang, j. m. van Zwitserland. Maria Magdalena Whielerin, j. d. van Duits Land, beide wonende alhier. — 1758. Febr. 2.

January 22. — George Leenhard Rohe, Weduwnaar, Anna Geertruy Densman, j. d., beide van Duitsland, en wonende alhier. — Febr. 5.

(724)

Persoonen met Licentie.

1757.
Inget. Decemb. 14. — Nicolaas Anthony & Catharina Dalley. — Getrouwt Decemb. 15.
20. — Andrew Marschalk & Ann Hardenbroek. — 21.
22. — Cornelius Roome & Susanna Waldron. — 25.
24. — Johan Brewer & Catharina Vervey. — 25.

INGESCHREVEN.		GETROUWT.
Decemb. 28. 1758.	Peter Klump & Maria Whielerin.	Decemb. 28. 1758.
January 3.	John de Honneur & Rebecca Sparksman, Wed.	Jan. 3.
Dec. 29.	Allin Elsom & Hester van Als.	4.
Jan. 1758, 6.	Teunis van Dalssen & Elizabet Holland.	6.
10.	William Irons & Susanna Nicoll.	10.
9.	Peter van Zant & Sara Marschalk.	11.
11.	Joseph Bloodgood & Anna Stoutenburg.	12.
17.	John Autenbogart & Anna Bagly.	17.
21.	Robert Midwinter & Ann Finley, Wed^e.	21.
23.	William Bancker & Anna Rutgers.	26.
20.	Wilhelmus Poppelsdorff & Elizabet Walter.	28.
23.	Andrew Hopper & Catherina Stymets.	28.
30.	John Braetburn & Hester Hutton.	31.
Feb. 1.	Cornelius Heyer & Sara Harsin.	Feb. 2.
1.	Gilbert Autenbogert & Elisabet Lynser.	2.
3.	Thomas Henderson & Rachel Blank.	5.
16.	Pieter Miltonberry & Susanna Gardenear.	18.

(725)

A° 1758.

Perzonen met Geboden.

Inget. Maart 24.	Aris Cornelisse Zon, j. m. van Saandyk & Sara Ament, j. d. van N. York, beide wonende in N. York.	Getrouwt Maart 27.

(726)

Perzonen met Licentie.

Ingeteekent Feb. 22.	Elias Chardavoyne & Johanna Corcilius.	Feb. 23. 1758.
24.	John Pattenger & Lucy de Lanoy.	25 Maart.
Maart 11.	Pieter Moutton & Hanna van Arder.	11.
2.	Robert Boyle & Affie Waldron.	12.
14.	John Forrest & Catharina Coward.	14.
Feb. 4.	Petrus Byvanck & Annatje Bogert.	13.
Maart 13.	Farmer Cowpertwaite & Debora Bratt.	13.
15.	Adolph Waldron & Catharina Phanix.	15.
17.	Johan Mitchel & Elisabet Lewis.	18.
21.	Johan Burke & Mary Margrietge.	22.
22.	William Douglas & Sara Baker.	22.
21.	Waldron Blau & Elenor Creson.	25.
29.	Daniel Thorp & Rachel van Nort.	30.
April 4.	Coenraad Hayn & Maryanna Pendry.	April 4.
22.	John Emmet & Hannah Brewer.	23.
26.	Nicholas Quackenbosch & Catharina van Pelt.	30.
Maart 14.	Gerardus Hardenbroek & Rebecca Persons.	May 13.
May 20.	Richard Newbold & Margaret Shourt.	22.

INGESCHREVEN.		GETROUWT.
May 24.	William Hogge & Margaret Becker.	May 24.
25.	John Cook & Mary Breasted.	25.
30.	William Provoost & Elisabet van Wyck.	31.
Juny 3.	Daniel Scidmore & Jane Acker.	Juny 3.

(727)

Perzonen met Geboden.

Ingeteek.	William Dunlap & Ann Tracy, met attestatie uit de Presbyritaansche Gemeente, get. D. z. 11 Juny.	Juny 11.
	William Burcham & Hanna Randel met attestatie uit de Presbyritaansche Gemeente, Juny 12.	12.
July 2.	Alexander Dunlap, j. m. van Schotland & Ann Dunnefan, j. d. van Engeland, beide wonende alhier.	Sept. 11.

(728)

Perzonen met Licentie.

Ingeteek. Juny 5.	John Louw & Susanna Bourdet.	Getrouwt Juny 8.
15.	Johannes Roorbach & Mary van Dueren, Wed.	18.
21.	John Paulison & Geertruid Spier.	22.
20.	Andrew Coest & Margaret Bakcuse.	25.
30.	James Alexander & Judah Hutchinson, Wed.	July 2.
July 17.	Samuel Wall & Abigael Sommerdyk.	20.
29.	Arent De Voe & Mary van Wey.	29.
August 1.	Isaak Wheeler & Elisabet Bears, Wed.	August 1.
July 31.	Mathias Rasch & Catharina Melrin.	1.
Aug. 5.	Terrence Conoway & Catharina Benson.	5.
4.	John Hopper & Sophia Read.	6.
9.	William Hancock & Hanna Siese.	11.
21.	Richard Green & Catharina Bratt	21.
26.	David Murrischor & Mary Horrenbrook.	26.
26.	Isaak Somerdyk & Anna Bush.	27.
Sept. 1.	Michael Hay & Anne Cox.	Sept. 1.
5.	Henry Brevoort & Mary Anthony.	7.
7.	Christoffel Rice & Catharina Elisabet Alsbruk.	7.
7.	John Mott & Anna Somerendyk.	7.
9.	Abraham van Gelder & Ann Fisher.	9.
8.	Simon Lossee & Susanna Boss.	9.
12.	John Sullivan & Debora Hutchins.	12.

(729)

Perzonen met Geboden.

Ingeteek.	Jan Lent & Elizabet de Pue, met attestatie van de Mannor van Cortlandt.	Getr. Oct. 39.

INGESCHREVEN.		GETROUWT.
Octob. 21.	Bernard Eygelhard, Weduwn. uit het graafschap Kilburgh in hoogd: Land & Barbere Mori, Wed. uit Wittenberg in hoogd Land, beyde wonende alhier.	Nov. 7.
Novemb. 26.	David Breesier, j. m. & Maria Anderson, j. d. beide van N. York en wonende aldaar.	Decemb. 3.
Decemb. 10.	Jonathan Cooke, j. m. van Oud Engeland & Elenor Quackenbos, j. d. van N. York en beide wonende alhier.	18.

(730)   Personen met Licentie.

Inget. Sept. 12.	John Fine & Margaret Elsworth.	Getrouwt Sept. 13.
14.	Daniel Johnson & Mary Peek.	14.
23.	George Ellis & Alete Douglass.	24.
21.	Richard Richards & Rebecca Martin.	25.
28.	William James & Elenor Devenport.	28.
Oct.ʳ 3.	John Blake & Catharina van Norden.	Octob. 5.
10.	Isaak Kip & Elisabet Kip.	10.
Sept. 23.	Abraham De voe & Elisabet Parsel.	13.
Octob. 12.	George Evans & Elizabet Brewerton.	16.
10.	William Cobb & Hanna Burns.	21.
Octob. 3.	Cornelius Ringo & Margarita Switcher.	Oct. 3.
2.	William Vesey & Jane Steward.	9.
Sept. 7.	Andries Marselius & Catharina Fisher.	11.
Nov. 27.	John Cothong & Mary Wilson.	Decemb. 1.
Decemb. 6.	James Rigby & Ruth van de Water, Wed.	6.
9.	Thomas Crage & Ann Taylor, Wedᵉ.	9.
6.	Elbert Amerman & Prudence Montanye.	9.
9.	John Barwick & Sara Jacobs.	10.
12.	Jacob Pinno & Margaret Saends.	16.
1759. January 2.	Michael Butter & Martha Mirriman.	1759. January 2.
11.	James Wall & Catharina Killy.	11.

(731)   Personen met Geboden.

1759. Ingeteek. Maart 31.	Johan Declou & Frederika Valley, j. m. & j. d., gebooren in oud Frans, wonende alhier.	Getrouwt April 15.

(732)   Perzonen met Licentie.

1759. Ingeteek. Jan. 13.	Andrew Elliot & Letty Turck.	Getrouwt Jan. 14.

INGESCHREVEN.		GETROUWT.
Febr. 2.	Isaac Barnes & Lucretia Brestede.	Feb. 4.
Jan. 31.	John Waldron & Rebeccah Bussingh.	1.
Feb. 1.	Philip Smith & Aaltje Bogert.	5.
8.	William Gelliland & Elisabet Phagen.	8.
9.	John Crawford & Sara de Mildt.	9.
7.	Lauwrens Leman & Catharina van Vleck, Wed.	12.
3.	James Denton & Margaret Barton.	11.
16.	Robert Nesbit & Catharina Ruger.	17.
	James Pudney & Agnes Fisher.	18.
Maart 7.	Andrew Merrel & Eva Grim, Wed^e.	Maart 5.
28.	William Fritz Gerald & Jane Davis.	April 1.
April 13.	Flavell Ewings & Maryanne Broad.	13.
12.	Stephen Stecland & Catharina Schuurman.	13.
19.	John Hopper & Wyntje Dyckman.	21.
18.	John Lawrence & Catharina Livingston.	21.
24.	Robert Watts & Lucretia van Deursen.	26.
27.	Pieter Stymets & Mary Day.	28.
27.	Thomas Walker & Mary Bennet.	29.
Maay 9.	Ebenezer Turell & Magdalena Bergen, Wed^e.	Maay 9.
9.	John Denmark & Mary Cannon.	10.
11.	James Palding & Rachel Bussing.	11.

(733) Perzonen met Geboden.

1759.		
Ingeteek. Juny 18.	Andreas Joachim Wilhelm, j. m. van Stokholm en Lea Kemmena, j. d. van Hakkenzak, beide wonende in N. York.	Getrouwt July 1.
May 13.	Edward Carrel, j. m. van New jork, & Catharina Parent, j. d. van New york, beyde wonende in New-jork.	August 26.

(734) Perzonen met Licentie.

1759.		
Ingeteek. May 12.	Henry van Winkel & Jane Brouwer.	Getrouwt May 18.
16.	Verdine Elsworth & Dorothy Gale.	28.
31.	Benjamin Hogelent & Elisabet van Wyck.	Juny 3.
Juny 6.	William Adame & Susannah van Maple, Wed^e.	6.
6.	John Moore & Elisabeth Taylor, Wed.	6.
7.	Jeronimus Alstyn & Eyda Beekman.	7.
8.	Henry Ezeler & Cornelia Van der Water.	8.
7.	John Anderson & Martha Evans.	9.
9.	Thomas Young & Aaltje Van Deusen.	9.

INGESCHREVEN.		GETROUWT.
Juny 9.	William Luckelt & Mary Alner.	Juny 9.
8.	John van Alst & Lettia Van Alst.	14.
12.	James Elliot & Rebecca Earl.	14.
2.	Abraham Birdall & Annatje Appel.	4.
May 23.	Henry Odel & Abigael de Voe.	14.
Juny 12.	Thomas Harriot & Claasje Woinat.	14.
14.	Peter Janner & Sara Warne.	16.
16.	James Slater & Cicilie Ballantine.	17.
15.	Peter Codmus & Blendina Kip.	17.
25.	William Gandall & Marian Marchant.	25.
25.	Casparus Stuiversant & Sara Couwenhoven.	July 2.
27.	Theophilus Anthony & Willemyntje Vredenburg.	Juny 28.
July 5.	Stephen Terhune & Lettitia Bergen.	July 7.
6.	Albertus Tibout & Ruth Van der Hoof.	8.

(735) Personen met Geboden.

1759.		
Ingeteek. Aug. 26.	Jan Freser, j. m. uit Schotland & Elisabet Philleson, j. d. uit Schotland, beide wonende op Koningsbrug.	Getrouwt Sept. 9.

(736) Personen met Licentie.

1759.			
Ingeteek. July 10.	Jellis Hopper & Elisabet Waldron.	Getrouwt 15.	July
16.	Samuel Lorgange & Sara de Voe.	16.	
27.	Leathus Smith & Elenor Murdigh.	28.	
28.	Matthew Tankard & Susanna Johnson.	29.	
25.	Jacob Brower & Margaret Vrelandt.	29.	
Aug. 8.	John Pero & Anna van Norden.	Aug. 9.	
6.	Henry Sikkels & Anna Buckenhoven.	9.	
21.	Jeffery Leonard & Mary Steddefort.	21.	
30.	John Grant & Sara Berger.	30.	
Sept. 3.	David High & Jennet Williams.	Sept. 5.	
2.	Charles Lugg & Mary Campford.	15.	
13.	John van Wyck & Anna Vorhes.	15.	
19.	Samuel Warner & Phebe Hunt.	22.	
25.	Theophilus Hardenbroek & Angletje Anthony.	26.	
25.	John Graham & Ester Youngh.	30.	
28.	Peter De Maree & Mary Allen.	30.	
Octob. 1.	Renselaar Williams & Catharina Cartwright, Wed.	Oct. 1.	
	Henry Bras & Mary Oakes.	4.	
Septb^r 21.	Abraham Storm & Catharina Bussing.	5.	
Octob. 3.	Thomas Dodd & Mary van der Hoer.	6.	
6.	Daniel Thorp & Prudence Thorp.	7.	

201

INGESCHREVEN.		GETROUWT.
(737) A° 1759.	Perzonen met Geboden.	
Ingeteek. Octob. 16.	Jan Lock, j. m. geboren in Engelandt & Mary Sillerin, Wed. geboren in Hoogduitschlandt, beyde wonende in N. York.	Getrouwt Oct. 28.
Decemb. 29.	Henderik Paerer, j. m. uit Hoogduitschlandt & Anna Nesch, Weduwe van N. York, beide wonende alhier.	1760. January 6.
1760. January 5.	Johannes Rykman, j. m. uit Esopus & Elisabet Mangel, j. d. van Tappaan, beide wonende alhier.	24.
4.	John Jurrie Wirth, Weduwn[r] & Elisabet Merkelie, j. d. byde uit Hoogduitschlandt, en wonende alhier.	
(738)	Personen met Licentie.	
Ingeteek. Octob. 16.	John Foreman & Hanna Griffiths, Wed.	Getrouwt Oct. 16.
16.	George Stewart & Sara van Kleek.	16.
18.	John van Alst & Latu van Alst.	25.
29.	Charles Lewis & Elisabet Kindel.	31.
31.	James Brewster & Sara Hosler.	31.
Nov. 9.	John Floyd & Lena van Deusen.	Nov. 10.
12.	Richard Cordon & Mary Burk, Wed[e].	12.
17.	James Deacon & Mary Dobbs.	17.
23.	John Brouwer & Antje Lesier.	25.
Decemb. 1.	William Bryant & Jane Howse.	Decemb. 2.
8.	John McDennol & Jemine Hopper.	9.
6.	John Steel & Mary Boyles, Wed[e].	6.
18.	John Cannon & Henrika Zwan, Wed[e].	20.
22.	Samuel Benson & Anna Steel.	23.
24.	Philip Pettinger and Elizabet Jemison.	25.
24.	John Wigmore & Margaret Lean.	30.
1760. Jan. 3.	Abraham Smith & Maria Corcelius.	1760. Jan. 3.
14.	Stephen Lane & Elsie Legg.	14.
14.	Samuel McDonnald & Mary Burcke.	16.
18.	Patrick Hyndes & Elisabet Winthrop.	22.
23.	Pieter de Marest & Annatje Smith, Wed.	23.
25.	James Burrin & Hanna Thornhil.	25.
(739) 1760.	Personen met Geboden.	
Ingeteek. Febr. 3.	Hugh McFarlin, j. m. van Ireland & Rachel Griegson, j. d. van N. Brunswyck.	Maart 3.

INGESCHREVEN.		GETROUWT.
Maart 28.	Robbert Lowdon, j. m. van Ireland & Agnes Crawford, j. d. van T. Hogeland.	April 11.
April 13.	Gabriel Heymer, j. m. van Manheim & Regina Brouwerin, j. d. van Waldirin, beide wonende in N. Jork.	27.

(740)

Personen met Licentie.

1760.

Ingeteek. Jan. 24.	Wessel Hopper & Anna Dykman.	Jan. 26.
Febr. 1.	John Bunster & Ruth Lewis, Wed.	Febr. 3.
14.	Jakob Sherp & Francis Schaats.	14.
20.	John Bergen & Margaret v. Deursen.	20.
27.	William Haywood & Hanna Farrington.	27.
Maart 1.	William Hall & Violet Gleghorne.	Maart 1.
1.	William Dering & Eleanor Petit.	2.
5.	John de Grott & Susanna Rome.	6.
13.	Phillip Norris & Ann Hornsen.	13.
13.	Pieter White & Elizabet Burbank.	13.
14.	John Grisner & Aaltje Lamberson.	14.
15.	Jacob van Holer & Neeltie Brinkerhoff.	16.
20.	Nathaniel Marriner & Rachel Brouwer.	20.
25.	Peter Ryan & Jane Lowey.	27.
April 3.	Wessel van Orden & Hanna Devou, Wed.	April 5.
9.	John Freeborn & Mary Smith.	13.
14.	Renier Naks & Catharina Brouwn, Wed[e].	14.
19.	Daniel de Voe & Margaret Quackenbos.	20.
17.	Cornelius Wynkoop & Maria Catharina Roel.	24.
22.	Isaak Somerdyk & Elisabet States, Wed.	25.
26.	Balin Johnson Cozin & Catharina Dykman.	26.
24.	John Stoodly & Catharina Child.	27.

(741)

Personen met Geboden.

1760.

July 11.	Gabriel Sprong, j. m. geboren op Jook Eyland, & Antje Cabelier, j. d. geboren opt Lange Eyland, beide wonende alhier.	Getrouwt July 26.

(742)

Perzonen met Licentie.

1760.

Ingeteek. May 2.	George Smith & Catharina Ott.	Getrouwt May 3.
2.	Lancaster Burling & Elizabet Latham.	3.
6.	John Brower & Elisabet Speeden.	7.

INGESCHREVEN.		GETROUWT.
May 9.	Henry Hartley & Elisabet Barker, Wedᵉ.	May 11.
14.	Aart Huysman & Elizabet Marschalk.	14.
16.	John Wright & Mary Brady.	16.
20.	Isaak Bush & Letty Brouwer.	25.
29.	John Carus & Elloner Pollemus.	29.
Juny 10.	Edward Kip & Jacomyntie van Orden.	14.
9.	Ida Hannigan & Nisie Waldron.	14.
17.	Jacob Brewerton & Helena Fresneau.	19.
17.	James Hervey & Maria Brass.	19.
July 3.	Jeremia van Renselaer & Judith Bayard.	July 3.
12.	Robert Cofram & Mary Livingston.	12.
11.	Evert Pelts & Sara Smith.	17.
19.	George Codwise & Mary van Ranst.	20.
25.	William Waldron & Lena van Tessel.	26.
28.	Jeremia Wool & Debora Bratt.	28.
Aug. 5.	Archibald Thomson & Elisabet Strycker.	Aug. 5.
7.	Anthony Ten Eyck & Margaret Schuyler, Wedᵉ.	8.

(743)   Perzonen met Geboden.

Ingeteek.	Met attestatie Van de Engelschekerk, Johan Ensly & Catharina Stout.	Getrouwt 1760. Novemb. 11.
	Met attestatie Van de Presbyteriaanschekerk Johan Storm & Mary Brouwer.	30.
Nov. 15.	Johan Hendrik Haering, j. m. uit Nassauw Tillenburgh & Eva Fulkin, j. d. uit Vogelsburg, byde wonende op't Lange Eyland.	Decemb. 8.
18.	Jan Ryd Van Engeland & Elisabet Ryen Van N.-Jork, wonende byde alhier.	8.
		1761.
Decemb. 28.	Godlief Lodder, j. m. geboren in Frankfort & Margaritha Howlin, j. d. geboren in England byde wonende alhier.	January 11.

(744)   Perzonen met Licentie.
Aᵒ 1760.

Ingeteek. August 8.	John Montanje & Catharina White.	Gertrouwt Aug. 1760. August 9.
9.	William Lownds & Jane Way.	9.
8.	Charles Campion & Rebecca Abbot.	10.
July 29.	Henry Joralemon & Mary Pool.	10.
Aug. 11.	Henry Dexon & Elisabet Bell.	11.
12.	Norman Ash & Sara Mason.	12.
12.	William Lush & Catharina Ditcher Wedᵉ.	13.

INGESCHREVEN.		GETROUWT.
Aug. 20.	Charles Mulford & Elisabet McCray.	Aug. 20.
14.	Thomas Livingston & Catharina V. Solingen.	27.
28.	William Ronson & Elisabet Rose.	28.
Septemb. 6.	Abraham Labagh & Debora Copertwaith Wed[e].	Sept. 6.
5.	Gabriel Sprongh & Mary Berry.	6.
6.	Reyniep Nack & Sara Bussing.	7.
1.	Willet Taylor & Mary Bogert.	10.
9.	John Ernest & Sara Ten Eyck.	11.
18.	David Cuning & Ann Stedefort.	18.
22.	Thomas Medcalf & Susanna Wood.	22.
24.	Thomas Jackson & Catharina Trucman.	Oct. 25.
Oct. 1.	Nicolaas De Riemer & Margariet Pool.	5.
10.	John Childs & Margariet Winner.	10.
11.	Edmond Welch & Eleanor van Cleek.	11.

(745)
1760.
Ingeteek.
1761.
Jan. 26.
Maart 10.

Perzonen met Geboden.

Matheus Waelen, j. m. geboore in Yrland & Nance Joans, j. d. geboore in Philadelphia byde wonende alhier.
Isaak Facieur Wed[n]. geboore in Philipsburgh & Jacomyntje Springer Weduwe geboore in New England, byde Wonende op Philipsburgh.

Getrouwt 1761.
Febr. 8.

April 1.

(746)
1760.
Ingeteek. 13.

Perzonen met Licentie.

	James Parr & Alice Blaine.	Getrouwt Oct. 13.
17.	Josua Regnolds & Elisabet Richardson.	18.
18.	Abraham Cannon & Maria Springsteen.	25.
31.	Robert Brouwn & Barbera False.	Nov. 2.
Nov. 3.	Abraham Kip & Helena Tremper.	3.
7.	David Banter & Hilligont Webber.	9.
8.	John Smith & Jane Goffi Wed[e].	9.
11.	Jakob Brouwer & Mary Spoor.	11.
10.	Edward Busch & Catharina Cannon.	14.
15.	James van Varick & Elizabet Bogert.	16.
17.	Gerrit Abeel & Mary Byvanck.	19.
22.	Henry Brookman & Lydia Bills.	23.
24.	Timothy Schields & Letta Vander Riefe.	24.
27.	Michael French & Mary Den Eyk.	27.
Decemb. 2.	James Bruse & Jane Stuart.	Decemb. 3.
1.	Roger Fagg & Johanna Loringh.	6.
5.	John Van Verrick & Catharina Towers.	7.
12.	James Kip & Jane Valeau.	12.
19.	James Hendrie & Jane Traphagen.	19.
29.	William More & Mary Bogert.	31.

INGESCHREVEN.		GETROUWT.
(747) 1761.	Perzonen met Geboden.	
(748) 1761.	Perzonen met Licentie.	
Ingeteek. 1760. Decemb. 31.	Thomas Ratburn & Mary Waldron.	Getrouwt Jan. 2.
Jan. 13.	Robert Keech & Elizabet Lever, Wed^e.	Jan. 14.
15.	John Owens & Eleanor Crandell, Wed^e.	15.
24.	John Abbot & Mary McDongall.	24.
21.	Henry Wyce & Rachel Cambell.	25.
26.	Abraham Morris & Mary Marschalk.	27.
27.	Isaac Stoutenburgh & Elizabet Will.	29.
Febr. 7.	Henry Pintineer & Rachel Wood.	Feb. 7.
17.	Nicolaas De Ronde & Sabina Ruehl.	19.
19.	James Surnavey & Hanna Connaly.	19.
25.	William Clarke & Mary Bonnel.	25.
23.	William Cox & Christiana Chappel.	26.
19.	Abraham Cole & Catharina Dutree.	20.
23.	Jeremia Fowler & Maritje Pels.	24.
28.	Samuel Hobson & Margariet Savage.	Maart 3.
Maart 13.	James Ellison & Catharina van Torah.	13.
13.	Donald Wilkinson & Ann Tillow.	13.
11.	Andrew Blank & Sara Myers.	12.
26.	Jakob Blank & Catharina Kneent.	26.
31.	William Hudson & Eleanor Murphy.	31.
26.	Robert McGennis & Elizabet McGennis.	April 1.
April 7.	Pieter van Kleek & Ann Lewis.	9.
10.	Vincent Montanje & Geertruy Vonk.	12.
(749) 1761.	Perzonen met Geboden.	
Ingeteek. May 10.	Jacob Steck, Wed^{ur}. geboore in Barbados & Jannetje Veltman, Wed^{ur}, geboore in State Iland, beyde wonende alhier.	Getrouwt May 20.
16.	Joh^s Lerrens, Wed. geboore van Walle, & Maria Davids, j. d. geboore in Philadelphia, beyde wonende alhier.	29.
	Met attestatie van de Engelsche Kerk, Nicolaas Horsman & Ann Pearle.	24.
31.	Coenradus Koning, j. m. van Tappan, en Christina Yvenaar, j. d. van Duitsland beide wonende alhier.	Juny 7.
Juny 7.	John O Bryan, j. m. & Margary Flingh, j. d. byde geboren in Irland, en nu wonende in Newjork.	14.

INGESCHREVEN.			GETROUWT.
(750)		Perzonen met Licentie.	
1761.			
Ingeteek. April 6.		Robbert Evans & Mary Kendall.	Getrouwt April 11.
13.		Luke Schippey & Mary Webber.	13.
22.		John Putt & Martha Sise.	22.
25.		Joseph Paulein & Judith Shilas.	25.
27.		James Gleen & Mary Williams.	28.
29.		Dirk Lefferts & Anneke Provoost.	29.
22.		Lawrence Wessels & Ann Chardovoyne.	23.
May 15.		Tobias Rykman & Sara Herster.	May 20.
18.		John Curtis & Mary Studefort.	20.
23.		Morris Earl & Abigael Leach.	23.
21.		John Thorp & Eleanor Oneal.	24.
19.		Dirk Brinkerhoff, j^{unior}, & Rachel van Ranst.	20.
26.		Henry Heermans & Anna Stoutenburg.	26.
27.		Henry Schutze & Sara Leppard.	28.
29.		Thomas Hart & Esther Wiley.	31.
29.		Norris Palmer & Catharina Oneal.	31.
Juny 6.		Richard Reed & Maria Post.	Juny 6.
7.		Richard Brinkerhoff & Mary Coelback.	7.
10.		Pieter Roome & Rachel de Groot.	11.
12.		Barent Slegth & Elisabet Jones.	12.
(751)		Personen met Geboden.	
1761.			
Ingeteek. Juny 20.		Jacobus van der Beek, j. m. van Riddenstown & Elisabet Steck, j. d. van Hakkensak, byde wonende alhier.	Getrouwt Juny 28.
July.		Met attestatie van de Engelsche Kerk, Laurens Horsman & Catharina Provoost.	July 26.
(752)		Personen met Licentie.	
1761.			
Ingeteek. Juny 22.		Charles Cox & Elisabet Peffer, Wed.	Getrouwt Juny 22.
22.		William Cousins & Elisabet Mullen.	23.
27.		John Cure & Margariet Scott, Wed.	27.
27.		Richard Varian & Susanna Gordinear.	28.
July 1.		John McDonald & Rebecca Laton, Wed.	July 2.
6.		Philip Homer & Jane Finney, Wed.	6.
Juny 27.		Cornelius Sip & Belitje Vreeland.	4.
July 11.		John Burroughs & Elisabet McLaughlin, Wed.	11.
11.		John Meyer & Ann Waldrom.	11.
9.		Daniel Salders & Jemina Toures.	11.
13.		Thomas Nevill & Esther Emott.	13.

INGESCHREVEN.		GETROUWT.
July 17.	Henry Constant & Elisabet Burges.	July 19.
20.	William Bailey & Sophia Gravestein.	20.
27.	James Lindford & Christina van Ryper.	27.
31.	Benjamin Maddux & Mary Low.	August 1.
August 1.	James Kelly & Letitia Pitt.	2.
6.	David Cormick & Elenor Vance, Wed.	10.
11.	Samuel Schort & Ann Man.	11.
14.	Samuel Boyers & Judith Felman.	14.
14.	Piter Garrabrants & Eleanor Lane.	15.

(753) Perzonen met Gebooden.

Ingeteek. Septemb. 16.	Daniel van Aard, j. m. van Hakkensak en Catharina Peek, j. d. van N. Jork, beide wonende alhier.	Getrouwt Sept. 23.

(754)
1761.   Perzonen met Licentie.

Ingeteek. Aug. 15.	Pieter Ennis & Neeltje Stagg.	Getrouwt Aug. 16.
18.	Robert Crosby & Elisabet Tompkins.	18.
21.	Henry Tiebout & Margaret Hollock.	25.
22.	Jecamiah Allen & Rachel Hendrikse.	25.
31.	William Lupton & Johanna Schuyler.	31.
11.	Benjamin Lent & Mary Odell.	27.
26.	Thomas Peat & Mary Spock.	27.
July 28.	Stephen Teppet & Christina Provoost.	Sept. 6.
Sept. 12.	Francis Watt & Margaret Concklingh.	Sept. 12.
22.	Robert Manley & Catharina Poppelsdorf.	26.
26.	Wolfert van Orden & Magdalena De La Noy.	26.
28.	George Cribble & Francis Jones.	28.
Oct. 2.	Thomas Denn & Mary Calder.	Octob. 2.
Sept. 24.	John Benson & Sara Brouwer.	3.
Octob. 1.	John Stagg & Catharina van Duersen.	4.
6.	John Englisch & Jane Harper.	6.
14.	George Pain & Sara Parsalls.	19.
27.	John Davis & Elisabet Walker.	27.
26.	Benjamin Yeates & Ann van der Beek.	26.
28.	Isaac Truax & Elisabet van Olinda.	29.

(755) Perzonen met Geboden.

(756)
1761.   Perzonen met Licentie.

Ingeteek. Oct. 29.	Michael Wyser & Rachel De Vou.	Getrouwt Nov. 1.
Nov. 4.	Eduward Carter & Mary Lynch.	Nov. 5.

INGESCHREVEN.		GETROUWT.
Nov. 4.	Daniel Jaquere & Anna Sophia Du Puy.	Nov. 7.
9.	William M{c}Kensie & Mary M{c}Coy.	10.
10.	James Bell & Elisabet Tate.	10.
12.	Jacob Tyler & Elisabet Johnson.	12.
14.	William Hodge & Margarit Christian.	14.
17.	William Kester & Francis Woodford.	17.
6.	Cornelius Cooper & Ann Brouwer.	19.
19.	Stephen Allen & Mary van der Hoev.	21.
23.	Abraham Brouwer & Gharaback Brouwer.	23.
23.	David Shaw & Mary Dey.	24.
10.	Benjamin Archer & Rachel de Vou.	26.
Decemb. 11.	Luke Thomas & Mary Price.	Decemb. 12.
15.	Nicholaas Roosevelt j{r} & Sara V. Ranst.	15.
12.	Henry Stryker & Mary Fleetwood.	16.
15.	Nich{s} Brown Seabrooks & Mary Dutchess.	18.
22.	Aaron Moggeridge & Tryntie Harris.	22.
22.	John Wright & Jane Nixon.	22.
24.	Benjamin Kiersteed & Rachel Smith.	24.
24.	Charles Brouwer & Catharina Anderson.	24.

(757)

Perzonen met Geboden.

1762.		1762.
Ingeteek. Jan. 9.	John Leiken, j. m. uit Ierland & Maria White, j. d. uit Schotland, wonende byde alhier.	Getrouwt January 17.
Febr. 22.	Mungo Michel, j. m. uit Schotland & Martha Jong Wed. uit Ierland, byde wonende alhier.	Maart 3.
April 11.	James Springer, j. m. geboren in Albanie & Cherretie Jee, geboren in Schester, byde wonende alhier.	April 29.
Juny 12.	John Van Laar, j. m. geboren opde Raretans & Engeltye Rittan, j. dogter geboren op Hakkensak byde wonende alhier.	

(758)

Perzonen met Licentie.

A° 1761.		
Decemb. 23.	David Cathnus & Mary Patten.	Decemb. 24.
28.	Henry Ramsen & Cornelia Dickenson.	28.
1762.		1762.
January 2.	Nathaniel Hughs & Eleanor Stuart.	January 2.
Decemb. 24.	John Parsells & Margaret Van Aalst.	7.
January 9.	William Palmer & Ann White.	9.
12.	Joseph Marschalk & Mary Schermerhorne.	13.
15.	Cornelius Swits & Catharina Schuyler.	15.
19.	George Lawn & Hanna Stoks.	19.

INGESCHREVEN.		GETROUWT.
January 20.	Nicholas Bogert & Alida Ritzema.	Feb. 2.
Feb. 2.	Samuel Browning & Ann Simmonds.	2.
5.	Thomas Parrat & Leah Lamb.	7.
12.	John Shand & Mary Windover.	14.
12.	James Oneal & Ester Dixon.	14.
10.	Humphrey Jones Bradborne & Hanna Moone.	11.
22.	John Gorbacher & Elisabet Stanton.	23.
Feb. 27.	Joseph DeVoe & Lydia Huigh.	February 27.
Maart 5.	Daniel Brower & Hanna Huigh.	Maart 6.
10.	William Laffra & Margaret Webber.	10.
18.	Thomas Howell & Anna Blom.	21.
19.	James Waldron & Elisabet Hollant, Wed.	20.
27.	William Lawson & Catharina Haviland.	28.
April 8.	William Robinson & Anna Armstrong.	April 12.
8.	Caleb Heyatt & Abigael Agneuw.	12.
7.	John Simmerman & Elisabet Abraham.	13.

(759) Personen met Gebooden.

(760) Personen met Licentie.

1762.		1762.
April 12.	Richard Osborne & Margaret Garretzon.	April 17.
19.	Peter Travallier & Mary Avery.	19.
16.	Peter Meyer & Mary Bunn.	16.
21.	Daniel Bean & Margaret McWhirter.	22.
20.	Abram Anderson & Susanna Burger.	25.
26.	John Marshall & Anna Tonlyk	May 1.
May 6.	Benjamin Smith and Amy Spragg.	7.
17.	Luke C. Quik & Sara Van de Water.	20.
27.	William Turner & Sara Addams.	28.
29.	David Hansen & Sara Seloover.	29.
Juny 5.	Anthony Rutgers & Geertruid Governeur.	Juny 6.
8.	Charles Hardenbergh & Jane Aalst.	12.
15.	John Barrea & Effe Quik.	17.
17.	Walter Heyer & Helena Acker.	17.
21.	Daniel Forbus & Agnes Pool.	21.
22.	Jonathan Dudfield & Catharina Mount.	22.
23.	Thomas Howell & Anna Coulton.	23.
26.	Peeter Telleau & Ann Brower.	26.
21.	Daniel Morgan & Hannah Saunders.	27.
30.	Thomas Stymets & Margariet Williams.	30.

(761) Perzonen met Geboden.

(762)

A° 1762. Perzonen met Licentie. 1762.

Ingeteek. July 3.	John Elliott & Mary Reynolds.	Getrouwt July 4.

INGESCHREVEN.		GETROUWT.
July 12.	Francis Perry & Sara Higgens.	July 12.
16.	Malcolm McEun & Mary McKewgie.	16.
17.	George Christopher Pack & Phebe Mills	17.
17.	William Cure & Hanna Davis.	17.
17.	John Woodaard & Mary Swanser.	18.
20.	Duncan Campbell & Mary Christie.	22.
14.	Benjamin Waldron & Debora Nagel.	23.
21.	Isaac Labagh & Judit Osy.	22.
22.	Daniel Ten Eyck & Hanna Cholwel.	24.
24.	William Paulding & Catharina Ogden.	25.
Aug. 18.	George Marten & Lea Vander Heiden, Wed^e.	Aug. 18.
17.	William Gilbert & Mary Gilbert.	20.
July 13.	John Wiley & Geertruy Long.	1.
Aug. 7.	Walter Cure & Elisabet Lepinget.	8.
9.	Gulian Akerman & Margaret Brinkerhof.	9.
21.	John Haigs & Mary Outenbogart.	22.
26.	Alexander Erwin & Elisabet Johnson.	28.
30.	Dennis Candy & Catharina Rycker.	30.
Septr 3.	Charles Amory & Sarah Smit.	Septr 3.

(763)

A° 1762.

Perzonen met Geboden.

1762.

William Yarrow and Elsje Harris, met attestatie van Engelschekerk.

Getrouwt Sept. 30.

Decemb. 12. Richard Mirs, j. m. en Foebie Ellis Wed^e. beide wonende in N-Jork. Decemb. 19.

(764)

A° 1762.

Perzonen met Licentie.

Ingeteek. Sept. 14.	Robert Curtis & Jemima Beekman, Wed^e.	Getrouwt Septr 15.
16.	Thomas Nowle & Martha Caklen, Wed^e.	16.
17.	Benjamin Lever & Elisabet Holmes, Wed^e.	17.
25.	Richard Fletcher & Margaret Hogelant.	25.
26.	Isaak Whitney & Catharina Bowman.	27.
24.	William Forbus & Elizabet Herring.	26.
29.	Joseph Rigby & Elizabet Barrea.	30.
29.	Edward Freeman & Ann Parry.	29.
Octob. 6.	John Waller & Mary Day.	Octob. 7.
6.	John Tacker & Margaret Hale.	7.
Sept. 22.	Joseph Grigg & Helena Mills.	13.
Octob. 18.	William Hughes & Mary Armstrongh.	18.
25.	Caleb Hudson & Susanna Cross.	26.
28.	Gilbert Garrison & Elisabet Cornish.	30.
29.	Oliver Webber & Ann Burns.	30.
22.	William Rogers & Elizabet Hunt.	31.

INGESCHREVEN.		GETROUWT.
Nov. 2.	William Schortell & Elisabet Trepegar.	Nov. 3.
Octob. 22.	William Sands & Elisabet German.	4.
Nov. 3.	Jacobus Bogert & Judith van Syse.	11.
16.	Francis Webster & Martha Mail.	16.
22.	Nicolaas Manger & Margariet Seeligh.	22.

(765) Perzonen mit Geboden.

		A° 1762.
Ingeteek. Decemb. 18.	William Ryel, j. m. van Ierland & Pleasant Holles, Wed^e uit England, byde wonende alhier.	Getrouwt Decemb. 26.
19.	Henry Newmarch, j. m. en Elizabet Evans, Wed^e beide wonende in N.-Jork.	26.
		1763.
25.	George Burford, j. m. en Elizabet Birdgway, j. d., beide wonende in N. Jork.	Jan. 1.
1763. Jan. 1.	Penuel Stevens, j. m. en Maria Jerallemon, j. d., beide wonende in N. Jork.	9.

(766) Perzonen met Licentie.

A° 1762.		1762.
Dec. 16.	Cornelius Turck & Agnes Rapalje.	Dec. 16.
20.	James Fischer & Isabella Cross.	20.
18.	Nicolaas De Peyster & Jane Johnson.	23.
22.	John McCarter & Abigael van Burse.	23.
29.	John van Alla & Margareth Coolbag.	29.
29.	Henry Jacobs & Catharina van Alst.	30.
1763.		1763.
Jan. 3.	Pieter Carolius & Mary Chambers.	Jan. 5.
5.	James McCombs & Bridget Mott.	5.
8.	William Palmer & Jane Montgomery.	9.
10.	James Bryant & Ruth Righby.	11.
12.	Henry Dufouer & Mary Ferdon.	13.
20.	William Poppelsdorff & Efge Ten Eyck.	20.
22.	Francis Staple & Mary van Naple.	22.
20.	James Sinclair & Geertruide Myers.	24.
Feb. 8.	Benjamin Quackenbos & Francyntje Ellis.	Feb. 19.
21.	Erasmus Williams & Eyda Beekman.	22.
26.	Gerard de Peyster & Elizabet Rutgers.	Maart 3.
Maart 1.	Samuel Benson & Rebecca Dyckman.	3.
1.	Robert Ray & Belletje Dikkenson.	1.
5.	James Mott & Catharina Sibly.	5.
4.	Benjamin Barwick & Mary Alstyn.	6.
14.	Nathaniel Beek & Sara Whitney.	14.

INGESCHREVEN. (767)	Perzonen met Geboden.	GETROUWT.
Maart 6.	Jakob Jenney, j. m. uit Switserland en Barbera Schefer, Wed^e, beide wonende in N. York.	Getrouwt Maart 22.
18.	Jacob Steenman, j. m. uit Duitsland, & Henne Lusk, j. d. uit Rynbeek, beyde wonende alhier.	April 4.
April 16.	Augustien Perro, j. m. uit Genua & Elisabet Schlosser, Wed. uit de Paltz, wonende alhier.	28.
22.	Andries Simmerman, j. m. uit Saxen, & Hester Sellerin, j. d. uit Penselvania, beyde wonende alhier.	May 1.
	Oliver Scott & Hanna Avery met attestatie van de Engelse Kerk.	5.
May 1.	Godfried Broekman, j. m. uit Duitsland & Anna Stouberin, Wed^e, beide wonende in N. Jork.	17.
May 22.	Jeremias Sullivan, Wed^r uit Ierland & Mary Wib, Wed. uit Neu-jork, byde wonende alhier.	30.
Juny 5.	Andries Bongardenier, j. m. & Anna Catharina Teysen, j. d. beyde uit Duitsland en wonende alhier.	Juny 23.

(768)	Perzonen met Licentie.	
		1763.
Ingeteek. Maart 12.	Adriaan Brass & Elizabet Breese.	Maart 13.
11.	Nicholaas Andries & Jane Brouwer, Wed^e.	20.
April 7.	Harman Ledru & Margaret Hendrie.	April 13.
8.	Gerrit Welp & Maritje Waters, Wed^e.	8.
11.	Leonard Kipp & Elizabet Marschalk.	13.
26.	Jacob Schafer & Ann Morris.	26.
26.	John Walter & Mary Ten Eyck.	27.
27.	John Berrien & Sara Fish.	27.
28.	Abraham Lott & Marie Van Wyck, Wed^e.	May 8.
May 4.	Andrew Marschalk & Sara Newel.	4.
9.	William Crossley & Elisabet Wooden.	10.
7.	Philip Miller & Mary Harsen.	12.
11.	John H. Sleght & Mary Carman.	12.
11.	Phineas Lockwood & Ann Pettinger.	15.
21.	William Brown & Sara Blanck.	21.
16.	George Anderson & Sara Brouwer.	22.
Juny 10.	James Cunningham & Sara Heyer.	Juny 10.
16.	Josiah Forris & Letitia Van Alst.	16.
18.	Mathew Hopper & Anna Christina.	19.

INGESCHREVEN.		GETROUWT.
Juny 22.	Cornelius Voorhees & Anna Van Winkel.	Juny 22.
25.	Gabriel van der Voort & Margaret Coe.	25.

(769)
1763.
Ingeteek.
July 3.

Perzonen met Gebooden.

Joseph Cros, j. m. van Oud Engeland, en Margarit Baid, j. d. van Irland, beide wonende in N.-Jork.	Getrouwt	July 12.
Abraham Martlings, j. m. van Philipsburg en wonende in N.-Jork & Christina Aartse, j. d. van Philipsburg met attestatie van Philipsburg.	Sept. 7.	
William Rees, j. m. uit England & Margariet Calicham, Wed^e, van Ierland.	Novemb. 16.	

(770)

Perzonen met Licentie.

1763.

Ingeteekent July 4.	Albert van Noortstrand & Eva Langendyk.	July 7.
	William Heyer & Elenor Stoutenburg.	7.
14.	Andrew Alsop & Sara Brasier.	16.
16.	William Thompson & Elisabet Miller.	16.
14.	Andrew Girand & Elisebet Henderson.	17.
16.	David Brouwer & Ariantje Stymets.	17.
18.	James Boggs and Elisabet Waiter.	18.
21.	William Jameson & Isabella Obrain.	21.
Aug. 5.	James Simpson & Catharina Hughes.	Augt 6.
5.	William Halden & Hanna Randle.	5.
10.	Joseph Knap & Mary Clark.	10.
25.	William White & Elisabet Walker.	25.
27.	Henry Kip & Judith French.	28.
30.	John de Noyelles & Rachel Shatford.	30.
31.	Henry van Gelder & Mary Carpenter.	Septemb. 1.
26.	Dexall Fowler & Ann Day.	3.
Septemb. 7.	Samuel Thompson & Jane Drinkwater.	8.
6.	John Ogden & Sara Sleight.	12.
17.	George Arthur & Catharina Puntes.	17.
20.	William Casey & Susanna Taylor.	22.

(771)

Perzonen met Gebooden.

(772)

Perzonen met Licentie.

1763.

Ingeteek. Sept. 21.	Henry Bryan & Johanna Bruce.	Sept. 21.
22.	Barent Speer & Judith Utt.	24.
27.	Robbert Hoggs & Sara Crawford.	27.
27.	John Sickels & Mary Bussing.	29.

INGESCHREVEN.		GETROUWT.
Sept. 30.	John De Clue & Margaret Barron.	Sept. 30.
Octob. 1.	William Lindsday & Elisabet Pell.	Octob. 1.
Octob. 27.	Abraham de La Noys & Rachel Marling.	Oct. 27.
29.	William Case & Rachel Sears.	Octo' 3.
30.	John De Bow & Mary Elsworth.	3.
Octob. 10.	Walter Cure & Catharina Lawsen, Wed^e.	10.
Sept. 27.	John van Lew & Martha Denton.	10.
Octob. 14.	Peter Carr & Mary Lowe.	14.
19.	Charles Oliver Bruff & Mary Le Tellie.	20.
July 3, 1762.	Lovit Thurston & Catharina Dobbs.	22.
Octob^r 22	Abraham Stymets & Syntje van Orden.	22.
28.	Lucas Berbank & Catharina Van de Water.	29.
26.	John Lamb & Mary Van Winkel.	29.
27.	Lodewyk Insler & Ann van Deursen.	30.
31.	Edward Tilly & Margaret Van de Water	31.
Nov. 2.	James Van Brockle & Agnes Bennet.	Nov. 3.
2.	Thomas Doughty & Jane Bradley.	3.

(773)   Perzonen met Gebooden.

Ingeteek. Nov. 2.	Jan Jansen, j. m. geboren in 'SGravenhage & Margrietje Gilmore, Wed^e, wonende op't Lange Eiland.	Getrouwt Nov. 11.
Decemb. 27.	Lawrence McGuire and Mary McKenny met attestatie van de Engelschekerk.	Dec. 27.

(774)   Perzonen met Licentie.

Ingeteek. Oct. 31.	Abraham Duryee & Elisabet Low.	Getrouwt Nov. 3.
Nov. 9.	James Sands & Elisabet Fleming.	9.
9.	John Quackenboss & Catharina De Wit.	10.
10.	Hugh Bryan & Sara Conviss.	10.
18.	Caleb Cornel & Magdelen Headly.	18.
21.	Simon Rives & Phebe Adams.	21.
19.	Robert Wilson & Elenor Paulding.	22.
Octob. 1, 1762.	John Young & Elisabet Swinney.	27.
Nov. 26.	Anthony Steenbeek & Francis Hogeland.	27.
29.	David Waldron & Cornelia Waldron.	Decemb. 1.
30.	Myndert van Evere & Rachel Lamb.	4.
Decemb. 5.	John Thomas & Mary Ann Stiggins.	5.
7.	John Stephens & Elisabet De Bow.	8.
6.	Samson Benson & Mary Sickels.	10.

INGESCHREVEN.		GETROUWT.
Decemb. 10.	John Basset & Elenor Ewouts.	Decemb. 10.
16.	John Retter & Elisabet Fine.	18.
19.	Nicolaus Lewis & Susanna Roome.	22.
22.	Peeter Perrien Junr & Hanna Campell.	22.
23.	Garrit De Groot & Alida Sloe.	23.
24.	Andrew Breesteed & Sabina Sharp.	25.
31.	David Hasterton & Margaret Bogart.	31.

(775)

Perzonen met Gebooden.

1764.   1764.
Ingeteek.   John Manly, j. m. van London en Nansie Dodderidge, j. d. van N-Jork beide wonende in N-Jork.   Getrouwt Maart
Maart 4.   11.

Samuel Gilbreth, j. m. van Ierland & Mary Stuart, j. d. van de Jersey byde wonende in Newjork.   24.

(776)

Perzonen met Licentie.

1764.		1764.
Ingeteek. Jan. 2.	Platt Smith & Sara Green.	Getrouwt January 2.
12.	Fredrick Roorbach & Margareth Anderson.	14.
16.	John Stites & Susanna Brasier.	16.
21.	Thomas Collins & Margaret Long.	22.
20.	James Boggs & Magdalen Morledge.	22.
23.	James Glassford & Rosomona Cooper.	23.
19.	Stephen Renselaar & Catharina Livingston.	23.
21.	Gulian Varik & Mary van Bueren.	26.
Febr. 1.	Peter Mesier J^{ur} & Catharina Sleght.	Feb. 2.
10.	James Patterson & Elisabet Healy.	11.
16.	Anthony Ford & Gemine Michaelson.	17.
23.	Benjamin Dickenson & Catharina Marshall.	23.
23.	Isaak Fardon & Elisabet King.	26.
25.	John Lynch & Pamela Simmonds.	25.
27.	Benjamin Roberts & Eva Hall.	27.
18.	Richart Dawson & Elisabeth van Orden.	Maart 1.
29.	Thomas Collewill & Ann Brower.	5.
Maart 12.	Matthew Murphy & Ann Breesy.	12.
8.	Edward Painter & Isabella McMullen.	8.
9.	Lewis Thebou & Eva Becker.	11.

(777)

1764.

Perzonen met Geboden.

(778)

Perzonen met Licentie.

1764.   1764.
Ingeteek.   Frederik Basset & Jannetje Vredenburg.   Getrouwt Maart
Maart 5.   15.

INGESCHREVEN.			GETROUWT.
Maart 14.	Henry Brevoort & Esther Bregan.	Maart 15.	
23.	Nicalaas Moore & Catharina Ackerman.	24.	
24.	John Borrough & Susanna Wallgrave.	26.	
29.	Thomas Whietefield & Hanna George.	29.	
31.	Burger Provoost & Elizabet Bates.	April 3.	
April 6.	Philip Verplank Ju^r & Effe Beekman.	7.	
4.	John van der Bilt & Elizabeth Abrams.	12.	
11.	Joseph Lock & Elisabeth Corielius.	12.	
12.	James Cooper & Hilah van Bommel.	12.	
19.	Henry Ennis & Rebecca Simmonds.	19.	
21.	Lawrens Harmen & Sara Boss.	23.	
26.	John Johns & Susanna Matcalf.	26.	
27.	George Collins & Elisabeth Riker.	28.	
16.	John Johnson & Christiana Van Wyck.	18.	
17.	Dirk Schuyler & Mary v. Deursen.	26.	
30.	John Slidell & Jane Ashford.	30.	
May 3.	Thomas Ogilvie & Abigael Gleen.	May 3.	
3.	Elias Smith & Catharina Miller.	5.	
7.	John Man & Ann Marschalk	7.	
2.	Dennis Oblinus & Catharina Parsalls.	16.	

(779)
1764.
Ingeteek.
May 6.

Perzonen met Geboden.

1764.
Getrouwt May 20.

John Holcraft, j. m. van Londen & Sarah Mesherool, j. d. van Newjork, beyde wonende in Newjork.

Juny 13. John Bake & Catharina Mitchel met attestatie uit de Engelsche Kirk. July 4.

July 16. Martin Johnson, Weduwnaar van Engeland & Hanna Hennerock, j. d. Van Holland, biede wonende alhier. 25.

John Brooks, j. m., Van Engeland & Margaret Day, j. d. Van Newjork. 27.

David Gallevan & Catharina Lasagie, met attestatie van 't Regement. Octob. 25.

(780)
1764.
Ingeteek.
May 19.

Perzonen met Licentie.

1764.
Getrouwt May 19.

19.	Joseph Athens & Ann Spear.	
19.	Joseph Russell & Magdalen Rideout.	20.
16.	Baltus van Kleek & Cornelia Croock, Wed^e.	17.
26.	Henry Wells & Hanna Stout.	29.
30.	John Murreay & Alathia Power.	Juny 2.
Juny 2.	John Byerson & Hannah Applestal.	2.
6.	Robert Cocks & Catharina Ogden.	6.
7.	John Ruger & Elisabet Man.	7.
7.	Samuel Kip & Ann Haring.	7.

INGESCHREVEN.		GETROUWT.
Juny 6.	John Bancker & Altje Mesnard.	Juny 6.
9.	Henry Ustick & Elisabeth Brower.	10.
19.	John Handcock & Mary Sharpe.	19.
23.	Jakobus Stoutenburg & Jesyntje Teller.	23.
23.	Jakob Smith & Mary Pettinger.	24.
July 3.	George Wiley & Ann McCloud.	July 3.
4.	Charles DeBevois & Mary Van Houten.	5.
Aug. 13.	Christopher Aerhart & Hyler Dey.	August 13.
May 30.	Laurence Buschalk & Christina Bogart.	June 1.
July 6.	Henry Riker & Sarah Lasher.	July 8.
19.	George Brewerton & Jacobe Dehart.	19.

(781)

1764.   Perzonen met Geboden.

Sept. 30.	John Welst, j. m. Van Engeland & Elizabet Martien, Wed^e van N-York beide wonende alhier.	Octo. 7.
Oct. 20.	Dannis Farrel, Wed^r van Ierland & Abigael Kemp, Wed. van Newjork beyde wonende alhier.	Novemb. 5.
Nov. 1.	George Milligan & Elisabet Craford, beide geboren in Ierland en wonende alhier.	14.
Decemb. 6.	John Swaab, Wed^r & Catharina Scheeler, Wed. van Duitsland beyde wonende alhier.	Dec. 6.
Decemb. 8.	Walter Swenny & Elisabet Smit met attestatie van 't Regement.	5.
	William Atkinzon van Engeland & Jannetje Clemens van N. York, beide wonende alhier.	Decemb. 16.
30.	David Breemer, j. m. & Mary Moor, Wed^e, beyde van Hoogduitsland en wonende alhier.	Jan. 6. 1765.
30.	Christoffel Farnye, j. m. van Hannover, & Mary de Mrass, j. d. van Newjork beyde wonende alhier.	6.
	Edward McKinsie & Mary Summer, met attestatie van 't Regement.	1.

N.B. Deze volgende perzonen zyn met licentie getrouwt en vergeten op zyn behoorlyke plaats te voegen.

Translation:
The following persons were married with licenses, and forgotten to be inserted in their proper place.

Ingeteek. Oct. 12.	James Lop & Catharina Blair.	Getrouwt Octob. 14.
19.	William Day & Adriaan Hoozland,	19.
22.	Martin Berry & Catharina DeGraaf.	22.

INGESCHREVEN.		GETROUWT.
Oct. 29.	Jakob van Wagenen & Mary Evertse.	Octob. 31.
Nov. 1.	Richard ten Eyck & Elizabeth Lebrown.	Nov. 1.

(782)	Perzonen met Licentie.	
1764.		
Ingeteek.	John Jauncey & Margaret Hyder.	Getrouwt Aug.
Aug. 23.		23.
July 20.	Ebenezer Boyd & Sara Merrit.	Sept. 23.
Sept. 28.	William Mansfield & Margaret Connelly.	29.
Oct. 1.	Alexander McDonald & Susanna Meyers.	Oct. 2.
3.	John Smith & Elizabet Remsen.	3.
8.	John Teller & Margaret Stoutenburg.	8.
9.	William Hunter & Elianor McNeil.	9.
11.	John King & Annatje Ekker.	11.
17.	Petrus Stuyvesant & Margaret Livingston.	17.
18.	Thomas Cox & Hannah Chappel.	18.
24.	Charles Campbell & Eleonar Read.	24.
Nov. 6.	Thomas Hamly & Ann Black.	Nov. 7.
2.	Joseph Uitdenbogert & Elizabet Skinner.	7.
3.	Gerrit Van Clief & Jemima Cooper, Wed[e].	8.
5.	Abraham Hill & Rachel Elberson.	10.
14.	David Harmanus Schuyler & Elizabet Simmons.	14.
23.	William Webber & Dorothy Fennaly.	25.
12.	Aaron Bancker & Margaret Steg.	16.
12.	John Pickton & Mary Hopper.	27.
Decemb. 8.	Daniel Ebbets & Catharina Smith.	Decemb. 8.
10.	John Hansen & Rachel Lane, Wed[e].	10.
12.	William M[c]Adams & Ann Dey.	12.

(783)	Perzonen met Geboden.	
1764.		1765.
Decemb. 29.	John Stroom Knegt van Anthony Rutgers & Mary Harris, Wed[e], meydt van Thomas Merston beyde wonende in N-York.	Jan. 14.
1765.		
February.	Henry Shingelwood & Jude Ryce, Wed[e] met attestatie van 't Regement.	Febr. 2.
6.	Thomas Watzon, j. m. van Schotland & Elisabet Walles, Wed[e] van Ierland byde wonende alhier.	6.
	William Down, j. m. & Sara Van Horn, Wed[e] van Ierland byde wonende alhier.	6.

INGESCHREVEN.		GETROUWT.
	Alexander Ranken & Winnyfrid Bats attestatie van 't Regement.	Febr. 10.
	Samuel Ray & Elisabet Montangie met attestatie van 't Regement.	10.
1765. Jan. 27.	William Mannan, j. m. van Engeland & Ann Brownan, Wed^e van Sout Carolina byde wonende alhier.	Maart 5.
Maart.	Richard Johnson, j. m. van Philadelphie & Margaret Leffers, Wed^e van Newyork byde wonende alhier.	13.

(784) Perzonen met Licentie.

1764.		
Dec. 10.	Robert Devine & Martha Smith.	Decemb. 15.
17.	William Richardson & Mary Wortman.	17.
18.	Andrew Ten Eyck & Jane Welp.	20.
21.	John van Orde & Sara Evere.	25.
22.	Abraham Bussing & Margaret Meyer.	27.
28.	Francis Colegrove & Martha Bogert.	30.
1765.		1765.
Jan. 7.	Jacob Morris & Eleanor Edwarts.	Jan. 9.
10.	John Hopkins & Elizabet Phisong.	13.
17.	William Warner & Jane Chardevoin.	17.
21.	Peter Waldron & Engeltje Meyer.	24.
31.	Walter Heyer & Elizabet Rusce.	31.
Feby 8.	Abraham Wheeler & Margaret Plumsted.	Feby 9.
12.	John Peek & Sara Blacklidge.	18.
22.	Isaac Van Gelder & Ann Hyer.	25.
Maart 2.	James Dalzel & Ann McAlpin.	Maart 3.
April 3.	John Luddra & Margaret Tetterson, Wed^e.	April 3.
3.	Thomas Reinolds & Elizabet Cross.	3.
5.	Bernard Newkerk & Ann Toers.	6.
13.	Thomas Steg & Jane Steg.	13.
30.	Walter Cosine & Elizabet Elsworth.	May 3.
May 24.	Joseph de Baan & Geertje Durje.	24.
25.	Amos Knap & Jane Oglevie.	26.
28.	Richard Leacraft & Mary van Steenberg.	29.
30.	John Crawly & Catharina van Zandt.	31.

(785) Perzonen met Geboden.

1765.		
Maart 28.	William Waddel, Wed^r & Susanna Herring, Wed beide van Engeland en wonende alhier.	April 7.
	William Mitchel, j. m. van Ierland & Susanna Langeley, Wed^e van Boston beyde wonende alhier.	May 8.

INGESCHREVEN.		GETROUWT.
Juny 6.	William Lintwaith, Wed' van Engeland & Mary Scoffield, j. d. van N. Engeland beide wonende alhier.	Juny 16.
	Joseph Beck & Ann Othith met attestatie van het Regement, den 4 Juny.	
14.	Adam Smith, Wed' & Anna Margaritha Siscus, Wed^e uit Duitschland wonende alhier.	23.
	Jakob Summer & Ann Vaner met attestatie van de Engelsche Kerk.	July 1.
22.	Jakob Bogert, j. m. van Hakkenzak & Annatje Edwards, j. d. van Pakeepsie beide wonende alhier.	5.
	Thomas Riley & Elisabet Mash.	6.
22.	Richard Halloway, Wed' & Sara Verwey, j. d. geboren in N-Jork beide wonende alhier.	9.
22.	William Gileland, j. m. van Ierland & Mary Steward, j. d. uit N-Jork beide wonende alhier.	18.
26.	Edward Ketcham, j. m. & Massie Marrel, j. d. beyde wonende in Newton.	August 18.
	George Eversen & Elizabet Neger en Negerin met concent van haar Mr. en Vrouw, de Neger behorende aan Mrs. Morris en de Negerin aan Mr. Abr^m· de La Noy.	5.
	Robert Wood & Elizabet Sims, Wed^e met attestatie van het Regement.	

(786)
1765.

Perzonen met Licentie.

Juny 5.	James van Dyck & Catharina van Pool.	Juny 5.
7.	John Low & Briget Meyer.	22.
20.	Abraham Martelings & Mary Couwenhoven.	21.
21.	Peter Chappel & Francis Hutchinson.	22.
27.	Walter de Graaf & Catharina Akkerman.	27.
July 3.	George Dean & Ann van Daursen.	July 3.
4.	Peter Hageman & Christine Pearsel.	4.
18.	Jakob de Maree & Elizabet Bartis.	18.
26.	Roelof van Houten & Margaret Scharer.	26.
27.	Gerrit Peterson & Jane Heyer.	28.
Aug. 9.	Crean Brush & Margaret Colecraft.	Aug. 10.
17.	Samuel Borrowe & Catharina Eearl.	28.
27.	Martin Cregier & Mary Blake.	28.
29.	Thomas Robolee & Mary Allen.	29.
30.	Cornelis Sebring & Sara Goodwin.	30.
Sept. 17.	Teunis Thew & Ann Brouwer.	[Sept.] 19.
30.	John Smith & Margaret Houtvat.	30.

INGESCHREVEN.		GETROUWT.
Sept. 30.	Peter Bell & Jeane Jones.	[Sept.] 30.
Octob. 2.	Isaac Berrian & Hanna van den Berg.	Oct. 3.
25.	John Vreedenburg & Mary Rodbin.	Nov. 7.
30.	Christoffel Kennedy & Sara Pelton.	Nov. 2.
31.	William Consto & Mary Hages.	Oct. 31.
31.	Abraham Bokee & Martha Seise.	Nov. 3.

(787)
1765.

Perzonen met Geboden.

Sept. 1.	David Gorbert, Wed^r van London & Jane Wool, j. d. van Brunswyk, beide wonende in N-Jork.	Sept. 22.
12.	John Donalson, j. m. van Schotland & Jane Wels, Wed^r van en beide wonende in N-Jork.	Nov. 11.
20.	John Ken, j. m. uit Italien & Rachel Ridner, j. d. uit N-Jork, beide wonende alhier.	11.
Nov. 16.	Hendrik Bancker, Wed^r van Philipsburg & Marytje Calfort, Wed^e van Hoog Duitsland, beide wonende alhier.	27.
20.	William Nelson, j. m. van Schotland & Margaret Stouthoff, j. d. van Lang Eiland, beide wonende in N-Jork.	24.
25.	Thomas Laing van Schotland & Jane Niell van Engelant, beide wonende alhier.	Dec. 2.
Dec. 1.	Samuel Beekman, j. m. van de Raritan & Elizabet Waldron, j. d. van Newtain.	5.
Nov. 28.	Thomas Thorne, j. m. van Middletown in Newjersey v Cathalyntje Braser, j. d. van N-Jork, beide wonende alhier.	14.
Dec. 1	Cornelis Swim, j. m. van Dutchess County & Elizabet Right, j. d. van N-Jork, beide wonende alhier.	15.
3.	Alexander Essen, j. m. van Schotland & Jane Crummarty, Wed^e van N-Jork wonende alhier.	18.
6.	John McKinsy & Catharine McKinsy, j. d., beide uit Schotland en wonende alhier.	18.
6.	Ralph Lazenby, j. m. van Engeland & Rachel Heyer, j. d. van N-Jork beide woonende alhier.	18.
9.	Gilbert Gerrison, Wed^r & Catharine Gaurde van N-Jork, en wonende alhier.	25.
	Gerrit Cousin, Wed^r & Elizabet Muller, Wed^e van N-Jork, met attestatie uit de Hoogduitsche gemeente.	29.

INGESCHREVEN.		GETROUWT.
		1766.
21.	Thomas Klerk, j. m. & Mary van den Ham, j. d. beide van N-Jork en wonende alhier.	Jan. 5.

(788)
1765.

Perzonen met Licentie.

Oct. 16.	Luke Teller & Sara Snedeker.	Nov. 10.
21.	Richard Amerman & Mary van Hook.	14.
28.	Louwrence Meyer & Engeltje Waldron.	16.

Met Geboden.

1766.

Dec. 24.	John Howes, j. m. & Marie Parsell, j. d. beide van N. Jork en wonende alhier.	Jan. 8.
24.	Peter March, j. m. & Elizabet Johnson, j. d., beide van N. Jork en wonende alhier.	8.
28.	Henricus Brasier, j. m. & Cathalyntje Dyks, j. d. beide van N-Jork en wonende alhier.	1.
1766. January 4.	Archibald Bryn, Wed^r & Nancy Botten, j. d. beide van N-Jork en wonende alhier.	8.
1.	William Hutton, Wed^r van Lang Eiland & Susanna Horton, van Rey, beide wonende in N-York.	5.
22.	Michel Slyder, j. m. & Elizabet Chardorine, j. d. beide van N-Jork.	26.
19.	Benjamin Coo & Mary Young, Wed^e, en wonende alhier met attestatie uit de Presbyteriaansche Kerk.	19.
27.	Peter Lowshar, j. m. & Anna Walker, j. d., beide van N-Jork en wonende alhier.	Feb. 2.
	Joseph Lock & Sara van de Water.	18.
28.	Daniel Garrod, j. m. van Hoogduitsland & Catharina Filsemon, van Ierland, Wed^e, beide wonende alhier.	11.
Maart 2.	George Sichlin, j. m. van Hoogduitsland & Elizabet Bruks, Wed^e, van N. Jork, beide wonende alhier.	Maart 10.
	William Temple & Sara Anderson met attestatie van de Engelsche Kerk.	11.
10.	Charles Plomer, j. m. van Engeland & Elizabet Beetch, j. d. van Philadelphia, beide wonende alhier.	17.
	Dirck Brinckerhoff & Catharina Abeel, j. d. beide van N-Jork.	Maart 31.

223

INGESCHREVEN.		GETROUWT.
April 4.	Walter Muffet, j. m. van Schotland, & Ann Bland, j. d. van Brunswyk, beide wonende alhier.	April 14.
5.	Nicholaas Anthony & Susanna Rome, j. d. beide van N-Jork.	15.
6.	Jakob Vermillie, j. m. van de Manor van Fordham & Susanna Dyckman, j. d. van Haarlem, beide wonende aldaar.	10.

(789)

Perzonen met Geboden.

1766.

Apr. 12.	John Michal Kern predikant der Hoogduitse gemeente dezer stede & Sabina de Ronde, Wed^e beide wonende alhier.	April 27.
17.	John Van der Bilt, Wed^r & Helena Filkens, j. d. beide wonende in N-Jork.	23.
19.	John Mist, j. m. van Engeland & Margaret Green, Wed^e van Ierland.	24.
19.	John Grant, j. m. van Engeland & Catharina — van Ierland.	24.
17.	Adrianus de Jong, j. m. van Bergen op soom & Elsje Rufel, Wed^e van Hoogd. beide in N-Jork.	26.
28.	Thomas Montanje, j. m. & Catharina Smith, j. d. van N-Jork en beide wonende alhier.	May 4.
May 3.	David Mason, j. m. & Maria Cammel, j. d. beide van Schotland en wonende alhier	8.
	Hendrik Share, j. m. van de Manor van Fordham & Antje Cortregt, j. d. van Haarlem, beide wonende op Haarlem.	15.
May 10.	Lewis Hamilton, Wed^r van Ierland & Geertje Menlenaar, j. d. van het lang Eiland, beide wonende in N-Jork.	
24.	Francois Post, Wed^r van Achquiknonch & Maria Gerrebrands, j. d. van Secund River beide wonende alhier.	28.
May 11.	Archibald Caernouch & Ann Roy met attestatie uit de Presbyteriaansche gemeente.	May 11.
Juny 8.	Abraham Brouwer, j. m. van N-Jork & Sara Truex, j. d. van Middletown N-Jersie, wonende alhier.	Juny 30.
28.	Richard Clarck, j. m. van N-Jork & Phoebie Bunnel, j. d. van Elizabettown, beide wonende alhier.	July 7.

INGESCHREVEN.		GETROUWT.
Juny 15.	Thomas Eddens, j. m. van Engeland & Mary Parent, Wed[e] van Samuel Houswaet van London, beide wonende alhier. David Wilsch & Ann Witchurch met attestatie van het Regiment.	Juny 20.

(790)
1766.

Perzonen met Licentie.

Inget. Juny 6.	Daniel Hess & Anna Barbera Crouskop.	Getrouwt Juny 17.
7.	James Torry & Elizabet van Embrie.	7.
19.	Abraham Warner & Elizabet Pettit.	21.
23.	Pieter Bratt & Frouwtje Arhart, Wed[e],	26.
July 9.	Jakobus van Seise & Elizabet Gerbrands.	July 10.
16.	Robert Pinkeman & Elizabet Busch.	16.
19.	Edward Hopper & Dorothe Farrington.	21.
23.	Gerrit Stymets & Susanna Baldin.	23.
Aug. 4.	William Miller & Mary Cornwell.	Aug. 9.
July 29.	Isaac Stoutenburg & Hanna Brewerton.	14.
Aug. 16.	Pieter Pra van Zandt & Mary Johnson.	16.
20.	Cornelius Wynkoop & Cornelia Mancius.	22.
22.	Benjamin Stout, J[r] & Jemima Brevoort.	24.
20.	Edward Monton & Mary Ame.	Sept. 2.
Sept. 18.	George Himmels Burger & Maria Magdalena Daniels.	21.
25.	Martinus Hoffman & Alida Hansen, Wed[e].	Sept. 26.
27.	Robert Livingston & Geerturyt Schuyler, Wed[e].	Sept. 27.
Oct. 7.	Peter Hall & Margaret Brichell.	Oct. 7.
17.	Jakobus van Orden & Elizabet Dawson.	16.
22.	Cornelius Johnston J[r] & Hanna Elswort.	22.
30.	James M[c]Cullough & Eva Bedon.	30.
Nov. 4.	Arthur Somersby & Hanna Burt.	Nov. 6.
Aug. 2.	Nicholas C. Bogert & Anna Schuyler.	6.
Nov. 8.	Ephraim Brassier & Ann Gilbert.	10.
17.	Robert Davis & Catharina Stilwell.	17.

(791)
1766.

Perzonen met Geboden.

July 25.	Willem van Horne, Wed[r] van Hakkensak, & Susanna Helm, j. d. van Peremes, beide wonende alhier.	Aug. 13.
	John York, Wed[r] & Ariaantje Smit, Wed[e] van John Goree, met attestatie van de Lutersche Gemeente.	16.

INGESCHREVEN.		GETROUWT.
Aug. 22.	James Mackie, j. m. van Engeland, & Hanna Ercher, j. d. van N. J.	Aug. 27.
	William Brand, j. m. & Maria Taler met attestatie van het Regement.	Sept. 5.
	James Goddard, j. m. & Mary Lamb, j. d. beide van en wonende in N.-Jork.	20.
Sept. 27.	George Hubbard, j. m. van Hoogduitsland & Anna Johnson, j. d. van N.-Jork en beide wonende alhier.	Octob. 9.
	Daniel Stibe & Mary Newbery met attestatie van Stafort.	19.
	Permanes Williams & Mary Wilson met attestatie van het Regement.	20.
	Alexander Marchall, j. m. van Schotland & Elisabet Wallis, Wed^e van Schotland, beide wonende alhier.	Nov. 2.
	Egbert Koning, j. m. van Amsterdam & Mary McDaniel, j. d. van N. Jersie.	2.
	John Lister, j. m. & Mary Osborne, j. d. van Engeland, beide wonende alhier.	16.
Dec. 6.	Isaac Pyper, j. m. van N-Jork & Mary Mangel, j. d. van Tappan wonende alhier.	Dec. 25.
Nov. 30.	Abraham Rithan, j. m. van Peremes & Sara Webbers, j. d. van de Bouwery, wonende in N-Jork.	22.
		1767.
Dec. 17.	George McDonal, j. m. & Catharina Jennis, j. d. beide van Ierland en wonende alhier.	Jan. 4.
26.	Stephen Anderson, j. m. van Long Eiland & Maria Marteling van Philipsburg.	11.
1767.		
	John Luthwaite & Mary Rommer.	18.
	Charles Regan & Mary Carrol met attestatie van de Engelsche Kerk.	26.
	Simon Cullignon & Mary Allen.	Feb. 12.
Feb. 9.	Bernard Diel & Catharina Moor, beide van Duitsland en wonende alhier.	22.
Maart.	Pieter Emburry & Jane Stephens met attestatie van de Oude Lutersche Kerk.	Maart 19.

(792)
1766.
Ingeteek.
Nov. 19.
21.
Dec. 2.

Perzonen met Licentie.

Martin Vosburg & Cornelia Gibbert.

Henry Sickels & Peternel Brouwer.
William Sorrel & Margaret Burnet.

Getrouwt Nov. 20.
23.
Dec. 2.

INGESCHREVEN.		GETROUWT.
1767.		1767.
Jan. 2.	John McClenahan & Margaret Tulle.	Jan. 2.
17.	Henry Brinkerhoff & Mary Lee.	8.
Feb. 5.	John Warner & Elizabet Brouwn.	Feb. 5.
9.	Francois Mioit & Catharine Pelagie.	9.
Jan. 28.	John Snell & Elizabet Willy.	Jan. 29.
Feb. 13.	Henry Traphager & Jemima Dyckman.	Feb. 15.
17.	Thomas Warner & Elizabet Brouwn.	19.
24.	William Dennison & Christina Carolina Lucum.	24.
Maart 4.	Isaac Vreedenburg & Nelly Montanje.	Maart 5.
2.	Michael Trumpher & Lea van Deursen.	15.
April 1.	John Montanje & Abigael Wilse.	April 2.
4.	William Warner & Mary Brouwer.	5.
21.	Isaac Brouwer & Mary Knapp.	21.
25.	Stephen Clayton & Martha Shenard.	25.
24.	John Fred Herring & Lucretia v. Deursen.	29.
May 4.	John Pain & Mary Higdey.	May 4.
5.	John Sigismund Ferdinand Schutze & Eliz. Boyd.	5.
27.	William Gilbert & Catharina Cosine.	28.
Juny 13.	John Braig & Jane Clark.	13.
13.	Jakob Brouwer & Elizabet Turk.	13.
July 13.	Vincent Montanje & Mary Bundige.	July 6.
6.	Walter Mikel & Mary Campbell.	6.

(793)
1767.

Perzonen met Geboden.

Juny.	Joseph Whitaker & Mary Williams met attestatie van het Regement.	Juny 15.
10.	Joseph Eaton & Mary Crue.	16.
	William Hamilton & Mary Deacon.	16.
	Simon Marrel & Hanna Cooke.	16.
	John Nash & Ruth Allmon.	July 20.
July 12.	Patrik Tomson, j. m. & Mary Coks, Wed^e beide van Ierland en wonende alhier.	20.
July.	Simon Beunis, j. m. van Ierland & Hester Willis uit N. Jersie.	26.
	John Killy, j. m. van Ierland & Catharina Killy, j. d. van Lang Eiland.	26.
Aug.	John White, j. m. van Vrankryk & Joseph Quintare, j. d. van Canada, beide wonende alhier.	Aug. 2.
July 26.	Alexander McDonal, j. m. van Scotland & Peggie Scot, j. d. van Ierland, beide wonende alhier.	16.
	Robert Johnston & Mary Morrison met attestatie van het Regement.	30.

INGESCHREVEN.		GETROUWT.
Sept. 6.	Thomas Clemens, j. m. van Scotland & Catharina Ekker, j. d. van N-Jork beide wonende alhier.	Sept. 20.
Oct^r.	John Barr, j. m. van Ierland & Mary Jones, j. d. van N-Jork, beide wonende alhier	Oct. 18.
Nov.	Caleb Runnals & Jane McKenny met attestatie van de Engelschekerk.	Nov. 12.
1.	Leonard Weith, j. m. & Margaret Stymen, j. d., beide van Hoogduitsland en wonende alhier.	12.
	Henry Philips & Mary Conner, met attestatie van het Regement.	21.
	John Englis & Elizabet Lean, idem.	23.
	James Marsh & Elionara Spoover.	23.
	Michael Morrison & Francis van Eiveren.	25.
7.	John Athorton, j. m. van N-Engeland & Elizabet Cornish, j. d. van Long Eiland.	23.
Dec.	Louis, Neger van Thomas Oughston & Elisabet Jones, Vrye Negerin met consent van zyn meester.	23.

(794)   Perzonen met Licentie.

July 2.	Jakobus Altgelt & Mary Seyn.	July 23.
27.	Peter Stoutenburg and Hanna Treadwel.	30.
Aug. 5.	John Michil & Sara Frasher.	Aug. 5.
Octob. 14.	Joseph Gasherie & Catharina Wynkoop.	Octob. 16.
Nov. 10.	Andrew Marselius & Ellenor Bonnet.	Nov. 15.
17.	Abraham Philips & Catharine Coony.	17.
23.	David Lambertson & Sara van Noorstrant.	23.
24.	John van Alen & Catharina Clopper.	26.
27.	Michael Sise & Catharina Ellison.	29.
Dec. 12.	George Janeway & Effie Poppeldorf.	Dec. 13.
23.	Abraham Kip & Dorothey Remsen.	1768, Jan. 6.
1768, Jan. 11.	Abraham Bennet & Catharina Heyer.	17.
Feb. 10.	John Roy & Mary Yong.	Feb. 10.
23.	George Smarth & Jemima Frasee.	23.
29.	William Harrald & Margaret Elkins.	29.
Maart 17.	Hugh McDowell & Ann Lane.	Maart 23.
24.	Jasper Stymets & Rachel Bancker.	24.
31.	Philip Thompson & Mary Stymets, Wed^e.	31.
April 7.	John Peter Quakkenboss & Cornelia Quakkenboss.	April 7.
May 7.	John Blacklock & Elizabet Stapels.	May 7.
16.	William Ritchie & Elizabet Sylvester.	17.
19.	Cornelius Spier & Hanna Stymets.	19.

INGESCHREVEN.		GETROUWT.
May 21.	Richard Marsh & Sara Thorn.	May 21.
Juni 11.	Teunis Tiebout & Catharina v. Wagenen.	Juny 12.
15.	James Rynolds & Mary Ammerman.	19.
21.	White Matlock & Mary Hauxhurst.	21.

(795) Perzonen met Geboden.

1768.

January 15.	William Burton, j. m. van Engeland & Rachel Jerolaman, j. d. van N-Jork, beide wonende alhier.	Jan. 31.
24.	David Berry, Wed^r van Ierland & Rebecca Smith, Wed^e beide wonende alhier.	Febr. 2.
23.	Hector McKinsie, Wed^r & Mary Brown, Wed^e beide van Scotland en wonende alhier.	Maart 3.
	Thomas Winchester, j. m. van Engeland & Hanna Hyer, j. d. van N-Jork, en wonende alhier.	13.
Maart 8.	Thomas Mason, j. m. van Engeland & Mary Kentas, j. d. van Scotland, beide wonende alhier.	31.
April 7.	John Pyper, j. m. & Anna Johnson, j. d. van de Jersie wonende alhier.	May 1.
14.	Arent Aarson, j. m. van de Jersie, & Aaltje Quakkenboss, j. d. van N-Jork wonende alhier.	1.
30.	Elias Anderson, j. m. & Hanna Hyer, j. d. beide van N-Jork en wonende alhier.	21.
May 7.	Pieter Simons, j. m. & Mary Slow, j. d. beide van N-Jork en wonende alhier.	15.
15.	William Mussel, j. m. van Engeland & Magdalena Breesier, Wed^e van N-Jork en wonende alhier.	28.
21.	John Parker, j. m. van Secund Rivier & Mary Evans, j. d. van N-Jork, en wonende alhier.	Juny 5.
Juny 26.	Anthony Koning, j. m. van Secund Rivier & Hanna Rome, j. d. van N-Jork en wonende alhier.	July 15.
26.	John Johnson, j. m. van Edenburg & Maria Soeter, j. d. van Duitsland, wonende alhier.	6.
Aug. 20.	John Cornelisse, j. m. van N-Jork & Sally Akkerman, j. d. van Tappan, beide wonende alhier.	Sept. 8.
	Henry Leonard, j. m. van Lang Eiland & Jamaime Brannen, j. d. van N-Jork wonende alhier.	9.

INGESCHREVEN.		GETROUWT.
	Fredrik Renner van Hoogduitsland & Margrieta Waagnerin van Hamburg beide wonende alhier.	Sept. 19.
Octob^r 3.	John Hudson, Wed^e van Engeland & Mary Johnson, Wed^e N-J. en wonende alhier.	23.
	William Kerns & Elizabet Woods met attestatie van 't Regement.	Nov. 27.

(796) Perzonen met Licentie.

1768.

July 2.	James Smith & Mary Hunt.	July 3.
7.	Samuel Jones & Cornelia Herring.	7.
16.	James Bukmaster & Sara Hill.	17.
18.	D° Archibald Laidlie & Mary Hoffman.	18.
22.	Anthony Bennet & Mary Hyer.	23.
Juny 13.	Joseph Peck & Catharine McGee, Wed^e.	Aug. 31.
Sept. 13.	Thomas Simpson & Johanna Cath: Houtvat.	Sept. 13.
29.	Samuel Baker & Rachel Ross.	29.
Oct. 12.	William Hoogland & Margaret Wood.	Oct. 12.
14.	Henry Heder & Sara Etwards.	12.
Nov. 12.	Thomas Stilwell & Mary De Bevois.	Novemb. 13.
12.	Barent Ten Eyck & Sara Cadwise.	13.
17.	Richard Somerendyk & Elizabet Stout.	20.
28.	Theodorus Snedeker & Effie Snedeker.	Decemb. 6.
Decemb. 16.	Abraham Lent & Mary de Ronde.	17.

Met Geboden.

Nov. 24.	Samuel Bond, j. m. van Engeland & Ann Scently, j. d. van N-Jork, beide wonende alhier.	
Dec. 8.	James Stuard, Wed^r van Scotland & Catharine Cammel, j. d. van N-Jork, beide wonende alhier.	31.
Jan. 20.	Garret Snedeker & Margaret Lent.	January 21.
Feb. 1.	Anthony Post & Peternelletje Brouwer.	Feb. 4.
10.	Garret Kip & Ellenor Brouwer.	12.
April 13.	Benjamin Montanje & Elizabet Norris.	April 14.
28.	Misper Lee & Catharine Killman.	28.
May 11.	John Whitfield & Catharine Burger.	May 11.

N.B. Deze alle zyn met licentie getrouwt en vergeten in tegeven in de regte tyd.

[Translation:
All these have been married with licenses and forgotten to be recorded in the right time.]

INGESCHREVEN.		GETROUWT.
(797)	Perzonen met Geboden.	
1769.		
Ingeteeke.den 6 August.	Charles Probet, j. m. van Old Engeland & Elizabet Smith, j. d. van Hakkenzak, beide wonende in N-Jork.	Getrouwt den 21 Aug^t.
Aug. 13.	John Tears, j. m. van Hoogduitsland & Sara Castean, j. d. van N-Jork, beide wonende in N-Jork.	Aug. 27.
Oct. 1.	Pieter Losie, j.m. van N-Jork & Jannetje Waldron van Philipsburg, beide wonende in N-Jork.	Octob. 19.
1769. January 16.	Robert Barrat, j. m. & Margareth Cunningham, j. d. van Ierland & wonende in N-Jork.	1769. Febr. 6.
	Ezekiel Snied, Wed^r van N-Jork & Maria Vroom, Wed^e van Hakkensak, beide wonende in N-Jork.	12.
	Polis & Venus, Negur & Negerin met consent van haar Meesters Francois Steevens en Jacob Van Voorhees.	16.
Feb. 18.	Buckridge Web, j. m, van Philadelphia & Catharina Sees, j. d. van Hoogduitsland, beyde wonende in N-Jork.	Maart 5.
	John Miller, j. m. & Marytje Spingler, Wed^e van Hoogduitsland, beide wonende in N-Jork.	5.
	James Farrel & Grace Stout met attestatie van 't Regement.	8.
	John Brower, j. m. van N-Jork & Perkins Lambeth, j. d. van en wonende in N-Jork.	12.
24.	Pieter Sparling, j. m. van Ierland & Catharin Kursen, j. d. van en wonende in N-Jork.	14.
	Jacob Eras. van der Wielen, j. m. van Amsterdam & Catharina Woedvort, j. d. van N-Jork wonende in N-Jork.	17.
Maart.	John Dowell & Tresy Hays.	29.
	George Webster & Susanna Williams met attestatie van 't Regement.	April 4.

(798)	Perzonen met Licentie.	
1769.		
Aug. 5.	Alexander Fraser & Ann Bothwel, Wed^e.	Aug. 7.
Sept. 4.	Pierepont Edwarts & Francis Ogden.	Sept. 6.
11.	John de Peyster & Elizabet Herring.	14.
Decemb. 21.	Pieter Mabey & Sara Boyd.	Decemb. 21.
1769. Febr. 1.	Henry van de Water & Margaret Breasted.	1769. Feb. 2.

INGESCHREVEN.		GETROUWT.
Dec. 8. 1768.	Joshua Carman & Jacoba van Cleack.	Feb. 19.
Maart 6.	Coenraad W. Ham & Jannetje Ammerman.	Maart 11.
25.	William J. Elsworth & Anna van Dalsom.	25.
April 15.	Abraham Swart & Cornelia Waldron.	April 16.
20.	Pieter Tobin & Susanna Akkerman.	21.
Juny 21.	Peter Wessels & Mary Vaughton.	Juny 22.
23.	Joseph Baldwin & Ann Quackenbush.	24.
July 14.	Matthew Cook & Susanna Glean.	July 15.
14.	Thomas Paul & Sara Park.	16.
24.	Nathaniel Cantine & Dorothey Newkerk.	24.
31.	John William Bouman & Mary Hiet.	31.
Aug. 2.	William Sanders & Parnell Butler.	Aug. 2.
17.	William Hoff & Rebecca Talman.	17.
Sept. 18.	Killyean van Renselaar & Mary Low.	Sept. 18.
Nov. 7.	Benjamin Snyder & Annetje Brink.	Nov. 7.
Decemb. 28.	Robert Hoakesly & Jane Cury.	Decemb. 28.

(799)

Perzonen met Geboden.

1769.

Ingeteek.	Riden & Nanny, Neger en Negerin met Consent van haar Meester Corn[l] Bogart.	Getrouwt den 30 April.
May 27.	Pieter Crane, j. m. & Ann de Salet, Wed[e] van Maryland, beyde wonende in N. York.	May 11.
Juny 4.	Jonathan Webster, Wed[r] van Engeland & Mary Clay, Wed. van Engeland, beyde wonende in N-York.	18.
Sept. 16.	Joseph Jeamans, j. m. van N-Jork & Sarah Millen, j. d. van Ierland, beyde wonende in N-Jork.	Nov. 8.
Octob. 28.	Albert de Morest, j. m. & Rachel Durjee, j. d. van Hakkensak, beyde wonende in N-Jork.	12.
Nov. 11.	Thomas Smit, Wed[r] van Engeland & Maria Meulenaar, j. d. van N-Jork, beyde wonende in N-Jork.	28.
Decemb. 9.	Jeremiah Thomkins & Christina Martlin, met attestatie van de Engelsche Kerk.	Decemb. 10.
	John Porter, j. m. van Engeland & Mary Hofman, j. d. van Orange County, beyde wonende in N-Jork.	24.
24.	George Robertson, j. m. van Engeland & Ann Lewis, j. d. van N-Jork, wonende alhier.	31.

INGESCHREVEN.		GETROUWT.
Oct. 23. 1769.	Jakob Vredenburg, j. m. & Jane Brower, j. d., beyde wonende in N-Jork.	
(800) 1769.	Perzonen met Licentie.	
Jan. 4.	Samuel Hake & Helen Livingston.	Jan. 9.
March 9th.	Peter Dorry and Margaret Acker.	March 16.
22.	John Brouwer & Catharine Duryee.	23.
21.	John Bleeker & Ann Eliz: Schuyler.	29.
April 13.	Alexander Exceen & Catharine Waldron	April 13.
25.	Cornelius van Ranst & Catharine Duryee.	26.
May 13.	John Stagg & Anneka Stoutenburg.	May 18.
20.	John B. Moore & Aryetta Kiersted.	23.
Juny 14.	David Morris & Christina Mercier.	Juny 15.
July 11.	William Faulkner & Gerritije Ten Eyck.	July 12.
Sept. 25.	Christopher Roosevelt & Mary Duryee.	Oct. 4.
Nov. 21. 1770.	James Wendel & Rebecca Lafoy.	Nov. 22.
August 22.	Nicholas Grinjard & Margaret Heborn, Wed.	August 22.
20.	Robert Struthers & Elizabet Ackley.	30.
Nov. 15.	Jacobus van der Poel & Lucretia Van Vleck.	Nov. 15.
Dec. 19. 1769.	Christopher Stymets & Rachel Roome.	Dec. 20. Jan. 1770.
Nov. 11.	John Byvank & Jane Hoogland.	4.
Maart 3.	Christian De Maree & Hannah Quackenbush.	Maart 4.
(801) 1770.	Perzonen met Geboden.	
Ingeteek. May 13.	John Tanner, j. m. & Mary Braser, Wede, beide wonende in N-Jork.	Getrouwt May 21.
Juny 10.	Michel Twieser, j. m. geboren in Lancaster & Rachel Stilwil, j. d. geboren in Hakkenzak, beide wonende in N-Jork.	Juny 25.
Juny 24.	James Thomson, j. m. van Scotland & Elizabeth Bischop, j. d. van N-Engeland, beide wonende in N-Jork.	July 11.
July 15.	Richard George, j. m. van Engeland & Janneke Coning, j. d. van N-Jork, beide wonende alhier.	24.
Sept. 9.	William Scott Saldaat & Nancy Wedman, j. d. beide wonende in N-Jork.	Sept. 16.
Feb. 24.	Edward Wlm Bencham, j. m. & Sarah Mountain, j. d. beyde van England & wonende alhier.	Maart 11.
Maart 10.	Daniel Burger, j. m. van N-York & Mary Jork, j. d. van Bergen byde wonende alhier.	25.

INGESCHREVEN.		GETROUWT.
Maart 19.	Patrik Queen, j. m. van Ierland & Effie Bready, Wed. van Scotland, byde wonende alhier.	April 8.
April 28.	Richard Davis, j. m. van England & Jane Culver, j. d. van 't Lange Eyland, beide wonende alhier.	May 13.
28.	Thomas Bennet, j. m. van England & Judith Culver, j. d. van 't Lange Eyland, beide wonende alhier.	13.
22.	Barent Savids, j. m. & Catharina Colner, j. d. byde van en wonende in Newyork.	20.

(802) Perzonen met Licentie.

1770.		1770.
Maart 14.	William Candell & Hannah Elsworth.	Maart 15.
24.	William Scores & Mary McDonald.	24.
April 21.	John Antill & Margareth Colden.	April 22.
26.	William Stevens & Mary Gilchrist.	26.
28.	William Thompson & Mary DeKay.	29.
May 1.	Nicholas Fletcher & Margaret Webers.	May 2.
17.	William De Witt & Hester Dykman.	18.
25.	William Nutting & Jane Nichols.	25.
Juny 25.	Samuel Schuiler & Elisabet Clopper.	Juny 27.
July 2.	Isaac Wamsley & Leah Tayler.	July 2.
12.	Henry Lion & Mary van Beuren.	15.
Juny 22.	John Horn & Jemima Hopper.	Aug. 19.
Aug. 20.	John Woodward & Elizabeth Burger.	20.
Sept. 6.	Peter Lavoy & Ann Bond.	Sept. 6.
21.	Wendel Ham & Hannah Brown.	22.
21.	Thomas Balderston & Elsie Deacon.	27.
20.	James Rome & Elizabeth Elting.	Oct. 19.
Oct. 27.	Samuel Wentworth & Frances Many.	27.
July 20.	Benjamin Higgins & Hannah Buyce.	28.

(803) Perzonen met Gebooden.

Ingeteek. 1770.	William McNell, Wedr van England, & Ann Gambeston, Wede van N-York, byde wonende alhier.	Getrouwt 1770. May 27.
May 13. 14.	John Edward, j. m. van Scotland & Jane Flanningen, j. d. van N-York, byde wonende alhier.	Juny 3.
Maart 30.	Pieter Thorne, j. m. van N-York & Mary McKeney, Wed. van Ierland, beyde wonende alhier.	8.
July 21.	Thomas Graham, Wedr van Ierland & Sarah Huse, Wed. van Barmoedes.	Aug. 7.
Sept. 8.	John Buyster, j. m. & Catharina Ryst, j. d. beyde van Duitsland & wonende alhier.	Sept. 23.

234

INGESCHREVEN.		GETROUWT.
Oct. 5.	John Michel Henniger, j. m. van Duitsland & Margaret Winkeler, j. d. van Rochel, byde wonende alhier.	Oct. 21.
	David Narel, Wed' van Ierland & Elizabeth Burrens, Wed° van Barmoedes.	Nov. 8.

(804)

Personen met Licentie.

1770.		1770.
Nov. 3.	Peter Vianey & Mary Fowlkes.	Nov. 3.
8.	Richard Speaight & Mary Thomas.	8.
2.	Robert Thompson & Mary Bass.	10.
7.	Andrew van Orden & Marytje van Blarcum.	10.
10.	Alexander Richie & Margaret Gordons.	10.
7.	Simon Creegier & Elizabeth Rivers.	11.
15.	Goore van Schaik & Maryten ten Broek.	15.
15.	Henry Staats & Mary Dumond.	15.
16.	John Bryan & Mary Wright.	16.
17.	Barent Christopher & Elsie Bass.	17.
Decemb. 15.	James Armitage & Susannah van Drill.	Decemb. 15.
April 2^d.	John Boon and Ruth Whitney.	D° D°
1770.		
2.	William Anderson & Charity Anderson.	D° 3.
5.	Abraham Boskerk & Jane Dey.	D° 7.
May 18.	Elias Nixon & Mary Pels Nexson [sic].	D° 22.
July 28.	Cornelius Turk & Mary Hazard.	D° 29.
Octr 18.	William Lupton & Ann May-Daniel.	D° D°
Decemb. 19.	Thomas Outwater & Catharine Van der Hoof.	D° D°

(805)

Perzonen met Geboden.

Ingeteek. 1771. Maart 24.	Adam Stuerd, j. m. van Hakkenzak & Elsje Knacht, j. d. van N. York beide wonende alhier.	Getrouwt April 7.
April 28.	Albert Bogert, j. m. geboren ouder Hakkenzak & Elizabet van der Beek, j. d. van de Rarithans beide wonende in N-York.	May 14.
Jan. 19.	John Pender, j. m. van Ierland & Nancy McNell, Wed. van N-York wonende alhier.	Feb. 5.
Maart 2.	Nicolaas Cocks, j. m. van Newyork & Jane Baty, j. d. van Staten Eyland, byde wonende in N. York,	Maart 19.
1.	Benjamin Foox, j. m. van Engeland & Sophia Appel, Wed° van Newyork byde wonende alhier.	April 3.
3.	John Higgins, j. m. van Engeland & Mary Brown, Wed° van England.	4.

INGESCHREVEN.		GETROUWT.
Maart 27.	Dannis Ryer, j. m. van de Menner van Fordam & Sammy Waldron, j. d. van Harlem.	April. 13.
	John Davenpoort, j. m. & Henkje Stagg, j. d. byde van en wonende in Newyork.	21.
April 3.	Patrik Murphey, j. m. & Ann Roberzon, j. d. byde van Ierland wonende alhier.	21.
Maart 29.	John Bennet, j. m. van England & Catharine Eve, j. d. van en byde wonende in N-York.	25.
April 3.	Robert Jones, Wed^r van Bristol & Mary Poore, Wed^e van Ierland wonende alhier.	28.
May 10.	John May, j. m. van New England & Batsheba Carell, j. d. van Lang Eyland.	May 29.
20.	Pieter van Eygen, j. m. van Lyden in Holland & Mary Francis, Wed^e van Ierland, byde wonende in Newyork.	Juny 9.

(806)   Perzonen met Licentie.

1770.		
Oct. 23.	Joseph Dowell & Mary Anderson.	Oct. 25.
Nov. 8.	John Woodward & Ann Silvester.	Nov. 13.
1773.		
Feb. 7.	John Young & Johanna Man.	Feb. 7.
Maart 4.	Henry Bogert & Helena van Wyck.	Maart 5.
11.	Michael van der Cook & Sara DuBois, Wed^e.	11.
May 3.	James Benham & Alathia Pitt.	May 4.
Juny 3.	Thomas Andrew Hoog & Maria Wilhelmina Ritzema.	Juny 3.
Nov. 21.	John N. Bogert & Philander Forbes.	Nov. 21.
22.	Adriaan van der Dunk & Nelly Snedeker.	22.
Decemb. 21.	Abraham Russel & Hilletje Elsworth.	Dec. 23.
Jan. 19.	Cornelius Bradford & Catharina Candy.	Jan 19.
Maart 9.	John Sebring & Sarah Gibbs.	Maart 12.
May 23.	Benjamin Egbert & Mary Arison.	May 26.
Juny 21.	Joseph Carr & Mary Hazard.	Juny 24.
27.	John Smit & Priscilla Baley.	27.
July 1.	Ralph Hurd & Susannah Rosst.	July 1.
Juny 29.	Abraham Myer Junior & Agnitie Roome.	2.
July 23.	Balthus van Kleek & Ann Lawrens.	24.
25.	John Kiersted & Ann Bickers.	25.
Aug. 1.	Ralph Welch & Jane Beekman.	Augt 1.
5.	John Caspar Folcker & Ann King.	8.
16.	Ananias Graham & Jane Kemston.	16.

INGESCHREVEN.			GETROUWT.
(807)	Perzonen met Geboden.		
Ingeteek. 1771. June 21.	Gerrit Lent, j. m. van de Manner van Fordham & Catharine Hutter, j. d. van Newyork, byde wonende alhier.	Getrouwt 16.	July
July 6.	Mathew Dannels, j. m. & Elizabet Shaset, j. d. byde van Newyork en wonende alhier.	26.	
Aug. 17.	Adam Elsevine, j. m. van Duitsland & Mary Tory, j. d. van Newyork, byde wonende alhier.	Sept. 1.	
Sept. 14.	James Coles, j. m. & Mary Harfort, byde van Newyork en wonende alhier.	Octob. 6.	
Oct. 5.	John George Miller, j. m. & Maria Agnite Myer, j. d. byde van Duitsland, wonende alhier.	20.	
Sept. 15.	George Higday, j. m. & Elisabet Parcels, j. d. byde van Newyork en wonende alhier.	Nov. 3.	
	William Beamond, Wed^r van England & Margaret Wilson, Wed^e van Philadelphia, byde wonende alhier.	27.	
Dec. 7.	James Bellany, j. m. van Scotland & Mary Dorothy, Wed^e van Ierland, byde wonende alhier.	Decemb. 23.	
15.	David Brigs, j. m. van Barbados & Jane Pieterzon, Wed^e van Newyork, byde wonende alhier.	26.	
	John Forbis, j. m. van Scotland & Catharine Crame, Wed^e van Newyork, byde wonende alhier.	28.	
1771. Jan. 28.	Stephen Bond & Mary, Servant to M^r. Marston.		
1772. Jany 19.	Henry van Kleeck & Mary Hill, both of Newyork.	Feby 2.	

(808)	Perzonen met Licentie.	
1771. Sept. 10.	Henry McCloskey & Margareth Frensch.	Sept. 10.
Oct. 14.	John Beekman & Mary Rivers.	Octob. 14.
19.	William Jones & Rachel Murphy.	20.
Nov. 1.	John Currin & Amelia Burns.	Nov. 2.
6.	William Forbis & Catharine van Gelder.	6.
12.	Solomon Frely & Rachel van der Beek.	12.
Decemb. 5.	Cobus Springsteen & Cornelia Voorhees.	Dec. 5.
1771. April 8.	Francis Barre, Wed^r & Sarah Keerstead.	April 9.
May 1.	Titus Rennet & Sarah Rogers.	June 1.
June 11.	Arch^d Currie & Catherine Seabring.	D^o D^o.

INGESCHREVEN.		GETROUWT.
July 16.	Willm A. Forbes & Catharine Van Zandt.	D^o 17.
June 18.	Andries Heermanse & Hannah Roosevelt.	July 22.
Nov. 4.	Abrah^m Brower & Rachel Seabring.	D° 5.
Nov. 26.	Abrah^m Brower & Nelly Durjee.	D° 27.
Nov. 30.	Benjamin Lowe & Elizabeth Newberry.	D° D°
March 30.	Arendt van Hook & Abigael Stevens.	April 4.
Sept. 24.	John Hays & Sarah Moore.	Sept. 24.
Nov. 9.	Henry Humphrys & Sarah Gardner.	Nov. 10.

January Anno Dom. 1772.

13.	Daniel Dyke & Elizabeth Dobbs.	Jan. 14.
Jan. 23.	John Stout & Effee van Varek.	Jan. 23.
March 5.	Isaac Cheadevoyne & Hester Elsworth.	March 5.
March 5.	Garret Lefferts & Elizabet van Kleck.	March 11.

(809)
1772.

Perzonen met Geboden.

Ingeteek. Maart 29.	Ashar Pike, j. m. van Woodbridge in N-Jersey & Maria de La Metre, j. d. van N. York beide wonende alhier.	Getrouwt April 15.
Juny 14.	George Meyer, j. m. & Antje Stuart, j. d. beide van N-York en wonende alhier.	Juny 28.
July 24.	Adrianus Chairman, j. m. & Geertje Jakobse, j. d. van de Mannor van Fordham, en wonende aldaar.	Aug. 19.
Aug. 8.	Michel Fach, j. m. van N-York & Elizabet Sowers van Hoogduitsland beide wonende in N-York.	Sept. 27.
	Isaac van Gelder, Wed^r & Sara Stymets, Wed^e met attestatie van de Mannor van Cortlandt.	Oct. 15.
Oct. 25.	John Dowers, Wed^r & Jane Gleghorne, Wed^e beide wonende in N-York.	Nov. 8.

N.B. Deze volgende zyn getrouwt van D° Lamb : de Ronde.

[Translation : N.B. The following were married by the Rev. Lamb: de Ronde.]

Feb. 3.	William Hays, Wed^r & Hany Ryn, Wed^e beide van Ierland en wonende in N-York,	Feb. 18.
15.	John Kane, j. m. van Ierland & Barbarie Robertson v. Engeland.	Maart 2.
April 3.	Adriaan Stymets, j. m. van Second River & Hanna Beaty, j. d. van Philadelphia beide wonende alhier.	April 19.

238

INGESCHREVEN.		GETROUWT.
April 11.	Carolus Berrow, Wed^r van N-York & Ann Frugnell, Wed^e van Ierland en wonende alhier.	April 26.
11.	William Crook, j. m. van Engeland & Mary Hutchons, j. d. van Philadelphia beide wonende in N-J.	29.
25.	David Brouwer, j. m. & Maria Hoog, beide van N-York en wonende alhier.	May 10.
May 2.	John Fisher, j. m. van Pruissen & Catharina Palmer, Wed^e van N-York.	May 17.
	John Amerman, j. m. & Hanna Akkerman van en wonende in N. York.	
	John Taylor, j. m. van Staten Eiland & Magdalena Ookly, van Lang Eiland, beide wonende alhier. Deze beide met attestatie van de Lutersche gemeente.	19.
22.	John Francis, j. m. van Lang Eiland & Mary van-Orden, j. d. van N-J. en wonende beide alhier.	June 17.
Juny 19.	John Scott, j. m. van Scotland & Jane Thomas, j. d. van Ierland.	Aug. 8.

(810)
1772.

Perzonen met Licentie.

Ingeteek. Aug. 2.	John Blank, j^r & Sara Connel.	Getrouwt Aug. 22.
Oct. 31.	Theodosius Bartow & Jemima Abramse van West Chester.	Nov. 19.
Jan. 3.	Henry W. Perry & Meriam Braine.	Jan. 4.
Feb. 7.	Thomas Tippert Warner & Magdalen van Orden.	Feb. 13.
25.	Michael Varian & Cornelia Horser.	27.
Maart 2.	John Copp & Ann Clopper.	Maart 2.
April 18.	Jacobus Lefferts & Lucretia Brinckerhoff.	April 24.
28.	Samuel Baily & Hanna Butler.	28.
May 11.	George Cook & Jane Peake.	May 19.
Juny 6.	Garrit Moore & Susanna Obrian.	Juny 6.
15.	George Cummings & Mary Giffin.	16.
29.	Lauwrens Hortwick & Anne Reiners.	29.
Aug. 15.	John Cann & Eggy Campbel.	Aug. 15.

Alle deze dir niet onderhaald zyn, zyn getr. door D° L. de Ronde.
[Translation. All those who are not underlined were married by Rev. L. de Ronde.] *

Feb. 24.	Willm Robertson & Sarah French.	D° D°.
May 9.	Peter Barberie & Phebe van Tuyl.	D° 10.
D° 19.	Martin Hoffman & Marg^t Bayard.	D° 23.

[* The marriages referred to as not underlined hereafter in Liber C, are those by banns — those underlined were married with licence.— S. S. P.]

239

INGESCHREVEN.		GETROUWT.
July 10.	Willm Wiseham & Jean Brass.	D^o 12.
Oct. 9.	Francis Cowenhoven & Jean Stricker.	D° 12.
Nov. 9.	John Ten Broek & Alida Smith.	D° D°.
Nov. 16.	George Harsin & Elizabeth van Gelder.	D° 17.
Decemb. 2.	Walt^r Bicker & Wilhelmina M. Welp.	D° D°.
Dec. 17.	Abrah^m Brinkerhoff & Dorothy Remsen.	Dec. 17.
April 7.	Francis Sawyer & Jane Outen Bogart.	April 12.
April 4.	John van Winckell & Mary Kennedy.	April 4.

(811)

Perzonen met Geboden.

1772.
Inget. Maart 29.	Thomas Gardiner, j. m. & Mary Morris, beide van en wonende te N. York.	April 13.
May 24.	James Itchcock & Susanna Ledman, wonende alhier.	June 8.
Nov. 1.	Theunis Ryer, j. m. van de Mannor van Fordham & Elizabeth Bussing, j. d. van Konings Burg.	Nov. 26.

1773.
Aug. 8.	Jan Santvoort, j. m. geboren in Newark & Susanna Welsteed, j. d. geboren in N-York & beide wonende alhier.	Aug. 24.
Sept. 12.	Andrew Anderson & Catharina Lawbach, wonende over de Noordrivier of Boemendal.	Sept. 28.
Dec. 19.	Joost Meulenaar, j. m. & Margrietje Blank, beide van N-York & wonende alhier.	Decemb. 28.
1773.	John Anderson & Hannah Petersen, on a certificate of their having been published three several times in Trinity Church were married Oct. 19th.	

(812)

Perzonen met Licentie.

Inget. April 21.	Solomon Saltus & Soncha van Dyck.	Getrouwt 1772 April 21.
Sept. 18.	Evert Byvanck & Mary van Rantz.	Sept. 21.
Oct. 21.	James McKenny & Catherine Cregier.	Oct. 22.
Nov. 27.	Isaac van Vleck & Margaret Rosevelt.	Decemb. 3.
Dec. 22.	Silas Henrys & Ann Turner.	Decemb. 25.
		1773.
Jan. 6.	Pieter van Kleek & Catharina Uitdenbogaart.	Jan. 6.
9.	Patrik Burk & Jemima Cursong.	10.
27.	Jakob Banta & Jannetje Stymets, in de license staat Sivers. [Translation: In the license stand Sivers.]	31.
Feb. 2.	Samuel van Steenberg & Annatje Zwartwout.	Feb. 3.
18.	John Hendriks & Catharina Sadler.	22.
Juny 14.	Theophilus Elswort, Wed^r & Maria Bras.	Juny 15.

INGESCHREVEN.		GETROUWT.
Aug. 7.	Andrew van Tuyl & Mary Bogert.	Aug. 9.
9.	Hermanus Rykman & Sara Bracade.	9.
Sept. 6.	Philip van Beuren & Annatje Hoffman.	Sept. 6.
6.	Tjerk de Witt & Annatje Eltinge.	28.
Nov. 27.	Thomas Budd & Anna Hauxxhorst.	Nov. 29.
Dec. 1.	William Douglass & Tyney Follon.	Dec. 2.
1773.		1773.
Jan. 24.	Peter Myers & Sarah Kilpatrick.	Jan. 25.
March 15.	Philip Minthorne & Catharine Montanje.	March 18.
23.	Willm De Peyster & Christina Dally.	26.

(813)   Perzonen met Geboden.

1773.		
Ingeteek.	John van Kleeck & Dolle Ernest wonende alhier.	Getrouwt May 30.
May 9.		
June 6.	Henry Stall & Catharine Miller beyde van Niewyork.	June 20.
July 11.	David Waldron & Elizabeth Sempee wonende alhier.	July 25.
July 25.	Salomon Saltus & Mary Ackerman wonende alhier.	Sept. 16.
Aug. 1.	Israel Neverre & Rachel Merlin, beyde van Nieuwyork.	Sept. 8.

(814)   Perzonen met Licentie.

Ingeteek.		
1773.	John Anthony & Margaret Pears.	Getrouwt May 6.
May 5.		
20.	Edward Ross & Isabella Bailendine.	May 22.
June 8.	Thos Duncan & Margaret v. Beverhout.	June 8.
Aug. 19.	Thos P. Periam & Dinah y. Vark.	Aug. 19.
Oct. 30.	John Haring & Mary Haring.	Oct. 30.
Jan. 20.	Joseph Robinson & Catharine Marschalk.	Jan. 22.
April 29.	Cornelius Turck, jun^r & Mary Marschalk.	May 9.
May 29.	Daniel Halsted & Elizabeth Schuiler.	May 29.
June 8.	Garrit Peterson & Anna Dykman.	June 9.
June 15.	Francis Barrea & Elizabeth Hale.	June 17.
July 28.	Martin Aim & Elenor Harding.	July 29.
Aug. 5.	Henry van Woert & Catharine Aights.	Aug. 6.
Aug. 6.	Stephen van Voorhees & Elizabeth Matheman.	Aug. 6.
Sept. 10.	Joel Baldwin & Mary van Hoek.	Sept. 12.
Nov. 13.	John Zabrieske & Christina Zabrieske.	Nov. 13.
Dec. 23.	Nicholas Carmer & Sarah Wilson.	Dec. 25.

(815)   Perzonen met Geboden.

Ingeteek.	John Gibbens, j. m. & Margaret McDaniel, j. d. beide wonende in N-York.	Getrouwt June 5.
1774.		
May 23.		

INGESCHREVEN.		GETROUWT.
Aug. 6.	David Akkerman, j. m. van N. York & Metje Stokholm, j. d. van het Lang Eiland beide wonende alhier.	Getrouwt August 25.
Jan. 9.	Jakob Lazier, j. m. van Duitsland & Elisabet McKenny, j. d. van Newyork wonende alhier.	Jan. 29.
May 1.	Adam Casey, j. m. van Freehold & Maria Middags, Wed^e van Lang Eyland byde wonende alhier.	May 15.
	Herry Crum, vrye neger, & Jain negerin van John Dykman.	Juny 11.
July 16.	William Velen, j. m. geboren in de Jersey & Elenor Henneson, j. d. geboren in 't Hoogeland byde wonende alhier.	July 31.

(816)   Personen met Licentie.

Ingeteek. 1773. Nov. 30.	Jeremiah Collard & Mary Tooder.	Getrouwt 1773, Nov. 30.
30.	Isaak de Milt & Jane Pine.	30.
1774. Jan. 7.	William Morgan & Hannah Somerendyk.	1774. Jan. 8.
7.	William Geamster & Catharine Walsh.	9.
20.	Samuel Brouwer & Hannah Brouwer.	20.
Feb. 15.	Andrew van Deuser & Emilia Early.	Feb. 15.
April 27.	Thomas Clarke & Epemiah Mandevill.	April 28.
June 13.	Abraham de La Mater & Sarah van Blarkum.	June 13.
July 1.	John Brevoort & Susannah Warner.	July 3.
9.	George Robinson & Hannah Flecher.	10.
14.	John Cosine & Margaret Roseveld.	16.
27.	Richard Skellorn & Ann Florentine.	27.
28.	Daniel Wingfield & Elisabet Baker.	28.
Sept. 1.	Henry Ogden & Catharine Stephens.	Sept. 1.
3.	Henry Obrien & Elisabeth Dowson.	4.
6.	John West & Elisabeth van Der Hoof.	6.
15.	John Webb & Jane Henry.	15.
22.	James Amar & Mary Mann.	25.
Oct. 3.	John Couwenhove, j^{unr} & Catharine Clopper.	6.
13.	Cadwallader C. Colden & Elisabeth Fell.	13.
20.	Richard Harris & Grace Haviland.	22.

(817)   Perzonen met Gebooden.

Ingeteekent 1774. Jan. 30.	Ellis Wool & Mary Bussing, alhier wonende.	Getrouwt Feb. 15.
Feb. 18.	Henry Bussing & Elizabeth Ryers van de Manor van Fordham.	Maart 8.

INGESCHREVEN.		GETROUWT.
April 24.	Andrew van Horn & Hannah Stokholm alhier wonende.	May 11.
" "	David van der Beck & Jemima van Naarden alhier wonende.	May 12.
Nov. 18.	Edmond Horton & Mary Mantys were married on producing a certificate of their having been three times published in the Dutch church in Cortland Manor where they both lived.	
April 3.	Peter Waldron van Haarlem & Hannah van Blarikum van New York.	April 17.

(818)

Personen met Licentie.

Ingeteek.		Getrouwt
1774. Oct. 25.	George Moor & Maria Charlotta Schulzar.	1774. Oct. 25.
29.	Benjamin Pelton & Jane Griffiths.	Nov. 13.
Dec. 15.	John Kortreght & Affie Devore.	Decemb. 25.
		1774.
March 2.	Peter Kip & Anna Wentworth.	March 3.
D° 14.	Gardiner Jones & Sarah Haring.	D° 14.
April 5.	Tunis Bogart & Alida Simonson.	D° 6.
D° 16.	Ezekiel Johnson & Catharine Labagh.	Ap. 17.
May 2.	Thos Phillips & Rachel Smith.	May 3.
Sept. 19.	Thos Hunt & Mary Dalley.	Oct. 2.
D° 29.	Gerret DeBow & Elizabeth Dotten.	D° 29.
Nov. 10.	Gerret Steddiford & Jane Bicker.	Nov. 10.
Dec. 8.	Joseph Crane & Sarah Kipp.	Dec. 8.
D° 14.	Daniel Ebbets & Elizabeth Kipp.	D° 15.
1774.		
Jan. 18.	Andrew Meyer & Margaret Demoree.	Jan. 18.
Feb. 5.	Robert Stein & Latitia Elliot.	Feb. 5.
March 10.	James Kip & Cornelia Rykman.	March 10.
March 14.	James Henderson & Mary Hobson.	March 14.
(820)		
March 22.	Joseph Latham & Catharine Dobson.	March 24.
March 22.	John Reade & Catherine Livingston.	April 6.
July 14.	Jacobus Rosevelt Junr & Helena Gibson.	July 14.
Nov. 11.	John Bowhend & Mary Cross.	Nov. 12.

The register of marriages, from this date to the time the British forces took possession of New York, viz. Sept. 15, 1776, is lost.

The minister who officiated in the Dutch Church in Garden Street kept a register of marriages, which has since been delivered to us and is marked P. I was informed that his name was Gerrit Lydecker.

See Dr. Berrian's *History of Trinity Church*, pages 171 and 172, for a correspondence with Garrit Lydecker and others on the subject of the St. George Chapel.

[End of marriages in Liber C.] See Liber P.

[Liber P.]
[On the front fly-leaf of Liber P is the following:],

KERK BOEK

ZYNDE HET EIGENDOM DER GL

REFORMEERDE NEDERDRUITSCHE KERK

TE NIEUW YORK.

Naamlyst der Getrouwden.

GETROUWT. 1780.

(1)

July 1. Zyn van ons in den Huwelyken Staat bevestigd, Harman van Rypen en Maria van Rypen, beide van Nieuw York.
2. Zyn van ons in den Huwelyken Staat bevestigd, Thomas Barret & Fenny Crookshank, beide van Nieuw York.
2. Zyn van ons in den Huwelyken Staat bevestigd, Christopher Hanson & Elisabeth Brouwer.
11. Zyn van ons in den Huwelyken Staat bevestigd, Robert Gosman & Elisabeth Steinhour, beide van Nieuw York.
20. Zyn van ons in den Huwelyken Staat bevestigd, Richard Puller & Ann Campbell, beide van Nieuw York.

(2)

22. Zyn van ons in den Huwelyken Staat bevestigd, John Cooper & Mary Appelby, beide van Nieuw York.
27. Zyn van ons in den Huwelyken Staat bevestigd, John Grandine & Elisabeth Sheperd, beide van Nieuw York.
30. Zyn van ons in den Huwelyken Staat bevestigd, William Collins & Jane Brouwer, beide van Nieuwyork.
31. Zyn van ons in den Huwelyken Staat bevestigd, Stephen Berry & Neeltje van Es, beide van Nieuw Jersey.
Sept. 3. Zyn van ons in den Huwelyken Staat bevestigd, Frederik Maybe & Sarah Morris, beide woonende te Nieuwyork.
9. Zyn van ons in den Huwelyken Staat bevestigd, Abraham van Winkele of Newyork & Ann Clendenning van Bergen County.

(3)

10. Zyn van ons in den Huwelyken Staat bevestigd, Jan Serly & Grietje van Vorst, beide woonende te Nieuw York.
15. Zyn van ons in den Huwelyken Staat bevestigd, Jonah Allen & Mary Cooper, beide van Nieuw York.
16. Zyn van ons in den Huwelyken Staat bevestigd, Henry Dow & Mary Marschalk, beide van Nieuwyork.
17. Zyn van ons in den Huwelyken Staat bevestigd, Archibald Patterson & Elisabeth Jenkins, beide van N. York.
27. Zyn van ons in den Huwelyken Staat bevestigd, Elias Cooper & Sarah Roome, beide woonende in Nieuwyork.

244

GETROUWT.

Oct. 1. Zyn van ons in den Huwelyken Staat bevestigd, Isaac Asteen & Hanke Schuyler.
14. Zyn van ons in den Huwelyken Staat bevestigd, Richard Lawrence, Koopman, & Maria Lawrence, beide van Nieuwyork.
15. Zyn van ons in den Huwelyken Staat bevestigd, Gabriel Gans & Cathalina De Wit, beide van Nieuwyork.

(4)

15. Zyn van ons in den Huwelyken Staat bevestigd, Hugh Dean & Hester Ford, beide van N. Y.
18. Zyn van ons in den Huwelyken Staat bevestigd, John Davis & Sarah Peterson, beide wonende in Nieuwyork.
21. Zyn van ons in den Huwelyken Staat bevestigd, Richard Mott & Martha Sutton, beide van Queens County, L. I.
22. Zyn van ons in den Huwelyken Staat bevestigd, Abraham Miller & Cathrin Warther.
28. Zyn van ons in den Huwelyken Staat bevestigd, George Vreeland van Bergen County & Jane Brinkerhof van Gemunapa.
29. Zyn van ons in den Huwelyken Staat bevestigd, John Ousterman van Nieuwyork & Sarah Miller van Kings County, L. I.
Nov. 4. Zyn van ons in den Huwelyken Staat bevestigd, Jacob Everts & Catharina Smith, beide van Bergen.

(5)

5. Zyn van ons in den Huwelyken Staat bevestigd, Albert van Voorheese & Elisabeth Akkerman, beide wonende te Nieuwyork.
5. Zyn van ons in den Huwelyken Staat bevestigd, Isaac Stanbery & Sarah Mann, beide van Nieuwyork.
5. Zyn van ons in den Huwelyken Staat bevestigd, Thomas Stagg & Mary Roseveld, Weduw, beide van N. York.
5. Zyn van ons in den Huwelyken Staat bevestigd, John Pegg, Ser^t van 't 64 R^t & Mary Inkson, Weduw.
12. Zyn van ons in den Huwelyken Staat bevestigd, Alexander Cameron, Schipper & Abigail Berrian van N. York.
12. Zyn van ons in den Huwelyken Staat bevestigd, Jacob Hagerman, Koopman, & Sarah Berrian, beide van N. York.

(6)

Nov. 16. Zyn van ons in den Huwelyken Staat bevestigd, William Hunter & Susanna Campbel, beide van Nieuwyork.
27. Zyn van ons in den Huwelyken Staat bevestigd, John Lee, wonende te Nieuwyork, & Ann Delalleu, van Boswyk, Queens County.
Decemb. 3. Zyn van ons in den Huwelyken Staat bevestigd, Salomen Sisely & Fanny Porret, beide woonachtig te Nieuw York.
10. Zyn van ons in den Huwelyken Staat bevestigd, Jan Straat & Maria Ekker, Weduw, beide woonachtig te Nieuw York.

GETROUWT.

Decemb. 22.	Zyn van ons in den Huwelyken Staat bevestigd, Alexander Leslie & Mary Ellis, beida van N. York.
24.	Zyn van ons in den Huwelyken Staat bevestigd, Job. Hatfield van Richmond County and Jane Smith van de zelfde plaats.
(7) 28.	Zyn van ons in den Huwelyken Staat bevestigd, Charles Goddey & Mary Noutchel, beide wonende in Nieuwyork.

1781.

January 3.	Zyn van ons in den Huwelyken Staat bevestigd, John Bussing van de Outward der stad van Nieuwyork & Mary McCree van de zelfde plaats, Weduw.
21.	Zyn van ons in den Huwelyken Staat bevestigd, Daniel Hugunin & Mary Gerrebrants, beide van Nieuwyork.
30.	Zyn van ons in den Huwelyken Staat bevestigd, Even Cameron van Richmond County, & Margaret Thomas van Nieuwyork, Weduw.
February 1.	Zyn van ons in den Huwelyken Staat bevestigd, Michael Ridman & Catharine Maybe in N. Y.
4.	Zyn van ons in den Huwelyken Staat bevestigd, Jacob Brouwer & Agnes Brewer, beide wonende in Nieuwyork.
(8) 15.	Zyn van ons in den Huwelyken Staat bevestigd, Thomas Courtney van N. York & Lois Braid van de zelfde plaats, weduw.
15.	Zyn van ons in den Huwelyken Staat bevestigd, Thomas Colden, Capityn van de Pensylvania Loyalists, & Ann Willet van Queens County.
19.	Zyn van ons in den Huwelyken Staat bevestigd, Dominick Dougerty van N. York & Susanna Wilkinsonson van de zelfde plaats, weduw.
Maart 3.	Zyn van ons in den Huwelyken Staat bevestigd, Jacob Ogden van Nieuwyork & Rachel Sandford van de zelfde plaats, weduw.
25.	Zyn van ons in den Huwelyken Staat bevestigd, John Nichols, & Hannah Robinson.
26.	Zyn van ons in den Huwelyken Staat bevestigd, John Barwell, Wagenaar & Ann McDole van Nieuwyork.
(9) April 18.	Zyn van ons in den huwelyken Staat bevestigt, Benjamin Stearns, Conductor in zyn Majesteits dienst, en Bathia Purdy van Nieuwyork.
22.	Zyn van ons in den huwelyken Staat bevestigt, Abraham Maybee, Bootman & Ann Akkerman, weduw, van Hoboken in de County Bergen.
25.	Zyn van ons in den Huwelyken Staat bevestigt, Nicholas Zomerendyk, Timmerman, en Catharina Megrau, weduw, byde van Nieuw York.

GETROUWT.

April. 29. Zyn van ons in den Huwelyken Staat bevestigt, Richard Brooks en Elisabeth Sope, beide van Nieuwyork.

May 3. Zyn van ons in den Huwelyken Staat bevestigt, Peter Hegeman, Koopman, en Lette Fletcher, beide van Nieuw York.

10. Zyn van ons in den Huwelyken Staat bevestigt, Thomas Losborrow, Timmerman, en Barsheba Tenier, beide van Nieuwyork.

(10)
13. Zyn van ons in den Huwelyken Staat bevestigd, Otto Becker, Col., en Elsje Low, beide woonende in Nieuw York.

16. Zyn van ons in den Huwelyken Staat bevestigt, John van Idelestone, Corporaal, & Briget Johnson.

17. Zyn van ons in den Huwelyken Staat bevestigt, John Banker en Martha Sherwood, beide van Nieuw York.

20. Zyn van ons in den Huwelyken Staat bevestigt, Michal Agan en Helena Brouwer, beid van Nieuw York.

21. Zyn van ons in den Huwelyken Staat bevestigd, Henry Sharp van Brooklyn in Kings County, Timmerman, en Catharina Boskerk van de zelfde plaats.

Juny 3. Zyn van ons in den Huwelyken Staat bevestigt, George Young en Geesje DeWit, beide van Nieuw York.

3. Zyn van ons in den Huwelyken Staat bevestigt, Isaac Mabee & Sarah Post, beide van Nieuw York.

(11)
25. Zyn van ons in den Huwelyken Staat bevestigt, Thomas Young & Nancy Burger, beide van N. Y.

31. Zyn van ons in den Huwelyken Staat bevestigt, Paulus Pieterse en Helena Williams, beide woonende te Nieuw York.

31. Zyn van ons in den Huwelyken Staat bevestigt, John van der Hoef en Lydea Meyer.

July 9. Zyn van ons in den Huwelyken Staat bevestigt, John Remsen, van Nieuw York, Kopman en Dorothy Remsen van Brooklyn in Kings County.

9. Zyn van ons in den Huwelyken Staat bevestigt, John Lewis en Catharine Nul, beide wonende te Nieuw York.

15. Zyn van ons in den Huwelyken Staat bevestigt, John Stymets van Nieuw York, Zeeman, en Elizabeth Taylor van de zelfde plaats.

22. Zyn van ons in den Huwelyken Staat bevestigt, Thomas Outwater, Geneesheer, en Francyntje Quackenbos, Weduw, beide van Nieuw York.

(12)
26. Zyn van ons in den Huwelyken Staat bevestigt, Ralph Monkhouse, Zeeman, en Ann Stevens, Weduw, beide van Nieuw York.

August 5. Zyn van ons in den Huwelyken Staat bevestigt, Abraham van Voorheese en Margarita Vallo, beide wonende te Nieuw York.

GETROUWT.

August 7. Zyn van ons in den Huwelyken Staat bevestigt, Richard Wilkinson, Soldaat onder de N. York Volunteers, & Judah Holidan, Weduw.

12. Zyn van ons in den Huwelyken Staat bevestigt, Petrus De Pu & Rachel Peek, beide wonende te Nieuwyork.

13. Zyn van ons in den Huwelyken Staat bevestigt, Daniel Lawrance van Nieuw York, en Jemime Brevoort van de outward van de gezegde Stad.

20. Zyn van ons in den Huwelyken Staat bevestigt, Robert Miller en Hester Nailer, beide wonende te Nieuw York.

(13)
Septemb. 1. Zyn van ons in den Huwelyken Staat bevestigt, Casparis Zabriske, woonende te Nieuw York, Bootman, en Hanna Vreeland, van Bergen County.

2. Zyn van ons in den Huwelyken Staat bevestigt, John Watt, Carman, en Charity Earl, beide van Nieuw York.

11. Zyn van ons in den Huwelyken Staat bevestigt, Joseph Antony, Soldaat, en Mary Allen.

15. Zyn van ons in den Huwelyken Staat bevestigt, Willem Hanibal en Sarah Manuel, beide woonachtig te Niewyork.

Oct. 7. Zyn van ons in den Huwelyken Staat bevestigd, John Bogaart & Jean Dealand, beide van Nieuw York.

7. Zyn van ons in den Huwelyken Staat bevestigt, Jeronimus Remsen en Catharina Alstine, beide van Nieuw York.

14. Zyn van ons in den Huwelyken Staat bevestigd, John Akkerman en Annatje Baldwin, Weduw, beide woonende te Nieuwyork.

28. Zyn van ons in den Huwelyken Staat bevestigt, Pieter van Eigen en Barbara Man, Weduw.

(14)
Nov. 1. Zyn van ons in den Huwelyken Staat bevestigd, Samuel Wiseham, Zeeman, en Ann Bourowes, Weduw, beide van Nieuw York.

4. Zyn van ons in den Huwelyken Staat bevestigt, John Bogaart an Margarita De Marest, beide wonende te Nieuw-york.

15. Zyn van ons in den Huwelyken Staat bevestigd, Andrew Wright en Mary Cole, wonende te Nieuwyork.

18. Zyn van ons in den Huwelyken Staat bevestigd, Johannes Waldron van N. Y. Eiland, en Maria Vermilje van de Jonkers.

18. Zyn van ons in den Huwelyken Staat bevestigt, John Giles van N. York, Zeeman, en Hester Marschalk, van de zelfde plaats.

25. Zyn van ons in den Huwelyken Staat bevestigt, Patrick Fox en Magdalena Sherdewyn, beide van Nieuw York.

Decemb. 1. Zyn van ons in den Huwelyken Staat bevestigd, Frances Titus, van Boswyk in Kings County, en Catherine Voortman van N. Y., Weduw.

(15)
Decemb. 2. Zyn van ons in den Huwelyken Staat bevestigd, John Hammell en Jemima Brouwer, beide wonende te Nieuwyork.

GETROUWT.

Decemb. 16. Zyn van ons in den Huwelyken staat bevestigd, James Easton en Elenor Babcock, beide wonende te Nieuw York.
16. Zyn van ons in den Huwelyken Staat bevestigd, Daniel Berrien, Scheeps Timmerman, en Meriam Wilson, beide van Nieuw York.
16. Zyn van ons in den Huwelyken Staat bevestigd, Benjamin Shepard en Elenor Gregory, beide van Nieuw York.
16. Zyn van ons in den Huwelyken Staat bevestigd, Waling Egbert en Sarai Steger, beide van Kings County (Lang Eiland.)
27. Zyn van ons in den Huwelyken Staat bevestigd, John Lely en Elisabeth Kingsland, beide van Nieuwyork.
30. Zyn van ons in den Huwelyken Staat bevestigd, John Purdy en en Sarai van Vlerkum, beide van Nieuwyork.

(16)
1782.
January 1. Zyn van ons in den Huwelyken Staat bevestigd, John Cook en Sarah Bennet, beide van Nieuwyork.
2. Zyn van ons in den Huwelyken Staat bevestigd, John Gibson en Rebecca Case, beide van Nieuw York.
3. Zyn van ons in den Huwelyken Staat bevestigd, Francis Hartmand Ende en Penelope Forsy, Weduw, beide van Nieuwyork.
5. Zyn van ons in den Huwelyken Staat bevestigd, Joseph Alward, Timmerman (Carpenter), en Francis Childs, Weduw, beide van Nieuwyork.
9. Zyn van ons in den Huwelyken Staat bevestigd, Gabriel Ward en Catharine DeVoe, beide van Nieuwyork.
13. Zyn van ons in den Huwelyken Staat bevestigd, John Sarvant en Margareta Jurry, beide van Nieuwyork.
(17)
14. Zyn van ons in den Huwelyken Staat bevestigd, Abraham van Boskerk en Hetty Kingsland, beide van Nieuwyork.
17. Zyn van ons in den Huwelyken Staat bevestigd, Barent Marling en Hannah Airy, Weduw, beide van Nieuwyork.
February 5. Zyn van ons in den Huwelyken Staat bevestigd, Johannes Oostrum en Helena Oblinis, beide van Nieuw Haarlam.
11. Zyn van ons in den Huwelyken Staat bevestigd, Michael Gordon, Serjant in het 15de Reg^t Light Dragoons, en Harriot Bochanan.
15. Zyn van ons in den Huwelyken Staat bevestigd, Peter Heaton, van Nieuwyork, en Maria van Buuren, van de zelfde plaats.
Maart 2. Zyn van ons in den Huwelyken Staat bevestigd, James Taylor, Serjant 17th light Dragoons, & Mary Richards, Weduw, beide van Nieuwyork.
(18)
12. Zyn van ons in den Huwelyken Staat bevestigd, Jacob Brouwer en Agness Allen, beide van Nieuwyork.

249

GETROUWT.	
Maart 24.	Zyn van ons in den Huwelyken Staat bevestigd, Abraham Bogart en Anna Garison, beide van Bergsche punt.
24.	Zyn van ons in den Huwelyken Staat bevestigd, Isaiah Valleau en Maria Montgommery, beide van Nieuwyork.
25.	Zyn van ons in den Huwelyken Staat bevestigd, Thomas Badgent, Soldaat, en Susan Allen, beide van Nieuwyork.
31.	Zyn van ons in den Huwelyken Staat bevestigd, Richard Andries en Elisabet Taylor, beide wonende te Nieuwyork.
April 3.	Zyn van ons in den Huwelyken Staat bevestigd, James Chadwick en Jane Alstyne, beide van Nieuwyork.
(19) April 4.	Zyn van ons in den Huwelyken Staat bevestigd, Abraham Brouwer en Phebe Maybe, beide van Nieuwyork.
4.	Zyn van ons in den Huwelyken Staat bevestigd, William Broad, Zeeman, en Susannah Colder, beide van Nieuwyork.
4.	Zyn van ons in den Huwelyken Staat bevestigd, Benjamin Rull, van de outward van de Stad van Nieuwyork, en Catharine Delamater van de zelfde plaats.
15.	Zyn van ons in den Huwelyken Staat bevestigd, Thomas Burgess en Jane Mardock, Weduw, beide van Nieuwyork.
16.	Zyn van ons in den Huwelyken Staat bevestigd, William Jackson, 17de Infantry Musicant, en Mary Collins, Weduw.
21.	Zyn van ons in den Huwelyken Staat bevestigd, William Miller en Mary Hane, beide van Nieuwyork.
23.	Zyn van ons in den Huwelyken Staat bevestigd, Anthony Clossen en Mary Brewau, beide van Nieuwyork.
(20) 28.	Zyn van ons in den Huwelyken Staat bevestigd, Albert Bogard & Jannette Green, beide wonende te Nieuwyork.
28.	Zyn van ons in den Huwelyken Staat bevestigd, Thomas Henning en Elizabeth van Gelder, Weduw, beide van Nieuwyork.
May 2.	Zyn van ons in den Huwelyken Staat bevestigd, John Allen & Susannah Quakkenbush, beide wonende te Nieuwyork.
12.	Idem. Jacobus Mercelis en Caty Ellis, beide wonende te Nieuwyork.
12.	Zyn van ons in den Huwelyken Staat bevestigd, Tobias Rykman en Mayry Gerou, beide wonende te Newyork.
17.	Zyn van ons in den Huwelyken Staat bevestigd, George Johnson van het 23 Reg^{t}. Corporal, & Margaret Finly, Weduw, beide wonende te Nieuwyork.
(21) Juny 1.	Zyn van ons in den Huwelyken Staat bevestigd, Leonard Rogers & Rachel Bates, beide van Nieuwyork.
2.	Zyn van ons in den Huwelyken Staat bevestigd, Thomas Gibson & Hannah Van de Berg, beide van Nieuwyork.

GETROUWT.	
Juny 2.	Zyn van ons in den Huwelyken Staat bevestigd, Louwrens Van Buskirk, wonende in Kings County, & Cathaline Banta, Weduw, wonende te Nieuwyork.
3.	Zyn van ons in den Huwelyken Staat bevestigd, Thomas Green & Deborah Tucker, beide wonende te Nieuwyork.
9.	Zyn van ons in den Huwelyken Staat bevestigd, Philip Caler, Soldaat, & Ann Caster, beide wonende te Nieuwyork.
9.	Zyn van ons in den Huwelyken Staat bevestigd, Nicholas Pitt en Elisabeth Baker, beide van N. York.
9.	Zyn van ons in den Huwelyken Staat bevestigd, Willem Mullock & Sarah McBean, beide wonende te Nieuwyork.
(22) 10.	Zyn van ons in den Huwelyken Staat bevestigd, Willem Ratan & Margaret Steel, beide van Nieuwyork.
14.	Zyn van ons in den Huwelyken Staat bevestigd, John Tully & Maria Barret, Weduw, beide van Nieuwyork.
July 4.	Zyn van ons in den Huwelyken Staat bevestigd, Richard Newton, Zeeman (Sailor), & Jane Ogden, beide van Nieuwyork.
9.	Zyn van ons in den Huwelyken Staat bevestigd, Stephen Ryder Vandrik & Latÿ Earle, van Nieuwyork.
14.	Zyn van ons in den Huwelyken Staat bevestigd, Edward Beaty & Rachel Beaty, beide van de outward der Stad van Nieuwyork.
21.	Zyn van ons in den Huwelyken Staat bevestigd, Johannes Retan en Jakkomeintje Brouwer, Weduw, beide van Nieuwyork.
29.	Zyn van ons in den Huwelyken Staat bevestigd, Arthur Dingwall, Koopman (Merchant), & Elisabeth Evans, beide van Nieuwyork.
August 5.	Zyn van ons in den Huwelyken Staat bevestigd, Aaron Coole van Nieuw York, & Elisabeth Lutkens van Brooklyn, Kings County.
(23) 12.	Zyn van ons in den Huwelyken Staat bevestigd, Hendrik Wannemaker, privaat Soldaat (private soldier) in Coll. Buskerk's Batt. & Mary Appelbie, Weduw.
13.	Zyn van ons in den Huwelyken Staat bevestigd, George Brinen, Ser^t van 't 57th Reg^t, en Mary Eaton, Weduw.
18.	Zyn van ons in den Huwelyken Staat bevestigd, Abner Wood, Timmerman (Carpenter), en Mary Cannon, beide van Nieuwyork.
24.	Zyn van ons in den Huwelyken Staat bevestigd, John Romein en Martha Van der Voort, beide wonende in Kings County op Lang Eiland.
24.	Zyn van ons in den Huwelyken Staat bevestigd, Peter Allen en Phebe Coole, beide van Nieuwyork.
25.	Zyn van ons in den Huwelyken Staat bevestigd, Thomson Harwood en Nancy Ackly, beide van Nieuwyork.

GETROUWT.

Oct. 5. Zyn van ons in den Huwelyken Staat bevestigd, Francis Robino & Sarah Bush, Weduw, beide van Nieuwyork.
6. Zyn van ons in den Huwelyken Staat bevestigd, William Cook & Mariam Anderson, Weduw, beide van Nieuwyork.
6. Zyn van ons in den Huwelyken Staat bevestigd, William Atkinson & Abigael Graham, beide van N. York.

(35)

11. Zyn van ons in den Huwelyken Staat bevestigd, Henry Warwick & Elionor Ellison, Weduw, beide van Nieuwyork.
14. Zyn van ons in den Huwelyken Staat bevestigd, Thomas Ashly, Soldaat, & Margaret Bouchier, Weduw, beide van N. Y.
23. Zyn van ons in den Huwelyken Staat bevestigd, John Rose & Sarah Rogers, beide van N. York.
25. Zyn van ons in den Huwelyken Staat bevestigd, Peter Ritter, Goudsmit (Jeweler) & Catharina Post, beide van Nieuw York.

[End of Marriages in Liber P.]

[Liber F: On the front fly-leaf of this book is the following entry:]

The Register of Marriages from the 11th Nov., 1774, to Sept. 15, 1776, is lost. See note to this effect in the handwriting of Dr. John H. Livingston in the back of Liber C. [See ante p. 242.]

Cornelius Bogert, Clerk.

(1)

GETROUWT.
1783.

REGISTER OF MARRIAGES OF THE REFORMED PROTESTANT DUTCH CHURCH IN THE CITY OF NEW YORK.

Decemb. 7. Thomas Brown and Hannah Stevenson.
14. John Cristopher Clitz and Cornelia van den Bergh.
17. Paul Williams and Margaret Thompson.
20. John Morgan and Rebecca Anderson.
21. Henry Low and Catherine Croos.
21. Lewis Andrew Gautier and Margaret Elsworth.
29. James McGara and Elizabeth Bennet.
31. William Couwenhoven and Susannah Elsworth.
1784.
(1)
Jan. 8. Henry Beekman Junr and Margaret Devou.
11. Phineas Parker and Abigail Bogert.
13. Solomon Avery and Sarah Bugby.
18. Duncan Smith and Catherine McCoy.
18. John J. Roome and Mary Walter.
22. David C. Demorest and Hester Devou.
28. William Steymets and Elizabeth Hurton.
Feb. 1. James Lent and Elizabeth McCall.
1. John Daly and Mary Felter.
8. Abraham B. Depeyster and Catherine Bancker.
15. Christian Smith and Sophia Stephens.
22. Blaze Moore and Margaret Remmey.
(2)
March 7. Tobias Barr and Abigail Creesy.
11. James Johnson and Elizabeth Brouwer.
14. Philip Werner and Geesje Reten.
14. David Nowlan and Fanny Mount.
23. Archibald Campbell and Mercy Dunn.
25. Fredrick Mabee and Annatje Banta.
26. Jacobus Van Orden and Mary Blauvelt.
April 11. Henry Willsie and Catharine Lyht.
11. John Antonides and Aletta Hopper.
20. Thomas Lloyd and Margaret West.
21. Jacobus Fine and Elizabeth Cook.
24. Isaac Vredenburgh and Aletta Noe.

GETROUWT.

April 27.	Richard Granger and Sybil Parker.
May 5.	Stephen Hicks and Elizabeth Lawrence.
5.	Joseph Malenbrey and Susan Willet.
8.	John De Lanoy and Ann Dutfield.
9.	William Lucy and Ann Parks.
	Nicholaas Morris and Leah Mabee.
16.	Samuel Gotier and Catalyntje Delamater.
18.	James Whitehead and Mary Elsworth.
19.	James Jenkins and Hannah van Gelder.
20.	Nicholaas Williamson and Elizabeth Myer.
23.	William Beekman and Margaret Outenbogart.
29.	James Swan and Wyntje Couenhoven.
30.	Garrit Harsin and Elizabeth Doughty.
31.	Edward Clemens and Mary Darling.
June 6.	John Peter Louwer and Hannah Rukser.
	William Miller and Altje Merlin.

(3)

9.	John Byvanck and Mary Schermerhorn Wed[e] Joseph Marschalk.
13.	William Loo and Mary Bishop.
	Christiaan Smeek and Mary Haas.
20.	John Ryan and Mary Brockist.
	John Reter and Elizabeth Henyon.
	John Van de Bergh and Anna Dalamatar.
	Edward M[c]Dermot and Elizabeth Walker.
22.	Henry Earle and Jemima Bogart.
26.	John Barrea and Sarah Montanye.
July 3.	Peter Garbrandts and Jane van Buskirk.
5.	Charles Ogelvie and Ann Kip.
6.	William Bryant and Phebe Taylor.
8.	John Duryea and Jane Low.
13.	James Miller and Catherine Miseroll.
26.	William J. Vredenburgh and Elizabeth Townsend.
Aug. 7.	Nathaniel Higby and Jane Hendrickson.
	Samuel Dodge and Mary Forbish.
Sept. 8.	Benjamin M[c]Cord and Catherine van Nostrandt.
19.	James Martin and Judah French Wed[e] of Henry Kip.
Octob. 3.	Ephraim Dempsey and Elizabeth Leonard.
9.	Nicholas Losie and Mary Allen.
12.	John Bussing and Elizabeth Lindsey.
17.	John Coddington and Mary Lorton.
20.	Samuel Dusenbury and Elizabeth Burling.

(4)

Octob. 20.	Thomas Cole and Deborah Morris.
24.	Coenrad Hoevenaar and Catherine Miller.
27.	Aaron Gilbert Jun[r] and Fanny Hallet.
Nov. 3.	Jonathan Hutchins and Hannah Anderson.
4.	John Keating Jun[r] and Jane Duryee.
5.	Christian Demorest and Jane Couenhoven.
12.	John Pintard and Elizabeth Brasher.
14.	Jeremiah Bennet and Elenor Houck.

GETROUWT.
Nov. 17.	John Kelso and Elizabeth Buchannan.
18.	Simon Kiersteede and Sarah Montanje.
21.	Andrew MacGown and Margaret Benson.
	Elijah Shell and Sarah Jones.
22.	William Heyer and Susannah Wethershine.
23.	John Sogason and Mary Sholders.
24.	Alexander van Everen and Effe Armstrong.
Dec. 2.	Henry Brockholst Livingston and Catherine Keteltas.
8.	Cornelius Vredenburgh and Mercy Lord.
12.	Benjamin Romine and Mary Brown.
19.	John Sticklee and Margaret McGraw. .

(5)

25.	William Holly and Margaret Benning.
30.	Elias Kip and Elizabeth Linzey.
1785.	
Jan. 2.	James Richardson and Susannah Cope.
12.	Isaac Nicholls and Cornelia van Deursen.
22.	William Smith and Elizabeth Hurly.
Feb. 11.	John Freeland and Egje van Wagenen.
24.	John Adrianse Junr and Mary Sickels.
March 2.	Joseph Earle and Phebe Willis.
19.	John Ostrum and Catherine Nelson.
21.	Joseph Henry and Hester Brevoort.
	Walter Giesbert and Hester Hillyard.
24.	Garret Bartolf and Margaret Shute.
28.	Aaron DeVou and Mary Yeoman.
April 13.	John Van Orden and Elizabeth De Merest.
17.	Reuben Brooks and Susannah De Lameter.
	John Devenport Malthy and Hester Johnson.
28.	Abraham Storm and Maritje Brower.
May 1.	Edward Grant and Geertruid Du Bois.

(6)

May 8.	John Fritz and Pietertje Van Embree.
17.	John Burns and Elizabeth Kelly.
18.	John Goold and Elizabeth De Way.
June 4.	John Jones and Hannah Taylor.
6.	Isaac Johnson and Priscilla Lawson.
19.	James Van Blaricum and Mary Newlen.
21.	Joshua Williams and Mary Parker.
	Oliver Loshir and Elenor Erkels.
	Josiah Gordon and Sarah Kinney.
30.	Simeon Van Aarsdaalen and Magdalen Duryer.
July 6.	John Leveridge and Anna Chase.
14.	Paul Hatheway and Nancy Terril.
17.	Thomas Ammerman and Margaret McArthur.
19.	Frederick Merchant and Sarah Leycraft.
21.	George Harsin and Jane Ceverly.
26.	John Dayton and Susannah Higgins.
27.	John Oothout and Magdelane Van Dewater.
Aug. 2.	Isaac Blauvelt and Helena Van Alsteyn.

GETROUWT.

August 30. Zyn van ons in den Huwelyken Staat bevestigd, Alexander McDonald 42 Reg^t & Jane Anderson.

Sept. 8. Zyn van ons in den Huwelyken Staat bevestigd, Beriah Hartshorn van Nieuwyork, Timmerman (Carpenter), en Lidia Hunt van West Chester.

(24)
Sept. 1. Zyn van ons in den Huwelyken Staat bevestigd, Isaac Brouwer van Nieuw York & Agnes Gilmore van West Chester.

9. Zyn van ons in den Huwelyken Staat bevestigd, William Bune van Nieuw York, Shoemaker, & Mary Ried van dezelfde plaats.

18. Zyn van ons in den Huwelyken Staat bevestigd, John Meserol, van Queens County, en Elisabeth Stevens, van Nieuw York.

21. Zyn van ons in den Huwelyken Staat bevestigd, Basil Jackson, van Kings County, Luitenant in de pioneers, van Zyn Majestyts Leger, en Maria De Bevois van de zelfde plaats.

29. Zyn van ons in den Huwelyken Staat bevestigd, Jasper Stanton, Timmerman (Carpenter) en Mary Oliver, beide van Nieuw York.

Oct. 3. Zyn van ons in den Huwelyken Staat bevestigd, James Rykman, en Maria Harse, beide van de outward van de stad Nieuw York.

(25)
Octob. 13. Zyn van ons in den Huwelyken Staat bevestigd, Louwrence van Boskerk en Elisabeth Brouwer, Weduw van Nieuw York.

20. Zyn van ons in den Huwelyken Staat bevestigd Christiaan Slegel, & Elsie Miller, beide van Nieuw York.

24. Zyn van ons in den Huwelyken Staat bevestigd, Hendrik Terhuun & Maria Alje, beide van Nieuw York.

29. Zyn van ons in den Huwelyken Staat bevestigd, John Furband, Wever (Weaver), & Alida Banta van de County van Bergen.

Nov. 3. Zyn van ons in den Huwelyken Staat bevestigd, Christiaan Pieterse, & Maria Ouke, beide van Nieuw York.

3. Zyn van ons in den Huwelyken Staat bevestigd, John Cox & Elisabeth McWhire, beide van N. York.

3. Zyn van ons in den Huwelyken Staat bevestigd, Abraham Bussing & Elisabeth Brit, beide van de outward van Nieuwyork.

13. Zyn van ons in den Huwelyken Staat bevestigd, Lewis Blanchard, & Abigael Smith, beide van Staten Eiland, Richmond County.

16. Zyn van ons in den Huwelyken Staat bevestigd, James Dods, & Maria van Schyve, beide van Bergen County.

(26)
Nov. 21. Zyn van ons in den Huwelyken Staat bevestigd, John Brevoort, & Mary Tweedle, beide van de outward van Nieuw York.

GETROUWT.

Decemb. 5. Zyn van ons in den Huwelyken Staat bevestigd, Philip Sherford & Mary Hamilton beide van Nieuw York.
6. Zyn van ons in den Huwelyken Staat bevestigd, Alexander Dean, & Ann Willis, Weduw, beide van Nieuwyork.
11. Zyn van ons in den Huwelyken Staat bevestigd, Morris Earle, & Catharine Burwick beide van Newyork.
25. Zyn van ons in den Huwelyken Staat bevestigd, William Burtsel, & Elisabeth Hennen, beide van Nieuwyork.

1783.

Jan. 1. Zyn van ons in den Huwelyken Staat bevestigd, Thomas Hunter, & Johannah Cary, beide van Nieuwyork.
5. Zyn van ons in den Huwelyken Staat bevestigd, Henry Ban, & Anne Bennet.
8. Zyn van ons in den Huwelyken Staat bevestigd, Flemming Pinkstan, Geneesheer, (Doctor of Physic) & Margaret Smith, beide van Nieuwyork.

(27)
Jan. 18. Zyn van ons in den Huwelyken Staat bevestigd, John Milis & Jane Parcells, Widow, beide van Nieuwyork.
27. Zyn van ons in den Huwelyken Staat bevestigd, Richard Fletcher, van N. York Koopman, & Ann Corby, van de outward de gezegde stad.
Febr. 9. Zyn van ons in den Huwelyken Staat bevestigd Francis Hunt & Helen Henning, beide van N. York.
24. Zyn van ons in den Huwelyken Staat bevestigd, Benjamin Goodenson, & Margaret Nesbitt, beide wonende te Nieuwyork.
Maart 5. Zyn van ons in den Huwelyken Staat bevestigd, Martin Clark, Soldaat, & Elenor Higgeson, beide wonende te Nieuwyork.
20. Zyn van ons in den Huwelyken Staat bevestigd, John York, & Geertruid Rykman, beide van de outward van de stad Nieuwyork.
24. Zyn van ons in den Huwelyken Staat bevestigd, Philip Romyn, & Catharina Banta, beide van de outward van de stad Nieuwyork.

(28)
Maart 30. Zyn van ons in den Huwelyken Staat bevestigd, Melines Conklinc, & Hanna Caston, beide wonende te Nieuwyork.
April 2. Zyn van ons in den Huwelyken Staat bevestigd, Robert Gill, Schipper, & Wilhelmina Anthony, beide wonende te Nieuwyork.
13. Zyn van ons in den Huwelyken Staat bevestigd, Abraham —[sic] Servant, & Elinor Eurine, beide van de outward van Nieuwyork.
15. Zyn van ons in den Huwelyken Staat bevestigd, John Clarke, Timmerman [Carpenter] & Catharine Gerrebrand, beide van Nieuwyork.

GETROUWT.

April 16.	Zyn door ons in den Huwelyken Staat bevestigd, Levi van Kleek, & Elisabeth Dulie, beide wonende te Nieuwyork.
(29) 20.	Zyn van ons in den Huwelyken Staat bevestigd, John Robeson, & Rachel Earl, beide wonende te Nieuwyork.
21.	Zyn van ons in den Huwelyken Staat bevestigd, Jacob Brouwer, & Jane Brouwer Weduw, beide van Bergen.
23.	Zyn van ons in den Huwelyken Staat bevestigd, John Charles Struve, Deputy Quarter Master, and Paymaster of his Serene Highness, the Landgrave of Hesse, & Mary McDougal Weduw, beide wonende te Nieuwyork (both living at Newyork.)
27.	Zyn van ons in den Huwelyken Staat bevestigd, John Banta, & Rachel Peek, beide wonende te Nieuwyork.
30.	Zyn van ons in den Huwelyken Staat bevestigd, Charles Naylor, & Hester Swanser, beide van Nieuwyork.
May 5.	Zyn van ons in den Huwelyken Staat bevestigd, John Deforeest, & Hannah van Hoorn, beide van Nieuwyork.
(30) May 8.	Zyn van ons in den Huwelyken Staat bevestigd, John Sullivan & Mary Palmer, beide van Nieuwyork.
11.	Zyn van ons in den Huwelyken Staat bevestigd, Samuel Berrian & Sarah Berrian, beide van Queens County.
18.	Zyn van ons in den Huwelyken Staat bevestigd, Jonathan Clarke, Goudsmit (Jeweler), & Elisabeth Turner, beide wonende te Nieuw York.
20.	Zyn van ons in den Huwelyken Staat bevestigd, Nathaniel Parker & Abigael Umans, beide wonende te N. York.
20.	Zyn van ons in den Huwelyken Staat bevestigd, James Der Kinderen & Mary Neavens, beide wonende te Newyork.
27.	Zyn van ons in den Huwelyken Staat bevestigd, James Stinet, Captyn van de Noord Carolina Vrywilligers, & Abigael Hutchins, van N. York.
(31) Juny 1.	Zyn van ons in den Huwelyken Staat bevestigd, John Lee, & Hannah Vail, beide wonende op Staten Eiland.
2.	Zyn van ons in den Huwelyken Staat bevestigd, Ahasuerus Gerrebrants & Margarita Curtis, beide van Nieuwyork.
19.	Zyn van ons in den Huwelyken Staat bevestigd, Peter Roome, & Catharine Day, beide van Nieuwyork.
21.	Zyn van ons in den Huwelyken Staat bevestigd, Thomas Stagg, van Nieuwyork, Bakker, & Letitia Polhemus van Boswyk in Kings County.
22.	Zyn van ons in den Huwelyken Staat bevestigd, Nevers Perry, & Mary Margaret Couenhove, beide van Nieuwyork.
July 1.	Zyn van ons in den Huwelyken Staat bevestigd, Donald McCloud, Luytnant in de Britische, van zyn Majestyts Leger & Ann Masterton van N. York.

GETROUWT.

(32)
July 2. Zyn van ons in den Huwelyken Staat bevestigd, Dennis van Tuyl, van Richmond County, Landman, & Deborah Tucker van Elizabethtown New Jersey.
20. Zyn van ons in den Huwelyken Staat bevestigd, Henry Dier, & Martha Anderson, beide van Nieuwyork.
22. Zyn van ons in den Huwelyken Staat bevestigd, John Gauladet, & Mary Williams, beide van Nieuwyork.
26. Zyn van ons in den Huwelyken Staat bevestigd, Richardson Rian, & Rebecca Ervin Weduw beide van Nieuwyork.
27. Zyn van ons in den Huwelyken Staat bevestigd, William Miller, & Sarah Day, beide van Nieuwyork.
August 10. Zyn van ons in den Huwelyken Staat bevestigd, William Goodwin, & Elisabeth Webb, beide van N. Y.
14. Zyn van ons in den Huwelyken Staat bevestigd, Cornelius van Rype, & Elisabeth Devenport, beide van N. Y.
15. Zyn van ons in den Huwelyken Staat bevestigd, John Bell, van N. York Zeeman, & Mary Frak, Weduw, van Brooklyn, Kings County.

(33)
19. Zyn van ons in den Huwelyken Staat bevestigd, John Morrison & Elisabeth De Voe, beide van Lang Eiland.
2. Zyn van ons in den Huwelyken Staat bevestigd, John Ferrel, Zeeman, & Jane Ellison, beide van Nieuwyork.
23. Zyn van ons in den Huwelyken Staat bevestigd, Jacobus van Varik, & Rachel Kierstede, beide van N. York.
25. Zyn van ons in den Huwelyken Staat bevestigd, Allex Christy, Soldaat, & Jean Crigg, Weduw, beide wonende in N. Y.
Sept. 1. Zyn van ons in den Huwelyken Staat bevestigd, John Ollinis, van Nieuwyork Eiland, & Elisabeth Oostrum van Nieuw York.
3. Zyn van ons in den Huwelyken Staat bevestigd, John Meyer van Hakkensak, & Maria Ekker van de zelfde plaats.
4. Zyn van ons in den Huwelyken Staat bevestigd, Leonard Conine & Elisabeth Gerrebrantse, beide van Nieuwyork.
5. Zyn van ons in den Huwelyken Staat bevestigd, William Alger van Staten Eiland, & Caty Marston van Nieuwyork.

(34)
6. Zyn van ons in den Huwelyken Staat bevestigd, Uzual Ward van Nieuw York, & Rachel Brouwer van de zelfde plaats.
7. Zyn van ons in den Huwelyken Staat bevestigd, Isaac De Lameter & Ann Burns, beide van N. York.
13. Zyn van ons in den Huwelyken Staat bevestigd, William Graves, Soldaat, & Mary Presher, Weduw, beide van Nieuwyork.
27. Zyn van ons in den Huwelyken Staat bevestigd, Isaac Jones & Mary Lasher, beide van Nieuwyork.

GETROUWT.

Aug. 7.	John P. Roome and Martintje Bogert.
9.	Stephen Van Cortland and Catherine Rutgers.

(7)
1785.
Aug. 28.	Hermon Beekman and Catherine De Groot.
Sept. 5.	George Pick and Margaret Gilbert.
6.	Dirck Ten Broeck and Cornelia Stuivesant.
12.	William Campbell and Sarah Du Bois.
	Tobias Houk and Rachel Griffin.
18.	Isaac Montanje and Sarah Stuhard.
20.	Abraham Parsells and Leah Van Der Hoeff.
	James Ryckman and Martha House.
30.	Jeremiah Watson and Jennet Dabzil.
Oct. 2.	Peter Westman and Johannah Sears.
	John Johnson and Elizabeth Chorwal.
6.	Richard Sparks and Elizabeth Peaceable.
9.	John Waldron and Aletta Bickers.
20.	Cornelius Bickers and Magdelane Newkirk.
30.	Jacob Gerbrants and Catherine Halloway.
Nov. 1.	William Germond and Elizabeth Hopper.
13.	Jacob Ridabock and Sophia Southerland.
	Sylvinus Scofield and Agnus Richardson.
16.	James Cummings and Ann Roome.
20.	Gabriel Gantz and Elizabeth Miller.
27.	John Baxter and Lydia Dellingham.

(8)
1785.
Nov. 27.	Henry Van Pelt and Ann Johnson.
29.	John Fones and Elizabeth Shire.
Decemb. 4.	John Halsted and Phebe Marse.
7.	Richard Finch and Elizabeth Runnells.
11.	James Teller and Sarah Odell.
14.	Isaac Shurt and Sarah Osterman.
15.	John Meyer Junr and Susannah Bussing.

1786.
Jan. 10.	Benjamin Kissam and Cornelia Roosevelt.
12.	Robert Ward and Hannah Waldron.
15.	John Heyer and Mary Hopper.
19.	John Campbell and Elizabeth Robbins.
22.	Benjamin Chapple and Elizabeth Dillingham.
25.	Peter Gold and Hannah Baker.
29.	Evan Morris and Elizabeth Erskine.
Feb. 3.	Benjamin Gilbert and Catherine Rue.
	Oliver Hall and Phebe Lockwood.
8.	John Johnson and Helena Demorest.
21.	Daniel J. Van Antwerp and Lydia Earle.
23.	William Dyckman and Mary Smith.

(9)
March 22.	Jacob Corn^s Herring and Femetje Romer.

GETROUWT.
April 13.	Barent Martling and Annatje Wenman.
	John Van Dyck and Gantu [sic].
21.	David Conklin and Mary Martin.
30.	Theophilus Hardenbrook and Margaret Man.
May 7.	Joseph Waldron and Jenny Bennet.
8.	Edward Day and Leah Bourdet.
	Richard Varrick and Maria Rosevelt.
14.	John Van Alst Junr and Magdalane Bogert.
28.	Jason Thomas and Sarah Osburn.
June 1.	Joseph Chadwyck and Nancy Alexander.
4.	Andrew Waters and Susannah Chase.
10.	Isaac Brinckerhoff and Sophia Quackenboss.
11.	William Stewart and Mary Boyl.
12.	William Brown and Mary Hunter.
Augt 20.	Garrit Van Alen and Catharina Westervelt.
27.	John Lent and Sarah Ogilvie.
Sept. 3.	John Barrow and Jane Marselis.
23.	John Brower and Elisabeth Pearman.
Oct. 4.	John Viele and Wyntje Sickels.
5.	John Albright and Catherine Smith.
(10)	
1786.	
Octob. 8.	Benjamin Williams and Leah Stagg.
24.	Thomas Hartshorn and Sarah Biles.
31.	Richard Wyat and Elisabeth Clark.
Nov. 15.	John Van Zeyst and Lydia Compton.
21.	Luke Sullivan and Nancy Townsend.
26.	William Sexon and Rachel Van Deursen.
	James Collard and Mary Trimper.
29.	John Hone and Hannah Stoutenburgh.
Dec. 14.	John Mason and Sarah Van Alsteyn.
25.	Thomas Halloway and Catherine Van Alen.
31.	Lawrence Brower and Mary Dobbs.
1787.	
Jan. 1.	David Demorest and Mary Paulding.
3.	Richard McKildo and Elenor Ostrum.
29.	Henry Stanton and Elizabeth Goodwin.
30.	William Cochran and Catherine Fritz.
	Peter Seaman and Catherine Van Kleeck.
Febr. 1.	Cornelius Peterson and Elenor Crom.
7.	Peter Lang and Jennet Drummond.
8.	Taber Halsey and Effy Brower.
1787.	
(11)	
Febr. 11.	John Fred. Roorbach and Abigail Latham.
17.	Richard Asbridge and Jemima Taylor.
19.	David Lisk and Mary Van der Hoef.
25.	James Seargeant and Sarah De Vou.
March 23.	Benjamin James Mercer and Elizabeth Mott.
26.	Barnabas Van Horn and Margaret Van de Water.
April 5.	Gabriel Machette and Catherine Laback.

GETROUWT.

April 10.	Solomon Goodale and Elizabeth Weyman.
16.	David Woodard and Susannah Walker.
19.	John Wright and Elizabeth Sickels.
22.	Isaac Halsey and Mary Clarke.
	Rymier Skates Jun[r] and Elizabeth Vonck.
May 2.	Hamilton — Servant of John van Dyke, and Rachel — Servant of Thomas Storm.
8.	William Conklin and Phebe Ferdon.
10.	George Warren Chapman and Christian Losier.
20.	George Copland and Margaret Robison.
21.	Christian Brewer and Nancy Ruckle.
22.	James Homer Maxwell and Catherine Van Zandt.
27.	Andrew Blanck and Mary Brower.
1787. (12)	
May 29.	William Helsbeck and Mary Burk.
	Robert Pierce and Margarit Baldridge.
31.	Henry Foreman and Catherine Reton.
June 3.	David Smith and Mary Ross.
12.	Simon Van Antwerp and Mary Wool (Widow).
14.	John Holmes and Barsheba Morrel — maid Brown.
18.	Peter Nostren and Mary Deveau.
	Henry Barn and Hannah Gravstine.
21.	David Skeets and Mary Blanck.
26.	Gysbertus van Niewkirk and Maria Bingham.
July 3.	Abraham Smith and Diana Duickinck.
6.	Loghlin Campbell and Rebecca Shearman.
7.	James Glover and Agness Clarke.
14.	Frederick Elsworth and Catherine Cooper.
17.	Harmanus Tallman of Tappan and Ann Voorheis Widow of Daniel Lynsen.
20.	Abraham Bloodgood and Catherine Myer.
1787. (13)	
July 25.	John Declew and Sarah Rigby.
Aug. 4.	Josiah Wymans and Martha Johnson.
5.	Samuel Sneden and Jacoba Skeets.
11.	Barent Eversen and Mary Van Winkle (Widow).
23.	Hermanus Blauvelt and Mary Post.
	Jan Heefke and Wilhelmina Cashon.
Octob. 4.	Jacob Van der Beek and Hannah Earle.
	Stewart Dean and Margaret Wheaton.
10.	John van Cortland and Catherine Cuyler.
14.	John Fletcher and Elizabeth Ackerman.
21.	James N. Rosevelt and Sarah van Rantz.
28.	William Ryer and Brache Ackerman.
Nov. 1.	Samuel Day and Abigael Williamson.
	James Woods and Mary James.
11.	James Van Dyke and Sophia Aarson.
Dec. 1.	Edward Williams and Mary Magdalen Tiebout.
	Peter Bogert and Jane Bogert.

GETROUWT.

Dec. 26. 1788.	Richard Hunt and Mary Stymets.
(14)	
January 9.	Malcolm Niven and Vroutje Debow.
20.	Thomas Pickton and Roche Castor.
	John Jabine and Catherine Breastead.
31.	John Ferdon and Mary Snyder.
February 7.	John Odell and Nancy Kip.
17.	Gabriel Ogilby and Elizabeth Arden.
23.	Richard Kirkbride and Elizabeth Bell.
March 15.	Richard Clarke and Elizabeth Husk.
25.	James Bertine and Deborah Cosine.
	Philip Miller and Jane Grey.
April 3.	John De Lancey and Mary Burrell.
14.	Daniel Parker and Elizabeth Connell.
20.	Peter Walker and Dianna Brower.
29.	Robert Gentle and Helen Drummond.
May 3.	John Montanye and Mary Weldon.
6.	James Thorn and Jane Suydam.
8.	John Stagg Junr and Margant Depeyster.
(15)	
May 8.	Philip Henny Livingston and Maria Livingston.
13.	George Durand and Mary Cure.
14.	James Warner and Mary Brandt.
18.	Samuel Bischop and Elenor Cowel.
19.	Garrit De Witt and Elizabeth Bancker.
24.	William Keephult and Hannah Peck.
26.	Andrew van Aulen and Abigail Fitz.
June 1.	James Hubbard and Abigail Donne.
2.	Francis Barret and Eunice Savoyer.
4.	John Read and Barbara Griggory.
8.	William Few and Catherine Nicholson.
10.	George Crandell and Mary Overing.
15.	Seymour Shearwood and Elizabeth Runnels.
	Anthony Polaskie and Charity van Dine.
23.	John Low and Jane Vonck.
July 1.	Myndert Van Kleek and Cornelia Livingston.
26.	Elyah Valentine and Rebecca Odell.
(16)	
August 14.	John Stoutenburgh and Maria Ham.
	Jacob Blank and Mary Picket.
19.	Garrit Cosine and Jane van Alst.
Sept. 1.	Henry Cronk and Hannah Shearwood.
	John Ross and Catherine Bogert.
4.	Philip Condreman and Rebecca Meyers.
20.	Peter Petersen and Hannah Emmans.
28.	Thomas Loyd and Mary Hallet.
Oct. 5.	Benjamin Hoyit and Cornelia Brasher.
7.	John van Gelder and Mary Bogert.
9.	John Mandigo and Martha Springstel, place of abode—Highlands Montgomery.

GETROUWT.

Oct. 12.	Israel Haviland and Jane Anderson.
19.	Garrit Westervelt and Elizabet Davies.
23.	Owen Jones and Mary Egberts.
25.	Isaac, a negro man of Charles Titus, and Sukey, a negro woman of Widow Polhemus, Long Island.
30.	Joseph Russell and Nancy Crosby.
(17)	
Nov. 10.	David Man and Catherine Lawrence.
16.	John Cuten Bogert Junr and Ann Smith.
Dec. 2.	John Mitchel and Hannah Thorp.
3.	William Bussing and Mary Clark.
10.	Samuel Whittlesey and Sarah van Deursen.
1789.	
Jan. 10.	Henry Vervelin and Mary Drake.
	Jonah Hallet and Margaret Lawrence.
15.	Walter Brigs and Mary Bussing.
March 7.	Henry Sickels Junr and Effe Barrea.
10.	Thomas Mitchel and Abigail Coddington.
22.	Richard Sacket and Ellenor Holland.
April 2.	Albert Smith and Elizabeth Huisman.
7.	John Forsyth and Elizabeth Wendover.
11.	Lewis Thibou and Elizabeth Swartwout.
12.	Thomas McGwire and Elizabeth Stanton.
	Jacob Foshea and Anne Westervelt.
	Smith Fisher and Mary Prentice.
(18) *	
	Aaron Banta and Elizabeth Debaan.
	Aaron Betts and Lena Banta.
	Isaac Montanye and Geesie Banta.
	John Miller and Caty Halsy.
	Isaac Gasnor and Deborah Taylor.
	Alexander McFarlain and Sarah Crossey.
	Thomas Volk and Abby Garrison.
	John Thistle and Mary McFarlain.
	Isaac Astin and Sarah Dobbs.
	John Joers and Jannetje Cole.
	Albert Bonger and Anna Elizabeth Hemelryk.
	John T. Banta and Rachel Sitcher.
	Jacob Myers and Nancy Walker.
	Peter Durie and Mary Bertholf.
	Isaac Bell and Catherine Oakley.
	Daniel Sloth and Mimy Davis.
(19)	
	William Dean and Magdalin Wilsey.
April 21.	Alexander Kirkpatrick and Margaret Debow.
28.	Gilbert Coutant and Mari Varian.
May 3.	Robert Sneeden and Elizabeth Martin.
17.	Frederick Jewis and Flora — free Blacks.

[* Note. The dates of marriages on folio 18 are wanting — presumably the marriages occurred between April 12th and 21st, 1788.— S. S. P.]

GETROUWT.

May 20.	Henry Sleght and Mary Remsen.
	Jacob Freman and Sarah Heyer.
21.	William Lewis and Tamar Conklin.
	Robert Denton and Elizabeth Vincent.
23.	John Harten and Elizabeth White.
June 2.	Abraham Rich and Susanna Bussing.
7.	Richard Mulherin and Mary Blanchfield.
27.	Garrit Hanion and Ann Emmans.
Aug. 9.	George Wilkes and Jane Colegrove.
16.	Mathew McGuire and Elizabeth Green.
(20)	
Sept. 4.	Jacob Shuurt and Ann Bush.
10.	Levin Piper and Hester Paulding.
13.	Garrit Lentis and Mary Shults.
Octob. 15.	Joseph Du Bois and Elizabeth Duryee.
17.	William Waldron and Mary Buyce.
22.	William Bazely and Abigail Berry.
28.	Abraham Labach and Helen Corselius.
Nov. 15.	John McGrath and Mary Martlings.
22.	Peter Van Nomer and Deborah Ferris.
Decemb. 20.	Samuel Little and Rebecca Anderson.
24.	John Bush and Hannah Ackley.
28.	William Brown and Martha Davies.
31.	William Vanest and Deborah Tirlong.
(21)	
1790.	
Jan. 1.	Peter Jay Munro and Margaret White.
	John Vreelandt and Rebecca Diteman.
17.	Samuel De Riemer and Hester Anthony.
23.	Tunis Dikeman and Elizabeth Cassidy.
Feb. 11.	Ahasuerus Turk Junr and Jane Anthony.
27.	George Codwise Junr and Maria Byvanck.
April 3.	Jeronimus Alstyne Junr and Mary Ann Campbell.
6.	Cornelius Staring and Cornelia Vredenburgh.
	Thomas Reton and Christina Bredon.
8.	William Colenbergh and Mary Conklin.
15.	Jacobus Allgelt and Ann Forbes.
28.	Mathias Nack and Jane Schuiler.
29.	Benjamin J. Van Steenbergh and Maria Trimper.
May 1.	Joshua Leney and Frances Nicholson.
18.	David Riley and Elizabeth Andries.
(22)	
May 23.	John Dawson and Elizabeth Waldron.
	Henry Ridabock and Hester Hutton.
	William Wheeler and Wilhelmina Vredenburgh.
June 3.	Samuel Linck O'Connor and Amelia McGuire.
16.	John Stanford and Sarah Ten Eyck.
18.	William Goldin and Sarah McPhemin.
27.	Henry Whitefield and Margaret Kip.
29.	Peter Denton and Christina Gautier.
	Abraham Lamb and Catherine Rowland.

GETROUWT.

July 3.		Richard Duryee and Ann Heyer.
7.		Arthur Smith and Jane Vervelin.
27.		Matthew Lattimore and Elizabeth Geldard.
Aug. 30.		States van Alen and Elizabeth Welch.
Sept. 5.		George Hutton and Sarah Van Orden.
11.		John Smith and Mary English.
(23)		
Sept. 26.		John Pierson and Catherine Henderson.
27.		James Bailey and Catherine Brinckerhoff.
Oct. 3.		John Culley and Mary Jennings.
10.		Jacob De Morest and Mary Morse.
12.		Daniel Osborn and Mary Doyle.
15.		Timothy Crawley and Nancy Betts.
16.		John Beckley and Mary Prince.
17.		Augustus Cregier and Hannah Lanksbury.
Nov. 17.		Ananias Archer and Catherine Van Alen.
26.		Henry Rood and Tempe Hadding.
Dec. 4.		William Copp and Elizabeth Mitchell.
25.		Peter Bertine and Elizabeth Paulding.
26.		Isaac Solomon and Sarah Pays.
		James Stryker and Maria Horne.
1791.		
Jan. 16.		Peter van Zandt and Sarah Janeway.
22.		Peter H. Wendover and Rachel van Voorheis.
(24)		
31.		Gerardus Arense Kuypers and Elizabeth Schuyler.
Feb. 3.		Isaac T. Stagg and Ann Devenport.
12.		Alexander Caddle and Mary Welch.
14.		Thomas Lyon and Keziah Parker.
27.		Samuel De Groot and Margaret McAwee.
March 8.		Peter Ellison and Margaret Lufferein.
27.		William McGlaughlin and Hannah Waldron.
April 2.		Isaac Demilt and Elizabeth Grant.
		Christopher Lott and Elizabeth Brownjohn.
24.		Abraham Morris and Hannah Van Embergh.
May 7.		Henry Launders and Mary Tiebout.
8.		Cornelius Yates and Sarah Davies.
11.		Jacob Ashley and Henrietta Mills.
21.		Isaac Terboss and Margaret Welden.
23.		William Maxwell and Lydia Morwtjoy.
30.		Charles Wilson Peale and Elizabeth Depeyster.
(25)		
31.		David Peffer and Elenor Johnson.
June 14.		Epenetus Halsey and Mary Brower.
23.		Robert Turner and Nancy Hallet.
July 7.		James King and Mary Marks.
14.		Samuel B. Lewis and Elizabeth Anderson.
31.		John Banta and Sarah Reton.
Aug. 18.		Aaron Bussing and Jane Benson.
19.		William Post and Anne Ludlow.
28.		Henry Thorne and Margaret McQuillon.

GETROUWT.

Sept. 3.	David Clarke and Margaret Shults.
	John J. Post and Catherine Person.
	Cornelius Vreeland and Mary Frost.
10.	Rome Fry and Rachel Burton.
29.	Samuel Armour and Catharine Prevoost.
Oct. 9.	John De Vou and Susannah Skinner.
18.	Peter Wooley and Mary Patten.
(26)	
Nov. 1.	Abraham Stillman and Mary Merlin.
5.	Cornelius Polis and Ann Warner.
	Isaac Slidell and Margaret Powlis.
6.	Frederick Merrill and Sarah Flemming.
	Nathaniel Godwin and Phebe Heustis.
12.	William Quick and Sarah Day.
	Michael Day and Sarah Day.
15.	Richard Andrees and Jane Ward.
16.	George Weisefelts and Maria Leacraft.
17.	John L. Van Kleeck and Susan Wessels.
19.	Peter Jeremiah Durand and Elizabeth Lent.
26.	Henry P. Livingston and Ann Nutter.
	Jacob Wood and Rebecca Lockwood.
Dec. 4.	Josiah Hornblower and Ann Marcellus.
	Benjamin Ewen and Catharina Wilt.
(27)	
18.	John Waldron and Leah Dobbs.
20.	Joseph Hatch and Sarah Cunningham.
25.	Abraham Alsteyn Slover and Mary Warner.
1792.	
Jan. 1.	Samuel Wood and Lois Riley.
17.	John Sheerwood and Mary Campbell.
20.	Zadock Rhodes and Elizabeth Runnels.
29.	John Van Alen Jun[r] and Maria Green.
Febr. 11.	James Emmans and Mathilda Vanderhoff.
18.	Thomas Whitchurch and Margaret King.
20.	Robert Smith and Jane Casady.
26.	Cornelius Tierce and Nancy Barnes.
March 7.	Peter Curtenius and Ann Remsen.
13.	Daniel Contant and Hannah Vinck.
17.	Thomas Ferdon and Margaret Hemour.
18.	William Bussing and Susannah Odele.
April 12.	Abraham Child and Frances Moffit.
(28)	
12.	Bern Stewart and Margaret Tiebout.
13.	William Hornblower and Margaret Kingsland.
19.	Richard Brown and Margaret Harris.
21.	William Scudder and Sarah Kip, Widow of Jos. Crane.
22.	Wessell Wessells and Maria Bogert.
29.	David S. Bogert and Elizabeth Platt.
30.	John Mackintosh and Elizabeth Bayard.
May 3.	Abraham P. Forbes and Rebecca Cuser.
5.	William Carver and Elizabeth Laberteaux, Widow of And[w] Brown.

GETROUWT.

May 6.	Robert Giles and Margery Woolsey.
	Abraham Deremer and Semantha Barnum.
9.	Henry Beekman and Rebecca Grant.
10.	Benjamin Montanye and Sarah Maverick.
26.	Jonathan Provoost and Ann King Wed. of Edw. Dayton.
27.	Joshua Werts and Catherine Crolius.
31.	Michael Gardiner and Mary Rayner.
(29)	
June 3.	Robert McFall and Magdelena Fenton.
22.	Henry Allen and Eve Boggs.
28.	Daniel Van Schryver and Tyne Westervelt.
July 1.	Jonathan Youmans and Mary Etsell.
7.	James Hile and Sarah Campbell.
4.	James Crane and Abigail Riggs.
5.	William Williams and Jane Smalwood.
	James Clarke and Abigail Clarke.
21.	Philip Minthorn and Sophia Waldron.
22.	Joseph Young and Bethia Whitchurch.
	Jacob Bennett and Sarah Conselyea.
25.	Henry Lott and Mary Brownjohn.
28.	Jacob Day and Hannah Van Norden.
Aug. 4.	David Demorest and Anne Moore.
	Robert Wade and Deborah Hopper.
7.	David Deas and Buierma.
8.	John Platflood and Mary Macky.
(30)	
8.	Eliphalet Downer and Lucy Darling.
11.	Simeon A. Bayley and Catherine Bicker.
12.	Richard Deremer and Deborah Croel.
Sept. 1.	Benjamin Smith and Hannah King.
8.	Davis Blackley and Catherine Bogert.
16.	John Cole and Theodosia Fulwood.
23.	John Crooke and Cornelia Beekmann Livingston.
	George Whitney and Mary Aiding.
	William Nexen and Elizabeth Woods.
Oct. 4.	John Brouwer and Ann Reynolds.
6.	Rynier Skaats and Letitia Van Duysen.
12.	Cornelius Henion and Tinay Hilyand.
	James Conklin and Hannah Hagens.
14.	Alexander Ward and Maria Skinner.
23.	Samuel Duryea and Sarah Van Schryven.
Nov. 5.	James C. Roosevelt and Catharine Byvanck.
(31)	
10.	Peter Bussing and Catherine Weldon.
14.	Samuel Brewster and Hester Tobo Lawrence.
18.	William Humphrey and Effe Varick.
28.	John Romeyn Campbell and Jane Waldron.
29.	Thomas Stagg Junr and Mary Stagg.
Dec. 1.	John Helme and Hannah Campbell.
15.	Peter Westervelt and Elizabeth Powell.
19.	Daniel Bogert and Fanny Grim.

GETROUWT.

Dec. 31.	Thomas Ferdon and Sarah Wyley.
10.	Alexander Fowler and Catherine Alstyne.
1793.	
Jan. 5.	John Campbell and Sarah Guest.
10.	Joseph Hitchcock and Sarah van Deursen.
27.	Adolph Meyers and Sarah Richards.
Feb. 3.	Richard Cottrele and Mary Lockwood Wid. of John Connor.
23.	John McGowan and Frances Harriet Weldon.
March 13.	Thomas Burton and Mary Earle.
(32)	
13.	Richard Cunningham and Glorianna Lawrence.
23.	Jonathan Berry and Elizabeth Earle.
31.	Christopher and Silvia.
April 10.	William Peck and Sarah Moore.
21.	Phineas Ross and Elizabeth Bush.
23.	Richard Cristie and Catherine Swartewout.
29.	Henry Sickels and Sarah Valleau.
May 1.	William T. Provoost and Mary Casson.
2.	John Robertson and Catherine Hallet.
7.	Peter Fisher and Catherine Jacobs.
11.	John Johnson and Hannah Quereau.
(32)	
May 13.	John Mason and Ann Lefferts.
15.	William W. Story and Mary McNeil.
18.	Anthony Oliver and Elizabeth Fulwood.
	Benjamin Sullivan and Catherine Hubbert.
19.	George van Alst and Mary Bogert.
(33)	
	Samuel Williams and Elizabeth Lyons (black people).
30.	Teunis Quick and Maria van Wagenen.
Juny 8.	John Gilbert Bates and Deborah Quereau.
17.	John Cropsy and Mary Bennet.
22.	Henry Leek and Catherine Wilsey.
30.	Wheeler Barnum and Hannah de Reimer.
	John Westerfield and Fanny Wentworth.
July 3.	Peter Pinfold and Sarah Parsells.
6.	Barnet Evertsen and Sarah Dusenburgh.
7.	Thomas Riley and Catherine Pullis.
21.	William Brown and Juliana Stilwill.
Aug. 10.	Jacob Skaats and Rachel Stymets.
17.	John Hopper and Eunice Russell.
24.	John J. Duryee and Annatje Tous.
26.	Martinus C. Ramsay and Rachel Meyers.
27.	Henry Dewitt Junr and Dorothy Heermance.
(34)	
Sept. 2.	Abraham van Houten and Mary Butler.
12.	Abraham Devoo and Rebecca Huestis.
15.	Robert Hunter and Susannah Bradford.
19.	Wm Thomas and Hannah (black negroes).
22.	John Jenkins and Mary Peckwell.

GETROUWT.

Oct. 8.	Clarkson Crolius and Elizabeth Meyers.
9.	Christopher Jenkins and Margaret Combes.
10.	John Boerem and Elizabeth Pawling.
11.	Piere Preissac Feisenssac and Catharine G. Livingston.
19.	Lynde Catlin and Helena M. Kip.
27.	John Frederick and Mary Hilleker.
29.	Elisha Curtis and Susannah Grim.
Nov. 2.	William Hilliman and Catharine Hill.
	Gudon S. Mumford and Ann Van Zandt.
11.	Albert Pallatin and Hannah Nicholson.
12.	William Humphreys and Catharine Jacobs.
(35)	
13.	Peter W. Livingston and Elizabeth Beekman.
17.	Isaac Van Deursen and Dorothy Ellis.
20.	John Kane and Maria Codwise.
	Joseph Levinus and Sarah Bertine.
30.	Daniel Westervelt and Susannah Sidman.
Decemb. 10.	Thomas Hale and Sarah Baumont.
15.	James Daniel and Mary Tierce.
28.	Henry Shute Jun[r] and Abigail West.
29.	Solomon Gardner and Sarah Hopper.
31.	Robert Van Den Bergh and Elizabeth Gue.
1794.	
Jan. 1.	Elias Frity and Margaret Jerolomon.
8.	William Holland and Elizabeth Gardner.
19.	Jonathan Randall and Catherine Waldron.
Feb[r] 1.	John Bell and Mary Maeyer.
2.	Youngs Weed and Lavina Derevere.
7.	Richard C. Skinner and Elizabeth Cobb.
(36)	
17.	Dolf Carligh and Margaret Verveelen.
18.	Henry More Van Solingen and Lettice Suydam.
22.	Jark Robeson and Hester Williams — negroes.
25.	Rynier Suydam and Elizabeth Schuyler.
March 2.	Daniel Dodge and Elizabeth Moore.
19.	John Morris and Mary Lee.
23.	John Dover and Elizabeth Van Antwerp, Widow of John Van Antwerp.
27.	James Teller and Sarah Bleecker.
30.	William Hogeland and Elenor Stewart.
April 5.	Bartholomew Skaats and Deborah Rivers.
8.	James Christie and Eunice Tuttle.
26.	Pearson Halstead and Phebe Lyon Roberts.
27.	Thomas Blackley and Catherine Miltenburgh.
30.	Abraham Colland and Mary van Allen.
May 4.	Jonathan Hardman and Sarah Webbers.
	Isaac Halenbeek and Catharine Gilbert.
(37)	
10.	Daniel Halstead and Hester Sprong.
15.	Thomas Newcomb and Rachel Hopper.
17.	Francis Roderick and Hannah Leonard.

GETROUWT.

May 20.	James Chapman and Mary Nichols.
21.	James B. Kortreght and Elizabeth Warner.
22.	John Dolsen and Anne Parker.
June 26.	Nicholas N. Anthony and Mary Johnson.
May 27.	Joshua Martin and Margaret Storm.
July 1.	John Kevers and Mary Thomas.
10.	Ebenezer Clarke and Hannah Marcelis.
11.	William Dunkin and Elizabeth Craige.
23.	William Parker and Helena Crandle.
Aug. 5.	James Hillyard and Margaret Wier.
17.	Peter Brower and Margaret Ekerson.
19.	Gasherie Brasher and Jane Abeel.
23.	John Jackson and Ann Thomas.

(38)

August 28.	Matthew Dikeman and Jemena Horn.
Sept. 4.	Garrit B. Abeel and Catherine Marschalk.
19.	Thomas Boum and Sarah Yeates.
21.	Calvin Otis and Eleanor Van Houten.
23.	John Christopher and Mary White.
24.	Anthony Beranze and Rebecca Runnells.
26.	John Murray and Jane Van Vleck.
30.	George Drummond and Elizabeth Wayman.
Oct. 4.	Richard Dugan and Tammy Knapp.
18.	John Francis and Sarah Elting.
22.	George Furman and Jane Brower.
23.	Abraham Brower and Elizabeth Stoutenburgh.
Nov. 1.	Herman Montanye and Anne Teeple.
2.	Daniel Smith and Eliza Brown — black people.
16.	James Oakley and Vrontje Debou.
18.	Thomas Richards and Elizabeth Miller — Newark.

(39)

Nov. 26.	John Murray and Helen Du Bois.
27.	Samuel Thomas and Phillis Burrows — black people.
29.	William Cunning and Mary Hand.
Decemb. 7.	Artemus Davies and Elizabeth Fardon.
25.	Nicholas Brower and Christina Weyman.
29.	Elbert Roosevelt and Jane Curtenius.
17.	Elgelbert Kemmena and Elizabeth Oons.

1795.

Jan. 1.	William Caleb Edwards and Elenor van Allen.
7.	Henry Hedley and Agness Stagg.
8.	Oliver Hicks and Susannah Vermilyea.
18.	Israel Lockwood and Grace Thorp.
Feb. 1.	Elihu Balden and Catherine Newkirk.
15.	John W. Elsworth and Sarah Hinton.
18.	William Littlewood and Francke Crolius.
21.	John Smith and Hannah Newkirk.
25.	Jacob Tydgaat and Peggy Mahegane.

(40)

Feb. 27.	Benjamin Waldron and Mary Southard.
28.	Samuel Stevenson and Christiana Warner.

GETROUWT.

March 5.	David Vanderbak and Phoebe Roberts.
22.	Mingo Dusenburg and Louisa Stevenson, black people.
23.	Stephen N. Bayard and Mary Beekman.
28.	Cornelius Hertell and Grace Riker.
April 2.	Adrian Bogert and Maria Bartholf.
12.	Nicodemus Smally and Elizabeth Dobbs.
13.	James Hobson and Mary Forbes.
20.	Stephen Wendover and Hester Hutton.
22.	Thomas Stoutenburg and Elizabeth Linn.
	Gerard Rutgers and Margaret Bayard.
23.	John Hetfield and Elizabeth Marks.
25.	Isaac J. Stagg and Catherine Lincoln.
May 9.	Henry Lock and Hannah Hennigar.
13.	Joseph Board and Margaret Lheman.
(41)	
14.	Adam Doll and Christina Bowman.
17.	Jacob Brower and Margaret Burras.
30.	Peter Miller and Mary Dekemer.
June 7.	William Stratton and Catharine Webbers.
15.	George Youle and Sarah McNeil.
16.	Peter De Labigarre and Margaret Beekman.
24.	Thomas Whitlock and Eleana Burger.
27.	William Weeks and Jane Peek.
	John Frederick and Jemima Hutchings.
	Charles Oostrand and Maria TerBoss.
28.	David Brower and Nancy Ross.
	John van Orden and Elizabeth Bettersworth.
July 2.	Alexander Campbell and Mary Duryee.
5.	Alexander McGregor and Maria McGown.
8.	John Burger and Jane Low.
11.	Owen Griffiths and Ann Rowland.
(42)	
14.	Revd William Linn and Catherine Moore.
23.	Andrew Van Every and Jemima Parker.
26.	James Manning and Eliza Storm.
Augt 1.	Thomas Parsells and Mary Hurst.
2.	Henry Overing and Charlotte Desbrosses.
10.	Samuel Parker and Mary Jaycocks.
22.	William Needham and Catharine Van Wart.
28.	Robert Charles Johnson and Catharine Bayard.
Sept. 12.	John Griffin and Mary Peters, black people.
October 1.	Leonard Warner and Susanna Roome.
14.	.William Pollard J^r and Maria Shute.
18.	Archibald McCullum and Elizabeth Bartlet.
31.	Henry Rich and Phebe van Gelder.
Nov. 10.	Peter Van Alst and Catharine Van Ranst.
12.	William Harvey and Catharine Van Alen.
14.	Francis Daubcourt and Margaret Banker.
(43)	
21.	Jacob Berry and Catherine Terhune.
	John Terhune and Anne Voorheis.

GETROUWT.

Dec. 5.	Michael Van Buren and Elizabeth Van Buren.
	Cornelius J. Bogert and Susannah Bartlett.
15.	William P. Roome and Deborah Parsells.
17.	Anthony Steenback and Sarah Cowless (Widow of Henry Snyder.)
19.	John Hayward and Mary Denton.
26.	Isaac Dekemer and Hester Hilleker.
20.	Henry Whitefield and Hester Candle.
	Simeon Knapp and Hannah Lyon.

1796.

Jan. 13.	Patrick Somers and Catherine Taylor.
16.	William Conklin and Susanna Hand — Widow of Wm Johnson.
Febr. 1.	Andrew V. Stout and Mary Humphreys.
7.	Christian Mintor and Dinah Rockits.
10.	David Schuiler and Jane Blakely.
18.	Robert Turner and Rebecca Morgan.

(44)

Maart 5.	William Cypher and Mary Lewis.
20.	Ezra Weeks and Elizabeth Hitchcock.
	Dennis Cassady and Mary Wessels — Widow.
23.	William Wendover and Eleanor Frost.
27.	Theodorus W. Van Orden and Aletta Langdon.
April 9.	Henry Alexander Livingston and Eliza Beekman.
16.	Cornelius Heyer and Jane Kip.
	Mott Hicks and Hester Cock.
20.	William Hulsart and Mary Harnet.
28.	Abraham J. Adriance and Mary E. Van Vleck.
May 4.	Thomas Langdon and Catherine Van Buren.
5.	William J. Waldron and Elizabeth Montanye.
10.	George Warner and Susannah Nixon.
11.	Charles Duryea and Elizabeth Van Zandt.
12.	Daniel Stansbury and Sally Clark.
19.	Abraham Bokee and Margaret Carmer.
June 5.	William Simmons and Jane Young.

(45)

7.	James Board and Helen Ammerman.
11.	Abraham Fardon and Phobe Jones.
16.	William Nicholl and Effy Fine.
	Abraham Prall and Maria Masterton.
July 2.	Peter Hager and Diana Brown — black people.
16.	Henry Van De Water and Elizabeth Denham.
Oct. 9.	James Lamb and Mary Ann Downie.
23.	John Ten Brook and Alethea Sickels.
Aug. 27.	Joseph Skillman and Catharine Brown.
Sept. 3.	Daniel Hawley and Catharine Gilbert.
10.	James Jarvis and Ann Vermilyea.
29.	William Doll and Sophia Bauman.
Oct. 2.	George Perkins and Elizabeth Bogert.
28.	James Jackson and Molly Wann.

GETROUWT.
Nov. 4.	Wandel Ham and Catharine Covenhoven.
23.	Abraham Martling and Ane Bailey.
24.	Joshua Parker and Sarah Van Aulen.
(46)	
19.	William James and Elizabeth Tillman.
Dec. 21.	John Bayley and Mary Kingsland.
28.	Court Debevois and Catharine Stewart.
1797.	
Jan. 7.	William Welden and Elizabeth Richard.
14.	John Stymets and Leah Banker.
Feb. 14.	Abraham Rumney and Dinah Silvester.
16.	Abraham Van Ranst and Rebecca Ortenberger.
18.	Joseph Marschalk and Mary Youle.
	William Hinds and Susannah Ginder.
	Hartshorn White and Nelly Smith.
20.	William H. Ireland and Ann Kip.
21.	Robert Saunders and Elizabeth Banker.
	Christopher Clambush and Pinck Johnson.
March 1.	William Gallatian and Catharine Brower.
	Peter Voorheis and Ann Smith.
2.	John Holloway and Catharine.
(47)	
15.	Archibald Davies and Margaret Smith.
22.	Percel Fowler and Jane Day.
26.	Charles Debevois and Maria Post.
30.	Garret Westervelt and Susan Winter.
April 10.	Ralph Newman and Polly Durborow.
15.	Benjamin Ferris and Ann Post.
	John Post and Nancy Van Wert.
16.	Henry Couenhoven and Catharine Bussing.
17.	Israel Post and Ann Rich.
20.	Samuel Low and Anne Cregier.
29.	Benoni Frazer and Elizabeth van Ostrand.
May 2.	William Dackman and Maria Kanoot.
7.	John Fream and Catharine Terhune.
11.	Revd John B. Johnson and Elizabeth Lupton.
	Thomas Whitfield and Effy Van Aulen.
13.	William Miller and Sarah Siffer.
17.	Timothy W. Wood and Susannah Demilt.
(48)	
May 18.	Elam Williams and Catherine Bogert.
	John Wallis and Unice Richard.
21.	Nicholas Roome and Jemima Lewis.
22.	John Williams and Hester Dewitt.
	John Dewitt and Mary Loat.
	John J. Johnson and Anna Lowdon.
27.	James Woodham and Rebecca Maverick.
	Patrick Munn and Ann Maverick.
June 3.	Nathaniel Prime and Cornelia Sands.
6.	John Cooper and Hester Anderson.
	Abraham Nagle and Janatje Delamater.

GETROUWT.	
June 7.	John Cook and Cornelia Wyckhoff—Widow of Henry Brower.
8.	Tunis Wortman and Margeritta Loudon.
June 21.	John Davis and Hezah Beth.
22.	Robert Merrit and Maria Roosevelt.
24.	Lawrence Ackerman and Hester Lewis.
(49)	
27.	John Frederick Breda and Johanna Banier.
28.	Amor Dicks and Catharine TerBoss.
July 1.	Andrew Bell and Eliza Heyer.
3.	John Hannings and Elizabeth Elsworth—Widow of Ja^s Scott.
4.	Jan Kas and Maria Ter Maten.
6.	John Clerment and Jane Cosine.
22.	Abraham Day and Esther Moore.
28.	William Campbell and Caty Southerin.
16.	Robert Van Keuren and Ann Van Bommel.
30.	Andrew Marschalk and Susan McDonale.
August 2.	John Disbrow and Elizabeth Algelt.
5.	William Morgan and Emy van Tassell.
	John Garbutt and Elizabeth Hays.
13.	John Ryker and Maria Demarest.
15.	Adam Thompson and Mary Halloway.
26.	Daniel Van Schuyven and Maria Blacklidge.
(50)	
27.	John Dominick and Eliza Warner.
30.	Peter Coese and Jane Trimmer.
	John Valentine and Elizabeth Swin.
Sept. 14.	Monmoth H. Guion and Ann Lion.
16.	Jared Campbell and Margaret Ruckle.
17.	John Retan and Susannah Storm.
21.	John Marschalk and Sophia Steddiford.
Oct. 4.	David Whitehead and Elizabeth McCauly.
5.	Joseph Osterman and Sarah Smith.
12.	Lawrence Moore and Jane Day.
28.	Peter Ellison and Catherine Armstrong.
Nov. 9.	Peter De Voe and Jane Bennett.
16.	Ichabod Seyrs and Catherine Holdenbergh.
	Garrit Onderdank and Hannah Felter.
25.	Ephraim Brasher and Mary Austin.
Decemb. 2.	John Sea and Maria Seaman.
6.	Nicholas Evertson and Eliza Howe.
5.	Comfort Sands and Cornelia Lott.
12.	Joseph Matthews and Elizabeth Class.
21.	John Astin and Mary Baker.
(51)	
1798.	
Jan. 20.	David L. Haight and Ann Kip.
27.	William Johnson and Mary Campbell.
28.	Robert Buliod and Jane Kip.
Feb. 11.	William Sands and Margaret Garrison.
23.	John W. Patterson and Louisa G. F. De Hart.

GETROUWT.

March 4.	George Conklin and Susannah Town.
6.	Thomas Ten Eyck, and Margaret Depeyster.
	Andrew Cronk and Jane Westervelt.
	James Brouwer and Mary Ferguson.
17.	Jonathan Toms and Cornelia Meyers.
April 8.	John West and Maria Van Aulen.
10.	James Laroe and Catharine Van Buskirk.
13.	John Thompson and Mary Leyll.
18.	Charles Stewart and Mary Davies.

(52)

April 22.	Richard Jauncy and Rachel Redding.
21.	David Brower and Elizabeth Banta.
May 1.	Robert Mathison and Jane Gady.
8.	Jacobus Ver Veelen and Catherine Eaton.
15.	Archibald Davies and Margaret Smith.
	Isaac Kip and Catherine Martin.
18.	William Myers and Maria Gold.
June 14.	Colin Van Gelder Forbes and Elizabeth Bullock.
22.	Cornelius Scott and Lyda Hays.
July 1.	Stephen Ecker and Nancy Crissey.
4.	John Bradborn Mitchel and Ann Roocke.
12.	Abraham Odle Valentine and Elenor Post.
August 2.	Cornelius Stagg and Eliza Smith.
5.	David Allgo and Rosanna McKenzie.
8.	John Alstyne Junior and Desire Williams.
16.	Samuel Bown and Maria Rosekrans.
18.	William A. Davis and Elizabeth Santford.

(53)

August 21.	John Paul and Rebecca Remson.
25.	Whitehead Fish and Elsee Gilbert.
	Cornelius Loghy and Margaret McLaughlin.
28.	John Donahoo and Sarah Wood.
Sept. 26.	James Barton and Mary Clarke.
Nov. 4.	William Hertell and Jane Dover.
11.	Peter Warner and Deborah Hicktesser.
14.	Stephen Van Wyck and Catherine Brasier.
22.	George Durand and Hester Cregier.
24.	Isaac Little and Mary Ludlum.
29.	John Philips and Jane Carter — negroes.
Decemb. 4.	Nathaniel Ward and Hester Brouwer.
8.	Stephen Cock and Jemima Titus.
18.	Hendrik Nagle and Geertje Duryee.
24.	Jonathan Van der Hoff and Hester Snyder.
31.	Stephen Fowler and Catherine Van Kleack.

(54)

1799.

Jan. 8.	William Roberts and Jane Le Rue.
13.	Nicholas Brower and Eliza Stagg.
	Johannes Van den Berg and Maria Van der Poorten.
16.	Joanis Jacobus Van den Biuhelaar and Maria Beekman.
27.	John Miller and Mary Martling.
28.	Coenraad Rou and Naatje Post.

GETROUWT.

Feb. 7.	John Van Wyck Warren and Sarah Ryker.
9.	Abel W. Hardenbrook and Jane Smith.
16.	Abraham Sier and Jane Arnold.
17.	Samuel Robbins and Eliza Grim.
28.	Lubbe Snetger and Elizabeth Halff.
March 16.	William Arnold and [Sic] Crygier.
25.	Henry Jackson and Rachel Harsin.
30.	Jacob Day and Julimy Halsey.
April 2.	Francis Jenkinson and Eliza Corcoran.
3.	William Neilson and Elizabeth Carr.
7.	William Thorn and Ann Knapp.

(55)

13.	Abraham Bloodgood and Mary Eckert.
20.	Cornelius Tiebout and Esther Young.
22.	Pierce Banet and Hannah O. Brien.
27.	James Brown Mower and Helen Kip.
	William Westervelt and Catherine Line.
28.	Aaron Brewer and Nancy Morrison.
May 4.	John Shepherd and Hannah Barber.
9.	Henry J. Remsen and Sarah Remsen.
11.	J^m Stephen Laincourt and Elizabeth Catharine Varosier.
15.	Simeon De Witt and Jane Hardenbergh.
18.	John Blair Linn and Hetty Bailey.
	Roelof Bogert and Geertruy Montanye.
23.	Abraham Weeks and Abigail Pine.
26.	John Skinner and Dintye Bush.
30.	Isaac Chauncey and Catherine Sickels.
June 1.	Nathaniel Olcott and Ann Wyckoff.
9.	Abraham Emmitt and Margaret Shanklin.

(56)

9.	Daniel Iroen and Mary De Wit.
10.	John Seaward and Sarah Pryer.
11.	Jonathan Wheeler and Ellen Major.
16.	William Ramsay and Jane Stults.
	Joseph Osborn and Elizabeth Helmes.
18.	John Ballard and Sarah Jackson.
19.	Michael Vreeland and Mary Corwin.
26.	Simral Shanklin and Elizabeth Bratt.
28.	Henry Spires and Susanna Brown.
July 6.	John Muirhead and Mary Conklin.
7.	Alexander Laird and Elizabeth Henderson.
	Henry Stoutenburgh and Helen Bogert.
18.	Israel Titus and Maria Van Beuren.
23.	Jasper Bartholf and Martha Earle.
28.	Robert Sickels and Ann Van Antwerp.
Aug. 1.	John Clayty and Effy Ross.
10.	John Hathan and Mary Brooks.

(57)

17.	James Van Outerstorp and Sarah O. Monack.
Sept. 4.	James Main and Lidia Wilson.
7.	George Donnot and Hannah Hagerty.

GETROUWT.
Sept. 15.	Gideon Angelis and Martha Smith.
Oct. 25.	Charles Young and Elizabeth Roger.
27.	Richard Banker and Ann Montanye.
30.	George Chrisman and Betty Anthony — (blacks).
	Andrew Foster and Margaret Purper.
	Randal McDonald and Nancy Cameron.
31.	George Kelpey and Sarah Coleman.
Nov. 9.	Henry J. Bleeker and Mary Storm.
12.	Gerard Bancker and Catherine Stagg.
22.	Thomas Herring and Sarah Kirkland.
	Jacob Stormax and Elizabeth Romaine.
24.	Charles Town and Ann Stagg.
	John Kirk and Mary Green.
Decemb. 2.	Gamaliel Smitt and Mary Riker Leacraft.
8.	Francis Moore and Margaret Anderson.
(58)	
12.	Stephen Jones Lewis and Elizabeth Jones.
24.	James Living and Elenor McQuillon.
	John Brett and Aletta van Wagenen.
25.	Uriah O. Champlin and Elizabeth S. Depeyster.
31.	Stephen Fowler and Tryntje van Bommel.
1800.	
Jan. 3.	John Van Winkle and Geertje Dedericks.
7.	Edward Carpenter and Peggy Glashean.
9.	Guysbert B. Vroom and Catalina Delamater.
19.	Joseph Maxwell and Margaret Leacock.
	Mathew Vogal and Nancy Falconer.
Feb. 2.	William Pullison and Joanna Skinner.
3.	Jacob Houseman and Eliza Crockeron.
9.	Jacob Van Winkle and Hetty Burris.
11.	Andrew Chamberlain and Elizabeth Hageman.
12.	John Lamb and Altie Sloat.
15.	William McCready and Mary Maxwell.
18.	Joseph Dederer and Susan Anthony.
(59)	
17.	William Janeway and Sarah Van Zandt.
22.	Anthony Dey and Catharine Laidlie.
23.	Garrit Westervelt and Sally van Orden.
28.	William Thurston and Mary Durborew.
March 8.	Jacob Day and Elizabeth Earle.
11.	John Van Derbeek and Jane Post.
13.	Jacobus van Stool and Christina Masterton.
15.	Wallis Niles and Elisheba Vanorsey (blacks).
20.	Abraham Beekman and Hannah Beekman.
24.	Edmond Stone and Letty Robinson.
30.	John Sprague and Ann Winterton.
	Thomas Carman and Mary Wheeler.
April 5.	Jonathan Robinson and Rachel Shire.
15.	William Anthony and Ann Westerfield.
	Benjamin Westerfield and Sarah Romaine.
17.	Nathaniel Shaler and Ann Stilwell.

GETROUWT.

April 26.	William Thompson and Sarah Moore.
27.	Abraham Bogart and Sarah Wilkins.

(60)

28.	James Murray and Frances Heys.
May 4.	Hendrik Wilsie and Mary van Keuren.
5.	Thomas Boston Campbell and Sarah Newkirk.
9.	Joseph S. Abraham and Sarah Waterman.
10.	William Smith and Polly Teets.
	Peter Sluring and Eva Copyn.
12.	Coenraad Brooks and Mary Denny.
16.	Lawrence Brashier and Mary Peffer.
17.	William Ennis and Mary Cresy.
19.	Elbert P. Warne and Cornelia Moore Duryee.
25.	James Seguine and Sarah Claton.
27.	William Linn and Helena Hansen—Married by the Rev. Christina Bork, Minister of Schodack.
28.	Abraham Moore and Rachel Moore.
31.	William Robertson and Sarah Hoogland.
June 3.	Gilbert Fower and Maria Brady.
5.	William Stewart and Elizabeth Davis.
	Zacheus Newcome and Mary Mead.

(61)

8.	James Woodruff and Martha Irons.
	John Dickenson and Ruth (a slave—blacks).
12.	John Anderson and Charity Woodward.
July 2.	Henry Gird Junr and Maria Smith (Widow).
17.	Abijah Baldwin and Mary Childs.
	Jacob Browker and Sarah Elsworth.
18.	John Richmond and Ann Oliver.
22.	Abraham Westervelt and Ann Young.
26.	John Stage and Sarah Roberts.
	John Devenport Junior and Susannah Albertson.
27.	James Striker and Mary Nodine.
	David J. Demarest and Sarah Heyer.
	James Burn and Rachel Waid.
31.	Peter Low and Eliza Bowman.
Aug. 6.	John Lather and Mary Magdalen Striker.
8.	Albregt Boas and Johanna Elizabeth van Holten.
9.	George Harsin and Margaret Schuyler.

(62)

12.	William Hoffmeyer and Elsy McCullum.
21.	Henry G. Egbert and Jenny Day.
24.	Henry Merritt and Deborah Clark.
	James S. Taylor and Rachel E. Morris.
	Matthias Ackerman and Cornelia Carns.
26.	John Frederick Klein and Johana Marteswe.
28.	Josiah Shippey and Alice Moore.
29.	William Pettit and Meruim Andrews.
Sept. 4.	Abial Swift and Jane Targay.
6.	John Van Kleeck and Hannah Campbell.
11.	Adrian C. van Sleight and [Sic] Tillany.

GETROUWT.

Sept. 14.	Cornelius Losey and Elisabeth Dingey.
	James Daff and Maria Zeluff.
15.	John Burling and Lydia Lockhart.
21.	David Skinner and Charity Bennet.
23.	Henry Traphagen and Elizabeth Van Ryper.
27.	Thomas Strongman and Elizabeth Nichols.
(63)	
Octob. 5.	John Henderson and Elizabeth Banker Leaycraft.
11.	William Adams Junr and Jane Brooks.
	Ezekiel Smith and Elizabeth Dunshee.
22.	Daniel Lawrence and Mary Taylor.
23.	James Parkin and Elizabeth Hudson.
30.	Archibald Anderson and Elizabeth Burnet.
	Anthony Greemer and Margaret Millan.
Nov. 4.	Abraham Deforeest and Catharine Fulkerson.
5.	John McFall and Mary Day.
8.	Joseph Bowman and Isabella McDonald.
9.	Peter Allen and Catharine Demarest.
16.	Abraham Carlock and Ann Van Ryper.
22.	Andrew Stout and Jane Kelso.
29.	Cornelius Hinchmans and Ann Chardevoyne.
30.	Duncan Malcom and Elizabeth Flemming.
Dec. 1.	William Morling and Mary Finck.
7.	Jacob Brouwer and Hanna Hill.
19.	Garrit Couenhoven and Myntje Bertholf.
25.	John Foers and Mary Mathews.
	Joseph Maples and Catharine Goldsmith.
	John Blake and Lucretia Hughes.
29.	Eli Chandler and Margaret Shay.
31.	William Thompson and Margaret Roberts.
1801.	
Jan. 10.	Philip Nass and Catharine McDonald.
11.	Cornelius Van Allen and Catharine Schuyler.
	William W. Vermillia and Mary Montgomery.
12.	Jacob Pachwood and Sarah Hook.
10.	William Rodgers and Rachel Bealy.
24.	Peter Darling and Hannah Van Wart.
25.	John Rider and Catharine Noe.
Feb. 2.	Richard Riley and Nancy Oorson.
4.	John Brower and Deborah Meyers.
7.	Briggs Halstead and Catharine Brower.
8.	Abraham Day and Catharine Blank.
9.	Henry Cropsey and Mary Jenkins.
22.	Peter Beams and Elizabeth Pulis.
Feby 26.	William Burrass and Abigal Jewel.
March 1.	William Rock and Nancy Slabis. (?)
7.	Thomas Hinton and Mary Fleming.
10.	John Pettit and Elizabeth Brower.
22.	Cisa Spalding and Eleanor Byron.
24.	John Martling and Elizabeth Porter.
April 5.	Henry Storm and Eliza Post.

GETROUWT.

April 11.	James Heard and Maria Sickels.
12.	Joseph Kelly and Elizabeth Hopper.
25.	John Walker and Dianna, people of colour.
30.	Abraham Lozier and Clary Lozier.
May 5.	David Fisher and Elza Maria Duryee.
6.	James Connelly and Phoeba Miller.
	Josiah Brady and Mary Dice.
10.	Robert Watson and Fanny Banta.
	William H. Morris and Catherine Tiers.
25.	Amos Turner and Sarah Stacy.
31.	Stephen Smith and Eleanor Langdon.
June 7.	Andrew Sitcher and Catherine Phillips.
10.	Peter Devoe and Julia Kelley.
14.	John Ragan and Gitty Borhhausen.
15.	John Daniel Riel and Maria Theresa Joanna Van Loenen.
June 17.	Joseph Holland and Eve Westervelt.
June 18.	Cornelius Wyckoff and Mary Brown.
	John Dennison and Phebi Allison, people of colour.
	William Herbert and Eleanor Swain.
25.	William Sluth and Hannah Creig.
July 5.	Charles Rodman and Jemima Townsend.
6.	David Toller and Catherine Gains.
8.	James Wilbur and Sarah Simmons.
11.	Marselis M. Van Guion and Catherine S. Monel.
15.	James Wistevill and Elizabeth Barwick.
19.	Daniel Farh and Ann Bogert.
20.	Peter Van Steenburgh and Phebe Ward.
24.	John Johnson and Elizabeth, people of colour.
30.	William Riker and Elizabeth Wilkey.
Aug. 4.	Albert Bogert and Tyne Westervelt.
8.	Peter Bailey and Nancy Cullum.
15.	Ebenezer Batsell and Catherine Baldwin.
18.	Charles Middleton and Ann Van Brunt.
23.	Joseph Murray and Phebe Blerson Blacks.
24.	Ichabod Prall and Hannah Thompson.
26.	Henry Van Wart and Catherine Van Wart.

INDEX.

A

Aalst, Jane, 209.
　See Van Aalst, Van Aelst, Van Alst.
Aalsteyn, Jannetje, 183.
Aalstyn, Abraham, 156.
　Catharina, 123.
　See Van Alstÿn, Van Alsteÿn.
　Herman, 154.
Aarland, Cornelis, 106.
Aarson, Arent, 228.
　Sophia, 261.
Aarsse, Willem, 110.
Aartcher, Agnietje, 138.
Aartse, Christina, 213.
Aartze, Albert, 108.
　Ariaantje, 123.
　Maria, 144.
　Wÿntje, 107.
Abbot, John, 205.
　Rebecca, 203.
Abeel, Catharina, 222.
　David, 144.
　Garrit B., 270.
　Gerrit, 204.
　Jane, 270.
　Maria, 53.
　Abraham, 252.
　Elisabet, 209.
　Joseph S., 278.
Abrahams, Abigael, 56.
　Abigal, 50.
　Abraham, 165.
　Aeltje, 48.
　Agnietje, 57.
　Angenitie, 194.
　Annetje, 28, 29.
　Jacob, 31.
　Johan, 190.
　Lÿsbeth, 51.
　Maria, 76.
　Marÿtje, 33.
　Trÿntje, 57.
Abrahamse, Sara, 194.
Abrahamsen, John, 145.
Abrahamszen, Abraham, 71.
　Andries, 87.
　Cornelis, 31.
　Frans, 48, 104.
　Isaac, 23.
　Jacob, 29.
　Jan, 71.
　Wibrant, 72.
Abrams, Elizabeth, 216.
Abramse, Andries, 182.

Abramse, Jemima, 238.
　Magdalena, 182.
Abramsse, Bregje, 183.
Achtent, Thomas, 94.
Acker, Helena, 209.
　Jane, 197.
　Margaret, 232.
Ackerman, Abraham, 53.
　Brache, 261.
　Catharina, 216.
　David, 185.
　Elizabeth, 261.
　Lawrence, 274.
　Lodowÿck, 89.
　Lÿsbeth Davids, 33.
　Mary, 240.
　Matthias, 278.
Ackermans, Anneken, 30.
Ackley, Elizabet, 232.
　Hannah, 264.
Acklin, John, 170.
Ackly, Nancy, 250.
Adame, William, 199.
Adams, Nicolaús, 137.
　Phebe, 214.
　Thomas, 77.
　William (Junr), 279.
Addams, Sara, 209.
Adolf, Trÿntie, 50.
Adolfs, Maria, 65, 74.
Adolfszen, Dirck, 76.
Adolphszen, Pieter, 45.
Adriaansse, Geertrúÿ, 139.
Adriaansz, Kaarel, 100.
Adriaens, Adriaentje, 40.
　Beelitje, 49.
　Neeltje, 37.
Adriaenszen, Catharÿn, 28.
　Cornelis, 47.
　Joost, 29.
Adriance, Abraham J., 272.
Adrians, Helena, 81.
Aerhart, Christopher, 217.
Aersen, Annaatje, 130.
Aerstsen, Húÿg, 12.
Aertsen, Elbert, 32.
Aertszen, Cornelis, 28.
　Elbert, 36.
　Evert, 36.
　Huÿg, 15.
　Lambert, 50.
　Willem, 43.
Aestens, Dorothea, 16.
Affel, Arie, 108.
Agan, Michal, 246.
Agneúw, Abigael, 209.
Agresen, Laúrens, 28.

Aiding, Mary, 267.
Aights, Catharine, 240.
Aigingrie, Sophia, 177.
Aim, Martin, 240.
Airy, Hannah, 248.
Akerman, Gulian, 210.
Akkerman, Abraham, 180, 185.
　Ann, 245.
　Catharina, 220.
　David, 241.
　Elisabeth, 244.
　Hanna, 238.
　Johannes, 133.
　John, 247.
　Laúerina, 149.
　Marÿtje, 142.
　Sally, 228.
　Susanna, 231.
Alberto, Pieter Petro, 11.
Alberts, Aechtje, 22.
　Elsje, 35.
　Eva, 71.
　Marritje, 41.
Albertson, Susannah, 278.
Albertszen, Pieter, 24.
Albery, John, 147.
Albiecke, Lúcretia, 14.
Albony, Pieter, 166.
Albregt, Johannes, 191.
Albride, Jakob, 179.
Albright, John, 260.
Aldricks, Pieter, 29.
Alexander, James, 197.
　Maria, 165.
　Nancy, 260.
　William, 178.
Algelt, Elizabeth, 274.
Alger, William, 254.
Alje, Isaac, 186.
　Maria, 251.
Allard, Franscois, 104.
Allen, Abraham, 187.
　Agness, 248.
　Henry, 267.
　Jecamiah, 207.
　John, 249.
　Jonah, 243.
　Mary, 200, 220, 225, 247, 257.
　Peter, 250, 279.
　Stephen, 208.
　Susan, 249.
　Zacharia, 152.
　See Van Allen.
Allgelt, Jacobus, 264.
Allgo, David, 275.

Allison, Phebi, 280.
Allmon, Ruth, 226.
Alner, Abraham, 186.
Mary, 200.
Alsbruk, Catharina Elisabet, 197.
Alsop, Andrew, 213.
Alst, Andries Joriszen, 67.
Helena, 76.
Alsteyn, Bregje, 168.
Alstine, Catharina, 247.
Alstyn, Jeronimus, 199.
Margrita, 164.
Mary, 211.
Mattheus, 159.
See Van Alstein.
Alstyne, Catherine, 268.
Jane, 249.
Jeronimus (Junr), 264.
John (Junior), 275.
Altgelt, Jakobus, 227.
Althuysa, Margrita, 156.
Altin, Joh, 118.
Alward, Joseph, 248.
Amak, Aafje, 106.
Amar, James, 241.
Ame, Mary, 224.
Ament, Jannetje, 158.
Sara, 196.
Amerman, Elbert, 198.
John, 238.
Richard, 222.
Amient, Pieter, 108.
Ammerman, Helen, 272.
Jannetje, 231.
Mary, 228.
Thomas, 258.
Amory, Charles, 210.
Hanna, 190.
John, 179.
Anderson, Abram, 209.
Andrew, 239.
Anna, 187.
Archibald, 279.
Catharina, 208.
Charity, 234.
Edward, 154.
Elias, 228.
Elizabeth, 265.
George, 212.
Hannah, 257.
Hester, 273.
Jane, 189, 251, 263.
John, 129, 181, 199, 239, 278.
Margaret, 277.
Margareth, 215.
Maria, 198.
Mariam, 255.
Martha, 254.
Mary, 235.
Parcilla, 188.
Rachel, 139.
Rebecca, 256, 264.
Sara, 222.

Anderson, Silva, 142.
Stephen, 225.
William, 86, 234.
Anderzon, Emmetje, 167.
Andrees, Richard, 266.
Andrew, William, 151.
Andrewvet, Daniel, 144.
Andrews, Meruim, 278.
Andriaenszen, Jan, 83.
Andrianse, John (Junr), 258.
Andries, Agnietje, 17.
Annetje, 24.
Catalina, 94.
Cathrina, 83.
Elizabeth, 264.
Francyntie, 21, 71.
Geertie, 27.
Geertúrÿd, 15.
Janneke, 111.
Jannetje, 84.
Laúrens, 23.
Marritje, 54.
Nicholas, 212.
Richard, 249.
Sarah, 115.
Tietje, 72.
Vroúwtje, 83.
Andriese, Jochem, 186.
Rachel, 108.
Andriesse, Sarah, 121.
Andriessen, Abraham, 149.
Andries, 155.
Andriesz, Cosÿn, 100.
Andrieszen, Andries, 20, 25, 50.
Arent, 80.
Barber, 20.
Barent, 19, 20.
Dirck, 79.
George, 76.
Jan, 71.
Jeúriaen, 19.
Johannes, 57.
Josúa, 80.
Lúcas, 20.
Pieter, 27.
Willem, 79.
Angelis, Gideon, 277.
Anglisch, Marÿ, 84.
Angola, Anthony, 18.
Domingo, 17.
Dorethea, 18.
Francisco, 11.
Gerasÿ, 21.
Isabel, 86.
Lovÿs, 26, 51.
Maria, 12, 21, 35.
Marie, 15.
See d'Angola, Van Angolo.
Anhúizen, Elsje Margrite, 146.
Anthonia (negrine), 18.
Anthonis, Agnietie, 21.
Anthonissen, Willem, 36.

Anthonÿ, Allard, 20.
Angletje, 200.
Betty, 277.
Francisco, 56, 71.
Hester, 264.
Jane, 264.
John, 76, 240.
Maria, 18.
Marretje, 187.
Mary, 197.
Nicholaas, 223.
Nicholas, N., 270.
Nicolaas, 195.
Rebecca, 192.
Susan, 277.
Theophilus, 200.
Wilhelmina, 252.
Willem, 50.
William, 277.
Antill, John, 233.
Antonides, John, 256.
Antony, Alard, 168.
Allard, 130.
Allart, 145.
Angel, 168.
Eva, 176.
John, 126.
Joseph, 178, 247.
Johan, 192.
Nicolaús, 132, 155.
Appel, Annatje, 200.
Engeltje, 153.
Helena, 133.
Johannes, 159.
John, 183.
Magdalena, 170.
Margarita, 190.
Mary, 141, 172.
Sophia, 234.
William, 122.
Appelbie, Mary, 250.
Appelby, Mary, 243.
Appelgat, Helena, 14. ^{bis}
Applestal, Hannah, 216.
Appolonia, Maria, 139.
Archer, Ananias, 265.
Benjamin, 208.
Arden, Elizabeth, 262.
Arding, Jacob, 171.
Arens, Úrseltje, 131.
Arents, Grietje, 33.
Súsanna, 25.
Trÿntje, 24.
Wÿntje, 27.
Arentszen, Evert, 60.
Frederick, 20.
Hendrick, 39, 55, 67.
Isaac, 60.
Arhart, Frouwtje, 224.
Ariaens, Ariaentje, 34.
Sÿtie, 31.
Willemtje, 45.
Zÿtie, 43.
Ariaenszen, Jan, 22.
Marÿn, 18.

Arianszen, Ide, 58.
Arienszen, Cornelis, 59.
Arison, Mary, 235.
Armitage, James, 234.
Armour, Samuel, 266.
Armstrong, Anna, 209.
    Catherine, 274.
    Effe, 258.
    Elisabet, 190.
Armstrongh, Mary, 210.
Arnold, Jane, 276.
    William, 276.
Arré, Adam, 131.
Arta, Maÿken (negrin), 35.
Arthur, Anna, 194.
    George, 213.
Artisert, Jan, 23.
Asbridge, Richard, 260.
Ash, Gilbert, 113.
    Norman, 203.
Ashfield, Richard, 62.
Ashford, Jane, 216.
Ashley, Jacob, 265.
Ashly, Thomas, 255.
Asjevÿng, Annetje, 147.
Ask, Samúel, 134.
Askviell, 104.
Asman, Jan, 103.
Asselstyn, John, 160.
Assúerús, Hendrick, 36.
    See Aswerus.
Asteen, Isaac, 244.
Astin, John, 274.
    Isaac, 263.
Aston, George, 145.
Asviel, Sarah, 131.
Aswerús, Antje, 107, 132.
Athens, Joseph, 216.
Athorton, John, 227.
Atkins, George, 55.
Atkinson, William, 255.
Atkinzon, William, 217.
Attings, Belitje, 99.
Atwell, Benjamin, 169.
Aùgūstinūs, Jan, 14.
Augustus, Michael, 178.
Auke, Helena, 182.
Austin, Mary, 274.
Autenbogart, John, 196.
Autenbogert, Gilbert, 196.
    See Uytten Bogaert.
Avery, Hanna, 212.
    Mary, 209.
    Solomon, 256.
Avrard, Philip, 188.
Axon, Anna, 172.

B

Baastrik, William, 140.
Babbage, James, 52.
Babcock, Elenor, 248.
Backer, Catharina, 74.
    Jacobús, 20.
    Nicolaes, 34.

Backers, Anthonÿ (neger), 35.
Badgent, Thomas, 249.
Bael, Wiljam, 77.
Baelenszen, Hendrick, 59.
Baely, Alida, 104.
    Margarita, 99.
    Sarah, 94.
    See Bailey, Baily, Baley, Bayley.
Baerkly, Sara, 163.
Bagget, Margrite, 152.
Bagly, Anna, 196.
Baid, Margarit, 213.
Bailey, Ane, 273.
    Hetty, 276.
    Peter, 280.
    William, 207.
Baily, James, 265.
    Samuel, 238.
    See Bailey, Baely, Baley, Bayly.
Baird, Alexander, 92.
Bakcuse, Margaret, 197.
Bake, John, 216.
Baker, Elisabet, 241.
    Elisabeth, 250.
    Hannah, 259.
    Mary, 274.
    Samuel, 229.
    Sara, 196.
    Sarah, 132.
    Susanna, 161.
Baket, Isabella, 193.
Bakkes, Johan Jonas, 158.
Bal, Barent Janszen, 17.
Balck, Jacob, 90.
Balden, Elihu, 270.
Balderston, Thomas, 233.
Baldewin, Stephen, 173.
Baldewyn, Joseph, 177.
Baldin, Susanna, 224.
Baldridge, Margarit, 261.
Baldwin, Abijah, 278.
    Annatje, 247.
    Catherine, 280.
    Joel, 240.
    Joseph, 231.
    Maria, 194.
    Rachel, 160.
Baley, Priscilla, 235.
Balk, Sarah, 108.
Ball, John, 178.
Ballantine, Cicilie, 200.
Ballard, John, 276.
Ballendine, Isabella, 240.
Ballentin, Ninien, 142.
Ballord, David, 130.
Ban, Henry, 252.
Júdithje, 78, 84.
Margrietie, 78.
Radser, 78.
Bancker, Aaron, 218.
    Adriaan, 187.
    Anna, 187.

Bancker, Catherine, 256.
    Christopher, 132.
    Elizabet, 188.
    Elizabeth, 262.
    Gerard, 277.
    Hendrik, 221.
    John, 217.
    Maria, 78.
    Rachel, 227.
    William, 196.
Banckers, Anna, 65.
Bandt, Margarietie, 76.
    Marrÿtje, 121.
    Johannes Janszen, 85.
    Pieter, 95.
    Willem, 140.
Banet, Pierce, 276.
Banier, Johanna, 274.
Banker, Adrian, 149.
    Catharina, 144.
    Elizabeth, 273.
    Evert, 178.
    Gerardus, 154.
    John, 246.
    Leah, 273.
    Margaret, 271.
    Richard, 277.
Bant, Pieter, 159.
Banta, Aaron, 263.
    Alida, 251.
    Annatje, 256.
    Cathaline, 250.
    Catharina, 252.
    Elizabeth, 275.
    Fanny, 280.
    Geesie, 263.
    Jakob, 239.
    John, 253, 265.
    John T., 263.
    Lena, 263.
    Paulus, 192.
Banter, David, 204.
Baracolo, Elisabeth, 108.
Barber, Edward, 123.
    Hannah, 259.
    Thomas, 122, 151.
Barberie, Peter, 238.
Barcaux, Angel, 183.
Barends, Maria, 141.
Barendsz, Diderik, 133.
Barents, Apollonia, 30.
    Christaen, 23.
    Elsien, 12.
    Elsje, 34.
    Geertrúÿdt, 34.
    Hermantje, 28.
    Janneken, 29, 30.
    Jannetje, 23.
    Margriet, 41.
    Maÿken, 32.
    Meÿnart, 26.
    Sara, 34, 35.
    Trÿntie, 28.
    Trÿntje, 13.
    Willem, 11.

Barentse, Barent, 189.
Barentsze, Laúrens, 108.
Barentszen, Andries, 31.
  Lambert, 27.
  Meÿnert, 24.
  Simon, 27.
Barheidt, Geertruid, 191.
Barheit, Geertje, 132.
Barheÿt, Andries, 128.
Bark, Johannes, 189.
Barkelo, Elisabeth, 137.
Barker, Elisabet, 203.
  Maria, 160.
Barn, Henry, 261.
Barnes, Isaac, 199.
  Nancy, 266.
Barnet, Maria, 168.
Barnhard, Sara, 162.
Barnum, Semantha, 267.
  Wheeler, 268.
Barr, John, 227.
  Tobias, 256.
Barrat, Robbert, 230.
Barré, Francis, 154, 236.
Barrea, Effe, 263.
  Elizabet, 210.
  Francis, 240.
  John, 209, 257.
Barret, Francis, 262.
  Maria, 250.
  Thomas, 243.
Barron, Margaret, 214.
Barrow, John, 260.
Barrÿ, Charles, 128.
Barrÿck, Marÿcken, 94.
Barsjo, Abraham, 119.
Bartholf, Jasper, 276.
  Maria, 271.
Barthram, Johan, 11.
Bartis, Elizabet, 220.
Bartiaenszen, Hendr, 54.
  See Hendr Bastiaenszen, in Errata.
Bartlet, Elizabeth, 271.
  Thomas, 150.
Bartlett, Susannah, 272.
Bartlit, Jesaias, 126.
Bartol, Sarah, 136.
Bartolf, Garret, 258.
Barton, James, 275.
  Margaret, 199.
Bartor, Sarah, 101.
Bartow, Theodosius, 238.
Barwell, John, 245.
Barwick, Benjamin, 211.
  Elizabeth, 280.
  John, 198.
Bas, Aaltje, 130.
  Anna, 181.
  Hendrikje, 106.
  Herman Hendrickszen, 50.
  Jan, 122.
  Johannes, 163.
  John, 180.
  Willemÿna, 114.

Bass, Elsie, 234.
  Mary, 234.
Bassebek, Baerend Cornelisse, 121.
Basset, Frederik, 215.
  John, 215.
  Maria, 180.
  Michael, 129.
Bassett, Michiel, 76.
Bastiaansse, Marytje, 155.
Bastiaens, Annetje, 33.
Bastiaenszen, Cresce, 75.
  Francis, 71.
  Gerrit, 58.
  Hendrick, 37.
  See Errata. Metje, 31.
  Bastiens, Maryken, 55.
Bate, Alexander, 176.
Batery, Pieter, 99.
Bates, Elizabet, 216.
  John Gilbert, 268.
  Rachel, 249.
Baton, Rachel, 143.
Bats, Winnyfrid, 219.
Batsell, Ebenezer, 280.
Baty, Jane, 234.
Bauman, Sophia, 272.
Baumont, Sarah, 269.
Baxter, John, 259.
Baÿard, Anna Maria, 85.
  Ariaentje, 70.
  Catharine, 271.
  Elizabeth, 266.
  Hele[a], 152.
  Hester, 181.
  Júdith, 132, 136, 203.
  Margt, 238.
  Margaret, 271.
  Margareta, 169.
  Nicholaas, 191.
  Nicolaes, 32.
  Petrūs, 39, 91.
  Samúel, 82.
  Stephen, 143.
  Stephen N., 271.
  See Bayart, Baÿert.
Bayardts, Catharina, 44.
Bayart, Jacobús, 101.
  Nicolas, 149.
  Sara, 100.
  See Bayard, Baÿert.
Baÿarts, Samúel, 21.
Baÿer, Marÿ, 81.
Baÿert, Balthazar, 30.
Bayley, John, 175, 273.
  Simeon A., 267.
  See Baely, Bailey, Baily, Bayly, Bealy, Beelÿ.
Bayly, James, 171.
Bazely, William, 264.
Bealy, Rachel, 279.
Beamond, William, 236.
Beams, Peter, 279.
Bean, Daniel, 209.
Bear, George, 180.

Bear, Henry, 177.
Beard, Jeams, 72.
Bears, Elizabet, 197.
  Mary, 186.
Beaton, Johanna, 174.
Beaty, Edward, 250.
  Hanna, 237.
  Rachel, 250.
Beboút, Jacobús, 126.
Beck, Johannes, 26.
  Joseph, 220.
Becker, Elisabeth, 177.
  Eva, 215.
  Frederik, 146.
  Margaret, 197.
  Otto, 246.
Beckley, John, 265.
Bedlo, Isaac, 57.
  Isaacq, 85.
  Sara Catharina, 36, 48.
  Susanna, 156.
Bedloo, Isaac, 47.
Bedon, Eva, 224.
Bedlow, Hesther, 175.
  Isaac, 161.
  William, 180.
  See Bedlo, Bedloo.
Bedsword, Grace, 155.
Beeck, Anna Debora, 43.
  Cornelia, 36.
  Cornelis, 43.
  Willem Pieterszen, 59.
  See Beek, Van Beeck.
Beeckman, Cornelia, 39, 47.
  Cornelis, 31.
  Gerardús, 69.
  Henricús, 49.
  Johannes, 56.
  Maria, 49.
  Metje, 78.
  Neeltje, 72.
  Wilhelmús, 15.
  See Beekman, Beeckmans.
Beeckmans, Maria, 36.
  Metje, 69.
  See Beekman.
Beedell, Mariam, 193.
Beek, Aaltje, 97.
  Caleb, 101.
  Debora, 100.
  Nathaniel, 211.
  Willem, 121.
  See Beeck, Van Beeck.
Beekman, Abraham, 277.
  Adam, 169.
  Adriaan, 110.
  Catharina, 113, 171, 195.
  Charles, 100.
  Christoffel, 101.
  Cornelia, 139, 152.
  Cornelius, 178.
  Eady, 194.
  Effe, 216.
  Eliza, 272.

Beekman, Elisabet, 191.
Elizabeth, 269.
Eyda, 199, 211.
Gerard, 130, 174.
Gerard W., 183.
Hannah, 277.
Hendrik, 146.
Henry, 149, 267.
Henry (Junr), 256.
Hermon, 259.
Jacobús, 124.
James, 186.
Jane, 235.
Jemima, 210.
Johannes, 130.
John, 170, 171, 236.
Margaret, 271.
Margarita, 97, 169.
Maria, 145, 168, 275.
Martin, 142.
Mary, 271.
Rach^l, 148.
Samuel, 221.
William, 108, 123, 182, 257.
See Beeckman, Beeckmans.
Beel, Pieter, 181.
Beelÿ, Nathaniel, 43.
Beening, Egbert, 27.
Beerber, Johannes, 186.
Beeren, Jan, 25.
Beeslÿ, Jan, 66.
Beetch, Elizabeth, 222.
Beets, Alexander, 179.
Daniel, 121.
Thomas, 78.
Befoor, David, 67.
Beger, Maria, 95.
Behena, Thomas, 158.
Bekker, Elisabeth, 157.
Bekkerie, Maria, 135.
Bekkes, Godvrÿ, 118.
Bell, Andrew, 274.
Elisabet, 203.
Elizabeth, 262.
Isaac, 263.
James, 208.
John, 150, 254, 269.
Mattheús, 123.
Peter, 221.
Samuel, 164.
Bellany, James, 236.
Bellin, Johanna, 110.
Bellingram, Hanna, 12.
Belteworth, Patientje, 80.
Belville, Jan, 42.
Belÿn, Pieter, 91.
Benbroeck, Elisabeth, 87.
Bencham, Edward W^{lm}, 232.
Bengnoút, Jan, 47.
Benham, James, 235.
Bennet, Abraham, 227.
Agnes, 214.
Anne, 252.

Bennet, Anthony, 229.
Elisabet, 156.
Charity, 279.
Elizabeth, 256.
Jacob, 72.
Jan Willemszen, 69.
Jenny, 260.
Jeremiah, 257.
John, 235.
Maria, 45.
Mary, 199, 268.
Sarah, 248.
Thomas, 233.
Willem Willemszen, 61.
William, 191.
Bennett, Jacob, 267.
Jane, 274.
Benning, Margaret, 258.
Bennoë, Godefricús, 151.
Bensen, Cathar^a, 161.
Elisabet, 149.
Elisabeth, 115.
Hendrick, 183.
See Benson.
Bensing, Catharina, 136, 148, 159.
Cloé, 155.
Cornilia, 125.
Dirk, 109.
Elis^{bth}, 155.
Elizabeth, 131.
Eva, 127.
Henrik, 136.
Maria, 142.
Mattheús, 147.
Rachel, 159.
Samson, 158.
Samúel, 113.
Tryntje, 156.
See Benssing.
Benson, Abraham, 165.
Carolina, 154.
Catharina, 197.
Charity, 191.
Chloë, 164.
Elizabeth, 183.
Hanna, 160.
Helena, 166.
Herman, 169.
Jane, 265.
John, 207.
Judith, 175.
Margaret, 258.
Maritje, 129.
Rachel, 110.
Robert, 163.
Samson, 108, 160, 161, 214.
Samuel, 201, 211.
See Bensen, Bensson, Bensúm.
Benssem, Helena, 100.
Benssen, Catharina, 101.
Benssing, Cathalÿntje, 105.
Catharina, 128.
Hermanús, 97.

Benssing, Joh^s, 137.
Mattheús, 105.
Bensson, Robbert, 109.
Bensúm, Samson, 90.
Bentinck, Catalÿntie, 86.
Beranze, Anthony, 270.
Berbank, Lucas, 214.
Berck, Francina, 24.
Berckeloo, Daniel, 92.
Berckhoven, Rachel, 88.
Berens, Maria, 131.
Berg, Anna Veronica, 195.
Catharina, 165.
See Van Berg.
Bergen, George, 192.
John, 202.
Lettitia, 200.
Magdalena, 199.
Sara, 182, 200.
Berheight, Barent, 130.
Berkelo, Catharina, 139.
Jesÿntje, 143.
Berk, Johanna, 156.
Johannes, 98.
Bernard, George, 161.
Bernards, Maria, 13.
Willem, 13.
Berré, Isaac, 152.
See Berre, Berrÿ.
Berren, Tryntje, 164.
Berrian, Abigail, 244.
Isaac, 221.
Samuel, 253.
Sarah, 244, 253.
Dr. [William], 242.
See Berrien.
Berrie, Samúel, 133.
See Berrÿ.
Berrien, Daniel, 248.
Johan, 186.
John, 179, 212.
Nicolaas, 190.
See Berrian.
Berrow, Carolus, 238.
Berry, Abigail, 264.
Alida, 139.
Aphia, 134.
David, 228.
Debora, 110.
Jacob, 271.
Jacobús, 64.
John, 193.
Jonathan, 268.
Joseph, 111.
Lena, 134.
Martin, 217.
Mary, 204.
Mattheús, 133.
Samuel, 164.
Stephen, 243.
See Berrie.
Bertholf, Mary, 263.
Myntje, 279.
Bertine, James, 262.
Peter, 265.

Bertine, Sarah, 269.
Bertrand, Jane, 186.
Bes, Mary, 162.
Besonnet, Claúde, 109.
Best, William, 138.
Beth, Hezah, 274.
Bethloo, Isaac, 18.
Betlois, Isaac, 104.
Bettersworth,Elizabeth,271.
Betts, Aaron, 263.
   Nancy, 265.
Beunis, Simon, 226.
Bicker, Catherine, 267.
   Gerrit, 24.
   Jane, 242.
   Victor, 46.
   Waltr., 239.
Bickers, Aletta, 259.
   Ann, 235.
   Cornelius, 259.
   Henry, 174.
   Trÿntje, 33.
   See Bikker, Bikers.
Bidset, Helena, 87.
Bikker, Victoor, 132, 164.
Bikkers, Aaltje, 97.
   See Bicker, Bickers.
   Hanna, 120.
Bil, Abigael, 122.
   See Bill, Bills.
Biles, Sarah, 260.
Bill, John, 170.
   See Bil, Bills.
   Susanna, 157.
Billop, Maria, 113.
Bills, Lydia, 204.
Bimmer, Aaltje, 183.
Binder, Eva, 137.
Bingham, Maria, 261.
Birdall, Abraham, 200.
Birdgway, Elizabet, 211.
Bischop, Elizabeth, 232.
   Samuel, 262.
.Bishop, Mary, 257.
   William, 193.
Bisset, Elisabeth, 170.
   Ellen, 99.
   Jane, 164.
Bissett, Andrew, 117.
Black, Ann, 218.
Blackley, Davis, 267.
   Thomas, 269.
   See Blakslay.
Blacklidge, Maria, 274.
   Sara, 219.
Blacklock, John, 227.
Blaine, Alice, 204.
Blair, Catharina, 217.
Blake, Anna, 186.
   John, 198, 279.
   Jonathan, 190.
   Mary, 220.
   Susanna, 179.
   William, 193.
Blakely, Jane, 272.

Blaklits, Philip, 113.
Blakshaal, Alexander, 125.
Blakslay, Robert, 172.
   See Blackley.
Blan, Waldron, 196.
Blanchard, Lewis, 251.
Blancher, John, 160.
Blanchfield, Mary, 264.
Blanck, Agnietje, 194.
   Andrew, 261.
   Anna Margareta, 80.
   Casparús, 89.
   Catharina, 85.
   Claesje, 46.
   Cornelius, 193.
   Elsje, 33.
   Jeúriaen, 37.
   Margareta, 42.
   Mary, 139, 261.
   Paulus, 191.
   Sara, 185, 212.
   Susanna, 189.
   See Blank.
Bland, Ann, 223.
Blank, Abraham, 124, 163.
   Agnes, 160.
   Andrew, 205.
   Catharina, 120, 164.
   Catharine, 279.
   Cornelia, 112.
   Elizabeth, 160.
   Hester, 114, 124.
   Hesther, 162.
   Isaac, 113.
   Isaak, 182.
   Jacob, 262.
   Jakob, 205.
   Jeremia, 195.
   John, 190.
   John (jr.), 238.
   Johs, 139.
   Lambert, 188.
   Margrietje, 239.
   Maria, 145.
   Rachel, 196.
   See Blanck.
Blanvelt, Hermanns, 261.
   Isaac, 259.
   Mary, 256.
Blanthard, Jean, 80.
Blas, Adam, 114.
Bleam, Raedjert, 81.
Bleecker, Sarah, 269.
Bleeker, Henry J., 277.
   John, 232.
Bleen, Robbert, 147.
Blen, Edie, 157.
Blercom, William, 180.
Blerson, Phebe, 280.
Bleÿck, Ariaentje, 18.
Bleÿdt, Janneken, 89.
Bleÿers, Christina, 23.
Blinkerhof, Corn^a Hendr., 110.
Block,Willem Simonszen,38.

Block, Willem Sÿmonszen, 86.
Bloedtgoet, Ibel, 58.
   See Bloodgood.
Blom, Adriaan Jansse, 104.
   Anna, 209.
   Annatje, 157.
   Elisabeth, 125, 177.
   Elisabth, 156.
   Fredrick, 93.
   Fredrik, 113, 136.
   Hanna, 154.
   Hester, 160.
   Jacob Fredricxen, 86.
   Jane, 138.
   Margarite, 142.
   Sara, 143.
Bloodgood, Abraham, 261, 276.
   Joseph, 196.
   See Bloedtgoet.
Blÿenbúrg, Debora, 142.
   Francÿntje, 148.
Board, James, 272.
   Joseph, 271.
Boas, Albregt, 278.
Bochanan, Harriot, 248.
Bocke, William, 193.
Bockwits, Brayer, 85.
   Elisabeth, 85.
Boda, Jannetje, 22.
Boddy, William, 156.
Bodet, Jane, 144.
Bodin, Hester, 160.
   John, 161.
Boeckenhoven, Catharina, 185.
Boeckholt, Matthÿs, 84.
   Pieter Janszen, 91.
Boeckhoút, Anneken, 80.
   Engeltje, 80.
Boeders, Geertie, 32.
Boeg, Conradús Hendrickszen, 46.
Boekenhoven, Hillegond, 147.
   Sÿtje, 148.
Boekhout, Jan, 187.
Boel, Catharina, 191.
Boele, Abraham, 123.
   Catharina, 125.
   D^o Henricús, 143.
   Isaac, 111.
Boelen, Aefje, 40.
   Anna, 187.
   Cathar^a, 150.
   Elisabeth, 178.
   Hendricús, 129.
   Jacob, 45.
   Maria, 51.
Boelens, Annetje, 15.
Boenfar, Annatje, 127.
Boerden, Hester, 96.
Boerem, John, 269.

Boerum, William, Junior, 190.
Bogaars, Nicolaas, 106.
Bogaart, Adrian, 125.
Claasje, 120.
Cornelia, 148.
Hendrik, 100, 142.
John, 247, bis
Margrita, 152.
Maria, 124.
See Bogaert, Bogert, Boogaart, Uÿtten Bogaert.
Bogaerdt, Adriaen, 58.
Bogaert, Claes Janszen, 79.
Dirck Uÿtten, 88.
Elisab th, 154.
Pieter Janszen, 61.
Theúnis, 63.
See Bogaert, Bogert, Utten Bogaert.
Bogaerts, Grietje, 63.
Bogard, Albert, 249.
Annatje, 176.
Cornelius, 161.
Dorothea, 183.
Margarita, 173.
Nicolas, 176, 183.
Pieter, 168, 178.
Sara, 178.
Bogardús, Annetje, 50.
Blandina, 100.
Catharina, 74.
Cornelia, 65.
Everardús, 101.
Lúcrcia, 102.
Willem, 24.
Bogart, Abraham, 249, 278.
Belitie, 185.
Belitje, 174.
Christina, 217.
Corn l, 231.
Elisabeth, 160.
Hillegond, 174.
Bogart, Jane Onten, 239.
See Uitten Bogaert.
Jemima, 257.
Johannes, 92.
Margaret, 215.
Martinus, 157.
Tunis, 242.
Teuntje, 175.
William, 157, 183.
Bogert, Aaltje, 199.
Abigail, 256.
Adrian, 271.
Albert, 234, 280.
Ann, 280.
Annatje, 196.
Belida, 172.
Catherine, 262, 267, 273.
Cornelis, 133.
Cornelius, 256.
Cornelius J., 272.
Daniel, 267.

Bogert, David S., 266.
Elizabet, 204.
Elizabeth, 272.
Helen, 276.
Henry, 235.
Isaac, 192.
Jacobus, 188, 211.
Jakob, 220.
James, 192.
Jane, 261.
Johan Ulrich, 188.
John, 124, 160.
John N., 235.
John Cuten (Jun r), 263.
Lena, 191.
Magdalane, 260.
Maria, 266.
Martha, 219.
Martintje, 259.
Mary, 204, bis 240, 262, 268.
Nicholas, 209.
Nicholas C., 224.
Peter, 261.
Roelof, 276.
Boggs, Eve, 267.
James, 213, 215.
Boiles, Philip, 105.
Bois, Cornelius, 160.
See Du Bois.
Boke, Abraham, 137.
Elizabeth, 139.
Isaac, 143.
Jacob, 127.
Joh s, 123.
Maria, 113.
Tanneke, 130.
Bokee, Abraham, 168.
Abraham, 221, 272.
Johannes, 106.
Margrietje, 181.
Boket, Syntje, 164.
Willem, 119.
Bokey, Hanna, 193.
Bokké, Jaccomÿntje, 104.
Bokwel, Robbert, 146.
Bolen, Hendrick, 74.
Trÿntje, 50.
Bollard, Anneke, 141.
Bommerhof, Gabriel, 103.
Bomper, Anna Maria, 148.
Bon, Geertruy, 158.
Nicolaús, 133.
Rebecca, 137.
Bond, Ann, 233.
Catharina, 164.
Elisabeth, 177.
Pieter, 146, 172.
Samuel, 229.
Stephen, 236.
Bondt, Margarita, 101.
Bongardenier, Andries, 212.
Bonger, Albert, 263.
Bonnel, Mary, 205.
Bonnet, Daniel, 134.

Bonnet, Ellenor, 227.
Jannes, 149.
Lidia, 151.
Bont, Pieter, 166.
Boog, Gerrit Hendrickszen, 29.
See de Boog, V. Boog.
Boogaart, Janneke, 101.
Willem, 131.
See Bogaert.
Booljer, Maria, 97.
Boon, Frans, 85.
John, 234.
Boor, Willem, 72.
Booth, Mary, 153.
Bording, Hester, 67.
Bordings, Annetje, 40.
Borel, Matthias, 144.
Borger, Claes, 94.
Johannes, 70.
Joús, 66.
Pieter, 83.
Borgers, Lÿsbeth, 59.
Borhhausen, Gitty, 280.
Bork, (Rev.) Christina, 278.
Borres, Apollonia, 135.
Borris, Elisabeth, 140.
Borrough, John, 216.
Borrowe, Samuel, 220.
Borrÿ, Jeremias, 93.
Borsjes, Elisabeth, 110.
Elisabet, 159.
Borten, Annetje, 121.
Bos, Jan, 45.
Bosch, Albartús Coenradús, 99.
Albert, 33.
Albertus, 164.
Anneken Jans, 77.
Barend, 145.
Barent Janszen, 69.
Brand, 147.
Cornelia, 85.
Elisabet, 145.
Elisab th, 172.
Elsje, 154.
Geesje, 123.
Hendrick, 88.
Hillegond, 89.
Jacob, 121, 171.
Jeúriaen, 81.
Jústus, 85.
Maria, 152.
Maÿken Janszen, 86.
Rebecca, 169.
Saertje, 88.
Bosh, Gerritje, 133.
Maria, 106.
Boshart, Jakob, 183.
Boskerk, Abraham, 234.
Catharina, 246.
See Van Boskerk, Von Boschkerk.
Boskerke, Anna, 176.
Jeremiah, 177.

Boss, Sara, 216.
  Susanna, 197.
Bossen, Philip, 101.
Bostzone, Gowing, 90.
Bosÿ, Clara, 95.
Bothwel, Ann, 230.
Bott, Robert, 170.
Botten, Nancy, 222.
Bouchier, Margaret, 255.
Boúdens, Maÿken, 56.
Boum, Thomas, 270.
Boúman, Elisabeth, 142.
  John William, 231.
  Súsanna, 133.
  See Bouwman, Bowman.
Bourdet, Leah, 260.
  Susanna, 197.
Bourowes, Ann, 247.
Boúrten, Anna, 78.
Bousbeck, Elizabeth, 185.
Boutto, Wert, 174.
Boúwens, Marie, 16.
Boúwkens, Geertie, 12.
Boúwman, Jacob, 133.
  Pieter, 152.
  Thomas, 166.
  See Bouman, Bowman.
Boúwne, Elisabeth, 63.
Bowden, John, 161.
Bowhend, John, 242.
Bowman, Catharina, 210.
  Christina, 271.
  Eliza, 278.
  Joseph, 279.
  See Bouman, Bouwman.
Bown, Samuel, 275.
Bowÿer, Amas, 62.
  Lÿdia, 62.
  Samuel, 164.
Boyd, Ebenezer, 218.
  Eliz., 226.
  Sara, 230.
Boyers, Samuel, 207.
Boyl, Hanna, 194.
  Mary, 260.
Boyle, Robert, 196.
Boyles, Mary, 201.
Boÿll, Willem, 40.
Bracade, Sara, 240.
Braconie, Aeltje, 13.
Bradborne, Humphrey Jones, 209.
Bradbúrn, Richard, 149.
Braddÿs, Jeams, 24.
Bradford, Cornelius, 235.
  Susannah, 268.
  William, 126.
Bradley, Jane, 214.
Bradt, Anna, 164.
  Barend, 169.
  Francis, 156.
  Isaac, 157.
  Jacob, 85.
  Jane, 141.
  Rebecca, 94.

Bradt, Súsanna, 132, 152.
Brady, Elisabeth, 180.
  John, 141.
  Josiah, 280.
  Maria, 278.
  Mary, 203.
Braesier, Hendrik, 121.
  Lúcas, 141.
  See Brasier.
Braesiers, Geesje, 109.
Braesja, Abrah^m, 157.
Braesjer, Isaac, 139.
Braetburn, John, 196.
Bragier, John, 155.
Braid, Lois, 245.
Braig, John, 226.
Braine, Meriam, 238.
Braisher, Aaltje, 186.
Brakkers, Henrÿ, 151.
  Johanna, 130.
Brand, William, 225.
Brandt, Mary, 262.
  Sara, 11.
Brandts, Maria, 16.
Brannen, Jamaime, 228.
Brant, Jan, 180.
Bras, Adolph, 156.
  Anna, 130.
  Catharina, 126.
  Gerrit, 124.
  Geertje, 119.
  Henry, 200.
  Lea, 152.
  Leentje, 172.
  Maria, 239.
Braser, Cathalyntje, 221.
  Mary, 232.
Brasher, Abraham, 175.
  Cornelia, 262.
  Elizabeth, 257.
  Ephraim, 274.
  Gasherie, 270.
Brashier, Lawrence, 278.
Brasier, Catharina, 192.
  Catherine, 275.
  Elizabet, 190.
  Hendrik, 115.
  Henricus, 222.
  Henry, 147.
  Sara, 213.
  Susanna, 104, 215.
  See Breasjer, Breasier, Braesiers, Braesja, Braesjer, Braisher, Bragier, Brasher, Brashier, Brassier, Brazier, Braÿzer, Braser, Bragier, Brazer, Breesier.
Brass, Adriaan, 212.
  Catharina, 195.
  Jean, 239.
  Maria, 203.
  Ursella, 125.
Brasser, Gerrit Hendrickszen, 67.

Brassier, Ephraim, 224.
Bratt, Anna, 144.
  Catharina, 197.
  Debora, 196, 203.
  Elizabeth, 276.
  Isaacq, 93.
  Margarita, 191.
  Magdalena, 192.
  Maria, 190.
  Marÿ, 116.
  Nicolaas, 175.
  Pieter, 224.
Bratton, Marÿ, 113.
Braún, Jan, 28.
Brawford, Hugh, 153.
Bray, Thomas, 194.
Braÿzer, Sarah, 125.
Brazer, John, 161.
Brazier, Ephraim, 166.
Bready, Effie, 233.
Breaker, Margaret, 137.
Breasjer, Maria, 180.
Breastead, Catherine, 262.
Breasted, Margaret, 230.
  Mary, 197.
  See Breedstede, Breestede, Breestee, Breestede, Brestede, Breested.
Breda, John Frederick, 274.
Bredenbent, Wilhem, 13.
Bredon, Christina, 264.
Breedstede, Geertrúÿd, 64.
  Maria, 64.
  Trÿntie, 60.
  See Brestede, Breasted, Brestede.
Breemer, David, 217.
Breese, Elizabet, 212.
Breesier, David, 198.
  Magdalena, 228.
  See Brasier.
Breestede, Geertje, 185.
  Jan, 90.
  Pieter, 59.
  Simon, 60.
  See Breesteed, Brestede.
Breestee, Engeltje, 42.
  Pieter, 42.
  See Brestede, van Breestee.
Breesteed, Andrew, 215.
  See Brestede.
Breesy, Ann, 215.
Brefoort, Hendrick, 90.
Bregan, Esther, 216.
Bremer, Adam, 34.
Bres, Hendrik, 118.
Breser, Abraham, 69.
  Henrÿ, 57.
  Isaacq, 68.
  Sara, 69.
Bresert, Mary, 87.
Bresiel, Dorathee, 64.
Bresseler, Elisabeth, 130.
Brestede, Andries, 170.

Brestede, Anna, 159, 166.
  Catharina, 187.
  Elisabth, 154.
  Elizabeth, 184.
  Engeltje, 107.
  Gerrit, 161.
  Helena, 144.
  Hendrik, 159.
  Henry, 141.
  Jenneke, 111.
  Johannes, 110.
  John, 167.
  Joh^s, 111.
  Lucretia, 199.
  Maria, 112, 159, 164.
  Petrus, 103.
  Rachel, 148.
  Rebecca, 148.
  Simon, 165.
  See Breastead, Breasted, Breedstede, Breestede, Breestee, Bresteed.
Bresteed, Andries, 125.
Brett, John, 277.
Brevet, George, 124.
Brevoor, Elias, 95.
  See Brevoort.
Brevoort, Elias, 175.
  Hendrik, 165.
  Henry, 197, 216.
  Hester, 258.
  Jacomÿntje, 136.
  Jemima, 224.
  Jemine, 247.
  Joh^s, 146.
  John, 241, 251.
  See Brevoor.
Brevoost, Elias, 167.
  Hendrik, 104.
  Jannetje, 96.
Brewau, Mary, 249.
Brewer, Aaron, 276.
  Agnes, 245.
  Christian, 261.
  Hannah, 196.
  Johan, 195.
  Lena, 127.
Brewerton, Elizabeth, 198.
  George, 120, 217.
  Hanna, 224.
  Jacob, 203.
Brewster, James, 201.
  Samuel, 267.
Breÿend, Wÿntje, 103.
Breÿn, Rebecca, 129.
Brezier, Henrÿ, 13.
Brichell, Margaret, 224.
Bricon, Salomon, 117.
Brieding, Jan, 95.
Briell, Magdaleen, 19.
Brien, Hannah O., 276.
Brigs, David, 236.
  Walter, 263.
Briks, George, 173.
Brillensfeld, Johan Willem, 169.

Brinckerhoff, Catherine, 265.
  Dirck, 222.
  Elizabet, 187.
  Isaac, 260.
  Lucretia, 238.
  Stephen, 190.
  See Blinkerhof, Brinkerhoff.
Brine, John, 83.
Brinen, George, 250.
Brink, Annetje, 231.
Brinkerhof, Jane, 244.
  Joris, 169.
  Margaret, 210.
Brinkerhoff, Abrah^m, 239.
  Catharina, 182.
  Dirk, 183, 206.
  Henry, 226.
  Neeltie, 202.
  Richard, 206.
  See Blinckerhof, Brinckerhoff.
Brisben, William, 157.
Brit, Elisabeth, 251.
Britel, Margarit, 122.
Britaú, Jane, 141.
Britanÿ, Joseph, 122.
Brits, Margrite, 165.
Broad, Maryanne, 199.
  William, 249.
Broadburn, Elisabeth, 187.
Brockhorst, Anthonÿ, 63.
Brockist, Mary, 257.
Broek, Johannes, 176.
  Michiel, 164.
Broekman, Godfried, 212.
Broene, Edward, 119.
Bromer, Jacob, 278.
Brookman, Henry, 204.
Brooks, Coenraad, 278.
  Jane, 176, 279.
  John, 216.
  Maria, 191.
  Mary, 276.
  Reuben, 258.
  Richard, 246.
Broúcka, Maria, 78.
Broughton, John, 161.
Broúgthon, Andreas, 105.
Broún, John, 116.
  Súsanna, 145.
  Thomas, 149.
Broút, Sara, 13.
Brouwer, Abraham, 170, 208, 223, 249.
  Adam, 13.
  Ann, 208, 220.
  Anna, 182.
  Antje, 124.
  Charles, 208.
  Cornelis, 144.
  Cornelius, 160.
  David, 213, 238.
  Elisabeth, 123, 243, 251.
  Elizabeth, 256.

Brouwer, Ellenor, 229.
  Everardus, 163.
  Gharababack, 208.
  Hannah, 241.
  Helena, 122, 246.
  Hester, 275.
  Isaac, 226, 251.
  Jacob, 111, 176, 245, 248, 253, 279.
  Jacobús, 50.
  Jakkomeintje, 250.
  Jakob, 204, 226.
  Jane, 199, 212, 243, 253.
  James, 275.
  Jemima, 247.
  Jeremia, 133, 195.
  Jeremiah, 182.
  Jeremias, 144.
  John, 157, 201, 232, 267.
  Lena, 151.
  Letty, 203.
  Magdalena, 75, 144.
  Maria, 129, 188, 191.
  Marietje, 184.
  Mary, 203, 226.
  Mathÿs, 36.
  Peternel, 225.
  Peternelletje, 229.
  Pieter, 135, 182, 184.
  Rachel, 202, 254.
  Samuel, 241.
  Sara, 171, 207, 212.
  Seÿbrand, 106.
  Susanna, 191.
  Ulrig, 114.
  Willemÿntje, 116.
  William, 111.
  See Brower.
Brouwerin, Regina, 202.
Brouwers, Aeltje, 51.
  Helena, 49.
  Jannetje, 42.
  Marritie, 61.
  Marÿ, 42.
  Sara, 55.
Brouwn, Catharina, 202.
  David, 195.
  Elizabet, 226 bis.
  John, 172.
  Maria, 147, 154.
  Robert, 204.
  Thomas, 189.
  See Brown.
Broúws, Walter, 87.
Brower, Abrah^m, 237 bis, 270.
  Ann, 209, 215.
  Catharine, 273, 279.
  Daniel, 209.
  David, 271, 275.
  Dianna, 262.
  Effy, 260.
  Elisabeth, 217.
  Elizabeth, 279.
  Henry, 274.

Brower, Jacob, 200, 271.
　Jane, 232, 270.
　John, 202, 230, 260, 279.
　Lawrence, 260.
　Nicholas, 270, 275.
　Maritje, 258.
　Mary, 261, 265.
　Peter, 270.
　See Brouwer.
Brown, 261.
　Alexander, 190.
　And^w, 266.
　Ann, 193.
　Catharina, 130.
　Catharine, 272.
　Diana, 272.
　Eliza, 270.
　Ephraim, 164.
　Hannah, 233.
　Isabella, 195.
　Maria, 102, 166.
　Mary, 228, 234, 258, 280.
　Nathaniel, 127.
　Richard, 266.
　Samuel, 180, 194.
　Susanna, 276.
　Thomas, 176, 256.
　William, 166, 212, 260, 264, 268.
　See Browne, Brouwn.
Brownan, Ann, 219.
Browne, Hanna, 124.
Browning, Samuel, 209.
Brownjohn, Elizabeth, 265.
　Mary, 267.
Brúce, Gisaline, 136.
　Johanna, 213.
Bruff, Charles Oliver, 214.
Brúgman, Hermanús, 104.
Bruks, Elizabet, 222.
Bruse, James, 204.
Brush, Crean, 220.
Bruson, Anke, 27.
Brúÿn, Anna, 91.
　Barend, 121.
　Geesje Anna, 81.
　Hendrik, 115.
　Johannes, 97.
　Marie, 46.
　See De Bruÿn.
Brúÿsen, Hacke, 18.
Bryan, Henry, 213.
　Hugh, 214.
　John, 234.
Bryant, James, 211.
　William, 201, 257.
Brÿll, Andries, 52.
Bryn, Archibald, 222.
　Isabella, 146.
Buch, Catharina, 177.
Bucham, William, 197.
Buchannan, Elizabeth, 258.
Búchett, Petronella, 134.
Buckenhoven, Anna, 200.
Buckhout, Pieter, 171.

Búd, Thomas, 133.
Budd, Thomas, 240.
Bugby, Sarah, 256.
Búgúet, Michael, 12.
Búhailson, Elisabeth, 124.
Buierma, 267.
Búis, Francois, 110, 118.
　Jannetje, 118.
Bukmaster, James, 229.
Búldering, Geertrúÿd, 26.
Buliod, Robert, 274.
Búllack, Maria, 11.
Búlleaú, Agnis, 134.
　Margarith, 141.
Bullock, Elizabeth, 275.
Búlsing, Alexander, 151, 155.
　Neeltje, 153.
Bundige, Mary, 226.
Bune, William, 251.
Bunn, Mary, 209.
Bunnel, Phoebie, 223.
Bunster, John, 202.
Búntin, Cornelia, 117.
Búnting, Benjamin, 104.
Burbank, Elizabet, 202.
Burck, Thomas, 154.
Burcke, Mary, 201.
Búrcharts, Catharÿn, 21.
Burchhardts, Maria, 28.
Burford, George, 211.
Burger, Ankey, 193.
　Anna, 134.
　Carste, 119.
　Catharina, 119, 127, 165.
　Catharine, 229.
　Claes, 48.
　Cornelia, 189.
　Daniel, 166, 232.
　Eleana, 271.
　Eleanor, 136, 179.
　Elisab^t, 133.
　Elisabeth, 118.
　Elizabn, 127.
　Elizabeth, 233.
　Engeltje, 107, 181.
　Eva, 158.
　George Himmels, 224.
　Geertrúÿ, 143.
　Gerrit, 73.
　Hanna, 125.
　Jannetje, 194.
　Johannes, 144.
　John, 168, 271.
　Maria, 134.
　Marten, 153.
　Nancy, 246.
　Nicolaas, 142.
　Nicolas, 181.
　Pieter, 155.
　Reÿnier, 129.
　Sara, 144, 157, 178.
　Susanna, 209.
　Warnar, 150.
Búrgers, Elsje, 39.
　Lÿsbeth, 48.

Búrgers, Marÿ, 126.
Burges, Elisabet, 207.
　Frances, 149.
Burgess, Thomas, 249.
Burjaux, Catharina, 170.
Burjeaux, Gerard, 165.
Burk, Mary, 201, 261.
　Patrick, 239.
Burke, Johan, 196.
Burling, Elizabeth, 257.
　John, 279.
　Lancaster, 202.
　Peleg, 194.
　Phebe, 142.
Burn, James, 278.
　Robert, 134.
Burnet, Elizabeth, 279.
　John, 146.
　Margaret, 225.
Burns, Amelia, 236.
　Ann, 210, 254.
　Hanna, 198.
　John, 258.
Búrras, John, 136.
　Margaret, 271.
Burrass, William, 279.
Burrell, Mary, 262.
Burrenhart, Jorsie, 190.
Burrens, Elizabeth, 234.
Burrin, James, 201.
Burris, Hetty, 277.
Burroughs, John, 206.
Burrows, Laurens, 174.
　Phillis, 270.
Burt, Axford, 180.
　Hanna, 224.
Burtell, Pieter, 102.
Burton, Rachel, 266.
　Thomas, 268.
　William, 228.
Burtsel, William, 252.
Burwick, Catharine, 252.
Bús, Eytje, 119.
　Nicolas, 144.
Busch, Edward, 204.
　Elizabet, 224.
　Jannetje, 139.
Buschalk, Laurence, 217.
Bush, Ann, 264.
　Anna, 197.
　Catharina, 183.
　Dintye, 276.
　Elizabeth, 268.
　Isaak, 203.
　John, 264.
　Sarah, 255.
　See Busch.
Bushea, Mary Anne, 174.
Buskerk, Coll., 250.
　Joost, 186.
Buskirk, Margariet, 191.
Bussen, Pieter, 92.
Bussey, Jane, 180.
　Magdalen, 191.
Bussing, Aarnout, 180.

Bussing, Aaron, 265.
Abraham, 219, 251.
Catharina, 200.
Catharine, 273.
Elisabeth, 126.
Elizabeth, 239.
Engeltje, 105.
Eva, 163, 193.
Geesje, 129.
Henry, 241.
Herman, 106.
Isaac, 163.
Johannes, 139.
Johs, 143.
John, 183, 245, 257.
Maria, 138.
Mary, 213, 241, 263.
Peter, 267.
Rachel, 199.
Rebeccah, 199.
Sara, 204.
Súsanna, 143, 264.
Susannah, 259.
William, 263, 266.
Bússÿ, James, 107.
Butler, Anna, 165.
Hanna, 238.
Mary, 268.
Parnell, 231.
William, 133.
Butzaren, Apollonia, 180.
Butter, Michael, 198.
Búttler, Pieter, 106.
Búvelot, Jaqúes, 151.
Buyce, Hannah, 233.
Mary, 264.
Buys, Elisabet, 182.
Elisabeth, 149.
Hanna, 155.
Hilletje, 158.
Johannes, 112.
John, 147.
Maria, 163.
Matthew, 184.
Willemtje, 135.
Buyster, John, 233.
Búytenhúÿsen, Margrietje, 50.
Bydder, Richard, 172.
Byerson, John, 216.
Býfieldt, William, 115.
Býrchall, Samúel, 131.
Byron, Eleanor, 279.
Bývanck, Anna, 78.
Catharine, 267.
Evert, 75, 239.
Helena, 70, 89.
John, 257.
Maria, 264.
Mary, 204.
Petrus, 196.
See Bývank.
Bývang, Jan, 32.
Johannes, 96.
Bývangk, Jan, 73.

Bývank, Antony, 103.
Belitje, 160.
Evert, 148.
John, 232.
Maria, 119.
See Bývanck, Bývang, Byvangk.

C

Caar, Anna, 173.
Hanna, 147.
William, 169.
Cabelier, Antje, 202.
See Chavelier.
Caddemis, Didrik Frederikze, 129.
Caddle, Alexander, 265.
Caddoun, Joseph, 154.
Cadmus, Cornelius, 172.
Cadwise, Sara, 229.
Caernouch, Archibald, 223.
Caes, Maria, 158.
Caklen, Martha, 210.
Calder, Mary, 207.
Caler, Philip, 250.
Calfort, Marytje, 221.
Calicham, Margariet, 213.
Calker, Jochem, 23.
Callaghane, Owen, 139.
Callé, Margriet, 118.
Caller, James, 135.
Calschut, Matthias, 153.
Cambell, Rachel, 205.
Cameron, Alexander, 244.
Even, 245.
Nancy, 277.
Cammegaarn, Isebrand, 143.
Cammel, Catharine, 229.
Maria, 223.
Cammenga, Rachel, 186.
Cammings, Frenatje, 180.
Campbel, Eggy, 238.
Susanna, 244.
Campbell, Alexander, 169, 271.
Ann, 243.
Archibald, 256.
Charles, 218.
Duncan, 210.
Elizabet, 193.
Hannah, 267, 278.
Jared, 274.
John, 259, 268.
John Romeyn, 267.
Loghlin, 261.
Mary, 226, 266, 274.
Mary Ann, 264.
Sarah, 267.
Thomas Boston, 278.
William, 259, 274.
Campell, Hanna, 215.
Malcolm, 173.
Campford, Mary, 200.
Campion, Charles, 203.

Canby, James, 191.
Candell, William, 233.
Candy, Catharina, 235.
Dennis, 210.
Candle, Hester, 272.
Canklin, Charite, 145.
Cann, John, 238.
Cannel, Michiel, 104.
Cannely, Maria, 163.
Cannon, Abraham, 148, 204.
Catharina, 172, 204.
Jannetje, 129.
John, 201.
Maria, 148.
Mary, 199, 250.
Canon, Andries, 167.
Cornelia, 171.
Ester, 147.
Jan, 86.
Pieter, 154.
Sara, 168.
Willemynte, 179.
See Cannon.
Canterbúry, Martha, 134.
Cantine, Nathaniel, 231.
Caper, Cornelis, 21.
Capido, Mathÿs, 16.
Cappoens, Christina, 24.
Cardee, Willjam, 160.
Careleÿ, Hans, 35.
Carell, Batsheba, 235.
Carelszen, Hans, 56.
Cargile, Jannitje, 174.
Carlee, Anna, 85.
Maria, 79.
Carligh, Dolf, 269.
Carlock, Abraham, 279.
Carman, Joshua, 231.
Mary, 212.
Thomas, 277.
Carmer, Aaltje, 182.
Margaret, 272.
Nicholas, 240.
Carns, Cornelia, 278.
Carolius, Pieter, 211.
Carpenter, Edward, 277.
Mary, 213.
Carr, Elisabet, 159.
Elisabeth, 139.
Elizabeth, 276.
David, 127.
Jesina, 172.
John, 171.
Joseph, 235.
Peter, 214.
Carrel, Edward, 199.
Carrol, Mary, 225.
Carstang, Catharina, 169.
Jan, 155.
Jannetje, 161.
Judith, 169.
Carstens, Hendrick, 34.
Cartenszen, Claes, 13.
Wolfgang, 26.
Carter, Eduward, 207.

Carter, James, 122.
　Jane, 275.
Carther, Anna, 191.
Cartwright, Catharina, 200.
Carus, John, 203.
Carver, William, 266.
Cary, Johannah, 252.
Casady, Jane, 266.
Case, Rebecca, 248.
　William, 214.
Casey, Adam, 241.
　William, 213.
Cashon, Wilhelmina, 261.
Casie, Jan, 46.
Casiers, Hester, 42.
　See Cassier.
Casjoú, Johannes, 46.
Caspar, Antony, 145.
Cassady, Dennis, 272.
Cassidy, Elizabeth, 264.
Cassier, Philip, 35.
　See Casiers.
Casson, Mary, 268.
Castean, Sara, 230.
Caster, Ann, 250.
Caston, Hanna, 252.
Castor, Roche, 262.
Catharina (negrinne), 24.
Catharina, 223.
Catharine, 273.
Catharÿn, Anna, 12.
Cathnus, David, 208.
Catlin, Lynde, 269.
Cavalier, Johannes, 135.
　Pieter Gerardús, 74.
Caveleer, Cornelia, 104.
Cavelier, Cornelia, 164.
　Elenor, 168.
　Henrÿ, 136.
　See Chavelier, Chevelier, Caveleer.
Ceary, Catrin, 156.
Cebra, James, 98.
Ceely, Marg^rth, 154.
Cerant, Grees, 66.
Ceverly, Jane, 258.
Chadwick, James, 249.
　Thomas, 184.
Chadwyck, Joseph, 260.
Chahaan, Jannetje, 158.
　Neeltje, 141.
Chaigneaig, Pieter, 87.
Chairman, Adrianus, 237.
Chalebot, Stephe, 118.
Chamberlain, Andrew, 277.
Chambers, Abraham Gaasbeek, 100.
　John, 161.
　Mary, 211.
Chamel, James, 23.
Champlin, Uriah O., 277.
Chandler, Eli, 279.
Chapman, Elisabeth, 137.
　George Warren, 261.
　James, 270.

Chappel, Christiana, 205.
　Hannah, 218.
　Peter, 220.
　William, 183.
Chapple, Benjamin, 259.
Chardavoine, Isaac, 147.
Chardavoyne, Elias, 196.
Chardevoin, Jane, 219.
Chardevoyne, Ann, 279.
Chardorine, Elizabet, 222.
Chardovoyne, Ann, 206.
　See Chardevoyne.
Charles, Nathaniel, 141.
Chartes, Annatje, 150.
Chase, Anna, 258.
　Susannah, 260.
Chaspels, Elisabt, 90.
Chauncey, Isaac, 276.
Chavelier, Pieter, 85.
　See Cavelier, Chevalier.
Cheadevoyne, Isaac, 237.
　See Chardavoine.
Cherriks, Vrouwtje, 170.
Chevalier, Helena, 190.
　See Chavelier.
Chichister, Margareta, 174.
Child, Abraham, 266.
　Catharina, 168, 202.
　Thomas, 131.
Childs, Frances, 248.
　John, 204.
　Mary, 278.
Cholwel, Hanna, 210.
　John, 153.
Chorwal, Elizabeth, 259.
Chrisman, George, 277.
Christiaansz, Pieter, 99.
Christiaansze, Stoffel, 101, 107.
Christiaens, Metje, 85.
　Pieter Hendrickszen, 23.
Christiaenszen, Cornelis, 66.
　Hans, 24, 31.
Christian, Margarit, 208.
Christie, James, 269.
　Mary, 210.
Christina, Anna, 212.
Christoffels, Annetje, 24.
Christoffelsz, Jan, 103.
Christopher, ——, 268.
　Barent, 234.
　John, 270.
Christy, Allex, 254.
Churchwell, John, 179.
Chushowd, Agnietje, 176.
Cilde, Francis, 126.
Cinsinning, Joh^s, 146.
Cisco, Jan, 143.
　Súsanna, 138.
Claasse, Christina, 123.
　Jan, 106.
　Maria, 169.
Claasz, Geertje, 100.
Claasze, Neeltje, 112.
Claerce, Maria, 50.

Claerhoút, Belitje, 74.
　Walraven, 33.
Claes, Aeltje, 25.
　Annetje, 50.
　Folckje, 20.
　Geertje, 19.
　Geertrúÿd, 27.
　Jannetje, 23, 35, 82.
　Keltie, 71.
　Lÿsbeth, 32, 69.
　Marritje, 26, 43.
　Marten, 34.
　Sebastiaen, 24.
　Valentÿn, 27.
　Vroúwtje, 54.
Claesen, Dirck, 29.
Claeszen, Andries, 21.
　Claes, 15, 46.
　Dirck, 16.
　Frans, 36.
　Hendrick, 30.
　Jacob, 39.
　Marten, 22.
　Melchior, 38.
　Melle, 44.
　Mellen, 51.
　Simon, 19.
　Simon, 60.
　Sÿbolt, 13.
Clambush, Christopher, 273.
Clare, Mary Ann, 148.
Clarck, Richard, 223.
　See Clark.
Clarckzon, Elizabeth, 185.
Clark, Catharina, 177.
　Deborah, 278.
　Elisabeth, 260.
　Jane, 226.
　John, 150.
　Martin, 252.
　Martinus, 179.
　Mary, 213, 263.
　Sally, 272.
　See Clarck, Clark, Clarck.
Clarke, Abigail, 267.
　Agness, 261.
　Alexander, 122.
　David, 266.
　Ebenezer, 270.
　James, 267.
　John, 252.
　Jonathan, 253.
　Mary, 261, 275.
　Richard, 262.
　Thomas, 241.
　William, 205.
　See Clarck, Clark, Clearck.
Clarkson, Mattheeúw, 71.
　See Clarckzon.
　William, 150.
Class, Elizabeth, 274.
Claton, Sarah, 278.
　See Clayton.

Claxton, Alexander, 193.
Clay, Mary, 231.
Clayton, Stephen, 226.
  See Claton.
Clayty, John, 276.
Clearck, Josias, 79.
Cleen, Ulderick, 10.
Clemens, Edward, 257.
  Jannetje, 217.
  Thomas, 227.
Clement, David, 17.
Clendenning, Ann, 243.
Clerck, Margarita, 16.
Clerk, Ellinor, 154.
Clerment, John, 274.
Clinton, Alexander, 195.
  Sir Henry, 170.
Clitz, John Cristopher, 256.
Clock, Albert, 57.
Cloff, Annatje, 111.
Clokkenaar, Tytje, 176.
Cloppenbúrg.
  See Cornelis Janszen, 24.
Clopper, Ann, 238.
  Catharina, 227.
  Catharine, 241.
  Cornelis Janszen, 22.
  Cornelius, 180, 194.
  Elisabet, 233.
  Henry, 186.
  Heyltje, 161.
  Johannes, 55, 64.
  John, 157. See Klopper.
Cloppers, Catalina, 60, 72.
  Dina, 92.
  Margrietje, 52.
Clossen, Anthony, 249.
Clouer, Maria, 173.
Cluer, Richard, 153.
Clúthwordy, Anna, 101.
Clowdy, Maria, 164.
Cº, Sara, 166.
Cobb, Elizabeth, 269.
  William, 198.
Cobrÿ, Barber, 29.
Cocher, Janneken, 63.
Cochran, William, 260.
Cock, Catharine, 98.
  Edi, 147.
  Edward, 134.
  Hester, 272.
  Maria, 170.
Marten Abrahamszen, 51.
  Pieter, Laurenszen, 21.
  Stephen, 275.
  See Cocks, Kocks.
Cockcroft, William, 177.
Cocks, Nicolaas, 234.
  Robert, 216.
  See Cock, Kocks.
Cocqúÿt, Joost Janszen, 28.
Coddington, Abigail, 263.
  John, 257.
Codebeck, Jacob, 81.
Codmus, Peter, 200.

Codwise, George, 203.
  George (Junr.), 264.
  Maria, 269.
Codwys, Ruth, 175.
Coe, Margaret, 213.
  See Cº.
Coek, Antje, 145.
  Richard, 170.
Coel, Adriaen Dirckszen, 46.
  Aeltje Barents, 26.
Coelback, Mary, 206.
Coelie, Cornelia, 149.
  See Coelÿ.
Coelÿ, Debora, 78.
  Dina, 105.
  Elisabeth, 65.
  Lidia, 79.
  Maria, 91.
  Wilhelmús, 92.
  See Coelie, Colÿ, Cooley.
Coeman, Andries, 125.
Coen, Maria, 106.
Coenert, Catharina, 175.
Coenraats, Octavio, 99.
Coenraets, Femmetje, 34.
  Ursel, 26.
Coens, Catharina, 177.
  Hanna, 185.
  Jakob, 177.
  Johs, 114.
Coerte, Margarta, 155.
Coese, Peter, 274.
Coest, Andrew, 197.
Coevers, Bregon, 140.
  Sara Theúnis, 47.
Cofram, Robert, 203.
Coin, Martin, 194.
Cokkin, Margriet, 183.
Coks, Mary, 226.
Colden, Cadwallader C., 241.
  Margareth, 233.
  Thomas, 245.
Colder, Susannah, 249.
Cole, Abraham, 205.
  Henrÿ, 114.
  Jannetje, 263.
  John, 267.
  Mary, 247.
  Thomas, 257.
  See Coles.
Colecraft, Margaret, 220.
Colegrove, Francis, 219.
  Jane, 264.
Coleman, Samuel, 181.
  Sarah, 277.
Colenbergh, William, 264.
Coleony, Isaac, 134.
Coles, James, 236.
Colet, Aeltje, 13.
  See Collet.
Colevelt, Aeltje, 68.
  Beatrix, 78.
  Hanna, 88.
  Marÿ, 88.
Colff, Jacob, 30.

Colgan, John, 169.
Coljer, Jacobús, 91.
Coljers, Lena, 133.
  Margritje, 121.
Colland, Abraham, 269.
Collard, Edward, 193.
  James, 260.
  Jeremiah, 241.
Collet, Pieter, 12.
  See Colet.
Collewill, Thomas, 215.
Colley, Joseph, 194.
Collins, Artur, 156.
  George, 216.
  Jane, 194.
  Mary, 249.
  Thomas, 215.
  William, 243,
Colloston, Hugh, 173.
Colner, Catharina, 233.
Colve, Jacob, 81.
Colÿ, Johannes, 31.
Colÿn, Thomas, 22.
Combes, Margaret, 269.
Comfort, Margareta, 117.
Compton, Lydia, 260.
Comte, Jan, 40.
Concklin, Melenis, 189.
  See Conklin, Conklinc.
Concklingh, Margaret, 207.
Condreman, Philip, 262.
Conelly, Francoisse, 117.
  John, 169.
  Margaret, 218.
Confort, Catharina, 161.
  Gerardús, 119.
  See Comfort.
Conihane, William, 133.
Conin, Johanna Maria Lo-
  wisa, 114.
  See Conine, Conÿn.
Coninck, Cathalÿntie, 35.
Conincks, Jannetje, 13.
Conine, Leonard, 254.
  See Conin.
Coning, Janneke, 232.
Conings, Catalÿntie, 38.
Conklin, David, 260.
  George, 275.
  James, 267.
  Mary, 264, 276.
  Tamar, 264.
  William, 261, 272.
  See Concklin.
Conklinc, Melines, 252.
Connaly, Hanna, 205.
Connel, Sara, 238.
Connell, Elizabeth, 262.
Connelly, James, 280.
  See Connaly.
Conner, Mary, 227.
Connor, John, 268.
Conoway, Terrence, 197.
Conselyea, Sarah, 267.
Constant, Henry, 207.

Consto, William, 221.
Consulje, Sara, 182.
Consynze, John, 178.
Contant, Daniel, 266.
  Gilbert, 263.
Conviss, Sara, 214.
Conwel, Willemtje, 113.
Conÿn, Dirk Philipse, 108.
  See Conin, Conine.
Coo, Benjamin, 222.
  See Co, Coe.
Cook, Elizabeth, 256.
  George, 238.
  John, 197, 248, 274.
  Matthew, 231.
  William, 255.
Cooke, Hanna, 226.
  Jonathan, 198.
Cool, Gregoriús, 11.
  Lÿsbeth, 52.
  Phebe, 176.
  Pieter Barentszen, 48.
  Thomas, 104. See Kool.
Coolbag, Margareth, 211.
Coole, Aaron, 250.
  Phebe, 250.
Cooley, Helena, 143.
  See Coelÿ, Colÿ.
Cooll, Theúnis Barentszen, 41.
Cooning, Hermanús, 41.
Coony, Catharine, 227.
Cooper, Catherine, 261.
  Cornelius, 208.
  Elias, 243.
  James, 216.
  Jemima, 218.
  John, 243, 273.
  Mary, 243.
  Rosomona, 215.
Cope, Susannah, 258.
Copen, Pieter Nicolaas, 175.
Copertwaith, Debora, 204.
Copland, George, 261.
Copp, John, 238.
  William, 265.
Copyn, Eva, 278.
Corbesÿe, Gabriel, 21.
Corby, Ann, 252.
Corcelius, Anna Maria, 189.
  Maria, 201.
  William, 159.
Corcilius, Johanna, 196.
Corcoran, Eliza, 276.
Corderii, Charles, 174.
Cordes, Elisabeth, 170.
  Hendrik, 162.
Cordon, Richard, 201.
Coreman, Anna Maria, 107.
Corielius, Elisabeth, 216.
Corlÿ, Jan, 13.
Cormick, David, 207.
Corñ, Dievertje, 40.
  Jacob, 44.
  Jan, 12.
  Lÿsbeth, 43.

Corñ, Marritje, 38.
  Neeltje, 10.
  Seger, 60.
Cornel, Caleb, 214.
  Rebecca, 14.
Cornelis, Adriaantje, 143.
  Aechtje, 14.
  Aefje, 63, 87.
  Aeltje, 13, 53.
  Anneken, 21, 24.
  Annetje, 26, 96.
  Apollonia, 31.
  Claasje, 116.
  Elisabeth, 35.
  Geertie, 64.
  Geertje, 14.
  Jannetje, 22, 34, 40.
  Judith, 23.
  Lÿsbeth, 24, 30.
  Magdaleentje, 43.
  Marritje, 31.
  Marÿtje, 24.
  Neeltje, 19, 35.
  Sara, 14.
  Thomas, 12.
  Trÿntje, 22.
Corneliss, Johs, 127.
Cornelisse, Cornelis, 120.
  Dina, 123.
  Gerrit, 145.
  Hanna, 133.
  John, 228.
  Michael, 183.
Cornelisse Zon, Aris, 196.
Cornelisz, Laúrens, 100.
  Michiel, 127.
Cornelisze, Annetje, 105.
  Catharina, 114.
  John, 104.
Corneliszen, Claes, 15.
  Claes, 34.
  Cornelis, 13, 22.
  Dirck, 14.
  Elias, 45.
  Franz, 57.
  Hendrick, 16, 33.
  Jacob, 54.
  Jacobús, 61.
  Jan, 33, 34, 41.
  Johannes, 95.
  Laúrens, 41.
  Pieter, 21, 32.
  Theúnis, 50.
  Zeger, 77.
Cornell, Sara, 12.
Corniel, Simon, 60.
Cornish, Elisabet, 210.
  Elizabet, 227.
Cornwell, Mary, 224.
Corpenel.
  See Jan Jacobszen, 11.
Corselius, Helen, 264.
Corsse, Benjamin, 128.
  Gartrúy, 101.
  Jannetje, 107.

Corsse, Teúnis, 146.
Corssen, Catharina, 94.
  Teúnis, 106.
Corstang, Martha, 164.
Corstenszen, Cornelis, 32.
Corszen, Jan, 37.
Corthrigt, Elisabeth, 186.
Cortlant, Marritje, 27.
  See van Cortland.
Cortrecht, Cornelis, 147.
Cortregt, Antje, 223.
  Metje, 139. See Kortregt.
Cortseliús, Veronica, 140.
Corwin, Mary, 276.
Cos, Claes Pieterszen, 21.
Cosine, Catharina, 226.
  Deborah, 262.
  Garrit, 262.
  Jane, 274.
  John, 241.
  Walter, 219.
Coster, Elisabeth, 174.
  Hanna, 154.
Costúla, Denÿs, 152.
Cosÿn, Elisabeth, 107.
  Gerrit, 172.
  Sara, 180.
Cosÿns, Cornelis, 127.
  Grietje, 18.
Cosÿnsze, Jocobús, 106.
Cosÿnszen, Gerrit, 37.
Cothong, John, 198.
Cotton, James, 165.
Cottrele, Richard, 268.
Coúck, William, 21.
Couenhove, Mary Margaret, 253.
  Garrit, 279.
  Henry, 273.
  Jane, 257.
  Wyntje, 257.
    See Couwenhoven, Kouwenhoven, van Coawenhoven.
Coulton, Anna, 209.
Couper, Catharina, 183.
  Sarah, 151.
Coúrs, Anneken, 59.
  Barent, 40.
Coúrson, Abraham, 116.
Coúrt, Barent, 30.
  Goúrt, 14.
Coúrten, Anna, 74.
  Henricús, 95.
  Meÿnart, 25.
Courtlant, Cornelia, 51.
  Johannes, 80.
Courtney, Thomas, 245.
Courtright, Nicolaas, 164.
Coúsaar, Joris, 151.
Coúsaart, Lea, 124.
Coúsart, Anthonÿ, 83.
  David, 84.
Cousin, Gerrit, 221.
Cousins, William, 206.

Coústÿn, Thomas, 124.
Cotlsÿn, Antje, 149.
  Gerard, 164.
  Gerrit, 147.
  Maria, 132.
  Sara, 166.
Coúvers, Sara, 69.
Couwenhove, John (jun.), 241.
Coúwenhoven, Aeltje, 34.
  Belitje, 160.
  Edward, 188.
  Francis, 174, 180.
  Frans, 112.
  Jacob, 40.
  John, 187.
  Mary, 220.
  Marÿken, 90.
  Neeltje, 27.
  Pieternellitje, 39.
  Sara, 161, 200.
  William, 256.
  See Couenhove, Couenhoven, Coovenhoven, Cowenhooven, Koúwenhoven, Van Coúwenhoven.
Couzyn, Gerrit, 180.
Coúzÿns, Geertje, 35.
Covenhoven, Catharine, 273.
  Maria, 154.
Covert, Catharina, 124.
Coward, Catharina, 196.
Cowel, Elenor, 262.
Cowenhooven, Famitje, 194.
  Francis, 239.
  See Couwenhoven.
Cowles, Pieter, 193.
Cowless, Sarah, 272.
Cowpertwaite, Farmer, 196.
Cox, Anne, 197.
  Charles, 206.
  Jane, 139.
  John, 162, 251.
  Mary, 68.
  Maria, 180.
  Sara, 172.
  Thomas, 132, 218.
  William, 205.
Cozin, Balin Johnson, 202.
Cozÿns, Grietie, 56.
Crabe, Henrÿ, 67.
Craenel, Robert, 189.
Craford, Elisabet, 217.
Craft, Willem, 137.
Crage, Thomas, 198.
Craige, Elizabeth, 270.
Crame, Catharine, 236.
Cramer, Cath^a, 150.
  John, 134.
  Merilla, 142.
Crandell, Eleanor, 205.
  George, 262.
Crandle, Helena, 270.
Crane, James, 267.
  Jos., 266.

Crane, Joseph, 242.
  Josia, 180.
  Pieter, 231.
Cranisborowgh, Olivier, 68.
Crawford, Agnes, 202.
  John, 199.
  Sara, 213.
Crawley, Timothy, 265.
Crawly, John, 219.
Creegier, Simon, 234.
Creesy, Abigail, 256.
Cregier, Anne, 273.
  Augustus, 265.
  Catharina, 65.
  Catherine, 239.
  Cornelius, 181.
  Elisabeth, 98.
  Hester, 275.
  Johan, 185.
  Margarita, 162.
  Marte, 171.
  Martin, 220.
  Martinús, 98.
  Simon, 124, 186.
  Susanna, 172.
Cregiers, Elisabeth, 54.
  Grietje, 31.
Creig, Hannah, 280.
Creisson, Jannetie, 74.
Creson, Elenor, 196.
Cresson, Jacqúes, 29.
  Rachel, 40.
  Súsanna, 23.
Cresty, Mary, 100.
Cresy, Mary, 278.
Cribble, George, 207.
Crigg, Jean, 254.
Crioell, Christoffel, 21.
Criolÿo, Hilarÿ, 26.
Crisp, John, 194.
Crissey, Nancy, 275.
Cristey, Sarah, 185.
Cristie, Richard, 268.
Croakerts, Robert, 93.
Crockeron, Eliza, 277.
Croel, Deborah, 267.
Croes, Michael, 27.
Croesen, Dirck, 54.
Croesvert, Ytie, 86.
Croi, Jú, 84.
Croing, Lÿsbeth, 49.
Crolius, Catherine, 267.
  Clarkson, 269.
  Francke, 270.
Crollius, Johan Willem, 139.
Crom, Elenor, 260.
Cromelin, Charles, 183.
Cromlyn, Maria, 161.
Crommelyn, Anna, 177.
  Charles, 107.
Cronenbúrg, Catharina, 24.
Cronk, Andrew, 275.
  Henry, 262.
Croock, Cornelia, 216.
Crook, Anna Maria, 171.

Crook, Charles, 137.
  Gabriel, 149.
  William, 238.
Crooke, John (Junr), 169.
  John, 267.
  Robert, 129.
Crookshank, Fenny, 243.
Croos, Catherine, 256.
Cropsey, Henry, 279.
Cropsy, John, 268.
Cros, Joseph, 213.
  Maria, 160.
Crosbe, Elsÿ, 87.
Crosby, Nancy, 263.
  Robert, 207. See Krooshie.
Cross, D^o Robert, 156.
  Elizabet, 219.
  Isabella. 211.
  John, 165.
  Mary, 242.
  Susanna, 210.
Crosseron, Jean, 122.
Crossey, Sarah, 263.
Crossley, William, 212.
Croúch, Gregorÿ, 131.
Crougers, Trÿntje, 19.
Croúse, Annetje, 134.
Crouskop, Anna Barbera, 224.
Crue, Mary, 226.
Cruger, Sara, 191.
Crum, Herry, 241.
Crummarty, Jane, 221.
Crúmp, John, 117.
Crúndall, Thomas, 55, 70.
Crygier, 276.
Crúÿtdop, Barent Christoffelszen, 26.
Cúddy, Elisabeth, 147.
Cuduggon, William, 172.
Cúiler, Hendrik, 112.
  Maria, 99. See Cuyler.
Culley, John, 265.
Cullignon, Simon, 225.
Cullum, Nancy, 280.
Culver, Jane, 233.
  Judith, 233.
Cumming, William, 154.
Cumminghs, Henry, 176.
Cummings, George, 238.
  James, 259.
Cuning, David, 204.
Cunning, William, 270.
Cunningham, James, 212.
  Margareth, 230.
  Richard, 268.
  Sarah, 266.
  Thomas, 194.
Cúre, Agnis, 134.
  John, 206.
  Mary, 262.
  Walter, 210, 214.
  William, 210.
Cúrlaer, Jacob, 17.
Currie, Arch^d, 236.

Currin, John, 236.
Curse, Jannetje, 187.
Cursong, Jemima, 239.
Curtenius, D° Antonius, 184.
  Jane, 270.
  Peter, 266.
Curtis, John, 206.
  Elisha, 269.
  Margarita, 253.
  Robert, 210.
Cury, Jane, 231.
Curzon, Richard, 177.
Cuser, Rebecca, 266.
Cútty, William, 142.
Cúúr, Penelope, 149.
Cúÿck, Willem, 11.
Cuyler, Anna, 159.
  Catharina, 178.
  Catherine, 261.
  Henry, 170.
  Maria, 166.
  Rachel, 76, 168.
  See Cuiler, Kuyler.
Cuyper, Lena, 181.
Cwnynegam, David, 117.
Cypher, William, 272.

D

Dabzil, Jennet, 259.
Dackman, William, 273.
Daely, John, 145.
  Maria, 167.
  Nathan, 105.
  See Dally, Dalley, Daly.
Daeÿlÿ, John, 94.
Daff, James, 279.
Dailla, D° Petrús, 86.
Daille, Peer, 68.
Dalamatar, Anna, 257.
Dalce, Theúnis, 84.
Dally, Anna, 101.
  Annatje, 156.
  Christina, 240.
  Elisab^th, 157.
  John, 178.
  Margrite, 172.
  Nicolaas, 98.
  See Daely, Dalley, Daly.
Dalley, Catharina, 195.
  Elisabeth, 192.
  Mary, 242.
Daly, Cornelia, 167.
  John, 256.
  Maria, 156.
  See Dally.
Dalzel, James, 219.
Damen, Cornelia, 59.
  Lÿsbeth, Jans, 46.
Dandy, William, 163.
D' Angola, Domingo, 68.
  Dorothea, 68.
  Francisco, 11, 14.
  Lúcie, 10.
  Marie, 15.

D' Angola, Maÿken, 68.
  See de Angola, Van Angola.
D'Angool, Phizithiaen, 11.
  See d' Angola, Van Angola.
Daniel, Ann May, 234.
  James, 269.
Daniels, Anneken, 33.
  Annetje, 51.
  Catharina, 83.
  Elisabeth, 77.
  Hester, 69.
  Margareta, 119.
  Maria Magdalena, 224.
  Sara, 15.
  See Dannels.
Danielszen, Jacob, 27.
Daniesson, Catharina, 117.
Dannels, Mathew, 236.
Daps, William, 103.
Darbÿ, Bernard, 62.
  John, 142.
Dareth, Jan, 19.
Darje, Abraham, 171.
Darling, Lucy, 267.
  Mary, 257.
  Peter, 279.
Darsey, Augustine, 194.
Dasen, Andries, 127.
Daubcourt, Francis, 271.
Davenport, Elenor, 198.
  John, 84.
Davenpoort, John, 235.
David, Ester, 98.
  James, 151.
  John, 139.
Davids, Anna, 134.
  Catharina, 68.
  Engetje, 115.
  Hester, 85.
  James, 124.
  Maria, 205.
  Marie, 74.
  Metje, 21.
  Pieter, 115.
  William, 132.
Davidszen, Jan, 42.
  Joris, 39, 49.
Davidts, Jenneke, 99.
Davie, Maria, 138.
Davies, Archibald, 273, 275.
  Artemus, 270.
  Elizabet, 263.
  Martha, 264.
  Mary, 275.
  Sarah, 265.
Davis, Allaner, 107.
  Benjamin, 157.
  Elisabeth, 136.
  Elizabeth, 278.
  Hanna, 210.
  Jane, 199.
  Jeremias, 144.
  John, 207, 244, 274.

Davis, Mary, 195.
  Mimy, 263.
  Richard, 233.
  Robert, 224.
  Vaúghan, 139.
  William A., 275.
Dawson, Elizabet, 224.
  John, 264.
  Mary, 192.
  Richart, 215.
  William, 163.
Day, Abraham, 160, 274, 279.
  Ann, 213.
  Catharine, 253.
  Edward, 260.
  Jacob, 267, 276, 277.
  Jane, 273, 274.
  Jenny, 278.
  Margaret, 216.
  Mary, 199, 210, 279.
  Michael, 266.
  Richard, 194.
  Samuel, 261.
  Sarah, 254, 266 bis.
  William, 149, 217.
  See Deay.
Daÿlÿ, Lÿdia, 107.
Dayton, Edw., 267.
  John, 258.
Deacon, Elsie, 233.
  James, 201.
  Mary, 226.
Deakins, Hulda, 174.
Dealand, Jean, 247.
Dean, Alexander, 192, 252.
  George, 220.
  Hugh, 244.
  Stewart, 261.
  William, 263.
De Angola, Aúgústÿn, 71.
  Catharina, 13.
  Christina, 13.
  Emanúel, 13.
  Francisco, 13, 29.
  Franciscús, 86.
  * See d' Angola, Angola, Van Angola.
Deas, David, 267.
Deay, Hester, 171.
Debaan, Elizabeth, 263.
  Joseph, 219.
de Beaúvois, Jacobús, 44.
De Bevois, Charles, 217.
Debevois, Charles, 273.
  Court, 273.
  Maria, 251.
  Mary, 229.
de Boog, Frederik, 117.
  Hendrick, 62, 65.
  Marytje, 170.
  See Boog.
de Boogh, Barent, 185.
de Boots, Catalina, 15.
Debou, Vrontje, 270.
De Bow, Elisabet, 214.

De Bow, Gerret, 242.
  John, 214.
  Margaret, 263.
  Vroutje, 262.
de Britto, Sebastiaen, 14.
de Brúll, Catharina, 25.
De Brúÿn, Aphje, 147.
  See Bruÿn.
de Brúÿn, Francoÿs, 22.
  Marÿtje, 143.
  See Bruÿn.
Dec, Súsanna, 53.
de Chongo, Anthony, 13.
Decker, Mattheus, 169.
de Clerq, Daniel, 56.
Declew, John, 261.
de Cleÿ, Leendert Húÿgen, 52.
  See De Klein, DeKleÿn.
de Cleÿn, Gerrit Húÿgens, 34.
  See De Klein, DeKleÿn.
de Cleÿne, Willemÿntie, 62.
  See De Klein, De Kleÿn.
Declou, Johan, 198.
De Clue, John, 214.
de Cúper, Willem, 13.
Dederer, Joseph, 277.
Dedericks, Geertje, 277.
Dee, Elisabeth, 85.
  Samúel, 91.
  Willem, 106.
Deen, Francoise, 11.
  William, 165.
Deerby, Marÿtje, 102.
de Fenne, Francois, 80.
d Foreest, Barend, 110.
de Foreest, Abraham, 172.
Deforeest, Abraham, 279.
  Barend, 139.
  Gerardus, 171.
  Henricús, 51, 157.
  Isaac, 49.
  Isaacq, 10.
  Jan, 36.
  Johannes, 103.
  John, 253.
  Júdith, 115.
  Lauwrens, 171.
  Maria, 62, 172.
  Nicolaas, 160.
  Philip, 41.
  Sara, 167.
  See Foreest, d' Forest, du Foreest, du Forest.
de Four, John, 175.
Defour, Rachel, 14.
  See Befoor, De Voor, Du Foer, Du Four.
de Frese, Albert, 91.
de Garmoy, Pieter, 111.
De Graaf, Catharina, 217.
  Hanna, 128.
  Jesse, 104.
  John, 176.

De Graaf, Walter, 220.
De Graaúw, Rachel, 138.
de Graú, Leendert Albertszen, 54.
De Graúw, Adriaantje, 104.
  Arent Leendertszen, 45.
  Catharina, 143.
  Cornelia, 115, 140.
  Cornelª, 142.
  Cornelis, 132.
  Gerrit, 82.
  Jenneke, 106.
  Leendert, 102.
  Walther, 145.
de Graw, Janneke, 104.
De Greê, Jannetje, 135.
  Marÿtje, 135.
de Groef, Adolf, 99.
de Groof, Aagje, 100.
  Adolph, 171.
  Dirk, 147.
  Jan, 120.
  Pieter, 127.
De Groot, Catherine, 259.
de Groot, Dirck Janszen, 43.
  Garrit, 215.
  Grietje, 88.
  Hanna, 147.
  Jane, 173.
  Johannes, 145.
  Margrietje, 105.
  Rachel, 206.
  Samuel, 265.
  Willem Pieterszen, 15.
de Grott, John, 202.
de haes, Gabriel, 29.
  dharitte, Súsanna, 91.
d'Harriette, Benjamin, 91.
de Haerdt, Jacobús, 36.
De haert, Mathias, 34.
de Hardt, Matthÿs, 80.
De Hart, Balthazar, 98.
  Cornelia, 153.
  Elisabeth, 97.
  Elizabeth, 187.
  Hanna, 181.
  Jacobe, 217.
  James, 163.
  Louisa G. F., 274.
  Margarita, 173.
  Maurits, 176.
D'Honeúr, Gúilian, 29.
  Johannes, 77.
D'Honneúr, John, 127.
de Honneur, John, 196.
  Margarᵗ, 150.
Dehonrepos, Monsʳ, 102.
de Húbert, Herman Anthony, 38.
de Húlter, Jan, 23.
de Jong, Adrïanus, 223.
de Jonge, Jan Janszen, 25.
  See Janszen.
de Jonge, Willem Teller, 61.
  See Teller.

de Kamp, Hendrik, 101.
de Kaÿ, Catharina, 98.
  Hillegond, 101.
  Lúcrecia, 110.
  Mary, 233.
  See De Keÿ.
Dekemer, Isaac, 272.
  Mary, 271.
de Keÿ, Agnietje, 67.
  Janneken, 60.
  Maria, 91.
  Theúnis, 47.
  See De Kaÿ.
de Klein, Barend, 116.
  Leonard Húige, 101.
  See de Cleÿ, de Cleÿn, de Cleÿne, De Kleÿn.
de Klerk, Teunis, 155.
De Klëÿn, Cornelia, 124.
  Willemÿntie Húÿgens, 47.
  See de Cleÿ, de Cleyn, de Cleÿne, de Klein.
De Labigarre, Peter, 271.
de Laet, Johanna, 23.
Delallen, Ann, 244.
De Lamaeter, Isaac, 127.
De La Maetere, Cornelia, 146.
  Súsanna, 131.
de La Maetre, Catharina, 165.
de La Maistre, Jan, 44.
de Lamars, Maria, 101.
de La Mater, Abraham, 241.
De Lamater, Samuel, 193.
Delamater, Catalina, 277.
  Catalyntje, 257.
  Catharine, 249.
  Janatje, 273.
De La Meeter, Abraham, 128.
de Lameeter, Hester, 119.
de Lameetere, Isaac, 172.
  Jan, 121.
de Lameêters, Súsanna, 97.
de La Meter, Hester, 94.
De Lameter, Isaac, 254.
  John, 191.
  Rutthje, 100.
  Susannah, 258.
de La Metre, Maria, 237.
  See la Maetre.
De Lamontagne, Adriana, 174.
  Jannetje, 123.
  Johanna, 145.
  Johannes, 143.
  John, 167.
  Maria, 18.
De La Montagne, Gelante, 66.
  Hanna, 147.
  Isaacq, 82.
  Jacobˢ, 149.
  Jesse, 121.

De La Montagne, Joh., 40.
Johanna, 84.
Johannes, 14.
Maria, 122.
Marÿtje, 125.
Teúnis, 129.
Thomas, 129.
Vincent, 54.
de La Montagnie, Abraham, 66.
de Lamontagnie, Johannes, 105.
de Lamontaigne, Jan, 44.
de La Montangne, Petronella, 111.
de La Montanje, Joseph, 148.
Piternelle, 151.
De Lamontanje, Sarah, 128, 151.
Vincent, 161.
De Lancey, John, 262.
de Lancÿ, Stephen, 92.
de Lange, Marÿtje, 123.
de Lanoir, Mary, 145.
De Lanoÿ, Abraham, 49, 117.
Annatje, 116.
Catalina, 85.
Catalÿntie, 47.
Catharina, 108.
Cornelia, 44, 163.
Jabobús, 111.
James, 175.
John, 257.
Lucy, 196.
Maria, 101.
Pieter, 47.
De La Noy, Abr^m, 220.
Magdalena, 207.
de La Noys, Abraham, 214.
de La pleine, 23.
de Leroÿ, Jan, 35.
Dellingham, Lydia, 259.
Delly, Philp., 96.
de Mandeville, Hendr. Jilliszen, 47.
de Mare, Jan, 33.
De Maree, Antje, 183.
Christian, 232.
David, 156.
Elisabth, 169.
Jakob, 220.
Peter, 200.
de Mareets, Jean, 71.
de Mareez, David, 40.
Demarest, Benjamin, 191.
Catharine, 279.
David J., 278.
Maria, 274.
De Marest, Margarita, 247.
Pieter, 201.
De Merest, Elizabeth, 258.
de Maris, Sarah, 107.
de Meÿer, Catharina Anna, 48, Wilhelmús, 44.

de Meÿert, Debora, 55, 70, 86.
Elisabeth, 62.
Hénricús, 67.
N., 65.
de Mild, Antony, 168.
Maria, 184.
de Mildt, Sara, 155.
Sara, 199.
de Mill, Anna, 43.
Isaac, 56.
Maria, 39.
Petrus, 62.
Sara, 61.
de Milt, Anthony, 105.
Antony, 148.
Elisabet, 165.
Isaak, 241.
John, 176.
Joost, 140.
Demilt, Isaac, 265.
Susannah, 273.
de Moll, Marie, 56.
Demoree, Margaret, 242.
Demorest, Christian, 257.
David, 260, 267.
David C., 256.
Helena, 259.
de Morest, Albert, 231.
Jacob, 265.
Dempsey, Ephraim, 257.
de Mrass, Mary, 217.
Dene, Eleonor, 190.
Denemarke, Jan, 101.
Maria, 108. See Denmark.
Den Eyk, Mary, 204.
Denfort, Rebecca, 109.
Denham, Elizabeth, 272.
Denion, Catharina, 147.
de Niso, Carel, 40.
Denmark, John, 148, 199. See Denemarke.
Denn, Thomas, 207.
Dennison, John, 280.
William, 226.
Denny, Mary, 278.
De Noé, Frederik, 134.
de Noyelles, John, 213.
Densman, Anna Geertruy, 195.
Denton, James, 199.
Martha, 214.
Mary, 272.
Peter, 264.
Robert, 264.
Denyck, Theúnis Theunissen, 67.
Denÿs, Margarietje, 15.
Sara, 16.
de Nÿs, Súsanna, 89.
de Parÿs, Jan Escúÿer, 29. See Escúÿer.
Depeyster, Abraham B., 256.
Elizabeth, 265.
Elizabeth S., 277.

Depeyster, Margant, 262.
Margaret, 275.
De Peÿster, Abraham, 137.
Anna, 142, 160.
Catharina, 113, 169.
Cornelia, 118.
Cornelis, 78.
Corneliús, 115.
Elisabeth, 124.
Gerard, 211.
Hyltje, 189.
Isaac, 63, 160.
Jan, 16.
Jannetje, 187.
Johannes, 65.
John, 230.
Maria, 59, 62, 89, 154.
Nicolaas, 211.
William, 151, 190, 240.
de Potter, Corñ., 24.
Elisabeth, 47.
De Pu, Petrus, 247.
de Pue, Elizabet, 197.
de Púw, Sarah, 123.
Depúy, Jan, 72.
Willem, 65.
de Reimer, Hannah, 268.
Deremer, Abraham, 267.
Richard, 267.
Dereth, Jannetje, 49.
Derevere, Lavina, 269.
De Riemer, Elisabeth, 95.
Huÿbert, 64.
Isaac, 66, 103.
Machtelt, 58.
Margareta, 61.
Nicolaas, 204.
Pieter, 31.
Samuel, 264.
Steenwyk, 153, 168.
Dering, William, 202.
De Rivier, Maria, 134.
Der Kinderen, James, 253.
Derkins, Lÿdia, 87.
Deroillhet, Susanna, 157.
De Ronde, (Rev.) Lamb, 237, 238.
Mary, 229.
Nicolaas, 205.
Sabina, 223.
de Rúiter, Willem, 107.
Der Val, John, 73.
Der Vall, Johannes, 41.
de Salet, Ann, 231.
Desbrosses, Charlotte, 271.
de Silla, Nicasiús, 19.
Walbúrg, 25.
de Sillen, Anna, 25.
de [Soison], Magdeļena, 35.
de Soúsoú, Jannetje, 44.
Detrien, Rachel, 21.
Detrú, Rachel, 43.
de Túljerar, Magdaleen, 46.
de Vae, Rachel, 97.
De' Veau, Lena, 181.

Deveau, Mary, 261.
Deveday, Jane, 192.
Devenport, Ann, 265.
  Elisabeth, 254.
  John (Junior), 278.
de Vernuis, Jacques, 10.
Devine, Robert, 219.
Dévis, John, 147.
de Voe, Abigael, 200.
De voe, Abraham, 198.
  Annatje, 190.
  Arent, 197.
  Benjamin, 144.
  Catharine, 248.
  Daniel, 121, 202.
  Elisabeth, 254.
  Hester, 194.
  Joseph, 143, 209.
  Peter, 274, 280.
  Sara, 200.
  Súsanna, 134.
Devoir, Jane, 134.
  See De Voor.
Devoo, Abraham, 268.
De Voor, David, 123.
de Voor, David, 145, 167.
  Elisabeth, 168.
  Jelonte, 180.
  Johannes, 136.
  Margarita, 179.
  Margrietje, 122.
  Mettje, 110.
  Teúnis, 132.
  William, 145.
  See Befoor, De Four,
    Du Four, Devoir.
de Voore, Elisabeth, 102.
Devore, Affie, 242.
de Vore, John, 185.
de Vos, Anna, 31.
  Marinús, 34.
  Mattheús, 21.
  Philip Janszen, 40.
De Vou, Aaron, 258.
  Arriaantje, 118.
  Frederick, 43, 190.
  Hanna, 202.
  Hester, 256.
  Jannetje, 117.
  John, 266.
  Margaret, 256.
  Maria, 186.
  Rachel, 207, 208.
  Sarah, 260.
de Voun, Elizabth, 154.
de Voux, Hester, 159.
de Vries, Albert, 100.
  Emmetje, 112.
  Jan, 46.
  Pieter Rodolphus, 24.
de Wandelaar, Andries, 99.
de Wandelaer, Johannes, 36.
de Waren, Lÿsbeth, 56.
de Waron, Ambrosiús, 71.
De Way, Elizabeth, 258.

de Wees, Willemÿntie, 67.
de Windel, Elias, 60.
de Windt, Levinús, 87.
de Wint, Pieter, 166.
De Wit, Cathalina, 244.
  Catharina, 214.
  Geesje, 246.
  Jan, 27.
  Johanna, 34.
  Johannes, 34.
  Margcken, 91.
  Mary, 276.
  Petronella, 41.
de With, Emmerentje, 30.
  Tjerck, Claeszen, 20.
De Witt, Garrit, 262.
Dewitt, Henry (Junr), 268.
  Hester, 273.
  John, 173, 273.
  Peeck, 87.
  Sara, 176.
  Simeon, 276.
  Tjerk, 240.
  William, 233.
Dexon, Henry, 203.
  See Dixon.
Dey, Ann, 218.
  Anthony, 277.
  Hyler, 217.
  Jacob, 135.
  Jane, 234.
  Janneken, 57.
  Mary, 208.
  Teúnis, 56.
  Theúnis, 70.
Deyer, Hendrik, 145.
Deÿgten, Britget, 149.
Dianna, ——, 280.
Dice, Mary, 280.
Dickenson, Benjamin, 215.
  Cornelia, 208.
  John, 278.
  See Dikkenson.
Dicks, Amor, 274.
Dickson, Elisabet, 194.
Diderik, Abraham, 158.
  Catharina, 153.
  Michiel, 149.
Dideriks, Anna Cath^a, 125.
Diederick, Hans, 30.
Diel, Bernard, 225.
Dier, Henry, 254.
Dies, John, 170.
Dikeman, Matthew, 270.
  Tunis, 264.
Dikkenson, Belletje, 211.
  See Dickenson.
Diksen, Ann, 154.
Dill, William, 123.
Dillingham, Elizabeth, 259.
Dimak, Sara, 167.
Dingey, Elisabeth, 279.
Dingwall, Arthur, 250.
Dinning, Esther, 152.
Dirck, ——, 16.

Dircks, Adriaentje, 46.
  Anneken, 21, 29.
  Barentje, 27.
  Barne, 13.
  Claesje, 35.
  Egbertje, 27.
  Geertje, 35.
  Grietje, 22, 34.
  Harmtje, 47.
  Immetje, 36.
  Janneken, 20.
  Jannetje, 39.
  Lÿsbeth, 25.
  Magdaleen, 17, 21.
  Marÿtje, 26.
  Rachel, 29.
  Trÿn, 21.
Dirckszen, Adam, 26, 29.
  Adriaen, 13.
  Cornelis, 36.
  Jan, 30.
Dirckxen, Jan, 60.
Dircx, Aeltje, 23, 26.
  Claesje, 67.
  Grietje, 17, 75.
  Dircxen, Jan, 72.
Dirksz, Fÿtje, 96.
Disbrow, John, 274.
Dishington, Elisabeth, 124.
Disselton, Cornelia, 79.
Ditcher, Catharina, 203.
Diteman, Rebecca, 264.
Dixon, Ester, 209.
  See Dexon.
Dobbs, Adam, 173, 193.
  Catharina, 214.
  Elizabeth, 237, 271.
  Leah, 266.
  Mary, 201, 260.
  Sarah, 263.
Dobs, Maria, 170.
  William, 172.
Dobson, Catharina, 242.
Dodd, Thomas, 200.
Dodderidge, Nansie, 215.
Dodge, Daniel, 269.
  Mary, 193.
  Samuel, 257.
Dods, James, 251.
  Thomas, 174.
Doine, John, 136.
Dok, Marytje, 165.
Doll, Adam, 271.
  William, 272.
Dolly, Timotheús, 113.
Dolsen, John, 270.
Dolstone, George, 65.
Domenik, Hanna, 175.
Dominick, John, 274.
Dominicus, Claertje, 31.
Donahoo, John, 275.
Donaldson, John, 72.
Donalson, John, 221.
Done, Henry, 188.
Donne, Abigail, 262.

Donnot, George, 276.
Donskam, Elisabeth, 151.
Doolhagen, Jan, 136.
  Nice, 123.
Dooren, Catharina, 98.
  William, 188.
Doorens, Margariet, 71.
Doorn, Didlof, 48.
Dop, Walter, 67.
Dops, Catharina, 161.
  Jan, 156.
  Walther, 109, 158.
  Thomas, 172.
Doree, John, 184.
Doren, Didlof, 67.
  Thomas, 186.
Doreth, Jan, 28.
Dornje, Philip, 123.
Dorothy, Mary, 236.
Dorry, Peter, 232.
Doske, Jan, 27.
Dotten, Elizabeth, 242.
Dougerty, Dominick, 245.
Doughty, Elizabeth, 257.
  Thomas, 214.
  See Douthey.
Douglas, Elizabet, 193.
  Thomas, 131.
  William, 196.
Douglass, Alete, 198.
  William, 240.
Doüler, Willem, 94.
Dourebag, Susanna, 179.
Doútheÿ, Maria, 13.
Douvebag, Elisabeth, 180.
Doúw, Andries, 109, 119.
  Margarita, 101.
  William, 178.
Doúwens, Aeltje, 18.
  Neeltje, 15.
Doúwenszen, Harmen, 60, 70.
Douws, Maria, 178.
Dover, Jane, 275.
  John, 269.
Dow, Henry, 243.
Dowell, John, 230.
  Joseph, 235.
Dowers, John, 237.
Down, William, 218.
Downer, Eliphalet, 267.
Downie, Mary Ann, 272.
Downs, John, 130.
Dowson, Elisabeth, 241.
Doyle, Mary, 265.
Drake, John, 124.
  Mary, 263.
  See Dreak.
Drats, Josias Janszen, 51.
Dreak, Elisabeth, 142.
Dreúns, Jacob, 33.
Dreuw, Hanna, 173.
Driel, Jacomina, 71.
Driessen, Claes, 13.
Drinkwater, Edward, 179.

Drinkwater, Elisabeth, 144.
  Hanna, 150.
  Hester, 146.
  Jane, 213.
  Margr^{ta}, 150.
  Sarah, 144.
Drogestraet, Hendrick, 35.
Drúmeneÿ, John, 116.
Drummond, George, 270.
  Helen, 262.
  Jennet, 260.
Drÿsiús, D. Samúel, 23.
Drÿver, Francis, 127.
Dúane, Antonÿ, 127.
Dúbois, D^o Gúaltherús, 91, 92.
  Hester, 63.
  dú Boïs, Elizab$_h$, 128.
  Geertruid, 258.
  Helen, 270.
  Helena, 171.
  Isaac, 167.
  Johannes, 152.
  Joseph, 264.
  Maria, 172.
  Mattheús, 132.
  Pieter, 171, 191.
  Sara, 235.
  Sarah, 259.
  See Bois.
Dudfield, Jonathan, 209.
du Fenne, Susanna, 158.
Dú Foer, Margriet, 97.
  See Befoor, De Four, de Voor, Du Foûr.
Dúfoert, Marÿken Jans, 89.
du Foreest, Catharina, 171.
  Elisabth, 173.
  Femmetje, 163.
  Gerrit, 124.
  Jesse, 131.
  Súsanna, 125.
du Forest, Phebe, 175.
  See d'Foreest, de Foreest.
dú Forúp, Sarah, 102.
Dufouer, Henry, 211.
Dú Foúr, Elisabeth, 127.
  Teunis, 153.
  See de Four, Du Foer, De Voor, Derfoert.
Dúfrecke, Marten, 84.
Dugan, Richard, 270.
Dúgdale, William, 124.
Dúglas, William, 144.
Duickinck, Diana, 261.
Duicking, Maria, 183.
Duickink, Hendrica, 116.
  See Dúÿcking.
Dulie, Elisabeth, 253.
Dúm, John, 116.
Du Maré, Susanna, 182.
du Marisq, Johannes, 171.
Dúmon, Lÿsbeth, 30.
Dumond, Mary, 234.

Dú Mont, John, 147.
Dumont, Pieter, 153.
Dú Montiers, Jannie-Marie, 115.
Dunbar, Lidia, 180.
Duncan, Thos, 240.
Dúnces, Margariet, 29.
Dúnckles, Willem, 30.
Dúnk, John, 141.
Dunkin, William, 270.
Dunlap, Alexander, 197.
  William, 197.
Dúnlope, John, 120.
Dunn, Elisabeth, 172.
  Mercy, 256.
Dunnefan, Ann, 197.
dú Nongue, Súsanna, 151.
Dúnscom, Daniel, 144.
Dunscomb, John, 189.
Dúnscombo, Daniel, 83.
Dunshee, Elizabeth, 279.
Dú Pré, Jean, 19.
Dúpree, Jan, 25.
Dúpúis, Francoÿs, 27.
Du Puy, Anna Sophia, 208.
Durand, George, 262, 275.
  Peter Jeremiah, 266.
Dúrb, Thomas, 119.
Durborew, Mary, 277.
Durborow, Polly, 273.
Duri, Charles, 170.
Durie, Peter, 263.
Durje, Geertje, 219.
Durjee, Nelly, 237.
  Rachel, 231.
Duryea, Charles, 272.
  John, 257.
  Samuel, 267.
Duryee, Abraham, 214.
  Catharine, 232 ^{bis}.
  Cornelia Moore, 278.
  Elza Maria, 280.
  Elizabeth, 264.
  Garretje, 188.
  Geertje, 275.
  Jane, 257.
  John J., 268.
  Mary, 232, 271.
  Richard, 265.
Duryer, Magdalen, 258.
Dusenburg, Mingo, 271.
Dusenburgh, Sarah, 268.
Dusenbury, Samuel, 257.
Dutchess, Mary, 208.
Dutfield, Ann, 257.
du Tour, Jane, 181.
Dutree, Catharina, 205.
dú Treúx, Sara, 10.
dú Trieúx, Súsanna, 12.
Dúúrkoop, Magdalenatje, 52.
Dúÿcking, Aeltie, 54.
  Annetje, 3659.
  Belitje Everts, 32.
  Elsje, 189.
  Evert, 14, 49.

Dúycking, Gerrit, 53.
Marÿken, 53.
Sÿtie, 86.
Sÿtje, 38.
　See Duickinck, Duicking, Dúikink.
Dúÿckingh, Belitie, 73.
Dúÿckink, Maria, 144.
Dúÿkin, Evert, 150.
Dúÿking, Aeltje, 43.
Evert, 101.
Gerardús, 133.
Dúÿts, Catharina, 64.
Jan Laúrentszen, 37.
Dúÿtsch, Jan Laúrenszen, 32.
Dwight, Stephen, 194.
Dyck, Soncha, 239.
Dÿckman, Jan, 37, 68.
Jannetje, 180.
Jemima, 226.
Johan, 183.
Maria, 81, 189.
Rachel, 180.
Rebecca, 211.
Susanna, 223.
William, 259.
Wyntje, 199.
　See Dikeman, Dykman.
Dÿckmans, Wÿntie, 95, 127.
　See Dykman.
Dÿe, Dirck, 63.
Dÿer, John, 130.
Dyk, Daniel, 155.
William, 151.
Dyke, Daniel, 237.
Dykman, Anna, 202, 240.
Catharina, 202.
Cornelia, 115, 174.
Cornelis, 168, 175.
Dirk, 114.
Elisabeth, 137.
Geertrúÿ, 134.
George, 117.
Hester, 233.
Jacob, 125.
Jannetje, 155.
Johan, 190.
Joh., 97.
John, 182, 241.
Magdalena, 109.
Maria, 120.
Nicolaús, 125.
Rebecca, 125, 183, 192.
Teuntje, 155.
Wÿntje, 127.
　See Dyckman, Dyckmans.
Dyks, Cathalyntje, 222.

E

Eadsfort, Matthew, 128.
Eagles, Margarite, 171.
Eagon, Richard, 157.

Eail, Dotie, 177.
Earl, Charity, 247.
Edward, 174.
Maria, 178.
Morris, 206.
Rachel, 253.
Rebecca, 200.
Earle, Edúard, 63.
Elizabeth, 268, 277.
Hannah, 261.
Henry, 257.
Joseph, 258.
Latÿ, 250.
Lydia, 259.
Martha, 276.
Mary, 268.
Morris, 190, 252.
Early, Emilia, 241.
Eason, John, 175.
Easton, James, 173, 248.
Eaton, Catherine, 275.
Joseph, 226.
Mary, 250.
Eaverÿ, John, 113.
Ebbets, Daniel, 158, 242.
Daniel, 218.
John, 177.
Richard, 187.
Ebbing, Hieronymús, 23.
Eber, Maria, 165.
Echt, Catharina, 144.
Marinús, 144.
Willem, 91.
Ecker, Jan, 75.
Rachel, 186.
Stephen, 275.
Thomas, 85.
Wolfert, 74.
Eckers, Cornelis, 76.
Eckerszen, Elisabeth, 88.
Eckert, Mary, 276.
Eckinson, Cornelia, 93.
Eckkisse, Jenneke, 112.
Eckles, John, 160.
Eckleson, Elizabeth, 182.
Eddens, Thomas, 224.
Edsell,
　See Eedzall, Idsall.
Edúwarts, Annetje, 33.
Edward, John, 233.
Edwards, Annatje, 220.
Walther, 165.
William Caleb, 270.
　See Edwarts, Etwards.
Edwarts, Eleanor, 219.
Pierepont, 230.
　See Edúwarts, Etwards.
Eearl, Catharina, 220.
Eedzall, William, 145.
Eeting, Samúel, 52.
Eewetsen, Jan, 60.
Egbers, Egbert Benjamin, 166.
Egbert, Benjamin, 235.
Henry G., 278.

Egbert, Waling, 248.
Egberts, Christina, 160.
Mary, 263.
Egbertsze, Teúnis, 115.
Egbertszen, Barent, 22.
Egbertze, Dirk, 112.
Egelton, James, 138.
Eggan, Ester, 130.
Eght, Eva, 152.
Egon, Richard, 114.
Egt, Abraham, 159.
Ekerson, Margaret, 270.
Ekkens, Margareta, 94.
Ekker, Abraham, 148.
Annatje, 218.
Catharina, 227.
Maria, 244, 254.
Ekkerson, Maria, 171.
Ekkersse, Cornelius, 181.
Rachel, 117.
Ekkinszen, Jan, 83.
Ekkisse, Elisabeth, 119.
Eklie, Joris, 158.
Ekomberts, Martha, 12.
Elberson, Rachel, 218.
Elberts, Weÿntje, 28.
Elbertszen, Aert, 72.
Elbert, 13, 53.
Elbert (Glaserñ), 23.
Elderszen, Lúcas, 32.
Elias, Catalÿntie, 79.
Súsanna, 15.
Eliss, Mary, 188.
Elizabet (negerin), 220.
Elizabeth ——, 280.
Elkins, Margaret, 227.
Ellen, John, 142.
Thomas, 155.
Ellener, John, 140.
Ellin, Johan, 103.
John, 132.
Elliot, Andrew, 198.
James, 200.
Latitia, 242.
Elliott, John, 207.
Ellis, Catharina, 175.
Caty, 249.
Dorothy, 269.
Elisabet, 165.
Foebie, 210.
Francyntje, 211.
George, 198.
Hendrik, 157.
Hero, 154.
Jenneke, 160.
John, 180.
Lidea, 143.
Margarita, 161.
Maria, 154, 174.
Mary, 245.
Rachel, 190.
Samuel, 188.
Ellison, Catharina, 227.
Elionor, 255.
James, 205.

Ellison, Jane, 254.
　Marget, 160.
　Peter, 265, 274.
　Richard, 128.
　Thomas, 139.
Ellisse, Elias, 102.
Ellisson, Joseph, 154.
Ellisze, Marytje, 105.
Elow, John, 163.
Elsevine, Adam, 236.
Elslandt, Catalÿntje, 29.
Elsom, Allin, 196.
Elsenwaert, Johannes, 58.
Elsewaert, Brechtie, 65.
Elsward, Anna Maria, 110.
Elswardt, Johannes, 83.
　Sarah, 100.
Elswaert, Brechtje, 51.
　Joris, 51.
　Lÿsbeth, 84.
Elswaerts, Brechtje, 34.
　Beehtje, 44.
　Lÿsbeth, 40.
　Stÿntje, 45.
　Willem, 77.
Elswart, Joh., 103.
　Theophilús, 100, 107, 112.
Elswarts, Júdith, 36.
Elswert, Clement, 115.
Elsword, Ahasúerús, 126.
　Anna, 141, 179.
　Elisabeth, 130, 171.
　Theophilus, 171.
Elswort, Elisab^th 152.
　Hanna, 224.
　Hester, 155.
　Jane, 136.
　Maria, 187.
　Theophilus, 239.
Elsworth, Elenor, 174.
　Elisabeth, 117.
　Elizabet, 219.
　Elizabeth, 274.
　Frederick, 261.
　George, 119.
　Hanna, 182.
　Hannah, 233.
　Hester, 167, 237.
　Hilletje, 235.
　Jane, 156, 182.
　Jesÿntje, 127.
　John, 169.
　John W., 270.
　Margaret, 198, 256.
　Maria, 147, 182.
　Mary, 214, 257.
　Sarah, 278.
　Susannah, 256.
　Theophilús, 125, 139, 187.
　Verdine, 199.
　William, 155, 193.
　William J., 231.
Elting, Elizabeth, 233.
　Sarah, 270.
Eltinge, Annatje, 240.

Emanúels, Christina, 29.
Emburry, Pieter, 225.
Emmans, Ann, 264.
　Hannah, 262.
　James, 266.
Emmet, John, 196.
Emmitt, Abraham, 276.
Emott, Esther, 206.
Ende, Francis Hartmand, 248.
Engelberts, Anna Maria, 47.
Engelbertzen, Ellert, 20.
Engeler, Elisabeth, 116.
Engels, Neel, 21.
Englis, John, 227.
　William, 161.
Englisch, John, 207.
English, Mary, 265.
Ennes, Rebecca, 52.
　Sara, 56.
Ennis, Henry, 216.
　Pieter, 207.
　William, 278.
Ensly, Johan, 203.
Eppens, Wiert, 49.
Eras, Jacob, 230.
Ercher, Hanna, 225.
Ering,Carel, 168.
Eringer, Margrietje, 114.
Erkels, Elenor, 258.
Erkeson, Aplonia, 154.
Ernest, Christina, 181.
　Dolle, 240.
　John, 204.
Erskine, Elizabeth, 259.
Ervin, Rebecca, 254.
Erving, Elisabeth, 150.
Erwin, Alexander, 210.
Escúÿer, Jan, 29.
Eshol, Maria, 170.
Essen, Alexander, 221.
Estrÿ, Jan, 110.
Esvil, Sarah, 135.
Etkins, Sara, 82.
Etsell, Mary, 267.
Etwards, Sara, 229.
　See Edwards.
Eurine, Elinor, 252.
Evan, Rachel, 174.
Evans, Catharina, 194.
　David, 194.
　Elisabeth, 250.
　Elizabet, 211.
　George, 198.
　John, 78.
　Martha, 199.
　Mary, 228.
　Robbert, 206.
　William, 174.
Eve, Catharine, 235.
Evens, Thomas, 93, 96.
Everdzon, John, 177.
Evere, Sara, 219.
Eversen, Barent, 261.
　George (neger), 220.

Everson, Margareta Sophia, 174.
Evert, John, 116.
Everts, Aefje, 85.
　Elener, 144.
　Elisabeth, 13.
　Geertie, 74.
　Geertje, 31.
　Jacob, 244.
　Martin, 180.
Evertse, Mary, 218.
Evertsen, Barnet, 268.
Evertson, Nicholas, 274.
Evertszen, Dirck, 66.
　Jan, 33, 59.
　Wessel, 12, 73.
Evines, Thomas, 128.
　Rendel, 65.
Ewen, Benjamin, 266.
Ewings, Flavell, 199.
Ewitse, Sara, 180.
Ewitze, Ewoúd, 123.
Ewouds, John, 168.
Ewouts, Elenor, 215.
Elizabet, 194.
　Maria, 176.
Ewoútszen, Capt. Corñ., 37.
Ewoúwts, Elisabeth, 125.
Exceen, Alexander, 232.
　John, 169.
　See Exveen.
Exveen, Gerr^t Corñ., 75.
Eÿck, Johanna Clara, 88.
Eygelhard, Bernard, 198.
Ezeler, Henry, 199.

F

Fach, Michel, 237.
Facieur, Isaak, 204.
Faelix, Phaebea, 10.
Fagg, Roger, 204.
Falconer, Nancy, 277.
False, Barbera, 204.
Fallon, Michael, 99.
Fanner, Hendrik, 144.
Fardon, Abraham, 272.
　Catharina, 184.
　Elizabeth, 270.
　Isaac, 187.
　Isaak, 215.
　Jacob, 133.
　Pheby, 184.
　See Ferdon.
Farh, Daniel, 280.
Farklin, Hanna, 139.
Farmar, Jaspar, 169.
Farmont, Jacob, 24.
Farnelie, Maria, 29.
　Rachel, 29.
Farnye, Christoffel, 217.
Farrel, Dannis, 217.
　Edward, 195.
　James, 230.
Farrington, Dorothe, 224.

Farrington, Hanna, 202.
  Thomas, 14.
Faschi, Hellen, 169.
Fauler, Rebecca, 156.
Faulker, William, 232.
Feagin, John, 179.
Fee, Nicholaas, 182.
Feen, Margriet, 58.
Feffer, Anna Maria, 162.
Feildings, Nicolaes, 78.
Feisenssac, Piere Preissac, 269.
Fell, Elisabeth, 150, 241.
  Helena, 61.
  John, 63.
  Simon, 21.
Fellaert, Anna, 81.
  Helena, 79.
Felly, Edward, 124.
Felman, Judith, 207.
Felter, Hannah, 274.
  Mary, 256.
Fenix, Alexander, 139.
  See Phaenix, Phenix.
Fennaly, Dorothy, 218.
Fenton, Joseph, 52.
  Magdalena, 267.
Ferdinand, Anthony, 12.
Ferdon, John, 262.
  Mary, 211.
  Phebe, 261.
  Thomas, 266, 268.
  See Fardon, Verdon.
Fergúson, Mary, 73, 275.
Fernielje, Rebecca, 92.
Ferrel, John, 254.
Ferris, Benjamin, 273.
  Deborah, 264.
Few, William, 262.
Ffine, Frederik, 101.
Fielding, Henry, 185.
  William, 148.
  See Feildings.
Fiench, Philip, 78.
File, Cornelia, 126.
Filkens, Helena, 223.
  Hendrik, 138.
Filkin, Henry, 183.
Filkins, Abraham, 149.
Filsemon, Catharina, 222.
Finch, Richard, 259.
  Thomas, 138.
Fincher, Abigail, 169.
Finck, Mary, 279.
Fine, Effy, 272.
  Elisabet, 215.
  Frederik, 194.
  Hendrik, 192.
  Hester, 173.
  Jacobus, 256.
  John, 198.
Finistone, Willjam, 80.
Finley, Ann, 196.
Finly, Margaret, 249.
Finn, John, 76.

Finney, Jane, 206.
Fischer, James, 211.
  John, 79.
  Michael, 163.
  Nathaniel, 174.
  See Fisher, Fisser.
Fischié, John, 148.
Fiscock, Elisabeth, 12.
Fiskoeck, Edúwart, 13.
Fish, Sara, 212.
  Sarah, 139.
  Whitehead, 275.
Fisher, Agnes, 199.
  Ann, 197.
  Archibald, 141.
  Catharina, 198.
  David, 280.
  Hester, 133.
  John, 238.
  Peter, 268.
  Smith, 263.
  William, 99.
  See Fischer.
Fisser, Deneis, 152.
  Willliam, 147.
Fitch, Thomas, 142.
Flahertey, Edward, 180.
Flamin, Maria, 113.
Flaming, Corneliús, 136.
Flanningen, Jane, 233.
Flantsbúrgh, Daniel, 128.
Flecher, Hannah, 241.
Fleetwood, Burdit Pitkingson, 162.
  Mary, 208.
Fleigler, Zacharias, 114.
Fleming, Elisabet, 214.
  Mary, 279.
Flemming, Anna, 174.
  Elizabeth, 279.
  Sarah, 266.
  See Flaming, Flimming.
Flensburg, Joseph, 175.
  Maria, 116.
Fletcher, John, 261.
  Lette, 246.
  Nicholas, 233.
  Richard, 210, 252.
Flierboom, Maria, 133.
Flietwort, Thomas, 137.
Flimming, James, 104.
Fling, Henrÿ, 122.
Flingh, Margary, 205.
Floiwd, William, 108.
Flora, 263.
Florentine, Ann, 241.
Florentÿn, Marcús, 85.
Floyd, John, 201.
  William, 159.
  See Floiwd.
Flúÿt, Jannetie, 77.
Focken, Jan, 42.
Fockens, Geesje, 32.
  Grietje, 35, 40.
Fockenszen, Egbert, 44.

Foers, John, 279.
Fogel, Catharina, 178.
Folcker, John Caspar, 235.
Folckers, Hendrick, 19.
Follon, Patrik, 172.
  Tyney, 240.
Folly, Elizabeth, 181.
Folman, Cornelis, 144.
Folpert, Catha 144.
Folwider, Aaltje, 164.
Fommer, Hans, 18.
Fonck, Fytje, 188.
  See Vonck, Van der Donck.
Fones, John, 259.
Fonteÿn, Anneken, 58.
  Jacqúes, 66.
Foox, Benjamin, 234.
  See Fox.
Foppens, Geesje, 36.
Foralt, Elisabet, 190.
Forbes, Abraham P., 266.
  Alexander, 172, 187.
  Ann, 264.
  Catharina, 171.
  Colin Van Gelder, 275.
  John, 180.
  Joseph, 171.
  Margareta, 184.
  Maria, 176.
  Mary, 167, 271.
  Philander, 235.
  Willm A., 237.
Forbis, John, 236.
  William, 236.
Forbish, Mary, 257.
Forbos, Alexander, 193.
Forbus, Daniel, 209.
  William, 118, 210.
Ford, Anthony, 215.
  Hester, 244.
Fordham, John, 168.
Foreest, Femmetje, 140.
  Susanna, 31.
  See Deforeest.
Foreman, Henry, 261.
  John, 201.
Forlarys, Anna Maria, 184.
Forrest, John, 196.
  Robbert, 139.
Forris, Josiah, 212.
Forst, Anna, 176.
Forster, Jonas, 154.
Forsy, Penelope, 248.
Forsyth, John, 263.
Fort, Súsan [a], 151.
Forth, James, 133.
Forwyler, Jacob, 157.
Foseur, Jacob, 175.
Foshea, Jacob, 263.
Foster, Andrew, 277.
  Benjamin, 136.
  Elisabet, 168.
Foúrbús, Jan, 12.
Foúshe, Isai, 147.

Fower, Gilbert, 278.
Fowkes, William, 185.
Fowler, Alexander, 268.
  Dexall, 213.
  Jemima, 205.
  Percel, 273.
  Phebe, 167.
  Stephen, 275, 277.
Fowlkes, Mary, 234.
Fox, Patrick, 247.
  See Foox.
Fradel, Jeúriaen Simons, 16.
Fradell, Jeuriaen, 13.
Fraest, Marÿ, 94.
Fraine, William, 186.
Frak, Mary, 254.
Francis, John, 238, 270.
  Maria, 150.
  Marÿ, 122, 235.
Francisco, ——, 11.
  Dorethe, 162.
  Jan, 15.
Franciscús, 24.
Frankens, Margariet, 12.
Franklin, Maria, 157.
Frans., Anna, 47, 59.
  Catalÿntje, 33.
  Francÿntje, 16.
  Isabel, 87.
  Jannetje, 40.
  Saertje, 30.
  Sara, 73.
Fransse, Abraham, 162.
  Casparús, 117.
  Catharina, 122.
  Hendrik, 111.
Fransz, Jacobús, 109.
Franszen, Pieter, 53.
  Thomas, 20, 30, 39.
  Tÿmon.
    See Van Dÿck, 59.
Frasee, Jemima, 227.
Fraser, Alexander, 230.
Frasher, Sara, 227.
Frasse, Margriet, 161.
Frassen, Johannes, 101.
Frast, Thomas, 117.
Frayer, Elisabet, 186.
Frazer, Benoni, 273.
Frazier, Charles, 168.
Freab, Maria, 113.
Fream, John, 273.
Frechi, Annatje, 185.
Frederick, John, 269, 271.
Fredericks, Aeltje, 35.
Frederiks, Isaac, 97.
Frederiksz, Jonas, 142.
  Thomas, 115.
Fredricks, Maria, 25.
Fredrickszen, Arent, 47.
  Meÿnert, 21.
Fredricx, Aeltje, 61.
  Catharina, 74.
  Rebecca, 15.
  Sara, 62.

Fredricxen, Arent, 69.
  Lÿsbeth, 58.
Fredriks, Geertrúÿ, 126.
Fredrikz, Elizabeth, 96.
Fredrix, Aeltie, 54.
Freeborn, John, 202.
Freeland, John, 258.
Freeman, Dº Bernardús, 104.
  Edward, 210.
  Henry, 178.
  James, 179.
Frees, John, 182.
Frely, Solomon, 236.
Freman, Jacob, 264.
Frenaú, Andries, 113.
  See Fresneau.
French, Anna, 172.
  Elisabeth, 129.
  Judah, 257.
  Judith, 213.
  Michael, 204.
  Roger, 148.
  Sarah, 238.
  Susmore, 169.
  See Fiench.
Frensch, Margareth, 236.
Frensh, Sarah, 140.
Freser, Jan, 200.
Fresneau, Helena, 203.
Friend, Elisabeth, 172.
Frits, Georgius, 182.
Frity, Elias, 269.
Fritz, Abigail, 262.
  Catharine, 260.
  John, 258.
Fritz Gerald, William, 199.
Fromantell, Assúerús, 68.
Frost, Eleanor, 272.
  Mary, 266.
Frugnell, Ann, 238.
Fry, Rome, 266.
Fulkerson, Catharine, 279.
Fulkin, Eva, 203.
Fulliner, Margrita, 175.
Fúlman, Sarah, 112.
Fulwood, Elizabeth, 268.
  Theodosia, 267.
Furband, John, 251.
Furman, George, 270.
  Ralph, 122.
Fússel, Marÿ, 128.
Fústele, Richard, 123.
Fyl, Elisabet, 180.
  Maria, 185.
Fyne, Fredrik, 159.
  Margareta, 159.

G

Gady, Jane, 275.
Gaerlant, Silvester, 124.
Gafrie, Pieter, 155.
Gageri, Judith, 141.
Gains, Catherine, 280.

Gains, Mary, 127.
Gale, Dorothy, 199.
Galely, Anna Maria, 174.
Gallatian, William, 273.
Gallevan, David, 216.
Galloway, John, 147.
Gallway, Mary, 137.
Gambeston, Ann, 233.
Gandall, William, 200.
Ganjon, Agnitje, 119.
Gano, Andries, 134.
Gans, Gabriel, 244.
  Gantu, 260.
Gantz, Gabriel, 259.
Garbrandts, Peter, 257.
Garbutt, John, 274.
Gardemoy, Jacob, 123.
Gardenear, Susanna, 196.
Gardenier, Hermanus, 192.
  John, 104.
  Marytje, 170.
  Sarah, 171.
Gardiner, Isaak, 156.
  Michael, 267.
  Thomas, 239.
  See Gordinear.
Gardner, Elisabeth, 180.
  Elizabeth, 269.
  Sarah, 237.
  Solomon, 269.
Garison, Anna, 249.
  Catharina, 116.
Garrabrants, Piter, 207.
Garretzon, Margaret, 209.
Garrison, Abby, 263.
  Gilbert, 210.
  Gysbert, 186.
  Margaret, 274.
  Maria, 139.
  See Garison.
Garritson, Maria, 116.
Garrod, Daniel, 222.
Garside, John, 137.
Gasherie, Joseph, 227.
Gasnor, Isaac, 263.
Gauladet, John, 254.
Gaúltier, Jeanne, 80.
Gaurde, Catharine, 221.
Gautie, Maria, 170.
Gautier, Christina, 264.
  Lewis Andrew, 256.
Gavett, Thomas, 169.
Gay, Margareta, 189.
Geamster, William, 241.
Geldard, Elizabeth, 265.
Gelder, Welem, 12.
  See Van Gelder.
Gelderner, Elisabet, 172.
Gelesby, Asbil, 143.
Gelliland, William, 199.
  See Gileland.
Gendin, Elisabeth, 175.
Gentle, Robert, 262.
George, Hanna, 189, 216.
  Richard, 232.

305

Gerar, Philip, 21.
Geraud, Pieter, 178.
Gerbrandt, Aaltje, 136.
Gerbrands, Elizabet, 224.
  Martha, 185.
  Marÿtje, 121.
  Metje, 116.
  Meÿdert, 123.
  Stÿntje, 122.
Gerbrandts, Margaret, 139.
Gerbrants, Anne Maria, 21.
  Jacob, 259.
  Margrita, 178.
Gerbrantse, Harpert, 107.
Gerbrantszen, Frans, 85.
Gerlag, Coenraad, 117,
German, Elisabet, 211.
Germond, William, 259.
Gerou, Mayry, 249.
Gervinus, Frederik, 174.
Gervon, Jan, 24.
Gerreau, Catharina, 182.
Gerrebrand, Catharine, 252
Gerrebrands, Maria, 223.
  Pieter, 188.
Gerrebrants, Ahasuerus, 253.
  Mary, 245.
Gerrebrantse, Elisabeth, 254.
Gerresen, Jacob, 186.
Gerrison, Gilbert, 221.
Gerritse, Catharina, 184.
  Johannes, 119.
  Rachel, 157.
Gerrits, Anna, 75.
  Ariaentje, 18.
  Cosÿn, 105.
  Elisabeth, 126.
  Geertrúid, 31.
  Harmtje, 70, 77.
  Hilletje, 34.
  Janneken, 16, 17.
  Lÿsbeth, 32, 92.
  Lÿsje, 15.
  Magdaleentje, 15.
  Margrietje, 50.
  Maria, 107.
  Marritje, 34.
  Marritje.
    See Van Lockere, 41.
  Neeltje, 89.
  Thÿsje, 29.
  Trÿntie, 60.
Gerritsson, Thomas, 136.
Gerritsz, Cornelius Van
    Horne, 159.
  Elisabeth, 76.
  Júdik, 126.
  Pieter, 102.
Gerritsze, Gerrit, 127.
  Jacob, 117.
Gerritszen, Abraham, 70.
  Barent, 22.
  Claes, 49.
  Cozÿn, 89.
  Dirck, 26.

Gerritszen, Geúrt, 30.
  Hendrick, 18, 37.
  Huÿbert, 45.
  Isaac, 74.
  Jan, 19, 26, 32.
  Joch, 32.
  Johannes, 54.
  Lúbbert, 34.
  Otto, 33.
  Phelix, 13.
  Philip, 11.
  Stoffel, 25.
  Woúter, 28, 45.
  Zeger, 42.
Gerritz, Gerritje, 96.
Gerritze, Arie, 142.
Gerrit, 121, 142.
Gÿsbert, 143.
Lea, 131.
Geveraet, Catharina, 116.
Gewera, Andries, 175.
Ghoff, Benjam n, 137.
Gibbens, John, 240.
Gibbert, Cornelia, 225.
Gibbs, John, 141.
  Sarah, 235.
Gibson, Agatha, 159.
  Helena, 242.
  John, 248.
  Thomas, 167, 249.
Giesbert, Walter, 258.
Giffen, George, 183.
Giffin, Mary, 238.
Gilbert, Aaron, 192.
  Aaron (junr.), 257.
  Ann, 224.
  Benjamin, 259.
  Catharina, 169, 171.
  Catherine, 269, 272.
  Cornelia, 165.
  Elizabet, 194.
  Elsee, 275.
  Hanna, 185.
  John, 164, 181.
  Margaret, 259.
  Maria, 175, 185.
  Mary, 210.
  Moses, 77.
  William, 166, 210, 226.
Gilbreth, Samuel, 215.
Gilchrist, Mary, 233.
Gild, Henry (junr.), 278.
Gileland, William, 220.
    See Gelliland.
Giles, John, 247.
  Robert, 267.
Gill, Robert, 252.
Gillam, Anna, 183.
Gillis, Margret, 180.
Gillespy, John, 180, 183.
Gilmore, Agnes, 251.
  Margrietje, 214.
Ginder, Susannah, 273.
Girand, Andrew, 213.
Glashean, Peggy, 277.

Glason, Jonathan, 160.
Glassford, James, 215.
Glean, Susanna, 231.
Gleasin, Elisabeth, 167.
Gleghorne, Jane, 237.
  Violet, 202.
Gleen, Abigael, 216.
  James, 206.
Gleesen, Jonathan, 138.
Glieves, Hester, 161.
Glover, James, 261.
  John, 170.
  Martha, 194.
  Richard, 68.
Gneffit, William, 181.
Goddard, James, 225.
Goddey, Charles, 245.
Goderús, Franz, 52.
  Maria, 133.
Goding, John, 126.
Godwin, Nathaniel, 266.
Godwyn, Abraham, 176.
Goedberlet, Johan Adam,
    188.
Goederes, Jacomina, 134.
Goederis, Rachel, 99.
  Rebec a, 127.
Goederus, Joost, 166.
Goelet, Aefje, 144.
  Bregje, 180.
  Catharina, 184.
  Jacob, 125.
  Jane, 170, 183.
  John, 129.
  Philippús, 150.
  Raphael, 133.
    See Goúleth.
Goer, John, 191.
Goewÿ, Jacob Salomomsz
    108.
  Salomon, 98.
Goffi, Jane, 204.
Gold, Maria, 275.
  Peter, 259.
Golden, Grade, 170.
Golding, Joseph, 125.
  William, 157.
Goldin, William, 264.
Goldsmith, Catharine, 279.
Gommers, Tÿtje, 23.
Gonian, William, 119.
Goodale, Solomon, 261.
Goodenson, Benjamin, 252.
Goodje, Dorcas, 133.
Goodlad, Thomas, 154.
Goodland, Maria, 161.
Goodwin, Benjamin, 120.
  Elisabeth, 185.
  Elizabeth, 260.
  Sara, 220.
  William, 254.
Goold, John, 258.
Goor, Maria, 12.
Gorbacher, John, 209.
Gorbert, David, 221.

Gordinear, Susanna, 206.
  See Gardiner.
Gordon, Josiah, 258.
  Michael, 248.
  Robert, 166.
Gordons, Margaret, 234.
Goree, John, 224.
Gorne, John, 94.
Gornie, Maria, 148.
Goscott, Zacharias, 101.
Gosling, Susanna, 161.
Gosman, Robert, 243.
Gotier, Samuel, 257.
  See Goutÿer.
Goúderús, Joost, 16.
Goúge, Willem, 99.
Goúion, Renee Marie, 120.
Goúleth, Jacobús, 63.
Goútÿer, Daniel, 124,
Gouverneur, Alida, 161.
Geertruy, 168.
Johanª, 149.
Nicolaas, 191.
Nicolaes, 58.
Governeur, Geertruid, 209.
  Isaac, 102.
  Maria, 159.
Goverts, Batje, 123.
Govertsz, Adriaan, 104.
Gowen, Margaret, 169.
  Margariete, 136.
Graaf, Hans Jacob, 164.
Graham, Abigael, 255.
  Ananias, 235.
  John, 200.
  Samúel, 118.
  Thomas, 233.
Grande, Marie, 11.
Grandt, Elisabeth, 95.
Granger, Richard, 257.
Grant, Edward, 258.
  Elizabeth, 265.
  John, 200, 223.
  Rachel, 120.
  Rebecca, 267.
  William, 150.
Grasseth, Marianne, 94.
Graú, Sophia, 146.
Grandine, John, 243.
Graúw, Elisabeth, 130.
Graves, William, 254.
Gravestein, Sophia, 207.
Gravstine, Hannah, 261.
Graÿ, Mary, 85.
Graye, Robert, 192.
Grege, Robbert, 79.
Gregory, Elenor, 248.
  Robert, 163.
Greegs, Marÿ, 130.
Greemer, Anthony, 279.
Green, Elizabeth, 264.
  Henry, 172.
  Jannette, 249.
  Lancaster, 174.
  Margaret, 223.

Green, Maria, 266.
  Mary, 277.
  Richard, 197.
  Samúel, 148.
  Sara, 215.
  Thomas, 250.
Greene, William, 63.
Greenham, Dorothea, 116.
  Michiel, 74.
Greenlant, Maria, 47.
Greenwood, George, 168.
Gresman, Charles, 195.
Gretten, Elsje, 155.
Grevenraedt, Andries, 55.
  Anna, 133.
  Elisabeth, 178.
  Hendrick, 59.
  Isac, 29.
  Lÿsbeth, 23, 29.
Grevenraet, Isaacq, 16.
  Trÿntje, 43.
Greves, James, 12.
Grey, Jane, 262.
Griegson, Rachel, 201.
Grien, Marÿe, 41.
Griffet, Elizabᵗ, 138.
Griffin, John, 271.
  Rachel, 259.
Griffiths, Hanna, 201.
  Jane, 242.
  Owen, 271.
Grigg, Joseph, 210.
  Thomas, 165.
Griggory, Barbara, 262.
Griggs, Elisabet, 185.
  Rachel, 144.
Grigs, Catharina, 160.
Grikson, Thomas, 111.
Grim, Eliza, 276.
  Eva, 199.
  Fanny, 267.
  Otto, 30.
  Susannah, 269.
Grindley, Robert, 153.
Grinjard, Nicholas, 232.
Grisner, John, 202.
Groen, Arent Eldertszen, 31.
  Jacob Mariús, 94.
Groenendael, Hermina, 57, 85.
Groenendÿck, Johannes, 78.
  Sara, 189.
Groenendyk, Catharina, 178.
  Samuel, 154.
Groenvis, Jútge Claes, 23.
Grojang, Andries, 195.
Gromen, Michiel, 150.
Gromwell, Richard, 167.
Groober, Nicolaas, 184.
Groofs, Andries, 203.
Grootjen, Margariet, 26.
Grootvelt, Hendriksz Hendrik, 106.
Grÿdÿ, Thomas, 13.
Gue, Elizabeth, 269.

Guest, Sarah, 268.
Guion, Monmoth H., 274.
Guire, Hugh Mak, 183.
Gúlick, Hendrick, 18.
  Hendrik, 194.
Gúrney, Marÿ, 111.
Gúterhage, Richard, 125.
Gÿsberts, Pleúntie, 28.
  Willemtje, 22.
Gysbertszen, Fredrick, 28.

H

Haal, Frans, 161.
  Margariet, 150.
  Maria, 137.
  Thomas, 137.
  See Hall.
Haan, Antje, 109.
Haanraad, Henricús, 151.
Haas, Mary, 257.
Hackwart, Roelant, 10.
Hadding, Johanna, 104.
  Tempe, 265.
Haeghoort, Dᵒ Gerard, 172.
Haering, Aaron, 182.
  Benjamin, 136.
  Elbert, 154.
  Johan Hendrik, 203.
  Robert, 179.
Haes, Jan, 13.
Hage, Brúÿn, 49.
Hagemen, Elizabeth, 277.
  Jan, 16.
  Peter, 220.
Hagen, Brúÿn, 65.
  Margareta, 64.
Hagene, Hannah, 267.
Hager, Peter, 272.
Hagerman, Jacob, 244.
  Lucretia, 187.
Hagerty, Hannah, 276.
Hages, Mary, 221.
Hagewond, Catharina, 167.
Hagne, Samúel, 125.
Hake, Samuel, 232.
Haight, David L., 274.
Haigs, John, 210.
Haiman, Nicolaas, 111.
Haines, John, 63.
Hains, Martha, 147.
Hait, Dᵒ Benjamin, 192.
Halden, William, 213.
Haldrin, Anna, 103.
Haldrick, Leonora, 56.
Haldron, Hanna, 132.
  Jan, 107.
Hale, Elizabeth, 240.
  Margaret, 210.
  Thomas, 269.
Halen, Thomas, 11.
Halenbeek, Isaac, 269.
Halff, Elizabeth, 276.
Hall, Elisabeth, 168.
  Eva, 215.

Hall, Francis, 177.
  Oliver, 259.
  Peter, 224.
  William, 202.
  See Haal.
Hallet, Catherine, 268.
  Fanny, 257.
  Jonah, 263.
  Mary, 262.
  Nancy, 265.
Halloway, Catherine, 259.
  Mary, 274.
  Richard, 220.
  Thomas, 260.
Halls, John, 116.
Halsey, Epenetus, 265.
  Isaac, 261.
  Julimy, 276.
  Taber, 260.
Halsbeth, Walter, 87.
Halstead, Briggs, 279.
  Daniel, 269.
  Pearson, 269.
Halst, Willem, 109.
Halsted, Daniel, 240.
  John, 259.
Halsy, Caty, 263.
Ham, Coenraad W., 231.
  Maria, 262.
  Wandel, 273.
  Wendel, 167, 233.
Hamer, Mary, 77.
Hamie, Joh., 98.
Hamilton (Servant), 261.
  Barny, 152.
  Lewis, 223.
  Mary, 252.
  Súsanna, 58.
  William, 226.
Hamler, Katharina, 178.
  Nicolaús, 142.
Hamlin, Richard, 116.
Hamly, Thomas, 218.
Hammell, John, 247.
Hammond, Martha, 158.
Hancock, William, 197.
Hancok, Anne, 72.
  Thomas, 72.
  See Handcock.
Hand, John, 163.
  Mary, 270.
  Susanna, 272.
Handcock, John, 217.
Handlin, Jannetje, 191.
Hane, Mary, 249.
Hanibal, Willem, 247.
Hanion, Garrit, 264.
Hannah, 268.
Hannigan, Ida, 203.
Hannings, John, 274.
Hansen, Alida, 224.
  David, 209.
  Helena, 278.
  Henry, 183.
  John, 218.

Hanson, Barnabÿ, 137.
  Christopher, 243.
  Johan, 195.
Hansse, Jacob, 182.
  Hans, 166.
  Margrita, 184.
  Sara, 162.
Hanssen, Johannes, 155.
  Richard, 147.
Harberding, Jan, 32.
Harckszen, Sÿboút, 33.
Harfort, Mary, 236.
Hardel, Christiaan, 154.
Hardenberg, Barendina, 112.
  Johannes, 83.
  Lewis, 187.
  Lÿsbeth, 65.
  Neeltje, 94.
Hardenbergh, Charles, 209.
  Jane, 276.
Hardenbroeck, Catharina, 55.
Hardenbroech, Abel, 58.
  Bernhardús, 65.
  Catharina, 67.
  Johannes, 60, 77.
  Margariet, 24, 28.
  Maria, 72.
  Metje, 56.
  Petrús, 95.
Hardenbroek, Aafje, 150.
  Abel, 141, 192.
  Andries, 111.
  Ann, 195.
  Catharina, 119.
  Elenor, 183.
  Gerardus, 196.
  Hanna, 125.
  Jenneke, 115.
  John, 177, 181.
  Maria, 124, 149.
  Sara, 171.
  Theophilus, 200.
  William, 182.
Hardenbrook, Abel W., 276.
  Gerardus, 143.
  Theophilus, 260.
Hardens, Margariet, 73.
Harders, Trÿntje, 12.
Hardeway, Maria. 177.
Hardenÿn, Martÿn, 35.
Hardman, Jonathan, 269.
Harding, Elenor, 240.
  Robert, 181.
Haring, Ann, 216.
  Cornelia, 113.
  Jan Pieterszen, 56.
  John, 240.
  Mary, 240.
  Pieter Janszen, 63.
  Sarah, 242.
Harison, Richard, 164.
Harland, Elisabeth, 113.
Harley, Anna, 101.
Harloo, Melem, 12.

Harmen, Lawrens, 216.
Harmens, Geesje, 16.
  Harmentje, 30.
  Hendrick, 13.
Harmenszen, Jan, 10.
Harnet, Mary, 272.
Harper, Jane, 207.
Harperding, Johannes, 124.
Harrald, William, 227.
Harrin, Martha, 115.
Harriot, Thomas, 200.
Harris, Cath\a, 138.
  Elsje, 210.
  James, 129.
  Margaret, 266.
  Martha, 144.
  Mary, 218.
  Richard, 241.
  Robbert, 82.
  Tryntie, 208.
  See Herris.
Harriton, Elisabeth, 79.
Harse, Maria, 251.
Harsen, John, 180.
  Mary, 212.
Harsin, Engeltje, 166.
  Garrit, 257.
  George, 175, 239, 258, 278.
  Gerrit, 195.
  Rachel, 276.
  Sara, 196.
Harsing, Bernardus, 159.
Harsse, Aaltje, 144.
  Annatje, 177.
  Jacob, 136.
  John, 170.
Hart, Mary, 191.
  Thomas, 206.
Harte, Catharina, 170.
Harten, John, 264.
Hartfelt, Dorothee, 72.
  Richard, 72.
Hartje, Jacobus, 171.
Hartley, Henry, 203.
Hartman, Elisabeth, 158.
Hartse, Johannes, 117.
Hartshorn, Beriah, 251.
  Thomas, 260.
Hartshoorn, Húÿg, 139.
Hartÿ, Hans Jacobszen, 33.
Hartwich, Caspar, 144.
  Magdal\a, Elisab\th, 145.
Harwood, Sara, 180.
  Thomson, 250.
Harvey, Samuel, 189.
  William, 271.
Hassens, Bernardus, 34.
Hassick, Edúard, 95.
Hassing, Gerrit, 107.
  Jacob, 93, 115.
Hasterton, David, 215.
Hatch, Joseph, 266.
Hatfield, Job, 245.
Hathan, John, 276.
Hatheway, Paul, 258.

Hausse, Sara, 102.
Hauxhurst, Mary, 228.
Hauxxhorst, Anna, 240.
Haviland, Catharina, 209.
   Grace, 241.
   Israel, 263.
Hawarden, Catharina, 111.
Hawley, Daniel, 272.
Haÿ, Marritje, 33.
   Michael, 197.
Hayday, Anna, 179.
Haÿen, Claes, 26.
Hayn, Coenraad, 196.
Hays, Elizabeth, 274.
   Lyda, 275.
   John, 237.
   Tresy, 230.
   William, 237.
Hayter, Edward, 143.
Haytor, John, 183.
Hayward, John, 272.
Haywood, Jane, 154.
   William, 202.
Hazard, Mary, 234, 235.
Headly, Magdelen, 214.
Healy, Elisabet, 215.
Heard, James, 280.
Heather, Richard, 129.
Heaton, Peter, 248.
Heborn, Margaret, 232.
Heddig, Laúrens, 88.
Heddok, William, 126.
Hedemen, Evert, 21.
Heder, Henry, 229.
Hedger, Henry, 143.
Hedley, Henry, 270.
Hedlÿ, Joseph, 125.
Heefke, Jan, 261.
Heermance, Dorothy, 268.
Heeremans, Annatje, 105.
   Henry, 206.
   Hermken, 18.
   See Hermans.
Heermanse, Andries, 237.
Heers, Thomas, 78.
Heertjes, Pietertje, 19.
Hees, Anna, 138.
Hegeman, Elisabeth, 54.
Hegerman, Peter, 246.
Heibergerin, Rosina, 188.
Heier, Johannes, 111.
   Tryntje, 164.
Heirbeig, Johannes, 164.
Helhaeckis, Willem, 50.
Hellacker, Trÿntje, 111.
Hellake, Aafje, 152.
Hellaken, Jacob, 61.
Helm, Baarentje, 124.
   Margritje, 118.
   Rasmus, 168.
   Susanna, 224.
Helme, John, 267.
Helmes, Elizabeth, 276.
Helmigsz, Dirk, 116.
Helmigsze, Gerritje, 115.

Helmigze, Cornelis, 115.
   Elisabeth, 122.
Helsbeck, William, 261.
Hemelryk, Anna Elizabeth, 263.
Hemmon, Aaltje, 104.
Hemour, Margaret, 266.
Henderson, Catharine, 265.
   Elisabet, 213.
   Elizabeth, 276.
   James, 242.
   John, 279.
   Thomas, 196.
   Hendr., Gerrit, 18.
Hendricks, Anneken, 15, 18.
   Annetje, 10.
   Barentje, 53.
   Belitje, 28.
   Belitjen, 14.
   Catalÿntje, 40.
   Catharÿntje, 30.
   Cuiertje, 33, 35.
   Elsje, 11.
   Femmetje, 29.
   Geertje, 22, 26.
   Geesje, 32.
   Gerritje, 30.
   Grietje, 35, 36.
   Hendrickje, 71.
   Hilletje, 13.
   Jan, 31.
   Jannetje, 35, 48.
   Johanna, 72.
   Lúcretia, 48.
   Lÿsbeth, 24.
   Marritje, 28 bis, 35, 37, 45.
   Marritjen, 19, 20, 25 bis.
   Neeltje, 33.
   Sophia, 46.
   Trÿntje, 22.
   Wybrúgh, 45.
   See Uendricks.
Hendrickson, Jane, 257.
Hendrickszen, Asseúrús, 41.
   Cornelis, 17, 19.
   David, 49.
   Evert, 56.
   Frans, 34.
   Fredrick, 24.
   Gerrit, 14, 24, 30, 34, 46, 56.
   Hendrick, 19, 24.
   Herman, 21.
   Húÿbert, 20.
   Jan, 33.
   Laúrens, 42.
   Meÿndert, 48.
   Pieter, 88.
   Rÿck, 23.
   Theúnis, 53.
   Tjerck, 11.
Hendrickszenbooch, Gerrit, 31.
Hendricx, Aefje, 69.
   Aeltje, 75.

Hendricx, Geesje, 67.
   Marritje, 54.
Hendricxen, Willem, 75.
Hendricxzen, Frans, 55.
Hendrie, James, 204.
   Margaret, 212.
Hendriks, John, 148, 239.
   Wÿntje, 106.
Hendrikse, Elizabeth, 187.
   Rachel, 207.
Hendriksz, Aarnoút, 100.
Hendriksze, Engeltje, 128.
Hendrikz, Engel, 99.
   Hanna, 144.
Henijon, Pieter, 92.
Henion, Cornelius, 267.
Hennen, Elisabeth, 252.
Hennerock, Hanna, 216.
Henneson, Elenor, 241.
Henniel, Margaritha, 191.
Hennigar, Hannah, 271.
Henniger, John Michel, 234.
Hennick, Michiel, 69.
Henning, Helen, 252.
   Thomas, 249.
Hennion, Daniel, 178.
   Johannes, 99.
   Margarite, 167.
   Maria, 111.
Henry, Jane, 241.
   Joseph, 258.
Henrys, Silas, 239.
Hents, Úrbanús, 139.
Henyon, Elizabeth, 257.
Herbert, William, 280.
Hercks, Anneken, 57.
   Belÿtje, 40.
   Engeltje, 42, 59.
   Marritje, 36.
Hercx, Ariaentje, 69.
Hercxen, Theúnis, 46.
Herders, Trÿntje, 15.
Herdÿn, Ben, 76.
Hereman, Apolonia, 146.
   Elsje, 139.
   Geesje, 109.
   Margrietje, 109.
Herens, Trÿntje, 10.
Herisson, Marÿ, 125.
Herman, Maria, 153.
Hermans, Annetje, 34.
   Aúgústÿn, 16.
   Ephraim, 72.
   Geertje, 30.
   Gÿsbertje, 25, 45.
   Hendrickje, 28.
   Lÿsbeth, 28, 30.
   Margrit, 147.
   Maria, 150.
   Sara, 130.
   Stÿntje, 19.
   See Heermans.
Hermanszen, Arent, 36, 44.
   Casparús, 51.
   Ephraim, 46.

Hermanszen, Jan, 48.
Pieter, 46.
Hermsze, Hendrik, 141.
Herrin, Marÿ, 119.
Herring, Cornelia, 229.
  Elbert, 146.
  Elizabet, 210, 230.
  Jacob Corns, 259.
  John Fred, 226.
  Margrieta, 184.
  Susanna, 219.
  Thomas, 277.
Herrinton, Hillow, 118.
Herris, Anna, 173.
  Geertruy, 164.
  Jan, 169.
  Jane, 129.
  Marrÿ, 94.
  See Harris.
Herrisson, Sarahtje, 143.
Herrits, Jeams, 82.
Herrÿ, Johannes, 92.
Herster, Sara, 206.
Herte, Gerritje, 163.
Hertell, Cornelius, 271.
  William, 275.
Hertje, Gerritje, 168.
Hervey, James, 203.
Herxker, Trÿn, 13.
Hess, Daniel, 224.
Hessel, Andries, 177.
Hessals, Pieter, 32.
Hetfield, John, 271.
Henert, John, 158.
Heustis, Phebe, 266.
Hewett, James, 81.
Hewitt, Joseph, 117.
Heÿ, Jacob, 24.
Heyatt, Caleb, 209.
Heÿborn, Sara, 145.
Heyer, Ann, 265.
  Baltus, 157.
  Catharina, 227.
  Cornelius, 196, 272.
  Eliza, 274.
  Frederyk, 161.
  Gerrit, 88, 194.
  Jane, 220.
  John, 141, 259.
  Maria, 130.
  Rachel, 221.
  Sara, 176, 212.
  Sarah, 264, 278.
  Vrouwtje, 163.
  Walter, 85, 209, 219.
  Walther, 139, 173.
  Willem, 79.
  William, 163, 185, 213, 258.
Heÿers, Aeltje, 93.
Heyler, Margrietje, 180.
Heÿman, Paúlús, 13.
Heÿmans, Paúlús, 28.
Heymer, Gabriel, 202.
Heÿn, Ritzart, 16.

Heÿning, Claes Janszen, 32.
  Jannetje, 88.
Heÿrmans, Focco, 94.
Heys, Frances, 278.
  Marritje, 49.
Hibon, Geertrúÿ, 120.
  Jan, 34, 118.
  Maria, 47, 125.
  Maritje, 117.
  Pieter, 138.
Hickey, Michael, 175.
Hicks, Elionora, 132.
  Elisabeth, 170.
  Mott, 272.
  Oliver, 270.
  Stephen, 257.
Hicktesser, Deborah, 275.
Hiet, Mary, 231.
Higby, Nathaniel, 257.
Higday, George, 236.
Higdey, Mary, 226.
Higgens, Sara, 38, 210.
  William, 167.
Higgeson, Elenor, 252.
Higgins, Benjamin, 233.
  John, 234.
  Susannah, 258.
High, David, 200.
Hikdy, Thomas, 146.
Hiks, Maria, 119.
  Thomas, 122.
Hildreth, Maria, 156.
Hile, James, 267.
Hill, Abigail, 157.
  Abraham, 218.
  Belietje, 124.
  Catharine, 269.
  Enoch, 90.
  Hanna, 279.
  Mary, 193, 236.
  Sara, 229.
Hillarie, Súsanna, 51.
Hillebrants, Jannetje, 24.
Hilleker, Hester, 272.
  Mary, 269.
Hilliman, William, 269.
Hilton, Elisabth, 144.
  Hanna, 144.
Hillyard, Hester, 258.
  James, 270.
Hilyand, Tinay, 267.
Himmet, Marÿtje, 130.
Hinchmans, Cornelius, 279.
Hinds, William, 273.
Hinson, Elisabth, 173.
  Nathaniel, 160.
Hinton, Sarah, 270.
  Thomas, 279.
Hires, Walther, 33.
Hitchcock, Elizabeth, 272.
  Joseph, 268.
  See Itchcock.
Hitchcok, Elsje, 176.
Hitman, Dirck, 81.
  Richard, 62.

Hitskok, Maria, 141.
Hivet, Cornelia, 178.
Hix, Dennis, 161.
Hoakesly, Robert, 231.
Hobbs, Phebe, 194.
Hobin, Anna Elisabeth, 114.
Hobson, Heila, 125.
  James, 271.
  Mary, 242.
  Samuel, 155, 205.
Hodge, William, 208.
Hoefnagel, Arnold, 118.
Hoevenaar, Coenrad, 257.
Hoewÿk, Sarah, 104.
Hoff, William, 231.
Hoffman, Annatje, 240.
  Marten, 28.
  Martin, 238.
  Martinus, 224.
  Mary, 229.
  Michael, 173.
  See Hofman.
Hoffmeyer, William, 278.
Hofman, Anna Maria, 147.
  Johannes, 146.
  Marten, 30.
  Martinus, 156.
  Mary, 231.
  Pieter, 165.
  Zacharias, 189.
  See Hoffman.
Hogeland, Francis, 214.
  William, 269.
Hogelant, Margaret, 210.
Hogelent, Benjamin, 199.
Hoges, Maria, 165.
Hogge, William, 197.
Hoggs, Robbert, 213.
Holcraft, John, 216.
Holdenbergh, Catherine, 274.
Holidan, Judah, 247.
Hollaar, Maria, 120.
Hollaes, Gerrit, 49.
Holland, Elizabet, 196.
  Ellenor, 263.
  Henry, 183.
  Joseph, 280.
  William, 269.
Hollant, Elisabet, 209.
Hollebeek, Rachel, 161.
Holles, Pleasant, 211.
Hollewager, Barbara, 170.
Hollock, Margaret, 207.
Holloway, John, 273.
Holly, William, 258.
Holme, Anna, 148.
Holmes, Alexander, 106.
  Elisabet, 210.
  Elisabeth, 133.
  Jane, 123.
  John, 261.
  Júdith, 129.
  Sara, 163.
  See Homes, Hooms.

Holst, Aaltje, 152.
Andries, 80, 107.
Hendrick, 12.
Hilletje, 186.
Lÿsbeth, 94.
Maria, 151.
Marÿtje, 106.
Rachel, 128.
Hom, Joris, 80.
Willem, 40.
Homan, Marÿ, 128.
Homer, Philip, 206.
Homes, Alexander, 153.
Elianor, 132.
Homs, Jan, 74.
Joris, 101.
Priscilla, 26.
See Hooms.
Hone, John, 260.
Honing, Anna, 108.
Hood, Jaspar, 83.
Hoof, Jacob, 115.
Hoog, Maria, 238.
Thomas Andrew, 235.
Hoogenboom, Adriaentie, 93.
Hoogland, Jane, 232.
Helena, 138.
Sarah, 278.
William, 229.
Hooglandt, Aaltje, 96.
Dirck, 62.
Johannes, 105.
Rebecca, 153.
Stoffel, 27.
Hooglant, Annatje, 147.
Arie, 78.
Cornelis Andrieszen, 27.
Elisabeth, 151.
Elisabth, 132.
Johannes, 59, 110.
Sibilla, 123.
See Hoozland, Hoogl'.
Hooglering, Anna Maria, 156.
Hoogl', Stoffel, 65.
Hoogteling, Jan, 88.
Hook, Sarah, 279.
Thomas, 111.
Hooms, Charity, 152.
Jannetje, 137.
Priscilla, 152.
See Homs.
Hoörn, John, 118.
See Van Hoorn.
Hoozland, Adriaan, 217.
Hopkins, John, 219.
Hoppe, Andries, 26.
Anna, 176.
Annatje, 153.
Geertje, 133.
John, 148.
Paúlús, 125.
Rachel, 136.
Richard, 175, 181.

Hoppe, Willem, 46.
William, 143.
Hoppen, Matthÿs Adolphús, 52.
Hopper, Abraham, 192.
Aletta, 256.
Andrew, 196.
Deborah, 267.
Edward, 224.
Elisabet, 195.
Elizabeth, 259, 280.
Hanna, 190.
Jellis, 200.
Jemima, 233.
Jemine, 201.
John, 197, 199, 268.
Mary, 218, 259.
Mathew, 212.
Mattheus, 172, 184.
Matthys, 168.
Rachel, 269.
Sarah, 269.
Thomas, 124.
Wessel, 202.
Hopson, George, 194.
Horn, Jemena, 270.
John, 233.
See Van Horn.
Hornblower, Josiah, 266.
William, 266.
Horne, Gústavús Adolphús, 67.
Jacob, 171.
Jane, 173.
Maria, 265.
See Van Horne.
Horns, Jannetje, 117.
Hornsen, Ann, 202.
Horrenbrook, Mary, 197.
Horser, Cornelia, 238.
Horsman, Laurens, 206.
Nicolaas, 205.
Hort, Elisabeth, 115.
Horton, Edmond, 240.
Susanna, 222.
Hortwick, Lauwrens, 238.
Hosler, Sara, 201.
Hoter, Henrik, 167.
Houck, Elenor, 257.
Houk, Tobias, 259.
Hoúlst, Albertús, 116.
Hoúse, Johannes, 134.
Martha, 259.
Houseman, Jacob, 277.
Houston, Alexander, 193.
Houswaet, Samuel, 224.
Houswirt, Michael, 193.
Hoúthúÿs, Dirck, 23.
Houts, Joh., 186.
Houtvat, Adriaan, 173.
Elizabet, 195.
Johanna Cath:, 229.
Margaret, 220.
Hoúwell, Nicolaas, 135.
Howardine, Margaret, 128.

Howe, Eliza, 274.
Howell, Thomas, 209 ^{bis}.
Howerth, James, 175.
Howes, John, 222.
Howlin, Margaritha, 203.
Howse, Jane, 201.
Hoÿer, Cornelis Dirckszen, 65.
Hoyit, Benjamin, 262.
Hubbard, George, 225.
James, 262.
Hubbert, Catherine, 268.
Huber, Johannes, 177.
Hubrat, Elisabeth, 172.
Húbson, George, 118.
Hudson, Caleb, 210.
Elizab^t, 137.
Elizabeth, 279.
John, 229.
William, 205.
Húdssons, Marÿ, 115.
Hueson, Abigael, 156.
Huestis, Rebecca, 268.
Húgesson, Thomas, 13.
Hugget, Benjamin, 182.
Hughes, Catharina, 213.
John, 150.
Lucretia, 279.
William, 210.
Hughs, Nathaniel, 208.
Hugunin, Daniel, 245.
Húibling, Coenraad, 100.
Huigh, Hanna, 209.
Lydia, 209.
Húisman, Antje, 108.
Christina, 133.
Elizabeth, 263.
See Húÿsman.
Húismans, Sarah, 105.
Huistick, Elisabet, 170.
See Ustick.
Húlet, Jenne, 14.
Lovis, 14.
Húll, John, 150.
Robbert, 192.
Hulsart, William, 272.
Hulst, Barbarie, 190.
Humphrey, William, 267.
Humphreys, Mary, 272.
William, 269.
Humphrys, Henry, 237.
Hunt, Davis, 175.
Elisabth, 150.
Elizabet, 210.
Francis, 252.
John, 151.
Lidia, 251.
Maria, 149.
Mary, 229.
Obadiach, junr., 189.
Obadiah, 156.
Phebe, 200.
Richard, 262.
Thom, 137.
Thos, 242.

Húnter, Catharina, 147.
James, 149.
Mary, 260.
Rachel, 162.
Robert, 268.
Thomas, 252.
William, 218, 244.
Húpman, Michiel, 114.
Hurd, Ralph, 235.
Hurly, Elizabeth, 258.
Hurst, Mary, 271.
Hurt, John, 165.
Hurton, Elizabeth, 256.
Huse, Sarah, 233.
Húsing, Zacharias, 119.
Husk, Elizabeth, 262.
Hutchings, Jemima, 271.
Hutchins, Abigael, 253.
  Debora, 197.
  Jonathan, 257.
Hutchinson, Francis, 220.
Judah, 197.
Hutchons, Mary, 238.
Hutter, Catharine, 236.
Hutton, George, 185 bis, 265.
  Hester, 196, 264, 271.
  John, 149.
  William, 222.
Húÿberts, Catalÿntje, 18.
  Marÿken, 18.
  Súsanna, 51.
Húÿbertszen, Adriaen, 29.
  Ewoúdt, 68.
Huyer, Annarica Catharina, 166.
  Dorothee, 82.
Húÿgen, Jan, 21.
  Neeltje, 27.
Húÿs, Zacharias, 81.
Huysman, Aart, 203.
  Abraham, 176.
  Maria, 129.
  See Húisman.
Húús, Hendrik, 117.
Húwit, James, 120.
Húÿtes, Weiske, 50.
Hÿbon, Barent, 56.
  Jan. 64.
Hyder, Margaret, 218.
Hyer, Abraham, 187.
  Ann, 219.
  Catharina, 172, 193.
  Gerrit, 156.
  Hanna, 228 bis.
  Maria, 174.
  Mary, 229.
  Pieter, 184.
  Sophia, 174.
  Victor, 117.
  Walther, 143.
  William, 169.
Hÿls, Dorothea, 11.
Hyndes, Patrick, 201.

I

Iasper, Philip, 107.
Ides, Vroúwtje, 22.
Idese, Anna, 135.
Idesse, Annatje, 146.
  Cathalÿntje, 117.
Idsall, Samúel, 19.
  See Edsall.
Imbroeck, Barber, 23.
Inkson, Mary, 244.
Innes, Alexander, 62.
Inslaer, see Jnslaer, 191.
Insler, Lodewyk, 214.
Ireland, William H., 273.
Iroen, Daniel, 276.
Irons, Martha, 278.
  William, 196.
Isaac, 263.
Isaacs, Janneken, 13.
Isacszen, Arent, 31, 57.
  See Van Hoeck, 82.
Isendoorn, Júdith, 29.
Isles, Marritje, 156.
Israels, Clement, 47.
Itchcock, James, 239.
Iveren, Burger van Evra, 168.
  Marten, 129.
  See Van Iveren, Van Yveren.

J

Jabine, John, 262.
Jabwain, John, 191.
Jacklin, Robert, 118.
Jackson, Basil, 251.
  Henry, 276.
  James, 272.
  John, 270.
  Patrik, 147.
  Sarah, 276.
  Thomas, 204.
  Wiljam, 76.
  William, 249.
Jacobs, Aeltje, 184.
  Abraham, 11.
  Aechtje, 16, 43.
  Aetje, 88.
  Beelitie, 34.
  Belitje, 37.
  Catharine, 269.
  Catherine, 268.
  Claesje, 73.
  Engeltje, 22.
  Eva, 130.
  Frans, 31.
  Geertje, 14.
  Geertrúÿd, 12.
  Grietje, 31, 86.
  Henry, 211.
  Jacomÿn, 28.
  James, 139.
  Jane, 153.
Jacobs, Jannetje, 16, 80.
  Lÿsbeth, 72.
  Magdaleentje, 20.
  Maria, 112, 126.
  Marritje, 27, 28.
  Rebecca, 142.
  Samuel, 158.
  Sara, 198.
  Tryntie, 33.
  Trÿntje, 22.
Jacobse, Sophia, 175.
Jacobsz, Cornelia, 97.
  Neeltje, 103.
  Salomon, 117.
  See Jacobze.
Jacobszen, Claes, 19.
  Corñ., 48, 60.
  Cornelis, 11, 44.
  Hans, 59.
  Hendrick, 15, 81.
  Herman, 25.
  Jacob, 22.
  Jan, 11, 32, 52.
  Pieter, 67.
  Robbert, 91.
  Rúth, 14.
  Teúnis, 16.
  Tieleman, 21.
Jacobze, Dirk, 124.
Jadwin, Joseph, 164.
Jager, Anna Maria, 144.
  Pieter, 138.
Jain (negerin), 241.
Jakaen, Samúel's, 89.
Jakobse, Geerje, 237.
Jaleff, Hilletje, 19.
Jamain, Joseph Roÿden, 144.
James, Maria, 161.
  Mary, 261.
  William, 198, 273.
Jameson, Thomas, 113.
  William, 213.
Jamison, David, 72.
  Richard, 159.
Jamisson, Francis, 159.
Jan, 11, 29.
  Engel, 11.
Janeway, George, 227.
  Sarah, 265.
  William, 277.
Janner, Peter, 200.
Jans, Aechtje, 14.
  Aeltje, 11, 12, 31, 39, 45, 76.
  Agnietie, 75.
  Anna, 22, 30, 58, 68, 71.
  Anneken, 18, 27, 68.
  Annetje, 31, 32, 34, 36, 40.
  Ariaentie, 54.
  Baefje, 73.
  Batje, 43.
  Brechtie, 30.
  Catharina, 25.
  Catalÿn, 34.
  Celitie, 29.

Jans, Celitjen, 27.
Debora, 28.
Dievertje, 16.
Dirckje, 21, 34.
Dorothea, 16.
Elbert, 30.
Elisabeth, 89.
Elsje, 12, 20, 30.
Elsken, 19.
Engeltje, 24.
Gerritje, 58.
Geertie, 24, 63.
Geertrúÿd, 83.
Geertrúÿtje, 72.
Geesje, 17.
Griet, 83.
Grietje, 16, 17 ᵇⁱˢ, 19.
Harmen, 11.
Harmentje, 23.
Hendrickje, 48.
Hermentje, 51.
Hester, 31.
Heÿltje, 38.
Hilletje, 17, 52.
Ingber, 26.
Janneken, 10.
Jannetje, 19, 23 ᵇⁱˢ, 31, 33, 41, 42, 63, 97.
Josÿntje, 46.
Júdith, 11, 95.
Lÿsbeth, 11, 24, 25, 28 ᵇⁱˢ, 30, 38, 46, 67.
Machtelt, 41.
See Van Yselsteÿn.
Magdaleen, 17.
Magdaleentje, 74.
Magdeleentje, 15.
Margareta, 80.
Margariet, 19, 76.
Margrietje, 87, 95.
Maria, 69.
Marite, 109.
Marritje, 15, 18, 21, 29 ᵇⁱˢ, 32, 41, 42, 71, 76.
Marÿken, 71, 83, 87.
Marÿken, 76.
See Van Brefoort.
Marÿtje, 22.
Neel, 26.
Neeltje, 23, 41, 44.
Rebecca, 68.
Sara, 59.
Sophia, 34.
Stÿntie, 64.
Stÿntje, 22 ᵇⁱˢ
Súsanna, 13.
Swaentje, 61.
Trÿntje, 20, 26, 46.
Urseltje, 38.
Volcke, 16.
Vroúwtje, 68.
Willemÿntje, 18.
Wÿbrúg, 43.
Ytie, 24.
Jans, Elsje Jans, 26.

Janse, Elsje, 30.
Jansen, Barent, 186.
Helena, 119.
Jan, 214.
Janson, Johannes, 101.
Jansse, Bernardús, 113.
Cornelis, 110.
Grietje, 106.
Johannes, 129.
Rÿer, 122.
William, 179.
Janssen, Hendrik, 102.
Jannetje, 136.
Joseph, 156.
Jansson, Henderik, 106.
Jansz, Lúbbert, 99.
Jansze, Michiel, 96.
Janszen, Abraham, 24, 74, 82.
Adriaen, 29.
Albert, 17.
Anne Marie, 24.
Ariaen, 26.
Barent, 11, 28, 61.
Claes, 16, 21.
Claes, 36.
See Van Heÿningen.
Cornelis, 24 ᵇⁱˢ, 31.
Cors, 35.
Denÿs, 84.
Dirck, 11, 24, 26, 34, 35.
Ditmaer, 30.
Elken, 14.
Evert, 12, 29.
Focke, 35.
Frans, 34.
Gerrit, 16, 19, 23, 24.
Gerrᵗ, 12.
Hans, 17.
Harmen, 16.
Hendrick, 17, 18, 25, 26, 77.
Herman, 25, 51, 65.
Jacob, 16, 30, 58, 65.
Jan, 14, 15 ᵇⁱˢ, 16, 17, 18, 31, 36.
Jan de Jonge, 25.
Jacobús, 58.
Jeremias, 30.
Jeúriaen, 23.
Johannes, 59, 70.
Joris, 32, 71.
Laúrens, 24, 32.
Lowÿs, 18.
Lÿsbeth, 14.
Marritje, 14.
Matthÿs, 40.
Paúlús, 10, 91.
Pieter, 14, 18, 21, 28, 35, 49, 57.
Remmet, 12.
Roelof, 12.
Salomon, 57.
Theúnis, 42, 55.
Thÿmes, 14.
Thÿs, 52.
Trÿntje.

Janszen, Volckert, 16.
Willem, 18, 19, 71.
Jantze, David, 100.
Janucey, James, 170.
Jaquere, Daniel, 208.
Jarvis, James, 272.
Jasper, see Iasper, 107.
Jaspers, Grietje, 30, 71.
Jannetje, 20.
Rebecca, 12.
Jauncey, John, 218.
Jauncy, Richard, 275.
See Jauncey.
Jaÿ, Aúgústús, 86.
Judith, 159.
See La Sja, Sjee, Yay.
Jaycocks, Mary, 271.
Jeamans, Joseph, 231.
Jee, Cherretie, 208.
Jeêts, Gerritje, 121.
Jeffrys, John, 174.
Jemison, Elizabet, 201.
Jenkins, Christopher, 269.
Elisabeth, 243.
James, 257.
John, 268.
Mary, 279.
Jenkinson, Francis, 276.
Jenney, Jakob, 212.
Jennings, Mary, 265.
Thomas, 132.
William, 166.
Jennis, Catharina, 225.
Jerallemon, Maria, 211.
Jeratholomon, John, 136.
Jerolaman, Rachel, 228.
Jerolomon, Margaret, 269.
Jervis, Benjamin, 150.
Jeuriaens, Andries, 35.
Elsje, 48, 67, 91.
Jannetje, 32, 37.
Lÿsbeth, 16.
Marritje, 21, 35.
Ytie, 82.
Jeúriaenszen, Aelst, 80.
Arent, 25.
Jan, 91.
Laúrens, 42.
Jewel, Abigail, 279.
Jewis, Frederick, 263.
Jfrens, David, 110.
Jilles, Agnietie, 14.
Marÿken, 77.
Jilleszen, Jan, 32.
Jillis, Marÿken, 58.
Súsanna, 21.
Jnslem, Lodewyk, 191.
Joans, Nance, 204.
Jochems, Anneken, 75.
Jannekin, 54.
Jochemszen, David, 24.
Joers, John, 263.
Johannes, Jannetje, 81.
John, John, 177.
Johns, John, 179, 216.

Johns, Owen, 77.
Owens, 87.
Philip, 33.
Johnson, Ann, 259.
Anna, 225, 228.
Briget, 246.
Catharina, 144.
Daniel, 198.
Elenor, 265.
Elisabet, 208, 210, 222.
Elisab^th^, 151.
Ezekiel, 242.
George, 249.
Gerrit, 176.
Hanna, 169.
Helena, 149.
Hester, 258.
Isaac, 258.
Jacobus, 159.
James, 256.
Jane, 167, 193, 211.
John, 154, 177, 194, 216, 228, 259 ^bis^, 268, 280.
John B. (Rev^d.^), 273.
John J., 273.
Margarita, 188.
Margrita, 147.
Martha, 261.
Martin, 216.
Mary, 133, 224, 229, 270.
Pinck, 273.
Richard, 219.
Robert Charles, 271.
Samúel, 128, 172.
Simon, 162.
Susannah, 200.
William, 274.
Wm., 272.
Johnston, Cornelius, 224.
John, 117.
Robert, 187, 226.
Jond, James, 67.
Jondon, James, 109.
Jones, Amy, 156.
Anna, 160.
Anne, 122.
Christopher, 137.
Elionora, 131.
Elisabet, 206, 227.
Elisabeth, 170.
Elis^bth^, 149.
Elizabeth, 277.
Francis, 207.
Gardiner, 242.
Henry, 154.
Isaac, 254.
Jeane, 221.
John, 145, 167, 169, 180, 258.
Maria, 119, 146, 170.
Mary, 145, 154, 156, 227.
Matthew, 169.
Owen, 263.
Phobe, 272.
Pieter, 166.

Jones, Rachel, 131.
Robert, 235.
Rose, 169.
Samuel, 229.
Sarah, 258.
Thomas, 115.
William, 148, 236.
Jong, Abraham, 184.
Fytje, 178.
James, 111.
Martha, 123, 208.
Matthys, 153.
Philip, 145.
Steven, 11.
See Young.
Jongman, Bartholomeús, 106.
Jonkers, Maria, 115.
Joosten, Barent, 23.
Jan, 26.
Janneken, 63, 77.
Jannetje, 112.
Johannes, 88.
Maria, 44.
Saertje, 89.
Sara, 56.
Simon, 14, 15.
Joralemon, Henry, 203.
Jordaenszen, Pieter, 11.
Jorgison, Anna, 189.
Joris, Belitie, 55.
Catharÿn, 30.
Hillegondt, 33.
Stÿntje, 84.
Joriszen, Borger, 10.
Daniel, 38.
Jan, 25.
Leúwis, 18.
Lovis, 15.
Jorke, Mary, 232.
See York.
Joynog, John, 163.
Júdge, Laúrens, 119.
Júisse, Willemÿna, 111.
Juliaan, Maria, 158.
Junchin, Maria, 174.
Júrcx, Wÿntie, 75.
Júrdan, Dorothea, 63.
Júrnaÿ, Meÿnard, 30.
Jurry, Margareta, 248.

K

Kaar, Mary, 168.
Kaderús, Catharina, 110.
Kaesenbroot, Evertszen, 30.
Kaljers, Anneken, 80.
Kampbel, Jane, 181.
See Campbel.
Kane, John, 237, 269.
Kanoot, Maria, 273.
Karseboom, Marritje, 62.
See Kerseboom.
Karsenboom, Marie, 81.
Karsseboom, Jan Evertszen, 71.

Karstens, Magdalena, 97.
Kas, Jan, 274.
Kaspar, Geertrúÿ, 152.
Kassener, Joan Pieter, 115.
Kastel, Pieter, 145.
Kayse, Abigael, 172.
Kayvelin, Maria, 181.
Kean, James, 174.
Kear, William, 129.
Keating, John (jun^r.^), 257.
Keech, David, 189.
Robert, 205.
Keel, Abigail, 128.
Keen, Mary, 195.
Keephult, William, 262.
Keer, Maatje, 108.
See Kear.
Keerloos, Catharina, 23.
Keerstead, Sarah, 236.
See Kierstede.
Kelley, Julia, 280.
Kelly, Elizabeth, 258.
James, 207.
John, 122.
Joseph, 280.
Kelpey, George, 277.
Kelsal, Norton, 146.
Kelso, Jane, 279.
John, 258.
Kemmel, Edward, 160.
Kemmena, Elgelbert, 270.
Engelbart, 175.
Lea, 199.
Kemmer, Margrita, 145.
Kemp, Abigail, 217.
Johan Willem, 158.
Kempel, Anna Catharina, 169.
Johan Pieter, 173 ^bis^.
Kemston, Jane, 235.
Ken, John, 221.
Kendall, Mary, 206.
Kendreek, Ritchard, 123.
See Kindrik.
Kennedy, Christoffel, 221.
Elisabeth, 172.
Mary, 239.
Kentas, Mary, 228.
Kertbÿl, Cathar^a^, 149.
Johannes, 101.
Susanna, 170.
Kermer, Abraham, 21.
Abraham, 55.
Anna, 161.
Christina, 107, 176.
David, 110.
Grietie, 62, 65.
Hendrick, 45.
Hendrik, 107, 109.
Henrik, 157.
Margarita, 108.
Nicolas, 159.
Kermers, Aaltje, 106.
Kern, John Michal, 223.
Kerns, William, 229.

Kerseboom, Jan, 51.
  See Karsseboom.
Kerslen, Joan Herdrik, 114.
Kerten, William, 108.
Kester, William, 208.
Ketcham, Edward, 220.
Ketúlhúÿn, Margaret, 142.
  Súsanda, 135.
Keteltas, Abraham, 74, 153.
  Catharina, 81, 180.
  Catherine, 258.
  Cornelia, 82.
  Gerrit, 112, 150.
  Jan Evertsz, 62.
  Jane, 186.
  Margareta, 105.
  Margariet, 186.
  Margrietie, 74.
  Pieter, 176.
Keúning, David, 142.
Kevers, John, 270.
Keÿ, Wilhelm, 14.
Kieger, Hanna, 159.
Kien, Jacob, 150.
Kiers, Grietje, 48.
  Hendrick, 36.
  Jannetje, 36.
Kiersen, Jan, 58.
  Kierssz, Jannetje, 125.
  Marÿtje, 115.
Kiersted, Aryetta, 232.
  Hans, 112.
  Jacobús, 130.
  John, 235.
  Luke, 167.
  Marÿ, 139.
    See Keerstead, Kiersteede.
Kierstede, Agnietje, 165.
  Ariaentie, 76.
  Benjamin, 138.
  Blandina, 39.
  Catharina, 49.
  Corneliús, 100.
  Hans, 11, 32, 34, 84.
  Jacoba, 157.
  Jacobús, 99, 162.
  Jannetje, 183.
  Jesse, 141.
  Lúcas, 53, 157, 178.
  Lukas, 187.
  Maria, 154, 171.
  Mary, 115.
  Rachel, 61, 167, 173, 254.
  Roelof, 155.
Kiersteed, Benjamin, 208.
Kiersteede, Simon, 258.
  See Kiersted.
Kiersz, Helena, 100.
Killman, Catharine, 229.
  Mathew, 180.
Killy, Catharina, 198, 226.
  John, 226.
Kilpaterik, Isaac, 175.
Kilpatrick, Sarah, 240.

Kimbal, John, 130.
Kindel, Elisabet, 201.
Kindrik, John, 185.
  See Kindreek.
King, Aaron, 179, 193.
  Ann, 235, 267.
  Arend, 183.
  Arie, 167.
  Asa, 161.
  Constantia, 160.
  Elisabet, 215.
  Elisabeth, 155.
  Hannah, 267.
  James, 265.
  Janneken, 13.
  John, 218.
  Margaret, 266.
  Pieter, 184.
  Rachel, 157.
  Sara, 181.
Kingh, Jacob, 189.
  John, 184.
Kingsland, Edmond, 195.
  Elisabᵗʰ, 173.
  Elizabeth, 248.
  Hetty, 248.
  Margaret, 266.
  Mary, 273.
Kingslandt, William, 155.
Kinne, Lawrens, 109.
Kinnejondaar, Anna, 120.
Kinnekom, Jacqúes, 17.
Kinney, Sarah, 258.
Kinniston, John, 167.
Kinsley, Artur, 155.
Kip, Abraham, 85, 149, 204, 227.
  Ann, 257, 273, 274.
  Anna, 157.
  Antonÿ, 119.
  Baertje Hendricks, 15.
  Baertje, 43.
  Balthasar, 179.
  Blendina, 200.
  Catarina, 85.
  Catelina, 153.
  Cathalina, 137.
  Catharina, 150, 161, 195.
  Cornelia, 181.
  Edward, 203.
  Elias, 258.
  Elisabet, 198.
  Garret, 229.
  Helen, 276.
  Helena M., 269.
  Hendrick, 25.
  Henr., 92.
  Henricús, 85.
  Henry, 169, 189, 213, 257.
  Isaac Hendrickszen, 18.
  Isaac, 40, 61, 125, 182, 275.
  Isaak, 198.
  Jacob Hendrickszen, 18.
  Jacob, 128, 186.
  Jacobús, 57, 150.

Kip, James, 204, 242.
  Jane, 272, 274.
  Johannis, 49.
  John, 167, 191.
  Margaret, 264.
  Margarita, 166.
  Maria, 62, 113.
  Nancy, 262.
  Peter, 242.
  Petronella, 169.
  Petrús, 97.
  Pieter, 142, 188.
  Rachael, 53.
  Richard, 154, 176.
  Samuel, 216.
  Sara, 174, 195.
  Sarah, 150, 266.
  Trÿntje, 24, 41.
Kipp, Catharina, 182.
  Elizabeth, 242.
  Jacomyntje, 191.
  Leonard, 212.
  Sara, 184.
  Sarah, 242.
Kirby, Peter, 160.
Kirk, John, 277.
Kirkbride, Richard, 262.
Kirkland, Sarah, 277.
Kirkpatrick, Alexander, 263.
Kisana, Isabel, 14.
Kissam, Benjamin, 259.
Klaerhoüt, Walraven, 35.
Klein, Anna Maria, 163.
  Elisabeth, 104.
  John Frederick, 278.
  Maria, 109.
Klerk, Thomas, 222.
Kleÿn, Sarah, 118.
Klinckenborgs, Stÿntje, 27.
Klock, Catharina, 45.
  Marten Abrahamszen, 51.
  Sara, 38.
Klok, Catharᵗ, 154.
  Marten, 150.
  Phebe, 167.
Klokkenaar, Catharina, 168.
Klopper, Cornelis, 82.
  Margrita, 167.
    See Clopper.
Kloppers, Pieternel, 65.
Klopp', Cornelis, 116.
Klump, Peter, 196.
Knacht, Elsje, 234.
Knap, Amos, 219.
  Joseph, 213.
Knapp, Ann, 276.
  Mary, 226.
  Simeon, 272.
  Tammy, 270.
Kneent, Catharina, 205.
Knegt, John Stroom, 218.
Knickebakker, Abraham, 190.
Knickerbacker, Elizabet, 195.

Knight, Charles, 161.
Knÿt, Theophilús, 113.
Kock, Diderck, 102.
  Pieter, 163.
  Sarah, 109.
  See Cock.
Kocx, Edúard, 73.
Koeck, Thomas, 47, 70.
Koek, William, 140.
Koen, Adam, 174.
Koller, Sarah, 140.
Konik, Thomas, 115.
Koning, Abraham, 125.
  Anthony, 228.
  Arie, 108.
  Coenradus, 205.
  Egbert, 225.
  Gysbert, 178.
  Hanna, 132.
  Isaac, 163.
  Jacob, 81, 116, 119, 124.
  Johannes, 166.
  Jakob, 188.
  Lena, 182.
  Maria, 139, 150.
  See Coning.
Koningk, Lÿsbeth, 66.
Konings, Maria, 89.
Koocker, Thomas, 50.
Kook, George, 173.
Kool, Hendrik, 140.
  Johannes, 176.
  Maria, 134.
  See Cool.
Korsse, Geertrúy, 107.
  Theunis, 97.
Kortreght, James B., 270.
  John, 242.
Kortregt, Aafje, 136.
  Nicolaús, 152.
  See Cortregt.
Koster, Johannes, 90.
  Margrite, 168.
Koúwenhooven, Johannes, 110.
  Samúel, 144.
Koúwenhoven, Francois, 147.
  Jacob, 151.
  Pieter, 108.
  See Van Coúwenhoven.
Kramer, Jan, 115.
  W^m., 130.
Krankheid, Margrita, 162.
Krankheit, Jan, 137.
Kras, Maria Barbara, 114.
Kraÿ, Jannetje Toenis, 23.
Krecraft, Sara, 171.
Kregier, Anna, 161.
  Cornelis, 40.
  Elisabeth, 167, 170.
  Frans, 25.
  Hanna, 132.
  Jenneke, 168.
  Marten (Júnior), 35.

Kregier, Súsanna, 102.
  See Cregier.
Kregiers, Catharina, 27.
  See Cregiers.
Kroesvelt, Annetje, 100.
  See Croesvert.
Kroosbie, Willem, 131.
  See Crosbe, Crosby.
Kroúwts, Gregri, 135.
Krúger, Jan, 99.
  See Cruger.
Krust, Maria, 182.
Kúik, Jacobús, 106.
Kúiper, Hillegond Claasze 110.
Kúnter, Joh^s Freder^{ks}, 149.
Kursen, Catharin, 230.
Kúst, Claes Janszen, 14.
  See Backer.
Kúúr, Jan, 96.
Kúÿler, Sara, 66.
  See Cuiler, Cuÿler.
Kúÿlers, Delia, 78.
  See Cuylers.
Kúÿper, see Andries Pieterszen, 17.
  Aaltje, 168.
  Susanna, 180.
  See Cuyper, Kuiper.
Kuypers, Geradus Arnese, 265.
Kwakkenbos, Reinier, 116.
  See Quackenbos, Quackenbos.
Kwik, Belitje, 113.
  Elisabeth, 117.
  Sara, 98.

L

Labach, Abraham, 264.
  Hendrik, 140.
Laback, Catherine, 260.
Labagh, Abraham, 204.
  Catharine, 242.
  Isaac, 210.
Labaugh, Jakob, 195.
Laberteaux, Elizabeth, 266.
Lacheer, Salomon, 30.
Lackey, Robert, 172.
Laecton, Jan, 89.
Lafefere, Mÿndert, 122.
Laffra, William, 209.
Lafóy, Rebecca, 232.
Lagrange, Johannes, 86.
Lahe, John, 236.
Lake, Margar^t, 154.
Lakeman, Maria, 112.
  Pieter, 87.
Laidlie, Catharine, 277.
  D^o Archibald, 229.
Laing, Thomas, 221.
Laincourt, J^m Stephen, 276.
Laird, Alexander, 276.

Lam, Alexander, 66.
La Maettre, Titje, 118.
  See de la Maetre.
Lamb, Abraham, 264.
  Alexander, 188.
  Elisabet, 186.
  Elisabeth, 117.
  George, 149.
  Hanna, 147.
  James, 272.
  Jane, 132.
  John, 214, 277.
  Leah, 209.
  Mary, 225.
  Rachel, 214.
  See Lam.
Lamberits, Martinús, 79.
Lamberson, Aaltje, 202.
Lambersze, Hille, 153.
Lamberts, Aeltje, 16, 24.
  Coenraad, 99.
  Corñ, 13.
  Magdaleentje, 26.
  Marie, 14.
  Marrtie, 46.
  Simon, 171.
  Priscilla, 67.
Lambertse, Laúrens, 148.
  Mary, 185.
Lambertson, David, 227.
  Elenor, 192.
  Lena, 188.
Lambertszen, Thomas, 19.
Lambeth, Perkins, 230.
Lamlee, Edúard, 38.
Lammersse, Aafje, 155.
  Laúrens, 152.
Lammersze, Maria, 145.
Lammertse, Catharina, 178.
Lamp, Alexander, 164.
Lampert, Js., 116.
Landers, Edward, 138.
Lane, Ann, 227.
  Eleanor, 207.
  Henry, 168.
  Rachel, 218.
  Stephen, 201.
  William, 136, 163.
Lanen, Aert Theunissen, 60.
  Theúnis, 83.
Lang, Jacob, 170.
  Peter, 260.
Langdon, Aletta, 272.
  Eleanor, 280.
  Richard, 159.
  Thomas, 272.
Langedyck, Jan Janszen, 70.
  See Van Langendyck.
Langeley, Susanna, 219.
Langendyck, Hanna, 157.
Langendyk, Eva, 213.
  John, 128.
Langet, Marÿtje, 106.
Langevelt, Cornelis, 29.
  Maria, 99.

Langhaar, Corneliús Janz, 102.
Langley, Sara, 181.
Lanksbury, Hannah, 265.
La Noÿe, Abraham, 28.
  See de Lanoÿ.
Lanscen, Geertruida, 190.
Lansing, Helena, 175.
Lansman, Arie Jeúriaensz, 58.
Lanssing, John, 178.
Lanyon, Hanna, 158.
  John, 137.
Larkens, Catharina, 78.
Laro, Andrew, 79.
  See La Roux.
Laroe, James, 275.
La Roux, Jacomÿntje, 150.
Lary, Maria, 156.
  Timothy, 152.
Lasagie, Catharina, 216.
Laschere, Nicolaes, 70.
  See Lejere.
Lashar, John, 186.
Lasher, Mary, 254.
  Sarah, 217.
La Sja, Annatje, 188.
  See Jay.
Lason, Robbert, 138.
Latan, Sarah, 129.
Latham, Abigail, 260.
  Elizabet, 202.
  Joseph, 242.
Lather, John, 278.
Laton, Joh°., 137.
  Rebecca, 206.
Lattimore, Matthew, 265.
Latton, William, 142.
Lattouch, Iaac, 178.
Laudit, Elisabeth, 160.
Launders, Henry, 265.
Laurence, Debora, 187.
  Laurence, 182.
  Mary, 194.
  Samúel, 139.
  Thomas, 73.
Laúrens, Aefje, 20.
  Blandina, 147.
  Elisabeth, 99.
  Femmetje, 77.
  James, 130.
  Leen, 11.
  Maria, 40.
  Pieter, 15.
  Sara, 171.
  Steÿntje, 31.
  Stÿntie, 57.
  Sÿtje, 23.
  Trÿntie, 33.
Laúrensze, Jan, 107.
Laurenszen, Laúrens, 31, 34.
  Otto, 32, 82.
  Pieter, 14.
  Severeÿn, 20.
  Severÿn, 35.

Laurenszen, Thomas, 29.
  Zacharias, 58.
Laúrier, Anna, 130.
  Christiaan, 121.
  Johannes, 144.
  Joh°, 141.
  Súsanna, 145.
  Willjam, 94.
Laúw, Albert, 97.
Laúwe, Neeltje, 99.
Laúwerier, Margarith, 141.
Lauwrence, Jonathan, 192.
Laúwrens, Henry, 147.
  Maria, 124.
Lavoy, Peter, 233.
Lavrge, Stephen, 192.
Law, Anna, 173.
Jeremias, 172.
Morinus, 188.
Lawbach, Catharina, 239.
Lawn, George, 208.
Lawrance, Daniel, 247.
Lawrence, Catherine, 263.
  Daniel, 279.
  Elizabeth, 257.
  Glorianna, 268.
  Hester, Tobo, 267.
  John, 199.
  Margaret, 263.
  Maria, 244.
  Richard, 244.
  Samuel, 170.
  See Laurence, Lauwrence.
Lawrens, Ann, 235.
Lawsen, Catharina, 214.
Lawson, Priscilla, 258.
  William, 209.
Layk, Lodewÿk, 120.
Layl, Alexander, 194.
Layton, John, 154.
Lazenby, Ralph, 221.
Lazere, Nicolas, 176.
Lazier, Jakob, 241.
Leach, Abigael, 206.
Leacock, Margaret, 277.
Leacraft, Maria, 266.
  Mary Riker, 277.
  Richard, 219.
  See Leaycraft, Leycraft.
Lean, Elizabet, 227.
  Margaret, 201.
Leaycraft, Elizabeth Banker, 279.
Lebrown, Elizabeth, 218.
Le Cevalier, Júdith, 113.
  See Le Shevelleir.
Leckwoút, Jan, 13.
Ledman, Súsanna, 239.
Ledru, Harman, 212.
Lee, Christina, 149.
  Jacob, 110.
  John, 122, 173, 244, 253.
  Mary, 226, 269.
  Misper, 229.

Leek, Henry, 268.
Leenarts, Aefje, 27.
Leenda, Hester, 79.
Leenderts, Aetje, 19.
Leendertszen, Pieter, 15.
Leffers, Margaret, 219.
Lefferts, Ann, 268.
  Aukin, 159.
  Dirck, 174.
  Dirk, 206.
  Garret, 237.
  Jacobus, 238.
  Jakobus, 193.
Leffjerin, Ja^b., 121.
Le Foy, Abraham, 174.
  See Lafoy.
Lefoÿ, Simon, 125.
Legende, Janneken, 58.
Legg, Elsie, 201.
Legget, Jan, 65.
Leggit, Sara, 168.
Legrand, Maria, 86.
Leidekker, Abrah^m, 155.
  See Leÿdekker.
Leiken, John, 208.
Leiúw, Philip, 49.
Lejere, Francoÿs, 24.
  See Laschere.
Lek, Sara, 101.
Lely, John, 248.
Lemaistre, Claúde, 63.
  Le Maistre, Súsanna, 36, 44.
  See De La Maistre, Da La Maetre, Delamater.
Leman, Lauwrens, 199.
Le Montes, John, 147.
Le Montez, Jean, 61, 79.
Lendertszen, Jacob, 15.
Leney, Joshua, 264.
Lens, Elisabeth, 92.
Lent, Abraham, 187, 229.
  Benjamin, 207.
  Catharina, 146, 173.
  Cornelia, 155.
  Elizabeth, 266.
  Gerrit, 236.
  James, 256.
  Jan, 197.
  John, 260.
  Margaret, 229.
  Rÿk, 137.
Lentis, Garrit, 264.
Leonard, Elizabeth, 257.
  Hannah, 269.
  Henry, 228.
  Jacob, 163.
  Jeffery, 200.
Leonards, Albert, 21.
  Maria, 148.
Leonartszen, Arent, 25.
Lepinget, Elisabet, 210.
Leppard, Sara, 206.
Lequier, Anna, 161.
  Geertje, 168.
Lequir, Rachel, 78.

Le Reaúx, Rachel, 116.
Le Roch, Thomas, 122.
Leroú, John, 122.
Le Roúx, Anna, 142.
  Bartholomeús, 66.
  See Laro, Le Reaux,
  Lerou, Leroúx, Le Rue.
Leroúx, Pieter, 73.
Le Roy, Jacob, 188.
Lerrens, Joh'., 205.
Le Rue, Jane, 275.
Lescúÿe, Marÿ, 76.
  See Escūÿer.
Le Shevelleir, Súsanna, 128.
Lesier, Albertus, 185.
  Antje, 201.
Lesjar, Catharina, 182.
Lesje, Margaritje, 143.
Lesjer, Elizabeth, 140.
  Joh'., 137.
Leslie, Alexander, 245.
Lesly, Jan, 99.
Lessier, Magdalena, 140.
Lessjer, Catharina, 134.
Lesting Geertrúÿd, 86.
Letbrook, Elisabeth, 129.
Letelier, Johan, 31.
Le Tellie, Mary, 214.
Lets, William, 132.
Leúnen, Lievÿntie, 38.
Leúrsen, Carsten, 72.
Lever, Benjamin, 210.
  Eliazbet, 205.
Leveridge, John, 258.
Leveÿns, Steven, 97.
Levingston, Robert, 153.
  See Livingston.
Levinus, Joseph, 269.
Lewis, Ann, 205, 231.
  Charles, 201.
  Elisabet, 196.
  Francis, 164.
  Hester, 274.
  Jacoba, 141.
  Jemima, 273.
  John, 125, 159, 177, 246.
  Maria, 181.
  Maritie, 173.
  Mary, 272.
  Nicolaus, 215.
  Ruth, 202.
  Samuel B., 265.
  Stephen Jones, 277.
  William, 113, 264.
Lewnis, Moÿses, 81.
Leycraft, Sarah, 258.
Leÿdecker, Gerrit, 51.
Leÿdekker, Cornelis, 134.
  Rÿck, 129.
  See Leideckker.
Leÿdsler, Catharina, 56.
  See Leÿsler.
Leyll, Mary, 275.
Leÿsler, Jacob, 28.
  See Leydsler.

Lheman, Margaret, 271.
Lie, Elisabeth, 114.
  Martha, 138.
  Metthe, 111.
Liecht, Jan, 13.
Liets, Abigael, 105.
Lievens, Catharina, 61.
  Leendert, 65.
  Maria, 11.
  Marritje, 13, 46.
Lievensz, Barent, 77.
Lievenszen, Jonas, 87.
Liewens, Jonas, 63.
Liewents, Barent, 60.
Lillie, John, 58.
Lilly, Sarah, 103.
Limmin, Christina, 173.
Linch, Sara, 159.
Lincoln, Catherine, 271.
Lindford, James, 207.
Lindsday, William, 214.
Lindsey, Elizabeth, 257.
Line, Catherine, 276.
Ling, Abigal, 119.
Lingelant, Elisabeth, 94.
Linn, Elizabeth, 271.
  John Blair, 276.
  Revᵈ. William, 271.
  William, 278.
Linnenton, Maria, 185.
Lins, Catharina, 134.
  Margritje, 141.
Linsch, Maria, 166.
Lint, Hanna, 195.
Linten, Maria, 131.
Lintwaith, William, 220.
Linzey, Elizabeth, 258.
Lion, Ann, 274.
  Henry, 233.
Lippes, Tÿtje, 31.
Lisinck, Catharina, 11.
Lisk, David, 260.
Lisman, Annatje, 156.
Lispinaar, Leonard, 165.
Lispinar, Antony, 104.
Lister, John, 225.
Litch, William, 191.
Little, Isaac, 275.
  Samuel, 264.
Littlewood, William, 270.
Living, James, 277.
Livingston, Alida, 183.
  Catharina, 199, 215.
  Catharine G., 269.
  Catherine, 242.
  Cornelia, 262.
  Cornelia Beekmann, 267.
  Helena, 232.
  Henry Alexander, 272.
  Henry Brockholst, 258.
  Henry P., 266.
  James, 139.
  Johanna, 178.
  John, 169.
  John H., 256.

Livingston, Margaret, 218.
  Maria, 262.
  Mary, 203.
  Peter W., 269.
  Peter van Brug, 165.
  Philip Henny, 262.
  Robert, 128.
  Robert, 224.
  Robert R., 169.
  Sara, 178.
  Thomas, 204.
  See Levingston.
Livingstone, Robert Gilbert, 167.
Lloyd, Thomas, 256.
Loat, Mary, 273.
Locie, Seyme, 187.
Lock, Claes Hendrickszen, 35.
  Henry, 271.
  Jan, 201.
  Joseph, 216, 222.
Lockhart, Lydia, 279.
Lockwood, Israel, 270.
  Mary, 268.
  Phebe, 259.
  Phineas, 212.
  Rebecca, 266.
Lodder, Godlief, 203.
Lodewÿck, Anthonÿ, 23.
Lodewÿcx, Anneken, 19.
Lodowÿcx, Balitje, 25.
Loef, Hendrick, 22.
Loeff, Hendr., 30.
Loen, Boúwen, 39.
Logan, Elisabeth, 164.
Loghy, Cornelius, 275.
Lokeson, Joseph, 111.
Long, Geertruy, 210.
  Margaret, 215.
Longfield, Henry, 142.
Loo, William, 257.
Loockermans, Anneken, 11.
  Govert, 15.
  Jannetje, 32.
  Marritje, 30.
Loos, Johannes, 158.
Looten, Dirck, 29.
Loots, Lidia, 113.
Lop, James, 217.
Loper, Jacob, 14, 18.
Lopers, Jannetje, 39.
  Johanna, 49.
Lorck, Femmetje, 80.
Lord, Mercy, 258.
Lorgange, Samuel, 200.
Loring, Benjamin, 142.
  Jacob, 141.
  Susanna, 175.
Loringh, Johanna, 204.
Lorton, John, 130.
  Mary, 257.
Losborrow, Thomas, 246.
Lose, Antje, 183.
Losey, Cornelius, 279.

Losge, Andren, 188.
Loshir, Oliver, 258.
Losie, John, 191.
　Lea, 191.
　Nicholas, 257.
　Pieter, 230.
Losier, Christian, 261.
Lossee, Simon, 197.
Loth, Bartel Engelbertszen, 28.
　Engelbert, 44.
Lott, Abraham, 183, 212.
　Christopher, 265.
　Cornelia, 274.
　Henry, 267.
　Jonas, 191.
Loudon, Margeritta, 274.
Louis (neger), 227.
Loútit, Icabot, 146.
Loúw, Cornelis, 80, 149.
　Johannes, 107.
　John, 141, 197.
　Laúrens, 141.
　Margarita, 148.
　Matthỹs, 88.
Louwer, John Peter, 257.
Louwrens, Thomas, 176.
Loving, Benjamin, 193.
Lovỹse, Lucretia, 47.
Low, Cornelis, 177.
　Elisabet, 214.
　Elsje, 246.
　Jane, 257, 271.
　John, 220, 262.
　Helena, 169.
　Henry, 256.
　Isaak, 192.
　Margareta, 177.
　Mary, 207, 231.
　Peter, 278.
　Pieter, 134.
　Rachel, 194.
　Samuel, 273.
Lowdon, Anna, 273.
　Robbert, 202.
Lowe, Benjamin, 237.
　Mary, 214.
Lowey, James, 136.
　Jane, 202.
Lownds, William, 203.
Lowshar, Peter, 222.
Loyd, Thomas, 262.
Loyde, Elisabeth, 113.
Lozear, Jacob, 183.
Lozier, Abraham, 280.
　Clary, 280.
Lúbberts, Abraham, 21.
　Aeltje, 24.
　Cornelia, 16.
　Divertje, 44.
　Gỹsberts, 19.
　Lỹsbeth, 66.
　Marritje, 28.
　Trỹntje, 18.
Lúbbertszen, Abraham, 71.

Lúbbertszen, Fredrick, 22.
　Jan, 24.
　Thỹs, 20.
Lubeken, George, 160.
Lúcas, Aefje, 82.
　Anna, 88.
　Elisabeth, 64.
　Elsje, 44.
　Francois, 116.
　Hillegondt, 99.
　Jannetje, 44.
　Johannes, 148.
　Lỹsbeth, 37.
　Maria Elisabeth, 118.
　Marritje, 14.
　Sigismúnd, 26.
Lúcasse, Harmen, 147.
Lucasz, Harm: 111.
Lúcaszen, Pieter, 71.
Luckelt, William, 200.
Lucum, Christina Carolina, 226.
Lucy, William, 257.
Luddra, John, 219.
Ludlow, Anne, 265.
Ludlum, Mary, 275.
Luel, Thomas, 153.
Lúersen, Belitje, 91.
　Marritje, 64.
Lufferein, Margaret, 265.
Lugg, Charles, 200.
Lupton, Elizabeth, 273.
　William, 207, 234.
Lúsh, Joseph, 115.
　Marỹ, 129.
　William, 203.
Lusher, Margareta, 167.
Lusk, Henne, 212.
Luthwaite, John, 225.
Lútjens, Harmen, 97.
Lutkens, Elisabeth, 250.
Luttúer, Caspar, 30.
Lúwis, Antony, 145.
　Charles, 179.
　Daniel, 109.
　Hester, 187.
　Janneke, 180.
　Johannes, 119.
　Philip, 157.
　Ruth, 168.
　Thomas, 123.
　See Lewis.
Lúyck, Aegidius, 29.
Lúyens, Janneken, 15.
Lúỹerszen, Christiaen, 31.
Lúỹrissen, Carsten, 33.
Luyster, Matthias, 190.
Lydecker, Gerrit, 242.
Lyell, Thomas, 119.
Lyht, Catharine, 256.
Lynch, Elizabet, 192.
　John, 215.
　Maria, 166.
　Mary, 207.
Lynd, Archelaus, 194.

Lỹnden, Thomas, 86.
Lỹndon, Thomas, 70.
Lỹne, William, 64.
Lỹnes, Thomas, 81.
Lỹnis, Maria, 106.
Lynn, Anna, 190.
　Mozes, 188.
Lynsen, Abraham, 156.
　Agnes, 141.
　Daniel, 261.
　Joseph, 193.
Lynser, Elisabet, 196.
Lỹnsse, Anneke, 147.
　Daniel, 144.
　Elisabeth, 161.
　Hester, 147.
Lỹnssen, Gideon, 129, 166.
Lyon, Hannah, 272.
　Henrỹ, 129.
　Philp, 116.
　Thomas, 265.
Lyons, Elizabeth, 268.

M

Maas, Gerrit Hollaar, 151.
　Pieter, 148.
Mabee, Fredrick, 256.
　Isaac, 246.
　Leah, 257.
Mabey, Pieter, 230.
Macdonald, Jane, 148.
Mac Gown, Andrew, 258.
Machelly, John, 175.
Machett, Lidia, 134.
Machette, Gabriel, 260.
Mackeweide, Rachel, 179.
Mackie, James, 225.
Mackintosh, John, 266.
Mackonchey, Catharin, 161.
Macky, Mary, 267.
Madam, Geertruid, 195.
Maddox, Thomas, 192.
Maddux, Benjamin, 207.
Maeby, Thomas, 151.
Maes, Grietje, 21.
Maet, Adam, 14.
　See Mott.
Maeyer, Mary, 269.
Magdalena, Maria, 137.
Magee, Elisabeth, 166.
Magennis, Charles, 137.
Maggerits, Mary, 138.
Magregorỹ, Catharina, 78.
Maglaghlin, William, 193.
Mahane, Dennis, 131.
Mahaúlt, Anna, 80.
Mahegane, Peggy, 270.
Mahone, Richard, 115.
Mahoon, Gerritje, 165.
　Maria, 162.
　Richard, 140.
Mail, Martha, 211.
Main, James, 276.
Mainard, Sara, 157.

Major, Ellen, 276.
Makay, Alexander, 100.
Makbea, Alexander, 183.
Makcartny, James, 154.
Makdannel, Thomas, 155.
Makdonald, Catharina, 160.
Mak Guire, Hugh, 183.
Makintos, James, 128.
Makkaÿ, Maria, 105.
Makké, Anné, 116.
Makkelveen, Thom, 155.
  Thomas, 151.
Makkinni, John, 154.
Makkintas, James, 151.
Makneel, Elisabet, 138.
Makpeace, Gerritje, 164.
Makre, Samuel, 155.
Makwel, Robert, 173.
Malaet, Maria, 16.
Malcom, Duncan, 279.
Malenbrey, Joseph, 257.
Malthy, John Davenport, 258.
Man, Abraham, 175.
  Adriaan, 96.
  Adriaen, 69.
  Ann, 207.
  Anna, 175.
  Barbara, 247.
  David, 263.
  Elisabet, 216.
  Henrÿ, 123.
  James, 163.
  Jan, 110.
  Johanna, 235.
  John, 125, 160, 216.
  Margaret, 260.
  Sara, 179.
  See Mann, Men.
Manbrút, John, 133.
Mancius, Cornelia, 224.
Mandavel, Hanna, 193.
Mandeere, Francienne, 17.
Manderbag, Coenradina, 141, 146.
Mandeviel, Cathri, 157.
  David, 110.
  Gillis, 136.
  Grietje, 61.
  Hanna, 192.
  Hendrick, 89.
  Johannes, 153.
  John, 163.
  Marritje, 184.
  See Mandeville, Mandiviel.
Mandevill, Epemiah, 241.
  Gerard, 180.
Mandeville, Gerritje Jillis, 49.
Mandigo, John, 262.
Mandiviel, David, 93.
Maneÿ, Margariet, 128.
  See Manny.
Mangel, Elisabet, 201.
  Mary, 225.

Manger, Nicolaas, 211.
Mann, Johannes, 173.
  Mary, 241.
  Sarah, 244.
  See Man.
Mannan, William, 219.
Manneken, Bartel, 32.
Manning, Hanna, 24.
  James, 271.
Manley, Robert, 207.
Manly, John, 215.
Manny, Francis, 157.
  See Maney, Many.
Manrele, Matheus, 184.
Mans, Engeltje, 10.
Mansfield, Andrúw, 126.
  William, 218.
Mantajgne, John, 96.
  See De la Montagne.
Mantys, Mary, 242.
Manuel, Sarah, 247.
Manúels, Barbara, 71.
  Claes, 47.
  Michiel, 46.
Manús, Búrger, 107.
Many, Frances, 233.
  See Manny.
Maple, Roelof, 132.
  See Van Maple.
Maples, Joseph, 279.
Marbúight, Patrik, 116.
Marce, Hiley, 160.
Marcé, Mary Ann, 153.
Marcelis, Hannah, 270.
Marcellis, Hillegont, 107.
Marcellus, Ann, 266.
Marcellússe, Pieter, 127.
March, Peter, 222.
Marchal, Elisabeth, 118.
Marchall, Alexander, 225.
Marchant, Marian, 200.
Marcier, Christina, 130.
Mardock, Jane, 249.
Mare, John, 162.
Margeson, Peter, 169.
Margrietge, Mary, 196.
Marharty, Dennis, 114.
Maria, Anna (negrine), 32.
Mariús, Brechtie, 15.
  Maria, 152.
  Pieter Jacobszen, 20.
Mark, Pieter, 140.
Marks, Elizabeth, 271.
  Mary, 265.
Marksel, Robert, 180.
Marlin, Richard, 84.
Marling, Barent, 248.
  Rachel, 214.
Marrel, Massie, 220.
  Simon, 226.
Marrell, Philip, 142.
Marriner, Nathaniel, 202.
Marrington, Jane, 103.
Marschack, Andries, 68.
  See Marschalk.

Marschald, George, 173.
Marschalk, Andrew, 195, 212, 274.
  Andries, 132, 149, 186.
  Ann, 216.
  Anna, 182.
  Catharine, 240.
  Catherine, 270.
  Cornelius, 184.
  Elizabet, 203, 212.
  Elizabth, 131, 160.
  Francois, 147.
  Hester, 247.
  John, 123, 274.
  Joseph, 208, 257, 273.
  Maria, 169, 184.
  Mary, 205, 240, 243.
  Pieter, 137.
  Sara, 196.
  See Marschack.
Marschall, Maria, 117.
Marse, Phebe, 259.
Marselis, Jane, 260.
Marselisse, Ide, 187.
  Jannetje, 127.
  John, 191.
  Pieter, 182.
Marselius, Andrew, 227.
  Andries, 198.
Marsh, James, 227.
  Richard, 228.
  Samuel, 193.
Marshal, James, 161.
Marshall, Anna Maria, 185.
  Catharina, 215.
  Jane, 112.
  John, 152, 209.
  See Marschall.
Marsier, Margaret, 180.
Marsje, Margrita, 172.
Marston, 236.
  Caty, 254.
Martelig, Maria, 225.
Martelings, Abraham, 220.
Marten, George, 210.
Martens, Geertje, 82.
  Grietie, 62.
  Grietje, 45.
  Júdith, 57.
  Leentje, 19.
  Sara, 73.
  Thomas, 78.
  Trÿntje, 23.
  Weÿntie, 25.
Martenszen, Gÿsbert, 23.
  Hendrick, 25.
  Joris, 70.
  Reÿer, 83.
  Roelof, 65.
Martesen, Susanna, 186.
Marteswe, Johana, 278.
Martien, Elizabet, 217.
Martier, Johannes, 63.
Martimour, Samuel, 153.
Martin, Catherine, 275.

Martin, Elener, 164.
  Elisabeth, 177.
  Elizabeth, 263.
  Gerrit, 144.
  James, 257.
  Joshua, 270.
  Mary, 260.
  Rebecca, 198.
  Richard, 193.
  See Martÿn.
Martlin, Christina, 230.
Martling, Abraham, 273.
  Barent, 260.
  John, 279.
  Mary, 275.
Martlings, Abraham, 213.
  Mary, 264.
Martÿn, Gabriel, 22.
  Mary, 236.
Marzbag, Marytje, 182.
Mash, Elisabet, 220.
Maskelt, Pieter, 79.
Mason, David, 223.
  John, 260, 268.
  Sara, 203.
  Thomas, 228.
  William, 165.
Massa, John, 162.
Masschop, Anna Elisabeth, 40.
Masschot, Anna Elisabeth, 54.
Masten, Lÿsbeth, 73.
Masterton, Ann, 253.
  Christina, 277.
  Maria, 272.
Maston, Jan, 16.
Matcalf, Susannna, 216.
  See Medcalfe.
Matheman, Elizabeth, 240.
Mathews, Mary, 279.
Mathison, Robert, 275.
Matlock, White, 228.
Matsen, Jan, 85.
Mattheús, Gerritje, 80.
Mattheŭszen, Anthonÿ, 18.
  Bastiaen, 48.
Matthewman, Lucas, 175.
Matthews, Joseph, 274.
Matthysse, Catharina, 179.
Matthÿsz, Nicolaas, 112.
Matthÿsze, Hasúel, 122.
  Helena, 111.
Matthÿszen, Abraham, 56.
  Anthonÿ, 81.
  Cornelis, 27.
Mattiks, Anna, 164.
Mattlings, Johannes, 39.
Maul, Anna Maria, 162.
  Catharina, 138.
Maúlin, Anna Cath^a, 137.
  Urseltje, 141.
Maúres, Lea, 143.
Maŭrichem, Cornelis, 13.
Maurits, Elisabeth, 163.

Maurits, Elsje, 13.
  Jacobús, 112.
  Jan, 25.
  Jannetje, 80.
  Margrita, 98.
  Paúlús, 105.
Maúritz, Anna, 62.
Maverick, Ann, 273.
  Rebecca, 273.
  Sarah, 267.
Maxwell, James Homer, 261.
  Joseph, 277.
  Mary, 277.
  William, 265.
May, John, 235.
Maybe, Catharine, 245.
  Frederik, 243.
  Phebe, 249.
Maybee, Abraham, 245.
Mayburn, Maria, 165.
Maÿen, Jonathan, 109.
Maÿer, Marten Janszen, 28.
Maÿers, Anna Catharina, 89.
Maÿson, John, 92.
McAdams, William, 218.
McAlpin, Ann, 219.
McArthur, Margaret, 258.
McAwee, Margaret, 265.
  Martin, 185.
McBean, Sarah, 250.
McCall, Elizabeth, 256.
McCarter, John, 211.
McAuly, Elizabeth, 274.
McClenahan, John, 226.
McCloskey, Henry, 236.
McCloud, Ann, 217.
  Donald, 253.
McCombs, James, 211.
McCord, Benjamin, 257.
McCoy, Catherine, 256.
  Mary, 208.
McCray, Elisabet, 204.
McCready, William, 277.
McCree, Mary, 245.
McCullough, James, 224.
McCullum, Archibald, 271.
  Elsy, 278.
McDaniel, Margaret, 240.
  Mary, 225.
  Richard, 117.
McDennol, John, 201.
McDermot, Edward, 257.
McDole, Ann, 245.
McDonol, Alexander, 226.
  George, 225.
McDonald, Alexander, 218, 251.
  Catharine, 279.
  Isabella, 279.
  John, 206.
  Mary, 233.
  Randal, 277.
McDonale, Susan, 274.
McDongall, Mary, 205.
McDonnald, Samuel, 201.

McDougal, Mary, 253.
McDowell, Hugh, 227.
McDugel, Allen, 193.
  See M^{k}dugal.
McEun, Malcolm, 210.
McFall, John, 279.
  Robert, 267.
McFarlain, Alexander, 263.
  Mary, 263.
McFarlin, Hugh, 201.
McGara, James, 256.
McGee, Catharine, 229.
McGennis, Elizabet, 205.
  Robert, 205.
McGlaughlin, William, 265.
McGowan, John, 268.
McGown, Maria, 271.
McGrath, John, 264.
McGraw, Margaret, 258.
McGregor, Alexander, 271.
McGuire, Amelia, 264.
  Lawrence, 214.
  Mathew, 264.
McGwire, Thomas, 263.
McKeney, Mary, 233.
McKenny, Elisabet, 241.
  James, 239.
  Jane, 227.
  Mary, 214.
McKensie, William, 208.
  See McKinsie, McKinsy.
McKenzie, Rosanna, 275.
McKewgie, Mary, 210.
McKildo, Richard, 260.
McKinsie, Edward, 217.
  Hector, 228.
  See McKensie, McKenzie.
McKinsy, Catharine, 221.
  John, 221.
McKlain, Margriet, 163.
McLaughlin, Elisabet, 206.
  Margaret, 275.
McMullen, Isabella, 215.
McNeil, Elianor, 218.
  Mary, 268.
  Sarah, 271.
McNell, Nancy, 234.
  William, 233.
McPhadoris, John, 119.
McPhedericks, Catharina, 167.
McPhemin, Sarah, 264.
McQuillon, Elenor, 277.
  Margaret, 265.
McWhire, Elisabeth, 251.
McWhirter, Margaret, 209.
Mead, Mary, 278.
Medcalf, Thomas, 204.
  See Matcalfe.
Meddan, Timotheus, 179.
Meeks, Elisabeth, 181.
  Elizabeth, 126.
Meeners, Thomas, 140.
Meer, Edúard, 67.

Meesen, James, 159.
Meet, Jabobus, 162.
Jan, 61.
Kniertje Pieters, 42.
Megapolensis, Hillegond, 19.
Megran, Catharina, 245.
Meier, Maria, 107.
Melkers, Anna, 139.
Mellÿns, Cornelia, 18.
Marÿken, 19.
Melrin, Catharina, 197.
Melsbag, Catharina, 176.
Men, Edward, 121.
See Man.
Menlenaar, Geertje, 223.
Joost, 239.
Maria, 231.
Mennes, Jacomÿntie, 11.
Mensing, Mattheús, 126.
Menthaer, Philip, 83.
Mercelis, Jacobus, 249.
Mercer, Benjamin James, 260.
Thomas, 153.
See Mercier.
Merchant, Frederick, 258.
Mercier, Christina, 232.
Merie, Jacqúes, 73.
Meritt, Sara, 67.
Merk, Pieter, 137.
Merkelie, Elisabet, 201.
Merlin, Altje, 257.
Mary, 266.
Rachel, 240.
Merlot, Joseph, 109.
Merrel, Andrew, 199.
Merret, Súsanna, 139.
Willem, 62.
Merrill, Aaltje, 169.
Anna, 169.
Frederick, 266.
John, 169.
Merrit, Mary, 67.
Robert, 274.
Sara, 218.
Vroúwtje, 123.
See Meritt, Merret.
Merritt, Henry, 278.
Merston, Thomas, 218.
Meserol, John, 251.
Mesherool, Sarah, 216.
Mesier, Elis^{bth}, 155.
Maria, 116.
Peter, 215.
Pieter, 136.
Mesnard, Altje, 217.
John, 164.
Messelaar, Abraham, 105.
Messerve, George, 179.
Messúer, Jannetje, 64.
Mesúer, Abraham, 69.
Metselaer, Abraham, 77.
Hendrick, 88.
See Messelaar, Van Worms.

Meÿer, Abraham, 105.
Adolf, 35.
Adolph, 125.
Andrew, 242.
Andries, 35, 109, 112.
Briget, 220.
Catharina, 74, 146.
Cornelia, 101.
Cornelius, 174.
Elisabeth, 45.
Elsje, 101.
Engeltje, 219.
George, 237.
Gerardus, 182.
Helena, 73, 124.
Hendrick, 87.
Ide, 103.
Jacob, 143.
Jan Dirckszen, 43.
Janneken, 95.
Johannes, 42, 96.
John, 102, 164, 177, 180, 206, 254.
John (jun^r.), 259.
Loúwrence, 222.
Lydea, 246.
Margaret, 219.
Martinús, 103.
Nicolaes, 19.
Peter, 209.
Pieter, 43.
Vroúwtje, 165.
Meyers, Adolph, 268.
Anneke, 128.
Catharina, 83, 92, 107.
Cornelia, 275.
Deborah, 279.
Dirckie, 70.
Dirckje, 34.
Elizabeth, 269.
Elsje, 88.
Hillegond, 83.
Jannetje, 135.
Margariet, 25.
Maria, 90, 92.
Rachel, 268.
Rebecca, 262.
Susanna, 218.
Meÿerszen, Dirck, 36.
Meÿnaerts, Anna, 58.
Meÿnardt, Johanna, 77.
Meÿnardts, Trÿntje, 58.
Meÿnartszen, Reynier, 84.
Meÿnderts, Anneken, 19.
Meÿnertszen, Jan, 25.
Mezier, Sarah, 133.
Michael, Cornelius, 186.
Michaelson, Gemine, 215.
Michalje, Onckel, 78, 84.
Michel, Mungo, 208.
Michiels, Aefje, 53.
Elias, 31.
Leentje, 33.
Lÿsbeth, 31.
Machtelt, 22.

Michiels, Metje, 36.
Michielssze, Enoch, 103.
Michielsze, Ryer, 142.
Michielszen, Bastiaen, 66.
Claes, 21.
Cornelis, 72.
Enoch, 34.
Gerlach, 18.
Lÿsbeth, 41.
Reÿer, 59.
Michil, John, 227.
Middags, Maria, 241.
Middleton, Charles, 280.
George, 193.
Midwinter, Robert, 196.
Mikel, Walter, 226.
Milburne, William, 194.
Milis, John, 252.
Mill, John Michel, 172.
Millan, Margaret, 279.
Millen, Sarah, 231.
Miller, Abraham, 244.
Annetje, 170.
Bartholomeús, 134.
Caleb, 135.
Catharina, 216.
Catharine, 240, 257.
Daniel, 132.
Elisabet, 213.
Elisabeth, 158.
Elizabeth, 259, 270.
Elsie, 251.
Gaÿn, 124.
Hanna, 192.
Jacob, 153, 158.
James, 257.
Johan Adam, 156.
John, 146, 230, 263, 275.
John George, 236.
Margarita, 173.
Maria, 154.
Maria Catharina, 164.
Patrik, 138.
Peter, 271.
Philip, 212, 262.
Phoeba, 280.
Pieter, 171.
Robert, 247.
Sarah, 244.
William, 147, 156, 173, 224, 249, 254, 257, 273.
Milligan, George, 217.
Millikin, Josias, 134.
Mills, Abraham, 183.
Helena, 210.
Henrietta, 265.
James, 141.
Phebe, 210.
Mils, Abraham, 162.
Miltenburgh, Catherine, 269.
Miltonberry, Pieter, 196.
Ming, Sarah, 105.
Thomas, 104.
Minne, Johannes, 75.
Minnen, Annetje, 27.

Minnens, Grietie, 60, 70.
Minnis, Charles, 181.
Minthorn, Francyntje, 192.
Jane, 193.
Philip, 267.
Sarah, 147.
See Munthorn.
Minthorne, Annatje, 174.
John, 156.
Margareta, 187.
Philip, 139, 177, 240.
Mintor, Christian, 272.
Mioit, Francois, 226.
Mirriman, Martha, 198.
Mirs, Richard, 210.
Miserol, Cornelis, 117.
Elisabeth, 162.
Maria, 120.
Miseroll, Catherine, 257.
Jane, 119.
Misjerol, Jan, 158.
Missepadt, Jannetje, 92.
Jaspar, 58.
Mist, John, 223.
Mitchel, Catharina, 216.
Johan, 196.
John, 263.
John Bradborn, 275.
Thomas, 263.
William, 219.
Mitchell, Elizabeth, 265.
Mary, 111.
Mitfort, Anna, 11.
Mitschel, Pieter, 115.
Mitschell, Jane, 192.
Mivielle, Gabriel, 38.
MᵏCarty, Eleanor, 181.
MᵏDougall, Eleanor, 173.
See McDougall.
Mᵏdugal, John, 181.
MᵏEvers, John, 136.
MᵏFardin, John, 174.
MᵏGinny, Sarah, 173.
Mᵏintosh, Maria, 143.
MᵏLaene, John, 179.
MᵏMihon, Joseph, 174.
Mochlaier, Michael, 134.
Moenen, Jacob, 110.
Moffit, Frances, 266.
Moggeridge, Aaron, 208.
Moglison, John, 138.
Mohanny, Hanna, 166.
Mol, Abraham, 98.
  Catalÿntie, 79.
  Geertie Lamberts, 59.
  Geertje Lambertszen, 33.
  Hendrick Lambertszen, 26.
  Reÿertje, 90.
  See Moll.
Molenaar, Casparus, 178.
Molenaars, Sarah, 99.
Molenaer, Joost Adriaenszen, 49.
Moll, Aafje, 111.
  Abraham Lambertszen, 28.

Moll, Ariaentie, 88.
  Engeltje, 102.
  Huÿbert Lambertszen, 28.
  Jan Janszen, 41.
  Maria, 100.
  Súsanna, 90.
  Súsanna Abraham, 52.
  See Mol.
Molly, Antony, 156.
Molÿn, Cornelia, 14.
Isaac, 46.
Monack, Sarah O., 276.
Moncleúr, Michˡ, 138.
Mone, John, 84.
Monel, Catherine S., 280.
Monfoor, Pieter, 186.
Monkhouse, Ralph, 246.
Monmÿe, Jan, 12.
Montagne, Jan, 29.
  See De la Montagne.
Montagnie, Annetje, 93.
Montague, Abraham, 180.
  Rachel, 163.
  Vincent, 170.
Montange, Brachy, 184.
Montangie, Elisabet, 219.
  Jane, 195.
  Sara, 190.
Montangúe, Martha, 185.
Montanie, Rebecca, 193.
Montanje, Antje, 113.
  Benjamin, 229.
  Catharine, 240.
  Elisabeth, 183.
  Isaac, 259.
  Jacobús, 128.
  John, 203, 226.
  Nelly, 226.
  Rebecca, 174.
  Sarah, 258.
  Thomas, 223.
  Vincent, 205, 226.
  See De la Montanje.
Montanye, Ann, 277.
  Benjamin, 267.
  Elizabeth, 272.
  Geertruy, 276.
  Herman, 270.
  Isaac, 263.
  John, 262.
  Peter, 189.
  Prudence, 198.
  Sarah, 257.
  See De la Montanye,
  Muntagnie.
Montgomery, Mary, 279.
Montgommery, Maria, 249.
Montgomory, Jane, 211.
Monton, Edward, 224.
Montras, Resúle, 120.
Montros, Margarᵗˢ, 148.
  Pieter, 167.
Monÿe, Henrÿ, 94.
Moon, Robert, 180.
Moone, Hanna, 209.

Mooninck, Heÿman, 54.
Moor, Anna, 134, 159.
  Catharina, 225.
  Gabrial, 149.
  George, 242.
  Jacob, 131.
  Jannetje, 158.
  Jefferÿ, 113.
  Margriete, 160.
  Maria, 163.
  Mary, 217.
  Marÿtje, 125.
  Michiel, 130.
  Thomas, 116, 126.
  William, 134.
  See More.
Moore, Abraham, 278.
  Alice, 278.
  Anne, 267.
  Benjamin, 165, 182.
  Blaze, 256.
  Catherine, 271.
  Elizabeth, 269.
  Esther, 274.
  Francis, 277.
  Garrit, 238.
  John, 199.
  John B., 232.
  Lawrence, 274.
  Mary, 152.
  Nicolaas, 216.
  Rachel, 278.
  Sarah, 237, 268, 278.
  Thomas, 195.
  William, 58.
  See More.
Mordok, Peter, 103.
More, William, 68, 204.
Moree, David, 189.
Morees, Mary, 124.
Mores, Johan, 176.
Moret, Annatje, 143.
  Apolonia, 131.
Morgan, Benjamin, 163.
  Charles, 18.
  Daniel, 209.
  Elisabᵗʰ, 156.
  Graes, 178.
  John, 256.
  Mary, 122.
  Rebecca, 272.
  William, 241, 274.
  See Morgÿn.
Morges, Lambertje, 17.
Morgrits, Maria, 160.
Morgÿn, Carle, 15.
Mori, Barbere, 198.
Moriaens, Agnietie, 53.
Morig, Jurriaan Willem, 139.
Morin, Mary, 179.
  See Morÿn.
Morledge, Magdalen, 215.
Morlett, Dirk, 190.
Morling, William, 279.
Morrell, Barsheba, 261.

Morris, Abraham, 205, 265.
Ann, 212.
David, 232.
Deborah, 257.
Elizabeth, 132.
Evan, 259.
Jacob, 219.
John, 269.
Joseph, 194.
Mary, 239.
Mrs, 220.
Nicholaes, 257.
Rachel E., 278.
Rebecca, 175.
Sarah, 243.
Silvester, 168.
William H., 280.
Morrison, John, 254.
Mary, 226.
Michael, 227.
Nancy, 276.
Morry, Elisabeth, 161.
Mors, Annatje, 186.
Ebenezer, 127.
Morse, Mary, 265.
Mortier, Catharina, 118.
Johannes, 69.
Maria, 136.
Morton, Barbara, 79.
Morwtjoy, Lydia, 265.
Morÿn, Maria, 113.
See Morin.
Mosch, Lea, 166.
Moss, Anna, 157.
Elisabet, 193.
Mott, Bridget, 211.
Elizabeth, 260.
Hanna, 142.
James, 211.
John, 197.
Martha, 123.
Richard, 244.
See Maet.
Moúlin, Cathri*, 134.
Moulinar, John, 170.
Moúnt, Anne, 122.
Catharina, 209.
Fanny, 256.
Mountain, Sarah, 232.
Mountany, Johanna, 190.
Moutton, Pieter, 196.
Mower, James Brown, 276.
Muckly, Anna Magdalena, 184.
Muffet, Walter, 223.
Muirhead, John, 276.
Múlder, Frans, 102.
Mulford, Charles, 204.
Mulherin, Richard, 264.
Mullen, Elisabet, 206.
James, 195.
Muller, Elizabet, 221.
Magdalena, 134.
Matthÿs, 20.
Paúlús, 79.

Mullock, Willem, 250.
Mumford, Gudon S., 269.
Munn, Patrick, 273.
Munnel, George, 163.
Munro, Peter Jay, 264.
Muntagnie, Isaac, 1(2.
See Montagnie.
Múnthorn, Geertje, 144.
See Minthorn.
Murdigh, Elenor, 200.
Múrdogh, John, 124.
Murphey, Patrik, 235.
Múrphy, Eleanor, 148, 205.
Matthew, 215.
Rachel, 236.
William, 120.
Murray, James, 278.
John, 270 bis.
Joseph, 280.
William, 184.
Murreay, John, 216.
Murrischor, David, 197.
Múskite, Dina, 81.
Mussel, William, 228.
Mútlow, John, 125.
Myer, Abraham (junior), 235.
Anna, 98.
Catherine, 261.
Elisabet, 172.
Elizabeth, 178, 257.
Hanna, 180.
Hendrica, 149.
Hendrik, 151.
Hermanús, 97.
Jacob, 182.
Jeremiah, 194.
John, 132.
Maria, 146, 169.
Maria Agnite, 236.
Sara, 159.
Vrouwtje, 156.
Myers, Alida, 169.
Geertruide, 211.
Henry, 159.
Jacob, 263.
Peter, 240.
Sara, 205.
William, 275.
Myring, Barbara, 194.
Mÿserrie, George, 133.

N

Nack, Jan, 29.
Mathias, 264.
Reyniep, 204.
Nagel, Debora, 210.
Christÿntje, 43.
Jan, 17, 22, 34, 68, 109.
See Neagele.
Nagels, Anna Catharina, 98.
Nagle, Abraham, 273.
Hendrik, 275.
Nailer, Hester, 247.

Nak, Alida, 171.
Cathar, 155.
Reinier, 166.
Willemtje, 149.
Naks, Renier, 202.
Nannincks, Geertje, 14.
See Nonnincks.
Nanny (negerin), 231.
Narel, David, 234.
Narne, Pieter, 22, 23.
Nash, John, 226.
Nass, Philip, 279.
Naÿler, Thomas, 32.
Naylor, Charles, 253.
Nazareth, Elisabeth, 104.
Neagele, Geertrúy, 125.
Peter, 116.
See Nagel.
Neavens, Mary, 253.
Neavins, Margaret, 179.
Nebÿ, Caspar Pieterszen, 63.
Neeb, Nicolaas, 190.
Needham, William, 271.
Neering, Jan Willemszen, 48.
Neil, Hugh O., 168.
Neilson, William, 276.
Neith, John Frederik, 179.
Nelson, Catherine, 258.
William, 221.
Nerberÿ, Johannes, 84.
Nesbit, Robert, 199.
Nesbitt, Margaret, 252.
Nesch, Anna, 201.
Nets, Elisabeth, 134.
Neven, Elpken, 17.
Neverre, Israel, 240.
Nevill, Thomas, 206.
Nevin, Daniel, 171.
Neviŭs, Johannes, 18.
Newbery, Mary, 225.
Newberry, Elizabeth, 237.
Newbold, Richard, 196.
Newcomb, Thomas, 269.
Newcome, Zacheus, 278.
Newel, Sara, 212.
Newkerk, Bernard, 219.
Dorothey, 231.
Newkirk, Catherine, 270.
Hannah, 270.
Magdelane, 259.
Sarah, 278.
Newlen, Mary, 258.
Newman, Ralph, 273.
Newmarch, Henry, 211.
Newton, Johannes, 164.
Richard, 250.
Nexen, William, 267.
Nexson, Mary Pels, 234.
Neys, George, 178.
Nicholl, William, 272.
Nicholls, Isaac, 258.
Marÿ, 116.
Nichols, Elizabeth, 279.
Jane, 233.
John, 245.

Nichols, Mary, 270.
Nicholson, Catherine, 262.
   Frances, 264.
   Hannah, 269.
   John, 134.
   William, 175.
Nicks, John, 74.
Nicolaasz, Jacob, 100.
Nicolas, Jan, 121.
Nicoll, Margarita, 167.
   Susanna, 196.
Nicolls, Elinor, 194.
   John, 173.
Nicols, Jeanne, 67.
   Margrita, 146.
Niell, Jane, 221.
Nielle, Rose, 20.
Niensovisch.
   See Jan Artisert, 23.
Nieuwkerk, Annatje, 156.
   Hanna, 147.
Nieúwtown, William, 114.
Niewkerk, Jan, 111.
Niles, Wallis, 277.
Nisbet, Elisabeth, 176.
Niven, Amy, 161.
   Malcolm, 262.
Nixon, Elias, 234.
   Jane, 208.
   Marÿ, 52.
   Susannah, 272.
Nob, Anna Maria, 130.
Noble, Matth*, 151.
Nodine, Mary, 278.
Nol, Aletta, 256.
   Catharine, 279.
Noll, Mangel Janszen, 73.
Nomberg, Elisab^th, 146.
Nonnincks, Geertie, 11.
   See Nannincks.
Noorman, Pieter Jansen, 28.
Norbúrÿ, Sarah, 130.
Norkinson, Marÿ, 104.
Norris, Elizabet, 229.
   Phillip, 202.
Norton, Thomas, 102.
Norwood, Benjamin, 74.
   Meliora, 145.
   Richard, 134.
   Van der Clif, 192.
Nostren, Peter, 261.
Nouman, Sara, 179.
Noutchel, Mary, 245.
Nowlan, David, 256.
Nowle, Thomas, 210.
Noxon, Bartholome*, 147.
Núet, Thomas, 150.
Nul, Catharine, 246.
Numengrie, Maragriet, 184.
Nutter, Ann, 266.
Nutting, William, 233.
Núÿs, Jan, Aŭckesze, 37.
Nÿs, Johannes, 74.
Nÿssen, Christiaen, 21.
   Corñ, 27.

Nÿssen, Theúnis, 10.
Nyts, Anna, 153.
   Samúel, 139.

O

Oakes, Mary, 200.
   Thomas, 158.
Oakley, Catherine, 263.
   James, 270.
Oats, Susanna, 186.
Obee, Hendrick, 71.
   Margariet, 43.
Oblinis, Jesÿntje, 106.
   Helena, 248.
Obliniús, Maria, 72.
Oblinus, Debora, 188.
   Dennis, 216.
   Hendrik, 186.
   Jacomÿntje, 132.
   Josÿntje, 144.
   Maria, 126.
   Sara, 153.
   See Van Oblinus.
Obrain, Isabella, 213.
   Susanna, 238.
Obrien, Henry, 241.
OBryan, John, 205.
O'Connor, Samuel Linck,' 264.
Odel, Abraham, 183.
   Henry, 200.
   Isaac, 181.
   Joh*., 120.
   Maria, 134.
   Michael, 134.
   Sarah, 120.
Odele, Susannah, 266.
Odell, John, 262.
   Mary, 207.
   Rebecca, 262.
   Sarah, 259.
Oedt, Anna, 47.
Oethoút, Rebecca, 130.
   See Oothoút.
Ogden, Catharina, 210, 216.
   Francis, 230.
   Henry, 241.
   Jacob, 245.
   Jane, 250.
   John, 213.
Ogelsbie, William, 181.
Ogelvie, Charles, 257.
   Margaret, 125.
   Jane, 219.
Ogilby, Gabriel, 262.
Ogilvie, Sarah, 260.
   Thomas, 216.
Oglesby, Alexander, 154.
Okey, Johan, 100.
Olcott, Nathaniel, 276.
Oldes, Aaltje, 122.
Oldÿs, Benjamin, 99.
Olfert, Sioúrt, 127.
Olfertsz, Sjoúrt, 116.

Oliver, Ann, 278.
   Anthony, 268.
   John, 104, 154.
   Margaret, 160.
   Mary, 251.
Olivier, Catharina, 112.
Oljer, Isaac, 107.
Ollinis, John, 254.
Oloff, Britten, 32.
Olphers, Margarite, 144.
Olphertszen, Soúrt, 86.
Oman, James, 153.
Omand, Rebecca, 166.
Onckelbach, Adam, 41.
   Gerrit, 69.
   See Onkelbag.
Onderdank, Garrit, 274.
Oneal, Eleanor, 206.
   Catharina, 206.
   James, 209.
O'Neil, Mary, 192.
Onen, Anneken, 28.
Onkelbag, Neeltje, 119.
Ookly, Magdalena, 238.
Oons, Elizabeth, 270.
Oorson, Nancy, 279.
Oostrand, Charles, 271.
   See Van Ostrand.
Oostrander, Joh*, 118.
Oostrum, Elisabeth, 254.
   Johannes, 248.
Oot, Ulrich, 180.
Oothoút, Annetje, 69.
   John, 258.
   See Oethoút.
op dÿck, Gÿsbert, 12.
Orberry, Elisab^th, 154.
Orommete, Margariet, 25.
Orseltouwn, Maria, 175.
Ortenberger, Rebecca, 273.
Osborn, Daniel, 265.
   Joseph, 276.
   Margaret, 192.
   Sara, 194.
Osborne, Mary, 225.
   Richard, 209.
Osburn, Sarah, 260.
Osterman, Joseph, 274.
   Sarah, 259.
Ostrum, Elenor, 260.
   John, 258.
Osy, Judit, 210.
Othith, Ann, 220.
Otis, Calvin, 270.
Otkens, Willem, 12.
Ott, Catharina, 202.
Otto, Arent, 27.
   Jan, 83.
Oudenaarde, Hendrik, 193.
Oŭdewater, Thomas Franszen, 60.
Thÿs Franszen, 59.
Ouereau, Hannah, 268.
Oughston, Thomas, 227.
Ouke, Maria, 251.

Oúle, Briell, 21.
Ousterman, John, 244.
Outen Bogart, Jane, 239.
   Margaret, 257.
   Mary, 210.
   See Utten Bogaert.
Oútman, Júdik, 110.
Oútmans, Anna, 91.
Outwater, Sarah, 187.
   Thomas, 234, 246.
Ovenmout, Sophia, 179.
Overing, Henry, 271.
   Mary, 262.
Owen, Jeremiah, 136.
Owens, John, 205.
   Maria, 120.

P

Paalding, Margrietje, 145.
   See Palding.
Paaling, Abraham, 132.
Paan, Magdalena, 115.
Pachwood, Jacob, 279.
Pack, George Christopher, 210.
Paden, Hendrick, 29.
Paedrik, Margrietje, 116.
Paemer, Maria, 166.
Paerer, Henderik, 201.
Paerker, Jacob, 97.
   Timoth', 148.
Paers, Jenneke, 111.
   Joh', 144.
   Maria, 127.
   Rebecca, 137.
   Sarah, 102.
   Tanneke, 168.
   William, 168.
Paersil, Isabelle, 105.
   Ytje, 109.
Paersils, Anna, 109.
Paesil, Sarah, 105.
Pain, Catharina, 192.
   George, 207.
   John, 226.
Paine, Amos, 170.
   Joshua, 195.
Painter, Edward, 215.
Paitreau, Marÿ, 113.
Palding, Catharina, 181.
   James, 199.
   Joost, 64.
   Marÿtje, 118.
   See Paalding, Paaling.
Paling, Belitje, 179.
   Catharina, 133.
   Joseph, 154.
Pallatin, Albert, 269.
Palm, Isabel, 130.
Palmer, Catharina, 238.
   Mary, 253.
   Norris, 206.
   William, 208, 211.
Pannet, Johannes, 185.

Paradÿs, Claes Allertszen, 19.
Parcel, Nicolaes, 93.
   William, 158.
Parcele, John, 123.
Parcells, Anna, 186.
   Jane, 252.
Parcels, Elisabet, 236.
Parent, Catharina, 199.
   Mary, 224.
Pariman, Sara, 166.
Park, Sara, 231.
Parker, Anne, 270.
   Daniel, 262.
   Jane, 159.
   Jemima, 271.
   John, 228.
   Joshua, 273.
   Keziah, 265.
   Margarita, 141.
   Maria, 113.
   Mary, 258.
   Nathaniel, 253.
   Phineas, 256.
   Samuel, 271.
   Sybil, 257.
   William, 270.
Parkin, James, 279.
Parks, Ann, 257.
Parliment, Margareta, 170.
Parr, James, 204.
Parrat, Thomas, 209.
Parry, Ann, 210.
Parsalls, Catharina, 216.
   Sara, 207.
Parsel, Elizabet, 198.
   Marie, 190.
Parsell, Abigail, 147.
   John, 171.
   Marie, 222.
Parsells, Abraham, 259.
   Deborah, 272.
   John, 208.
   Sarah, 268.
   Thomas, 271.
   See Paersil, Paersils, Parcel, Parcele, Parcels, Parsalls, Parsel.
Parson, Jane, 176.
Pasco, Elisb', 147.
Pascoo, Simon, 93.
Pasman, William, 149, 191, 195.
Pater, Lÿsbeth, 91.
Paterick, Margriete, 155.
Patrik, Jo', 125.
   Margriet, 126.
Patten, Mary, 208, 266.
Pattenger, John, 196.
Patterson, Archibald, 243.
   James, 215.
   John W., 274.
Patÿson, James, 113.
Paüëls, Jane, 134.
Paúl, Adriana, 150.

Paúl, John, 170, 275.
   Thomas, 114, 231.
Paulding, Elenor, 214.
   Elizabeth, 265.
   Hester, 264.
   Mary, 260.
   William, 210.
   See Paalding, Palding, Paling.
Paulein, Joseph, 206.
Paulison, John, 197.
Paúlo (negro), 18.
Pauls, Margarita, 155.
   Marg', 151.
Paúlsse, Annatje, 151.
Paúlsze, Hendrik, 141, 156.
Jacobús, 135.
Jan, 108.
Joh , 143.
Paúlús, Anna, 52.
   Macheltje, 90.
   Meÿnoú, 46.
   Michiel, 10.
   Minckes, 77.
Paúlúszen, Cornelis, 84.
   Johannes, 49, 79.
Pawling, Elizabeth, 269.
Pays, Sarah, 265.
Peaceable, Elizabeth, 259.
Peake, Jane, 238.
Peale, Charles Wilson, 265.
Peamer, Elisabeth, 167.
Pearie, Joseph, 170.
Pearle, Ann, 205.
Pearman, Elisabeth, 260.
Pears, Hendrik, 130.
   Margaret, 240.
   Rachel, 131.
   William, 186.
Pearsel, Christine, 220.
Peat, Thomas, 207.
Peck, Hannah, 262.
   Isaac, 182.
   Joseph, 229.
   Lúcas, 147.
   William, 268.
Peckwell, Mary, 268.
Pecock, Elisabet, 192.
Peek, Catharina, 160, 207.
   Elizab'ʰ, 138.
   Elizabet, 187.
   Hanna, 124.
   Jane, 271.
   Johannes, 111.
   John, 165, 219.
   Mary, 198.
   Rachel, 108, 247, 253.
   William, 183.
Peers, Helena, 186.
   Henrÿ, 13.
   Jan, 15.
   Johannes, 176.
   John, 160.
   Willem, 48.

Pegg, John, 244.
Peffer, David, 265.
  Elisabet, 206.
  Johannes, 157.
  Marcus, 165.
  Mary, 278.
  Michael, 187.
  Michiel, 147.
Pel, Debora, 92.
  Maria, 149.
  Samúel, 129, 160.
Pelagie, Catharine, 226.
Pell, Annatje, 157.
  Brigitta, 152.
  Cathar^a, 129.
  Catharin, 160.
  Debora, 149.
  Elisabet, 214.
  Elisabeth, 171.
  Elizabeth, 132.
  John, 77.
  Maria, 159.
  Samúel, 67, 116.
  Thomas, 97.
  William, 78.
Pelle, Catharina, 52.
Pells, Catalina, 187.
Pels, Anneken, 70.
  Bregje, 133.
  Engeltje, 128.
  Evert, 44, 80, 133, 143, 184.
  Evert Evertszen, 34.
  Maritje, 205.
  Rachel, 155.
  Simson, 142.
  Stoffel, 86, 108.
Pelt, Marytje, 182.
  See Van Pelt.
Pelton, Benjamin, 242.
  Sara, 221.
Peltrong, Elisabet, 164.
Pelts, Abraham, 170.
  Evert, 203.
Pembarton, Willjam, 94.
Pender, John, 234.
Pendry, Maryanna, 196.
Pens, Aúgústyn, (neger), 32.
Pensenger, Ann, 195.
Pepinger, Elizabet, 193.
Perdriaŭ, Marg^{ta}, 151.
Perkins, George, 272.
Periam, Tho P., 240.
Perie, Jan, 19, 27.
  See Perrie.
Pero, John, 200.
Peroo, Ragel, 192.
Perot, Elizabeth, 184.
Perrie, Anna Damy, 127.
  Margrite, 135.
Perrien, Peeter, 215.
Perro, Augustien, 212.
Perrow, Richard, 133.
Perry, Francis, 210.
  Henry W., 238.
  Jan, 138.

Perry, John, 59.
  Matthew, 132, 167.
  Nevers, 253.
  Susanna, 159.
Persel, Lea, 167.
Persil, Abraham, 152.
  Christina, 157.
Persis, Catharina, 136.
Person, Catherine, 266.
Persons, Abigail, 94.
  Rebecca, 196.
  William, 97.
Peters, Anna, 21.
  Maria, 177.
  Mary, 271.
Petersen, Hannah, 239.
  Peter, 262.
Peterson, Cornelius, 260.
  Elisabth, 166.
  Garrit, 240.
  Gerrit, 220.
  Jan, 156.
  Lea, 191.
  Rebecca, 132.
  Sarah, 244.
Peterszen, Súsanna, 93.
Peterzoon, John deWitt, 150.
Petit, Eleanor, 202.
Petitmangin, Claesje, 60.
Petterson, George, 171.
Pettinger, Ann, 212.
  Mary, 217.
  Philip, 201.
Pettit, Elizabet, 224.
  John, 279.
  William, 278.
Phaenix, Jacob, 59.
  See Phenix.
Phagen, Elisabet, 199.
Phanix, Catharina, 196.
Phenix, Alexander, 117.
  Jacob, 164.
  Maria, 169.
  Tieleman, 173.
  See Fenix, Phaenix, Phoenix.
Philgomi, Maria, 188.
Philips, Abraham, 227.
  Anna, 78.
  Claesje, 28.
  Eva, 70.
  Fredrick, 74.
  Henry, 227.
  John, 275.
  Willemyntje, 85.
Philipsen, Fred^r., 65.
Philipszen, De H^r Fredrick, 73.
  Fredrick, 28, 64.
  Jan, 14.
Philipszens, Fredrick, 67.
Philleson, Elisabet, 200.
Phillips, Catherine, 280.
  Charles, 120.
  Frederik, 130.

Phillips, Thos, 242.
Phillipse, Charles, 179.
Philpot, Richard, 134.
Phisong, Elizabet, 219.
Phoenix, Maria, 178.
  See Phenix.
Phrench, Jane, 179.
Phyver, David, 168.
Pick, George, 259.
Picket, Mary, 262.
Pickton, John, 218.
  Thomas, 173, 262.
Pieklie, Johannes, 177.
Pier, Theúnis, 97.
Pierce, Robert, 261.
Pierson, John, 265.
Piet, Janneke, 105.
Pieter, Philip, 120.
Pieterberg, Joan, 165
Pieters, Aefje, 10.
  Anna, 83.
  Anneken, 17, 20.
  Annetje, 10, 65.
  Annette, 10.
  Christina, 13, 31.
  Claertje, 28.
  Debora, 32.
  Elisabeth, 29, 36.
  Elsje, 16.
  Engeltje, 33, 41.
  Geertje, 44.
  Geptje, 30.
  Grietje, 12, 20.
  Helena, 56.
  Heÿltje, 22, 86.
  Laurens, 10.
  Leúntje, 24.
  Lÿsbeth, 21.
  Manúel, 68.
  Margariet, 36, 50.
  Margarietie, 81.
  Margrietje, 36.
  Maria, 25, 74.
  Marritie, 15.
  Marritje, 10, 20bis, 28, 35, 90.
  Nathaniel, 30.
  Nelletje, 125.
  Sara, 21, 30.
  Stÿntie, 11.
  Stÿntje, 21.
  Trÿntie, 53, 71.
  Trÿntje, 20.
Pieterse, Ariaante, 114.
  Christiaan, 251.
  Marÿtje, 135.
  Paulus, 246.
  Petrus, 174.
Pietersen, Antje, 166.
  Jan, 75.
Pieterson, Daniel, 107.
Pietersse, Catharina, 104.
  Elisabeth, 117.
  Frans, 117.
  Lucas, 131.

Pietersze, Hendrik, 102.
Isabella, 108.
Jan, 113.
Pieterszen, Adriaen, 12.
Albert, 10.
Andries, 17.
Christiaen, 22.
Claes, 94.
Cors., 22.
Emanúel, 18.
Evert, 33.
Hessel, 69.
Jacob, 17, 42, 61.
Jacobús, 81.
Jan, 12, 17, 29, 31, 35, 48.
Jillis, 11.
Jockem, 19.
Lúcas, 22.
Marcus, 24.
Mones, 29.
Paúlús, 23.
Wessel, 74.
Willem, 29.
Pieterzon, Jane, 236.
Pike, Ashar, 237.
Pikeman, Robert, 172.
Pine, Abigail, 276.
Jane, 241.
Pinfold, Peter, 268.
Pinhorne, John, 160.
Pinkeman, Robert, 224.
Pinkstan, Flemming, 252.
Pinno, Jacob, 198.
Pintard, John, 257.
Pintineer, Henry, 205.
Piper, Levin, 264.
Pipes, Elisabeth, 148.
Pirkard, George, 117.
Pirot, Philip, 152.
Pister, Catharina, 163.
Pit, Abraham, 166.
Jacob, 182.
Pitersse, Dirk, 151.
Pits, Alexander, 146.
Pitt, Alathia, 235.
Elisabeth, 176.
Letitia, 207.
Maria, 153.
Nicholas, 250.
Pittman, Nathaniel, 67.
Pitts, Thomas, 156.
Plaset, Abraham, 114.
Platflood, John, 267.
Platt, Elizabeth, 266.
Play, Margaret, 183.
Plettenberg, Belitje, 25.
Plettenbúrg, Grietje, 28.
Plevier, Helena, 113.
Rútje, 103.
Pleÿ, Hendrik, 99.
Plomer, Charles, 222.
Plowman, Flora, 174.
Plumstead, Dorothy, 194.
Plumsted, Margaret, 219.
Plúvier, Cornelis, 27.

Plúvier, Johannes, 69.
Rúsje, 75.
Plúviers, Hester, 59.
Lÿsbeth, 60.
Pocock, Mary, 169.
Poel, Johannes, 72.
John, 157.
Tietje, 186.
See Van der Poel.
Polaskie, Anthony, 262.
Polhemus, (Wid.), 263.
Letitia, 253.
Poles, Ann, 130.
Polis (negur), 230.
Cornelius, 266.
Pollard, William (j'), 271.
Pollemus, Elloner, 203.
Pollert, Sara, 58.
Pollet, Maria, 21.
Ponchein, Nicolaas, 127.
Pontenie, Marÿ, 124.
Pontenier, Pieter, 169.
Pool, Agnes, 209.
Margariet, 204.
Mary, 203.
Thomas, 160.
See Van der Poel.
Poole, Isaac, 177.
Poore, Frans, 114.
See Van Twee Brugge.
Mary, 235.
Pop, Gerard, 102.
Helena, 97.
Poppeldorf, Catharina, 227.
William, 158.
Poppelsdorf, Catharina, 207.
Poppelsdorff, Elizabet, 191.
Wilhelmus, 196.
William, 211.
Poppen, Jan Janszen, 34.
Popúlaer, Anna, 60, 70.
Porret, Fanny, 244.
Portel, Elisabeth, 84.
Porter, Elizabeth, 279.
John, 231.
Pos, Willem, 45.
See Post.
Poskitt, Thomas, 110.
Post, Agnietje, 89.
Ann, 273.
Anthony, 229.
Belitje, 58.
Catharina, 255.
Cornelis, 102.
Elenor, 275.
Elias, 35, 38.
Eliza, 279.
Francois, 223.
Gerard, 103.
Isaac, 186.
Israel, 273.
Jane, 277.
Jannetje, 191.
Johannes, 122.
John, 273.

Post, John J., 266.
Lÿsbeth, 38.
Maria, 206.
Maria, 273.
Mary, 261.
Naatje, 275.
Pieter, 113.
Sarah, 246.
William, 265.
See Pos.
Potman, Catelina, 102.
Potter, Eleanor, 166.
Raef, 119.
Potters, Lÿsbeth, 18.
Pouillon, Jean, 101.
Poútreaú, Abrah^m, 146.
Pouwelse, Susanna, 185.
Powell, Elizabeth, 267.
Power, Alathia, 216.
Nicholas, 189.
Powlis, Margaret, 266.
Prall, Aaron, 119.
Abraham, 272.
Ichabod, 280.
Prans, Sarah, 137.
Prasser, William, 152.
Preay, Willeam, 69.
Premier, Jan, 11.
Prentice, Mary, 263.
Presher, Mary, 254.
Preslaar, Andr:es, 138.
Prevoost, Catharine, 266.
Preÿer, Casparús, 121.
Selite, 122.
Price, Jacob, 130.
James, 174.
Mary, 206.
Pridÿ, Richard, 133.
Prime, Nathaniel, 273.
Prince, Mary, 265.
Prior, Saletie, 191.
Prise, John, 120, 160.
Probet, Charles, 230.
Proster, Joseph, 97.
Provoost, Aaltje, 116.
Abraham, 95.
Adriaan, 107.
Agnietje, 84.
Anna, 107.
Anneke, 206.
Arie, 132.
Barbara, 104.
Barber, 37.
Benjamin, 34, 35.
Burger, 216.
Catharina, 92, 105, 128, 161, 206.
Capt David, 89.
Christina, 207.
David, 33, 70, 141, 168, 177.
David W^m., 149.
Elias, 36, 73.
Elisabet, 160.
Elizabeth, 130.
Elsje, 75, 129.

Provoost, Emerentia, 116.
Grietje, 27.
Helena, 132.
Jacobús, 90.
Jane, 124.
Jillis, 47.
Johannes, 57, 62, 94.
John, 129.
Jonathan, 46, 170, 267.
Margareta, 81, 83.
Margariet, 101.
Maria, 93, 105, 116.
Pieter, 165.
Robbert, 150.
Samúel, 116.
Sarah, 141.
Wiljam, 93.
William, 197.
William T., 268.
Prú, Joseph, 150.
Pryer, Sarah, 276.
Prÿers, Janneke, 127.
Prys, Anna, 154.
William, 131.
Prÿsbÿ, Daniel, 111.
Púddington, Maria, 132.
Pudncy, James, 191.
Pudney, James, 199.
Pulis, Elizabeth, 279.
Puller, Richard, 243.
Pullis, Catherine, 268.
Pullison, William, 277.
Puntes, Catharina, 213.
Purdy, Bathia, 245.
John, 248.
Purkonin, Elizabet, 193.
Purper, Margaret, 277.
Púrro, Margarita, 116.
Putt, John, 206.
Pÿckes, Petronella, 29.
Pÿke, Margrita, 103.
Pyper, Isaac, 225.
John, 228.

Q

Quackenbos, Benjamin, 211.
Elenor, 198.
Francyntje, 246.
Margaret, 202.
Walter, 195.
Qúackenbosch, Benjamin, 93, 167.
Nicholas, 196.
Reÿnier, 73.
See Van Qúackenbosch.
Quackenboss, John, 214.
Sophia, 260.
Quackenbush, Ann, 231.
Hannah, 232.
Qúakkenbos, Divertje, 110.
Quakkenbosch, Adrian, 96.
Benjamin, 161.
Cornelis, 146.
Elisabeth, 177.

Quakkenbosch, Johan*, 152.
John Scott, 185.
Joh*, 145.
Lidia, 161.
Marÿtje, 125.
Metje, 149.
Quakkenbosh, Elisabeth, 135.
Quakkenboss, Aaltje, 228.
Cornelia, 227.
John Peter, 227.
Quakkenbush, Susannah, 249.
Queen, Patrik, 233.
Quereau, Deborah, 268.
Quick, Cornelis Jacobszen, 50, 56.
Gerritje Jacobs, 54.
Hanna, 186.
Jacobus, 161.
Teunis, 268.
Theúnis, 68.
William, 266.
Quik, Abigael, 160.
Anna, 124.
Effe, 209.
Jacobús, 127.
Luke C., 209.
Maria, 176.
Neeltje, 161.
Rebecca, 110.
William, 194.
Quintare, Joseph, 226.
Qúÿck, Willem, 11.
See Cúÿck.

R

Rachel, ——, (servant), 261.
Radell, Jaems, 31.
Margariet, 31.
Rademan, Anthonÿ, 25.
Ragan, John, 280.
Rall, Joh°, 139.
John, 130.
Ramsay, Martinus C., 268.
William, 276.
Ramsen, Henry, 208.
Rancke, Janneken, 22.
Ranckes, Anneken, 23.
Randall, Henry, 159.
Jonathan, 269.
William, 132.
Randel, Emmetje, 185.
Hanna, 197.
Randeles, Daniel, 189.
Randell, William, 176.
Randle, Elisabeth, 137.
Hanna, 213.
Ranken, Alexander, 219.
Ransoúw, Jonas, 30.
Rantforz, Thomas, 103.
Rapaille, Sara, 63.
Rapalje, Agnes, 211.
Catelina, 176.
George, 149.

Rapalje, Janneken, 12.
Rem, 183.
Rapallie, Joris, 185.
Rappalje, Maria, 10.
Teunis, 194.
Ras, Marytje, 142.
Rasch, Mathias, 197.
Ratan, Willem, 250.
Ratburn, Thomas, 205.
Ratfort, Jane, 169.
Rathan, Maria, 192.
Ratsen, Rebecca, 11.
Ravaúd, Francois, 115.
Rave, Jannetje, 168.
Susanna, 176.
Raveststein, Trÿntje Gerritse, 103.
Ravestÿn, Anna, 103.
Jacomÿntje, 109.
Rawss, Thomas, 159.
Ray, Elsje, 177.
Nicolaus, 164.
Richard, 178.
Robert, 211.
Samuel, 219.
Rayner, Mary, 267.
Read, Eleonar, 218.
Elisabeth, 107, 163.
John, 262.
Sophia, 197.
Reade, John, 242.
Reading, Maria, 147.
Reddenhasen, Oben. 11.
Reddett, Mattheuw, 178.
Reddin, Jeremias, 109.
Redding, Rachel, 275.
Reed, Maria, 180.
Richard, 206.
Reedt, Elisabeth, 114.
Rees, William, 213.
Reeves, Francis, 125.
Regan, Charles, 225.
Regnold, Josua, 204.
Reidenhasen, Abel, 14.
Reierson, George, 172.
Rein, John Fredrick, 127.
Reinders, Maria, 179.
See Rynders.
Reiners, Anne, 238.
Reinolds, Thomas, 219.
Rellth, Marÿtje, 112.
Rembel, Henrÿ, 74.
Rembouts, Michiel, 20.
Remeck, Debora, 193.
Remmey, Margaret, 256.
Remmie, Johannes, 181.
Remmits, Marritie, 85.
Remmy, Johannes, 176, 189.
Remse, Margarita, 177.
Remsen, Ann, 266.
Dorothey, 227.
Dorothy, 239, 246.
Elizabet, 218.
Henry J., 276.
Jeronimus, 247.

Remsen, John, 246.
Mary, 264.
Sarah, 276.
Remson, Rebecca, 275.
Remsse, Dorothea, 177.
Rem, 164.
Remsze, Johannes, 162.
Renaúdet, James, 123.
Rendal, Elisabeth, 152.
Rendel, Anna, 172.
Willjam, 82.
Rendels, Thenis, 125.
Renner, Fredrick, 229.
Rennet, Titus, 236.
Renselaar, Stephen, 215.
See Van Renselaar.
Renselaer, Hendrick, 66.
See Van Renselaer.
Replee, Abraham, 95.
Resler, Denness, 179.
Retan, Johannes, 250.
John, 274.
Reten, Geesje, 256.
Reter, John, 257.
Reton, Catherine, 261.
Sarah, 265.
Thomas, 264.
Retter, John, 215.
Reúvenkomp, Elsje, 21.
Reÿ, Jan, 35.
John, 145.
Reÿers, Jannetje, 128.
Marritje, 64.
Reÿersse, Johanna, 123.
Reÿerszen, Gerrit, 31.
Reÿmers, Geertrúÿdt, 64.
Reynders, Barend, 166.
Elisa^{bth}, 149.
Reÿnard, Maria, 29.
Reÿnardt, Marÿn, 33.
Reÿnderts, Trÿntje, 20.
Reÿniers, Anna, 51.
Trÿntie, 35.
Trÿntje, 26.
Reynolds, Ann, 267.
Arnold, 170.
Mary, 209.
Reÿsens, Anneken, 30.
Rhee, Jan, 67.
Wÿntje, 87.
Rheinlander, Philip Jacob, 170.
Rhoads, Margrita, 157.
Rhodes, Zadock, 266.
Rian, Richardson, 254.
Rice, Christoffel, 197.
Elias, 161.
Rich, Abraham, 264.
Ann, 273.
Henry, 271.
Richard, Catharina, 129.
Elisabth, 149.
Elizabeth, 273.
Maria, 165.
Paúlús, 29.

Richard, Unice, 273.
Richards, James, 180.
Mary, 248.
Nicolas, 194.
Richard, 198.
Samuel, 164.
Sarah, 268.
Súsanna, 38.
Thomas, 270.
Richardson, Agnus, 259.
Charles, 179.
Elisabet, 204.
Elisabth, 141.
James, 258.
Roberd, 130.
Thomas, 143.
William, 219.
Richie, Alexander, 234.
Richmond, John, 278.
Ricke, Hester, 157.
Ricks, William, 141.
Ridabock, Henry, 264.
Jacob, 259.
Riddenhars, Geertrúÿ, 132.
Riden (neger), 231.
Rideout, Magdalen, 216.
Rider, John, 279.
Rideton, Sophia, 186.
Ridman, Michael, 245.
Ridner, Rachel, 221.
Ried, Mary, 251.
Riedig, Catharina, 138.
Riel, John Daniel, 280.
Riemers, Margareta, 22.
Rierden, Hanna, 137.
Riet, Jan, 104.
Jannetje, 14.
Rievers, Benjamin, 111.
Rigby, James, 198.
Joseph, 210.
Sarah, 261.
Riggs, Abigail, 267.
Rachel, 126.
Righby, Ruth, 211.
Right, Elizabet, 221.
Rikbie, Samúel, 130.
Riker, Elisabeth, 216.
Grace, 271.
Henry, 217.
William, 280.
Riley, David, 264.
Lois, 266.
Richard, 279.
Thomas, 220, 268.
Ringo, Aafje, 103.
Albertús, 45.
Cornelius, 198.
Philip Janszen, 14.
Ringsfort, Catharÿn, 26.
Ritchie, William, 227.
Rithan, Abraham, 225.
Ritserson, Maria, 172.
Ritsman, Hermannús, 118.
Rittan, Engeltye, 208.
Rittenhúÿsen, Claes, 67.

Ritter, Peter, 255.
Ritvelt, Jústús, 85.
Ritżard, Stephen, 83.
Ritzema, Alida, 209.
Maria Wilhelmina, 235.
River, Teunis, 167.
Rivers, Deborah, 269.
Elizabeth, 234.
Jakob, 193.
Mary, 169, 236.
Sterling, 170.
Rives, Simon, 214.
Rô, William, 167.
Robberds, Maria, 123.
Robberson, Karel, 98.
Patrik, 181.
Robberts, Húgh, 147.
Jacob, 149.
Robbertszen, Marÿ, 13.
Thomas, 85.
Robbertzon, James, 142.
Robbins, Elizabeth, 259.
Samuel, 276.
Robbinson, Maria, 141.
Robert, Súsanna, 122.
Roberts, Benjamin, 215.
Judith, 29.
Margaret, 279.
Phebe Lyon, 269.
Phoebe, 271.
Sarah, 278.
Robert, 156.
William, 154, 275.
Robertson, Barbarie, 237.
George, 231.
John, 268.
William, 278.
Willm, 238.
Roberzon, Ann, 235.
Robeson, Jark, 269.
John, 253.
Robino, Francis, 255.
Robinson, Catharine, 186.
George, 241.
Hannah, 245.
John, 154, 163.
Jonathan, 277.
Joseph, 109, 240.
Letty, 217.
Maria, 163, 170.
Martha, 174.
William, 209.
Robison, Archibald, 151.
Margaret, 261.
Thomas, 189.
Robolee, Thomas, 220.
Rock, William, 279.
Rockits, Dinah, 272.
Rodbin, Mary, 221.
Rodenborg, Lúcas, 22.
Rodenbúrg, Elisabeth, 46, 72.
Lúcretia, 38.
Roderick, Francis, 269.
Rodrigo, Isaac, 138.

Rodgers, William, 279.
Rodman, Charles, 280.
Roe, Elisabeth, 183.
Roel, Maria Catharina, 202.
  Marytje, 171.
Roelofs, Annetje, 23.
  Catharina, 22.
  Jan, 31.
  Pieter, 39.
  Sara, 11, 34, 53.
  Trÿn, 14.
  Weÿntie, 29.
Roelofz, Marinús, 98.
Roelofszen, Adries, 37.
  Claes, 45, 62.
  Gerrit, 89.
  Pieter, 18.
Roels, Súsanna, 53.
Roemers, Catharine, 29.
Roeuger, Jane, 183.
Roger, Elizabeth, 277.
Rogers, Christoffel, 113.
  Leonard, 249.
  Sarah, 236, 255.
  William, 210.
Rohe, George Leenhard, 195.
Rol, Margrietje, 148.
Roll, Marger'", 148.
Rollegom, Jacobús, 87.
Romain, Samúel, 147.
Romaine, Elizabeth, 277.
  Sarah, 277.
Roman, Maria, 146.
Romboút, Francois, 54.
Rombouts, Francois, 40.
  Francoÿs, 31.
Rome, Bregje, 143.
  Dirkje, 99.
  Esther, 139.
  Geertrúÿ, 151.
  Hanna, 156, 228.
  Hendrik, 170.
  James, 233.
  Johannes, 179.
  Joh', 128.
  Maria, 164.
  Sara, 162.
  Susanna, 176, 202, 223.
Romein, John, 250.
  Nicholaas, 187.
  Sarah, 156.
Romen, Jan Willemszen, 55.
  Willem Janszen, 41.
Romer, Femetje, 259.
  Maria, 167.
Romeÿn, Simon Janszen, 34.
Romine, Benjamin, 258.
Romme, Aaltje, 157.
  Cornelius, 174.
  John, 151.
  Marrÿtje Janssze, 104.
  Petronella, 77.
Rommen, Adriaentie, 51.
Rommer, Mary, 225.
Rommeús, Marÿken, 91.

romp, Christiaen Nÿssen, 21.
  See Nÿssen.
Romyn, Philip, 252.
Ronson, William, 204.
Roocke, Ann, 275.
Rood, Henry, 265.
Room, Pieter Willemszen, 55.
Roome, Agnietie, 235.
  Ann, 259.
  Anna, 173.
  Annatje, 188.
  Cornelius, 195.
  Hanna, 145.
  Hester, 169.
  Jacob, 171.
  Jannetje, 117, 171.
  John, 188.
  John J., 256.
  John P., 259.
  Maria, 133.
  Nicholas, 273.
  Paulus, 175.
  Peter, 253.
  Pieter, 206.
  Rachel, 232.
  Sara, 180.
  Sarah, 243.
  Susanna, 215, 271.
  William, 117, 122.
  William P., 272.
Roomen, Geertrúÿd, 94.
  Jannetje, 111.
Roomer, Aaron, 132.
  John, 144.
  Maria, 161.
Roorbach, Fredrick, 215.
  Frederik, 191.
  Johannes, 197.
  John Fred., 260.
  Sophia, 195.
Roorbag, Johannes, 171.
Roorbagh, Johannes, 146.
Roos, Aefje, 59.
  Aeltje, 58, 83.
  Anneken, 91.
  Cornelia, 36, 73, 109.
  Gerrit, 112, 131.
  Geúrt, 144.
  Lodewÿk, 120.
  Nicolaas, 172.
Roosdel, Laens, 98.
  Leins, 77.
Roosdol, Lens, 92.
Roosevelt, Christopher, 232.
  Cornelia, 259.
  Cornelius, 184.
  Elbert, 270.
  Hannah, 237.
  James C., 267.
  Maria, 274.
  Nicholaas, 190, 208.
  Petrus, 187.
  Sara, 183.
Rosa, Janneken, 46.

Rose, Elisabet, 204.
  Jacobús, 134.
  John, 62, 255.
  Nicolaas, 176.
  William, 126.
Roseboom, T. 120.
Rosękrans, Maria, 275.
Rosenboom, Willem, 78.
Rosencrans, Elizabeth, 12.
Rosendaal, Matthÿs, 118.
  See Van Rosendaal.
Rosenvelt, Jannetje, 91.
  Nicholaes, 52.
Roser, Geertruyd, 189.
Roseveld, Jacobus, 176.
  Margaret, 241.
  Mary, 244.
  Nicolaus, 161.
Rosevelt, Christine, 98.
  Jacobús, 119.
  Jacobus (jun'), 242.
  James N., 261.
  Joh: 110.
  Margareta, 151.
  Nicolaas, 166.
  Nicolaús, 152.
  Nicolús, 112.
  Margaret, 239.
  Maria, 260.
  Rachel, 134.
  Sarah, 129.
  See Roosevelt, Rosenvelt, Roseveld, Rozeveld, Rozevelt.
Ross, Edward, 240.
  Effy, 276.
  John, 262.
  Mary, 261.
  Nancy, 271.
  Phineas, 268.
  Rachel, 229.
  Thomas, 110.
Rosst, Susannah, 235.
Rotges, Robbert, 58.
Rou, Coenraad, 275.
  Loúis, 120.
Roúmage, Benjamin, 128.
Roútier, Johan, 94.
Rowe, George, 160.
Rowland, Ann, 271.
  Catherine, 264.
Roy, Ann, 223.
  John, 227.
Royale, Joseph, 144.
Rozeboom, Sarah, 127.
Rozeveld, Maria, 171.
Rozevelt, Catharina, 153.
Rrÿkman, Jacobús, 139.
Ruckle, Margaret, 274.
  Nancy, 261.
Rudolphs, Pieter, 28.
  See de Vries.
Rúdtgers, Marie, 71.
Rue, Catherine, 259.
  Samuel, 187.

Ruehl, Sabina, 205.
Rufel, Elsje, 223.
Ruger, Catharina, 199.
  John, 216.
Rukser, Hannah, 257.
Ruland, Joseph, 182.
Rull, Benjamin, 249.
Rumney, Abraham, 273.
Runnals, Caleb, 227.
Runnells, Elizabeth, 259.
  Rebecca, 270.
Runnels, Elizabeth, 262.
  Elizabeth, 266.
Rusce, Elizabet, 219.
Russel, Abraham, 235.
Russell, Eunice, 268.
  Joseph, 216, 263.
Rutgers, Aletta, 174.
  Anna, 137, 196.
  Anthony, 89, 125, 167, 209, 218.
  Catharina, 150, 180.
  Catherine, 259.
  Cornelia, 169, 188.
  Elizabet, 211.
  Elsje, 152, 165.
  Geertje, 34.
  Gerard, 271.
  Herman, 149.
  Hermanús, 107.
  Magdaleentie, 35.
  Magdalena, 84.
  Maria, 32.
  Pieter, 138.
  Sara, 37.
  Robbert, 191.
  Ruth, 278.
Rutschi, Hendrik, 184.
Rutte, Wackraet, 14.
Rúÿchoú, Daniel, 27.
Rúÿter, Claes Claeszen, 46.
  See Claeszen.
Ryan, John, 257.
  Peter, 202.
Ryce, Jude, 218.
Rÿcke, Abraham, 89.
  Abraham Abrahamszen, 50.
  Eleanor, 159.
Rycker, Catharina, 210.
Rÿckholts, Anneken, 26.
Ryckman, Albert, 192.
  Catharina, 188.
  Johannes, 86, 188.
  John, 259.
  Pieter, 82.
Ryd, Jan, 203.
Rÿder, Jan, 69.
Rÿdoút, Abraham, 105.
Rÿdt, Wiljam, 52.
Rÿe, Richard, 103.
Ryel, William, 211.
Ryen, Elisabet, 203.
Ryer, Dannis, 235.
  Theunis, 239.

Ryer, William, 261.
Ryers, Elizabeth, 241.
Rÿk, Henrik, 138.
  John, 169.
Rÿke, Grietje, 121.
  Helena, 136.
  John, 177.
  Marritje, 122.
Ryker, John, 274.
  Sarah, 276.
Rykman, Ary, 192.
  Cornelia, 242.
  Elisabeth, 175.
  Geertruid, 252.
  Hermanus, 240.
  James, 251.
  Johannes, 201.
  Maria, 157.
  Tobias, 181, 206, 249.
  See V. Rykman.
Ryn, Hany, 237.
Rynders, Alida, 170.
  Hannah, 141.
  See Reinders.
Rynken, William, 159.
Rynolds, James, 228.
Rypheneer, Annatje, 193.
Rÿsens, Magdalena, 40.
Ryst, Catharina, 233.

S

Sabrisco, Christ^a, 151.
Sabrowski, Anna, 173.
  Rachel, 171.
Sackerleÿ, Jan, 36.
Sacket, Richard, 263.
Sadler, Allatty, 189.
  Catharina, 239.
Sadok, Israel, 148.
Saends, Margaret, 198.
Saert, Olphert, 99.
Sailor, Hendrik, 185.
St. Leger, Maria, 112.
S^t. Thome, Christoffel, 35.
  See Van St. Tome.
Salders, Daniel, 206.
Sale, Daniel, 125.
Salisbúrÿ, Marÿken, 94.
Salomons, Anneken, 25.
  Anthonÿ, 87.
  Celitje, 91.
  Isabelle, 104.
  Jacob, 85.
  Jannetje, 113.
  Marÿken, 75.
  Súsanna, 106, 131.
  William, 151.
Salomonsz, Isaac, 108.
Salt, John, 159.
Salter, Thomas, 192.
Saltus, Solomon, 239, 240.
Samman, Aafje, 149.
  Elisabeth, 159.
  Jacob, 105.

Samons, Geertrúÿd, 27.
Sample, James, 169.
Sams, Pieter, 127.
Samson, Dorothea, 46.
Sander, Thomas, 10.
Sanders, Abraham, 166.
  Beatrix, 171.
  Emanúel, 35.
  Heleonora, 103.
  John, 161.
  Maria, 35.
  Pieter, 152.
  Rachel, 166.
  Robert, 160.
  Sara, 59.
  Sarah, 122.
  William, 231.
  See Zanders.
Sanderszen, Thomas, 82.
Sandford, Rachel, 245.
Sÿtje, 126.
  See Santford.
Sands, Comfort, 274.
  Cornelia, 273.
  James, 214.
  William, 211, 274.
Sandt, Adam, 23.
Santbergen, Magdalena, 121.
Santford, Corneliús, 132.
  Elizabeth, 275.
  See Sandford.
Santfordt, Mary, 88.
Santvoort, Abraham, 66, 134.
  Aeltie, 82.
  Jacob Abrahamszen, 43.
  See Jacob Abrahams, 31.
  Jan, 239.
  See Santfordt.
Sarit, Barbara, 168.
Sarleÿ, Anthony, 56.
Sarvant, John, 248.
Saunders, Hannah, 209.
  Robert, 273.
Savage, Margariet, 205.
Savaret, Pierre, 98.
Savids, Barent, 233.
Savoyer, Eunice, 262.
Sawyer, Francis, 239.
Saybrant, Elisabth, 162.
Sayre, Ephraim, 161.
Scaats, Rienere, 189.
Scamp, Mary, 148.
Scandling, Patrik, 163.
Scantlebúrgs, Edward, 123.
Scaÿz, Thomas, 76.
Scently, Ann, 229.
Schaats, Anna, 177.
  Bartholomeús, 107.
  Bartholomeus, 157.
  Cath^a, 139.
  Catharina, 128.
  Francis, 202.
Schabúels, Janne, 13.
Schackerly, Catharina, 179.
  Sara, 150.

Schaets, Barthemeús, 47.
  Dº Gidion, 53.
Schaf, Aplonia, 181.
Schafer, Jacob, 212.
Schamp, Pieter, 39.
Scharer, Margaret, 220.
Schars, Aaltje, 99.
Scheeler, Catharina, 217.
Schefer, Barbera, 212.
Schellinger, Jacobús, 18.
Schelleÿ, Gilles, 68.
Schepmoes, Aeltje, 33, 62.
  Jan Janszen, 21.
  Sara, 36.
Schepperd, John, 181.
Scherlÿ, Cathalÿntje, 110.
Schermerhorn, John, 168.
  Mary, 257.
  Wilmynᵙ, 154.
Schermerhorne, Mary, 208.
Schields, Timothy, 204.
Schippey, Luke, 206.
Schlosser, Elisabet, 212.
Scholl, Annetje Pieters, 47.
Scholt, Pieter Janszen, 27.
Schonen, Luÿtie, 36.
Schonenberg, Catharina, 148.
Schooff, Philippûs Jacobús, 23.
Schoon, Gerrit, 132.
Schort, Samuel, 207.
Schortell, William, 211.
Schot, Catharina, 126.
  David, 155.
Schotzina, Pieter Woúster, 29.
Schourt, Rebecca, 195.
Schoút, J. Júrrie, 114.
Schoúte, Gerrit, 114.
Schouten, Anneken, 56, 70.
  Janneken, 53.
  Lÿsbeth, 69.
  Marÿken, 67.
  Sara, 42, 71.
Schoúwten, Jenneke, 113.
Schram, Johannes Michel, 192.
Schremmeling, Annatje, 154.
Schrick, Paúlús, 23, 29, 59, 62.
Schroder, Hans, 11.
Schrÿvers, Sibilla Margarita, 117.
Schuerman, Gerrit, 187.
Schúermans, Lÿsbeth, 63.
  See Schúúermans, Schúúrmans.
Schuiler, David, 272.
  Elizabeth, 240.
  Gerard, 100.
  Jane, 264.
  Myndert, 159.
  Samuel, 233.
Schulzar, Maria Charlotta, 242.

Schurman, Jacob, 159.
Schurmur, Catharina, 175.
Schut, Heyltje, 178.
  Jan, 17.
  Jan Harmenszen, 15.
  Johan Michael, 99.
Schutze, Henry, 206.
  John Sigismund Ferdinand, 226.
  Michael, 171.
Schúúermans, Geesje, 49.
Schuurman, Catharina, 199.
Schúúrmans, Geesje, 65.
  Rachel, 84.
  See Schúúermans, Schúermans.
Schúÿer, Philip, 120.
Schuyler, Altie, 189.
  Ann Eliz: 232.
  Anna, 224.
  Brand, 167.
  Brandt, 51.
  Catharina, 208.
  Catharine, 279.
  Christoffel, 188.
  David, 131, 173.
  David Harmanus, 218.
  David Pieterszen, 22.
  Dirk, 216.
  Elisabeth, 179.
  Elizabeth, 265, 269.
  Elsje, 138.
  Geertrúÿd, 35.
  Geerturyt, 224.
  Hanke, 244.
  Harmanus, 188.
  Jane, 154.
  Johanna, 207.
  John, 140, 150.
  Margaret, 203, 278.
  Meÿnart, 76.
  Philip, 62, 129.
  Pieter, 180.
  Rachel, 175.
Schwartz, Georg, 162.
Schÿf, Jan Cornelisz, 108.
Scidmore, Daniel, 197.
Scoffield, Mary, 220.
Scofield, Sylvinus, 259.
Scores, William, 233.
Scot, Peggie, 226.
  Robert, 153.
Scott, Cornelius, 275.
  Ja', 274.
  John, 238.
  Margariet, 206.
  Margery, 171.
  Oliver, 212.
  William, 232.
Scudder, William, 266.
Sea, John, 274.
Seabring, Catherine, 236.
  Rachel, 237.
Seabrooks, Nich Brown, 208.
Seaman, Maria, 274.

Seaman, Peter, 260.
Seargeant, James, 260.
Sears, Johannah, 259.
  Rachel, 214.
Seattoún, James, 77.
Seaward, John, 276.
Sebering, Frederik, 116.
Sebra, Anne, 124.
Sebring, Aaltje, 159.
  Barend, 176.
  Catharina, 162.
  Cornelia, 176.
  Cornelius, 220.
  John, 235.
  Margrita, 171.
  Maria, 186.
  Sarah, 175.
Sedam, Hendrik, 183.
Sedelaers, Anna, 26.
Seeligh, Margariet, 211.
Sees, Catharina, 230.
Segerson, Christina, 119.
Seguine, James, 278.
Seimntoún, Anna, 77.
Seise, Martha, 221.
Sele, Nathaniel, 139.
Selis, Jan, 13.
Sellerin, Hester, 212.
Seloover, Sara, 209.
Selover, Isaacq, 79, 92.
  Sarah, 106.
Selÿns, Dº. Henricús, 27, 61, 92.
Sempee, Elizabeth, 240.
Sentus, Matthew, 177.
Sepper, Charity, 180.
Serly, Jan, 243.
Servaes, Leentje Dircks, 27.
Serven, Philip, 138.
Sessions, Thomas, 63.
Sevenhoven, Jan, 76.
Sexon, William, 260.
Seyn, Mary, 227.
Seyrs, Ichabod, 274.
Shaal, Marÿ, 90.
Shackerleÿ, Willem, 90.
Shackerly, Anthony, 186.
Shadwel, Henrÿ, 126.
Shakkerly, William, 144.
Shaler, Nathaniel, 277.
Shand, John, 209.
Shank, Anna, 185.
Shanklin, Margaret, 276.
Simral, 276.
Share, Hendrik, 223.
Sharp, Henry, 246.
  Jacob, 148.
  Sabina, 215.
Sharpe, Mary, 217.
Shaset, Elizabet, 236.
Shatford, Daniel, 159.
  Rachel, 213.
Shaún, Elionoor, 63.
  Robbert, 63.
Shaw, David, 208.

Shaw, Hugh, 159.
Thomas, 72.
Shay, Margaret, 279.
Shearman, Rebecca, 261.
Shearwood, Hannah, 262.
Seymour, 262.
Shedar, Cathⁿ, 150.
Sheerwood, John, 266.
Sheffield, Helena, 172.
Sheif, Anna, 134.
Sheife, Marÿ, 136.
Shell, Elijah, 258.
Shelton, Christina, 178.
Thomas, 150.
Shenard, Martha, 226.
Shepard, Benjamin, 248.
Sheperd, Elisabeth, 243.
Shepherd, John, 276.
Sherdewyn, Magdalena, 247.
Sherford, Philip, 252.
Shermer, Thomas, 88.
Sherp, Jakob, 202.
Sherron, Ortley, 189.
Sherwood, Martha, 246.
Shilas, Judith, 206.
Shingelwood, Henry, 218.
Shippey, Josiah, 278.
Shire, Elizabeth, 259.
Rachel, 277.
Sholders, Mary, 258.
Shoot, Margarete, 164.
Shore, John, 165.
Shortvavesen, Josia, 188.
Shourt, Margaret, 196.
Oliver, 175.
Shults, Margaret, 266.
Mary, 264.
Shurmur, John, 160.
Shurt, Isaac, 259.
Shut, Benjamin, 160.
Shute, Henry (Junr), 269.
Margaret, 258.
Maria, 271.
Shuurt, Jacob, 264.
Shyer, Eva Catharina, 176.
Siackerlÿ, Jan, 48.
Sibbit, James, 138.
Sibelszen, Henricús, 12.
Sibley, Richard, 171.
Sibly, Catharina, 211.
Siboúts, Marritje, 74.
Siboútszen, Abraham, 80.
Sibrants, Aeltje, 31.
Sichlin, George, 222.
Sickels, Alethea, 272.
Catherine, 276.
Elisabet, 145.
Elizabeth, 261.
Henry, 225, 268.
Henry (Junr), 263.
John, 213.
Maria, 280.
Mary, 214, 258.
Robert, 276.
Wÿntje, 260.

Sickels, Zacharias, 131.
Sickelszen, Zacharias, 76.
Sickle, Thomas, 160.
Sidman, Susannah, 269.
Sier, Abraham, 276.
Siese, Hanna, 197.
Sievart, Hendrik, 184.
Siffer, Sarah, 273.
Siggels, Robbert, 181.
Siggelse, Thomas, 96.
Sighels, Anna, 176.
Sikkels, Alida, 142.
Hendrica, 148.
Hendrik, 126.
Henry, 200.
Jane, 175.
Joh^t, 128.
Marÿtje, 128, 157.
Sacharia, 135.
Zacharias, 127, 172.
Sillërin, Mary, 201.
Sillkwood, John, 64.
Silvester, Ann, 235.
Anna, 175.
Dinah, 273.
Francis, 119, 154.
Silvia, 268.
Simkam, Debora, 132.
Pieter, 104.
Simmerman, Andries, 212.
John, 209.
Simmonds, Ann, 209.
Pamela, 215.
Rebecca, 216.
Simmons, Elizabet, 218.
Sarah, 280.
William, 272.
Simon, Mari Magdalena, 142.
Simons, Hendrickje, 14.
Hester, 10.
Marritje, 14.
Pieter, 228.
Súsanna, 118.
Willem, 30.
Simonson, Alida, 242.
Maria, 186.
Simonsze, Aart, 136.
Simpson, James, 213.
Thomas, 229.
Sims, Capt. Lancaster, 78.
Elizabet, 220.
Maria, 163.
Willem, 94.
Simson, Alexander, 111, 138.
Jannetje, 166.
Moses, 103.
Robt, 146.
Tabita, 163.
Sinclaer, Robbert, 53.
Sinclair, James, 211.
Sinclar, Hanna, 107.
Singeen, Elisabeth, 161.
Sip, Annatje, 120.
Arie, 115.
Cornelius, 206.

Sip, Ide, 143.
Margritje, 119.
Siph, Ariaantje, 187.
Sipkens, Anna Maria, 97.
Anna Maria, 111.
Burger, 117, 148.
Eelsje, 172.
Engeltje, 93.
Geertruy, 165.
Jan, 39.
Sippes, Pietertje, 22.
Sips, Adriaen Hendrickszen, 20.
Johannes Adriaenzen, 54.
Siscus, Anna Margaritha, 220.
Sise, Martha, 206.
Michael, 227.
Sisely, Salomen, 244.
Sitcher, Andrew, 280.
Sitcher, Rachel, 263.
Sjerman, Thomas, 117.
Sjoerts, Hÿla, 110.
Lúÿke, 148.
Sjourts, Aaltje, 136.
Skaats, Bartholomew, 269.
Jacob, 268.
Rynier, 267.
Skates, Rymier (Junr.), 261.
Skeets, David, 261.
Jacoba, 261.
Skellorn, Richard, 241.
Skillman, Joseph, 272.
Skinner, David, 279.
Elizabet, 218.
Joanna, 277.
John, 276.
Maria, 267.
Richard C., 269.
Susannah, 266.
Slabis (?), Nancy, 279.
Slater, James, 200.
Slechtenhorst, Elisabeth, 49.
See Van Slechtenhorst.
Slegel, Christiaan, 251.
Sleght, Catharina, 215.
Henry, 264.
John H., 212.
Slegt, Mattheus, 167.
Mattheus, 171.
Pieter, 178.
Slegth, Barent, 206.
Sleigh, Charles, 126.
John, 148.
Maria, 170.
Teuntje, 160.
Sleight, Sara, 213.
Slidell, Isaac, 266.
John, 216.
Slierendregt, Jacob Arendsze, 106.
Sloat, Altie, 277.
Sloe, Alida, 215.
William, 191.
Sloofs, Jan, 13.
Maria, 13.

Sloot, Búÿck, 63.
Sloover, Isaac, 191.
Sloth, Daniel, 263.
Slot, Hendrik, 123.
Jan Janszen, 36.
Júdik, 106.
Pieter, 71.
Trÿntie, 70.
Slover, Abraham Alsteyn, 266.
Anna, 140.
Slow, Mary, 228.
Slúis, Willemtje, 104.
Sluring, Peter, 278.
Sluth, William, 280.
Slúÿs, Femmetje Laúrens, 60.
Slÿdell, Josúa, 151.
Slyder, Michel, 222.
Slÿk, Baertje, 124.
Smak, Matthÿs, 96.
Smally, Nicodemus, 271.
Smalwood, Jane, 267.
Smarth, George, 227.
Smeddis, Johannis, 31.
Smeedes, Jan, 41.
Smeek, Christiaan, 257.
Smeeman, Herman, 33, 51.
Smeet, Jacob, 170.
Smeman, Harmen, 13.
Smit, Aeltje, 87.
Anthony, 114.
Ariaantje, 224.
Catharina, 12.
Claes Claeszen, 18.
Dirck, 19.
Elisabet, 217.
Hendrick Barentszen, 29.
John, 235.
Sarah, 210.
Súsanna Pieters, 16.
Thomas, 125, 186, 231.
William, 190.
Smith, Abel, 118.
Abigael, 251.
Abraham, 201, 261.
Adam, 220.
Affie, 186.
Albert, 263.
Alida, 239.
Ann, 192, 263, 273.
Anna, 141, 142.
Annatje, 201.
Arthur, 265.
Benjamin, 209, 267.
Bernardús, 88, 104.
Catharina, 64, 179, 218, 223, 244.
Catherine, 260.
Charles, 101, 163.
Chatharina, 164.
Christian, 256.
Daniel, 270.
David, 261.
Duncan, 256.

Smith, Edward, 162.
Eleanora, 182.
Elias, 97, 216.
Elizabet, 230.
Elizb', 138.
Elisabeth, 147, 164, 178.
Eliza, 275.
Elsie, 193.
Ezekiel, 279.
George, 202.
Gerard, 162.
Hanna, 153, 189.
Hendrik, 145.
Isabella, 167.
Jakob, 217.
James, 229.
Jan, 124, 151.
Jane, 194, 245, 276.
John, 110, 157, 204, 218, 220, 265, 270.
Joseph, 80, 177.
Josias, 125.
Júdith, 128.
Jústús, 85.
Laurence, 183.
Leathus, 200.
Magdalena, 157.
Margaret, 252, 273, 275.
Margareta, 177.
Maria, 170, 184, 278.
Martha, 219, 277.
Mary, 166, 202, 259.
Marÿtje, 106.
Nelly, 273.
Patrick, 163.
Philip, 42, 199.
Platt, 215.
Rachel, 133, 208, 242.
Rebecca, 228.
Robert, 266.
Sara, 203.
Sarah, 144, 274.
Seth, 161.
Stephen, 170, 280.
Theodosia, 155.
William, 133, 136, 138, 161, 167, 258, 278.
Smits, Elsje, 13.
Smitt, Gamaliel, 277.
Sneeden, Robert, 263.
Snedeker, Garret, 229.
Effie, 229.
Nelly, 235.
Sara, 222.
Theodorus, 229.
Sneden, Samuel, 261.
Snedikers, Margrietje, 52.
Snell, John, 226.
Snellin, Maria Elizabet, 188.
Snetger, Lubbe, 276.
Snied, Ezekiel, 230.
Snoek, Affie, 193.
Johannes, 146, 165.
Snethen, Abigael, 136.
Snyder, Benjamin, 231.

Snyder, Hendrik, 184.
Henry, 272.
Hester, 275.
Jakobus, 188.
Mary, 262.
Snÿers, Catalÿntje Hendricks, 18.
Soepman, Nicolaas, 135.
Soert, Oelfest, 52.
Soeter, Maria, 228.
Sogason, John, 258.
Solomon, Isaac, 265.
Solise, Maria, 149.
Solÿ, Francoÿs, 20.
Somer, Jakob, 194.
Somerdyk, Isaak, 197, 202.
See Sommerdyk.
Someredyk, Anna, 197.
Annetje, 171.
Egbert, 164.
Hanna, 163.
Hannah, 241.
Isaac, 140.
Jacob, 161.
Richard, 229.
Teunis, 164, 166, 174, 177.
Volkert, 173.
See Zomerendÿk.
Somers, Patrick, 272.
Somersby, Arthur, 224.
Somes, Richard, 139.
Sommerdyk, Abigael, 197.
Sommers, Súsanna, 12.
Soningberg, Annatje, 180.
Sooÿ, Joost, 108.
Sope, Elizabeth, 246.
Sorrel, William, 225.
Soúllice, Josúa, 113.
Soúrt, Marÿken, 55, 64.
Southard, Mary, 270.
Southerin, Caty, 274.
Southerland, Sophia, 259.
Soúthfield, Nathaniel, 64.
Sowers, Elizabet, 237.
Spader, Elisabet, 170.
Spairman, James, 107.
Spalding, Cisa, 279.
Span, Jan, 93.
Sparksman, Rebecca, 196.
Sparks, Richard, 259.
Sparling, Pieter, 230.
Sparrun, Engeltje, 153.
Speaight, Richard, 234.
Spear, Ann, 216.
Specht, Machtelt, 61.
Spect, Machtilda, 27.
Speeden, Elisabet, 202.
Speedy, Seviah, 194.
Speelwel, Jacobús, 103.
Speer, Barent, 213.
Spencer, Elisabeth, 123.
James, 56, 79.
Spenser, Catharina, 176.
Spier, Cornelius, 227.
Geertruid, 197.

Spier, Hans Hendrickszen, 53.
Spiering, Andries, 30.
Spilman, Hendrik, 181.
Spingler, Marytje, 230.
Spires, Henry, 276.
Splinters, Lÿntie, 96.
Spoan, Urbanus, 156.
Spock, Mary, 207.
Spoor, Mary, 204.
  William, 164.
Spoover, Elionara, 227.
Spragg, Amy, 209.
Sprague, John, 277.
Sprat, John, 62.
  Maria, 116.
Spratt, John, 89.
Spring, Adriana, 170.
Springer, Henry Christopher, 157.
  Jacomyntje, 204.
  James, 208.
Springsteen, Casparús, 75.
  Catharina, 93.
  Cobus, 236.
  Maria, 204.
Springstel, Martha, 262.
Springsteÿn, Caspar, 17.
Springston, Caspar, 80.
Spronck, David, 78.
Sprong, Gabriel, 202.
  Hester, 269.
  Jacob, 34.
  Jan, 26, 137, 162.
  Sara, 174.
Sprongh, Gabriel, 204.
Sprÿk, Michiel, 134.
Staat, Adam, 172.
  Johannes, 163.
Staats, Agnietje, 105.
  Anna Elisabeth, 120.
  Catharina, 120.
  Elisabeth, 164, 185.
  Geertruÿ, 116.
  Hanna, 119.
  Henry, 234.
  Johanna, 126.
  Samúel, 111.
  Sarah, 102.
Stacy, Sarah, 280.
Stadt, Jan, 94.
Staets, Sara, 57.
Staeve, Randal, 141.
Staffe, John, 122.
Stagg, Agness, 270.
  Ann, 277.
  Catherine, 277.
  Cornelius, 275.
  Eliza, 275.
  Henkje, 235.
  Isaac, J., 271.
  Isaac T., 265.
  John, 207, 232, 278.
  John (Junr.), 262.
  Leah, 260.
  Mary, 267.
Stagg, Neeltje, 207.
  Thomas, 244, 253.
  Thomas (Junr.), 267.
Stakelen, Johan, 193.
Stall, Henry, 240.
Stam, Arendt Corszens, 14.
Stanbery, Isaac, 244.
Stanford, John, 264.
Stansbury, Daniel, 272.
Stantelÿ, Deliverÿ, 80.
Stanton, Elisabet, 209.
  Elizabeth, 263.
  George, 194.
  Henry, 155, 195, 260.
  Jacobús, 112.
  Jasper, 251.
Stapels, Elizabet, 227.
Staple, Francis, 211.
Stapleton, Elisabeth, 115.
Star, Catharina, 175.
Starcks, Margariet, 65.
Staring, Cornelius, 264.
States, Elisabet, 202.
Staúben, Pieter, 141.
Stavast, Jannetje, 87.
Stearns, Benjamin, 245.
Steck, Elisabet, 206.
  Jacob, 205.
Stecland, Stephen, 199.
Steddefort, Mary, 200.
Steddiford, Gerret, 242.
  Sophia, 274.
Stedefort, Ann, 204.
Stedyford, William, 164.
Steedts, Geesje, 23.
Steel, Anna, 201.
  John, 167, 201.
  Margaret, 250.
Steele, Pieter, 117.
Steen, Myndersz, 102.
Steenback, Anthony, 272.
Steenbeek, Anthony, 214.
Steenis, Alltte, 104.
Steenman, Jacob, 212.
Steentjens, Christina, 29.
Steenwÿck, Cornelis, 22.
  H^r Cornelis, 61.
Steerts, Jacob, 141.
Steevens, Francois, 230.
Steg, Elenor, 177.
  Jane, 219.
  Margaret, 218.
  Margarita, 175.
  Thomas, 219.
Steger, Sarai, 248.
Stegg, Elizabet, 188.
Stein, Robert, 242.
Steinhour, Elisabeth, 243.
Stelting, Catharÿn, 22.
Stelton, John, 192.
Stelts, Johan Philips, 165.
Stepensz, Elisabeth, 76.
Stephany, Johan Sebastian, 187.
Stephings, Elisabet, 194.
Stephens, Catharine, 241.
  Jane, 225.
  Jannetje, 47.
  John, 120, 214.
  Margariet, 93.
  Sophia, 256.
Stephenszen, Isaac, 51.
  Jan, 37, 64.
  John, 72.
  Joris, 16.
  Gosen, 58.
  Michiel, 90.
  Oloft, 11.
  See Van Cortlandt.
  Pieter, 53.
  Thomas, 13.
Stevens, Abigael, 237.
  Ann, 246.
  Catharina, 112.
  Elisabeth, 82, 96, 112, 251.
  Elizabet, 189.
  Ida, 162.
  Hanna, 189.
  James, 180.
  Jane, 122.
  John, 147 ^{bis}.
  Lÿsbeth, 57.
  Marÿtje, 96.
  Pemiel, 211.
  Teúntje, 148.
  Williams, 233.
Stevenson, Hannah, 256.
  John, 157.
  Louisa, 271.
  Samuel, 270.
Stevensse, Maria, 156.
Steward, Jane, 198.
  John, 191.
  Mary, 220.
Stewart, Bern, 266.
  Catharina, 273.
  Charles, 275.
  Elenor, 269.
  George, 201.
  William, 260, 278.
Steÿmets, Gerrit, 54.
  Úrselina, 63.
  William, 256.
Steyn, Anna, 158.
Steÿnmets, Johannes, 42.
Steÿnwits, Caspar, 16.
Stibe, Daniel, 225.
Sticke, Egmont, 12.
Stickland, Mary, 192.
Sticklee, John, 258.
Stiggins, Mary Ann, 214.
Stikraad, Margrite Ottilia, 117.
Stiles, Catharina, 178.
  Daniel, 167.
Stille, Cornelis Jacobszen, 24.
  Jacob Cornelis zen, 35.
Stillman, Abraham, 266.
Stilteel, Alexander, 28.

Stiltheer, Francÿntie, 54.
Stilwell, Ann, 277.
  Catharina, 224.
  Thomas, 229.
Stilwil, Rachel, 232.
Stilwill, Juliana, 268.
Stinebag, Antony, 164.
Stinet, James, 253.
Stinson, John, 148.
Stites, John, 215.
Stiven, Margarit, 157.
Stoffels, Jacob, 33.
  Macktelt, 23.
Stoffelszen, Jacob, 22.
Stokford, John, 142.
Stokholm, Catharina, 194.
  Elinor, 189.
  Hannah, 242.
  Maria, 189.
  Metje, 241.
Stokker, Maria, 159.
Stoks, Hanna, 208.
Stokúm, Thomas, 105.
Stone, Edmond, 277.
Stoodly, John, 202.
Stoon, Richard, 119.
Storm, Abraham, 200, 258.
  Eliza, 271.
  Henry, 279.
  Johan, 203.
  Margaret, 270.
  Mary, 277.
  Staats, 134.
  Súsannah, 274.
  Thomas, 261.
Stormax, Jacob, 277.
Story, William W., 268.
Stot, Catharina, 103.
Stouard, Christiaan, 188.
Stoúber, P^r, 146.
Stouberin, Anna, 212.
Stout, Andrew, 279.
  Andrew V., 272.
  Benjamin, 224.
  Catharina, 166, 203.
  Elizabet, 229.
  Grace, 230.
  Hanna, 216.
  John, 122, 237.
Stoútenberg, Catharina, 102.
Stoutenburg, Anna, 196, 206.
  Anneke, 232.
  Elenor, 213.
  Engeltje, 34.
  Hendrika, 193.
  Isaac, 224.
  Isaacq, 68.
  Jacobús, 127, 156.
  Jakobus, 217.
  Jannetje, 45.
  John, 116.
  Margaret, 218.
  Peter, 227.
  Pieter, 15, 132.
  Thomas, 271.

Stoutenburg, Tobias, 55, 156, 175, 182.
  William, 187.
  Wÿntje, 48.
  See Van Stoútenbúrg.
Stoutenburgh, Elizabeth, 270.
  Hannah, 260.
  Henry, 276.
  Isaac, 205.
  John, 262.
Stouthoff, Margaret, 221.
Stoúwber, Christianús, 147.
Stouwt, Benjamin, 163.
Stouwteaburg, Iaaac, 156.
  Tobias, 173.
Stow, Mary, 129.
Straat, Adriaan, 152.
  Jan, 244.
  Lea, 103.
  Rachel, 107.
Straet, Lea, 102.
Straetsmans, Teúntje, 21.
Stratemaker, Rachel, 111.
Stratton, William, 271.
Streddels, Jannetje, 98.
Streener, Pieter, 184.
Strenglits, Elisabeth, 82.
Stricker, Jean, 239.
Stridles, Catharina, 94.
Striker, James, 278.
  Mary Magdalen, 278.
Strongman, Thomas, 279.
Struthers, Robert, 232.
Struve, John Charles, 253.
Strycker, Elisabet, 203.
  Jan, 61.
Strÿckers, Agnietje, 20.
Stryker, Henry, 208.
  James, 265.
  Jannetje, 163.
Stryp, Adriana, 110.
Stuard, Daniel, 174.
  James, 220.
Stuart, Antje, 237.
  Eleanor, 208.
  Jane, 204.
  Mary, 215.
Studefort, Mary, 206.
Stuerd, Adam, 234.
Stuhard, Sarah, 259.
Stuiversant, Casparus, 200.
  Cornelia, 259.
  See Stúÿvesant, Stúÿvesants.
Stults, Jane, 276.
Sturup, John, 162.
Stúwart, Cornelia, 115.
Stúÿvesant, Gerardús, 136.
  Petrus, 218.
  Margariet, 20.
  Nicolaes Willem, 36, 49.
  See Stuivesant.
Stúÿvesants, Anna, 21.
Stwiel, Elisabeth, 78.
Stymen, Margaret, 227.

Stymes, Christopher, 187.
Stymets, Abraham, 214.
  Adriaan, 237.
  Ariantje, 213.
  Benjamin, 191.
  Catherina, 196.
  Christoffel, 155.
  Christopher, 232.
  Gerrit, 224.
  Hanna, 227.
  Hermanús, 139.
  Jannetje, 239.
  Jasper, 191, 227.
  John, 246.
  John, 273.
  Mary, 227, 262.
  Pieter, 199.
  Rachel, 268.
  Sara, 237.
  Thomas, 209.
Stÿn, Joan Maerten, 114.
Stÿnmets, Annetje, 118.
  Casparus, 178.
  Jannetje, 111.
Stypers, Catharina, 138.
Suedam, Ida, 182.
  See Súydam.
Suferin, Mary, 184.
Súget, Stephanús, 20.
Suidam, Jacob, 161.
  See Suydam.
Sukey, (negress), 263.
Sullivan, Benjamin, 268.
  Jeremias, 212.
  John, 197, 253.
  Luke, 260.
Summer, Jakob, 220.
  Mary, 217.
Súncam, Pieter, 28, 91.
Surnavey, James, 205.
Súsanna, (Van Nieuw Nederl^t), 14.
Súter, John, 137.
Sutton, Martha, 187.
  Martha, 244.
Súúisse, Aaltje, 121.
Suydam, Jane, 262.
  Lettice, 269.
  Rynier, 269.
Swaab, John, 217.
Swaan, Maria, 139.
  Nicolaas, 148.
Swaen, Jan, 18.
Swain, Eleanor, 280.
Swam, Mary, 126.
Swan, Helena, 83.
  James, 257.
  See Zwan.
Swanser, Hester, 253.
  Mary, 210.
Swansing, William, 157.
Swanslen, William, 118.
Swanson, William, 180.
Swansten, William, 112.
Swart, Abraham, 231.

Swartewout, Catherine, 268.
Swartinne, Philippe, 14.
  See Van Angola.
Swartwout, Elizabeth, 263.
Roelof, 71.
  See Zwartwoút.
Swenny, Walter, 217.
Swensbúrg, Roelof, 27.
Swerver, Andries, 102.
Swiegen, Matthýs, 120.
Swift, Abial, 278.
Swim, Cornelis, 221.
Swin, Elizabeth, 274.
Swinney, Elisabet, 214.
Switcher, Margarita, 198.
Swits, Corñ Claeszen, 21.
Cornelius, 208.
Switzer, Anna Catharina, 165.
Sybrandts, John, 153.
Wÿntje, 24.
Syce, James, 131.
Sylvester, Elizabet, 227.
Sÿmons, Jannetje, 25.
John, 116.
Rachel, 128.
Syn, Elisabeth, 184.
Nicolaas, 141.
Sÿner, Thom, 113.

T

Taaÿ, Daniel, 103.
Tacker, John, 210.
Taler, Maria, 225.
Tallman, Harmanus, 261.
Talman, Rebecca, 231.
Teunis, 177.
Tankard, Matthew, 200.
Tanner, John, 232.
Margarita, 192.
Tappan, Mary, 178.
Targay, Jane, 278.
Tarp, Cornelis, 150.
John, 146.
Tate, Elisabet, 208.
Tates, Michiel, 33.
Taveaú, John, 152.
Tayler, Leah, 233.
Taylor, Alexander, 161.
Ann, 198.
Catherine, 272.
Deborah, 263.
Elisabet, 159, 249.
Elisabeth, 146, 199, 246.
Gerritje, 150.
Hannah, 258.
James, 248.
James S., 278.
Jemima, 260.
John, 127, 238.
Joseph, 141.
Mary, 279.
Phebe, 257.
Pieter, 184.
Susanna, 213.

Taylor, Willet, 204.
Taynton, John, 115.
Tears, John, 230.
Teemszen, Arent, 20.
Teeple, Anne, 270.
Teets, Adam, 148.
Polly, 278.
Tel, Simon, 46.
Telleau, Peeter, 2ɔ9.
Tellee, Elisabth, 163.
Teller, Andries, 35, 152.
Andrew, 138.
Catharina, 182.
Helena, 54.
Jacob, 54.
James, 259, 269.
Jesyntje, 217.
John, 218.
Joh', 130.
Luke, 222.
Margrita, 112.
Marg^t, 127.
Maria, 170.
Olivier, 118.
Pieter, 195.
Willem, 29, 179.
Tellion, Vincent, 133.
Temperens, ——, 46.
Temple, William, 222.
Tenbroeck, Catalina, 65.
Ten Broeck, Dirck, 259.
Elsje, 90.
Hendrick, 90.
ten Broek, Andries, 96, 171.
Catharina, 122.
Hanna, 145.
Henry, 139.
John, 153, 160, 239.
Maria, 120, 156.
Maryten, 234.
Ten Brook, John, 272.
Ten Eyck, Aafje, 163, 177.
Andrew, 219.
Anthony, 203.
Antony, 167.
Barent, 229.
Belida, 151.
Coenraedt, 40, 51.
Daniel, 190, 210.
Dirck, 40.
Efge, 211.
Elisabet, 151, 157.
Elizabet, 188.
Gerritije, 232.
Hendrick, 41.
Jacob, 94.
Marritje, 34.
Mary, 194, 212.
Mathÿs, 46.
Neeltje, 191.
Richard, 154, 161, 184, 218.
Sara, 167, 204.
Sarah, 264.
Theúnis, 82.

Ten Eyck, Thomas, 275.
Tobias, 43, 54.
Ten Eyk, Abraham, 143.
Andries, 112.
Coenraad, 175.
Hanna, 108.
Hendrica, 101.
Jacob, 171.
Johannes, 107.
John, 150.
Maria, 101.
Rebecca, 184.
Samúel, 148.
Wÿntje, 108.
  See Tenÿk.
Tenier, Barsheba, 246.
Tenkelbag, Paúlús, 139.
Tenner, Anna, 194.
John, 157.
Tennet, Maria, 161.
Tenyk, Conradús, 100.
Maria, 106.
  See Ten Eÿk.
Teppet, Stephen, 207.
Ter Bosch, Elisabth, 166.
Jan, 29.
Ter Boss, Catharine, 274.
Isaac, 265.
Maria, 271.
Terhune, Catherine, 271, 273.
John, 271.
Stephen, 186, 200.
Terhuum, Hendrik, 251.
Ter Maten, Maria, 274.
Terneúr, Jacobús, 132.
Magdaleen, 68.
Thomas, 72.
Terril, Nancy, 258.
Tetrik, Belitje, 154.
Teúnis, Geertje, 33.
Rebecca, 66.
Teúntje, 66.
Teunisse, Pieter, 165.
Teúnisz, Margrietje, 100.
Teúniszen, Dirck, 33.
Tobias, 15.
  See Theuniszen.
Tetterson, Margaret, 219.
Tevauw, Maria, 168.
Texsel, Johannes, 93.
Textamer, Maria, 177.
Teysen, Anna Catharina, 212.
Tham, Marrÿcken, 91.
Thebou, Lewis, 215.
  See Thibou, Tibout, Tiebout.
Theobald, Johan, 69.
Theúnis, Annetje, 12.
Claeesje, 11.
Claesje, 24.
Geertje, 35, 56, 71.
Grietje, 26.
Janneken, 24.
Jannetje, 11, 27.
Magdaleentje, 24.

Theúnis, Magdalena, 34.
  Marritie, 24.
  Marritje, 12.
  Metje, 38.
  Theúntje, 61.
Theúnissen, Iden, 88.
Theunisze, Dina, 98.
Theúniszen, Aert, 13.
  Claes, 31.
  Herman, 18.
  Jacob, 19.
  Jan, 20, 27, 41, 71.
  See Teuniszen Van Tilbúrg.
Theuniszen, Sara, 30.
Thevoe, Daniel, 114.
Thew, Teunis, 220.
Thiboú, Gabriel, 91.
  Lewis, 263.
  See Thebou.
Thieboŭ, Lewi, 149.
  See Thebou.
Thiobalds, Robert, 141.
Thistle, John, 263.
Thomas, Aeltie, 56.
  Alida, 180.
  Ann, 270.
  Annetje, 45.
  Ariaentie, 71.
  Helena, 182.
  Henry, 156.
  Jane, 238.
  Jason, 260.
  John, 123, 214.
  John James, 153.
  Josÿntie, 56.
  Josÿntje, 33.
  Júdith, 94.
  Luke, 208.
  Lÿsbeth, 19.
  Margaret, 245.
  Maria, 13.
  Marie, 59.
  Mary, 234, 270.
  Samuel, 270.
  Sara, 25.
  Stÿntie, 24.
  Súsanna, 49.
  W^m, 268.
Thomasse, Joh^s, 154.
  Maria, 131.
Thomasz, Nicolaas, 136.
Thomasze, Gerrit, 129.
Thomaszen, Claes, 21.
  Frans, 77.
  Jan, 15, 31.
  Johannes, 43.
  John, 67.
  Laúrens, 61.
  Thomas, 24.
  Urbanús, 67.
Thomkins, Jeremiah, 231.
Thompson, Adam, 274.
  Hannah, 280.
  Isabel, 190.

Thompson, John, 275.
  Margaret, 256.
  Philip, 227.
  Robert, 234.
  Samuel, 213.
  Thomas, 192.
  William, 213, 233, 278, 279.
Thomson, Andries, 64.
  Archibald, 203.
  Christiana, 183.
  James, 232.
  John, 176.
Thong, Catharina, 156, 182.
  Maria, 153.
  Rip, 152.
  Sarah, 147.
Thorn, James, 262.
  John, 113.
  Sara, 228.
  William, 276.
Thorne, Henry, 265.
  Pieter, 233.
  Thomas, 221.
Thornhil, Hanna, 201.
Thornton, Samúel, 113.
Thorp, Daniel, 196.
  Daniel, 200.
  Grace, 270.
  Hannah, 263.
  John, 206.
  Prudence, 200.
Threlkeld, Deodatus, 173.
Thurman, Elizabet, 190.
  John, 132.
  Ralph, 175.
Thurston, Lovit, 214.
  William, 277.
Thúÿl, Elisabeth, 78.
Thÿs, Theúntje, 36.
  Trÿntie, 58.
Thÿssen, Claes, 20.
  Fÿtie, 61.
  Jan, 79.
Thÿssens, Claes, 16.
  Lÿsbeth, 18.
  Jannetje, 24.
Thyszen, Elisabeth, 72.
  Gerrit, 30.
Tibbels, Anna Margrita, 114.
Tibel, Joh^s, 114.
Tibout, Albertus, 200.
  Elizabeth, 183.
  Francis, 160.
  Jacomÿntie, 59.
  Jan, 63.
  John, 127.
  Marcús, 87.
  Marytje, 160.
  Sarah, 123.
  Teúnis, 68.
  See Thebou.
Tiboúts, Jannetje, 73.
Tiboúwt, Albertús, 148.
  Hendrik, 133.

Tiboúwt, Margrita, 136.
  Teúnis, 150.
  Teúntje, 149.
  See Tibout.
Tickle, John, 134.
Tiebout, Albertus, 190.
  Constantin, 178.
  Cornelius, 276.
  Elizabeth, 135.
  Hannah, 174.
  Henry, 207.
  Margaret, 266.
  Margarita, 188.
  Maria, 163.
  Mary, 265.
  Mary Magdalen, 261.
  Perÿntje, 149.
  Teunis, 172, 186, 188, 228.
  See Thebou, Tibout, Tiboúts, Tibouwt.
Tienhoven, Cornelia, 107.
  Cornelis, 120.
  Elisabeth, 108.
  Rachel, 69.
Tierce, Cornelius, 266.
  Mary, 269.
Tiers, Catherine, 280.
Tietsoort, Teúntje, 131.
Tile, Thimotheús, 118.
Tiler, Maria, 104.
Tiljou, Aafje, 173.
  Sara, 148.
Tilladams, William, 134, 141.
Tillany, 278.
Tillman, Elizabeth, 273.
Tillow, Ann, 205.
Tilly, Edward, 214.
  Hanna, 165.
  Maria, 151.
Timber, Cornelia, 129.
  Cornelius, 101.
Timmer, Jane, 96.
  Wyth Corñ, 43.
Tindall, Sarah, 150.
Tingley, Samuel, 160.
Tipel, Anna Catharina, 142.
Tirlong, Deborah, 264.
Titus, Charles, 263.
  Frances, 247.
  Israel, 276.
  Jemima, 275.
  Titús, 144.
Tivanni, Anthony, 125.
Tjissem, Jan, 118.
Tobiaszen, Jan, 57.
Tobin, Pieter, 231.
Tocker, Elisabeth, 77.
  Elisabeth, 87.
Todd, Adam, 172.
Toemszen, Christiaen, 22.
  Gÿsbert, 23.
  Tobias, 23.
Toenis, Hilletje, 22.
Toeniszen, Jacob, 22.
Toers, Ann, 219.

Toers, Júdith, 112.
Toll, Cornelia, 49.
Toller, David, 280.
Tompkins, Elisabet, 207.
Toms, Jonathan, 275.
Tomson, Patrik, 226.
Tonlyk, Anna, 209.
Tonnard, Moses, 136.
Tooder, Mary, 241.
Torner, Bersheba, 52.
James, 162.
Torneúr, Jacqúes, 53.
Torry, James, 224.
Tortel, Jeremia, 135.
Tory, Mary, 236.
Tothill, Jeremias, 60.
Totton, James, 193.
Toures, Jemina, 206.
Toúrneúr, Ariaantje, 117.
Michiel, 126.
Toúrneúrs, Hester, 43.
Magdaleentje, 37.
Tous, Annatje, 268.
Towers, Catharina, 204.
Town, Charles, 277.
Susannah, 275.
Townsend, Elisabeth, 126, 257.
Jemima, 280.
Nancy, 260.
Tracy, Ann, 197.
Trapaulier, Sara, 194.
Traphage, Marytje, 183.
Traphagel, Willem, 26.
Traphagen, Henry, 279.
Jane, 204.
Willem Janszen, 23.
Traphager, Henry, 226.
Travallier, Peter, 209.
Treadwel, Hanna, 227.
Tremper, Helena, 204.
Trepegar, Elisabet, 211.
Trimmer, Jane, 274.
Trimper, Jacob, 162.
Maria, 264.
Mary, 260.
Trisser, Dorothee, 77.
Trommels, Ariaentje Corñ., 21.
Trott, Benjamin, 157.
Truax, Isaac, 207.
Trueks, Johan' Abrahamsze, 171.
Trueman, Catharina, 204.
Jane, 179.
Trúer, Jacob, 38.
Truex, Sara, 223.
Trúman, Ritgaart, 113.
Trumpher, Michael, 226.
Tserks, Otto, 132.
Tucker, Aafje, 181.
Deborah, 250, 254.
James, 148.
Sarah, 171.
William, 192.

Túdor, Johan, 79.
Tuiker, Mansfield, 124.
Túk, Margariet, 127.
Túkker, Maria, 156.
Tulle, Margaret, 226.
Tully, John, 250.
Turck, Catharina, 188.
Cornelius, 211.
Cornelius, jun^r., 240.
Helena, 70.
Letty, 198.
Maria, 55.
Paúlús, 26, 64.
Turell, Ebenezer, 199.
Turk, Aaltje, 165.
Ahasuerus (Junr.), 264.
Alida, 121.
Altje, 154.
Anna, 164.
Belia, 152.
Catharina, 182.
Claasje, 138.
Cornelis, 98.
Corneliús, 144, 183, 234.
Elizabet, 226.
Hanna, 123.
Jacobús, 146.
Johannes, 105.
John, 181.
Maria, 156.
Marytje, 172.
Sara, 181.
Sarah, 122.
Turman, John, 161.
Turner, Amos, 280.
Ann, 239.
Elisabeth, 253.
Francis, 174.
Robert, 265, 272.
William, 209.
Túrnerfield, Maria, 117.
Turnier, Jemeina, 183.
Tuttle, Eunice, 269.
Túÿie, Maria, 35.
Tweedle, Mary, 251.
Twieser, Michel, 232.
Tydgaat, Jacob, 270.
Tyler, Jacob, 208.
Tÿmens, Elsje, 16, 28.
Tys, Anna, 188.
Tÿsse, Annetje, 104.
Eva, 145.
Maria, 123.
Marÿtje, 153.

U

Ubregt, Pieter, 120.
Uendricks, Ariaentie, 52.
Uges, Jacob, 19.
Uitdeboomgaart, Apolonia, 150.
Uitdenbogaart, Catharina, 239.
Uitdenbogart, John, 194.

Uitdenbogert, Catharina, 185,
Joseph, 218.
Jan, 145.
Joseph, 182.
Uit Denboomgaart, Gÿsbert, 133.
Uittenbogard, Gÿsbert, 147.
Úittenbogert, Dirk, 119.
Umans, Ábigael, 253.
Umble, Maria, 172.
Undersil, Marÿ, 32.
Únkelba, Adam, 26.
Úrbanús, Neeltje, 30.
Urbanúszen, Neeltje, 39.
Ustick, Henry, 217.
Ute, Elisabeth, 183.
Utt, Judith, 213.
Peter, 185.
Uyt den bogard, Dirk, 180.
Uÿtten Bogaert, Dirck, 88.
Uÿttenbogaert, Neeltje, 68.
Uÿttenbogert, Aeltje, 81.
Uzie, Pieter, 59.

V

Vail, Hannah, 253.
Vain, Thomas Michiel, 132.
Valdinck, Abraham, 57.
Valeau, Jane, 204.
See Valleau.
Valentine, Abraham Odle, 275.
Elyah, 262.
John, 274.
Valentyn, Hester, 174.
Lÿsbeth, 83.
Valk, Diderik, 102.
Dirk, 113.
Gerrit, 179.
Valleau, Isaiah, 249.
Sarah, 268.
See Valeau, Vallo.
Valley, Frederika, 168.
Vallo, Margarita, 246.
Van Aalst, Andries, 178.
Margaret, 208.
See Aalst.
Van Aalstÿn, Abraham, 109.
See Aalstÿn.
van Aard, Daniel, 207.
van Aarnam, Isaak, 180.
van Aarnem, Apolonia, 140.
John, 133.
Van Aarsdaalen, Simeon, 258.
Van Aelst, Jannetje Joris, 43.
Marÿken Joris, 57.
van Aernam, John, 164.
Van Alen, Catharine, 271.
Catherine, 260, 265.
Garrit, 260.
John, 227.
John (Junr), 266.

Van Alen, States, 265.
van Alla, John, 211.
Van Allen, Cornelius, 279.
　Elenor, 270.
　Mary, 269.
　See Allen.
van Als, Hester, 196.
van Alst Catharina, 211.
　George, 268.
　Jane, 262.
　John, 200, 201.
　John (Jun'), 260.
　Latu, 201.
　Letitia, 212.
　Lettia, 200.
　Peter, 271.
　See Alst.
Van Alsteyn, Helena, 259.
　See Alsteyn.
　Matth', 149.
　Sarah, 260.
　See Alsteyn.
Van Alstyne, Mary, 184.
　See Alstyne.
Van Angola, Andries (neger), 11.
　Anna, 11.
　Anthonÿ, 10.
　Catalina, 10.
　Christina, 32.
　Emanúel (neger), 11.
　Franciso, 11, 64.
　Jan, 14, 32.
　Laurens, 10.
　Magdalena, 11.
　Maria, 12, 48.
　Palassa, 11.
　Philippe Swartinne, 14.
　Samuel, 13.
Van Antwerp, Ann, 276.
　Daniel J., 259.
　Elizabeth, 269.
　John, 269.
　Simon, 261.
van Ar'werpen, Jacobus, 173.
Van Aps, Anna, 100.
van Arder, Hanna, 196.
Van Arlandt, Cornelis, 149.
Van Arnhem, Abraham, 148.
van Asdale, Simon, 195.
van Aulen, Andrew, 262.
　Effy, 273.
　Maria, 275.
　Sarah, 273.
Van Balen, Helena, 91.
　Jan Hendrickszen, 54.
　Maria, 63.
　Rachel, 91.
Van Beeck, Johannes, 23.
　Judith, 38.
　See Beeck.
Van Benthúizen, Balthasar, 107.
van Benthuyzen, Gerard, 164.

van Benthuyzen, Pieter, 144.
Van Berg, Gerrit, 123.
　Gÿsbert, 111.
　See Berg.
Van Betfort, Frans Abrahamsze, 104.
　See Frans Abrahamsze.
Van Beuren, Maria, 276.
　Mary, 233.
　Philip, 240.
v. Beverhoudt, Margaret, 240.
van Beverhout, Margarita, 191.
Van Blaericúm, Catharina, 122.
van Blarcum, Marytje, 234.
v. Blaricom, Annatje, 182.
Van Blaricum, James, 258.
van Blarikum, Hannah, 242.
Van Blarkúm, Hester, 108.
　Sarah, 241.
van Blerkom, Rebecca, 195.
Van Bommel, Ann, 274.
　Hendrick, 21.
　Hendr., 43.
　Hieronÿmús, 90.
　Hieronÿmus Hendrickszen, 52.
　Hilah, 216.
　Jan Hendrickszen, 28.
　Tryntje, 277.
V. Boog, Pieternelle, 144.
Van Boren, Willem Abrahamszen, 32.
van Borsom, Tryntje, 163.
Van Borssem, Egtbert, 115.
van Borssom, Hendrik, 156.
Van Borsúm, Annetje, 39.
　Cornelis, 34.
　Egbert, 10.
　Elisabeth, 173.
　Femitje, 122.
　Hendrick, 42.
　Hermanús, 45.
　Jannetje, 45.
　Margareta, 80.
　Tÿmon, 40.
van Boschkerk, Benjamin, 178.
　Laurens, 169.
van Boskerk, Abraham, 248.
　Louwence, 251.
　See Boskerk.
V. Boskerke, Andries, 133.
　See Boskerke.
Van Bossen, Aagje, 99.
　Philippús, 112.
　See Bossen.
Van Bossúm, Corñ., 53.
Van Brakel, Stephen, 132.
　Steven, 105.
Van Brakele, Baerentje, 102.
　Maria, 180.
　Reÿnte, 147.

Van Breemen, Annetje, 145.
Van Breemer, Jacob, 116.
　See Breemer.
Van Breestee, Andries, 39.
　See Breestee, Breestede.
Van Brefoort, Marÿken Jans, 76.
　See Brefoort.
v. Bremen, Abraham, 156.
Van Brockle, James, 214.
Van Brúg, Anna, 55.
　Catharina, 66.
　Johanna, 133.
　Johannes, 83.
　Pieter, 66.
Van Brúgge, Helena, 47.
　Maria, 83.
　See Ver Brúgge.
van Brugh, Elisabet, 159.
Van Brunt, Ann, 280.
　Nelletje, 151.
　Sara, 189.
van Bueren, Beekman, 194.
　Mary, 215.
Van Buren, Catherine, 272.
　Elizabeth, 272.
　Michael, 272.
Van Búrg, Anna Maria, 123.
　Rÿmerig, 122.
van Burse, Abigael, 211.
Van Buskirk, Catharine, 275.
　Jane, 257.
　Louwrens, 250.
van Buuren, Beekman, 189.
　Elisab , 175.
　Johanna, 132.
　Johannes, 107.
　Maria, 248.
Van Capoverde, Anna, 18.
Vance, Elenor, 207.
van Cleack, Jacoba, 231.
van Cleek, Eleanor, 204.
Van Clief, Gerrit, 218.
Van Clÿff, Elisabeth, 83.
Van Clÿffe, Margarita, 102.
Van Clÿft, Cornelia, 74.
Van Colen, Adam Dirckszen, 26.
v. Cortland, Anna, 161.
van Cortland, John, 181, 261.
　Piero, 178.
　Stephen, 259.
Van Cortlandt, Anna, 92.
　Margaret, 137.
　Maria, 96.
Van Cortlant, Catharina, 41, 73.
　Cornelia, 140.
　Geertruÿ, 146.
　Jacobús, 70.
　Maria, 148.
　Philip, 113.
　Stephen, 120.
　See Cortlant.
Van Courtlandt, Sophia, 35.

Van Courtlandt, Stephanús, 35.
Van Courtlant, Margareta, 82.
See Courtlant.
Van Couvenhoven, Johannes, 30.
Van Coúverden, Aeltje Theúnis, 45.
Van Coúwenhoven, Hester, 63, 69.
Jacomÿntie, 74.
Johannes, 73.
Lÿsbeth, 69.
Pieter, 31.
See Couenhove, Couenhoven, Coovenhooven, Koúwenhoven.
Van Cúracao, Anna Marÿ, 71.
Anne Marie, 86.
v. Dalen, Christina, 150.
Van Dalse, Trÿntje, 96.
Van Dalsen, Margariet, 98.
van Dalsom, Anna, 231.
van Dalssen, Teunis, 196.
van Dam, Elisabeth, 153.
Margareta, 177.
Nicolas, 180.
Richard, 139.
Rip, 55, 132.
van Daursen, Ann, 220.
Van de Berg, Hannah, 249.
Van de Bergh, John, 257.
Van de Kúÿl, Neeltje, 51.
v. den Berg, Cornelia, 182.
Cornelis, 166.
Cornelius, 187.
Cregje, 180.
Elisabeth, 118.
Elsje, 103.
Geesje, 159.
Hanna, 221.
Hendrick Janszen, 78.
Jeúriaen, 75.
Lodewÿck, 90.
Maria, 149.
van den Bergh, Cornelia, 176, 256.
Cornelius Matthias, 176.
Gerrit, 193.
Van den Boog, Rebecca, 97.
V" Búrg, Gerritje, 129.
Jacob, 110.
Marie Jans, 64.
Pieter, 128.
Teúntje, 129.
van den Burgh, Harmanus, 190.
v" Haan, Elisabeth, 172.
van den Ham, Mary, 222.
Van den Rÿp, Matthÿs, 136.
Vanderbak, David, 271.
van der Beck, David, 242.
Van der Beeck, Catharÿn, 27.

Van der Beeck, Hester, 37.
Jan, 90.
Paúlús, 13, 42, 71, 81.
Van der Beek, Abraham, 100.
Ann, 207.
Antje, 128.
Catharine, 109.
Coenradús, 98.
Conradús, 118.
Elizabet, 234.
Jacob, 261.
Jacobus, 206.
Jan, 106.
Jannetje, 155.
John, 277.
Margarita, 117.
Maria, 88.
Marytje, 100.
Metje, 107.
Rachel, 236.
Sarah, 102.
Vand' Berg, Adriana, 99.
Johannes, 275.
Trÿntie, 88.
Van Der Bergh, Robert, 269.
Van der Bilt, Jan Arentszen, 15.
John, 182, 216, 223.
Seyttie, 189.
Van der Biuhelaar, Joanis Jacobus, 275.
Vander Búrg, Cornelis, 38.
Hendrick, 43.
William, 189.
van der Cook, Michael, 235.
Van der Clÿff, Dirck Janszen, 32.
Vanderdock, Andriaen, 13.
See Vonk.
van der Dunk, Adriaan, 235.
van der Gou, Pieter Willem, 189.
Van der Graaf, Adriana, 109.
Ariaantje, 119.
Van' Grift, Maria, 141.
Van der Grist, Annetje, 39.
Christina, 44, 48.
Leendert, 45.
Marrytje Jacobs, 32.
Nicolaes, 55.
Van der Haan, Dirk, 134.
Richard, 185.
Vander Heiden, Lea, 210.
Van der Heúl, Femmetje, 86.
Hendrik, 159.
Henricús, 92.
Johannes, 91.
John, 150, 157.
Lÿsbeth Abrahams, 51.
Maria, 62, 193.
Petronella, 72.
Vanderheÿden, Anna, 79.
Johannes, 84.
Maria, 99.
van der Hoef, John, 246.

van der Hoef, Dorothe, 180.
Mary, 260.
Rachel, 177.
Wyntje, 187.
Van Der Hoeff, Leah, 259.
van der Hoer, Mary, 200.
van der Hoev, Mary, 208.
Van der Hoff, Catharina, 189.
Jonathan, 275.
Mathilda, 266.
Van der Hoof, Catharine, 234.
Cornelius, 189.
Elisabeth, 241.
Ruth, 200.
Vanderhoven, Catharina, 187.
Vander Húle, Maritie, 127.
Van der Klÿf, Femmetje, 111.
Van der Koeck, Michiel, 89.
Van der Kúÿl, Marritje, 42.
Van der Leeuwen, Niesje, 26, 29.
Van der Linden, Jan Gúisthoút, 23.
Pieter, 12.
van Der Lÿn, Pieter, 129.
Van der Meer, Jan Janszen, 94.
Van der Meúlen, Frans, 46.
Margariet, 27.
Van der Poel, Catharina, 95.
Gerrit, 85, 143.
Jacobus, 232.
Johanna, 60, 77.
Maria, 90.
Van der Poorten, Maria, 275.
Vander Riefe, Letta, 204.
Van der Schúeren, Jacob, 80.
Pieter, 62.
Rebecca, 83.
Vander Schúúr, Elisabeth, 116.
Jacobús, 76.
Johan", 154.
Van der Schúúre, Frederick, 129.
Maria, 150.
Van der Schúúren, Willem, 28.
Vander Spiegel, Agnes, 115.
Anna, 147.
Catharina, 192.
Elisabet, 141.
Elisab', 125.
Elsje, 138.
Geertrúÿ, 136.
Hendrik, 107.
Johannes, 64.
Laurens, 27, 57.
Lÿsbeth, 49.
Nicolaas, 102.
Sara, 55.
Sarah, 152.
William, 172.
Van der Slúÿs, Andries, 20, 28.

Vanderveen, Corñ, 52.
Pieter, 28.
Pieter Corñ., 16.
Van der Veere, Catharina, 46.
Van der Vloedt, Cornelia, 25.
Van der Vlúcht, Sara, 63.
van der Voort, Gabriel, 213.
Martha, 250.
Vander Vorst, Vroúwtje Idens, 35.
Van der Wallen, Hendrick, 27, 29.
Van der Water, Cornelia, 199.
van der Woerd, Neeltje, 171.
Van Deúrse, Isaac, 118.
Sara, 181.
Van Deúrsen, Abraham, 102, 145, 155.
Ann, 214.
Annatje, 184.
Cornelia, 258.
Elisabeth, 110.
Geertruid, 190.
Isaac, 269.
Isaacq, 85.
Jan, 112.
Lea, 226.
Lucretia, 199, 226.
Margaret, 202.
Maria, 169.
Mary, 216.
Marÿtje, 121.
Matth^s, 151.
Philip, 189.
Pieter, 156.
Pieter Abrahamszen, 32.
Rachel, 260.
Sarah, 126, 263, 268.
Susanna, 185.
Trÿntje, 143.
William, 169.
Van Deúrssen, Gilbert, 145.
V. Deúrzen, Helena, 131.
Jacob, 131.
Jenneke, 133.
Neeltje, 141.
Van Deusen, Aaltje, 199.
Catharina, 165.
Lena, 201.
Wybrig, 191.
van Deuser, Andrew, 241.
V. Deventer, Marÿtje, 127.
Van de Voost, Johanna Idens, 54.
Vande Water, Albertús, 65.
Anna, 168.
Anneke, 149.
Ariaentie, 61.
Catharina, 138, 214.
Elizabet, 195.
Elsje, 143.
Evert, 92.
Hendrick, 27.
Hendrickje, 89.

Vande Water, Hendrik, 135, 167.
Henry, 230, 272.
Jane, 148.
Jannetje, 109.
Johannes, 73.
Lÿsbeth, 79.
Magdelane, 258.
Margaret, 214, 260.
Margar^{ta}, 161.
Margrietje, 140.
Marÿken, 68.
Pieter, 36, 59.
Piternelle, 119.
Ruth, 198.
Sara, 209, 222.
Willem, 103.
William, 187.
Van d. Werf, Cornelis, 108.
van Dine, Charity, 262.
Dow., 189.
van Driessen, Johan, 185.
Vandrik, Stephen Ryder, 250.
van Drill, Susannah, 234.
van Dueren, Mary, 197.
van Duersen, Catharina, 207.
Jacobús, 81.
Van Dúesen, Margareta, 80.
van Dusen, Andries, 183.
van Dúúrzen, John, 144.
Van Dúÿn, Abraham, 82.
Cornelia, 133.
Cornelis, 122.
See van Dine, Verdúÿn.
Van Duysen, Letitia, 267.
van Dyck, Abraham, 185.
Debora, 90.
Dirck Janszen, 38.
Engeltje, 80.
Henricús, 40.
Jacobus Franszen, 43.
James, 220.
Jan Janszen, 36.
Jannetje, 31.
John, 260.
Lydia, 19.
Marritje, 91.
Rÿckje, 19.
Sara, 193.
Tÿmon Franszen, 48, 59.
van Dyk, Aaltje, 154.
Agnitje, 153.
Alida, 101.
Emmetje, 97, 100, 103.
Elisabeth, 149.
Elisabth, 146, 150.
Frans, 106, 120.
Jacob, 120.
Maayke, 174.
Maria, 164.
Neltje, 122.
Pieter, 116, 124.
Rachel, 159.
Van Dyke, Francois, 96.
Jacobus, 187.

Van Dyke, James, 261.
John, 261.
Van Echtsveen, Gerrit Corneliszen, 48.
See in Baptismal Records van Veen, van Westveen.
van Eevere, Hendrik, 184.
Van Egmondt, Segèr Corñ, 60.
Van Egmont, Jacob Corñ, 44.
van Eigen, Pieter, 247.
van Eiveren, Francis, 227.
Van Ekele, Hanna, 120.
Van Embergh, Hannah, 265.
Van Embree, Pietertje, 258.
van Embrie, Elizabet, 224.
Vaner, Ann, 220.
van Es, Neeltje, 243.
Simon, 94.
Vanest, William, 264.
van Evera, Myndert, 192.
van Evere, Myndert, 214.
van Everen, Alexander, 258.
Van Every, Andrew, 271.
Van Exveen, Aefje, 93.
van Eygen, Pieter, 235.
Van Feúrden, Janneken Hendrix, 75.
Sara, 55.
Van Flaesbeeck, Femmetje, 51.
Van Flek, Hester, 97.
Van Flensburg, Jan Janszen, 47, 62.
Van Geder, Nicolaas, 109.
van Gelaer, Aaije, 170.
van Gelder, Aaije, 170.
Abraham, 79, 184, 197.
Annatje, 155, 194.
Catharina, 107, 177, 179.
Catharine, 236.
Cornelia, 96.
Cornelis, 155.
Dina, 129.
Elisabeth, 68.
Elizabeth, 239, 249.
Emerentia, 93.
Eva, 153.
Gelyn, 174.
Gerrit, 124.
Hanna, 164.
Hannah, 257.
Henry, 213.
Hermanús, 66.
Hester, 55.
Isaac, 154, 219, 237.
Jacobús, 120.
Jane, 183.
Jannetje, 117.
Johannes, 59.
John, 119, 139, 176, 262.
Joh^s, 126.
Maria, 67.
Mary, 126, 129.

van Gelder, Marÿtje, 124.
Phebe, 271.
Teúnis, 141.
See Gelder.
Van Gesel, Jacob, 64.
Van Giesen, Anna Maria, 59, 87.
Jacob, 75.
Johannes, 62.
Van Giesse, Isaac, 110.
Van Giessen, Jacob, 103.
van Gorcum, Pieter, 183.
Sara, 10.
van Grumme, Maria, 155.
Van Grúmmen, Búrger Davidsz, 104.
Van Guion, Marselis M., 280.
Van Gúnst, Catalina, 89.
Catharina, 105.
Helena, 97.
Jan Hendrickszen, 56.
Mary, 115.
Van Haal, Jacob, 152.
v. Harenkarspel, Isaac, 176.
V. Harlingen, Joh'., 138.
Van Hartevelt, Denÿs, 25.
Van Hartsbergen. Joh'., 113.
Van Heininge, Johannes, 105.
Van Heÿningen, Claes Janszen, 36.
Dievertje, 69.
Marritje, 95.
Marytje, 148.
Van Hobocken, Maria, 82.
Van Hoboken, Herman, 28.
Van Hoeck, Arent Isacszen, 82.
Isaac, 70.
Isaacq, 77.
Laúrens, 72.
Vroúwtje, 73.
Van Hoek, Arend, 130.
Corneliús, 139.
Evert, 103.
Hendrica, 116.
Isaac, 125, 143, 173, 176.
Jane, 182.
Jannetje, 190.
Joh', 117.
Mary, 240.
V. Hoese, Cathalina, 111.
Van Hoesem, Marritie, 93.
van Hoesen, John, 168.
Van Hoeze, Harmen, 109.
van Holer, Jacob, 202.
van Holten, Johanna Elizabeth, 278.
Van Hoogte, Jannetje, 103.
Van Hoogten, Lÿsbeth, 57.
Maria, 56.
Van Hoogvelt, Lÿsbeth, 17.
van Hook, Arendt, 237.
Elinor, 187.

van Hook, Hamach, 189.
Mary, 222.
Van Hooren, Aefje, 79.
Gerrit, 75.
Hillegond, 68.
Janneken, 61.
Van Hoorn, Aafje, 103.
Cornelis Janszen, 24.
Corneliús, 129.
Hannah, 253.
Jan, 97.
Jannetje, 129.
Johannes, 74.
Margriet, 184.
Sophia, 180.
Vroúwtje, 66.
See Hoorn.
Van Horen, Abraham, 93.
Cornelis, 163.
Hillegond, 72.
See Horn.
van Horn, Andrew, 242.
Ann Marÿ, 130.
Barnabas, 260.
Cathar*, 136.
Sara, 218.
See Horn.
Van Horne, Abraham, 150.
Anna, 174.
Anne, 150.
Catharina, 141, 163, 178.
David, 172.
Eliseb', 143.
Hanna, 186.
James, 169.
Joris, 167.
Margareta, 162.
Margr*, 172.
Willem, 224.
See Horne.
van Houten, Abraham, 268.
Eleanor, 270.
Mary, 217.
Roelof, 220.
V. Houwten, Jacob Helmigse, 128.
Jenneke Helmigse, 129.
Johannes Helmigse, 131.
Roelof Theúnisse, 135.
Van Hoven, Hendrick, 84.
Maria, 95.
Van Húÿsen, Maria, 82.
Dorothea, 175.
v. Húÿzen, Elisab'ʰ, 152.
van Idelestone, John, 246.
Van Imbúrg, Gÿsbert, 64.
Johannes, 62.
Lÿsbeth, 53.
Racel, 122.
V. Inbúrg, Johanna, 136.
van Iveren, Ide, 177.
See Iveren.
Van Jeveren, Elisabeth, 137.
Van Kampen, Pieter, 51.
van Keuren, Mary, 278.

van Keuren, Robert, 274.
See van Kuiren.
Van Kleack, Catherine, 275.
van Kleck, Elizabet, 237.
Van Kleeck, Catherine, 260.
Henry, 236.
John, 240, 278.
John L., 266.
van Kleek, Balthus, 172, 235.
Baltus, 216.
Elisabet, 192.
Levi, 253.
Myndert, 262.
Pieter, 205, 239.
Sara, 201.
Thomas, 178.
van Kuiren, Catharina, 166.
Tjatje, 164.
See van Keuren.
Van Laan, Teúntje, 103.
Van Laar, Abraham, 98.
Cath*, 136.
John, 208.
Van Laer, Abraham, 85.
Adriaen, 36.
Janneken, 60.
Sara, 60.
Van Laern, Gerrit, 130.
Van Langendyck, Pieter Janszen, 64.
See Langedyck.
Van Langestraet, Jan Janszen, 25.
Van Langevelt, Cornelis, 22, 47.
See Langevelt.
Van Laren, Aeltje, 53.
van Law, Sara, 186.
van Leuwen, Abraham, 170.
van Lew, John, 214.
Van Loange, Swan, 29.
Van Loenen, Aeltje, 58.
MariaTheresaJoanna,280.
Van London, Ambrosiús, 12.
Van Loockere, Marritje Gerrits, 41.
Van Loonen, Jan, 41.
Van Lúbeck, Jan Barentszen, 58, 77.
van Maple, Susannah, 199.
See Maple.
van Mapelen, Elizabeth, 188.
van Meppel, Henricus, 166.
Van Mulheÿm, Geertrúÿd, 25.
Van Naamen, Samúel, 151.
Saratje, 158.
van Naarden, Jemima, 240.
van Naple, Mary, 211.
van Nes, Henderik, 156.
See Hendrick Gerritszen.
Margareta, 167.
Stoffel, 21.
V. Ness, Rachel, 145.
van Nette, Lena, 189.

Van Nieūwenhŭizen, Willem, 97.
Van Nieúwenhúysen, Catharina, 79.
Dº Wilhelmús, 62.
Van Nieúwenhuÿzen, Lowies Antony, 109.
Van Nieúwerzlúÿs, Emmerens 50.
van Niewkirk,Gysbertus,261.
Van Nomer, Peter, 264.
Van Noodt, Marÿken, 92.
van Noord, Abraham, 191.
van Noordstrand, Willem, 192.
van Noorstrant, Sara, 227.
van Noortstrand, Albert, 213.
van Noortstrant, Hanna, 125.
Jacob, 100.
Van Nooststrant, Margrita, 102.
V. Norde, Elisabᵗ, 143.
van Norden, Aafje, 147.
Anna, 153.
Anna, 200.
Antje, 103.
Catharina, 198.
Hannah, 267.
Hester, 157.
Jacobús, 151.
Johannes, 133.
Maria, 148.
Pieter, 146.
Sarah, 140.
van Nort, Rachel, 196.
van Nostrandt, Catherine, 257.
van Nuys, Isaac, 185.
Van Oblinis, Josÿntje, 97.
Van Obliniús, Hendrick, 73.
Van Oblinús, Pieter, 57.
van Olinda, Elisabet, 207.
Van Oort, Aaltje, 113.
Jenneke, 116.
Margrietje, 119.
Van Oosten, Dirck Janszen, 35.
Laúrens Janszen, 32.
Van Oosterhaven, Anneken, 81.
van Oostrandt, Anna, 185.
Van Orde, Johannes, 101.
van Orde, John, 219.
van Orden, Andrew, 234.
Cornelius, 190.
Elisabeth, 215.
Jacobus, 256.
Jacomyntie, 203.
Jakobus, 224.
John, 258, 271.
Lena, 190.
Magdalen, 238.
Mary, 238.
Sally, 277.
Sarah, 265.

van Orden, Syntje, 214.
Theodorus W., 272.
Wessel, 202.
Wolfert, 207.
Vanorsey, Elisheba, 277.
Van Oosten, Dirck Janszen, 35.
van Ostrand, Elizabeth, 273.
See Oostrand.
Van Outerstorp, James, 276.
van Pelt, Catharina, 196.
Aaltje, 152.
Francÿntje, 124.
Hendrik, 122.
Henry, 259.
Jan, 185.
John, 147.
Marÿ, 123.
Tunes, 190.
See Pelt.
Van Plank, Isaac, 116.
van Pool, Catharina, 220.
Van Qúackenbosch, Reÿnier Pieterszen, 38.
See Qúackenbosch.
Van Ranst, Abraham, 273.
Catharine, 271.
Cornelius, 171, 232.
Mary, 203.
Pieter, 194.
Rachel, 206.
Sara, 208.
van Rantz, Mary, 239.
Sarah, 261.
van Renselaar, Killyean, 231.
van Renselaer, Jeremia, 203.
Van Renselaer, Jeremias, 27.
See Renselaer.
Van Renslaar, Henry, 159.
Kielian, 96.
See Renslaar.
Van Roellgom, Marritje, 49.
Van Roem, Maaike, 124.
Van Rollegom, Anneken, 55.
Geertrúÿd, 66.
Jacomÿntie, 70.
See Van Roellgom.
Van Rommen, Johannes Janszen, 70.
Tryntie Jans, 90.
Van Rosendaal, Matthÿs, 150.
See Rosendaal.
Van Rúÿven, Cornelis, 19.
V. Rÿkman, Johⁿ, 128.
See Rÿkman.
van Rype, Cornelius, 254.
van Rypen, Harman, 243.
Maria, 243.
Van Ryper, Ann, 279.
Christina, 207.
Elizabeth, 279.
Van Sᵗ. Tome, Petrús, 138.
See St. Thome.
V. Sane, Catharⁿ, 142.

van Sante, Joseph, 184.
Van Santen, Ekay, 100.
Van Schaaÿk, Arien, 97.
van Schaik, Goore, 234.
Van Schayck, Anna Maria, 80.
Belitje, 79.
Catharina, 71.
Claesje, 92.
Cornelia, 69.
Dina, 84.
Lÿsbeth, 69.
Margrietie, 62.
Van Schaÿk, Annetje, 133.
Elisabeth, 98.
Elsje, 143.
Gerrit, 104.
Margarita, 104.
Neeltje, 136.
Van Schryven, Sarah, 267.
Van Schryver, Daniel, 267.
Van Schúúr, William, 123.
Van Schuyven, Daniel, 274.
van Schyve, Maria, 251.
Van Segh, Joseph, 130.
van Seise, Jakobus, 224.
Van Sickelen, Reÿnier, 61.
van Sise, Catharina, 190.
See Van Syse, Van Sÿsse.
van Size, John, 153.
Van Slechtenhorst, Rachel, 86.
See Slechtenhorst.
van Sleight, Adrian C., 278.
Van Slÿk, Annetje, 102.
Diderik, 103.
V. Solingen, Catharina, 204.
Henry More, 269.
Van Spÿck, Johanna, 601.
van Steenberg, Mary, 219.
Samuel, 239.
Van Steenbergh, Benjamin J., 264.
Samuel, 165.
Van Steenburgh, Peter, 280.
van Stool, Jacobus, 277.
Van Stoútenbúrg, Wyntie, 75.
See Stoútenbúrg.
Van Streÿden, Adrianús, 93.
Van Strÿen, Jan, 77.
Van Swoll, Barent Gerritszen, 35.
van Syse, Judith, 211.
Van Sÿsse, Margrieta, 145.
Maria, 147.
See Van Sise.
van Syssen, Cathariⁿ, 172.
Simon, 129.
v. Taerling, Anna, 154.
Christina, 157.
Elisabeth, 164.
G. Elisabᵗʰ, 149.

v. Taerling, Nicolaas, 149.
See Van Teerling.
van Tassell, Emy, 274.
van Teerling, Jan, 142.
Van Tellickhüÿsen, Magdaleentje, 29.
van Tessel, Lena, 203.
van Texel, Teunis, 175.
Van Thúÿl, Neeltje Jans, 60.
Otto, 75.
van Tienhoven, Aefje, 15.
Cornelia, 80.
Nicolaes, 76.
Sara, 90.
Súsanna, 73.
V. Tilburg, Cathar*, 128.
Catharin*, 130, 144.
Dirkje, 123.
Isaac, 75.
Isacq, 87.
Jan Theúniszen, 71.
Johannes, 87.
Joh., 106.
Metje, 111.
van Torah, Catharina, 205.
Van Trigt, Elisabeth, 99.
Maria, 112.
Van Túil, Margrite, 110.
van Tuyl, Andrew, 240.
Anna, 139.
Dennis, 254.
Jan, 156.
Phebe, 238.
Van Twee Brúgge, Frans, 114.
See Poore.
van Varek, Effee, 237.
Van Varick, Annatje, 95.
James, 204.
Jacobus, 254.
John, 177.
See Varick, Varik, Varrick, Van Verrick.
v. Vark, Dinah, 240.
van Vaughter, Cornelius, 195.
Van Veen, Margrietje, 51.
Van Veghten, Affia, 191.
v. Vegten, Anna, 151.
Benjamin, 112.
Cornelis, 153, 191.
Eva, 157.
Mararita, 170.
Theúnis, 105.
See Vechten.
Van Velsen, Annatje, 148.
Gerretje, 141.
Jenneke, 145.
Pieter, 112.
Van Verrick, John, 204.
Van Vleck, Anna, 59.
Catharina, 199.
Elizabeth, 154.
Henry, 174.
Isaac, 39, 47, 239.
Isaacq, 85.

Van Vleck, Isaak, 165.
Johannes, 169.
John, 270.
Lucretia, 232.
Magdaleentje, 43.
Magdalena, 85, 92.
Maria, 187.
Mary E., 272.
Van Vlek, Abraham, 113.
Catharina, 173.
Cornelia, 128.
Daniel, 170.
Maria, 112.
van Vlekkeren, Abraham, 158.
Jannetje, 141.
Marytje, 167.
van Vlerkum, Sarai, 248.
Van Voorhees, Jacob, 230.
Stephen, 240.
van Voorheese, Abraham, 246.
Albert, 244.
van Voorheis, Rachel, 265.
Van Voorn, Jan Pietersz, 106.
Van Voorst, Ide Corneliszen, 17.
Jan Gerritszen, 28.
v. Voort, Abraham, 182.
Van Vorst, Annetje, 42.
Antje, 121.
Cornelius, 186.
Grietje, 243.
Hanna, 126.
Hester, 82, 102.
Jenneke, 139.
Johannes, 57, 130.
Joh', 137.
Maria, 158.
Van Waert, Marten, 26.
van Wagenen, Aletta, 277.
Belitje, 191.
Catharina, 228.
Egje, 258.
Gerrit, 129.
Huybert, 185.
Jakob, 218.
Maria, 190, 268.
van Wageninge, Antje, 143.
Gerrit Hermanisse, 120.
Jacob Gerritze, 131.
Van Wagenúm, Evert, 95.
Van Wart, Catharine, 271.
Catherine, 280.
Hannah, 279.
Henry, 280.
van Water, Benjamin, 166.
Catharine, 123.
van Weert, Joris, 185.
Lena, 188.
Van Wert, Nancy, 273.
van Wey, Mary, 197.
Van Wilkenhof, Janneken, 79.

VanWinckel, Annetje Jacobs, 42.
van Winckell, John, 239.
Van Winkel, Albert, 102.
Anna, 213.
Antje, 113.
Daniel, 111.
Daniel Jacobsze, 107.
Henry, 199.
Mary, 214.
Trÿntje Jacobse, 123.
van Winkele, Abraham, 243.
Jakob, 186.
van Winkle, Eghie, 185.
Jacob, 277.
John, 277.
Mary, 261.
Van Woegelim, Arie, 122.
Van Woegelúm, Pieter, 113.
Van Woert, Cath", 152.
Henry, 240.
Teúnis, 115.
van Wormer, Tryntje, 184.
Van Worms, Abraham, 77.
Van Wÿck, Abraham, 128, 184.
Catharina, 183.
Christiana, 216.
Elisabet, 197, 199.
Helena, 189, 235.
Johannes, 168.
John, 200.
Marie, 212.
Stephen, 275.
van Wyk, Cornelius, 190.
Margarite, 167.
Van Yselsteÿn, Machtelt Jans, 41.
van Yveren, Elsje, 163.
See Iveren.
Van Zalen, Agtha, 52.
Van Zandt, Ann, 269.
Catharina, 37.
Catharina, 167, 219.
Catharine, 237.
Catherine, 261.
Elisabet, 176.
Elizabeth, 272.
Jacobus, 182.
Johannes, 166.
Margareta, 156.
Peter, 265.
Pieter Pra, 151, 224.
Sarah, 277.
Van Zanen, Jacob, 44.
Van Zant, Jannetje, 101.
Peter, 196.
van Zante, William, 182.
Van Zanten, Catharina, 85.
Van Zeyst, John, 260.
Van Ziesen, Jacob, 156.
van Zoolingen, Johannes, 127.
v. Zvl, Annatje, 156.
van Zyssen, John, 172.

Vanghton, Michael, 117.
Vardil, Thomas, 174.
Varian, Isaac, 154.
  Mari, 263.
  Michael, 238.
  Richard, 206.
Varick, Anna, 193.
  Effe, 267.
Varik, Andrew, 163.
  Cornelia, 116, 117.
  Gulian, 215.
  John, 164.
  Margarita, 132.
  Sara, 172.
  See Varrick, Van Varick.
Varny, Henry, 170.
Varosier, Elizabeth Catharine, 276.
Varrick, Johanna, 183.
  Richard, 260.
Vas, D° Petrús, 138.
Vater, Thomas, 193.
Vaughton, Mary, 231.
  Súsanna, 101.
Vaughton, Susanna, 176.
Vechten, Gerrit, 74.
Veenvos, Daniel, 48.
  Rebecca, 130.
Veet, Johannes, 92.
Veezjan, Anna, 155.
Veldman, Geertruy, 160.
Velen, William, 241.
Velten, William, 182.
Velthúÿsen, Nicolaes, 24.
Veltman, Jannetje, 205.
Venix, Alexander, 102.
  See Phenix.
Venus (Negerin), 230.
Ver Brúgge, Carel, 14.
  Johannes Pieterszen, 22.
  See Van Brúgge.
Verdon, Aaltje, 166.
  Jacob, 44.
  Magdalena, 13.
  Thomas, 23, 82, 91, 167.
  See Fardon, Verdon.
Verdúin, Margaret, 127.
  Maria, 120.
Verdúÿn, Cornelis, 55.
  Elisabth, 139.
  Sarah, 112.
  See Van Dúÿn.
Ver Húlst, Jacobús, 45.
Verie, Michiel, 25.
Ver Keele, Bernardús, 118.
Verkercken, Barentje, 55.
Verkinderen, Jan, 26.
Verlet, Catharÿn, 22.
  Janneken, 16.
  Júdith, 32.
  Maria, 23.
  Nicolaes, 21.
Verleth, Maria, 29.
  Súsanna, 36.

Ver Melje, Rachel, 45.
Vermelje, Sara, 84.
Vermilje, Isaac, 106.
  Johanna, 120.
  Joh^s, 120.
  Maria, 247.
Vermillia, William W., 279.
Vermillie, Jakob, 223.
Vermilyea, Ann, 272.
  Susannah, 270.
Vernelje, Johannes, 34.
Verney, Affie, 175.
Ver Planck, Susanna, 26.
Verplancken, Abigal, 36.
Ver Plancken, Catalÿn, 22.
  Galeÿn, 33.
  Gelÿn, 57.
  Samúel, 70.
Ver Plank, Emerentia, 144.
  Gulian, 161.
  Maria, 151.
  Philip, 216.
Ver Sagen, Josÿntie, 24.
Verschúúr, Margaret, 125.
Ver Veelen, Anneken, 29.
  Jacobus, 275.
  Margaret, 269.
  Marritje, 35.
Vervelen, Jacoba, 79.
Vervelin, Henry, 263.
  Jane, 265.
Ver Velje, Maria, 40.
Vervey, Catharina, 195.
Verweÿ, Júdith, 88.
  Sara, 220.
Verwy, Cornelis, 178.
Verwÿde, Elisabeth, 97.
Vesey, William, 198.
Vetch, Alida, 143.
Vianey, Peter, 234.
Viele, Cornelis Arentszen, 65.
  John, 260.
Vielen, Gerrit, 75.
Vielie, Mary, 149.
Vigneaútilloú, John, 129.
Vile, Cornelis, 74.
Vilen, Jacomÿntie, 71.
Vincent, Hester, 113.
Vincent, Anneken, 21.
  Annetje, 46.
  Elizabeth, 264.
  Hanna, 153.
  Jan, 36.
  Joost, 77.
  Samúel, 128.
Vinck, Hannah, 266.
Vinge, Jan, 50.
Viskaeck, Margariet, 36.
Visscher, Claes Gangolfs, 24.
Visser, Catharina, 181.
  John Daniel, 193.
Vivian, Richard, 148.
Vlierboom, Marritje, 84.
  Servaes, 86.
  Willemtje, 76.

Vliereboom, Jannetje, 190.
Vlireboom, Catharina, 182.
Vlúcht, Pieter, 14.
Voe, Rachel, 106.
Vogal, Mathew, 277.
Vogelezang, Maria Catharina, 114.
Volckers, Maria, 15.
Volckert, Jan Janszen, 51.
Volk, Thomas, 263.
Volkersz, Magteld, 133.
Vollenweÿler, Jacob, 138.
Vonck, Cornelius, 160.
  Elizabeth, 261.
  Jane, 262.
  Magdaleentie, 75.
Vonk, Alida, 170.
  Catharina, 159.
  Cornelius, 170.
  Geertruy, 205.
  Magdalena, 156.
  Pieter, 181.
  See Vander Dunk.
Vooren, Daniel, 59.
Voorhees, Cornelia, 236.
  Cornelius, 213.
  Sara, 189.
Voorheis, Ann, 261.
  Anne, 271.
  Peter, 273.
Voorheys, Neeltje, 195.
Voors, Hanna, 193.
Voortman, Catherine, 247.
Vorce, Sara, 192.
Vorhes, Anna, 200.
Vorsbergen, Margarita, 132.
Vos, Elisabeth, 167.
  Jan Thomasse, 116.
  Philip Janszen, 35.
Vosbergen, Pieter, 121.
Vosburg, Martin, 225.
Vou, Catharina, 192.
Vrankrÿk, Joh^s Klaúit, 127.
Vredenbúrg, Abraham, 105.
  Apolonia, 136.
  Augenietje, 185.
  Elisbth, 159.
  Hanna, 169.
  Isaac, 112.
  Jakob, 232.
  Jannetje, 215.
  Johannes, 84, 157.
  Johannis W., 190.
  Joh^s, 138.
  John, 137.
  Joost, 144.
  Willem, 126.
  Willem Isaacszen, 30.
  Willemyntje, 200.
  William, 149.
Vredenburgh, Cornelia, 264.
  Cornelius, 258.
  Eva, 188.
  Isaac, 256.
  Isaacq, 77.

Vredenburgh, John, 176.
Maria, 160.
Wilhelmina, 264.
William J., 257.
Vredenrÿck, Anna, 85.
Vreedenburg, Catharina, 192.
Isaac, 226.
John, 221.
Maria, 194.
Vreedlant, Catharina, 72.
Elsje, 63.
Feÿtie Elias, 67.
Vreeland, Belitje, 206.
Cornelius, 266.
George, 244.
Hanna, 247.
Michael, 276.
Vreelandt, Adriana Hartmansse, 131.
Helena Johannesse, 131.
Jannetje Hartmansze, 129.
Johannes, 95.
John, 264.
Vreelant, Enoch Michielszen, 70.
Marÿtje Hartmansz, 115.
Vreland, Joha', 154.
Michiel Cornelisse, 129.
Vrelandt, Aaphje, 153.
Jannetje Cornelisz, 111.
Margaret, 200.
Vrelant, Aagje Joh', 115.
Enog, 112.
Jannetje Johannesse, 126.
Maria, 146.
Michiel Hartmanze, 126.
Vroom, George, 189.
Guysbert B., 277.
Maria, 230.
Vrooman, John, 141.
Vriend, Jonathan, 157.
Vrÿman, Alida, 73.
Vúllevever, Gerr', 53.

W

Waacker, Sara, 20.
Waagnerin, Margrieta, 229.
Waard, John, 179.
Juna, 188.
Waddel, William, 219.
Wade, Robert, 267.
Waele, Magdaleen, 23.
Waelen, Matheus, 204.
Waerdt, Francis, 88.
Waet, Elisabeth, 114.
Wagenaar, Alweidina, 153.
Anna Geertruy, 158.
Paúly, 144.
Waid, Rachel, 278.
Waiter, Elisabet, 213.
Wakeham, Mary, 118.
Waldron, Adolp, 196.
Aeltje, 34.
Affie, 196.

Waldron, Ann, 206.
Anna, 118.
Annatje, 110.
Anneke, 121.
Annetje, 44.
Barent, 63.
Belitje, 127.
Benjamin, 159, 210, 270.
Catalyntie, 193.
Catharina, 111, 148, 187, 232.
Catherine, 269.
Cornelia, 57, 124, 137, 214, 231.
Daniel, 37, 159, 170, 175.
David, 214, 240.
Elisabet, 200.
Elisab^t, 142.
Elisabth, 144, 162.
Elizabet, 221.
Elizabeth, 264.
Engeltje, 222.
Fytje, 169.
Gerrit, 172.
Hannah, 259, 265.
James, 209.
Jane, 267.
Janneke, 184.
Jannetje, 114, 129, 187, 230.
Johannes, 68, 131, 148, 247.
Joh' Barendsze, 131.
John, 154, 167, 199, 259, 266.
Joseph, 82, 152, 260.
Júdith, 92.
Margritje, 125, 134.
Maria, 190.
Marritje, 37.
Mary, 205.
Marÿtje, 108.
Nisie, 203.
Peter, 219, 242.
Pieter, 88.
Rebecca, 34, 68, 84.
Resolrert, 149.
Resolveert, 135.
Richard, 157.
Rútgert, 92.
Rúthje, 44.
Samuel, 174, 180.
Sammy, 235.
Sara, 28, 32, 119.
Sarah, 137.
Sophia, 267.
Susanna, 195.
Tanneke, 137.
Willem, 34.
William, 149, 157, 203, 264.
William J., 272.
Walen, Veroneca, 120.
Wales, Edmond, 126.
Walgraaf, George, 172.
Súsanna, 113.
Walgraef, Joris, 35, 90.
Walgraeff, Joris, 84.

Walgraft, Joris, 108.
Walgraven, Joris, 140.
Walingen, Ariaentje, 33.
Jacob, 22.
Walings, Teúntje, 60.
Trÿntje, 24.
Walker, Anna, 222.
Elisabet, 207, 213.
Elizabeth, 257.
George, 73, 179.
John, 154, 280.
Nancy, 263.
Peter, 262.
Susannah, 261.
Thomas, 199.
Wall, James, 198.
Samuel, 197.
Wallen, Willem, 88.
Waller, John, 210.
Walles, Elisabet, 218.
Wallgrave, Susanna, 216.
Walling, William, 142.
Wallings, Ariaentje, 16.
Jacomÿntie, 16.
Wallis, Elisabet, 225.
Elisabth, 151.
John, 273.
Walsh, Catharine, 241.
Walter, Elizabet, 196.
John, 212.
Mary, 256.
Walters, Robbert, 56.
Walther, Martha, 129.
Sara, 150.
Walthers, Catharina, 113.
Waltman, Pieter Philipszen, 38.
Walton, Jacob, 145.
William, 152.
Wamsley, Anna, 174.
Isaac, 233.
Wandall, Abraham, 98.
Wandelaar, Aafje, 109.
Wann, Molly, 272.
Wannemaker, Hendrik, 250.
Wansaert, Jan, 43.
Wanshaar, John, 160.
Wanshaer, Jacomÿntie, 87.
Jan, 89.
Wantenaer, Albert Corñ, 15.
Ward, Alexander, 267.
Gabriel, 248.
Jane, 266.
Nathaniel, 275.
Phebe, 280.
Robert, 259.
Uznal, 254.
Ware, Jane, 175.
Maria, 165.
Thomas, 123, 166.
Warnaerts, Grietje, 30.
Warnarts, Grietje, 20.
Warne, Elbert P., 278.
Francis, 152.
Sara, 200.

Warner, Abraham, 224.
Ann, 266.
Christiana, 270.
Eliza, 274.
Elizabeth, 270.
George, 272.
James, 262.
John, 226.
Leonard, 271.
Maria, 155.
Marie, 191.
Mary, 266.
Peter, 275.
Samuel, 193, 200.
Susannah, 241.
Thomas, 168, 226.
Thomas Tippert, 238.
William, 104, 141, 219, 226.
Warren, John Van Wyck, 276.
Warron, Debora, 85.
Warther, Cathrin, 244.
Warwick, Henry, 255.
Waters, Andrew, 260.
John, 182.
Maritje, 212.
Waterman, Sarah, 278.
Wathens, Súsanna, 13.
Willem, 13.
Watley, John, 171.
Wats, Anne, 143.
George, 140.
Watson, Jeremiah, 259.
Robert, 280.
Thomas, 140.
Watt, Francis, 207.
John, 247.
Watters, Jacob, 119.
Watts, Robert, 199.
Watzon, Thomas, 218.
Way, Jane, 203.
Wayman, Elizabeth, 270.
Web, Buckridge, 230.
Webb, Elisabeth, 254.
Elisabth, 139.
John, 116.
John, 241.
Webbe, Jeams, 31.
Webber, Aernoút, 34, 40.
Cornelis, 155.
Cornelius, 191.
Hans, 16.
Hilligont, 204.
Margaret, 209.
Mary, 206.
Oliver, 210.
William, 218.
Wolfert, 86.
Webhers, Aarñoúwt, 156.
Adriana, 133.
Alida, 164.
Anna, 66.
Annatje, 167.
Catharine, 271.

Webbers, Claesje, 93.
Cornelis, 131, 176.
Cornelius, 170.
Hester, 32.
Hillegond, 83.
Jacob, 164.
John, 153.
Marritie, 77.
Rachel, 112, 118.
Sara, 27, 57, 62, 225.
Sarah, 106, 269.
Webers, Margaret, 233.
Webster, George, 230.
Francis, 211.
Jonathan, 231.
Wedgberrÿ, Sarah, 111.
Wedman, Nancy, 232.
Weecx, Zacharias, 83.
Weed, Youngs, 269.
Weeden, Jane, 180.
Weeks, Abraham, 276.
Ezra, 272.
Daniel, 112.
Mary, 112.
William, 271.
Weekvelt, Maria, 133.
Weeler, Janetta Elizabet Catharina, 193.
Weelÿ, Metje, 48.
Weertin, Anna, 181.
Weever, Angenietje, 179.
Weisefelts, George, 266.
Weith, Leonard, 227.
Wel, Jan, 86.
Welch, Edmond, 204.
Elizabeth, 265.
George, 182.
Mary, 265.
Ralph, 235.
Welden, Margaret, 265.
William, 273.
Weldon, Catherine, 267.
Frances Harriet, 268.
Mary, 262.
Welert, Thomas, 14.
Welfeling, Barhera, 146.
Wells, Henry, 216.
Thomas, 130.
Welp, Gerrit, 212.
Jane, 219.
Wilhelmina M., 239.
Wels, Antje, 138.
Edmond, 155.
Jane, 221.
John, 123.
Welst, John, 217.
Welsteed, Susanna, 239.
Welvaaren, Antje, 109.
Wendel, Cornelia, 173.
Jacob, 181.
James, 232.
John, 182.
Joh., 187.
Nicolas, 183.
See Windel.

Wendover, Elizabeth, 263.
Hercules, 194.
Peter H., 265.
Stephen, 271.
Thomas, 130.
William, 272.
Wenman, Annatje, 260.
Wennem, Marte, 121.
Marte, 126.
Wentworth, Anna, 242.
Fanny, 268.
Samuel, 233.
Werner, Philip, 256.
Werts, Joshua, 267.
Wessels, Aeltje, 31, 40, 66.
Aletta, 171.
Anna, 76, 117, 183.
Anneken, 18.
Boút, 112.
Catharina, 180.
Christina, 40, 54.
David, 23.
Debora, 125.
Dievertje, 93.
Elisabeth, 85, 98, 132, 159.
Evert, 189.
Francis, 174.
Francÿntje, 103.
Geertie, 102, 109, 141.
Grietie, 70.
Grietje, 32, 36.
Hanna, 171.
Henry, 169.
Hendrickje, 33, 57.
Herman, 34.
Hermanús, 52.
Henrica, 20.
Jane, 156.
Jannetje, 19.
Jenneke, 136.
John, 191.
Laúrens, 152.
Lawrence, 206.
Lÿsbeth, 77.
Margareta, 129.
Maria, 29, 62, 144, 156.
Mary, 272.
Nicolas, 132.
Peter, 231.
Pieter, 153.
Susan, 266.
Súsanna, 120.
Warnart, 40, 43.
Warnert, 32.
Wessells, Wessell, 266.
Wesselse, Evert, 123.
Wesselsse, Laurens, 164.
Wesseling, Jan, 19.
Wesselsz, Wessel, 106.
Wesselsze, Wessel, 122.
Wesselszen, Anna, 66.
Dirck, 45.
Evert, 35, 87.
Frans, 46.
Jan, 54.

Wesselszen, Laúrens, 45.
Pieter, 33, 46, 81.
Wessel, 34.
West, Abigail, 269.
John, 241, 275.
Margaret, 256.
Westerfield, Ann, 277.
Benjamin, 277.
John, 268.
Westerveld, Susanna, 177.
Westerveldt, Lydia, 185.
Westervelt, Abraham, 278.
Ann, 263.
Catharina, 260.
Daniel, 269.
Eve, 280.
Garret, 273.
Garrit, 263, 277.
Jane, 275.
Peter, 267.
Roelof Lubbertszen, 64.
Tyne, 267, 280.
William, 276.
Westman, Peter, 259.
Wethershine, Susannah, 258.
Wetsel, Johannes, 181.
Wever, Michael, 163.
Weÿbrantszen, Abraham, 88.
Weÿdt, Martha, 84.
Weÿerts, Dirck, 21.
Weyman, Christina, 270.
Elizabeth, 261.
Weÿt, Lÿsbeth, 65.
Wheaton, Margaret, 261.
Wheeler, Abraham, 219.
Charles, 194.
Elisabeth, 183.
Isaak, 197.
James, 190.
Jonathan, 276.
Mary, 277.
William, 264.
Whielerin, Maria, 196.
Maria Magdalena, 195.
Whietefield, Thomas, 216.
Whitaker, Joseph, 226.
Whitchurch, Bethia, 267.
Thomas, 266.
White, Ann, 208.
Anthonÿ, 126.
Catharina, 203.
Elizabeth, 264.
Griffen, 120.
Hartshorn, 273.
Johan, 187.
Johanna, 146.
John, 185, 226.
Margaret, 264.
Maria, 208.
Mary, 270.
Pieter, 202.
Susanna, 154.
William, 154, 213.
Whitead, William, 151.
Whitefield, Henry, 264, 272.

Whitehead, David, 274.
Elisabet, 142.
James, 257.
Whitfield, John, 229.
Thomas, 273.
Whith, Francis, 150.
Whitlock, Thomas, 271.
Whitney, George, 267.
Isaak, 210.
Ruth, 234.
Sara, 211.
Whittlesey, Samuel, 263.
Whyt, Margarth, 154.
Pieter, 161.
William, 106.
Whyte, John, 180.
Wib, Mary, 212.
Wichanham, Súsanna, 132.
Wicks, Súsanna, 147.
Widelte, Jan, 20.
Wiekvelt, Thomas, 136.
Wieland, Leonard, 179.
Wieler, Abraham, 165.
Wier, Margaret, 270.
Wigfield, Hanna, 116.
Wigmore, John, 201.
Wikkel, Elisabeth, 151.
Wikveld, Maria, 187.
Wilbergen, Tobias, 19.
Wilbur, James, 280.
Wiler, Jacobj, 126.
Wiley, Esther, 206.
George, 217.
John, 210.
Martha, 179.
Wilhelm, Andreas Joachim, 199.
Wilkenhoff, Janneken, 92.
Wilkens, Maria, 159.
Wilkes, George, 264.
Sara, 157.
Wilkey, Elizabeth, 280.
Wilkins, Sarah, 278.
Wilkinson, Donald, 205.
Richard, 247.
Susanna, 245.
Wilkis, Margarite, 179.
Wilks, John, 151, 157.
Will, Elizabet, 205.
Willekens, Geertrúÿd, 18.
Willem, Geertrúÿd, 11.
Willems, Cornelia, 46.
Femmetje, 44.
Geertie, 29.
Geertje, 27.
Hilletje, 17.
Jannetje, 24, 28, 31.
Joosje, 26.
Willemse, Fredrik, 108.
Willemsz, Margritje, 112.
Willemsze, Margrietje, 140.
Willemszen, Abraham, 14.
Aert, 28.
Jan, 36.
Jan, 58.

Willemszen, Jonas, 26.
Reÿnier, 25.
Robbert, 66.
Willem, 25, 75, 90.
Willes, Margaret, 166.
Willet, Ann, 245.
Elbert, 95.
Thomas, 12.
Susan, 257.
Williams, Anna, 178.
Antje, 146.
Arnall, 104.
Benjamin, 260.
Desire, 275.
Edward, 261.
Elam, 273.
Elisabet, 161.
Erasmus, 188, 211.
Helena, 246.
Hester, 269.
Henry, 147.
Jennet, 200.
John, 148, 152, 273.
Joseph, 148.
Joshua, 258.
Margariet, 209.
Maria, 177.
Mary, 206, 226, 254.
Paul, 256.
Permanes, 225.
Renselaar, 200.
Samuel, 268.
Súsanna, 132, 230.
Thomas, 155.
William, 139, 267.
Wonefret, 131.
Williamson, Abigael, 261.
Elizabet, 192.
Nicholaas, 257.
Williaṃsz, Sara, 151.
Williks, Cornelia, 163.
Williks, Johannes, 101.
Willingham, John, 140.
Willis, Ann, 252.
Hester, 226.
Jane, 154.
Phebe, 258.
Willse, Henry, 189.
Johannes, 189.
See Wilse, Wilsie.
Willsie, Henry, 256.
Willson, Elizabet, 193.
Margaret, 171.
Willy, Elizabet, 226.
Wilson, Elinor, 191.
Elizabet, 193.
Ellener, 167.
Jane, 191.
Lidia, 276.
Margaret, 236.
Mary, 198, 225.
Meriam, 248.
Robert, 214.
Sarah, 240.
Thomas, 170.

Wilsch, David, 224.
Wilse, Abigael, 226.
  Hendrik, 144.
  See Willse.
Wilsey, Catherine, 268.
  Magdalin, 263.
  Meÿndert, 78.
Wilsie, Hendrik, 278.
Wilt, Catharina, 266.
Wily, James, 164.
Winchester, Thomas, 228.
Winck, Thomas, 30.
Winckel, Marritie, 71.
  See van Winkel.
Windefort, Anna, 154.
Windel, Gerard, 112.
Windover, Mary, 209.
Wingfield, Daniel, 241.
Winit, James, 124.
Winkeler, Margaret, 234.
Winner, Margariet, 204.
Winnet, Evas, 87.
Winslo, Joseph, 136.
Winter, Cornelia, 131.
  Maria, 189.
  Rebecca, 161, 165.
  Susan, 273.
  William, 166.
Winters, Anna, 13.
Winterton, Ann, 277.
Winthrop, Elisabet, 201.
Wipp, Lÿsbeth Claes, 40.
Wirth, John Jurrie, 201.
Wiseham, Samuel, 247.
Willm, 239.
Wistevill, James, 280.
Witchenham, Jacomyntje, 173.
Witchurch, Ann, 224.
Witfield, Maria, 154.,
  William, 164.
Witlers, Dormer, 134.
Witsingam, John, 150.
Wittenton, John, 154.
Witter, Thomas, 178.
Wittington, John, 134.
Witty, Elisabeth, 104.
Witvelt, Hendrik, 168.
  Henry, 161.
  Jústina, 110.
  Jústús, 38.
Woed, Aafje, 155.
  Aaphje, 151.
Woeder, Lÿsbeth, 90.
Woeders, Jannetje, 138.
  Elisabeth, 106.
  Súsanna, 90.
Woedert, Annetje, 82.
  Mettje, 100.
  Súsanna, 108.
Woedt, Lÿsbeth, 127.
Woedvort, Catharina, 230.
Woenknott, Tryntje, 157.
Woertendÿk, Cornelisz Jacobsz, 111.

Woertendÿk, Eva, 117.
  Jannetje Jacobs, 110.
  Maria, 148.
  Nicolaas, 109.
Woertendÿke, Fredrik Jacobse, 110.
Woertman, Anna, 103.
  Denÿs, 97.
Wolc, Mary, 151.
Wolf, Jan David, 177.
Wolfertszen, Gerrt, 13.
  Jacob, 20.
  Pieter, 10.
Wols, Claes, 91.
Wolsúm, Magdalena, 52.
Woltzen, Jarge, 14.
  See Woolsey.
Woinat, Claasje, 200.
Worry, Jane, 163.
Wortman, John, 185.
  Mary, 219.
  Tunis, 274.
Woúster, Pieter, 29.
Wouters, Aeltje, 23.
  Egbert, 11.
  Gerrit, 155.
  Kier, 33.
  Maria, 63.
  See Winters.
Woútersse, Gerrit, 112.
Woynot, William, 161.
Wood, Abner, 250.
  Benjamin, 124, 129.
  Eva, 132.
  Isaak, 166.
  Jacob, 266.
  Margaret, 229.'
  Maria, 181.
  Rachel, 205.
  Robert, 220.
  Samuel, 266.
  Sarah, 275.
  Silas, 180.
  Susanna, 166, 186, 189, 204.
  Timothy W., 273.
Woodaard, John, 210.
Woodard, David, 261.
Woodart, Johan, 87.
Wooden, Elisabet, 212.
Woodent, Marÿ, 84.
Woodford, Francis, 208.
Woodham, James, 273.
Woodruff, James, 278.
Woods, Elizabet, 229.
  Elizabeth, 267.
  James, 261.
Woodside, John, 133.
Woodsides, Samuel, 173.
Woodward, Charity, 278.
  John, 233, 235.
Wool, Elizabet, 191.
  Ellis, 241.
  Jane, 221.
  Jeremia, 203.

Wool, Mary, 261.
Wooley, Peter, 266.
Woolf, Matthew, 128.
Woolley, Sara, 148.
Woolsey, Margery, 267.
  See Woltzen.
Woot, Hanna, 142.
Wright, Andrew, 247.
  Anna, 161.
  Elisabeth, 172, 195.
  Johan, 195.
  John, 203, 208, 261.
  Maria, 182.
  Mary, 234.
  Rachel, 149.
Write, Jacob, 160.
Wyat, Richard, 260.
Wÿbrands, Abraham, 105.
  Trÿntje, 118.
Wyce, Henry, 205.
Wyckhoff, Cornelia, 274.
Wyckoff, Ann, 276.
  Cornelius, 280.
  Geertje, 190.
Wyley, Sarah, 268.
Wymans, Josiah, 261.
Wynakker, Jacob, 153.
Wynands, Femmetje, 109.
Wÿnant, Tobias, 137.
Wÿnants, Aeltje, 69.
  Marÿtje, 120.
Wÿngaert, Geertrúÿd, 27.
Wÿnhardt, Cornelis, 52.
Wÿnhert, Anna, 50.
Wÿnhoúts, Ariaentje, 75.
Wÿnkoop, Benjamin, 86, 191.
  Catharina, 227.
  Corneliús, 141, 202, 224.
Wÿnrúit, Elisabeth, 111.
Wyser, Michael, 207.
Wyt, John, 158.
Wÿtes, Wits, 20.
Wyts, Charles, 165.
Wÿtt, Robbert, 70.
Wytton, Rithmont, 113.

Y

Yaets, Maria, 99.
Yarrow, William, 210.
Yates, Cornelius, 265.
  Richard, 195.
Yay, Peter, 148.
  See Jay.
Yeates, Benjamin, 207.
  Johannah, 128.
  Sarah, 270.
Yeats, Abraham, 146.
Yenkis, James, 67.
Yeoman, Mary, 258.
Yolcx, Annetje Hendricx, 73.
Yong, Hanna, 129.
  Lúcresia, 140.
  Mary, 227.

York, John, 224.
  John, 252.
  William, 150.
    See Jork.
Yoú, James, 113.
Youle, George, 271.
  Mary, 273.
Youmans, Jonathan, 267.
Young, Ann, 278.
  Charles, 277.
  Esther, 276.
  George, 246.
  Jane, 272.
  John, 214, 235.
  Joseph, 267.
  Mary, 222.
  Richard, 115.
  Robert, 190.
  Thomas, 199, 246.

Youngh, Ester, 200.
Ysenbrants, Niesje, 72.
Yvenaar, Christina, 205.
Yver, Jannetje, 152.

Z

Zaals, Philippa, 13.
Zabrieske, Christina, 240.
  John, 240.
Zabriske, Casparis, 247.
Zacharias, Lambert, 69.
Zachariaszen, Hendrick, 20.
Zanders, Egbert, 30.
  See Sanders in D. C.
    Baptisms.
Zeluff, Maria, 279.
Zenger, Catharina, 146.
  Elisabeth, 173.

Zenger, Johan Peter, 137.
  Pieter, 184.
Zevenhooven, Anneke, 125.
  See Tevenhoven in D.
    C. Baptisms.
Zips, Adriaen Hendr., 30.
Zjord, Laúrens, 127.
Zlÿck, Dirck, 71.
Zomerendÿk, Jacob, 130.
  Nicholas, 245.
    See Somerendÿk.
Zon, Aris Cornelisse, 196.
Zuppinger, Johannes, 185.
Zuricher, John, 173.
  Leonard, 184.
Zwan, Henrika, 201.
  See Swan.
Zwartwout, Annatje, 239.
  See Swartwout.

POSTSCRIPT.

The greatest care has been taken in transcribing the Records here presented, and when we inform the reader that the transcript was made by the late Rev. A. H. Bechthold,* a native of Amsterdam, and pastor of the Holland Reformed (Dutch) Church of New York City, and that the verification was made by the distinguished antiquarian and author, the late Hon. Teunis G. Bergen, and the learned historian, the late James Riker, Esq., it will be seen that no pains have been spared to present them in as accurate a form as possible. Nevertheless it cannot be expected that no errors have crept into so difficult, and ofttimes so obscure, and important a work. The reader is requested to take note of the following

ERRATA.

Page 31, nineteenth line from top, for j. g. read j. d.
" 54, nineteenth line from bottom, for Bartiaenszen read Bastiaenszen, so in Index.
" 58, seventeenth line from top, for Jasper Missepadt read Jasper Nissepadt.
" 84, insert in left margin, between lines 34 and 35 from top, the original folio (682).
" 85, insert in left margin, between lines 21 and 22 from top, original folio (683).
" 91, second line from top, for Rachel read Rochel.
" 102, third line from top, for Dehourepos read Dehonrepos.
" 117, twentieth line from bottom, for Vanghton read Vaughton; also, so read in Index, p. 346, first line from top.
" 120, tenth line from bottom, for Schuyer read Schuyler, also in Index, p. 332.
" 132, second line from top, for Rececca read Rebecca.
" 216$_R$, third line from top, for Nicalaas read Nicolaas.
" 248, twenty-first line from top, for Francis read Frances.
" 261, twentieth line from top, for Morrel read Morrell.

* See obituary notice in N. Y. Genealogical and Biographical Record, vol. 15, p. 45.

www.ingramcontent.com/pod-product-compliance
Lightning Source LLC
Chambersburg PA
CBHW050331230426
43663CB00010B/1811